개정2판

Incoterms® 2020 반영

수출입 시뮬레이션

EX-IMPORT SIMULATION

Trade Contract ~ Negotiation

南豊祐 著

도서출판 두남

개정2판 머리말

최근 우리 경제는 극심한 내수침체와 투자 위축 등으로 외환위기 이후 최대의 어려움을 겪고 있지만 무역부문에서의 수출입은 국민경제에서 차지하는 비중이 날로 증대되고 있다. 그러나 세계무역환경 패러다임은 디지털무역의 등장 등으로 급속히 변화하고 있고, 이러한 변화에 적응해 나가려면 무역현장에서 무역업무를 직접 담당하고 있는 실무자들의 무역업무 처리능력은 아무리 강조해도 지나치지 않을 것이다. 이에 무역업계 비즈니스맨들이 필히 기본적으로 숙지해야 하는 무역실무 분야를 엄선하여 무역업계 각 분야에서 두드러진 활약을 보이고 국제적인 무역업무 전문가로서의 위상이 더욱 높아지고 있다.

우리나라의 무역 관련 절차, 제도 및 법령은 지난 수년간 국제화 추세와 더불어 크게 자유화되어 이제 국민 누구나 무역을 할 수 있는 시대가 왔으나 국제무역은 언어와 제도 등이 다른 외국과 거래하는 것이기 때문에 여러 가지 낯설고 복잡한 서류가 요구되고 있어 신규 무역업체는 물론 무역실무에 익숙한 업체들도 어려움을 겪고 있어, 이러한 애로를 해소하기 위하여 무역패러다임의 변화에 따라 개정된 Incoterms® 2020와 법 · 제도의 변경에 따라 서식들을 반영하고 무역에 필요한 일부 서식들을 구성하여 책을 내놓게 되었다.

이 책에는 수출입절차에 의거, 수출입계약, 송금 · 추심 · 신용장 등의 결제방법, 수출입승인, 수출물품의 확보, 무역운송 및 적하보험, 수출입통관, 무역금융, 수출입대금결제, 무역클레임 해결 등으로 나누어 무역에 종사하는 실무자들의 수고를 덜어 주기 위하여 각 단계별 서식 및 기재요령과 함께 주요 무역 관련 계약서 양식을 수록하였다.

아무쪼록 본서가 일선에서 무역실무를 담당하고 있는 무역업계 실무자뿐만 아니라 무역에 관심을 갖고 있는 일반인이나 예비 무역인인 학생 등 모든 분들에게 유익한 지침서로 활용되어 개인의 능력 발휘와 우리나라 무역진흥에 보탬이 되었으면 하는 바람이며 독자들의 지적과 충고를 담아 부족한 분야는 계속 수정 · 보완하겠다.

끝으로 어려운 출판 환경에도 불구하고 출간해 준 圖書出版 斗南의 全斗杓 社長님과 열과 성의를 다하여 원고 정리와 교정을 맡아준 제자 이혜원 양과 편집을 해준 編輯部 여러분께 깊은 感謝를 드린다.

2020년 2월 20일

著者 識

차 례

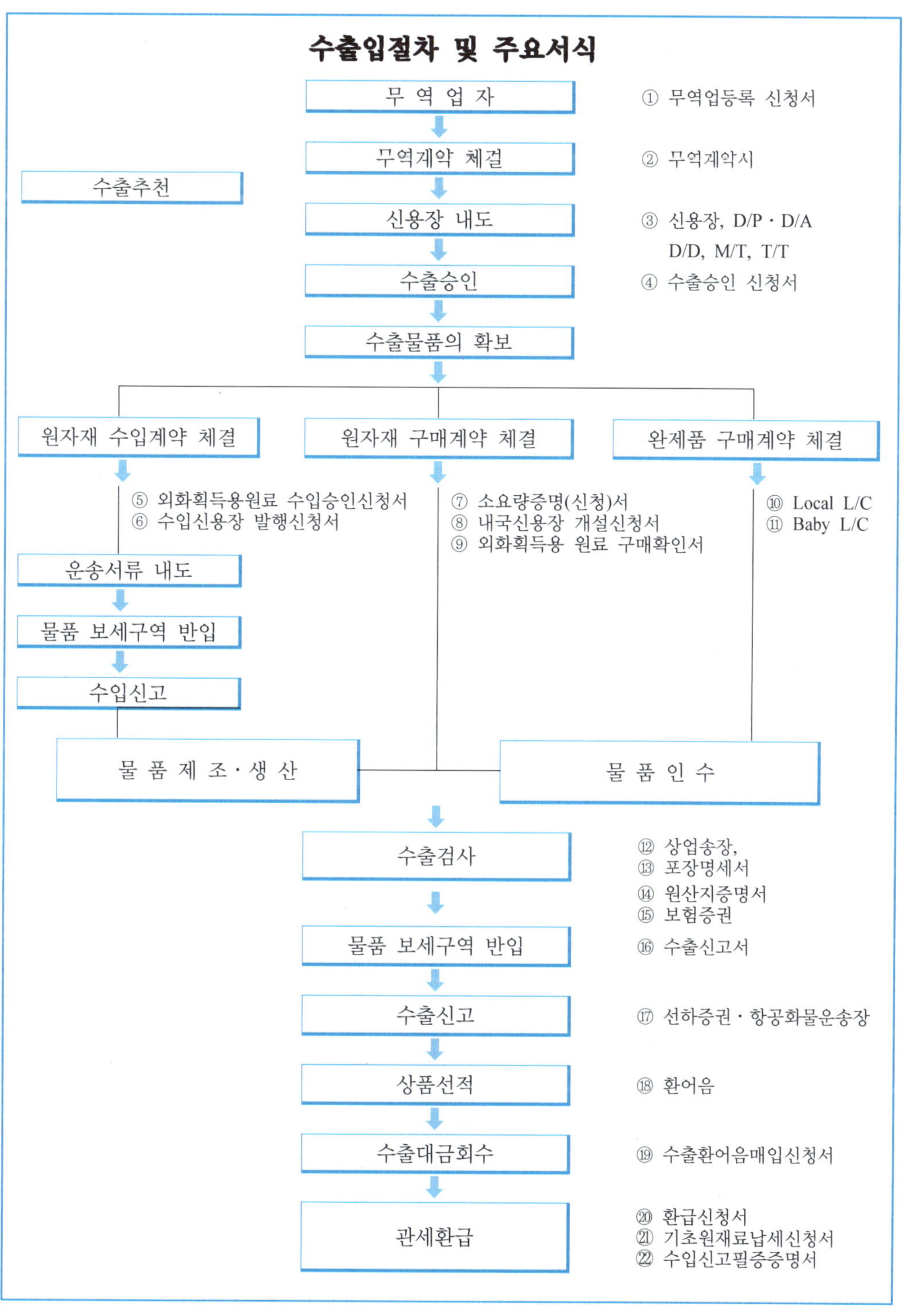
수출입절차 및 주요서식
무 역 업 자
① 무역업등록 신청서
무역계약 체결
② 무역계약시
수출추천
신용장 내도
③ 신용장, D/P · D/A
D/D, M/T, T/T
수출승인
④ 수출승인 신청서
수출물품의 확보
원자재 수입계약 체결
원자재 구매계약 체결
완제품 구매계약 체결
⑤ 외화획득용원료 수입승인신청서
⑥ 수입신용장 발행신청서
⑦ 소요량증명(신청)서
⑧ 내국신용장 개설신청서
⑨ 외화획득용 원료 구매확인서
⑩ Local L/C
⑪ Baby L/C
운송서류 내도
물품 보세구역 반입
수입신고
물 품 제 조 · 생 산
물 품 인 수
수출검사
⑫ 상업송장,
⑬ 포장명세서
⑭ 원산지증명서
⑮ 보험증권
물품 보세구역 반입
⑯ 수출신고서
수출신고
⑰ 선하증권 · 항공화물운송장
상품선적
⑱ 환어음
수출대금회수
⑲ 수출환어음매입신청서
관세환급
⑳ 환급신청서
㉑ 기초원재료납세신청서
㉒ 수입신고필증증명서

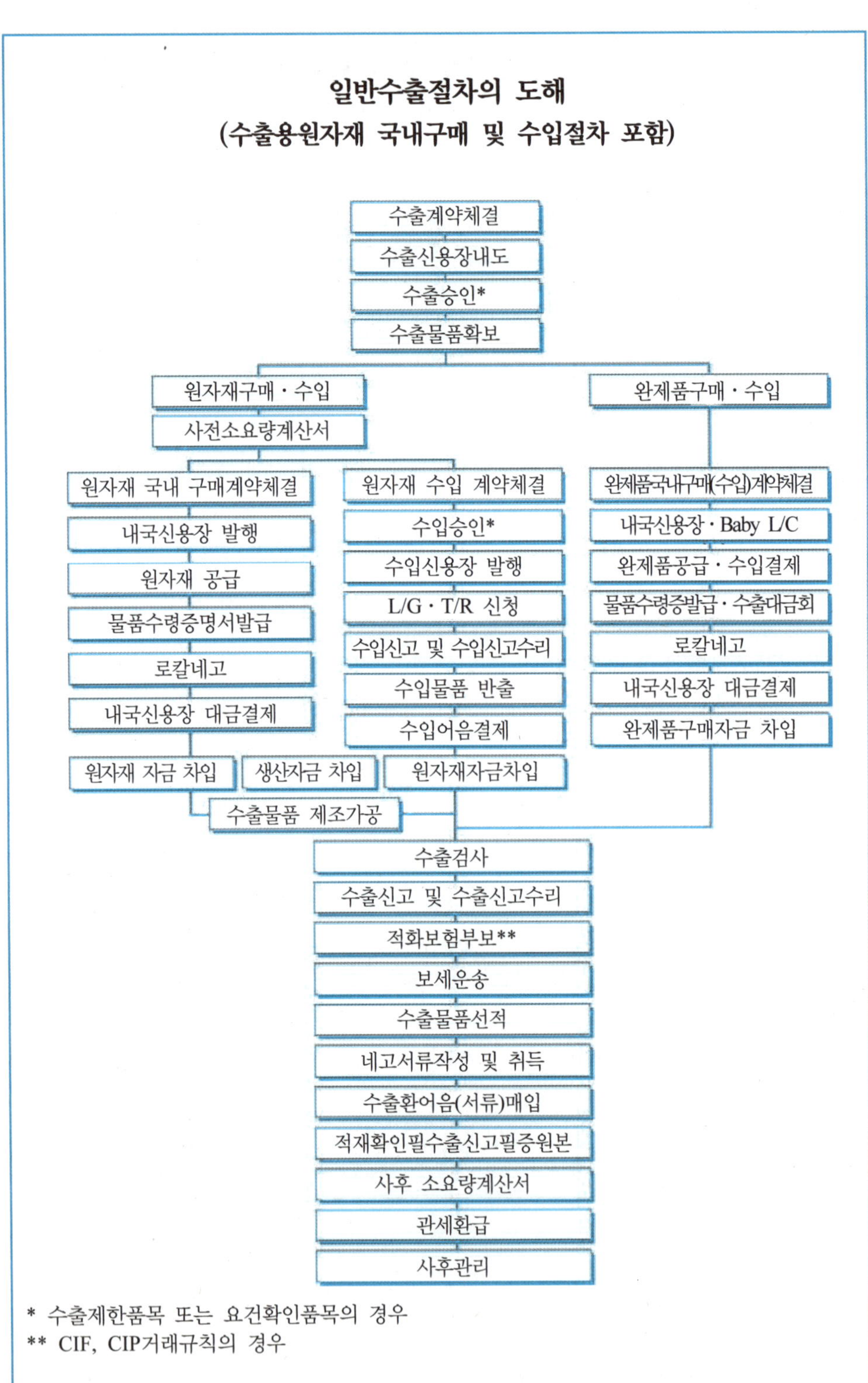
일반수출절차의 도해
(수출용원자재 국내구매 및 수입절차 포함)
수출계약체결
수출신용장내도
수출승인*
수출물품확보
원자재구매 · 수입
사전소요량계산서
완제품구매 · 수입
원자재 국내 구매계약체결
내국신용장 발행
원자재 공급
물품수령증명서발급
로칼네고
내국신용장 대금결제
원자재 수입 계약체결
수입승인*
수입신용장 발행
L/G · T/R 신청
수입신고 및 수입신고수리
수입물품 반출
수입어음결제
완제품국내구매(수입)계약체결
내국신용장 · Baby L/C
완제품공급 · 수입결제
물품수령증발급 · 수출대금회
로칼네고
내국신용장 대금결제
완제품구매자금 차입
원자재 자금 차입
생산자금 차입
원자재자금차입
수출물품 제조가공
수출검사
수출신고 및 수출신고수리
적화보험부보**
보세운송
수출물품선적
네고서류작성 및 취득
수출환어음(서류)매입
적재확인필수출신고필증원본
사후 소요량계산서
관세환급
사후관리
* 수출제한품목 또는 요건확인품목의 경우
** CIF, CIP거래규칙의 경우

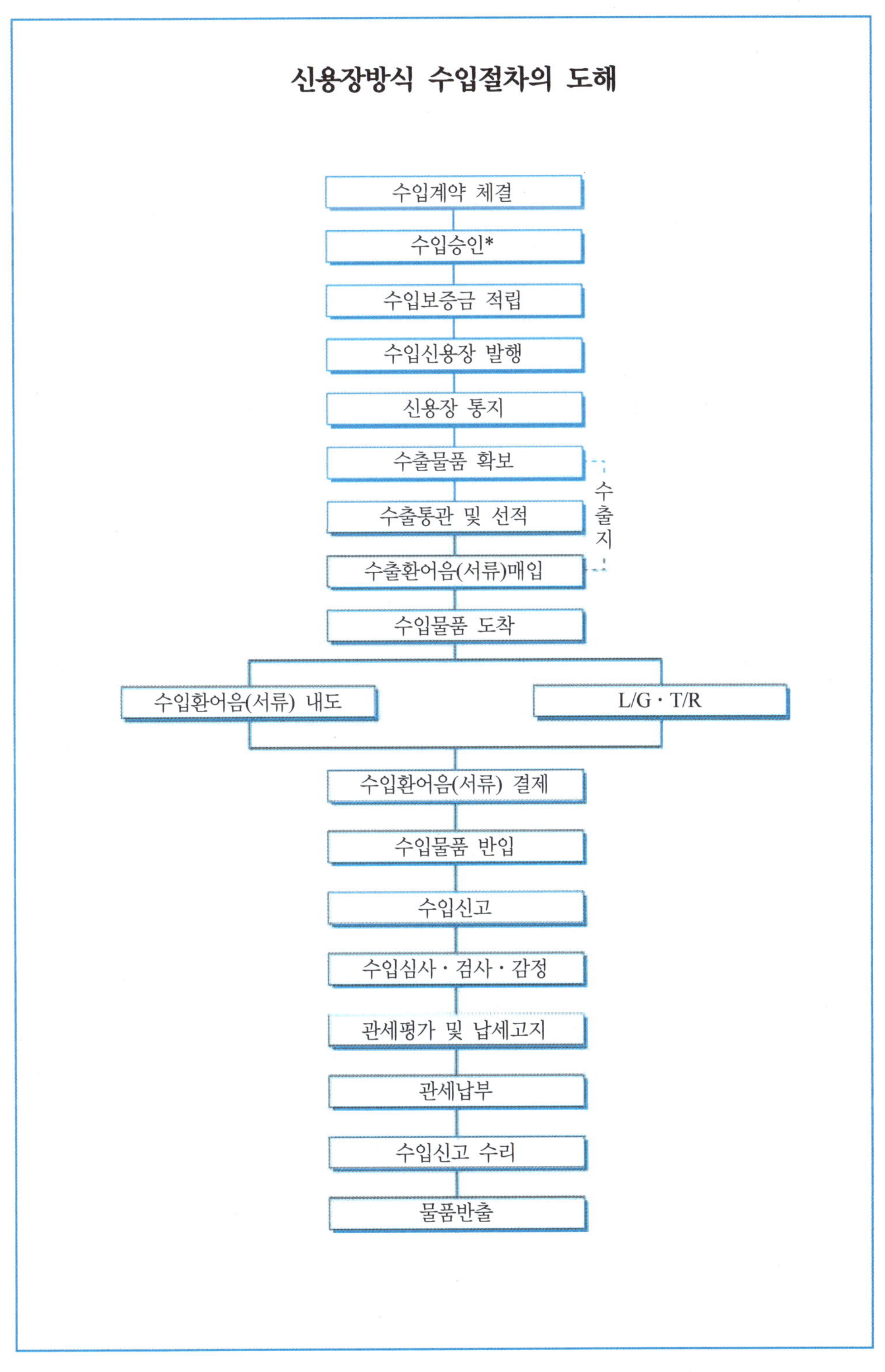
신용장방식 수입절차의 도해
수입계약 체결
수입승인*
수입보증금 적립
수입신용장 발행
신용장 통지
수출물품 확보
수출통관 및 선적
수출환어음(서류)매입
수출지
수입물품 도착
수입환어음(서류) 내도
L/G · T/R
수입환어음(서류) 결제
수입물품 반입
수입신고
수입심사 · 검사 · 감정
관세평가 및 납세고지
관세납부
수입신고 수리
물품반출

Chapter

01 총 론

제1절 무역의 기본관리체계

무역이라 함은 넓은 의미로 상품, 자본, 노동, 기술, 용역, 채권 또는 권리의 국가간 이동을 뜻하며 좁은 의미로는 물품의 국가 간 이동을 말한다.

즉 어떠한 형태로든 경제적 가치가 국가 간 이동이 되기 때문에 어느 나라를 막론하고 이에 대한 최소한의 규제와 지원을 할 수밖에 없으며 우리나라 역시 각종 법규 및 제도적 장치를 통해 규제와 지원을 실시하고 있다.

현재 우리나라의 무역에 관한 기본적인 법적 관리체계는 무역에 관한 기본질서를 규정하고 있는 대외무역법과 외화의 지급이나 영수 등을 관장하는 외국환거래법, 그리고 물품의 이동을 직접적으로 관리하는 관세법과 함께 약사법, 식품위생법 등과 같이 물품별로 규제하는 58여 개의 개별법 등으로 구성되어 있다.

1. 대외무역법의 관리체계

대외무역법(Foreign Trade Act)은 수출입거래를 관리하는 기본법으로서 민간주도의 자율성과 대외신용의 제고를 위해 규제의 최소화와 세부적인 사항은 하위 법령에 위임하고 있는 위임 입법적 성격을 갖고 있다. 이 법은 대외무역을 진흥하고 공정한 거래질서를 확립하여 국제수지의 균형과 통상의 확대를 도모함으로써 국민경제의 발전에 이바지함을 목적으로 하고 있으며(대외무역법 제1조), 하위 법규로 대외무역법의 시행에 필요한 사항을 규정한 대외무역법 시행령과 대외무역 관리규정을 두고 있다.

2. 관세법의 관리체계

관세법(Customs Law)은 관세의 부과 · 징수 및 수출입물품의 통관을 적정하게 하고 관세수입을 확보함으로써 국민경제의 발전을 도모하는 것을 목적으로 하고 있으며(관세법 제1조), 물품의 이동을 직접적이며 실질적으로 관리하는 통관법적인 성격과 관세부과 및 징수를 총괄하는 조세법적인 성격, 그리고 벌칙과 조사 및 처분에 관한 규정을 두고 있어 형사법적인 성격도 아울러 갖고 있다.

3. 외국환거래법의 관리체계

외국환거래법(Foreign Exchange Transactions Act)은 외국환거래와 그 밖의 대외거래의 자유를 보장하고 시장기능을 활성화하여 대외거래의 원활화 및 국제수지의 균형과 통화가치의 안정을 도모함으로써 국민경제의 건전한 발전에 이바지함을 목적으로 하고 있으며(외국환거래법 제1조). 그 적용대상은 외국환거래 및 이와 관련된 행위와 지급 및 영수 등으로 되어 있다. 따라서 물품의 이동, 즉 수출입시 필연적으로 발생하는 외환거래에 따라 무역과 외국환거래법은 밀접한 관계를 갖고 있다 할 것이다.

4. 기타

수출입과 직·간접적으로 관련된 기타의 법령으로서는 무역보험법, 수출용 원재료에 대한 관세 등 환급에 관한 특례법 등 지원을 위한 법과 함께 물품관리를 위한 식품위생법, 약사법, 식물방역법 등 통합공고의 대상인 58개 개별법은 물론 남북교역을 내국간 거래로 간주하여 관세를 면제하는 남북교류협력에 관한 법과 자유지역의 지정 및 운영을 위한 물류기지 육성을 위한 관세자유지역의 지정 및 운영에 관한 법 등 다수의 법령이 있다.

표 1-1 대외무역관리체계

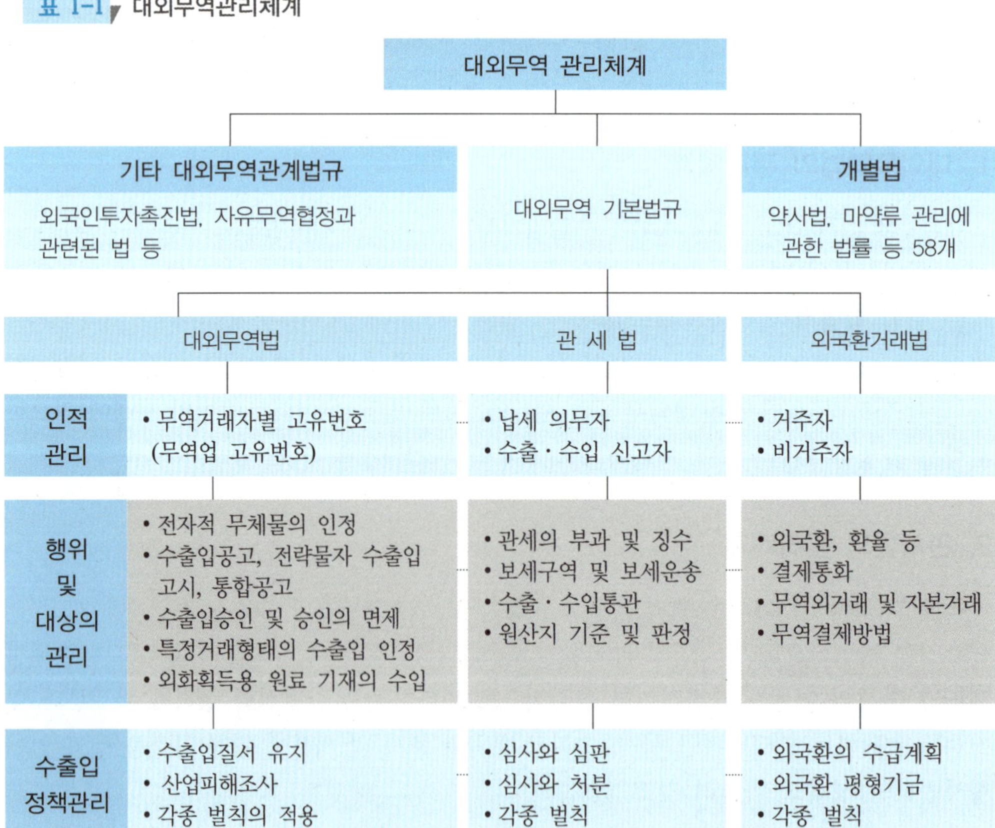

대외무역 관리체계

- 기타 대외무역관계법규: 외국인투자촉진법, 자유무역협정과 관련된 법 등
- 대외무역 기본법규
- 개별법: 약사법, 마약류 관리에 관한 법률 등 58개

	대외무역법	관 세 법	외국환거래법
인적 관리	• 무역거래자별 고유번호 (무역업 고유번호)	• 납세 의무자 • 수출·수입 신고자	• 거주자 • 비거주자
행위 및 대상의 관리	• 전자적 무체물의 인정 • 수출입공고, 전략물자 수출입 고시, 통합공고 • 수출입승인 및 승인의 면제 • 특정거래형태의 수출입 인정 • 외화획득용 원료 기재의 수입	• 관세의 부과 및 징수 • 보세구역 및 보세운송 • 수출·수입통관 • 원산지 기준 및 판정	• 외국환, 환율 등 • 결제통화 • 무역외거래 및 자본거래 • 무역결제방법
수출입 정책관리	• 수출입질서 유지 • 산업피해조사 • 각종 벌칙의 적용	• 심사와 심판 • 심사와 처분 • 각종 벌칙	• 외국환의 수급계획 • 외국환 평형기금 • 각종 벌칙

제 2 절 수출입품목관리제도

1. 품목관리 적용대상

1) 유체물(有體物)

무역이라 함은 무역 의한 물품과 용역 또는 전자적 형태의 무체물의 수출 · 수입을 의미한다. 수출입 및 품목관리 대상으로서의 유체물은 외국환거래법에서 정하고 있는 지급수단, 증권 및 채권을 화체화(貨體化)한 서류를 제외한 모든 동산(動産)이 해당된다.

2) 무체물(無體物)

정보통신기술의 발달에 따라 CD와 같은 저장장치 없이도 소프트웨어와 같은 무체물의 국가 간 이동이 활발하게 이루어지고 있으며 그 비중도 향후 크게 늘어날 것으로 전망됨에 따라 대외무역법에서도 이러한 추세를 반영하여 전자적 형태의 무체물 중 일부에 대해서는 기존의 유체물과 동일하게 수출입의 대상에 포함시키고 있다.

(1) 수출입 인정대상 및 인수도 방법

전자적 형태의 무체물이라도 모두 인정되는 것은 아니고 어느 정도 관리와 이동의 확인이 가능하다고 인정되는 것에 한하여 인정하고 있다. 즉 소프트웨어산업진흥법 제2조 제1호의 규정에 의한 소프트웨어(컴퓨터 통신, 자동화 장비와 그 주변장치에 대하여 명령·제어·입력 처리 저장, 출력 상호작용이 가능하도록 하는 지시명령의 집합과 이를 작성하기 위해 사용된 기술서 등 기타 자료)와 부호 · 문자 · 음성 · 음향 · 이미지 · 영상 등을 디지털방식으로 제작하거나 처리한 자료 또는 영상 등으로서, ㉮ 영상물(영화, 게임, 애니메이션, 만화, 캐릭터 포함), ㉯ 음향 · 음성물, ㉰ 전자서적, ㉱ 데이터베이스로만 한정되어 있다.

또한 인수도의 방법에 있어서도 인터넷 등의 정보통신망을 통하거나 노트북과 같이 정보처리 저장능력을 갖춘 장치에 내장된 상태로 반출 · 반입되어 인도 · 인수되는 경우로 한정되어 있어 CD와 같은 단순 저장매체를 통해 인수인도(引受引渡)되는 경우에는 전자적 무체물의 수출입으로 인정받지 못한다.

(2) 수출입실적의 인정 등

전자적 형태의 무체물에 대한 수출입실적의 인정은 한국무역협회(Korea International Trade Association : KITA) 또는 한국소프트웨어산업협회(Korea Software Industry Association : KOSA)의 수출입 확인을 받은 후 외국환은행에 대금이 입금된 분에 한해서만 수출실적으로 인정된다.

2. 품목관리제도

1) 개요

수출입품목에 대한 관리제도는 수출·수입에 대한 직접규제방식으로서 개별품목의 수출입제한 여부에 대한 종합관리체계이다. 이에 따라 수출 또는 수입을 하고자 하는 자는 해당 품목의 수출입이 규제되는지의 여부에 대하여 사전에 점검한 후 만일 동 품목이 규제조치에 해당할 경우 이 규제를 해제할 수 있는 요건을 갖추어야 수출입을 할 수 있다. 수출입품목 관리체계는 대외무역법에 근거한 수출입공고와 개별법에 의한 제한내용을 취합해서 공고하는 통합공고 및 전략물자 수출입고시로 이루어져 있다.

그림 1-1 품목관리 체계

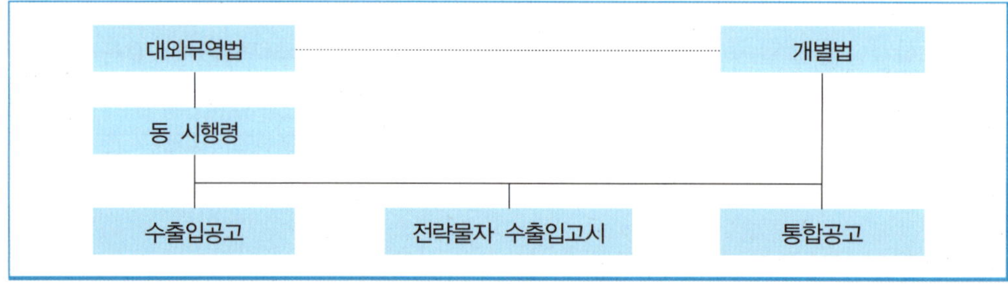

2) 수출입공고(export and import announcement)

(1) 개요

수출입공고는 수출입품목을 관리하기 위한 기본공고로서 본문에 수출입품목관리를 위한 기본원칙을 정하고 있으며, 수출입공고와 통합공고는 상호 독립적이므로 수출입공고에서 수출입자유품목이라도 통합공고에서 수출입을 제한하고 있는 경우 그 조건을 양 공고체계에 의한 제한내용을 동시에 충족하여야 한다.

(2) 품목관리의 원칙

① Negative List System

우리나라는 GATT 가입을 계기로 수출입품목관리체계를 Positive List System(허용품목 표시제)에서 Negative List System(불허품목 표시제)로 전환하여 Negative List System은 수출입공고에 수출 또는 수입의 제한 내지 금지품목만을 표시하고 여기에 표시되지 않은 기타 품목은 수출·수입이 허용되도록 하는 품목표시방법이다. 따라서 품목별로 수출입을 금지하거나 제한하고 있지 않으면 자유롭게 수출입할 수 있다.

㉮ 수출입금지품목(export and import banned items)

구체적인 금지문언이 있는 품목, 제한을 충족시킬 요건을 정하지 않은 품목 등은 실질적인 금지 품목임으로 현재 우리나라의 수출입공고에 의해 수출입 금지품목으로 지정된 품목은 하나도 없다.

㈎ 수출입제한승인품목(export and import restricted approval items)

일정한 제한조치에 따라 수출·수입할 수 있는 품목으로 수출입공고상 수출입요령에 명시된 관련기관의 추천을 받아야 수출·수입이 가능한 품목을 말한다. 현재 수출입공고상의 품목은 수출금지품목(export embargo items), 수출제한품목(export restricted items) 및 수입제한품목(import restricted items)으로 분류되어 있으며, 수출금지품목은 별표 1에, 수출제한품목은 별표 2에, 수입제한품목은 별표 3에 각각 그 금지 및 제한되는 품목이 기재되어 있다.

표 1-2 수출입공고상의 수출입제한품목

수출금지품목(별표 1)	고래고기, 화강암, 사암, 개의 생모피·모피·모피제품
수출제한품목(별표 2) (수출승인대상물품)	사과, 배, 자갈, 직물 및 섬유, 철의 웨이스트와 스크랩, 승용 및 화물자동차
수입제한품목(별표 3) (수입승인대상물품)	항공기 및 동 부분품

예시 1-1 수출입공고 〈별표 1〉 수출금지품목

HS	품 목	수 출 요 령
0208	기타의 육과 식용설육(신선·냉장 또는 냉동한 것에 한한다)	
40	고래, 돌고래류(고래목의 포유동물) 및 바다소(바다소목의 포유동물)의 것	다음의 것은 수출할 수 없음. ① 고래고기

예시 1-2 수출입공고 〈별표 2〉 수출제한품목

HS	품 목	수 출 요 령
0808	사과, 배 (신선한 것에 한한다)	
10	사 과	다음의 것은 한국농림수산식품수출입 조합의 승인을 받아 수출할 수 있음. ① 대만지역으로 수출되는 것

예시 1-3 수출입공고 〈별표 3〉 수입제한품목

HS	품 목	수 입 요 령
8412.10.1010	램제트 및 펄스제트엔진	한국항공우주산업진흥협회의 승인을 받아 수입할 수 있음
8412.10.1090	기타 반동엔진 중 항공기용의 것	
8412.90.1010	램제트 및 펄스제트엔진 부분품	

② Negative 품목분류는 신국제통일상품분류체계(HS Code)를 채택

수출입공고상의 품목분류는 HS(Harmonized System : harmonized commodity description and coding system) 방식을 채택·사용하고 있으며, 우리나라는 한국통일상품분류방식(HSK : harmonized system of korea : 관세·통계통합품목분류표)을 만들어 세계 공통의 6단위 분류(HS Code)에 국내의 자체분류 4단위를 합하여 도합 10단위로 분류하고 있다.

HS분류는 관세 · 통계 통합품목 분류표(HSK)에 의한 관세율표상의 품목분류체계에 따르며, HS는 수출입공고 이외에도 통합공고 등의 각종 무역관련 공고와 관세율표 등에 사용되고 있다. HS는 산업재화를 분류하기 위한 기초일 뿐만 아니라 대외거래를 직접 파악할 수 있도록 무역분류를 통합하고 국가별 무역통계의 국제 비교성을 제고하기 위하여 작성되었다.

표 1-3 HS 품목관리 체계

부		류	품 목
농·수·임	제1부	제1류~제5류	산 동물 및 동물성 생산품
	제2부	제6류~제14류	식물성생산품
	제3부	제15류	동식물성의 유지 및 이들의 분해생산물 · 조제식용지와 동물성의 납
	제4부	제16류~제24류	조제식료품과 음료 · 알콜 · 식초 및 담배와 제조한 담배 대용물
생물 화공 물품	제5부	제25류~제27류	광물성 생산품
	제6부	제28류~제38류	화학공업 또는 연관공업의 생산품
경공업 제 품	제7부	제39류~제40류	플라스틱과 그 제품 및 고무와 그 제품
	제8부	제41류~제43류	원피 · 가죽 · 모피 및 이들의 제품, 마구, 여행용구 · 핸드백 및 이와 유사한 용기와 동물 거트(누에의 거트를 제외한다)의 제품
	제9부	제44류~제46류	목재와 그 제품, 코르크와 그 제품, 짚 · 에스파르토 또는 그 밖에의 조물 재료의 제품, 농 세공물 및 지조 세공물
	제10부	제47류~제49류	목재펄프 또는 그 밖에 섬유질 셀룰로오스 재료의 펄프 및 지 또는 판지, 웨이스트와 스크랩, 자와 판지 및 이들의 제품
	제11부	제50류~제63류	방직용 섬유와 방직용 섬유의 제품
	제12부	제64류~제67류	신발류 · 모자류 · 산류 · 지팡이 · 시트스틱 및 이들의 부분품 조제 우모와 그 제품, 조화, 인조제품
	제13부	제68류~제70류	석 · 플라스틱 · 시멘트 · 석면 · 운모 또는 이와 유사한 재료의 제품, 도자제품, 유리와 유리제품
	제14부	제71류	천연 또는 양식진주 · 귀석 또는 반귀석 · 귀금속을 입힌 금속 및 이들의 제품, 모조신변장식용품과 주화
기계전기 수송기기	제15부	제72류~제83류	비금속과 그 제품
	제16부	제84류~제85류	기계류와 전기기기 및 이들의 부분품, 녹음기와 음성 재생기 · 텔레비전의 영상 및 음향의 기록기와 재생기 및 이들의 부분품 부속품
	제17부	제86류~제89류	차량 · 항공기 · 선박과 수송기기 관련품
전자정밀 기기	제18부	제90류~제92류	광학기기·사진용 기기·영화용 기기·측정기기·검사기기·정밀기기와 의료용 기기 및 이들의 부분품과 부속품
	제19부	제93류	무기 · 총포탄 및 이들의 부분품과 부속품
잡예술품	제20부	제94류~제96류	잡품
	제21부	제97류	예술품 · 수집품과 골동품

(3) 적용요령

① 수출입승인의 유효기간

수출입승인(import and export approval)이란 수출입공고에 의해 예외적으로 제한하는 물품 등에 대하여 승인절차라는 방법으로 그 품목의 수출입이 가능하도록 해주는 제도이다.

수출입승인 등의 유효기간은 승인일로부터 원칙적으로 1년 이내에 승인받은 대로 수출입거래의 이행을 완료하여야 한다. 다만 산업통상자원부장관은 국내의 물가안정 · 수급조정 · 물품의 인도조건, 기타 거래상 특성에 따라 필요하다고 인정하는 경우는 1년 내지 20년 범위 내에서 유효기간을 단축 또는 초과하여 설정할 수 있다.

② 기관별 수출입승인요령

수출 · 수입 제한승인품목의 제한내용 및 수출입요령을 승인기관별로 정하고 있으므로 수출입승인 대상물품에 대한 승인기관은 각 품목별 담당기관이 추천기관이며, 수출 · 수입 제한승인품목의 제한내용 및 수출입요령을 승인기관별로 정하고 있다.

③ 외화획득용 원료 등에 대한 예외적용

수입제한승인품목을 내수용으로 수입하는 경우 수입제한요건을 충족하여야 한다. 그러나 외화획득용 원료 등은 제한요건과 관계없이 수입이 허용된다. 다만 수입제한품목을 외화획득용 원료 등으로 수입한 경우에는 대응수출 이행 여부에 대하여 사후관리를 받아야 한다.

3) 통합공고(consolidated public notice)

통합공고는 대외무역법 이외의 약사법 등 개별법에 의한 품목별 수출입 제한내용을 수출 · 수입요령(guideline of exports or imports)을 통합하여 공고함으로써 무역거래자로 하여금 수출입요령의 변동내용을 쉽게 이해하도록 산업통상자원부에서 통합하여 공고하는 제도로서 물품의 수출 또는 수입과 관련한 품목관리공고 중 수출입공고는 경제정책 목표달성을 위한 규제이나 통합공고는 경제외적 목적을 달성하기 위한 공고체계이다.

수출입 요건확인은 통합공고에 의하여 수출입이 제한되는 물품 등을 수출입이 가능할 수 있도록 허가하여 주는 절차를 말한다. 통합공고는 수출입요건 확인과 통관업무를 간소화하고 무역질서를 유지하기 위하여 대외무역법 이외의 법령에서 정하여 시행하는 수출입의 요건 및 절차 등을 취합 · 조정하여 널리 공고하는데 목적이 있다.

즉 통합공고는 수출입 요건확인기관이 통합공고상의 개별법에 의하여 수출입이 제한되는 물품인 요건확인품목에 대해 수출입통관 전후에 추천, 신고, 검사, 검정, 시험방법, 형식승인 등을 행사하는 것을 의미한다. 수출입요건확인 대상품목은 통합공고상의 별표 1(수출요령)에서 제한되는 수출입요건확인품목과 별표 2(수입요령)에서 제한되는 별도 규정품목이다.

4) 전략물자 수출입고시

전략물자 수출입고시(notice of export of strategic materials)는 산업통상자원부장관이 관계 행정기관의 장과 협의하여 대통령령으로 정하는 국제수출통제체제의 원칙에 따라 국제평화 및 안전유지와 국가안보를 위하여 수출허가 등 제한이 필요한 물품 등(대통령령으로 정하는 기술을 포함)을 지정하여 고시한 것이 '전략물자 수출입고시'다.

전략물자(strategic goods or materials)란 이중용도품목(별표 2), 상황허가 대상품목(별표 2의2) 및 군용물자품목(별표 3)에 해당되는 물품(물질·시설·장비·부품 및 소프트웨어) 등으로 대량살상무기(WMD) 및 그 운반수단의 개발·제조에 직·간접적으로 사용될 수 있는 일반 산업용 물품 및 기술을 의미한다. 전략물자는 산업통상자원부가 다자간 국제수출통제체제의 원칙에 따라 국제평화 및 안전유지와 국가안보를 위하여 수출허가 등 제한이 필요한 물품·기술 등이 모두 포함된 개념으로 필요하다고 인정하여 별도로 정하여 공고하는 물품으로서, 관계중앙행정기관의 장과 협의하여 전략물자의 수출입의 제한에 필요한 사항을 공고한 물품으로서 전략물자를 수출입하고자 하는 자는 수출입승인을 얻기 전에 당해 물자를 관장하는 관계행정기관의 장의 수출허가 및 산업통상자원부장관이 발급하는 수입목적 확인서(수입의 경우)를 받아야 한다.

전략물자의 품목분류는 일반수출입물품처럼 HS에 의하지 않고 별도의 통계부호를 사용하여 분류하며, 주로 무기와 군수품 등의 방산물자 등이 이에 해당한다.

수출허가 신청이나 상황허가 신청을 받은 산업통상자원부장관 또는 관계행정기관의 장은 15일 이내에 수출허가나 상황허가의 여부를 결정하고 그 결과를 신청인에게 알려야 한다. 현재 전략물자의 허가기관은 산업통상자원부장관, 원자력안전위원회위원장, 방위사업청장에 위탁하고 있다.

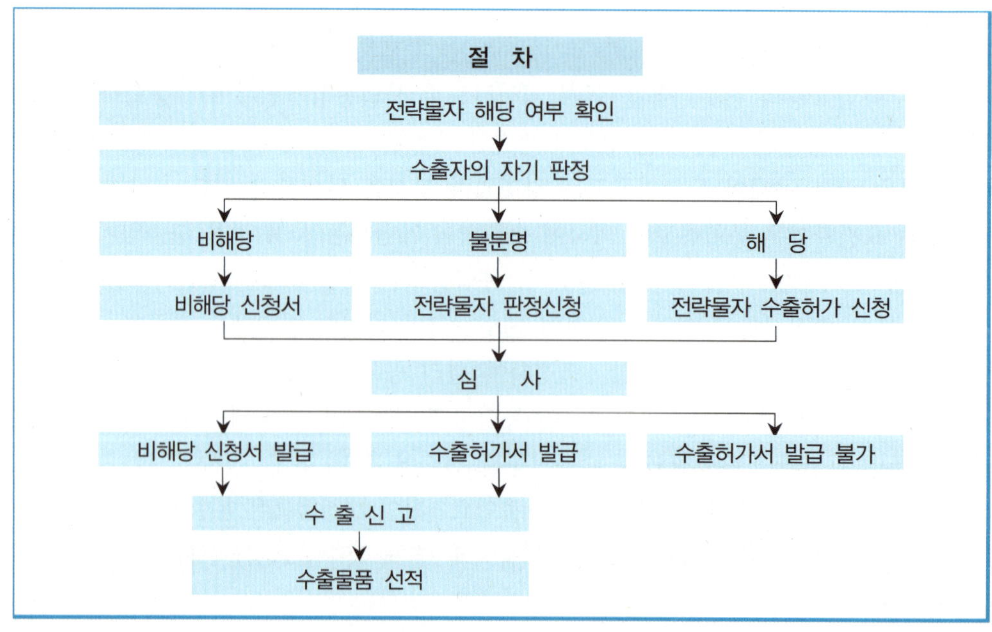

제3절 원산지관리제도

1. 원산지제도 개요

원산지(Country of Origin : C/O)란 특정 물품이 성장(growth), 생산(production), 제조(manufacture) 또는 가공(processing)된 지역이나 국가 또는 물품의 국적으로서 원칙적으로 정치적 실체를 지닌 한 국가를 의미한다. 국가는 아니지만 독립된 관세영역이거나 자치권을 보유한 지역, 국제상거래 관행상 지역명이 원산지로 인정되는 지역 등도 원산지가 될 수 있다. 원산지를 어떤 물품의 생산지를 의미하므로 물품을 단순히 조립한 조립국이나 가공과정을 거치지 않고 단순히 경유한 경유국 또는 적출국과는 구별되는 개념이다.

교토협약의 원산지규정에 관한 수속서(D.1)에서는 원산지국가로 국가군・국가의 특정지역 또는 일부를 포함시킬 수 있다고 규정하고 있으나, EU 등과 같이 국가군을 원산지로 할 경우 원산지 본래의 의미를 상실할 우려가 있으므로 정치적으로 한 국가군이라 하더라도 경제・문화・지역의 특성 등을 고려하여 원산지를 표시(marks of origin)함이 타당할 것이다.

원산지규정(rules of origin)이란 수입국이 각종 정책목적상 수입 등의 원산지를 판정할 필요가 있을 때 특정제품의 생산・제조국을 결정하기 위해 적용하는 제반법규 및 행정적 절차를 말하는데, 원산지를 소비자에게 물품의 생산지에 관한 정확한 정보를 알려줌으로써 소비자가 원하는 상품을 선택할 수 있도록 하는 소비자보호를 위한 제도이며 또한 국내 산업보호 및 관세편익 제공 등의 중요한 무역정책수단으로 활용되고 있다.

원산지규정은 최혜국대우원칙(most favored nation treatment ; MFN)의 적용을 받지 않고 일방적 혹은 쌍방적으로 관세상의 특혜를 부여하기 위하여 운영되는 특혜원산지규정(preferential rules of origin)으로 FTA 원산지규정인 특혜원산지규정과 원산지표시, 긴급수입제한조치(safeguards)・반덤핑관세(anti-dumping)・상계관세(countervailing duty) 등의 무역조치를 취하거나 통계목적에 이용하기 위하여 운영되는 WTO 통일원산지 규정인 비특혜원산지규정(non-preferential rules of origin)으로 나눌 수 있다. 현재 우리나라에서는 비특혜원산지규정은 대외무역법에서 원산지판정, 원산지표시 등을 규정하고 있으며, 특혜원산지규정은 대외무역법, 관세법 등에 규정되어 있다.

대외무역법상 물품의 원산지 관리는 원산지판정제도, 원산지표시제도와 원산지확인제도의 3대요소로 구분된다. 원산지표시제도는 최종소비자를 보호하기 위하여 수출입물품에 원산지를 표시하도록 하는 것이며, 원산지확인제도는 특정 물품의 수입지역을 제한하거나 원산지 허위표시 등을 방지하기 위해 무역정책적인 측면에서 시행되고 있다.

2. 원산지 확인 기준

원산지 규정의 필요성은 ① 소비자 및 생산자 보호의 필요성 ② 저가 물품에 대한 덤핑방지 및 상계관세 부과 등 산업보호 및 무역정책 기능 ③ 국제조약 또는 국가간 협정에 의하여 특정국가에 특혜제공 대상물품의 결정 ④ 원산지제도를 국제규범과 일치시킴으로써 외국과의 통상마찰을 사전예방 등을 위한 기준으로 물품에 원산지를 표시하는 제도와 원산지증명서 등에 의하여 원산지를 확인하는 제도를 운영하고 있다.

1) 원산지 확인 기준

(1) 완전생산 기준(Wholly Produced Criterion)

완전생산 물품이란 수입물품의 전부가 하나의 국가에서 채취하거나 생산된 ① 당해국의 영역에서 생산한 광산물, 농산물 및 식물성 생산물, ② 당해국의 영역에서 번식 또는 사육한 산동물과 이들로부터 채취한 물품, ③ 당해국의 영역에서 수렵 · 어로로 채포한 물품, ④ 당해국가의 선박에 의하여 채집 또는 포획한 어획물, 기타의 물품, ⑤ 당해국에서 제조·가공공정 중 발생한 잔여물, ⑥ 당해국 또는 당해국 선박에서 상기 물품을 원료로 하여 제조·가공한 물품 등의 하나에 해당하는 물품으로 당해 물품의 전부를 생산·가공·제조한 국가를 그 물품의 원산지로 한다.

(2) 실질적 변형기준(Substantial Transformation Criterion)

당해 물품이 2개국 이상에 걸쳐 생산·가공 또는 제조된 경우에는 물품의 본질적인 특성을 부여하기에 충분한 정도의 실질적 변형, 즉 당해국에서의 생산·가공·제조과정을 통하여 원재료의 세번과 상이한 세번(HS 6단위 기준)의 제품을 생산하는 것을 말하며, 최종적으로 수행한 나라가 원산지가 된다.

① 세번변경 기준(change of tariff classification) : 제조 · 가공을 통하여 원재료 세번과 다른 세번(HS 6단위 기준)의 제품을 생산하는 국가(예시 : HS 9613.90)의 라이터 부품으로 HS 9613.10의 라이터를 생산)

② 부가가치기준(value added criterion) : 부가가치기준은 세번변경기준 원칙에도 불구하고 특정 수입물품의 원산지에 대하여는 부가가치기준과 주요공정 기준을 적용한다. 이는 세번변경이 실질적 변형을 반영하지 못하는 경우 또는 주요부품이나 주요공정을 측정하기 어려운 경우에 주로 사용되는 것으로, 특정제품의 전체가치 중에서 부가가치의 비율(해당 물품의 제조 · 생산에 사용된 원료 및 구성품의 원산지별 가격누계가 해당물품의 수입가격(FOB가격기준)에서 점하는 비율)이 몇 % 이상인 국가를 원산지로 보는가 하는 기준이다. 이 기준은 상업송장에 의하여 수입원료의 가격을 확인할 수 있기 때문에 정확하고 간이하다는 장점이 있다. 부가가치의 비율을 산정하는 경우 해당물품의 제조·생산에 사용된 원료 및 구성품의 가격은 ㉮ 해당

제조·생산국에서 외국으로부터 수입 조달한 원료 및 구성품의 가격은 각기 수입단위별 FOB가격, ㉯ 해당 제조 · 생산국에서 국내적으로 공급된 원료 및 구성품의 가격은 각기 구매단위별 공장도가격 등의 하나에서 정하는 가격으로 한다.

대외무역관리규정의 특정 수입물품에 의하면, 부가가치기준이 적용되는 품목은 현재 카메라에 대해 규정하고 있으며, 동 규정에 의하면 해당 물품에 사용된 원료 및 부품의 부가가치가 완제품 부가가치의 35% 이상인 경우 해당 원료 및 부품을 생산 또는 최초로 공급한 국가를 원산지로 본다. 예를 들면 A국이 B, C국으로부터 부품을 수입하여 제조한 물품을 한국에 수출하는 경우, A국의 부가가치율이 16%, B국의 부가가치율이 37%, C국의 부가가치율이 25%, 수출국(A국)의 경비 · 이윤이 18%라고 한다면, 이때의 원산지는 B국으로 본다.

③ 가공공정 기준(processing operation criterion) : 주요 공정기준의 원산지 판정은 각 품목별로 기술적으로 중요한 제조 · 가공공정을 열거하여 가장 객관적인 기준으로 제조공정 중 특정한 공정을 수행하거나 특정한 부품을 사용한 국가를 원산지로 하는 기준이다. 대외무역관리규정에서 별도 정하는 품목으로서 부가가치율이 35% 이상 생산되는 국가가 없거나 2개국 이상인 경우는 주요부품이 차지하는 부가가치율이 높은 국가 즉, ㉮ 해당 주요 부품의 원료 및 구성품의 부가가치생산에 최대로 기여한 국가가 해당 완제품의 부가가치비율 기준 상위 2개국 중 어느 하나에 해당하는 경우는 해당 국가, ㉯ 해당 주요 부품의 원료 및 구성품의 부가가치생산에 최대로 기여한 국가가 해당 완제품의 부가가치비율 기준 상위 2개국 중 하나에 해당하지 아니하는 경우는 해당 완제품을 최종적으로 제조한 국가 등과 같이 주요 부품을 생산한 국가 또는 주요공정이 이루어진 국가를 원산지로 본다.

현재, 주요 공정기준이 적용되는 품목으로는 가축과 섬유류를 표시하고 있다. 즉 소, 돼지, 그 밖에 가축, 편직된 의류 및 그 부속품, 편직을 제외한 의류 및 그 부속품, 제품으로 된 방직용 섬유제품에 대한 기준 규정이 적용되고 있다. 예를 들면, 가축의 경우 출생국과 사육국이 다를 경우 소는 6개월 이상, 돼지는 2개월 이상, 그 밖에 가축의 경우에는 1개월 이상 사육된 경우에는 해당 사육국을 원산지로 하고, 각각 그 기간에 미달하는 경우에는 출생국을 원산지로 한다.

(3) 특수물품의 원산지 결정기준

① 촬영된 영화용 필름은 그 영화제작자가 속한 나라

② 기계 · 기구 · 장치 또는 차량에 사용되는 부속품 등은 종류 및 수량으로 보아 통상 그 부속품이라고 인정되는 물품은 기계 · 기구 · 장치 또는 차량의 원산지

③ 포장용품은 그 내용물품의 원산지(법 별표 관세율표상 포장용품과 내용품을 각각 별개의 품목번호로 하고 있는 때에는 예외)

(4) 직접 운송원칙

당해 물품이 원산지 외의 국가를 경유하지 아니하고 직접 우리나라에 운송·반입되는 물품에 한하여 그 원산지를 인정한다. 예외적으로 ㉮ 지리적 또는 운송상의 이유로 원산지가 아닌 국가를 단순 경유하는 경우로 그 국가에서 환적되었거나 일시적으로 장치된 경우 ㉯ 박람회·전시회 등에 전시목적으로 원산지가 아닌 국가로 수출되었다가 전시 후 우리나라로 수출된 경우 등에는 우리나라에 직접 반입된 것으로 인정한다.

3. 원산지 증명·확인

관세법, 조약·협정 등에 의하여 원산지 확인이 필요한 물품을 수입하는 자는 수입신고시 원산지증명서를 제출하여야 한다. 수입신고시 원산지증명서를 제출하지 못하는 경우에는 세관장은 수입신고 수리전 반출을 승인할 수 있다. 원산지증명서를 제출하지 않는 경우에는 일반특혜관세·국제협력관세 또는 편익관세 등의 적용을 배제하는 등 관세의 편익을 적용하지 않을 수 있다.

그림 1-2 FTA 원산결정기준의 구성체계

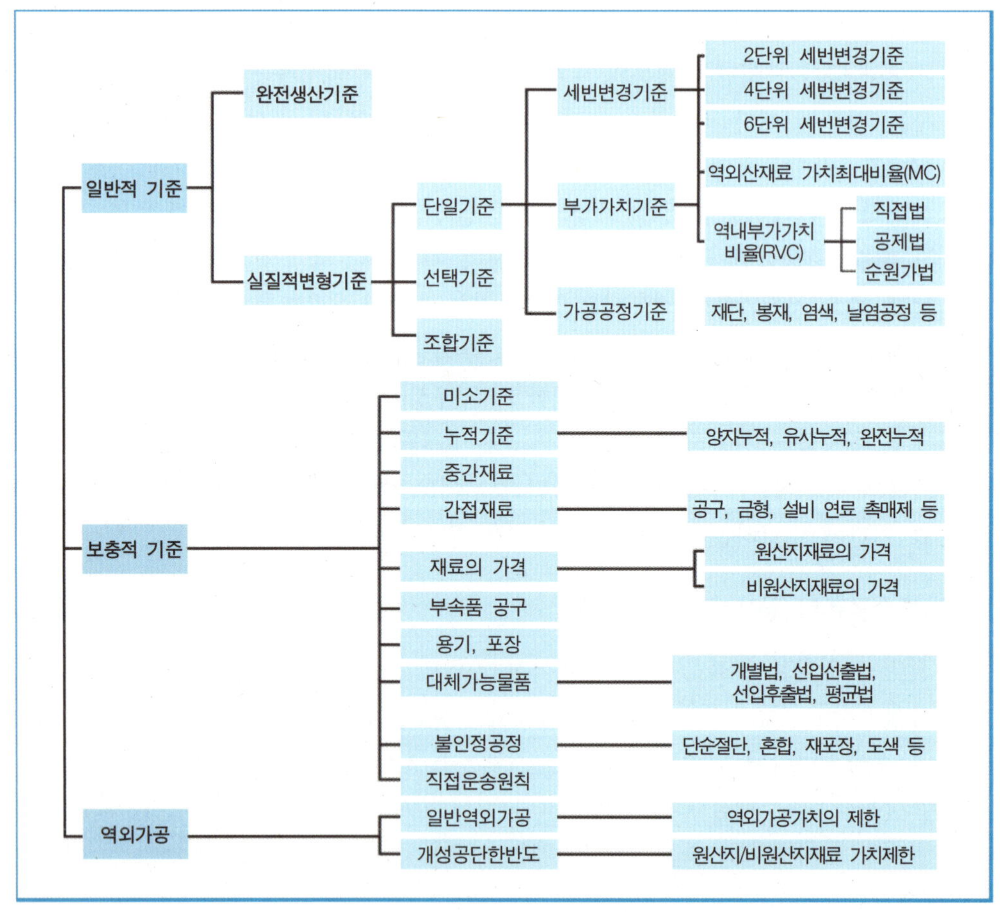

제 4 절 수출입 거래형태

현재 대외무역법상 수출입의 거래형태는 크게 특정거래와 정상거래로 나누어 볼 수 있는데 특정거래라 함은 수출입의 제한을 면탈하거나 산업보호에 지장을 초래할 우려가 있는 거래 또는 대금결제가 수반되지 아니하고 물품 등의 이동만 이루어지는 거래를 의미하고 있는바, 이러한 특정거래에 해당되지 않는 경우에는 수출입에 제한을 두고 있지 않다. 또한 특정거래라 하더라도 국부유출을 초래할 수 있는 신고가격 기준 미화 5만불 상당액 초과물품을 대외무역관리규정 제21조 1・2에 해당되지 않는 사유로 무환수출하는 경우(위탁판매수출, 수탁판매수입, 위탁가공무역, 수탁가공무역, 임대수출, 임차수입, 연계무역에 해당하는 무역거래를 위한 무환수출은 제외)에만 인정을 받도록 하고 있으며 이외의 거래는 당사자간 자유로이 거래가 가능하다.

1. 수・위탁가공무역방식에 의한 수출입

위탁가공무역(processing trade)은 가공임을 지급하는 조건으로 가공할 원자재의 전부 또는 일부를 통상 무상으로 외국의 거래상대방(임가공업자)에게 수출하여 이를 가공한 후 가공물품을 국내에 재수입하거나 제3국에 판매하는 수출입거래를 말한다. 즉 위탁가공무역은 가공임을 지급하는 조건으로 외국에서 가공(제조・조립・재생・개조를 포함)할 원자재의 전부 또는 일부를 거래상대방에게 수출하거나 외국에서 조달하여 이를 가공한 후 가공물품을 수입하는 수출입을 말한다.

그리고 수탁가공무역(processing trade on trust)은 위탁가공무역과 정반대의 거래형태로서 가공임을 취득할 목적으로 외국의 거래상대방의 위탁에 따라 원자재의 전부 또는 일부를 무상으로 수입하여 이를 국내에서 가공한 후에 외국의 위탁자 또는 위탁자가 지정하는 제3자에게 재수출하는 거래를 말한다. 즉, 수탁가공무역은 가득액을 영수하기 위하여 원자재의 전부 또는 일부를 거래 상대방의 위탁에 의하여 수입한 후 이를 가공한 후 위탁자 또는 그가 지정하는 제3자에게 가공물품을 수출하는 수출입을 말한다.

동 방식은 그 가득액(earning amount)을 수취하는 방식 혹은 원자재를 조달하는 방식에 따라 유환수탁가공무역과 무환수탁가공무역으로 나누어지며, 유환수탁가공무역이란 원자재의 수입대금과 가공제품의 수출대금이 별도로 지급・영수되는 것이며 무환수탁가공무역은 그 차액(가득액)만 영수되는 방법이다.

이와 같은 가공무역방식 수출입은 주로 외국 또는 국내의 저렴하거나 숙련된 노동력을 이용하거나 고도의 기술을 이용하고자 할 경우나 현지생산을 통한 해외시장 접근의 일환으로 본국의 모회사와 해외에 진출한 자회사간에 많이 이용되고 있는 수출입거래로서 위탁가공무역은 주로 저렴한 노동력을 활용하기 위한 국가와 활발하게 이용되고 있으며 향후 북한과의 교역이 활발해지면 그 활용도가 높을 것이다.

그림 1-3 수 · 위탁가공무역방식에 의한 수출입

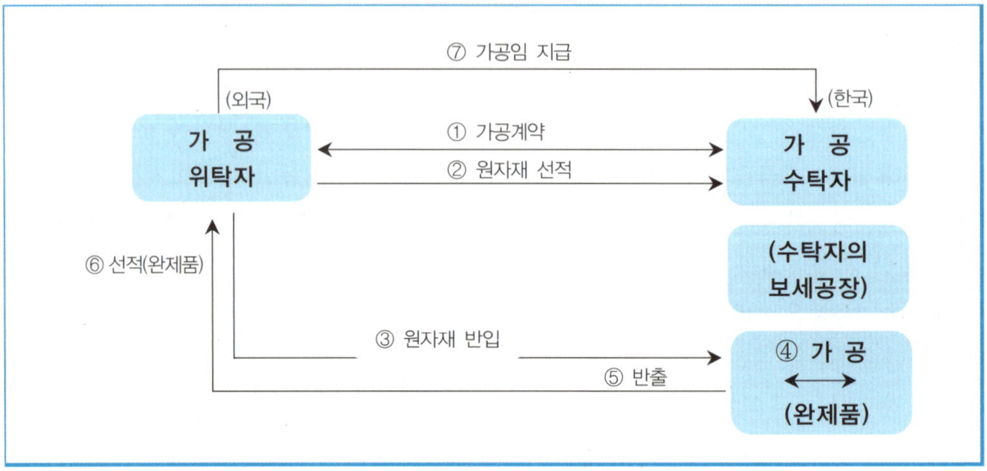

이와 함께 위탁가공무역은 섬유나 일부 전자산업 등 노동집약적인 사양산업의 경우 국내에서 생산하면 더 이상 수출경쟁력을 유지할 수 없음에 따라 산업구조 조정과정을 통하여 국내의 유휴설비를 해외에 이전하는 해외투자와 연계하여 파악할 수 있다. 이 경우 현지생산 · 현지판매 체제를 구축함으로써 저렴한 인건비와 원자재 조달을 통하여 경쟁력을 확보함은 물론 해외시장에 보다 쉽게 접근할 수 있다는 이중적인 효과를 취할 수도 있다.

즉, 단계별로 보아 위탁가공무역방식 수출입은 초기 단계에는 외국의 생산시설을 이용하여 가공만을 위탁하는 방식에서 점차 해외 직접투자를 통하여 해외현지에 생산설비를 갖추어 직접 현지에서 생산하는 단계로 진행하게 된다. 이 경우 초기에는 주로 주문자상표부착 생산(OEM, Original Equipment Manufacturing) 수출을 채택하다가 점차 기술이 덜 가미된 중간재 원자재를 수출하여 현지에서 조립하는 SKD(Semi Knock Down), DKD(Disassembled Knock Down : 분해포장수출)방식에서 기술의 함유 정도가 높은 기초원자재를 수출하여 현지에서 생산하는 CKD(Complete Knock Down) 체제로 이전하는 형태를 취하게 된다.

OEM 수출은 주문자가 만들어준 설계도에 따라 생산하는 단순 하청생산 수출방식인 반면에, 제조업자 개발생산(ODM : Original Development Manufacturing) 수출은 주문자의 요구에 따라 제조업자가 주도적으로 연구개발·설계·디자인까지 자체 해결하여 생산한 제품을 주문자(판매망을 갖춘 외국의 유통업자)에게 '공급가+개발비'로 부가가치를 높여 제품을 생산·수출하는 방식이다. 즉, ODM 수출은 기술력은 있으나 브랜드 파워를 갖추지 못한 중소업체들이 개발·설계·디자인·생산 등 모든 분야에서 다국적기업에 뒤지지 않는 경쟁력을 갖추고 공급가에 개발비를 추가할 수 있으며 부품가격이 하락해 원가절감 효과도 볼 수 있어 선진 시장진출을 위해 채택할 수 있는 유력한 대안으로 자체 브랜드로 세계시장에 당당히 설 수 있는 전략이라고 할 수 있다.

다음, 수탁가공무역은 정유 등 설비산업이나 상대적으로 기술수준이 높은 산업에서 유휴 생산설비의 가동률을 높이거나, 우리나라의 숙련된 노동력이나 고도의 기술을 이용하고자 하는 경우에 이용되는 거래형태이다.

그림 1-4 위탁가공무역방식에 의한 수출입

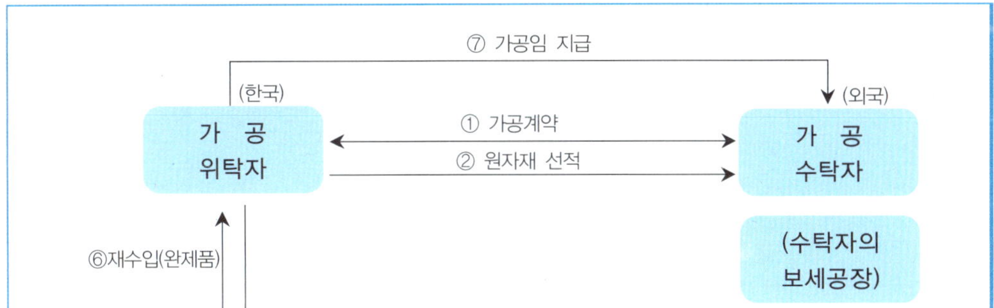

2. 수 · 위탁판매방식 수출입

1) 위탁판매방식에 의한 수출

위탁판매수출(consignment sale trade)은 위탁자가 물품을 무환으로 외국에 있는 거래 상대방(수탁자)에게 수출하여 당해 물품이 판매된 범위 안에서 일정의 판매수수료를 지급하고 물품대금을 결제 받는 수출을 말한다. 즉, 동 방식에 의한 수출은 위탁자가 자기의 계산과 위험 하에 물품을 무환으로 수출하여 당해 물품이 판매된 범위 내에서 일정의 판매수수료를 지급하고 수탁자(consignee)가 대금을 결제하고 판매되지 않은 물품을 수출국으로 다시 송부하는 방식의 수출을 말한다.

위탁판매수출은 첫째, 위탁판매수출에서는 수출물품의 소유권은 위탁자에게 있음으로 운임이나 기타 수출목적지까지의 운송경비를 부담하며 보험금의 수익자가 된다. 둘째, 수탁자는 수탁된 물품이 판매되면 위탁자에게 그 대금을 송금하여야 하며 대금을 송금할 때까지의 이자와 기타 위험부담은 수탁자가 부담한다. 셋째, 위탁자는 판매수수료로써 판매대금의 일부를 수탁자에게 지급한다 등과 같은 특징을 가지고 있다.

위탁판매수출은 수출업자나 생산자인 위탁자가 자기의 비용과 위험으로 해외에 있는 수탁자에게 물품판매를 위탁하는 것이므로 해외의 실수요자가 직접 실제의 물품을 확인하고 구매할 수 있는 장점을 가지고 있다. 동 거래방식은 수출업자의 입장에서 보면 신규 수출에 따른 위험을 제거할 수 있으며, 새로운 해외시장 개척을 위한 방법의 하나로서 수출자인 본사가 수입국에 지사 또는 판매법인을 설치하거나 설립한 후 판매를 위탁하는 경우에 주로 활용되는 거래형태이다. 수입판매업자 입장에서 보면 수입에 따른 현금부담이 없고 수입물품이 계약과 상이할 경우 클레임제기 등의 불편이 없으며 시간과 노력은 물론 수입 부대경비를 절감할 수 있는 이점이 있다.

그림 1-5 위탁판매방식에 의한 수출

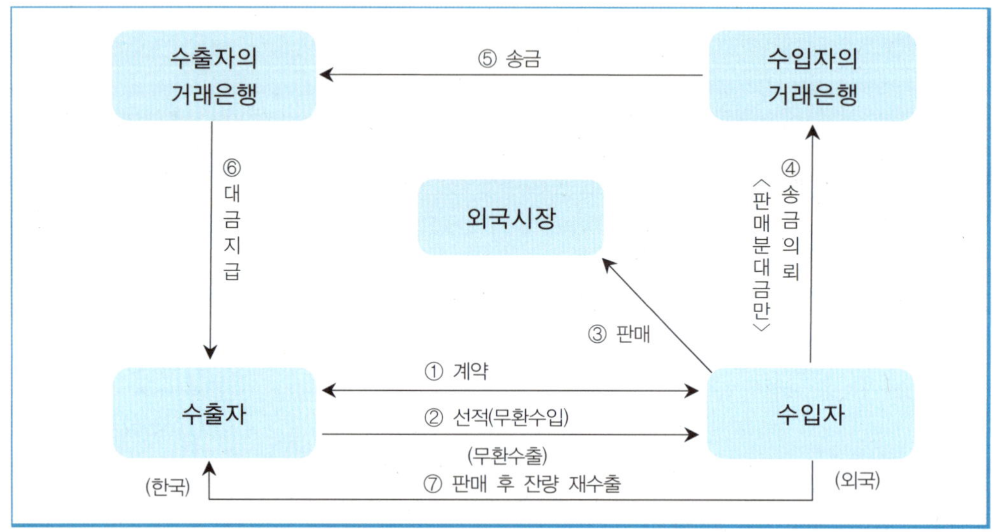

2) 위탁판매수출과 유사한 거래형태

(1) BWT(bonded warehouse transaction) 방식

동 방식은 우리나라의 수출업자가 해당지역에 지점 또는 사무소를 설치해 놓고 거래상대국의 정부로부터 허가받은 보세창고에 상품을 무환(無換)으로 반출하여 현지에서 상품의 구매계약이 성립되어 판매하는 거래방식을 말한다.

그림 1-6 BWT 방식

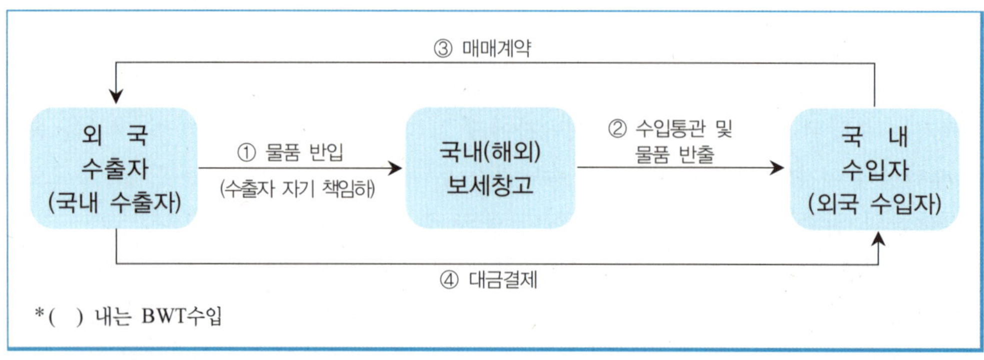

BWT수출이 일반적인 수출형태와 다른 점은 수입업자와 사전계약이 체결되지 않고 수출업자의 책임 하에 현지에서 상품의 판매계약이 성립되기까지에는 수입업자가

미확정된 상태에서 거래가 진행된다는 것이다. 이 방식에 의한 수출은 수출상대국의 수입수요를 감안하여 현지의 수입업자 또는 수요자의 편의를 제공한다는 점이 있으며, 통상 범용성 원자재, 선용품 등의 거래시 많이 활용되고 있다.

(2) CTS(central terminal station) 방식

동 방식은 교역상대국의 인가를 받아 해외에 현지법인을 설립하여 그 법인의 명의로 수입하여 현지에서 직접 판매하는 방식으로서 해외시장개척을 위해 이용된다. 이 방식은 BWT수출과는 달리 우리나라 업자가 교역상대국의 인가를 받아 법인을 설립하여 그 법인의 명의로 본국에서 수입하여 현지에서 직접 수출하고자 할 때 주로 활용되고 있다.

3) 수탁판매방식에 의한 수입

수탁판매수입(import on consignment)은 수탁자가 해외의 위탁자로부터 위탁을 받아 그 위탁자의 비용과 위험 하에 물품을 무환(無換)으로 수입하여 사국 내에서 판매하고 그 대금을 결제하는 형태이다. 이 거래방식은 위탁자로부터 일정액의 수수료를 수취하는 것이 목적이다.

수탁판매수입에 있어서 자금부담의 위험과 금리 및 판매에 따르는 위험은 물품의 소유권을 가지고 있는 위탁자가 부담하고 수탁자는 단지 판매 대리인으로서 위탁자가 지정한 조건에 따라 상품을 매각하고 나머지 물품은 위탁자에게 반환하며 그 매각대금에서 제경비나 판매수수료 등을 공제한 잔액만을 위탁자에게 송금하게 된다. 그러므로 수입업자는 판매에 대한 위험을 느끼지 않고 수입을 할 수 있으며, 수입에 따르는 자기부담이 전혀 들지 않는다는 장점이 있으나, 이러한 장점으로 인하여 수입국가의 입장에서 볼 때 무분별한 수입이 조장될 우려도 있다.

그림 1-7 수탁판매방식에 의한 수입

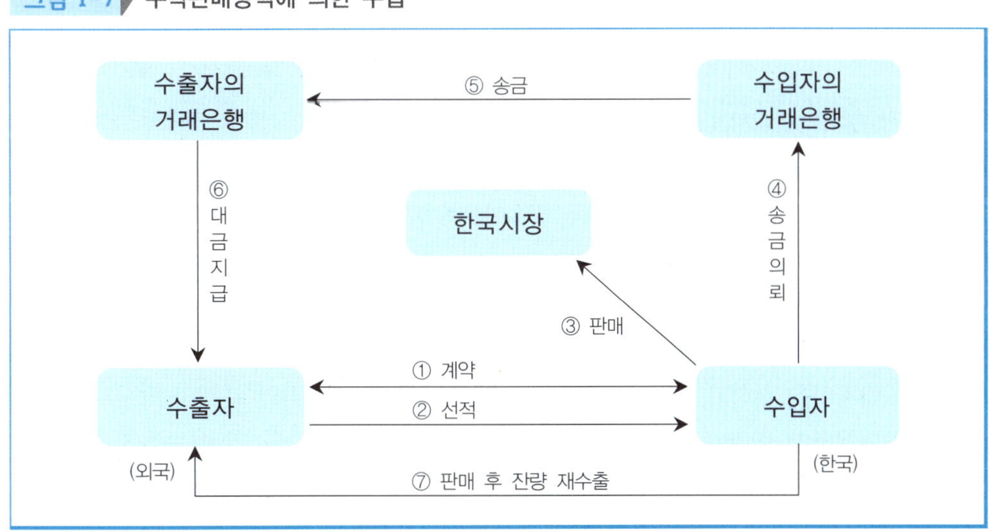

3. 중계무역에 의한 수출입

중계무역(intermediary trade)은 수출할 것을 목적으로 물품을 수입하여 이를 제3국으로 수출하는 수출입을 말한다. 중계무역을 일명 통과무역이라고도 하며 수입한 상품을 원형 그대로 가공하지 않고 수출하여 지급액과의 차액, 즉 중계수수료를 수취하는 거래이다. 즉 수출할 것을 목적으로 물품을 수입하여 보세구역 및 자유무역지역 이외의 국내에 반입하지 않고 이를 제3국으로 수출하는 수출입거래방식으로서 수입한 상품을 원상태 그대로 수출하여 수출대금 영수액과 수입대금 지급액과의 차액에 해당하는 가득액(earning amount)을 취하는 거래방식이다. 이때 취하는 가득액은 수출가액(FOB)에서 수입금액(CIF)을 공제한 금액으로서 이를 중계차액(relay balance)이라 하며 이 중계차익만을 수출실적으로 인정한다.

자국 내에서 생산한 물품을 수출하던 수출자가 산업구조 조정 등 경제상황의 변화에 따라 자국에서 상품의 공급능력이 한계에 이르거나 수출채산성을 확보하기 어려운 경우 또는 해외에서 물품을 조달하면 보다 많은 수익을 취할 수 있는 경우 등은 중계무역방식 거래를 활용하여 해외에서 수출물품을 확보함으로써 해외시장을 관리하거나 거래처와의 거래를 계속할 수 있을 것이다.

그림 1-8 중계무역방식에 의한 수출입

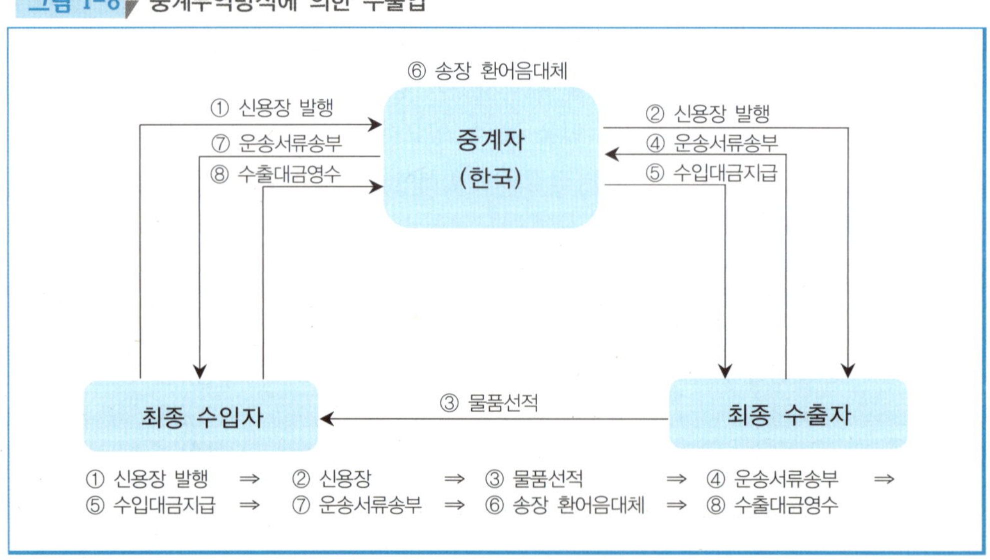

중계무역시는 최종 수입자 및 최초 수출자와의 중간상으로서 중계무역자는 최종 수입자 및 최초 수출자와의 무역계약 당사자로서 계약의 주체이다. 즉, 물품을 매입하여 매도함으로써 매매차익을 취하고, 거래시 분쟁이 발생하는 경우 직접적인 분쟁의 당사자가 된다. 그러나 중개무역시 중개자는 중개수수료를 대가로 최종 수입자와 최초 수출자간에 직접 거래할 수 있도록 중개·알선하는 자이므로 직접적인 무역거래당사자가 아니다. 따라서 중개자는 분쟁발생시 직접적인 분쟁당사자가 아니다.

따라서 중계무역시는 통상 물품과 선적서류가 중계자를 경유하여 최종 수입국에 인도되며, 중개무역시는 물품과 선적서류가 최초 수출자에게서 최종 수입자에게 직접 인도된다. 대외무역법상에서 인정하고 있는 중계무역은 물품의 인도방법으로 보아서는 중개무역의 범주까지 포함시키고 있다. 즉, 형식상으로 보아 중계무역 형태로서 물품이 중계국을 경유하는 경우는 물론, 중개무역 형태로서 물품이 중계국을 경유하지 않고 최초 수출국에서 최종 수입국으로 직접 인도되는 경유까지를 포함한다.

4. 외국인도방식 수출과 외국인수방식 수입

외국인도수출(外國引渡輸出)이란 국내에서 수출통관되지 않은 물품을 외국에서 외국으로 인도하여 매각하고 그 대금을 국내에서 영수하는 거래방식을 말한다. 즉 외국인도방식에 의한 수출은 수출대금은 국내에서 영수하지만 국내에서 통관되지 아니한 수출물품을 외국으로 인도하는 수출을 말한다.

외국인수수입과 대응되는 거래형태로서 국내에서 수출 통관되지 않은 물품을 외국으로 인도하여 매각하고 그 대금을 국내에서 영수하는 거래방식으로 산업설비수출, 해외건설, 해외투자 등 해외 사업현장에서 필요한 기자재를 외국인수수입형태로 구입하여 사용한 후 국내로 반입하지 않고 다시 매각한다든지 또는 항해 중이거나 어로작업 중인 선박을 현지에서 수출하고자 할 경우에 주로 사용하는 거래형태이다.

그림 1-9 외국인도 수출

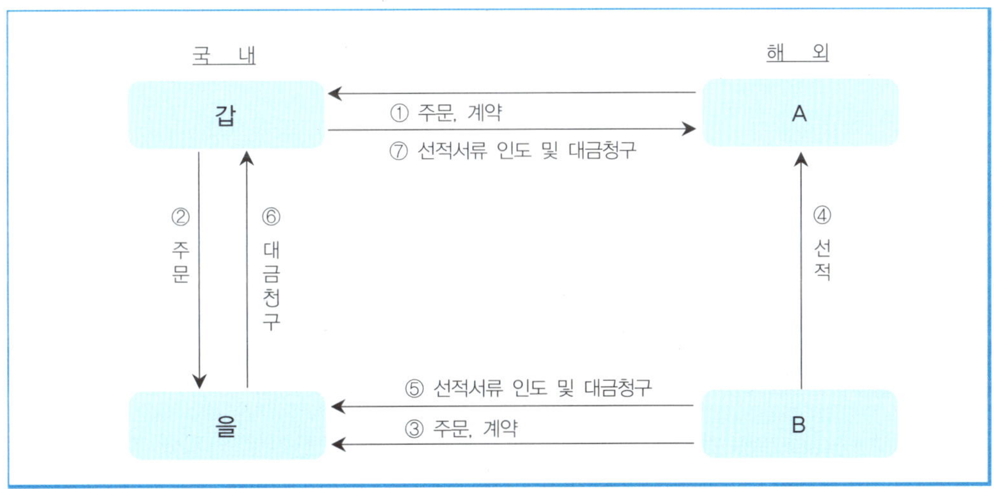

주로 해외건설 등 해외산업현장에 필요한 물품을 외국에서 수입하여 사용한 후 이를 국내에 반입하지 않고 다시 수출할 경우 등에 이용된다. 해외에서 사용한 기자재 등을 국내에 반입하여 다시 수출절차를 밟을 경우 생기는 비용과 시간을 절약하기 위한 방안이다. 그리고 외국인수수입이란 물품을 외국에서 조달하여 외국의 사업현장에서 인수하고 그 대금을 국내에서 지급하는 거래방식을 말한다.

외국인수수입(外國引受輸入)은 해외에서 산업설비수출, 해외건설, 해외투자, 위탁가공무역 등의 사업을 추진하는데 있어서 필요한 기자재 및 원자재를 외국(제3국 또는 현지)에서 수입할 필요가 있을 때 운송시간과 경비를 절감하기 위하여 해당물품은 외국의 사업현장에서 직접 인수하고 수입대금은 국내에서 지급하는 거래형태를 말한다. 즉, 외국인도수출과 외국인수수입은 물품인도지와 대금결제지가 상이한 3국간 수출입이지만 수출입거래의 주체는 우리나라에 소재하고 있는 거래형태이다.

그림 1-10 외국인수 수입

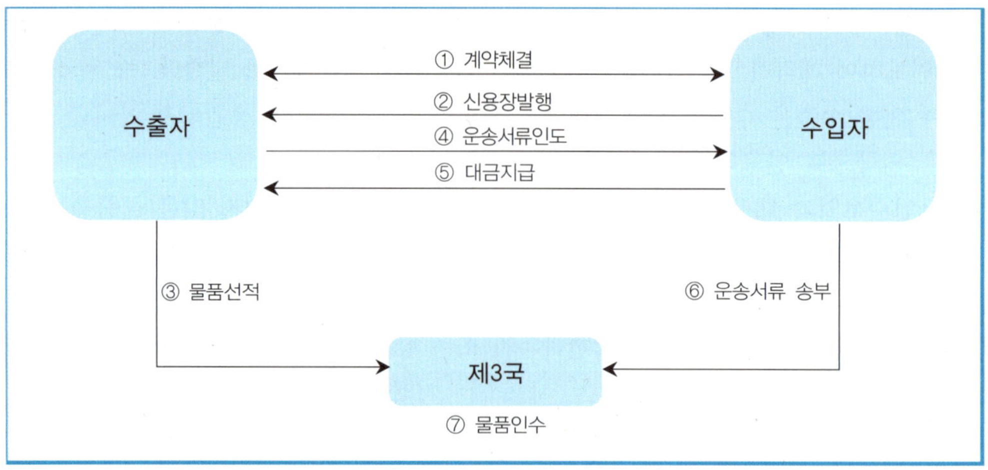

5. 임대차방식에 의한 수출입

임대차방식(賃貸借方式) 수출입거래는 임대차계약에 따라 물품의 임대료를 영수하거나 임차료를 지급하는 조건으로 물품을 수출하거나 수입한 후 임대차계약기간 종료 후 임대물품이나 임차물품을 재수입 또는 재수출하거나, 임대차계약기간 종료 전 또는 종료 후에 소유권을 이전받는 수출입거래를 말한다. 이는 생산설비 등 거대자본이 필요한 경우나 의료용구 등과 같이 단일물품의 가액이 크나 수명주기(life cycle)가 상대적으로 짧은 물품을 수입할 때 자금압박을 완화하거나 신제품 개발에 따른 위험을 회피하는 수단으로 활용되고 있다.

특히, 임차방식수입은 기업에서 설비투자시 일시에 거대자본이 투입됨에 따른 부담을 완화한다는 측면에서 그 활용도가 높으며, 또한 설비의 내용년수가 경과하거나 경과하기 전이라도 이미 중고화된 생산설비를 보다 저렴한 가격으로 소유권을 이전 받을 수 있는 기회를 가질 수 있다는 점에서 경우에 따라서는 상당히 유리할 수 있다.

참고로 임대차방식의 수출입은 외국환거래법상 기타의 자본거래에 해당되므로 사전에 외국환은행에 신고하여야 하며 특히 임차수입의 경우에는 관세법상 재수출면세에 해당될 수 있으므로 수입신고 수리 전에 반드시 관세감면 신청을 하여야 관세감면이 가능하다.

그림 1-11 임대차방식에 의한 수출입

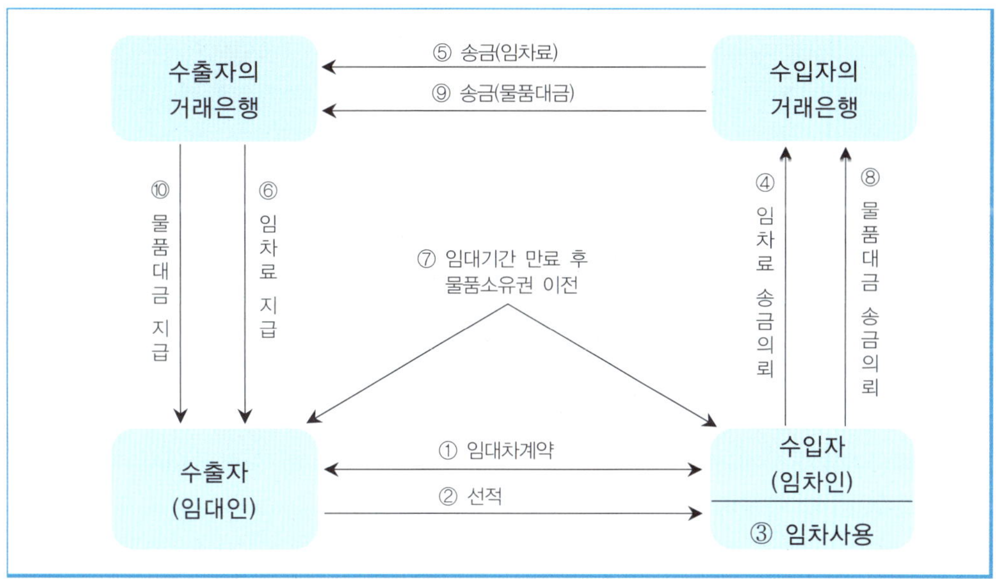

6. 연계무역에 의한 수출입

연계무역은 수출하고자 하는 해당 국가의 외환 보유고가 부족함에 따라 대체적으로 결제조건이 열악하여 연지급수입 등 외상결제조건을 제시하는 경우가 많으며 그리고 물품의 대가를 자국에 풍부한 원자재로 결제하겠다는 제의를 접하는 경우와 같이 외국환이 부족한 국가와 거래할 경우에 많이 활용되는 거래형태로서 동일한 거래상대자간에 수출물품과 수입물품이 교환됨으로 인하여 수출과 수입이 연계된 형태의 무역거래 형태이다.

이는 수출입계약의 형태, 대응구매기간, 물품대금 청산의 형태, 교환되는 물품과의 관계에 따라 물물교환(barter trade), 구상무역(compensation trade), 대응구매(counter purchase), 산업협력(industrial cooperation)을 위주로 하는 제품환매(buy-back trade), 절충교역거래(off-set deal) 등 여러 형태에 의하여 이루어지는 수출입을 말한다. 즉, 동일한 거래당사자간에 수출과 수입이 연계된 무역거래로서 거래당사국간의 수출입의 균형을 유지하거나 통상협력의 수단으로 이용되며 연계무역의 거래형태는 다음과 같다.

1) 물물교환(barter trade)

물물교환은 환거래가 발생하지 않는 단순한 물품교환방식의 형태이며 하나의 계약으로 거래가 성립한다. 연계무역의 기본적 형태로서 물물교환은 가장 오래된 무역거래의 형태로서 현재에도 선상교역, 중국·러시아간, 중국·베트남간의 국경무역에서 많이 활용되고 있는 거래형태이며 환거래가 발생하지 않고 상품이 1대 1로 교환되는 무역형태이다. 이것은 신용장의 발행없이 직접적인 물품교환형태(物物交換形態)로서 당사자간 상품의 인도가 거의 동시에 이루어진다.

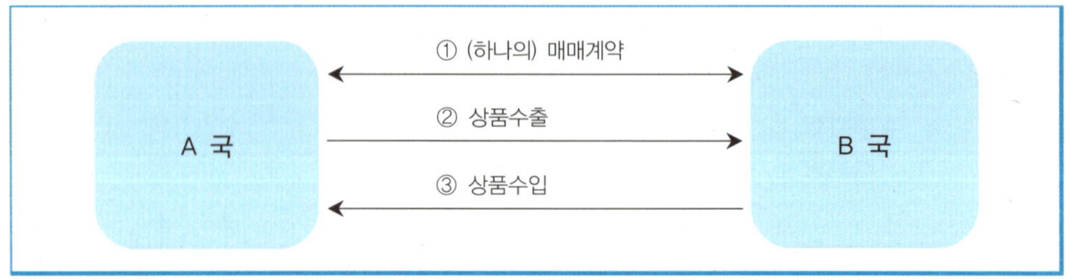

2) 구상무역(compensation trade)

구상무역은 물물교환의 형태와 동일하나 환거래가 발생하고 대응수출 의무를 제3국에 전가할 수 있다는 특징이 있으며, 이는 원칙적으로 수출·수입거래를 하나의 계약서로 작성되어야 하며 별도의 계약서로 작성될 경우에는 계약서간에 상호 관련되어야 한다. 그리고 대금결제가 상계되어야 함에 따라 동시발행신용장(back to back credit), 기탁신용장(escrow credit) 등 상계방식(相計方式)으로 대금을 결제하는 특수신용장을 사용하여 거래한다.

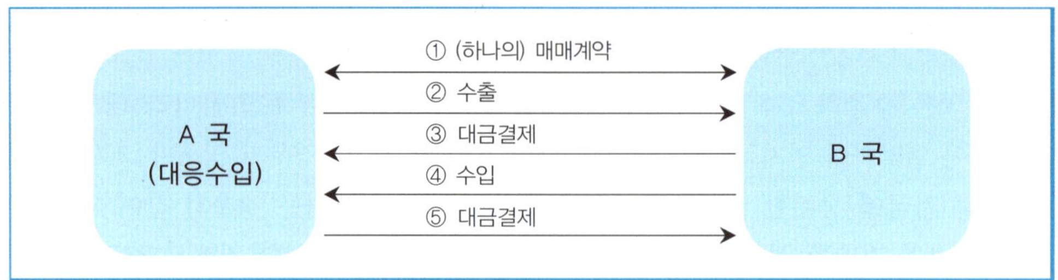

3) 대응구매(counter purchase)

대응구매는 동서교역(東西交易)에 활용된 가장 보편적인 거래형태로서 계약서상의 대응수입조건에 따라 수출액의 일정비율에 상응하는 상품을 대응수입하여야 하는 의무를 부과한다는 점에서 구상무역과 차이는 없으나, 수출과 수입이 거래내용상은 상호 연계되어 있으나 형식적으로는 수출계약과 수입계약을 별도로 체결함에 따라 완전히 분리된 두 건 이상의 일반 무역거래 형태를 취한다. 따라서 수출대금과 수입대금이 상계되지 않으며 두 개의 일반신용장이 발행된다.

대부분의 연계무역형태 수출입은 거래규모가 크고 거래내용이 다소 복잡함에도 불구하고 구상무역은 거래상대방에게 대응수입의무를 보다 확실하게 강제하기 위하여 수출대금과 수입대금을 상계하도록 하고 있음에 따라 대응수입을 위한 시차조정 등의 문제로 인하여 활용이 다소 제한되고 있다. 그러나 대응구매는 수출대금과 수입대금을 별도로 결제함에 따라 구상무역 형태의 문제점을 상당히 해소함으로써 다양한 무역거래 현실을 수용하는데 있어서 보다 용이하므로 대응구매 형태는 연계무역의 대종을 이루는 거래형태로서 활용된다.

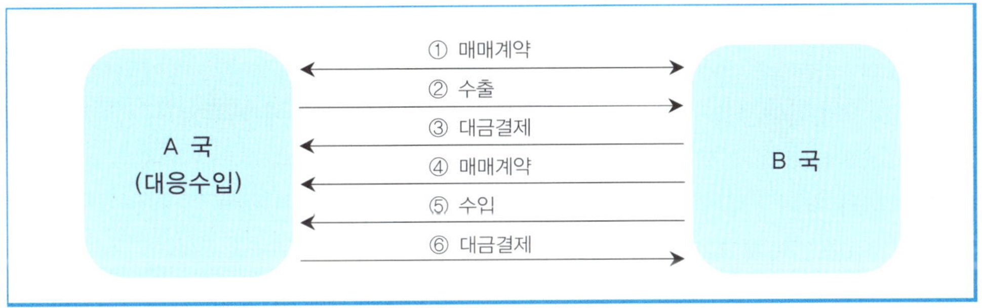

4) 제품환매(product buy-back)

제품환매거래는 기술·설비 또는 플랜트를 수출한 수출업자가 이의 수출대금을 제공한 기술·설비 또는 플랜트에서 직접 파생되는 제품이나 또는 이를 이용하여 생산된 제품으로 회수하는 거래방식이다. 이 경우 수출대금의 전부나 일부가 수입대금으로 지급된다. 이 방식에서 특히 기술이전을 수반하는 형태를 산업협력(industrial cooperation) 방식이라 한다.

산업협력형태로 대표되는 제품환매는 플랜트나 기술수출 등에 대응하여 그 대가를 당해 설비나 기술을 사용하여 생산되는 제품을 수입하는 방법으로 결제받는 형태의 거래이다. 산업협력은 일종의 원조로서 수출한 설비나 기술에 의하여 생산되는 제품을 수입하는 방식(buy back deal)과 같은 무역거래형태 이외에 수출한 설비 등의 대가로 자본참여, 판매망 제공 등 일정한 지분을 보유하고 설비 등을 수입한 자의 사업에 참여하는 합작투자(joint venture) 형태를 취하기도 한다.

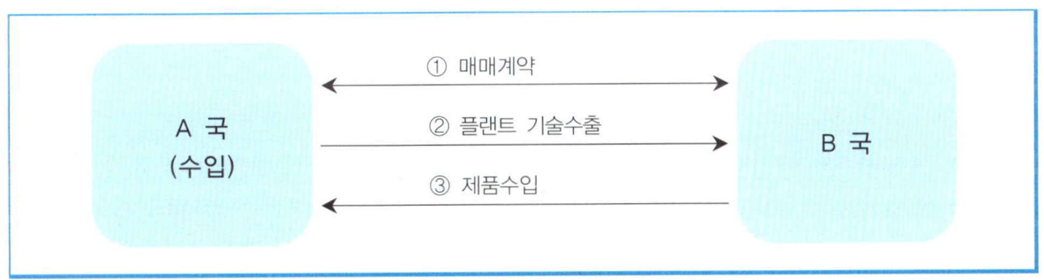

기술한 4가지 거래방식 외에도 절충교역거래방식(off-set program)에 의한 교역은 방위산업분야나 항공기산업에 적용되는 거래형태로 군장비나 상업용 비행기 등 고도기술 제품을 구매할 때 이 장비에 쓰일 부품일부를 수입국가에서 생산된 특정자재, 부품 또는 기타 관련 재화를 구매하게 하거나 기술이전 등을 요구하는 거래형태이다.

절충교역거래(off-set deal)는 주로 군수품 거래시 활용되고 있는데 전투기나 군사시설을 도입할 때 부수적으로 기술이전의 효과를 거두기 위하여 전체 계약에 대한 이행책임을 부과하면서 일부 부품을 국내에서 조달하도록 하는 절충교역거래 보완거래를 강제하거나 제조시설을 국내에 이전하도록 하는 방법 등을 추가한다.

연계무역은 원칙적으로 수출과 수입이 하나의 계약서로 작성되어야 하며, 별도의 계약서로 작성될 경우에는 계약서간에 상호 관련되어야 하고 대금결제가 상계되어야 한다. 연계무역시 수출입대금을 상계하는 방법은 일회성거래인 경우에는 주로 동시발행신용장(back to back credit), 기탁신용장(escrow credit) 등 연계무역용 특수신용장을 이용한다. 그러나 거래가 장기 · 주기적으로 이루어지는 경우는 상호계정 방법을 채택하여 1개월 또는 1년 이내의 일정기간 동안 거래 후 잔액을 정산하는 방법을 채택할 수 있다.

7. 다자간 복합거래에 의한 수출입

다자간 복합거래(多者間 複合去來)라 함은 내국거래와 무역거래가 상호 결합되어 나타나는 4자 이상의 혼성 매매거래를 통칭하는데, 이는 대개 국내 기업간의 물품매매거래와 대외무역법상의 외국인수수입·외국인도수출·위탁가공무역·중계무역 등이 서로 합성·변형되는 양상의 거래구조를 띠고 있는 것이 일반적이다.

동 거래는 실무에서 매우 다양한 형태(4자간, 5자간, 6자간 거래 등)로 변형되어 나타날 수 있으므로 이와 같은 합성거래는 이를 각각의 개별 거래요소 별로 분해·분석하는 별도의 해석과정을 거쳐 Case by Case로 대처하여야 하며, 거래의 구성요소 중에 무환수출·중계무역·임대수출·임차수입·산업설비수출 등의 형태가 포함되어 있는 경우에는 사전에 그에 따른 인정·신고·승인 등의 절차를 이행하여야 한다.

거래를 면밀히 분해·분석하여 거래의 구성요소 별로 무역거래인지 무역외거래인지 내국거래인지의 여부를 정확히 판별하여야 하며 내국거래 해당 분에 대해서는 무역거래와 관련한 각종 제도상의 혜택(부가세 영세율 적용, 무역금융지원, 수출실적 인정 등)이 부여되지 않는다는 점을 각별히 유념하여야 한다.

1) 4자간 복합거래의 예시

국내 A사(물품 공급자)와 국내 X사(물품 구매자)간의 물품매매계약에 따라, 국내 A사가 인도의 B사(A사의 해외 공급선)로부터 물품을 수입하여 이를 국내 X사의 지시에 따라 미국의 Y사(X사의 해외 구매선)로 인도하는 거래이다.

이와 같은 거래는 통상 A사-B사-Y사간의 중계무역 형태로 이루어지거나 또는 X사-B사-Y사간의 중계무역 형태로 이루어지는 것이 일반적이나, A사와 X사가 각기 자사의 해외 거래선에 대한 기득권을 유지하고자 상대방에 대한 직거래를 허용하지 않는 경우에 이를 타개하기 위한 방법으로 유용하게 활용될 수 있다.

① A사와 X사간의 거래 : X사가 미국의 Y사에게 수출할 물품을 국내의 A사가 인도의 B사로부터 수입하여 이를 공급한 후 X사로부터 당해 물품의 판매대금을 수령하는 거래로서 이는 대외무역법상의 수출입거래에 해당하지 않으므로 부가가치세 영세율 적용, 내국신용장 또는 구매확인서 발행, 무역금융 지원 등의 혜택을 받을 수 없다(동 거래는 국내 기업간의 물품매매거래로서 무역거래에 해당하지 않는다).

② A사와 B사간의 거래 : 국내의 A사가 외국(미국)에서 물품을 인도받는 조건으로 인도의 B사로부터 물품을 수입한 후 동사에게 당해 물품의 수입대금을 지급하는 거래로서 이는 대외무역법상의 외국인수수입에 해당한다.

③ X사와 Y사간의 거래 : 국내의 X사가 국내 A사로부터 취득한 외국 소재의 물품을 미국의 Y사에게 수출한 후 동사로부터 당해 물품의 수출대금을 수령하는 거래로서 이는 대외무역법상의 외국인도수출에 해당한다.

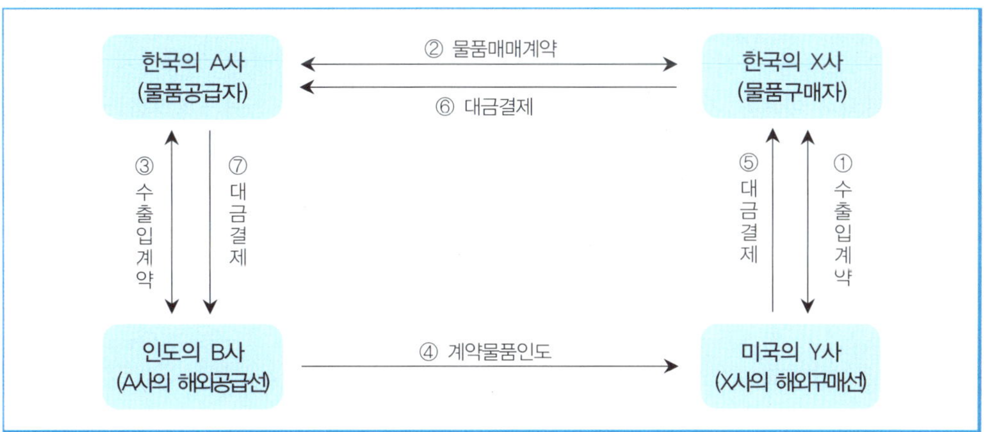

2) 5자간 복합거래의 예시

국내 A사(물품 공급자)와 국내 X사(물품 구매자)간의 물품매매계약에 따라 국내 A사가 미국의 B사(A사의 원자재 공급선)로부터 원자재를 수입하여 베트남의 C사(A사의 위탁가공업체)에게 무상으로 공급한 후 이를 가공하도록 하여 당해 가공물품을 국내 X사의 지시에 따라 중국의 Y사(X사의 해외 구매선)로 인도하는 거래이다.

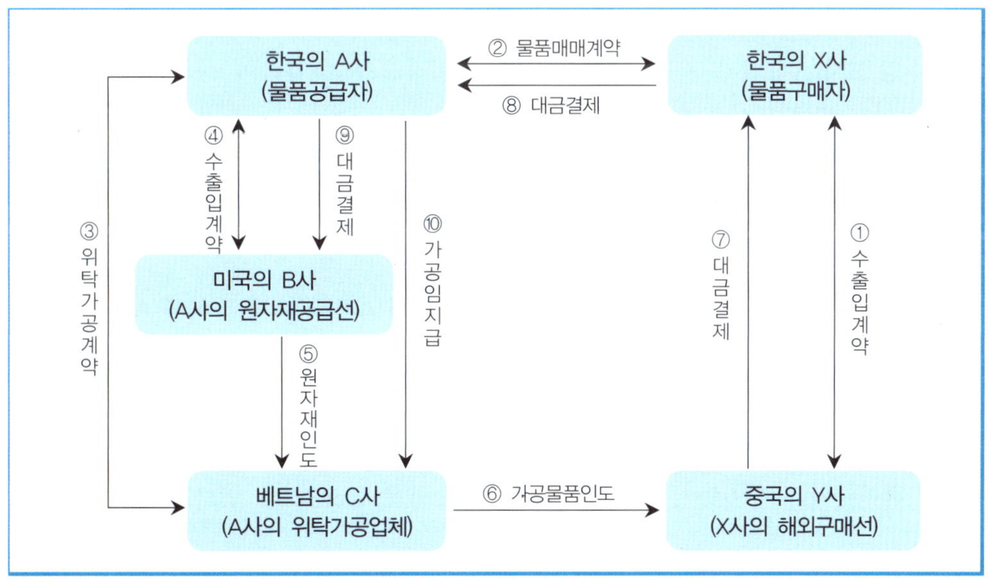

이와 같은 거래는 통상 A사-B사-C사-Y사간의 위탁가공무역 형태로 이루어지거나 또는 X사-C사-Y사간의 중계무역 형태로 이루어지는 것이 일반적이나 A사와 X사가 상호 물품의 조달 및 판매에 관한 상대방의 노하우를 활용하여 자사의 해외거래선에 대한 배타적 유대관계를 지속적인 수익원으로 유지·관리하고자 하는 경우에 유용하게 활용될 수 있다.

① A사와 X사간의 거래 : X사가 중국의 Y사에게 수출할 물품을 국내의 A사가 베트남의 C사에게 임가공을 위탁하여 조달·공급한 후 X사로부터 당해 가공물품의 판매대금을 수령하는 거래로서 이는 대외무역법상의 수출입거래에 해당하지 않으므로 부가가치세 영세율 적용, 내국신용장 또는 구매확인서 발행, 무역금융 지원 등의 혜택을 받을 수 없다(동 거래는 국내 기업간의 물품매매 거래로서 무역거래에 해당하지 않는다).

② A사와 B사간의 거래 : 국내의 A사가 베트남 현지에서 화물을 인도받는 조건으로 미국의 B사로부터 위탁가공용 원자재를 수입한 후 동사에게 당해 물품의 수입대금을 지급하는 거래로서 이는 대외무역법상의 외국인수수입에 해당한다.

③ A사와 C사간의 거래 : 국내의 A사가 베트남의 C사에게 원자재를 무상으로 공급하여 이를 가공하도록 한 후 당해 가공물품을 외국(중국)에서 인도받는 조건으로 동사에게 위탁가공임을 지급하는 거래로서 이는 대외무역법상의 위탁가공무역에 해당한다.

④ X사와 Y사간의 거래 : 국내의 X사가 국내 A사로부터 취득한 외국 소재의 물품을 중국의 Y사에게 수출한 후 동사로부터 당해 물품의 수출대금을 수령하는 거래로서 이는 대외무역법상의 외국인도수출에 해당한다.

3) 6자간 복합거래의 예시

국내 A사(물품 공급자)와 국내 X사(물품 구매자)간의 물품매매계약에 따라 국내 A사가 호주의 B사(A사의 원자재 공급선)로부터 원자재를 수입하여 중국의 C사(A사의 위탁가공업체)에게 무상으로 공급한 후 이를 가공하도록 하여 당해 가공물품(반제품)을 국내 X사의 지시에 따라 베트남의 Y사(X사의 위탁가공업체)로 인도하면, 베트남의 Y사는 국내 X사와의 위탁가공계약에 따라 당해 반제품을 가공하여 이를 영국의 Z사(X사의 해외 구매선)로 인도하는 거래이다.

동 거래는 X사-Y사-Z사간의 위탁가공무역이 국내의 A사를 매개로 하여 A사-B사-C사간의 위탁가공무역과 결합되는 형태의 이중 위탁가공무역으로서 이는 특정 산업 분야(섬유: 원사-직물-의류)의 국내 기업들이 인건비 절감을 목적으로 그 생산기지를 제3국으로 대거 이전하는 상황하에서 당해 제품의 수직 계열선상에 있는 국내 기업들간에 지속적인 상생의 협력체계를 유지하기 위한 방법으로 유용하게 활용될 수 있다.

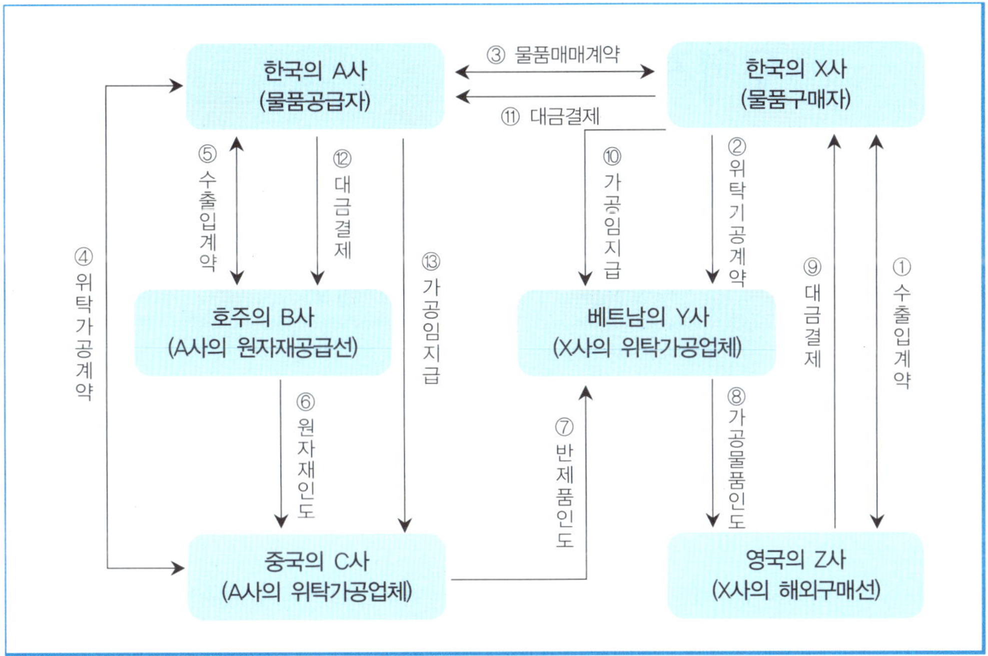

① A사와 X사간의 거래 : X사가 영국의 Z사에게 수출할 물품의 생산에 필요한 반제품을 국내의 A사가 중국의 C사에게 임가공을 위탁하여 조달·공급한 후 X사로부터 당해 반제품의 판매대금을 수령하는 거래로서 이는 대외무역법상의 수출입거래에 해당하지 않으므로 부가가치세 영세율 적용, 내국신용장 또는 구매확인서 발행, 무역금융 지원 등의 혜택을 받을 수 없음(동 거래는 국내 기업간의 물품매매거래로서 무역거래에 해당하지 않는다).

② A사와 B사간의 거래 : 국내의 A사가 중국 현지에서 화물을 인도받는 조건으로 호주의 B사로부터 위탁가공용 원자재를 수입한 후 동 회사에게 당해 물품의 수입대금을 지급하는 거래로서 이는 대외무역법상의 외국인수수입에 해당한다.

③ A사와 C사간의 거래 : 국내의 A사가 중국의 C사에게 원자재를 무상으로 공급하여 이를 가공하도록 한 후 당해 가공물품을 외국(베트남)에서 인도받는 조건으로 동 회사에게 위탁가공임을 지급하는 거래로서 이는 대외무역법상의 위탁가공무역에 해당한다.

④ X사와 Y사간의 거래 : 국내의 X사가 국내 A사로부터 취득한 반제품 상태의 물품을 베트남의 Y사에게 무상으로 공급하여 이를 가공하도록 한 후 당해 가공물품을 외국(영국)에서 인도받는 조건으로 동사에게 위탁가공임을 지급하는 거래로서 이는 대외무역법상의 위탁가공무역에 해당한다.

⑤ X사와 Z사간의 거래 : 국내의 X사가 베트남의 Y사를 통하여 위탁 가공한 물품을 영국의 Z사에게 수출한 후 동사로부터 당해 물품의 수출대금을 수령하는 거래로서 이는 대외무역법상의 외국인도수출에 해당한다.

Chapter

02 무역계약의 체결

제1절 무역계약의 개념

1. 무역계약의 의의

무역계약(contracts for the international sale of goods ; trade contract)은 국제간 매매계약으로서 매도인이 물품의 소유권을 양도하고 매수인은 이를 수령하고 대금을 지급할 것을 약정하는 국제물품매매계약을 말한다.

따라서 무역거래는 ① 매도인의 청약(offer) 또는 매수인의 주문(order)에 대한 상대방의 승낙(acceptance) 또는 주문승낙(acknowledgement)이 있어야 비로써 계약이 성립되는 합의 또는 낙성계약(consensual contract)이며 ② 무역계약은 각 계약당사자가 상호 대가적 관계에 있는 급부를 할 것을 목적으로 하여 성립되는 유상계약(remunerative contract)이며 ③ 무역계약은 매매당사자간에 계약이 성립됨에 따라 쌍방이 채무를 부담하는 채무계약으로서 매도인은 물품인도의 의무, 매수인은 그 대가로 대금지급의무를 갖는 쌍무계약(bilateral contract)이며 세 가지 법률적 특성이 있다.

한편 계약당사자가 통상적인 규모의 거래에서는 매도인의 청약이 승낙되거나 매수인의 주문에 대하여 주문승낙이 되면 그때부터 계약은 성립되고, 이를 확실히 하기 위하여 계약서를 작성하게 되는데 무역계약의 종류에는 첫째, 매 거래시마다 매도인과 매수인간에 어떤 품목에 대한 거래가 성립되면 품목별거래에 대하여 계약서를 작성하고 그 계약에 대한 거래가 종결되면 그것으로써 계약이 종료되는 개별계약(case by case contract), 둘째, 매매당사자간에 상호 장기간동안 거래를 하였거나 동일한 상품을 계속적으로 거래할 때 매 거래시마다 개별적으로 계약하는 것이 피차간에 불편하므로 연간 또는 장기간 기준으로 계약을 체결하고 필요시마다 거래상품을 선적해 주는 경우의 포괄 또는 장기계약(master contract), 셋째, 어떤 특정품목의 수출입에 있어서 수출업자는 수입국가의 지정 수입업자 외에는 동일품목을 Offer하지 않으며, 또 수입업자 역시 수출국의 다른 수출업자로부터는 동일품목을 취급하지 않겠다는 조건으로 맺어지는 독점계약(exclusive contract) 등이 있으며, 무역계약은 특정한 요식을 필수조건으로 하는 것은 아니며 매매 당사자의 합의가 있으면 그 자체로 계약이 성립되는 것으로 문서의 작성이나 교부가 계약성립의 요건이 되는 것이 아닌 불요식계약(informal · single contract)으로 다만 추후 발생할 클레임 등에 대한 근거로서 계약서의 작성이 권장되고 있다.

그림 2-1 무역계약의 법적 성격

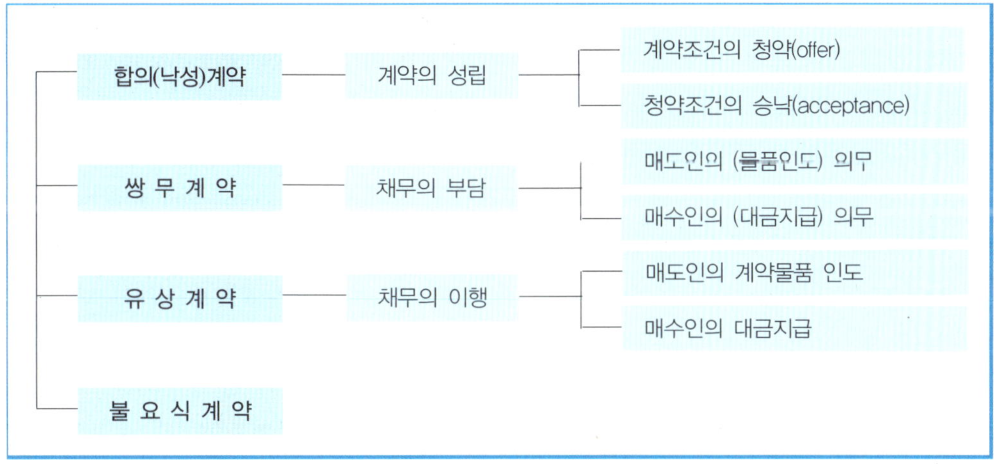

2. 무역계약의 적용법규

무역계약에서의 준거법(governing law)은 무역계약의 양당사자가 자신들의 계약에 적용하기로 의도한 법, 국제조약 및 국제상관습법 또는 그러한 의도가 계약과 가장 밀접하게 관련되어 있는 법을 의미한다. 즉, 무역계약에 적용되거나 해석기준이 되는 여러 가지 법규를 "무역계약의 준거법규"라고 한다.

무역거래 당사자간에 계약을 체결하고 수출입 이행시 거래당사자간에 동일한 사안을 동일하게 해석할 수 있도록 국제거래 관행과 관습을 반영한 국제적으로 통일된 국제규범인 국제규칙과 국제거래법은 대표적으로 다음과 같다.

첫째, 무역계약 체결시에 활용하는 국제법규와 국제상관습으로 대표적인 국제법규는 국제물품 매매에 관한 국제연합협약(united nations convention on contract for the international sale of goods ; CISG, 일명 Vienna협약)로 이는 주로 당사자간에 수출입 기본계약을 체결할 때 준거법으로 활용되며 그리고 국제상관습으로 '정형거래조건 해석에 관한 국제규칙', 즉 Incoterms(international rules for the interpretation of trade terms : international commercial terms 2020)가 있다. 이는 FOB, CIF, CFR 등 당사자간에 무역계약 체결시 계약내용을 보완하기 위하여 채택하는 11개의 정형거래조건(trade terms)을 해석하기 위한 국제규칙이다. 이와 함께 중재판정에 대해 범세계적인 집행력을 확보하기 위한 국제협약으로서 'New York Convention'이라고도 하는 '외국중재판정의 승인 및 집행에 관한 국제연합협약'(united nations convention on the recognition and enforcement of foreign arbitral awards)이 있다.

둘째, 운송 관련 국제규범으로, 해상운송과 관련해서는 선하증권통일조약(Hague Rules, 1978)과 개정 선하증권조약(Hague-Visby Rules, 1968) 및 Hamburg Rules(1978)이 있다. 그리고 항공운송과 관련해선 국제항공운송에 관한 통일규칙(Warsaw Conventions, 1929)

이 있으며, 복합운송과 관련해선 복합운송증권을 위한 통일규칙(uniform rules for a combined transport documents, 1973)이 있다.

셋째, 보험 관련 국제규범으로, 해상보험과 관련해서는 영국의 해상보험법(Marine Insurance Act, 1906)이 국제규칙으로 준용되고 있으며, 런던보험자협회(ILU : institute of london underwriters)에서 마련한 Institute Cargo Clause(ICC) 신 · 구약관이 있다.

넷째, 결제 관련 국제규범으로, 신용장통일규칙(Uniform Customs and Practices for the Documentary Credits 2007; UCP 600), 추심에 관한 통일규칙(Uniforms Rules for the Collection 1995, URC 522), 은행간 대금상환에 관한 ICC통일규칙(ICC Uniform Rules for Bank to Bank Reimbursements under Documentary Credits, URR 525), 신용장서류심사에 관한 국제표준은행(International Standard Banking Practice for the Examination of Documents, ISBP 745), 전자제시를 위한 화환신용장 통일규칙에 대한 부칙(Supplement to UCP 500 for Electronic Presentation : eUCP) 등이 있다.

3. 무역계약의 성립과정

무역계약은 일방의 청약(Offer)에 대해서 상대방이 승낙(acceptance)하면 성립되나, 일반적으로는 Original Offer에 대하여 수차의 Counter Offer를 거치고 직접 당사자끼리의 상담 또는 협상을 통해 서로 합의점에 도달함으로써 계약이 성립된다. 따라서 무역계약은 통상 다음과 같은 과정을 거쳐 성립된다.

첫째, 무역계약 체결 사전단계인 해외마케팅단계로서 해외시장조사(foreign market research) 과정을 거쳐 거래상대방을 물색하여 거래제의(business proposal 또는 trade inquiry)를 하고, 거래상대방에 대한 신용조사(credit inquiry)를 한다. 이 단계는 신규거래처인 경우에는 거래처를 확보하는 차원에서, 기존의 거래처인 경우는 마케팅채널을 관리하는 차원에서 검토할 수 있다.

둘째, 통상 거래당사자 중 일방인 수출상 또는 수입상이 제시하는 확정적인 청약(offer) 또는 주문서(order)에 대하여 상대방이 승낙(acceptance)하거나 주문승낙(acknowledgement) 함으로써 계약이 성립한다. 확정청약(firm offer)은 내용이 확정적이어야 하며, 이는 청약의 유효기간(validity) 내에 상대방이 청약내용을 수정 없이 승낙할 경우 청약내용에 구속되겠다는 의사표시이다. 그리고 승낙(acceptance)은 절대적이고 무조건적인 동의라야 한다. 통상 수출자가 제시하는 Selling Offer를 Offer라고 하고, 수입자가 제시하는 Buying Offer를 Order라고 한다. 그러나 무역계약은 통일된 양식이나 형식이 없으므로 Offer 대신 견적송장(proforma invoice)이 많이 활용되며 Order 대신 Purchase Order(P/O)나 Indent Order가 많이 활용된다.

셋째, 거래당사자는 수출입 본계약(sales contract/purchase contract)을 확정한다. 무역거래시 간단한 Offer나 Order만으로 무역계약을 종결하지 말고 반드시 수출입 본 계약을 체결하여야 한다.

〈무역계약의 체결과정〉

해외시장조사(foreign market research) → 거래처 선정(prospective buyer) → 거래제의(business proposal) → 거래상품조회(trade inquiry) → 거래상품조회에 대한 회신(replies to an trade inquiry) → 신용조회(credit inquiry) → 청약(offer) → 반대청약(counter offer) → 확정청약(firm offer)과 주문(order) → 승낙(acceptance)과 주문승낙(acknowledgement) → 무역계약 체결(sales contract ; sales note, purchase order note)

그림 2-2 무역계약의 성립단계

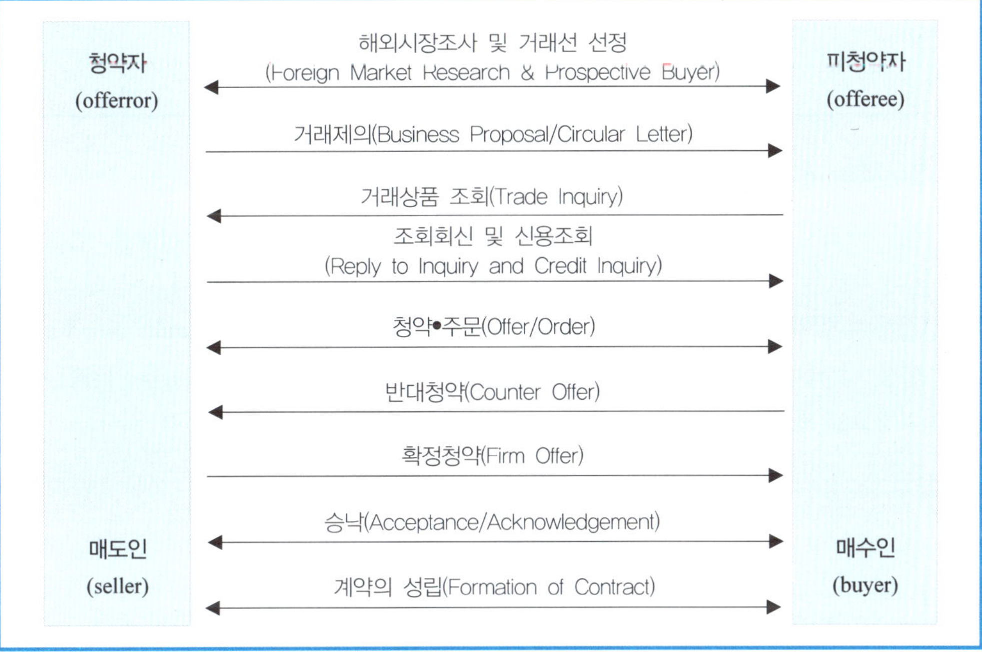

1) 해외시장조사(foreign market research)

해외시장조사는 수출입거래의 최초 단계로서, 무역상이 외국시장에서 신규 무역거래 관계를 시작하는데 있어 자기가 취급하는 상품을 세계의 어느 시장에서 가장 많이 소비하고 있는가 또는 어느 시장을 통하여 가장 유리하게 공급할 수 있는가 등을 연구하여 목적시장을 물색한 다음 그 시장의 상거래 관습 및 각종 상품의 정보를 조사하는 것을 말한다. 즉 해외시장조사(foreign·overseas market research)는 특정시장에서 특정물품의 판매가능성(selling possibility) 또는 구매가능성(purchasing possibility)을 측정하고 매매에 필요한 정보를 수집함을 목적으로 하고 있다.

해외시장조사(foreign·overseas market research)의 방법으로는 ① 수출입동향의 분석을 통한 거래대상물품의 수요예측을 위해서는 각종 수출입통계자료를 활용 ② 국내외 경제단체 및 유관기관 활용 ③ 국내외 광고회사를 통한 조사, ④ 자체 현지시장의 조사 등등의 방법으로 할 수 있다.

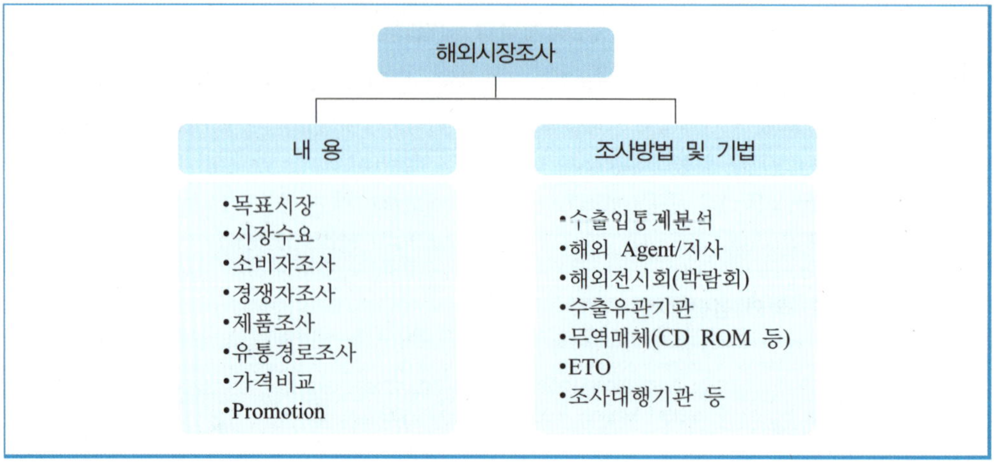

2) 거래처의 선정(prospective buyer)

철저한 해외시장조사 결과 자사상품의 시장성이 있는 유망한 목적시장을 선정하면 다음의 절차로는 그 시장에서 잠재적인 구매의 가능성이 있는 고객이나 유능한 거래처를 선정하여야 한다. 거래처를 선정하는 방법에는 ① 무역업자명부(trade directory)를 통한 선정, ② 국내외 공공기관 등을 통한 선정, ③ 직접출장 및 각종 Event를 이용한 선정, ④ 해외광고를 통한 선정, ⑤ 인터넷(Internet)을 통한 선정 등의 방법이 있다.

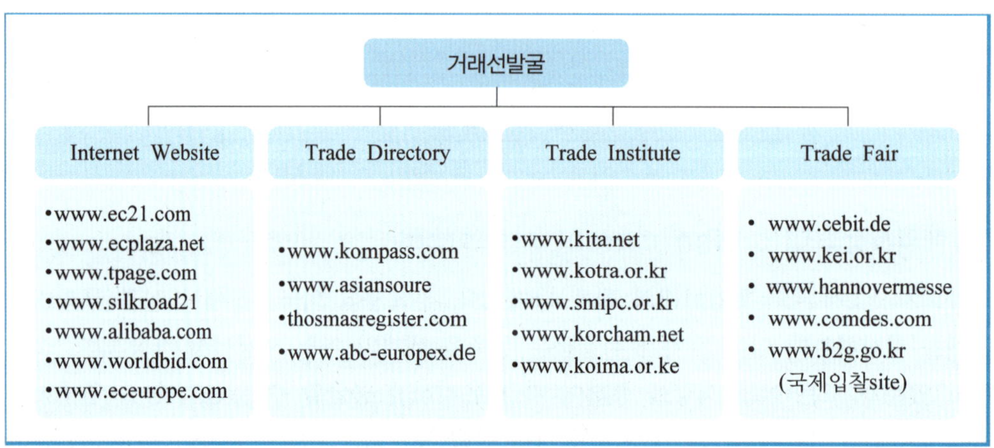

3) 거래제의(business proposal)

해외의 유력한 매수인의 목록이 앞의 경로를 통해 발굴되면 우선 상대국에 대한 일반적인 상식과 경제현황 등을 참조한 후 ① 상대방의 상호와 주소 등을 알게 된 동기, ② 자사의 거래품목(business line)과 영업상태(business status)와 신용상태, ③ 거래내용 내지 방식이 수출 또는 수입, 위탁판매(consignment) 또는 위탁매입(indent), 본인(principal) 또는 대리점(agent) 등 이들 가운데 어느 것인가 하는 희망업무, ④ 무역거래의 기본조건

(general terms and conditions)을 명시하여 당해 시장은 상대회사를 통해 개척하고자 하는 점을 간접적으로 시사, ⑤ 신용이나 상품의 조회처(reference)를 반드시 기재하고 정중한 결문 등의 거래제의 서한을 보낸다.

이렇게 하여 거래제의가 상대방에 전달되면 그는 다시 거래제의자에 대한 신용조회를 하게 되고 그 결과가 만족할 경우에는 동의의 회신(reply)을 하게 될 것이다. 이러한 절차를 거쳐 양자가 거래관계의 개설에 합의하게 되면 장래의 무역거래 등을 원만히 진행시키기 위하여, 이른바 「Memorandum of Agreement」 내지 「Agreement on General Terms and Conditions」에 의한 포괄(장기)계약서(master contract)를 체결하는 것이 보통인 바 이 속에는 거래의 형식(자격), 거래상품의 품질, 수량, 가격, 선적, 대금결제, 보험부보 등의 기본적 거래조건과 청약(offer) 및 주문(order)의 방식, 신용장(L/C), 불가항력(force majeure)이나 지적(delayed shipment)의 처리문제, Claim과 중재(arbitration) 등 여러 가지에 대한 근본적인 방침을 계약에 포함시켜야 한다.

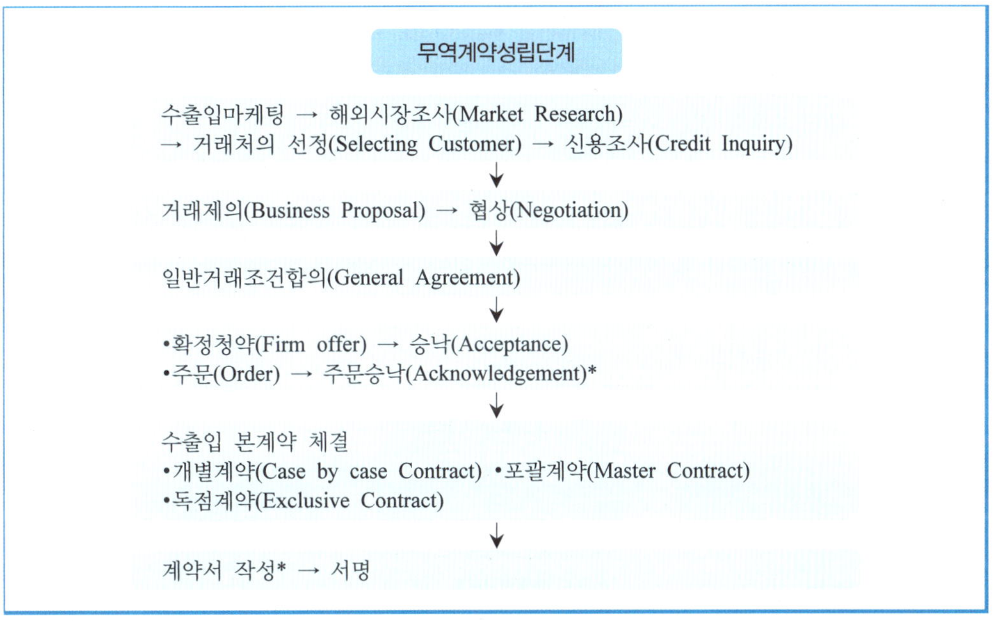

4) 상품조회(trade inquiry)

거래관계의 권유를 받은 당사자가 그 물품에 대한 관심이나 구매할 의사가 있게 되면 그에 대한 조회를 하게 되는데 이를 상품조회 또는 문의(inquiry)라고 한다.

Trade Inquiry는 원칙적으로 수입업자 측에서 수입하려는 상품에 대한 구체적인 매매조건에 관한 문의를 의미하며, 수출업자 측에서 판매권유 또는 판매조건을 제시하는 서한은 Sales Letter(판매권유서한) 또는 Circular Letter(거래권유서)이라고 한다.

Trade Inquiry의 내용에는 ① 거래상품에 대한 가격 및 수량조건, ② 포장방법, ③ 선적시기, ④ 대금결제 방법, ⑤ 운송 및 보험조건 등이 포함된다.

5) 신용조회(credit inquiry)

거래제의에 대해 관심을 표명하는 업체에는 거래관계가 성립되기 전에 당해 업체의 신용조회를 해 두어야 한다. 신용조회에 있어서 필수적으로 조사내용에 포함해야 하는 것으로는 첫째, "Character(거래성격)"는 Market Claim의 예방차원에서 당해 업체의 개성(personality), 성실성(integrity), 업계의 평판(social/ community reputation), 영업태도(mode of doing business, business attitude), 의무이행 자세(willingness to meet obligation) 및 계약이행에 대한 도의심에 관련된 내용, 둘째, "Capacity(거래능력)"는 판매능력의 파악을 위해서 손익계산서(profit and loss statement)상의 사항들을 기준으로 당해 업체의 연간매출액(turn-over), 개인 또는 법인 등 업체의 형태, 업종, 연혁(historical background), 영업경험(business career), 연간매출고(turn-over) 및 영업권(goodwill) 보유현황 등 거래상대방의 영업능력(business ability)에 관한 내용, 셋째, "Capital(대금지불능력)"은 결제능력을 확보하기 위하여 거래상대방의 대차대조표(financial statements)상의 사항들을 중심으로 당해 업체의 재무상태(financial status, financial standing), 즉 수권자본(authorized capital)과 납입자본금(paid-up capital), 자기자본과 타인자본의 비율, 재무구조의 건전성 여부 등 지불능력 및 대금결제와 직결되는 내용 등을 조사하는 것 등의 셋을 들고 있는데, 이를 일컬어 신뢰도측정요소(reliability or credit factors)로서의 「3 C's」라 한다. 그러나 3 C's 이외에 상대방 회사 현지의 Country Risk의 파악을 위해 상대방 정부의 무역·관세정책, 수출입거래에 대한 법적규제, 항만이나 수송시설의 실태를 조사·분석해야 하는 기업환경(condition), 담보능력(collateral), 거래통화(currency), 소속국가(country) 중 두 가지를 추가하여 「5 C's」라 부르기도 한다.

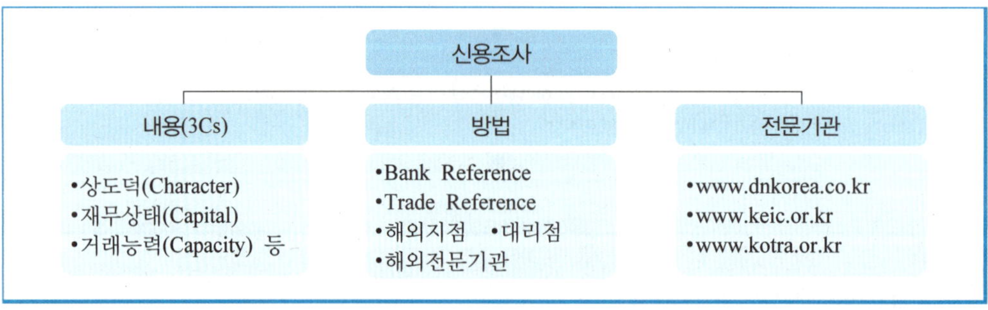

신용조사는 거래은행이나 상대국의 거래처 및 상공회의소 등을 이용하기도 한다. 즉, 현지 업자를 통한 동업자조회(trade reference)나 국제적인 금융기관을 통한 은행조회(bank reference)에 의할 수도 있고 또한 미국 및 영국 등 세계적으로 유명한 상업흥신소(credit agencies) 등 전문적인 신용조사 기관을 통해서 할 수 있다. 우리나라의 국내에서 활용 가능한 공공기관은 보통 대한무역투자진흥공사(KOTRA : www.kotra.or.kr), 한국무역보험공사(K-SURE : www.ksure.or.kr), 한국신용보증기금(KCGF : www.shinbo.co.kr), 한국신용정보원(www.kcredit.or.kr), 기술신용보증기금(www.kibo.or.kr) 등이 있다.

6) 청약(offer)과 승낙(acceptance)

청약은 일반적으로 수출업자가 수입업자에게 특정물품을 어떤 가격, 얼마만큼, 어떠한 인도조건과 결제조건으로 판매하겠다는 의사표시를 제시하는 행위이다. 즉 청약(offer)은 청약자(offeror, 수출상)가 피청약자(offeree, 수입상)와 일정한 조건으로 계약을 체결하고 싶다는 의사표시(signification of intention)로서 상대방의 무조건·절대적 승낙이 있으면 즉시 일정내용의 계약을 성립시키는 것을 목적으로 하는 법적 구속력을 가진 확정적 의사표시이다. 이때 피청약자가 청약자가 제시한 원청약(original offer)의 내용 중에 일부를 수정하여 반대로 오퍼를 제시하게 되는 바, 이를 반대오퍼(counter offer)라 한다. 이러한 오퍼가 피청약자에 의해 승낙(acceptance)되면 사법상의 법률관계가 형성되어 매매계약이 성립되고 그 효력은 이때부터 진행되며 법률상 서면계약서(written contract)의 효력을 갖게 된다.

(1) 청약의 종류

표 2-1 청약의 종류

분류기준	청약의 종류	내 용
발행주체	매도 청약 (selling offer)	매도인이 매수인에게 어떠한 가격과 조건으로 특정 물품을 판매하고 싶다는 매도의사로서 무역거래에서 일반적인 의미의 청약
	매수 청약 (buying offer)	매도청약과 반대의 개념으로 매수인이 매도인에게 어떤 조건과 가격으로 특정 물품을 구매하고 싶다는 구매의사를 표시한 청약
발행지	국내발행 청약	거래상대국의 물품공급자나 본사를 대리하여 국내에서 발행 또는 의사표시한 매도청약
	국외발행 청약	거래상대국의 물품공급자나 제3자가 국외에서 발행 또는 의사표시한 매도청약
확정력	확정 청약 (firm offer)	청약자가 청약회답의 유효기간을 정하고 그 기간 내에 청약자를 구속하여 조건변경이나 철회를 할 수 없는 청약
	불확정 청약 (free offer)	확정청약과는 달리 승낙기간이나 확정적인 표시를 하지 않은 청약으로 상대방의 승낙 전에 청약자가 일방적으로 변경이나 철회 불가
	반대 청약 (counter offer)	매도인의 청약에 대하여 매수인이 가격, 수량, 선적시기 등의 청약내용 일부를 변경하거나 추가를 제의해 오는 것으로 원래의 청약에 대한 거절이면서 새로운 청약으로 간주
	교차 청약 (cross offer)	청약자와 피청약자 쌍방이 동일한 내용을 청약하는 것으로 이 경우 양 청약이 상대방에 도착한 때 계약이 성립
특정조건	조건부 청약 (conditional offer)	청약내용에 단서가 있어 피청약자의 승낙만으로 계약이 성립되지 않고 청약자의 최종확인이 있어야 계약이 성립되는 청약 ◈ 조건부청약(conditional offer)의 종류 • offer subject to prior sale(being unsold), 재고잔유조건 오퍼 • offer without engagement : 무확약 오퍼 • offer on sale or return : 반품허용조건 오퍼 • offer on approval : 점검후 구매조건 오퍼 • offer on sale or return : 반품허용조건 오퍼

(2) 청약의 통지와 효력발생시기

일반적으로 청약의 효력발생시기는 그 청약이 상대방에게 도달한 때에 그 효력이 발생한다는 도달주의(receipt rule)를 채택하고 있다(대화자간. 따라서 도달하기 전에 철회하면 그 청약은 무효가 되며, 청약의 조건으로 승낙기간을 정하고 있는 경우에는 그 기간 내에 승낙이 없으면 그 청약은 효력을 상실한다.

(3) 청약의 효력소멸

청약은 청약자의 청약철회(revocation)에 의하여 효력이 소멸된다. 청약을 철회할 수 있는 시기와 그 효력발생에 대해서는 각국법이나 협약에 따라 상이하다. 청약의 거절(rejection)이란 청약을 승낙하지 않는다는 피청약자의 적극적인 의사표시로 그 효력이 소멸되며, 반대청약이란 원청약에 대하여 조건을 변경하거나 추가적인 피청약자의 의사표시로서 일종의 청약거절에 해당되며 새로운 청약이 되어 그 효력을 상실한다. 승낙기간이 정해진 청약은 승낙기간의 경과에 의하여 효력이 소멸된다. 그러나 승낙기간이 정해지지 않은 청약은 청약자가 철회하지 않는 경우 상당기간이 경과 후 청약의 효력이 소멸하는 것으로 본다.

(4) 승낙의 효력발생시기

Offeree가 Offeror의 청약을 Acceptance할 때 계약은 성립한다. 그런데 국제무역거래는 격지자간의 상거래이므로 승낙의 의사표시가 피청약자로부터 청약자에게로 도달될 때까지의 어느 시점에서 계약이 성립되는가의 문제가 발생한다. 즉, 승낙의 의사표시가 청약자에게 도달한 시점인가 또는 피청약자가 발신하는 시점인가에 따라 차이가 있으며, 통지수단이 대면, 전화, 텔렉스인가 혹은 우편이나 전보인가에 따라 발신과 도달에 대한 법적 해석에 차이가 있다. 이에 관한 이론은 ① 발신주의, ② 도달주의, ③ 요지주의 등의 3가지 입법주의가 있지만 실무적으로는 Offer Sheet상에 「This offer is subject to acceptance reaching(arriving) here(to us) by May 10, 2020」 등으로 명시하여 도달주의를 채택하는 것이 일반적이다(국제물품매매계약에 관한 UN협약, 1980).

(5) 청약의 기재사항

대외무역법상 물품매도확약서(offer sheet)란 우리나라 수입업자에 대한 외국 수출자나 그 국내 Agent의 물품매도 의사표시이다. 물품매도확약서(offer sheet)는 발행자를 기준으로 국외발행오퍼(overseas offer)와 국내발행오퍼(domestic offer)로 구분할 수 있다. 국외발행오퍼란 외국 수출자가 국내 수입업자에게 직접 발행한 것이며, 국내발행오퍼란 국내 오퍼상이 외국 수출상을 대리하여 국내 수입업자에게 발행한 것이다.

오퍼가 외국 수출자 또는 그 Agent에 의하여 발행된 후 국내 수입업자가 승낙하여 계약이 성립되면 당사자를 구속하게 되어 외국 수출자와 국내 수입자는 오퍼조건에 따른 권리와 의무를 지게 된다. 국내 오퍼상이 오퍼를 발행하는 경우 물품하자 등 계약조건 불이행시 동 사항에 대한 책임이 누구에게 귀속되는가를 고려해야 한다. 오퍼상(trade agent)이란 외국 수출자의 계산과 위험으로 거래하는 대리인에 불과하여 거래로부터 발행하는 손익과 책임 모두 외국 수출자에 귀속되는 것으로 오퍼상은 직접적인 법적책임이 없음에 유의하여야 한다.

그림 2-3 Selling Agent와 Buying Agent

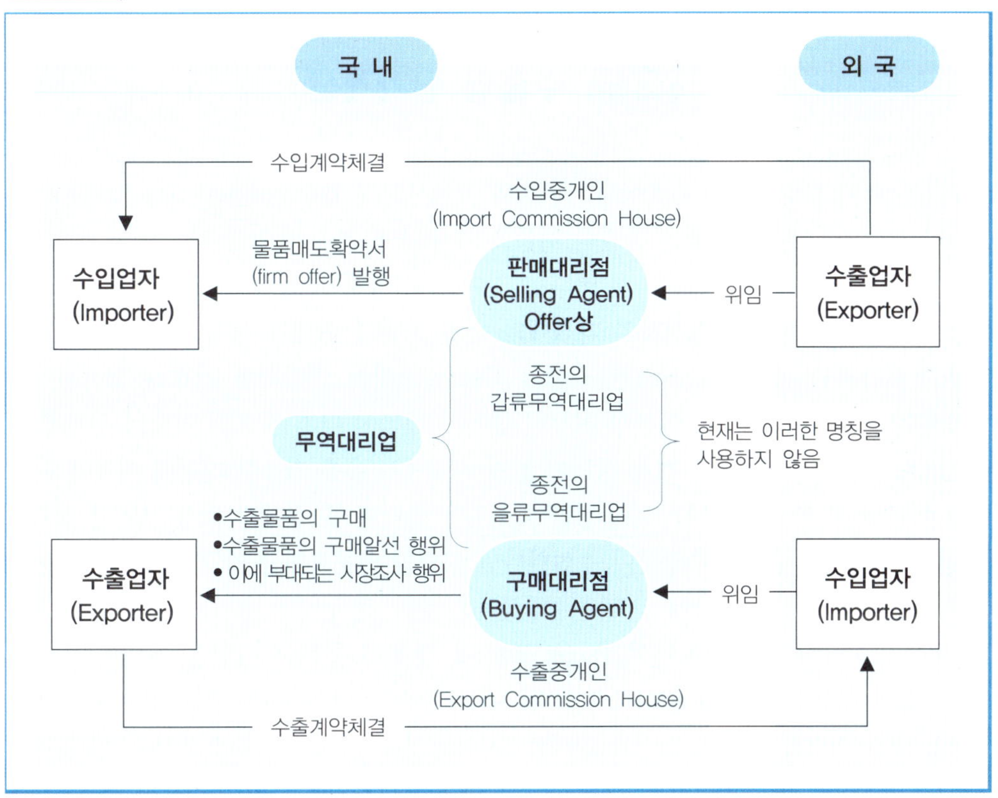

무역계약이 불요식 계약으로서의 특성을 지니고 있는 것과 같이 무역계약을 체결하고자 하는 Offer의 기재사항도 거래의 특성에 따라 다양하지만 가장 전형적인 것으로는 주요 계약조건에 해당하는 필요사항이 포함되어야 한다.

(6) 주문(order)과 주문승낙(acknowledgement)

주문은 매수인이 구매하려는 물품의 내역과 거래조건을 명기하여 구매의사를 밝히는 것이므로 Buying Offer와 동일한 성격을 지니며, 주문승낙은 매수인이 제시한 주문을 매도인이 승낙하여 승낙의 표시 즉, Sales Note를 송부하는 것이다. 주문을 매도인이 승낙하여 승낙의 표시, 즉 Sales Note를 발송하는데 이를 주문승낙서(Acknowledgement of Order)라 한다. 주문에는 오퍼의 경우처럼 무역계약의 기본조건 즉, 품질, 수량, 가격, 결제, 선적, 보험, 포장 등의 거래조건이 기재되어야 한다.

주문은 서신주문(letter order)과 전신주문(cable order)의 두 가지 형태로 분류되며, 전자의 경우에 주문서(order sheet, order note)는 일반 서한문형식을 취하는 Order Letter와 일정한 양식을 구비하여 그 안에 필요한 주문사항을 기입한 후 이를 본문(covering letter)과 함께 송부하는 Order Form(order blank)의 두 가지 방식이 있는데, 간편하게 Order Form을 활용하는 것이 일반적이다.

제 2 절 수출입 원가계산

수많은 해외 수입상들과 수출상담, 즉 해외 거래선과의 협상(business negotiation)에서 그들의 최대 목표는 가장 좋은 품질의 제품을 가장 좋은 가격에 가장 좋은 결제조건으로 신속하게 수입하여 자국 시장에 판매하는 것이다. 상담시 초점은 역시 제품가격이므로 협상에 임하는 담당자는 경쟁자의 가격대와 현지 소비자 판매가 등을 분석해서 자사의 예상 제시가격과 비교하여 최소한 자신이 목표한 단가에 근접하면 거래는 성사된다.

해외수입상들은 수입하는 제품이 아무리 좋아도 가격이 맞지 않으면 거래는 성사될 수 없으므로 자신이 수입하고자 하는 상품이 현지 시장에서 유통 가능한 가격대 이어야 한다. 또한 어떤 특정 제품을 하나의 수입상만이 수입을 한다면 별 문제가 없겠지만 한 국가에서 동일한 제품을 다수의 수입상이 수입한다면 수입상이 목표하는 가격에 맞추어 주어야 한다는 것은 분명하다. 상담에 임하는 수입상들은 상담 전 구매할 수 있는 목표가(目標價)를 가지고 시작하는데, 바이어의 Target Price을 맞추지 못하는 상담은 무의미하다.

수출상과 상담시 아무리 협상하여도 더 이상 가격을 인하할 수 없는 경우에는 결국 제품을 약간 수정하게 되며, 단가를 인하할 수 있는 방법은 제품의 수정뿐이다. 원·부자재를 저가 제품으로 변경한다거나 마진을 인하한다거나 디자인을 약간 수정하여 제조공정을 단순하게 하여 제조원가를 낮추는 방향으로 단가를 내릴 수 있다. 이런 활동은 상담 중에 곧바로 결정할 사항이므로 상담에 임하는 담당자가 원·부자재의 원가, 제조공정, 원·부자재의 소요량, 제조 경비, 기타 부대비용에 대하여 머릿속에 확실히 담고 있어야 상담 현장에서 제품단가(product unit price)를 다시 수정하여 상담에 효과적으로 임할 수 있다.

그러므로 수출상담에 임하는 당사자는 필수적으로 당해 물품의 제조공정은 물론 수출원가의 구성요소들을 제대로 파악하고 있어야 한다. 즉, 수출원가와 관련하여 공정의 사소한 변경에 따른 원가의 변경 정도를 제대로 파악하고 있어야 함은 물론, 수출입절차(import and export procedure) 흐름에 따른 제반 부대비용(all expenses)에 대하여도 상당한 식견을 갖추고 있어야 한다.

수출입 원가(import and export cost)는 물품대금(price of goods), 수출입 부대비용(export and import expenses), 기타 원가항목(other cost items)으로 구성된다. 물품대금은

수출의 경우 물품 제조원가를 의미하며 수입은 선하증권을 수취하기 위해 은행에 결제하는 금액을 의미한다. 수출입 부대비용은 물류비용, 결제비용, 행정비용 등을 의미한다. 특히 수입원가 계산 시 이자항목과 여신비용을 반드시 고려하여야 한다.

1. 수출원가(export cost)의 구성항목

수출원가의 구성항목에 대하여 올바르게 이해하기 위해서는 수출원가의 구성항목들을 알아볼 필요가 있다. 수출원가는 물품의 제조(혹은 완제품 조달) 원가에 수출자의 이익을 더하고 기타 제반 부대비용을 더하여 구성된다. 제조·수출업체가 아닌 상사의 경우에 제조원가는 제조업체로부터 구매한 물품대금 구매단가가 제조원가에 해당된다.

그림 2-4 수출원가의 구성항목

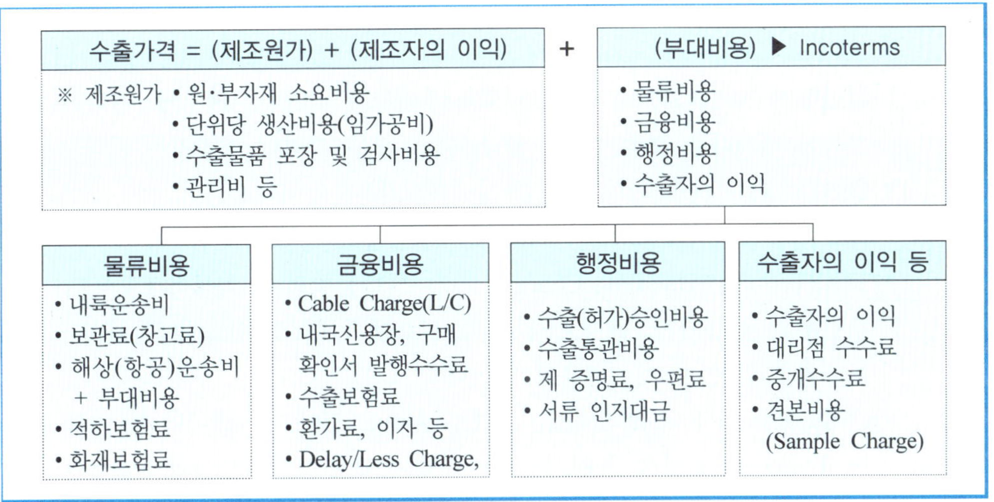

1) 제조원가(manufacturing cost)

① 원 · 부자재 소요비용 : 단위당 소요량에 단가를 합한 금액이 된다.

② 단위당 생산비용 : 제조공정에서 1단위 당 생산비용

③ 수출물품 검사, 포장비용 : 검사와 포장에 소요되는 1단위 당 소요비용

④ 기타 경비 : 위 외의 기타 제조과정에서 소요되는 비용

2) 물류비용(logistics cost)

① 내륙운송료 : 제품이 보관되어 있는 창고 혹은 공장에서 선적하는 공항 혹은 항구까지 서울, 부산간 컨테이너 내륙운송료를 가정(假定)하여 정하면 다음과 같다.

- 20 Feet Container의 서울 ↔ 부산간 운송료 : 446,000원
- 40 Feet Container의 서울 ↔ 부산간 운송료 : 496,000원

② 창고료 : 제품생산(혹은 확보) 후 내륙운송 전까지 혹은 내륙운송 후 선적 전까지의 과정에서 소요되는 창고료

③ 해상·항공 운송비와 Other Charge

㉮ 해상운송 : 행상운임은 크게 FCL과 LCL로 구분하는데 FCL은 20', 40' 컨테이너별로 운임이 지역별로 정해져 있는 반면, LCL은 CBM 당 운임이 적용된다.
FCL 운임이 LCL 운임에 비하여 저렴하며 LCL Cargo는 CFS에서 Consol 작업을 하기 때문에 FCL에 비하여 상대적으로 비싼 요율이 적용된다.
가정거래(假定去來)로 영국 런던까지의 FCL, LCL 해상운임을 비교하여 보았다.

표 2-2 해상운임(기본운임+부대운임)

	O/F	BAF	THC	C/T	CFS	W/F	D/C	Total
20' FCL	1,550.00	77.00	86.90	17.39	0	4.67	7.82	1,743.78
LCL/CBM	99.00	0	0	0.86	8.52	0.16	7.82	107.36

- 20 Feet Container가 28 CBM 가량 실을 수 있으므로 LCL 요율을 FCL로 환산하여 보면 28×107.36=US3,006.08이므로 LCL이 FCL에 비하여 2배 가까이 비싸다는 것을 알 수 있다. 물론 모든 지역이 이렇지는 않다.
- O/F(Ocean Freight) : 해상운임, 순수한 기본운임이다.
- BAF(Bunker Adjustment Factor) : 유류할증료.
- THC(Terminal Handling Charge) : 터미널화물처리비, 화물이 CY에 입고된 순간부터 선측까지, 반대로 본선의 선측에서 CY의 Gate를 통과하기까지 화물의 이동에 따르는 비용을 말한다.
- CFS(Container Freight Station) : CFS Charge, 선사가 컨테이너 한 개의 분량이 못되는 소량화물을 운송하는 경우 선적지 및 도착지의 CFS에서 화물의 혼적·분류작업을 하게 되는데 이때 발생하는 비용을 CFS Charge라 한다.
- W/F(Wharfage) : 부두사용료
- D/C(Document handling Charge) : 서류발급비, 선사가 선하증권과 화물인도지시서(D/O : Delivery Order)의 발급시 소요되는 행정비용을 보전하기 위한 요금이다. - Freight Prepaid(선불 운임), - Freight Collect(후불 운임)

㉯ 항공운송 : 항공운임은 크게 실제중량에 의한 방법과 용적중량에 의한 방법이 있는데 대부분의 경우 용적중량에 의하여 운임이 결정된다. 실 중량이 40kgs이라 하더라도 용적으로 환산한 중량이 80kgs이라면 운임은 80kgs로 적용한다. 만약, 쇠를 실었을 경우, 용적은 적은데 중량이 많이 나가는 경우라면 실제 중량이 적용될 것이고 솜처럼 무게는 적지만 용적이 크다면 이 경우는 용적중량이 적용된다. 가정거래(假定去來)로 선적하는 영국 런던의 항공요율을 중량별로 비교하여 보고 실제중량을 용적중량으로 환산하는 두 가지 방법을 명시하여 보면 다음과 같다.

▶ 예를 들어 실제중량이 30Kgs인 화물이 10 Box이고 이 화물 1 Box의 길이가 가로·세로·높이 각 45cm × 45cm × 160cm이라면 실제중량은 30 × 10 = 300Kgs이고 CBM은 (0.45m×0.45m×1.6m)×10=3.24이다. 이 화물의 항공운임을 실제 중량대로 적용한다면 300Kgs의 운임이면 된다. 그러나 항공운송의 경우는 실중량과 용적중량 중 큰 쪽을 적용하기 때문에 용적중량으로 환산하여 보아야 한다. 용적중량으로 환산하는 두 가지 방법은 아래와 같다.

- Box의 가로×세로×높이(in cm) ÷ 6,000,
  3,240,000(45×45×160) × 10 ÷ 6,000 = 540kg
- CBM(in meter) × 1673.24 × 167 = 541.08kgs

▶ 앞 두 가지 방법 모두 거의 같은 결과가 나왔다. 결론적으로 실 중량은 300Kgs라 하더라도 항공운임은 541.08Kgs가 적용된다.

3) 보험료(insurance premium)

해상보험료는 운반비용과 마찬가지로 무역계약 체결시 채택한 INCOTERMS 2020에 따라 그 부담자가 결정된다. FOB 조건에서는 수입자가 보험료를 부담하고, CIF 조건에서는 수출자가 부담한다. 보험료는 해상운송 구간을 커버하는 해상보험료와 내륙운송 구간을 커버하는 화재보험료 등과 수출대금 미회수를 커버하는 수출보험료가 있다.

4) 은행수수료(bank commission)

① 무역금융 및 금융 차입금 이자 : 무역금융 수혜시 혹은 자금 차입시 발생하는 이자
② 환가료 : 환가료란 매입은행이 발행은행으로부터 신용장 대금을 지급받기 전에 수출상에게 선지급한 금액에 대한 이자명목의 수수료이다.
③ 기타 외환 수수료 : 미입금 수수료(less charge), 지연이자(delay charge), 신용장 양도수수료, 신용장 통지수수료, 대체료 등이 있다.

5) 행정비용(administrative expenses)

① 통관수수료 및 ② 각종 서류 발급 시 소요되는 비용

6) 기타비용(other expenses)

Buying Office 등에 지급하는 수수료(commission), Quota Charge 등

7) 수출자의 마진(exporter's margin)

자사의 내부 규정에 의하여 적정 마진을 추가하고 가격협상 시 사전에 최저 마진하한선을 정해놓고 협상에 임하면 효과적이다.

8) 수출 사전원가 산정 예(export dictionary cost calculation example)

※ 미국 수입상에게 Men's Blue Jean 의류 6,000장을 오퍼하는 경우(40' FCL Cargo) 조건

- 수출상 - 원·부자재를 구매하여 임가공으로 제조
- 선적항 - 부산항
- 계약조건 - CIF New York in USD/PC
- 컨테이너 수량 - FCL 40' 1 Container
- Stuffing Quantity for 40' Container : 6,000pcs
- 결제조건 - at sight L/C
- 임가공비 - U$5.90/PC for 6,000pcs
- Ocean Freight(Other Charge 포함) - U$3,321.70 for 40' FCL
- 컨테이너 내륙운송료(서울-부산간 컨테이너 운송) - U$431.30(496,000원) for 40' Cont
- 원단 단가 - U$9.50/Yard
- 원단소요량 - 1.9Yard
- 원자재 구매 - 거래은행의 무역금융으로 Local L/C 방식(부자재는 어음결제이므로 무역금융을 활용하지 않음)
- 포장 - Flat(box) Pack(의류는 통상 Hanging으로 선적되나 원가계산 연습을 위하여 Box 포장으로 설정함)
- 환율 : 1,150원으로 설정(환리스크 대응방안은 별도조치 강구)

(1) 제조원가(manufacturing cost)

① 원자재 : 제품의 원료 대금을 의미하며 원단이 1.9야드 소요되며 원단 단가가 U$9.50/Y이므로 원자재 소요비용은 U$18.05

② 부자재 : 부자재 소요비용은 U$2.22

③ 임가공비 : 인조 무스탕 자켓 6,000장에 대한 임가공비는 U$5.90/PC

④ 포장비 : 수출용 박스 1개당 소요비용은 6천 원이며 1박스에 10장의 의류를 포장할 수 있으므로 1장당 포장비는 6백 원(U$0.52)이 소요됨.

(2) 물류비용(logistics cost)

① 내륙운송료 : 40 Feet Container 내륙운송료－U$431.30(496,000원)
U$431.30 ÷ 6,000장＝U$0.07

② 해상운임(other charge 포함) : 부산 ↔ 미국 뉴욕

표 2-3 해상운임(기본운임＋부대운임)

	O/F	BAF	THC	C/T	CFS	W/F	D/C	Total
40' FCL	3,200.00	0	87.62	17.39	0	3.65	13.04	3,321.70
LCL/CBM	85.00	0	8.85	0.86	3.73	0.16	건당	98.6

- 미주지역을 제외한 타 지역의 경우 40' FCL의 운송비는 20'의 2배 가까이 비싸다. 그러나 미주지역의 경우 20' 해상운임은 40'의 75%가 적용되므로 40' 컨테이너가 20' 컨테이너 보다 약 33% 정도밖에 비싸지 않아서 40' Container로 운송하는 경우 해상운임 단가를 더 줄일 수 있다. 본 건은 FCL이므로 U$3,321.70 ÷ 6,000pcs = U$0.55/pc, 만약의 경우를 대비하여 운인에 10% Up 하는 것이 좋다 그러므로 해상운임은 U$3,321.70 × 1.1 = U$3,653.87, U$3,653.87 ÷ 6,000pcs = U$0.61(0.608)

③ 해상보험료 : 해상보험료는 운송지역, 품목, 보험조건에 따라서 다르며 의류의 경우 A/R 기준으로 해상보험료는 Invoice Value의 0.098%임.

(3) 은행수수료(bank commission)

① 무역금융 이자 : 소용 원자재에 대하여 무역금융을 이용하여 내국신용장을 개설하며 통상 무역금융은 6개월 단위로 수혜 받으나 생산기간 2개월만 원가로 산정
원자재 1단위 U$18.05×0.06(년 이율 6%)×60/360(2개월)=U$0.18/PC

② 환가료(at sight) : 년 이율 6%의 경우 10/360의 환가료율은 약 0.16%임.
사전원가이므로 예상단가(U$30.)에 대한 환가료를 산출한다.
U$30.×0.06(년 이율 6%)×10/360(10일치 이자)=U$0.05/PC

③ 대체료, Delay Charge와 Less Charge

④ 내국신용장 또는 구매확인서 개설 수수료

(4) 행정비용(administrative expenses)

① E/L 발급비 : 의류 수출시 E/L발급 비용은 계약금액 U$1.당 0.3원임. 금액이 소소하기 때문에 원가 산정시 비용으로 처리하지 않음.

② 수출통관료 : 수출통관수수료는 업체의 자율이나 가정(假定)으로 책정된 인가 요율은 수출통관의 경우 Invoice Value의 1.5/1000(0.15%)이며 최소 12,000원, 수입통관의 경우 2/1000(0.2%)이며 최소 27,000원이다. U$3.0(예상단가)×1.5/1000=U$0.045(0.05)
기타 비용으로는 Quota를 보유하고 있지 않은 회사는 Quota를 보유한 회사로부터 양수해야 하므로 Quota Charge가 소요되며, 미주 지역의 쿼타 양수도 Charge를 U$0.50/pc이라고 가정(假定)하고 본 건은 직거래이므로 Agent Commission은 없다.

◈ Quota 품목의 수출절차

Quota란 수입규제의 형태 중에서도 수입물량을 직접적으로 통제하는 형태로서 일정기간 동안 수입될 수 있는 한도를 설정하여 그 한도 내에서만 수입이 가능하도록 하는 수량규제이다.

Quota 품목의 수출절차는 일반품목의 수출절차와 대동소이하나 동 품목은 수출입공고상 수출제한승인 품목으로 게기되어 있어 수출승인을 받기 전에 관련 기관에서 수출추천을 받아야 하며 선적한 다음 수입상에게 선적서류를 송부할 때 수입국 통관면허의 필수서류인 Visa를 관련 기관에서 발급받아 반드시 첨부하여야 한다< P.59 참조>.

표 2-4 수출 사전원가 계산서

Indent no	IC02001JG					2017
Style no.	L100J	선적조건	CIF	Spec	총 기장	
Order no.	EF02010JG	도착항	N.Y		가슴둘레	
Buyer	Junior Gallery				소매기장	
Item	Ladies Jacket			예상단가 30.00		
원자재	S+M Suede+Merino 8mm bonded 58/60"					

내역	공장투입	사전원가	내역	원가내역	매출내역	사후원가
원자재	1.90	18.05	수량	6,000	6,000	
부자재		2.22	단가	28.18	30.99	
공임		5.90	총금액	169,060.57	185,966.63	
생산원가		26.17	마진		16,906.06	
수출제비용 합계		2.01	원가대비		10.00%	
수출원가 합계		28.18	매출대비		9.09%	
당사 마진		2.82				
오퍼 예상가격		30.99				

구분	품명	규격	단위	단가	소요량	가격	사후원가
원자재	Suede+Merino	58"	yd	9.50	1.90	18.05	
	소계					18.05	
부자재	Main Label		ea	0.10	1	0.10	
	Size Label		ea	0.10	1	0.10	
	Care Label		ea	0.05	1	0.05	
	Polybag Sticker		ea	0.02	1	0.02	
	Color code Sticker		ea	0.05	1	0.05	
	Hangtag		ea	0.10	1	0.10	
	Hanger		set	0.20	1	0.20	
	Sewing thread		yd	-	0	0.00	
	Button		ea	0.25	5	1.25	
	밑 단추		ea	0.05	5	0.25	
	Polybag		ea	0.10	1	0.10	
	기타 부자재		ea	-	0	0.00	
	소계					2.22	
기타	포장비	5.21	10	0.52			
	내륙운송료	431.30	6,000	0.07			
	해상운송료	3,656.87	6,000	0.61			
	보험료	30.00	0.098	0.03			
	무역금융이자	18.05		0.18			
	환가료(sight)	30.00		0.05			
	E/L발급비	-	-	0.00			
	통관수수료	30.00	0.15	0.05			
	commission	-	-	0.00			
	Quota(USA)	0.50	1	0.50			
	소계			2.01			

Kangnam Trading Co., Ltd.

* 원가계산을 하기 전이므로 예상단가를 대략 30달러로 정함.

2. 수입원가(import cost)의 구성항목

수입가격을 구성하는 항목은 물품대금과 제경비 및 이자 그리고 환율, 관세율, 이자율, 시황의 변화 등에 따라 수시로 변동할 수 있는 각 외생변수의 변화추이 등이며 수입가격은 구체적으로 다음의 항목으로 구성된다.

① 물품대금 즉, 수입자가 선하증권을 수취하기 위하여 결제하여야 하는 환어음대금이다. 수입자가 결제하여야 하는 환어음금액은 외화로 표시되어 있으므로 수입자는 동 외화금액에 전신환매도율 또는 수입어음결제율을 곱하여 이를 원화로 환산하여 결제한다.

② 수입제경비 즉, 수입시 발생하는 제경비는 크게 은행에서 발생하는 금융비용(신용장 발행수수료, Cale Charge, L/G Charge), 수입통관시 세관에 지불해야 하는 수입제세금(관세, 부가가치세, 특별소비세 또는 주세, 교육세, 농어촌특별세 등) 등 통관경비(관세사 수수료)와 수입물품 운송・보험과 관련하여 발생하는 물류제비용(해상운송비와 내륙운송비, 보관료, 입항료, 하역료, 감정료, 화재보험료, 입출고료, THC) 등이다.

③ 이자 즉, 수입원가항목에 포함시켜야 하는 「이자」는 수입대금을 결제한 이후에 수입물품 국내영업시 발생하는 이자로서 여기에는 재고이자와 여신이자가 있다. 전자는 자금투입일 즉, 수입대금 결제일로부터 판매일까지의 이자이며 후자는 수입물품 국내영업시에는 대부분 결제수단으로 외상어음을 이용하고 있음으로 수입물품 판매일로부터 어음대금이 현금화될 때까지 발생하는 이자이다.

④ 기타 항목 즉, 수입대금 결제시기와 관련한 환차손익, 외상거래시 발생하는 금융비용, 수입추천비용 또는 수입허가비용 등 수입규제에 따른 행정비용과 수입부담금 등에 따른 비용이 있다.

그림 2-5 수입가격의 구성항목

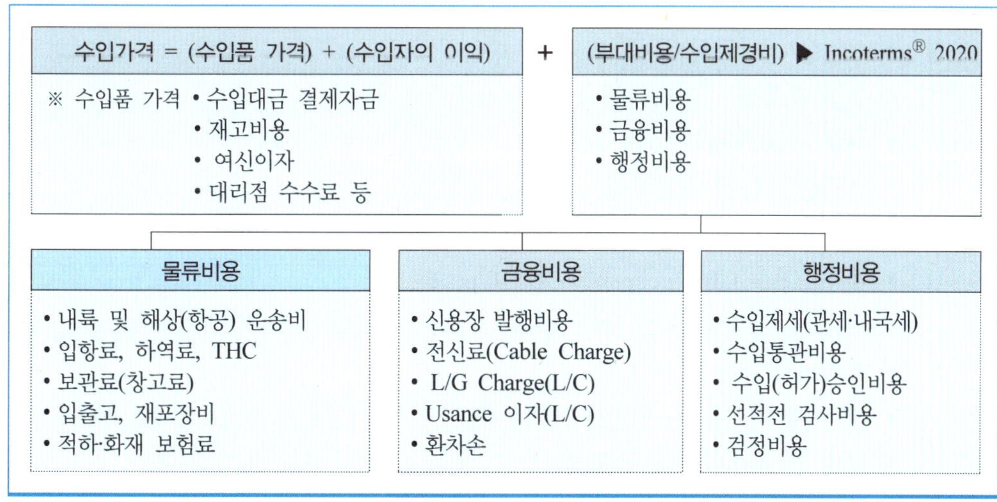

1) 수출원가와 다른점

① 수입관세가 추가된다.
② 부가가치세가 부과되나 환급대상이므로 원가 항목에는 포함되지 않는다.
③ 신용장 발행 수수료가 추가된다.
④ 신용장 결제방식에서 발행은행의 수입대금 결제 방식이 송금방식일 경우는 환가료가 필요치 않으나 상환방식인 경우에는 수출네고시 환가료를 은행에 납부하는 것처럼 환가료가 필요하다. T/T reimbursement are allowed인 경우 서류도착 전에 대금이 Drawee Bank에서 미리 결제되기 때문이다.

2) 수입원가 구성항목

신용장방식의 수입일 경우 가장 기본적인 비용내역은 아래와 같다.

- 외화표시 : Amount × 전신환 매도율
- Cable Charge : Amount에 상관없이 20,000원부터 30달러(L/C 경우)
- Term Charge : Amount × 0.2%(L/C)
- 송금수수료 : Amount × 0.1%(M: 10,000원) - 송금방식일 경우
- 수입 대행료 : 5원/U$(M: 50,000원) - 수입대행을 의뢰할 경우
- 관세 등 제세 : 별도산출
- 보세창고료 : 별도산출
- 통관수수료 : 수출, 수입, 유환, 무환 건별로 약간씩 차이가 있음.
- 내륙운송비 : 용달요금
- 잡비 : 파출수수료 - 거리비례
- 항공운송료 및 보험료

3. 수입원가 산정

조건 :
- 수출상 - 미국의 부품 제조 및 수출상
- 수입 제품명 - 외화획득용 부품(기본관세 8%)
- 수량 - 10,000pc(Total 1CBM)
- 선적항 - 뉴욕 JFK공항
- 도착항 - 인천공항
- 계약조건 - CIF Incheon in U$10/pc by Air
  (신용장 발행일: 3/1, S/D: 4/15) - 신용장 발행일로부터 3개월 이내 선적
- 결제조건 - at sight L/C
- 내륙운송료(서울 ↔ 인천간 트럭운송) - 7만 원(U$60.86)/Minimum(2CBM까지)
- 환율 : 1,150원으로 설정(환리스크 대응방안은 별도 조치 강구)

1) 물품대금(수입신용장 결제금액)

계약단가인 U$10.00/pc×10,000pcs=U$100,000
(대금 결제시 외화 미확보의 경우는 전신환매도율 적용)
CIF Incheon 조건이므로 항공운임, 보험료는 지출할 필요가 없음.

2) 신용장 발행 Term Charge

Term Charge는 3개월이 기본이며 수입물품의 종류에 따라 요율이 다르다. 외화획득용 원료인 경우는 3개월 기준으로 0.2%가 적용되며 기타 중계무역을 위한 수입, 국내 사용용도인 경우는 약간 더 비싸게 적용된다.

U$100,000 × 0.002(0.2%)=U$200

※ 신용장 발행 Term이 3개월 미만이므로 기본 0.2% 적용

※ 예를 들어 신용장 발행 Term이 5개월인 경우는 다음과 같이 계산된다.
신용장 Amount × 5 ÷ 3(기본 3개월)=U$100,000 × 0.002(0.2%) × 5 ÷ 3=U$333.33

3) 신용장 발행 Cable Charge

U$20.00

4) 수입관세

수입관세는 제품에 따라 다양하다. 본제품은 기본관세인 8%이므로 CIF 8%를 적용한다. U$100,000×0.08(8%)=U$8000

① 부가세 산정방법 : (과세가격+수입관세) × 0.1(10%)
=(U$100,000+U$8,000) × 0.1=U$10,800
부가가치세는 환급대상이므로 원가에 산정하지 않는다.

② 과세가격 결정 : 수입항까지의 운임, 보험료, 기타 운송에 관련되는 비용으로써 대통령령이 정하는 바에 따라 결정된 금액.

5) 보세창고료

창고료는 보관료와 보험료를 말하며 항공의 경우 24시간 이내에 수입통관이 완료되면 창고료가 면제된다. 그러나 하역비용은 시간과 관계없이 부과된다. 만약 수입자가 사정에 의하여 혹은 제품 검사 등으로 수입통관이 지체되는 경우는 인천공항의 항공사 자가창고에 보관하지 말고 김포세관에 있는 창고로 이전하여야 창고료가 절감된다. 창고료는 제품의 특성과 보관 시간에 따라서 차별 부과되므로 본 건에서는 수입계약 금액의 1%로 예상하여 산정키로 한다(U$1,000).

6) 수입통관수수료

수입통관수수료는 Invoice Value의 2/1000(0.2%)이며 최소 27,000원이다.

U$100,000×0.002(02.%)=U$200

기타 비용은 제품의 특성에 따라서 위에서 언급한 비용 이외의 기타 비용이 발생된다. 그러므로 수입 담당자는 사전에 제품의 특성을 철저히 파악하고 관세사 등에게 사전 문의하여 수입 통관시 발생되는 비용에 대하여 철저히 검토하여야 한다.

표 2-6 수입 사전원가 계산서

					2017
Order No.					
Exporter					
Item					
Unit Price	10.00	Quantity	10,000.00	Amount	100,000.00
Terms	CIF Incheon Port in USD/pc				
Shipping Port	JFK N.Y		Discharging Port	Incheon	

원 가 산 정 내 역

원가내역	수량/금액	단가	사전원가	사후원가	비고
물품대금	10,000.00	10.00	100,000.00		
L/C Term Charge	100,000.00	0.002	200.00		
Cable Charge		20.00	20.00		
수입관세	100,000.00	0.08	8,000.00		
보세창고료			1,000.00		
수입통관수수료	100,000.00	0.002	200.00		
기타			-		
기타			-		
원가총계			109,420		

사전원가 계	수량	단가
109,420	10,000.00	10.94

KANGNAM TRADING CO. LTD.

표 2-7 수출입원가 세부항목

수출원가	항 목	수입원가
① 원자재투입비용(재료비) ② 노무비, 관리비, 세금 ③ 검사비용, 포장비용 ④ 제조자의 이익 등 ※ 제조원가	물품대금	B/L 결제대금
	수출입부대비용	
① 내륙운송비 ② 해상운송비 ③ 창고료, 보관료, THC 등 ④ 해상보험료 ⑤ 화재보험료 등	물류비용	① 해상운송비 ② 내륙운송비 ③ 입항료, 하역료, THC 등 ④ 창고료, 보관료 ⑤ 입출고비용 ⑥ 해상보험료 ⑦ 화재보험료 등
① 신용장통지 수수료 ② Local L/C 개설 수수료 ③ 환가료, Delay Charge, Less Charge 등 ④ 수출보험료 등 ※ 환차손익	결제비용	① 신용장발행수수료 ② L/G charge ③ Usance 이자 등 ※ 환차손익
① 수출추천, 인증비용 ② 수출통관비용 ③ 허가비용, 제증명료 ④ 인지 대금 및 서류 확보비용 등	행정비용	① 수입제세(관세, 내국세) ② 수입추천, 인증비용 ③ 수입통관비용 ④ 선적전 검사비용, 검정료 등
① 수출자의 이익 ② 대리점 수수료/중개수수료 ③ 견본비용 ④ 통신비용 등	기타 원가항목	① 이자 : 재고이자, 여신이자 ② 대리점 수수료/중개수수료 ③ 통신비용 등

◈ QUOTA란 수입규제의 형태 중에서도 수입물량을 직접적으로 규제하는 형태로서 일정기간 동안 수입될 수 있는 한도를 설정하여 그 한도 내에서만 수입이 가능하도록 하는 수량규제이다.

1) 총량쿼터(Global Quota) : 특정 상품별로 일정기간 동안 수입허가 총량(또는 금액)은 한정하되 수입대상국별로 수입량을 할당하지 않는 쿼타로서 주로 쿼타의 관리·운영을 자국이 하게 된다.

2) 국별쿼타(National Quota) : 총량쿼타에 대응하는 개념으로서 수입대상국별로 수입량이 할당되는 쿼타

(1) 쌍무쿼타(Bilateral Quota) : 수입국과 수출국이 정부 또는 만간단체 차원에서 직접 절충하여 쿼타의 기본적인 할당량, 적용기간, 년증가율, 품목분류 및 기타 운영방법에 관한 구체적인 사항을 쌍무협정으로 정하고 이를 근거로 운영되는 쿼타.

a) 정부간 협정(intergovernmental agreement) : 쌍무협정의 주체가 양국정부인 쿼타로서 OMA(Orderly Marketing Agreement : 시장질서 유지협정), MFA(Multi-Fiber Arreangement : 다자간섬유협정) 등이 해당.

b) 업계간 협정(inter-industry agreement) : 쌍무협정의 주체가 쌍방간 합의에 의해 정기적으로 규제 물량을 정하는 쌍무합의에 의한 쿼타로서 수출자유규제협정(VRA : Voluntary Restraint Agreement) 또는 VER(voluntary Export Restraint) 등이 이에 속한다. 형식상으로는 순수민간기업체간 협정이지만 실질적으로는 정부가 개입하게 됨이 보통.

(2) 일방쿼타(Unilateral Quota) : 수입국이 수입 상대국과 상호 쌍무협정을 체결하지 않고 국별 규제 물량(또는 금액)을 일방적으로 설정하여 운영하는 쿼타.

(3) 관세쿼타(Tariff Quota) : 수입국에서 특정상품에 대하여 일정한 기준물량을 정하고 그 물량을 초과하여 수입되는 상품에 대하여 초과관세(additional duty)를 부과하는 제도로서 타 쿼터제가 할당을 초과하여 수입되는 상품에 대하여 수입통관을 불허하는 것에 비하면 어느 정도 완화된 수입규제 조치라 할 수 있다.

표 2-8 수출입원가 세부항목 수출입 관련 부대비용

구분		비용·수수료항목	내 용	징수주체	비 고
세관 통관 비용		세금(관세부가가치세, 개별소비세, 농특세 등)	세금	세관	
		보세구역외장치 허가 수수료	보세구역 외 장치허가시	세관	
		검사수수료(파출검사료)	자가보세창고 검사에 한함	세관	
		임시개청료 (보세운송, 수입, 수출)	세관의 개청시간외(공무원 근무시간) 통관절차·보세운송을 하고자 하는 경우	세관	
기타부대비용	입항	화물입항료 (WHG, Wharfage)	선박회사가 도착지 항구에 화주를 대신하여 납부	해양항만청	선박회사가원천징수, 해양수산청에 납부
		터미날핸들링차지(THC)	선박과 CY간 화물조작료	선박회사	선박회사에서 하역회사 지급
		DOC(Document Charge)	선사가 화주에게 제공하는 서류 비용을 보전키 위함	선박회사	
	하역	하역료	본선에서 육상으로 하역	하역회사	-컨테이너는 하역료 무관 -Bulk Cargo 발생 -화주가 창고배정 요청한 경우는 하역비발생
		CFS조작비(하차료)	CFS에 반입할시	하역회사	
		검수료	검수, 검량 필요할 시	검정회사	검수한 경우에 한함
	보관	보관료	보세창고 보관	보세창고업자	
		출고상차료	보세창고에서 출고때 화물에 적재시 장비 등 사용	보세창고업자	
		화물 화재보험료	화재발생에 대비한 손보	대한손해보험협회	보세창고가원천징수, 대한손해보험협회에 납부
	통관	검사료	세관검사를 위한 CY노무자 인건비	CY업체	세관검사·관리대상물품
		검역신청수수료	정부수입인지대	검역소	검역물품에 한함
		검역수수료	검역(소독 등)시 화주 대신 입회하는 관세사·포딩회사 직원 인건비	관세사 포딩회사	검역물품에 한함
		검역소독비	검역소 검역결과 소독명령받은 때 소독하는 약품비용 등	보건복지부지정 검역기관	검역 후 소독명령을 받은 물품에 한함
		관세사 대행 수수료	관세사에 통관의뢰한 경우	관세사	
	운송	시외운송료	시내운송료	운송회사	
		시내운송료	본선에서 보세창고까지		화주가 창고배정 요청한 경우에 한함
	기타	Handling Charge	포워더에 화물취급 의뢰한 경우	포워더	

2. 수출입 관련 부대비용

수출입 화물의 통관 및 운송, 대금회수 및 지급 등과 관련한 국내 부대비용이며 주운임 및 보험료는 제외한다. 통관 및 운송비용 등은 화물의 특성 및 금액, 대행업체 등에 따라 달리 할 수 있으며 수출입과 관련된 은행수수료도 은행에 따라 약간씩 달리한다.

1) 해상화물

표 2-9 수출입원가 세부항목 컨테이너화물 해상운송 수출 부대비용

<table>
<tr><th colspan="2">항목</th><th colspan="3">금액</th><th>비고</th></tr>
<tr><td>포워더 핸드링 비용</td><td>화물취급 수수료</td><td colspan="3">B/L 건당 30∽80 달러</td><td>① 적하목록 제출
② B/L 송달(인도)
③ 수출면허 대행
④ 적하보험가입 대행 방역대행
포워딩마다 수수료가 다름</td></tr>
<tr><td rowspan="14">국내 항구 부대 비용</td><td>서류발급</td><td colspan="3">B/L 건당 40,000원</td><td>B/L 발급</td></tr>
<tr><td>AMS Fee</td><td colspan="3">미국 : B/L 건당 50 달러</td><td>화물목록 제출(미국세관)</td></tr>
<tr><td>AFS</td><td colspan="3">일본 : B/L 건당 30 달러</td><td>(Advanced Filing Rule)
2014.4.1.부터</td></tr>
<tr><td rowspan="4">Wharfage
해양수산부(무역항의 항만시설 사용 및 사용료에 대한 규정)
(제2018-174호/2019.1.1.)</td><td colspan="2">20 FT</td><td>40 FT</td><td>포트별</td></tr>
<tr><td colspan="2">4.429</td><td>8.858</td><td>부산항</td></tr>
<tr><td colspan="2">4.200</td><td>8.400</td><td>인천항</td></tr>
<tr><td colspan="2">2.742</td><td>5.484</td><td>기타항</td></tr>
<tr><td>Seal Charge</td><td colspan="3">8,000원</td><td></td></tr>
<tr><td>THC(FCL)</td><td></td><td>20 FT</td><td>40 FT</td><td rowspan="4">컨테이너당, 선사마다 다소 다름</td></tr>
<tr><td></td><td>DRY</td><td>130,000</td><td>180,000</td></tr>
<tr><td></td><td>C/T, F/R</td><td>140,000</td><td>195,000</td></tr>
<tr><td></td><td>R/F</td><td>218,000</td><td>317,000</td></tr>
<tr><td>THC(LCL)</td><td colspan="3">북미, 유럽 : 5,300원
일본 : 7,000원, 호주 : 5,300원
동남아·중국 : 6,500원</td><td>R/T 당</td></tr>
<tr><td>CFS Charge</td><td colspan="3">북미 : 10,165원, 유럽 : 5,500원,
일본 : 6,000원, 호주 : 5,300원
동남아·중국 : 6,500원</td><td>R/T 당</td></tr>
<tr><td>통관비용</td><td>통관수수료</td><td colspan="3">CIF VALUE X 1,5/1000
최소 1만 5천원, VAT 별도</td><td>관세사 비용
통관사 영업정책에 따라 다름</td></tr>
</table>

AMS(Advanced Manifest Service) Fee : 한국에서 미국으로 수출할 때 출항전 24시간 이내에 수출신고하는 비용.
AFR(ADVANE FILLING RULES) Fee : 일본에 입항하는 선박에 적재된 컨테이너의 화물정보를 출항 24시간 이내에 일본 세관에 보고하는 제도로서의 비용

표 2-10 수출입원가 세부항목 컨테이너화물 해상운송 수입 부대비용

<table>
<tr><th colspan="2">항목</th><th colspan="2">금액</th><th>비고</th></tr>
<tr><td colspan="2">화물취급 수수료</td><td colspan="2">B/L 건당 30∽80 달러</td><td>① 화물도착 통보
② 적하목록 제출(EDI 전송)
포워딩마다 수수료 다름</td></tr>
<tr><td colspan="2">서류발급비</td><td colspan="2">B/L 건당 40,000원</td><td>B/L 발급</td></tr>
<tr><td rowspan="3">Container Clearing Fee</td><td rowspan="2">FCL</td><td colspan="2">20 FT : 25,000(DRY), 40,000(Reefer)</td><td rowspan="2">컨테이너당</td></tr>
<tr><td colspan="2">40 FT : 40,000(DRY), 50,000(Reefer)</td></tr>
<tr><td>LCL</td><td colspan="2">20,000</td><td>R/T 당</td></tr>
<tr><td rowspan="4">Terminal Handling Charge (THC)</td><td rowspan="2">FCL</td><td colspan="2">20 FT : 130,000원(DRY),
160,000(O/T, F/R)
230,000(Reefer)</td><td rowspan="2">컨테이너당</td></tr>
<tr><td colspan="2">40 FT : 180,000원(DRY)
220,000원(O/T, F/R)
345,000원(Reefer)</td></tr>
<tr><td rowspan="2">LCL</td><td colspan="2">북미 : 4,300원, 유럽 : 5000원, 일본 : 6,000원</td><td rowspan="2">R/T당</td></tr>
<tr><td colspan="2">동남아·중국 : 6,500원, 호주 : 5,500원</td></tr>
<tr><td colspan="2">CFS Charge
(부산항 기준)</td><td colspan="2">북미 : 11,165원, 유럽 : 5500원
일본 : 6,000원 동남아·중국 : 6,500원,
호주 : 5,500원</td><td>R/T당</td></tr>
<tr><td rowspan="9">Drayage Charge</td><td>부산</td><td colspan="2">6,500원 VAT 별도</td><td>R/T당, VAT 별도</td></tr>
<tr><td rowspan="8">인천</td><td colspan="2">* DRAYAGE CHG</td><td rowspan="8">VAT 별도
업체마다 다소 요율 다름</td></tr>
<tr><td>3 CBM 미만</td><td>42,000</td></tr>
<tr><td>5 CBM 미만</td><td>55,000</td></tr>
<tr><td>7 CBM 미만</td><td>64,000</td></tr>
<tr><td>10 CBM 미만</td><td>80,000</td></tr>
<tr><td>13 CBM 미만</td><td>97,000</td></tr>
<tr><td>16 CBM 미만</td><td>104,000</td></tr>
<tr><td>16 CBM 이상</td><td>6,800/CBM</td></tr>
<tr><td colspan="2">통관수수료</td><td colspan="2">CIF VALUE X 1,5/1000
최소 1만 5천원, VAT 별도</td><td>관세사 비용
통관사 영업정책에 따라 다름</td></tr>
</table>

Container Clearing Fee : 수입화물 운송 이후에 발생하는 컨테이너 세척 및 폐기물 처리 비용에 해당하는 비용.
THC(terminal handling charge) : 항만에서 컨테이너 하역 등에 수반되는 화물취급 수수료.
CFS(container freight station) : 여러 업체의 소량화물을 모아 컨테이너에 적입작업을 하게 되는데 이때 발생하는 비용.
Drayage Charge : 수출입시 컨테이너 또는 일반 화물 차량을 부두로 옮기는 내륙운송비용

2) 항공화물

표 2-11 세관통관 부대비용

구분		비용·수수료항목	내용	징수주체	비고
세관 통관 비용		세금(관세, 부가가치세, 개별소비세, 농특세 등)	세금	세관	
		보세구역 외 장치허가 수수료	보세구역 외 장치허가 시	세관	
		검사수수료(파출검사료)	자가보세창고 검사에 한함	세관	
		임시개청료 (보세운송, 수입, 수출)	세관의 개청시간 외(공무원 근무시간) 통관절차·보세운송을 하고자 하는 경우	세관	
		물품취급시간 외 물품취급 수수료	물품취급시간외 물품을 취급하는 때	세관	
세관 통관 비용	하역	조업료	항공기에서 하기장소까지 운송하여 브랙다운 하기까지	조업사	
	보관	보관료	보세창고 보관	보세창고업자	
		터미날핸들링차지(THC)	화물조작료	보세창고업자	
		화물화재보험료	화재발생에 대비한 손보	대한손해보험협회	보세창고가 원천징수, 대한손해보험협회에 납부
	통관	B/L핸들링차지	B/L 발급비용	포웨더	
		검역신청수수료	정부수입인지대	검역소	검역물품에 한함
		관세사 대행 수수료	관세사에 통관 의뢰한 경우	관세사	
	운송	시외운송료	하기장소 ⇒ 화주지정장소	운송회사	
		시내운송료	항공사 창고에서 복운창고, 공항까지	운송회사	

표 2-12 수출입원가 세부항목항공화물 수출운송 부대비용

항목	금액	비고
화물취급 수수료	45kg 이하 30달러 100kg 이하 35달러 300kg 이하 40달러 500kg 이하 50달러 1000kg 이하 60달러 1000kg 초과 70달러	① 적하목록 전송, AMS, 발송통지 ② Document 등 제서류 취급(원산지증명서 등) 포워딩마다 수수료 다름

위험물 취급 수수료	포장 한개 당 20,000원	MIN 100,000만원 MAX 제한 없음
운송장(AWB) 작성 수수료	AWB 건당 3,000원	AWB 작성 및 발급
RFC Charge	Kg 당 40원/최소 15,000원	① 포장표기 작업, 라벨링 작업, 서류작업(위험품 신고서, 생동물 신고서 및 서약서 등) ② 상차, 하차, 화물분류, Stuffing ③ Airport Charge ④ RFC된 화물을 화물터미널까지 운송
보안할증료	미국 : kg당 130원 중국·일본 : kg당 0원	항공화물 보안검색 등(X-Ray) 아시아나항공 기준
유류할증료	CIF VALUE X 1.5/1000 최소 1만 5천원 VAT 별도	관세사 비용 통관사 영업정책에 따라 다름
통관수수료	CIF VALUE X 1,5/1000 최소 1만 5천원, VAT 별도	관세사 비용 통관사 영업정책에 따라 다름

RFC(Ready for Carriage) Charge : 수출항공화물을 곧바로 항공기에 기적(탑재)하기 위한 포장, 라벨링, 화물 분류 등의 작업에 따른 비용

표 2-13 수출입원가 세부항목 항공화물 수입운송 부대비용

항목	금액	비고
화물취급 수수료	AWB 건당 2~5만원	① 적하목록, AWB 분류, 창고배정 ② 도착통지, D/O 등
착지불 수수료	(운임+종가요금) x 2~5%	타국 통화로 운임징수에 따른 환차손 보전
보안할증료	미국 : kg당 0.1USD 중국 : kg당 1.2CN(MIN40) 일본 : AWB 건당 500JPY	항공화물 보안검색 등(X-Ray) 일본은 항공사에 따라 요금이 다름
유류할증료	미국 : kg당 1 USD 중국 : kg당 2.8CN 일본 : kg당 46JPY	항공유가 상승에 따른 제시함 항공사에 따라 요금이 다름
THC	기본료 : 3,000 또는 2,700원 + kg당 55원 추가	터미널 사용료 항공사에 따라 요금이 다름
통관수수료	CIF VALUE의 2/1000 최소 3만원, VAT 별도	관세사 비용 통관사 영업정책에 따라 다름

착지불 수수료(Collect Charge Fee) : 항공 수입화물의 운임이 도착지에서 지불될 경우, 당해 화물을 취급하는 포워더가 출발지 국가에 운임 송금시 발생할 수 있는 환리스크 등을 보존하기 위하여 화주에게 적용하는 비용

출처 : 표 2-8 ~ 표 2-13, 한국관세물류협회, 설문조사, 2019.9

3) 주요 은행수수료

항목별		은행별	
		A 은행	B 은행
수출	① 일람불환가료	1개월 LIBOR + 1.97% ※ 매입 취급수수료(건당 20,000원) 별도	1개월 LIBOR + 1.9% ※ 매입 취급수수료(건당 30,000원) 별도
	② 기한부(90일)환가료	3개월 LIBOR + 2.3% ※ 매입 취급수수료(건당 20,000원) 별도	3개월 LIBOR + 2.4% ※ 매입 취급수수료(건당 30,000원) 별도
	③ 양도수수료	건당 20,000원	건당 20,000원
	④ 통지수수료	건당 20,000원	건당 20,000원
	⑤ 입금지연이자	-신용장방식(보증부매입) : 매입금액×매매기준율×지연일수/360× 입금일의 3개월물 환가료율+1.5% -D/P : 매입금액×매매기준율×지연일수/360 ×입금일의 보증부 환가료율 -D/A : 매입금액×매매기준율×지연일수/360 ×징수당시 외화여신 연체이자율	-신용장방식(보증부매입) : 징수 당시 환가료율 + 1.5% -D/P CLEAN매입 : 징수당시환가료율 하자매입 : 징수당시환가료율 + 1.5% -D/A : 징수당시 은행계정 연체이자율
	⑥ 확인수수료	3개월마다 0.8~3.0% ※ 최저 USD 150	0.7~2.0%(확인일~유효기간) ※ 최저 USD 50
	⑦ 추심수수료	매입금액의 0.1% ※ 최저 20,000원-최고 30,000원	매입금액의 0.1% ※ 최저 10,000원~최고 50,000원
수입	① 발행/증액/기간연장 수수료	신용별 차등적용 : 0.8~1.2% ※ 최저 20,000원	신용별 차등적용 : 0.4~1.6% (개설일~유효기간) ※ 최저 20,000원
	② 조건변경수수료	건당 10,000원	건당 10,000원 ※ EDI이용시 : 건당 4,000원(기간연장/증액 제외)
	③ 인수수수료	연 1.6% ※ 최저 8,000원	3개월마다 0.4~2.0% ※ 최저 20,000원
	④ 수입화물선취보증서 (L/G)	-발급수수료 : 건당 10,000원 -보증료 : 3%	-발급수수료 : 건당 10,000원 -보증료 : 연 3%
내국신용장	① 개설/증액/기간연장 수수료	신용별 차등적용 3개월마다 0.4-0.8% ※ 최저 15,000원	0.4%(개설일~유효기일) ※ 최저 10,000원
	② 조건변경수수료	건당 4,000원	건당 5,000원
	③ 매입이자율	원화대출기준금리 + 신용등급별 차등적용	원화기간별 대출기준금리 + 2.0%
구매승인서	① 구매확인서 발급수수료	건당 4,000원 ※ 전송료 3,000원은 별도	건당 5,000원 ※ 전송료 3,000원은 별도

4. 무역계약서의 작성

무역계약을 체결하는 방법은 개별계약(case by case contract) 방법, 포괄계약(master contract) 방법 및 독점계약(exclusive contract) 방법 등이 있다. 먼저, 개별계약 방법은 매 거래건별로 먼저 간단한 Offer나 Order를 확정한 후 수출입 본 계약을 확정하는 방법으로서 통상 거래상대방과 최초 거래시나 초기 거래시에 활용하는 방법이다. 개별계약방법으로 수출입 본 계약을 체결할 경우 계약당사자는 Offer와 수차례의 Counter Offer을 교환하는 방법으로 사전에 계약내용을 협의한 후 이를 확정하여 어느 일방이 통상 2부의 계약서를 작성하여 서명한 후 이를 다른 일방에게 송부하면 상대방은 이에 서명한 후 1부를 송부, 각각 1부씩 보관한다.

개별계약방식에 의한 수출입 본 계약서는 표면(表面)과 이면(裏面) 양면(兩面)으로 구성되어 있다. 무역계약서의 표면약정에 포함되는 사항은 거래건별로 확정하여야 하는 개별약정사항, 즉, 당해 거래시의 물품의 품질수준, 수량 및 가격 등 거래상품에 관한 사항과 선적일자, 결제방법 및 보험조건 등이 있다.

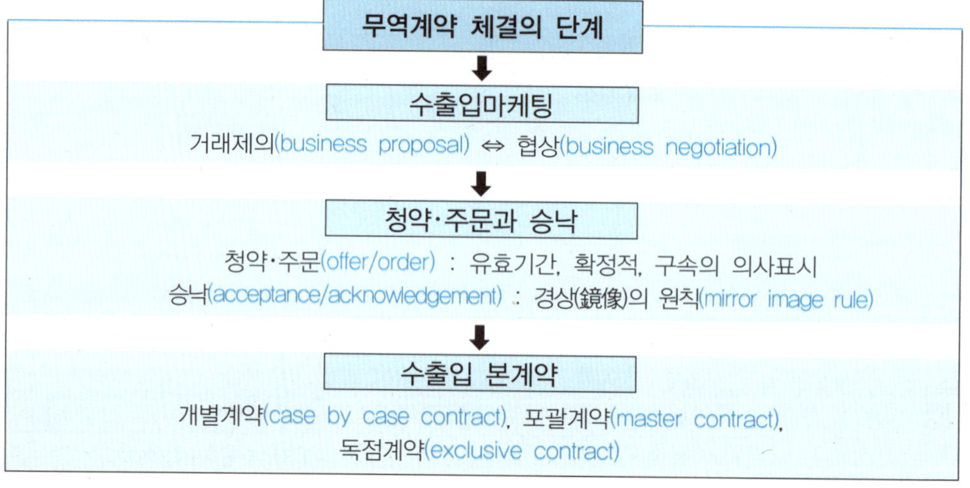

무역계약서의 이면 약정사항은 무역에 관한 일반약정으로서 무역계약에 대리인이 개입되지 않고, 계약상 권리와 의무의 당사자인 본인 대 본인계약(principal to principal basis contract)이라는 사항과 계약서 표면 약정사항인 품질에 대한 검사, 수량, 가격 및 선적조건 등을 정하는 기준 등 개별약정사항을 해석하는 기준과 계약불이행과 관련한 조항으로서 불가항력조항, 클레임조항, 중재조항 및 준거법조항 등 수출입거래시 일반적으로 적용되는 공통사항이 여기에 포함된다.

다음, 포괄계약(master contract) 방법은 통상 동일한 거래상대방과 계속적으로 거래가 이루어지는 경우에 채택하는 방법으로 매거래마다 건별로 수출입 본 계약을 체결함에 적합한 방법으로서 수출입거래당사자는 당사자간의 향후 수출입 거래준칙에 해당하는 일반거래조건협정(agreement of memorandum on general terms and conditions of business)

을 체결한다. 여기에는 개별계약체결시 무역계약서 이면약정사항에 포함되는 무역거래 일반약정사항과 함께 거래건별로 Offer나 Order를 확정하며, 포괄계약에서 정한 방법에 따라 간단한 Offer Sheet나 Order Note를 교환함으로써 무역계약을 확정한다.

무역계약은 불요식계약(single contract)이므로 문서로 작성하는 것이 계약성립의 요건은 아니지만 무역거래는 계약성립부터 대금결제에 이르기까지 상당한 시일이 요구되며, 전신이나 서신을 통해 여러 차례의 협상 끝에 이루어지므로 의도한 바를 명확히 해두고 계약이행 과정에서 발생될 수 있는 분쟁을 미리 방지하기 위하여 문서로 확인·작성하는 것이 필요하다.

통상적인 규모의 무역거래에서는 오퍼가 승낙되거나 주문이 승낙되면 계약은 성립되고, 이를 확실히 하기 위해 Sales Note(sales confirmation note)와 Purchase Note(order note)를 교부함으로써 개별계약은 완결된다. 그러나 계약규모가 거액이고 계약내용이 복잡한 경우 특히 플랜트수출입이나 선박, 철도차량, 대형기계류와 같은 연불 수출입은 Sales Note나 Purchase Note는 복잡한 거래조건을 충분히 포괄할 수 없기 때문에 일반적으로 계약서(sales contract)를 작성하게 된다. 물론 이러한 Contract Sheet를 송부할 때에는 Sales Note나 Purchase Note를 송부할 때와 마찬가지로 첨부서한(covering letter)을 동봉하여야 하며, 그리고 Sales Contract 속에는 상품의 명세와 품질, 수량, 가격, 선적시기와 장소 및 목적항 또는 인도장소, 대금결제방법 특히 신용장발행조건, 하인과 포장조건, 보험조건 및 Claim처리 내지 상사중재조항(arbitration clause) 등 무역계약의 기본조건(general terms and conditions of business)을 상세하면서 명확하게 기재하여야 한다.

독점계약(exclusive contract) 방법은 어떤 특정품목의 수출입에 있어서 수출업자는 수입국가의 지정 수입업자 외에는 동일 품목을 오퍼하지 않으며, 또 수입업자 역시 수출국의 다른 수출업자로부터는 동일품목을 취급하지 않겠다는 조건으로 맺어지는 독점판매계약(exclusive sales contract)이다. 이 경우 수출업자는 ① 저렴한 가격으로 청약해야 하고 ② 동일한 품목을 수입업자가 소재하고 있는 다른 업자에게 청약하지 않아야 하고 ③ 다른 상사의 명의나 제3자를 통하여 수입업자 소재지의 시장을 침투하지 않아야 하고 ④ 해당 품목의 품질을 보장해 주어야 한다. 그리고 수입업자는 ㉮ 최대한으로 물품을 판매해야 하고 ㉯ 가능한 한 가장 높은 가격을 받고 ㉰ 수출업자 이외의 타상사의 물품을 취급하지 않고 ㉱ 일정한 기간 동안 최소한의 판매를 보장해야 한다.

계약서는 보통 수출상이 정·부 2통(in original and duplicate)을 작성하여 서명(signature)을 한 후 이들을 수입상에게 발송하며 수입상은 이를 점검·확인한 후 미비점이나 상위점이 없을 때에는 계약서 2통에 각각 서명하고 그 중에 정본(original)은 자신이 보유하며 부본(duplicate)은 수출상에게 발송·교부함으로써 정식으로 계약을 성립시킨다.

계약의 의미로서 광의의 계약은 사법상의 법률효과를 발생시키는 것을 목적으로 2인 이상의 당사자가 청약(offer)과 승낙(acceptance)이라는 서로 대립되는 의사표시의 합치로 성립하는 것을 뜻하며, 계약 당사자간의 법률상의 권리의무관계를 규정한 것이다. 또한 계약은 국내계약(domestic contract)과 국제계약(international contract)으로 나눌 수 있다. 국내계약은 내국인간의 계약을 의미하며, 국제계약은 국외의 당사자와의 계약 즉, 국경을 넘어서 상품, 용역의 거래, 제품제조기술, 정보 또는 특허, 노하우, 의장, 상표, 소프트웨어 등의 지적재산권(intellectual property right) 등을 대상으로 계약을 체결하는 것이다.

계약에 대한 이해와 기초지식을 갖춤으로써 국내 상거래에 있어서 뿐만 아니라 국제거래에 있어서 보다 유리하게 계약을 체결하고 기업의 이익을 보전할 수 있어야 한다. 계약은 말로 하든 서면으로 하든 동일한 효력을 갖는 것으로 되어 있지만 구두계약(verbal contract)의 경우 후일 계약 상대방 또는 이해당사자가 계약내용을 부인하거나 분쟁이 발생했을 때 계약내용을 증빙할 방법이 없다는 것이므로 어떠한 내용의 계약서든지 공통적으로 갖추어야 할 형식이 있다.

1) 계약서 작성요령

① (표 2-1)의 ①, (표 2-2)의 ② 수출자 : (표 2-1)은 수출자가 발행한 청약(offer)이고 (표 2-2)는 수입자가 수출자 앞으로 발행한 구매주문서(purchase order)이며 수출자의 Offer에 대한 Counter Offer로 볼 수 있다.

② (표 2-1) ② (표 2-2) ① 수입자 : (표 2-1)의 Offer에 대해 (표 2-2)는 Order를 하는 당사자이다.

③ (표 2-1) ③ (표 2-2) ③ : ④ Offer No. 및 Order No.이다.

④ (표 2-1) ④ (표 2-2) ⑤ 발행일자 : (표 2-1) ④는 Offer의 발행일자, (표 2-2) ⑤는 Order의 발행일자이다.

⑤ (표 2-1) ⑤ (표 2-2) ⑥ 거래제시 : 상대방에 대한 Offer 및 Order를 아래조건으로 제시한다는 내용이다.

- ◆ We are pleased to offer the under-mentioned articles as per conditions and details described as follows: 당사는 아래에 기재된 물품을 다음과 같은 조건으로 오퍼하게 되어 기쁘게 생각합니다.
- ◆ We are looking forward to receiving your valued order for the above offer. : 당사는 위의 오퍼에 대한 귀사의 주문을 기대합니다.

⑥ (표 2-1) ⑥ 원산지 : 상품별로 원산지에 따라 가격의 차이가 많이 생길 수 있다. 주류의 경우 Spain산과 France산의 품질이 다르며, 동일국가 내에서도 지역에 따라 품질의 차이가 있을 수 있어, 상품명은 동일하지만 품질은 전혀 상이한 상품이 될 수 있으므로 1차 산품의 Offer에서는 원산지의 표시가 매우 중요하다.

⑦ (표 2-1) ⑦, ⑧ (표 2-2) ⑮ 선적조건 : (표 2-1)은 수출자가 L/C 수취 후 2개월 이내에 부산에서 선적할 것을 제시한 것에 대해 (표 2-2)는 구체적으로 부산항에서 선적하여 요꼬하마항으로 컨테이너선으로 1월 초에 선적하는 것으로 제시하고 있다.

선적항 또는 선적지(shipping port or place) : 선적항 또는 선적지를 기재하며 정확한 지점을 지정하여 준다(busan, korea/new york/nambu truck terminal 등).
도착항 또는 도착지(destination or place) : 도착항 또는 도착지를 기재하며 정확한 지점을 지정하여 준다(busan, korea/new york/chicago truck terminal 등).

⑧ (표 2-1) ⑨ (표 2-2) ⑭ 결제조건 : (표 2-1)은 수출자를 수익자로 한 Sight Credit 발행요청에 대해 (표 2-2)는 발행방법, 발행은행 및 통지은행 등을 표시하고 있다.

⑨ (표 2-1) ⑩ Offer의 유효기간 : Offer가 상대방과 일정한 조건으로 계약을 체결할 것을 제안하는 것이므로 이에 대해 상대방이 승낙하면 계약이 확정적으로 성립하고, 청약자는 그 상대방(피청약자)은 계약내용을 이행하여야 할 의무가 있다는 의사를 표시하는 것이므로 상품의 국제시세는 수시로 변하고 있는데 유효기간을 과도하게 길게 정한 경우에는 시세등락에 따라 손실을 초래할 수 있다. 따라서 모든 Offer에는 일정기간 동안만 유효하도록 그 유효기간을 명시하여야 한다.

⑩ (표 2-1) ⑪, ⑫ (표 2-2) ⑦, ⑩ 상품명 및 수량 : 수출상품의 명칭, 종류 및 수량을 표시한다. 보통상품에 대해서는 별 문제가 없으나 비슷한 종류가 여러 가지 있는 상품이나 상품명이 유사한 것은 혼동을 일으키지 않도록 분명하고 완전하게 기재한다. 상품이란 무한정 공급되는 것이 아니고 기한 내에 얼마나 공급해 줄 수 있느냐가 문제가 되므로 기일 내에 반드시 공급할 수 있는 수량만 Offer해야 하며 특히 Buying Offer(purchase order)일 때는 수량이 꼭 정해져 있다. 또한 수량의 기준도 개수(piece), 무게(weight), 길이(length), 용적(measurement) 등 다양하며 이들의 단위도 각각 상이하므로 그 수량의 단위사용에 주의하여야 한다.

⑪ (표 2-1) ⑬, ⑮ (표 2-2) ⑪ 가격조건 및 단가 : 가격조건 및 수출품의 단가를 기재한다.

⑫ (표 2-1) ⑭ (표 2-2) ⑫ 총액 : 수출 및 수입금액의 총액을 기재한다.

⑬ (표 2-2) ⑧ 상품의 품질 : 수출품의 품질을 표시하는데 동 서식에서는 반복된 거래로서 전에 선적된 수출품과 동일한 품질을 요구하고 있다.

⑭ (표 2-2) ⑨ 포장 : 수출품의 포장방법을 지시하는데 주로 "Export Standard(carton, wooden) Packing"이 표시된다.

⑮ (표 2-2) ⑬ 보험조건 : CIF 조건 수출인 경우 보통 수입자는 CIF가격(송장금액)의 110% 보험금액을 요구하며, 위험 부보조건을 명시한다.

⑯ (표 2-2) ⑯ 하인 : 수출품에 표시될 하인(shipping marks)을 나타낸다.

⑰ (표 2-2) ⑰ 기타사항 : 필요서류 등이 표시된다.

⑱ (표 2-1) ⑯ (표 2-2) ⑲ 수입자 : (표 2-1) ⑯은 Offer의 상대자인 수입자가 되고, (표 2-2) ⑲는 Order의 발행자로 수입자가 된다.

⑲ (표 2-1) ⑰ (표 2-2) ⑱ 수출자 : (표 2-1) ⑰은 Offer의 발행자인 수출자이고, (표 2-2) ⑱은 Order의 상대방으로 수출자가 된다.

서식 2-1 OFFER SHEET

< 표 1 >

KANGNAM TRADING CO., LTD.

① Manufactures, Exporters & Importers

C.P.O. BOX : 7917 SEOUL #146-1, SOOSONG-DONG, CHONGRO-KU TEL : 735/5671

CABLE : PONECA SEOULSEOUL, KOREA 732/1985 TELEX : DESCO K24416

OFFER SHEET

②

Messrs. OKAMOTO INDUSTRIES, INC.
3-27-12 HONGGO BUNKYO-KU
JAPAN

③ Offer No. : DS-2k-005
④ Date : November 10, 2020

Gentlemen :

⑤ We have the pleasure to offer you the under-mentioned goods on the terms and conditions herein after set forth.

⑥ Origin : Republic of Korea

⑦ Shipment : Within 2 months after the date of establishment for the Credit

⑧ Shipping Port : Busan, Korea

⑨ Payment Terms : By an irrevocable at sight credit to be opened in our favor

⑩ Validity of Offer : December 10, 2020.

ITEM	⑪ Commodity & Description	⑫ Quantity	⑬ Unit Price	⑭ Amount
		⑮ CIF YOKOHAMA, JAPAN		
	AUTOMOBILES			
	SIZE VALVE			
	500-13 TR13	2,100PCS	U$ 1.80	U$3,780.00
	600-14 TR13	3,900PCS	U$ 1.90	U$7,410.00
	Total : CIF YOKOHAMA, JAPAN/PC	6,000PCS		U$11,190.00

Remarks : All dispute, controversies or difference which may arise between the parties, out of or in relation to or in connection with this contract, or for the, breach thereof, shall be finally settled by arbitration in Seoul, Korea in accordance with The Arbitration Rules of The Korean Commercial Arbitration Board and under the laws of Korea. The award rendered by the arbitrator(s) shall be final and binding upon both parties concerned.

Very truly yours,

Accepted By :

⑯________________

Date of Acceptance

Kangnam Trading Co., Ltd

⑰ W. R. SOUTH

W.R. SOUTH, TRADE MANAGER

E. & O. E.

서식 2-2 PURCHASE ORDER

<표 2>

① **OKAMOTO INDUSTRIES, INC.**

3-27-12 HONGGO BUNKYO-KU JAPAN
TEL : 817-4261 FAX. : 814-0804

PURCHASE ORDER

Messrs. ②
KANGNAM TRADING CO., LTD.
10th FI. Leema Bldg.
146-1 Susong-dong
Chongro-ku, Seoul Korea

③ Your Ref : ....
④ Our Ref : KNC-2K-005
⑤ Date & Place : May 25, 2020.

Dear Sirs, ⑥

We OKAMOTO INDUSTRIES INC. as Buyer, hereby confirms our purchase of the following goods in accordance with the terms and conditions given below :

==========

⑦ DESCRIPTION : AUTOMOBILE TUBES
500-13 TRB 2,100 PCS
600-14 TRB 3,900 PCS

⑧ QUALITY : AS PER PREVIOUS SHIPMENT

⑨ PACKING : EACH 20 PCS TO BE PACKED INTO AN EXPORTABLE CARTON. EXPORT STANDING PACKING.

⑩ QUANTITY : 6,000 PCS ONLY

⑪ PRICE : CIF YOKOHAMA, JAPAN IN U.S. DOLLARS
550-13 TR13 @U$1.80/PCE 600-14 TR13 @U$1.90/PCE

⑫ AMOUNT : TOTAL : US$11,190.

⑬ INSURANCE : INSURANCE POLICY/CERTIFICATE BLANK ENDORSED FOR 110% OF CIF VALUE WITH CLAIMS PAYABLE IN JAPAN IN THE CURRENCY OF THE DRAFT INSURANCE TO INCLUDE ICC(A) WITH INSTITUTE WAR CLAUSES, SRCC CLAUSES

⑭ PAYMENT : BY L/C AT 60 DAYS AFTER SIGHT IN YOUR FAVOR BY FULL CABLE ADVISING THROUGH KOREA EXCHANGE BANK, SEOUL, KOREA FROM THE FUJI BANK LTD., TOKYO (INTEREST IS FOR SELLERS ACCOUNT)

⑮ SHIPMENT : SHIPMENT SHOULD BE EFFECTED DIRECTLY FROM PUSAN, KOREA TO YOKOHAMA, JAPAN BY DIRECT CONTAINER VESSEL AS FOLLOWS : BY EARLY JANUARY/2020

⑯ MARKS TO BE MARKED ON BOTH SIDES OF EACH CARTON BOX AS FOLLOWS : CARTON NO. 1-1/UP, ITEM : AUTO TUBE, SIZE AND QUANTITY

⑰ REMARKS : TWO COPIES OF NON-NEGOTIABLE B/L, INVOICE, PACKING LIST, INSURANCE POLICY SHOULD BE GIVEN BY YOU UNDER A CAPTAIN'S CARE FOR DELIVERY TO US.

CONFIRMED & ACCEPTED BY : ⑱ OKAMOTO INDUSTRIES INC. ⑲

서식 2-3 일반거래조건협정서

Agreement on General Terms and Conditions of Business

It is hereby agreed between the Seller, **Kangnam Trading Co., Ltd.,** Seoul, Korea and the Buyer, **American Trading Co., Inc.,** New York, U.S.A. on a principal to principal basis. This agreement begins on September 15, 2020 between parties that all business shall be conducted on the following terms and conditions :

『매도인인 대한민국 서울에 있는 「Kangnam Trading Co., Ltd.」와 매수인인 미국 뉴욕에 있는 「American Trading Co., Inc.」는 본인 대 본인으로 2020년 9월 15일부로 유효한 모든 거래를 다음 조건으로 행할 것을 이에 합의하는 바입니다.』

(1) Quantity : Quantity set forth in this contract is subject to a variation of ten(10) percent more or less.

『수량 : 이 계약에서 정한 수량은 10%의 과부족을 용인하기로 한다.』

(2) Inspection : The inspection of quality shall be done according to the export regulation of the Republic of Korea and/or by the manufacturers which shall be considered as final, Should any specific inspector be nominated by the buyer, all additional charges thereby incurred shall be borne by the buyer.

『검사 : 품질검사는 한국의 수출규제법에 따라서 그리고 혹은/제조업자에 의해 이루어지며 이러한 검사는 최종적인 것으로 간주된다. 어떠한 검사인이 수입자에 의해 지명된다면, 이에 따라 발생되는 모든 추가적인 비용은 수입자의 부담으로 한다.』

(3) Packing and Marking : Packing shall be the seller's option. In case special instruction for packing are necessary the same should be intimated to the seller in time so as to enable the seller to comply with. Shipping Mark shall be made as shown in the front page of this contract.

『포장과 화인 : 포장은 수출자의 재량에 의하기로 한다. 포장함에 있어 특별한 지시가 필요한 경우, 그러한 취지는 수출자가 이행 가능하도록 적기에 수출자에게 통지되어야 한다. 화인은 이 계약서 앞면에 표시된 대로 이루어져야 한다.』

(4) Shipment : The date of bill lading shall be accepted as conclusive date of the date of shipment. Ten(10) days grace in shipping shall be allowed. Partial shipment and/or transshipment shall be permitted unless otherwise stated in the contract. The seller shall not be responsible for any delay of shipment, should the buyer fail to provide timely the letter of credit in conformity with the contract or in case the sailing of the steamer designated by the buyer be beyond the prearranged date of shipment.

『선적 : 선하증권발행일은 선적일의 추정적 증거로 본다. 선적에 있어 10일간의 유예기간이 허용된다. 계약서에 달리 명시되어 있지 않다면 분할선적과 환적은 허용된다. 수입자가 계약에 따라 신용장을 적기에 제공하지 않거나 수입자에 의해 지정된 선박의 항해가 선적일 경과하여 지연되는 경우, 수출자는 선적지연에 대하여 어떠한 책임도 지지 않는다.』

(5) Insurance : In case of CIF or CIP basis, 110% of the invoice amount will be insure, unless otherwise agreed, at his own expense, and unless otherwise stated, insurance be covered for marine insurance against Institute Cargo Clause(C) by seller. Seller may, if he deems it necessary, insure war risks at buyer's expense.

『보험 : CIF나 CIP조건으로 계약한 경우, 달리 약정이 없으면 수출자는 자기의 비용부담으로 송장금액의 110%의 금액과 ICC(C)조건으로 해상보험에 부보하기로 한다. 만약 필요하다고 여겨질 경우, 수출자는 수입자의 비용부담으로 전쟁위험을 담보하여야 한다.』

(6) Foce Majeure : Should shipment and/or delivery of all or part of the merchandise be prevented or delayed by prohibition of exportation, suspension of issuance of export license or other government restrictions, act or God, war, blockade, other epidemics, destruction of the goods by fire, typhoon, flood, or due to any other cause or causes beyond the control of the seller, the contract shall be void to the extent of such portion, the shipment or delivery of which is still prevented.

『불가항력 : 상품이 전부 또는 일부의 선적과 인도가 수출금지, 수출허가서의 발행지연, 기타의 정부규제, 천재지변, 전쟁, 항구봉쇄, 혁명, 폭동, 동요, 소요, 동원, 동맹파업, 직장폐쇄, 유행성 감기 또는 다른 전염병, 화재, 태중, 홍수로 인한 상품의 파괴, 또는 수출자의 통제범위를 벗어나는 다른 원인들에 의하여 상품이 전부 또는 일부의 선적과 인도가 이루어지지 못하거나 지연되는 경우, 이 계약은 선적과 인도가 아직 이루어지지 않은 부분의 범위 내에서 무효가 된다.』

(7) Payment : Irrevocable and confirmed letter of credit which is available against the seller's sight drafts shall be established through a prime bank satisfactory to the seller immediately after the date of the contract and be kept valid at least fifteen(15) days after the date of last shipment. The amount of such letter of credit shall be sufficient to cover the contract amount and additional charges and/or expenses to be borne by the buyer. Should the buyer fail to provide such letter of credit in accordance with the contract, the seller shall have the option of cancelling the contract, reselling the contracted goods and/or holding the buyer's account and risk.

『대금결제 : 수출자가 발행한 일람불 환어음으로 수출대금을 회수할 수 있고, 최종 선적일 후 15일간 유효하게 되는 취소불능 확인 신용장이 계약체결 후 즉시 일류은행을 통해 발행되어야 한다. 이런 신용장의 금액은 계약금액과 추가적인 비용, 그리고/혹은 부담할 여타 경비를 커버하기 충분해야 한다. 수입자가 계약에 따라 이런 신용장을 제공하지 못한다면 수출자는 수입자의 비용과 위험부담으로 계약을 취소(해제)하거나 계약물품을 전매하거나 그리고/혹은 그 물품을 보유할 권리를 가진다.』

(8) Increased Cost : If seller's costs of performance are increased after the dat of this agreement by reason of increased freight rates, taxes or other governmental charges and insurance rates including war risk, or if any variation in rates of exchange increases seller's costs or reduces seller's return, buyer agrees to compensate seller for such increased costs or loss of income.

『증가비용 : 운임률, 세금 또는 기타 정부 부과금과 전쟁위험을 담보함에 따른 보험료율의 증가 또는 환율변동으로 수출자의 비용이 증가하거나 수익이 감소한다면, 수입자는 그러한 증가비용 또는 수익손실에 대하여 수출자에게 보상할 것을 동의한다.』

(9) Claims : Any claims by buyer of whatever nature arising under this contract shall be made by cable within fifteen(15) days after arrival of the merchandise at the destination specified in the bill of lading. Full particulars of such claim shall be made in writing and forwarded by registered airmail to seller within fifteen(15) days after cabling. Buyer must submit sworn surveyor's report with such particulars when the quality or quantity of merchandise delivery is in dispute.

『클레임 : 이 계약 하에서 수입자에 의해 제기되는 모든 클레임은 선하증권에 명시된 목적지에 물품이 도착한 후 15일 이내에 수출자에게 등기항공우편으로 보내져야 한다. 수입자는 인도된 물품의 품질이나 수량에 대하여 분쟁이 발생할 경우 그러한 명세사항과 함께 공인된 검증인의 보고서를 제시하여야 한다.』

(10) Arbitration : All dispute, controversies or difference which may arise between the parties, out of or in relation to or in connection with this contract, or for the, breach thereof, shall be finally settled by arbitration in Seoul, Korea in accordance with The Arbitration Rules of The Korean Commercial Arbitration Board and under the laws of Korea. The award rendered by the arbitrator(s) shall be final and binding upon both parties concerned.

『중재 : 이 계약으로부터 또는 이 계약과 관련하여 또는 이 계약의 위반으로 말미암아 당사자간에 발생하는 모든 분쟁, 논쟁 또는 의견차이는 대한민국 서울특별시에서 대한상사중재원의 상사중재규칙 및 대한민국 법에 따라 중재에 의하여 최종적으로 해결되기로 한다. 중재인에 의하여 내려지는 판정은 최종적인 것으로서 관계당사자 쌍방에 대하여 구속력을 가진다.』

(11) Patent etc : Buyer is to hold seller harmless from liability for any infringement with regard to patent, trade mark, copyright, design, pattern, etc. originated or chosen buyer.

『특허권 등 : 수입자는 자기에 의해 선택되거나 창출된 특허권, 상표, 저작권, 디자인, 도안 등에 대한 침해와 관련한 어떠한 책임에 대해서도 수출자로 하여금 피해가 없도록 보호하여야 한다.』

(12) Construction : The meanings of any terms used herein and obligations of both parties hereunder shall, to the extent they may be applicable, be determined in accordance with the Uniform Customs and Practice for Document Credit and the Incoterms adopted by the contract. This contract shall be governed by the laws of Korea.

『해석 : 여기에 사용된 여러 제 조건의 의미와 양당사자의 의무는 적용할 수 있는 범위 내에서 국제상업회의소에 의해 채택되고 이 계약일에 발효하고 있는 화환신용장통일규칙 및 관례(UCP)와 Incoterms에 따라 결정된다.』

(13) Service Parts : Service parts will be shippable only within quantity and method governed by Korean laws enforced at the time of contract.

『서비스 용품 : 서비스용 부품은 이 계약시점에 발효되고 있는 대한민국 법이 허용하는 수량과 방법 내에서만 선적되기로 한다.』

(14) Others : General terms and conditions in this contract shall have priority and command over all other terms and conditions stated on buyer's purchase order or contract or other relevant documents.

『기타 : 이 계약의 일반거래조건은 수입자의 구매주문, 또는 계약 또는 기타 관련 서류에 명시된 여타 제반 조건에 우선하고 지배력을 가진다.』

American Trading Co., Inc.	**Kangnam Trading Co., Ltd.**
P. Adams	*P. W. Nam*
P. Adams	P. W. Nam
Vice President	Director, Trading Department

서식 2-4 SALES CONTRACTS

KANGNAM TRADING CO., LTD.
Manufacturers, Exporter & Importers
345 Samsung-Dong, Kangnam-Gu, Seoul, KOREA
TEL : (02)3471-5235 FAX : (02)3471-5273

SALES CONTRACTS

Messrs : American International Inc.
30 Liberty St. New York,
N.Y. 10005 U.S.A.

Date : July 23, 2020

Gentlemen:
We as seller confirm having sold you as Buyer the following goods on the terms and conditions as stated below and on back hereof

ITEM	COMMODITY	QUANTITY	UNIT PRICE	AMOUNT
Blue Jeans	Men's Blue Jean : Style No.500 Women's Blue Jean : Style No.600	25,000pcs 25,000pcs	CIF New York per price @U$20.00	US$500,000. US$500,000.
TOTAL		50,000pcs		US$1,000,000

- ORIGIN : Republic of Korea
- SHIPMENT : Not later than January
- SHIPPING PORT : Busan Port, korea
- DESTINATION PORT : New York Port, U.S.A.
- PARTIAL SHIPMENT : Not allowed
- TRANSHIPMENT : allowed
- INSURANCE : Seller to cover the C.I.F. price plus 10% against All Risks including War and SRCC Risks
- PAYMENT : By irrevocable documentary L/C at sight to be opened in favour of Kangnam Trading Co. Ltd. Seoul, KOREA
- PACKING : Export standard packing
- INSPECTION : Seller's inspection to be final

Document Required :
1) Full set of clean on board ocean Bills of Lading, to order of shipper blank endorsed, marked "freight prepaid" and notify American International Inc.
2) Insurance Policy or Certificate for full invoice value plus 10% with claims payable in New York in the same currency as the draft, covering Institute Cargo Clauses(All Risks) including War and SRCC risks
3) Signed Commercial Invoice in triplicate
4) Packing list in triplicate
5) Certificate of Origin in duplicate

Covering "50,000 pieces of blue jeans US$ 20.00 per price C.I.F. New York as per Sales Contract No.345"

Shipping Mark : New York
Box No. 1 / up
MADE IN KOREA

BUYER	SELLER
American International Inc.	KANGNAM TRADING CO. LTD.
Coedy Park	n, k kang
Cody Park	N.K. Kang
Manager	President

서식 2-5 SALES CONTRACTS

SUNJU CORPORATION

GENERAL EXPORTERS & IMPORTERS
TEL : 032-65-6965 FAX : 032-665-9424 HOMPAGE : WWW.SUNGJU.CO.KR

SALES CONTRACTS

CONTRACT NO. : SA2K006 DATE : 24TH JULY 2020

BUYER : S & A TRADING C.C
P.O.BOX 2076
JOHANNESBURG, 2000
R.S.A

SELLER : SUNJU CORPORATION
456-17 SHIMGOK-2 DONG,
WONMI-KU, BUCHUN,
KYUNGKI-DO, KOREA

WE ARE PLEASED TO OFFER THE UNDER-MENTIONED ARTICLES AS PER CONDITIONS AND DETAILS DESCRIBED AS FOLLOWS :

MODEL NO	COMMODITY & DESCRIPTION	UNIT	Q'TY	U/P	AMOUNT
CAR SPEAKERS					
TED 1350	5" DUAL CONE SPEAKER	PAIR	1010	5.40	5,454.00
RED 1660	6.5" DUAL CONE/SLIM TYPE	〃	1010	7.20	7,272.00
TED 1040	4" DUAL CONE SPEAKER	〃	1010	5.10	5,151.00
SP-80	6.5" DUAL CONE SPEAKER	〃	505	8.45	4,267.25
SP-100	6.5" 2-WAY SPEAKER	〃	505	12.70	6,413.50
SP-150	6.5" 3-WAY SPEAKER	〃	505	15.20	7,676.00
SP-215	6 × 9" 4-WAY SPEAKER P/P CONE	〃	505	22.60	11,413.00
	TOTAL	5,050	US$ FOB		47,646.75

- ORIGIN : REPUBLIC OF KOREA
- PACKING : EXPORT-STANDARD PACKING
- SHIPMENT : WITHIN 30TH NOV. 2020
- SHPT PORT : BUSAN, KOREA
- INSPECTION : OUR'S TO BE FINAL
- DESTINATION : JOHANNESBURG, SOUTH AFRICA
- PAYMENT : L/C AMOUNT US$ 18,296.15
  T/T AMOUNT US$ 29,350.60 TOTAL US$ 47,646.75
- VALIDITY : 30TH NOV. 2020
- ADVISING BANK : INDUSTRIAL BANK OF KOREA/HEAD OFFICE.
  ACCOUNT NO. : 107-01-0173-001

LOOKING FORWARD TO YOUR VALUED ORDER FOR THE ABOVE OFFER, WE ARE

Bernard. Robert Chillian
S & A TRADING C.C
TRADE MANAGER

Kil Dong Hong
SUNGJU CORPORATION
TRADE MANAGER

서식 2-6 D/P CONTRACT

DAEWOO CORPORATION
GENERAL EXPORTERS & IMPORTERS
TEL : 02-765-9292-5 FAX : 02-765-8989 HOMPAGE : WWW.DAJOO.CO.KR

SALES CONTRACTS
(D/P CONTRACT)

CONTRACT NO. : SA2K0061 | DATE : 24TH JULY 2020

BUYER : S & A TRADING C.C
P.O.BOX 2076
JOHANNESBURG, 2000
R.S.A

SELLER : DAEWOO CORPORATION
ROOM 203 DAESHIN BLDG
120-3 CHUNGDAM-DONG
SEOUL, KOREA

ABOVE "BUYER" AND "SELLER" AGREE TO THE BUSINESS FOR FOLLOWING GOODS BY ABOVE SALES CONTRACT BASED ON THE TERMS & CONDITIONS HEREUNDER SET FORTH.

MODEL NO.	COMMODITY & DESCRIPTION	QUANTITY	UNIT PRICE	AMOUNT
SP-40B	4" DUAL	505 PAIRS	2.16	1,090.00
SP-646	4" x 6" 2-WAY/P.P CONE	101 PAIRS	4.48	452.48
SP-100B	3.5" 2-WAY BOX TYPE	202 PAIRS	4.00	808.00
SP-100	6.5" 2-WAY	505 PAIRS	5.20	2,626.00
SP-200	6"x 9" 3-WAY/P.P CONE	606 PAIRS	8.60	5,211.60
SP-215	6" x 9" 4-WAY/P.P CONE	202 PAIRS	9.20	1,858.40
SP-300	10" SUBWOOFER/P.P CONE	505 PCS	6.20	3,131.00
SP-350	12" SUBWOOFER/P.P CONE	101 PCS	10.00	1,010.00
SP-125B	4" 3-WAY BOX TYPE	101 PAIRS	6.80	686.86
TOTAL :		2,222 PAIRS & 606 PCS		US$16,875.08

1) SHIPMENT : WITHIN 30TH AUGUST 2019
2) SHIPPING PORT : PUSAN, KOREA
3) DESTINATION : JOHANNESBURG, SOUTH AFRICA
4) PAYMENT : D/P AT SIGHT
5) VALIDITY : 30TH AUGUST 2020.
6) DOCUMENTS TO BE REQUIRED :
① FULL SET OF CLEAN ON BOARD MARINE BILLS OF LADING MADE OUT TO THE ORDER BLANK ENDORSED MARKED FREIGHT COLLECT NOTIFY BUYER.
② DECLARATION OF ORIGINAL FOR EXPORT OF GOODS TO THE R.S.A. IN DUPLICATE

7) COLLECTING BANK : TRUST BANK INDUSTRIA BRANCH
31 MARAISSURG ROAD INDUSTRIA, JOHANNESBURG 2000, R.S.A.
ACCOUNT NO. : 01014873534

S & A TRADING C.C.
Y.J. SOUTH
Y.J. SOUTH MANAGER

DAEWOO CORPORATION
C J. KIM
D.J. KIM/ MANAGER

P.S. : Please sign and return the Duplicate to Seller after confirming.

서식 2-7 D/A CONTRACTS

PACIFIC COSMETICS CO., LTD.

C.P.O. BOX 1195, SEOUL, KOREA

D/A CONTRACTS

Messrs, PACIFIC PRODUCTS GMBH.
HOLZWEG 14
6370 OBSERUSEL/TS
GERMANY

Date : May 30, 2020
NO. : INT'-PPG-004/DA

We as Seller confirm having sold you as Buyer the following goods on the terms and conditions as stated below and on the back hereof.

ITEM #	COMMODITY & DESCRIPTION		QUANTITY	UNIT PRICE	AMOUNT
	AMORE STEM Ⅲ BRAND COSMETICS		CIF HAMBURG, GERMANY		
1603.00-9000	SKIN CONTROL LOTION	100ML	500	DM9.20	DM4,600.00
	SAMMI BRAND COSMETICS				
	MOISTURIZING LOTION	125ML	1,000	7.21	7,210.00
	MOISTURIZING CREAM	5OML	500	7.52	760.00
	EYE CREAM CONCENTRATE	15ML	300	4.91	1,473.00
	CLEASING LOTION	5ML	3,000	FREE OF CHARGE	
	SKIN SOFTNER	5ML	3,000	FREE OF CHARGE	
	MOISTURING CREAM	5GR	3,000	FREE OF CHARGE	
	TOTAL :		2,300PCS		DM17,043.00
	MINIATURE COSMETICS		9,000PCS		

* REMARK : THE CHARTERED BANK IN HAMBURG AS BUYER'S BANK AND KOREA EXCHANGE BANK IN KOREA AS SELLER'S BANK

Payment : AT 270 DAYS FROM B/L DATE IN DEUTCH MARK UNDER D/A BASES(USANCE INTEREST TO BE COVERED BY SELLER)

Price Term: CIF HAMBURG, GERMANY
Origin : REPUBLIC OF KOREA
Shipment : NOT LATER THAN OCT. 31, 2020.
Destination: HAMBURG, GERMANY BY SEA
Inspection : MAKER'S INSPECTION TO BE FINAL
Packing : MAKER'S EXPORT STANDARD PACKING
Insurance : TO BE COVERED BY SELLER

Shipping Marks : P. P G.
HAMBURG, GERMANY
C/T NO. 1 - UP
MADE IN KOREA

Shipping Documents :

A. COMMERCIAL INVOICE IN TRIPLICATE AND PACKING LIST IN DUPLICATE.

B. FULL SET OF CLEAN OCEAN BILL OF LADING MADE OUT TO THE ORDER OF PACIFIC PRODUCTS GMBH MARKED FREIGHT PREPAID AND NOTIFY BUYER.

C. INSURANCE POLICY IN DUPLICATE

D. RELEVANT DRAFT TO BE DRAWN ON BUYER AT 270 DAYS FROM B/L DATE FOR 100% INVOICE VALUE.

E. BENEFICIARY'S CERTIFICATE STATING THAT THE DUPLICATE SET OF THE STIPULATED DOCUMENTS INCLUDING 1/3 ORIGINAL B/L AND A COPY OF C/I AND P/L HAVE BEEN SENT TO DIRECTLY TO APPLICANT.

PACIFIC PRODUCTS GMBH.
Y.J. SOUTH
Y.J. SOUTH MANAGER

PACIFIC COSMETICS CO., LTD
C.W. KIM
C.W. KIM/ MANAGER

P.S. : Please sign and return the Duplicate to Seller after confirming.

Chapter

03 수출입대금의 송금결제방식

제1절 송금결제방식의 의의와 종류

1. 송금결제방식(remittance basis)의 의의

송금결제방식(remittance basis)은 계약물품을 선·기적하기 전에 수입상이 수출상 앞으로 대금을 송금하는 방식이다. 송금하는 방법은 수입상이 상품의 인도 전·인도 후 또는 인도와 동시에 수출상에게 물품대금의 전액을 외화로 송금(remittance)을 하여 지불함으로써 결제를 완료하는 방법이다. 이 중에서 물품을 수출하기 전에 미리 대금전액을 외화로 지급하는 방식을 단순송금방식(advance remittance : payment in advance)이라 하고, 수출상이 물품이나 서류를 인도할 때 또는 이를 인도한 후에 수입상이 대금을 외화로 지급하는 방식을 대금상환도방식(COD 및 CAD 등)이라 한다. 이것은 대금과 환(換)의 이동방향이 모두 수입상으로부터 수출상에게 같이 향한다고 하여 "순환방식(順換方式)"이라고도 한다.

또한 사전송금방식에 의한 대금결제에는 수입상이 수출상에게 송금하는 수단에 따라 수입상 개인의 수표송금방식(personal check base, banker's check), 현금방식(cash payment), 은행의 송금수표방식(demand draft : D/D), 우편환송금방식(mail transfer : M/T) 또는 전신환송금방식(telegraphic transfer : T/T) 등으로 구분된다.

농 송금결제방식의 특성은 ① 환어음을 사용하지 않는다. 따라서 어음법이 적용되지 않는다. ② 적용되는 국제규칙(international rules)이 없다. ③ 서류 및 대금결제는 수출입상간의 개인적 책임 하에 직접 처리한다. 대금결제는 수입지의 은행을 통하여 수출상에게 송금되고 서류(상품)는 은행을 경유하지 않고 직접 수출상이 수입상에게 송부한다. ④ 소액·견본거래(small · sample transaction), 본·지사간 거래(interdepartmental transaction), 신용을 믿을 수 있는 거래선 사이에 사용되는 결제방식이다. ⑤ 수출입결제방식(export and import settlement system) 중에서 가장 낮은 은행 수수료를 부담한다. 송금결제방식(the payment method of remittance)을 통한 물품의 수출입은 결제자금의 금융적 편의와 안전성의 문제를 전혀 커버하지 못하는 가장 단순한 방식이라 할 수 있다.

2. 송금결제방식의 종류

사전송금방식(payment in advance)은 수입상이 대금의 전액을 물품선적 전에 외화나 수표 등으로 수출상에게 미리 송금하여 지불하고, 수출상은 일정기간 이내에 이에 상응하는 상품을 선적하는 방식이다. 이를 단순송금방식(advance remittance)이라고도 한다. 여기에는 수표송금방식(Demand Draft : D/D), 우편송금방식(Mail Transfer : M/T) 그리고 전신송금방식(Telegraphic Transfer : T/T) 등이 있으나, 현재 전신환에 의한 송금방식이 제일 많이 이용되고 있다.

전신송금환방식(Telegraphic Transfer : T/T)은 수입상의 요청에 따라 외국환은행인 송금은행이 자행의 해외지점 또는 환거래은행인 지급은행에 대하여 일정한 금액을 수취인에게 지급하여 줄 것을 전신으로 지시하는 방식의 외국환을 말한다.

전신송금환의 지급방법은 지급은행이 수취인의 지급청구에 의해서 지급하는 청구지급방법과 수취인으로부터 청구가 없어도 지급은행으로부터 수취인에게 통지하여 지급하는 통지지급방법 등이 있는데, 즉, 동 방식은 지급지시서를 전신환의 형식으로 발행하여 이를 송금은행이 직접 지급은행 앞으로 송신하는 방식이다.

그림 3-1 전신송금(T/T)의 결제과정

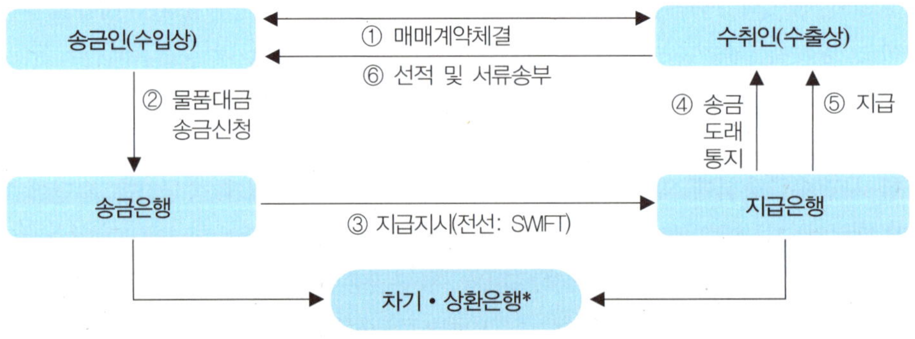

송금인(수입상)
① 매매계약체결
수취인(수출상)
⑥ 선적 및 서류송부
② 물품대금 송금신청
④ 송금 도래 통지
⑤ 지급
송금은행
③ 지급지시(전선: SWIFT)
지급은행
차기・상환은행*

① 송금환(Remittance basis : 사전송금/사후송금) 방식으로 약정
② 수입상은 거래은행에 송금의뢰
③ 송금은행은 수출지 또는 인근에 소재하는 자기 환거래은행을 통해 상환 또는 차기지시
④ 지급(결제)은행은 수출상게 송금내도 통지
⑤ 수출상의 계정에 입금
⑥ 수출상은 약정품을 선적하고 서류를 직접 수입상에게 송부

동 결제방식은 송금과정이 신속하고 편리할 뿐 아니라 송금환의 분실이나 도난의 위험이 거의 없기 때문에 송금방식 중에서 가장 안전한 결제방식이다. 따라서 긴급을 요하는 대금의 송금이나 거액을 송금방식으로 안전하게 결제하고자 할 때 주로 이용되며, 다만, 동 결제방식의 단점은 전신에 의해 이루어지기 때문에 전신료의 부담이 크다는 점이다.

제 2 절 COD · CAD · OA 결제방식

1. 대금상환도방식(COD, CAD)

대금상환도방식은 단순송금방식과는 달리 수입상이 물품이나 서류가 인도될 당시 또는 그 후에 대금을 외화로 지급하는 것을 조건부로 수출입하는 방식이다. 동 방식은 대금과 상환으로 인도하여야 할 대상물이 물품일 경우에는 COD(상품인도결제, 현물상환급결제) 방식이라 하고 대상물이 서류일 경우에는 CAD(서류결제인도, 서류상환급결제) 방식으로 구분된다.

상품인도결제방식(COD : Cash On Delivery)은 수출상이 상품을 선적한 후 선적서류를 자신의 대리인(주로 수입상의 국가에 소재) 또는 지사에게 송부하여 상품이 목적지에 도착하면 수입상이 품질이나 수량을 직접 검사 후에 상품을 인도 받으면서 대금을 현금으로 결제하는 방식이다.

서류인도결제방식(CAD : Cash Against Documents)은 수출상이 상품을 선적 후 이를 증명하는 선적서류를 수입상의 대리인(주로 수출상의 국가에 소재) 또는 거래은행에 제시하여 선적서류와 상환으로 대금을 결제하는 방식이다.

1) 상품인도결제방식(COD : Cash On Delivery)

(1) 상품인도결제방식의 의의

동 방식은 수출상이 상품을 선적한 후 선적서류(commercial invoice, Bill of Lading, insurance policy 등)를 자신의 지사나 대리인(주로 수입상의 국가에 소재) 또는 거래은행에게 송부하여 상품이 목적지에 도착하면 그 지사나 대리인이 상품을 수입통관하여 수취·보관하였다가 수입상이 품질이나 수량을 직접 검사 후에 상품을 인도 받으면서 대금을 현금으로 결제하는 방식이다.

따라서 이 결제방식은 수입상이 대금을 지급하기 전에 물품의 품질을 직접 검사할 수 있다는 장점이 있기 때문에 고가의 귀금속 상품이나 동일 물품이라도 물품의 색상, 가공방법, 순도 등에 따라서 가격차이가 많은 물품의 거래에 주로 이용된다.

거래외국환은행 등을 이용하여 거래하는 경우에는 수출상이 운송서류를 작성할 때 수하인을 수입상의 거래은행으로 하고 착하통지처(notify party)를 수입상으로 하여 수입상이 대금결제를 하지 않으면 물품을 인수할 수 없도록 하여 수출대금의 회수에 관한 위험을 방지할 수 있다. COD방식은 물품의 인도와 동시에 대금이 결제되는 '동시결제방식'이라고 볼 수 있으나 수출상의 입장에서 보면 물품의 선적 후에 대금결제가 이루어지는 것이므로 사후송금방식으로 분류되는 것이다.

(2) 상품인도결제방식(COD)의 거래절차

상품 인도결제방식의 일반적인 거래절차는 다음과 같다.

① 당사자간에 동 대금결제방식으로 매매계약을 체결 · 약정한다.
② 수출상은 계약상품을 수출통관하여 상품을 선적한다.
③ 수출상은 자신의 대리인 등에게 서류를 발송한다.
④ 수출상의 대리인 등은 상품을 수입통관하여 창고에 입고시킨다.
⑤ 수입상은 상품검사 후 인도받으면서 대금을 수출상의 대리인 등에게 결제한다.
⑥ 수출상의 대리인 등은 수출상에게 송금한다. 동 거래에서 개입하는 수출상의 대리인은 통상 수입상의 국가에 소재하고 있으며 수출상의 이익을 대신하여 판매행위를 돕는다.

그림 3-2 COD의 거래절차

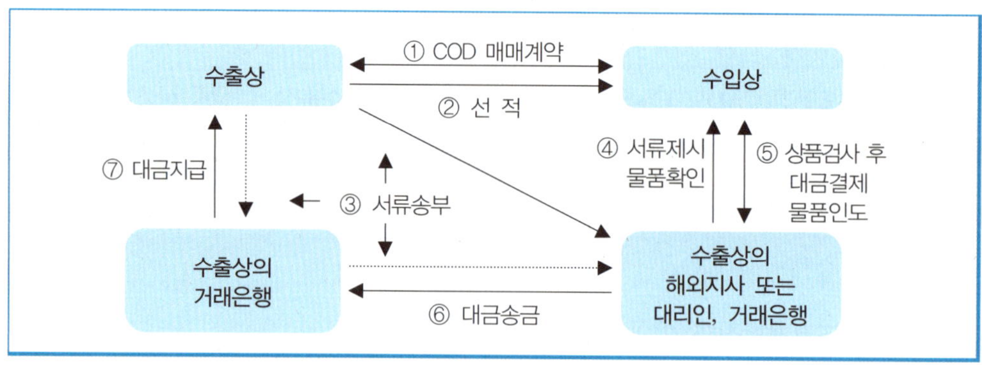

2) 서류인도결제방식(CAD : Cash Against Documents)

(1) 서류인도결제방식의 의의

동 방식은 수출상이 상품을 선적 후 이를 증명하는 선적서류(commercial invoice, bill of lading, insurance policy 등)를 수입상의 지사나 대리인(주로 수출상의 국가에 소재) 또는 거래은행에 제시하여 선적서류와 상환으로 대금을 결제하는 방식이다.

동 방식은 통상 수입상의 지사나 대리인 등이 수출국 내에서 물품의 제조과정을 점검하고, 수출물품에 대한 '선적전 검사(Pre-Shipment Inspection : PSI)'를 행한 후 지급하는데, 대개의 경우 수입상(또는 대리인)이 선적서류를 접수하는 즉시 서류와 상환으로 대금의 결제가 이루어지는 것이 일반적이나, 수출입상간의 약정에 의하여 일정기간 경과 후에 대금의 송금이 이루어지기도 한다.

동 방식에 의한 수출은 원칙적으로 수출국에 수입상을 대신하여 대금을 결제해 줄 대리인이나 은행이 있을 경우에만 가능하며, 수입상이 선적서류를 고의로 찾아가지 않아 대금의 회수가 불가능한 경우도 있기 때문에 이 거래에서는 수입상의 신용이 무엇보다 중요하다.

한편, 동 거래방식은 은행을 통해 환어음으로 결제하는 경우에는 추심결제방식인 D/P와 흡사하나, 상대방의 신용상태를 충분히 고려해야 하는 점을 감안할 때 선하증권에 수하인을 상대은행 이름으로 지명하는 것이 좋다.

(2) 서류인도결제방식(CAD)의 거래절차

서류인도방식(cash against documents)의 일반적인 거래절차는 다음과 같다.

① 당사자간에 동 결제방식으로 매매계약을 체결 · 약정한다.
② 수출상은 수출상품을 수출통관하여 상품을 선적한다.
③ 수출상은 수입상 대리인 등에게 서류를 인도하면서 대금을 결제 받는다.
④ 수입상의 대리인 등은 수입상에게 서류를 발송하여 수입통관 하도록 한다.

그림 3-3 CAD의 거래절차

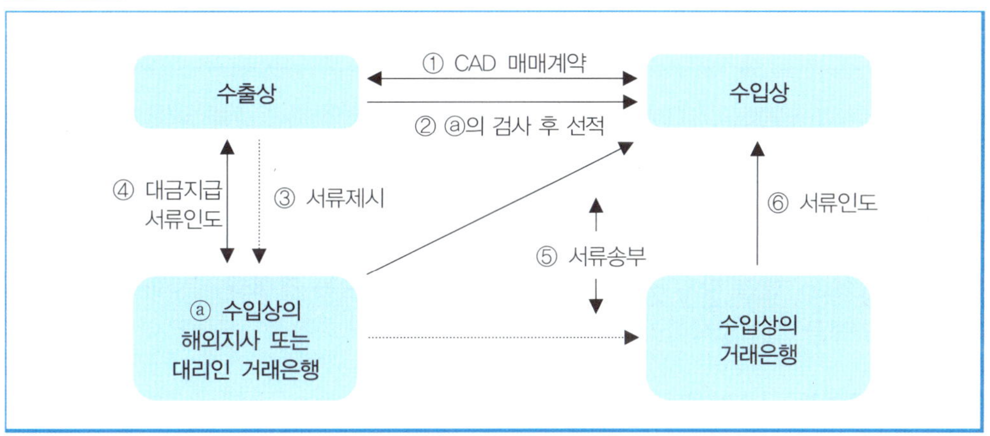

3) 선적통지부 사후결제방식(상호계산, 청산결제방식 OA : Open Account)

(1) 선적통지부 사후결제방식의 의의

Open Account 방식은 수출자가 수입자에 대하여 가지고 있는 수출채권을 수출선석 직후에 거래은행에 매각하고 거래은행은 만기에 수입자로부터 대금을 송금받는 대금결제 방식이다. 즉, 수출자가 선적을 완료하고 수입자에게 선적사실을 통보함과 동시에 채권이 발생한다는 의미로서 "선적통지 조건부 사후송금 결제방식"이라고도 한다. 수출입상간에 일정기간 동안(예컨대 통상적으로 30일에서 180일 동안)의 수출입거래와 관련한 기본 물품매매계약(OA master contract)을 체결한 후, 매 건별로 구매계약서나 구매주문서(purchase order) 등에 의하여 수출상이 물품을 선적한 후에 선적서류 원본을 수입상에게 직접 송부하면, 수입상은 기본 물품매매 계약서상의 결제조건에 따라 선적일을 기준으로 일정기간이 경과한 후에 거래 건별로 수출상이 지정한 은행의 계좌(account)로 대금을 송금하여 결제하는 방식의 거래를 의미한다.

그림 3-4 Open Account 결제방식 흐름도

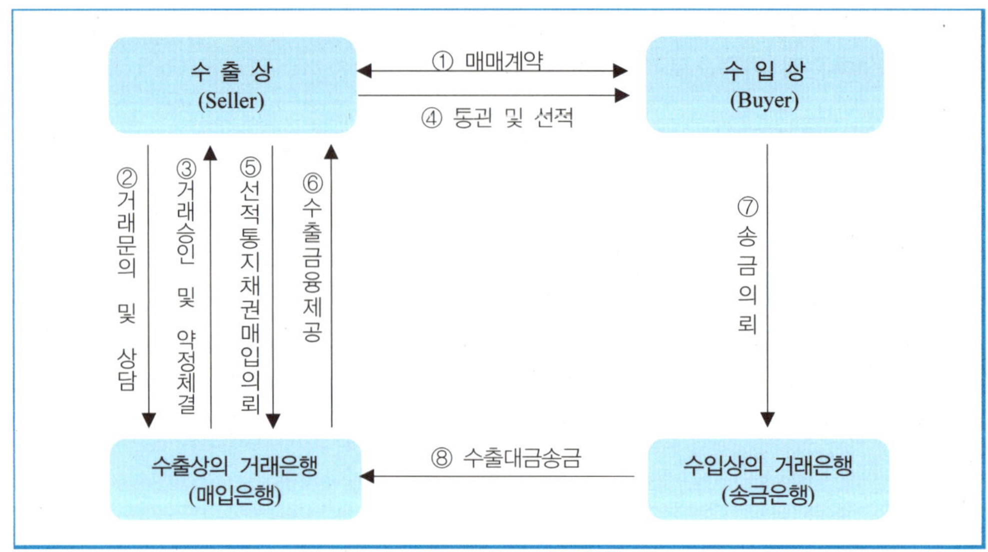

일반적으로 사후송금방식 수출의 경우에는 선적서류 또는 수출물품이 수입상에게 인도(delivery)되어야만 수출채권이 성립하여 대금결제가 이루어지는 데 반하여, 선적통지부 사후결제방식(Open Account)은 수출상이 수출물품을 선적한 후 해외의 수입상에게 선적사실을 "통지"함과 동시에 수출채권이 확정된다는 거래를 의미하며 선적통지조건부 사후송금 결제방식이라고도 한다.

(2) 선적통지부 사후결제방식의 거래절차

OA 거래의 이러한 특성으로 인하여, 수출상은 선적완료 후 즉시 당해 외상수출채권을 거래은행에 매각함으로써 조기에 수출대금을 현금화 할 수도 있게 되는데, 실무에서는 이를 흔히 'OA NEGO'라 부르고 있다.

O/A 방식에 의한 수출은 사후송금방식 수출의 일종으로서 수출상이 수입상과 기본 수출입계약을 체결한 후 계약서의 "결제조건" 난에 "Open Account 60 days"라고 기재하고 대금송금을 받을 은행의 명칭과 정확한 계좌번호를 기재하며, 동 범위 내에서 매 건별로 구매계약서나 구매주문서에 따라 물품을 선적한다.

대금결제는 예컨대 선적일을 기준으로 일정기간 후(예 : at 60 days after B/L date)에 수출상이 지정한 은행(구좌) 앞으로 수입상이 송금하여 결제하는 방식이다.

동 방식은 상호계산 방식이라고도 하며 본·지사간 혹은 고정 거래처간에 지속적으로 수출입거래를 하는 경우 거래할 때마다 대금을 결제하지 않고 3개월 또는 6개월 단위로 미리 정한 결산시기에 양자간의 채권·채무를 상계한 후 대금의 차액만을 결제하는 경우도 있기 때문에 청산결제 방식이라고도 한다.

표 3-1 송금결제방식의 종류별 요약

구분	송금결제방법 개요	위험과 부담
※ 송금방식(remittance) 특징 ① 환어음을 사용하지 않음 ② 적용되는 국제규칙 없음 ③ 서류 및 대금결제는 수출·수입자 간의 책임하에 직접 처리함 ④ 소액·샘플거래, 본·지사 간 거래, 신용을 믿을 수 있는 거래선 간에 사용되는 결제방식임 ⑤ 수출입결제방식 중에서 가장 낮은 은행 수수료 부담		
선적시기기준	사전송금방식(advance remittance before shipment)	
	• 선적 전에 수입상이 수출상에게 대금을 미리 송금하는 방식, 일시선불과 분할선불, 수입상 자금부담 • 단순송금방식(advance payment) • 선지급방식(payment in advance or cash in advance, T/T in advance) • 주문급(cash with order : CWO, 특정 상품의 주문생산)	상업위험 mercantile risk (수입상)
	사후송금방식(later remittance after shipment)	
	• 수출상이 대금을 받기 전에 상품을 미리 선적하고, 수입상이 상품수령 후에 대금을 지급함 • 선적서류 지급불, 상품인도 지급불, 외상지급 • 후지급(open account), 연지급(deferred payment)	신용위험 credit risk (수출상)
동시결제방식	현품인도결제방식 COD(Cash on delivery)	
	• 현금교환인도조건 : 수출상이 상품선적 후 서류를 자신의 대리인(수입자 국가 소재)에게 송부하고, 대리인이 물품을 수취한 후 수입상이 현품을 확인하여 상품을 인수하고 대금 결제함(사후송금방식)	수입상의 대금 지급거절 가능성
	서류상환결제방식 CAD(Cash against documents)	
	• 서류교환인도조건 : 수출상이 상품선적 후 서류를 수입상의 대리인(수출상 국가 소재)에게 인도하면서 대금결제 수취함(사후송금방식). • D/P의 유럽방식	수출상이 선적 후 수입상이 대금 지급 거절 가능성
선적통지부 결제방식(Open Account, OA)		
• 수출상이 선적 후 매입은행에 선적통지채권을 매입의뢰하면 매입은행이 수출금융을 제공하는 방식 • 수입상은 송금은행을 통하여 대금을 매입은행에 송금, 결제기간은 통상적으로 30일에서 180일 • 외상거래, 상호계정방식, 청산거래방식(사후송금방식)		사후송금으로 수출상의 신용 위험이 존재함
혼합 방식(Mixed Payment)		
• 선지급, 동시지급 및 후지급을 혼합한 결제조건 • 송금방식거래에서 일반적으로 흔히 적용됨 • 누진불 지급방식(progressive payment base, installment payment) : 예컨대, 매수인이 주문과 동시에 대금의 1/3, 선적 완료 후 1/3, 잔액은 화물도착 후에 지급하는 방식. 선박, 증기기관 및 기계, 설비류 등의 수출에 이용되는 방식.		수출상은 후불부분, 수입상은 선불부분에 각각 위험관리 존재

서식 3-1 송금방식 매매계약서 사례(수출)

KANGNAM TRADING CO., LTD.
Manufacturers, Exporter & Importers
TEL : (02)3471-5235 FAX : (02)3471-5273 C.P.O.BOX777, SEOUL, KOREA

Messrs : DORBY FROCKS LTD. Date : July 23, 2020
30 Liberty St. New York, N.Y. 10005 U.S.A. SALES CONTRACT NO.345

Gentlemen :
We as seller confirm having sold you as Buyer the following goods on the terms and conditions as stated below and on back hereof.

ITEM	COMMODITY	QUANTITY	UNIT PRICE	AMOUNT
Blue jeans	Men's Blue jean : Style No. 500	2,500pcs	CIF New York per Price @US$ 20.00	US$ 50,000
Blue jeans	Women's Blue jean : Style No. 600	2,500pcs	CIF New York per Price @US$ 20.00	US$ 50,000
TOTAL		5,000pcs		US$ 100,000

Origin : Republic of Korea
Shipment : Not later than August 23, 2020
Shipping port : Busan Port, Korea
Destination port : New York Port, U.S.A.
Partial shipment : Allowed
Transshipment : Allowed
Insurance : Seller to cover the C.I.F.price plus 10% against All Risks including War and SRCC Risks
Payment : By a T/T(Telegraphic Transfer) within 10 days after the date of Bill of Lading
Packing : Export standard packing
Inspection : Seller's inspection to be final

Document Required :
1) Full set of clean on board ocean Bills of Lading, to order of shipper blank endorsed, marked "freight prepaid" and notify Dorby Frocks Ltd.
2) Insurance Policy or Certificate for full invoice value plus 10% with claims payable in New York in the same currency as the Invoice, covering institute Cargo Clauses(All Risks) including War and SRCC risks
3) Signed Commercial Invoice in triplicate
4) Packing list in triplicate
5) Certificate of origin in duplicate

Covering "5,000 pieces of blue jean US$ 20.00 per piece C.I.F. New York as per Contract No.345" Shipping Mark : <@>
New York

BUYER
DORBY FROCKS LTD.
ROBERT REDFORD
(SIGNED)
PRESIDENT

SELLER
KANGNAM TRADING CO., LTD.
GAYA KIM
(SIGNED)
PRESIDENT

**** Subject to the general terms of sale set forth on the back hereof.

서식 3-2 일반거래조건협정의 예문

Agreement on General Terms and Conditions of Business

This Agreement entered into between DORBY FROCKS LTD. NEW YORK, USA(hereinafter called the Buyers) and LOTTE TRADING CO., LTD., Seoul, Korea(hereinafter called to as the Sellers) witness as follows:

(1) Business : Both Sellers and Buyers act as Principals and not as Agents.

(2) Samples and Quality : The Sellers are to supply the Buyers with samples free of charge and the quality of the goods to be shipped should be about equal to the sample on which an order is given.

(3) Quantity : Weight and Quantity determined by the seller, as set forth in shipping documents, shall be final.

(4) Prices : Unless otherwise specified, prices are to be quoted in U.S.Dollars on CIF New York basis.

(5) Firm Offers : All firm offers are to remain effective for three days including the day cabled. Sundays and National Holidays shall not be counted as days.

(6) Orders : Except in cases where firm offers are accepted all orders are to be subject to the Seller's final confirmation.

(7) Packing : Proper export wooden case packing is to be carried out, each case bearing the mark DATA with port mark, running case numbers, and the country of origin.

(8) Payment : By a T/T (Telegraphic Transfer) within 10 days after the date of B/L. Bill of Lading, Insurance Policy, Commercial Invoice and other documents which each contract requires.

(9) Shipment : Shipment is to be made within the time stipulated in each contract. The date of Bill of Lading shall be taken as conclusive proof of the day of shipment. Unless expressly agreed upon, the port of shipment shall be at the Seller's option.

(10) Marine Insurance : All shipments shall be covered on All Risks including War Risks and S.R.C.C. for the invoice amount plus 10 (ten) percent. All policies shall be made out in U.S.Dollar and claims payable in New York.

(11) Force Majeure : The Sellers shall not be responsible for the delay in shipment due to force majeure, including mobilization, war, strikes, riots, civil commotion, hostilities, blockade, requisition of vessels, prohibition of export, fires, floods, earthquakes, tempest and any other contingencies, which prevent shipment within the stipulated period. In the event of any of the aforesaid causes arising, documents proving its occurrence or existence shall be sent by the Sellers to the Buyers without delay.

(12) Delayed Shipment : In all cases of force majeure provided in the Article No. 11, the period of shipment stipulated shall be extended for a period of twenty one (21) days. In case shipment within the extended period should still be prevented by a continuance of the causes mentioned in the Article No. 11 or the consequences of any of them, It shall be at the Buyer's option either to allow the shipment of late goods or to cancel the order by giving the Sellers the notice of cancellation by cable.

(13) Claims : Claims, if any, shall be submitted by cable within fourteen 14 days after arrival of goods at destination. Certificates by recognized surveyors shall be sent by mail without delay.

(14) Arbitration : All claims which cannot be amicably settled between Sellers and Buyers shall be finally settled by arbitration in Seoul, Korea in accordance with the Commercial Arbitration Rules of the Korea Commercial Arbitration Board and under the Laws of Korea. The award rendered by the arbitrator shall be final and binding upon both parties concerned.

(15) Trade Terms : Unless specially stated, the trade terms under this contract shall be governed and interpreted by the latest Incoterms.

서식 3-3 사전송금방식 OFFER SHEET(수입)

INTERNATIONAL TANNIN TRADING LTD., KOREA

333.#222-11, ETAEWON-2DONG, YOUNGSAN-KU, SEOUL, KOREA
TEL : 02-790-7777 FAX : 02-790-8888

OFFER SHEET

MESSRS, FINE CO., LTD.

DATE : AUG. 07. 2020
OFFER NO. : ID-0677
PAGE : 1 OF 1

DEAR SIRS,
WE HAVE THE PLEASURE TO OFFER YOU THE UNDER-MENTIONED GOODS SUBJECT TO :

DESCRIPTION	QUANTITY	UNIT PRICE	AMOUNT
SYNTHETIC TANNING AGENT H.S NO. 3202-101000 LIGHTAN ATO	1,125 KGS	CIF BUSAN U$1.15	KOREA/KG U$1,293.75

※※※ **VERY IMPORTANT :**
PAYMENT BANK : BANQUE CANTONALE DE GENEVE
P.O.BOX 3636 CH1211 GENEVA 3/SWITZERLAND
ACCOUNT NO. C3217.77.99 IN THE NAME OF INTERNATIONAL TENNIN TRADING LTD.

① PAYMENT : BY T/T IN ADVANCE IN FAVOR OF SUPPLIER.
IN FAVOR OF : INTERNATIONAL TANNIN TRADING LTD.
P.O.BOX 333 CH-1111 GENEVA 15 AIRPORT
SWITZERLAND
② PORT OF LOADING : ARGENTINA PORT
③ DESTINATION : BUSAN, KOREA
④ PARTIAL SHIPMENT AND TRANSSHIPMENT ARE ALLOWED
⑤ PACKING : EXPORT STANDARD PACKING
⑥ ORIGIN : ARGENTINA
⑦ VALIDITY : ONE MONTH(S)

SPECIAL INSTRUCTION : STALE B/L, FAXED COPY B/L WILL BE ACCEPTABLE

VERY TRULY YOURS

CONFIRMED & ACCEPTED BY
FINE CO., LTD.
JAE-SEUNG, KIM
PRESIDENT

INTERNATIONAL TANNIN TRADING LTD.
JAMES DEAN
PRESIDENT

서식 3-4 사후송금방식 외화송금신청서(수입)

은행용	실명확인	계	대리	부지점장

외화송금신청서(APPLICATION FOR REMITTANCE)

(주) **국민은행** 앞
To **Kookmin** bank

[지급신청서 및 거래외국환지정은행 지정신청서 겸용]
굵은 선 안에만 기입하시기 바랍니다.(Please write in marked area only. Tank you)

2020. 8. 09

송금신청인				
송금신청인	성명(Applicant)	한글(Korean) (주) ABC 석유화학 (인)	영문(English) ABC Petrochemical Corp., LTD.	
	내국인(사업자)	주민등록번호(사업자등록번호)	136-81-20888	
	해외교포, 외국인(Foreigner)	여권번호(Passport No.)		
	주소(Address)	7th floor KTP B/D Uoido-dong Youngdungpo-gu, SEOUL, KOREA	TEL	02-767-7799
출금계좌지정	계좌번호		비밀번호	
	아래 송금신청에 따른 송금액 및 수수료를 상기 계좌에서 출금하여 주십시오. 예금주 (인)			

송금신청내용					
송금방법(Send by)	■ 전신송금(CABLE)		□ CRS	Charge 부담	□ 신청인(Applicant) ■ 수취인(Beneficiary)
송금액(Amount)	USD 799,417.20			지급사유	물품대
수취인 성명 (Beneficiary's Name)	SARUBENI CORP			신청인과의 관계	거래처
수취인 주소 및 전화번호 (Beneficiary's Address & Tel. No.)	3-3 OHTEMACHI 3-CHOME CHIYODA KU TOKYO, JAPAN			국적 (Nationality)	JAPAN
수취인 거래은행 (Beneficiary's Bank)	은행명 (Bank Name)	MIZUHO COPRORATE BANK, LTD.			
	주소 (Bank Address)	TOKYO, JAPAN			
	은행번호 (ABA NO. Fed Wire No. 등)		수취인계좌번호 (Bene's A/C No.)	501057	
자금중개은행(Intermediary Bank)					
수입대금의 경우 기재	품목(H.S.Code)	L/C or 계약서 No	수입신고번호	수입용도	대응수입예정일
					당초 : 변경 :

▣ 귀행을 □ 거주자의 증여성 지급 □ 해외 체재비(해외 유학생 또는 해외 체재자) 지급을 위한 거래외국환 은행으로 지정하고자 합니다.(실명확인증표에 의하여 실명확인 후 본 서식 상단에 실명 확인 필을 날인할 것)

▣ 본인은 외국환 거래규정에 따라 외국환을 지급(매입)하고자 하며 귀행 영업점에 비치된 외환거래기본약관을 열람하고 그 내용에 따를 것을 확약하며 위와 같이 송금 신청합니다.

I/We hereby apply for payment(purchase) above amount of foreign currency in accordance with the Foreign Exchange Transaction Regulation and certify that I/We will observe the General Terms and Condition of Foreign Exchange Transactions kept in your bank and request you to make remittance as above.

신청인 **(주) ABC 석유화학 사장 김 재 승 (인)**

이 신청서는 외환통계자료로 활용하며 과세자료로 국세청에 통보될 수 있습니다.

위 사실을 (지정) 확인함 지정거래항목 : 지정확인번호 :

국 민 은 행 장 (인)

외화송금관리번호(Ref. No.)	09QT-OT-6008888	신청인성명	ABC Petrochemical Corp. LTD.

인자란							
거래일자 2020. 08. 09	수취인 성명 SARUBENI CORP				ABA NO. 등		
지급은행 명칭 지급은행 주소	MIZUHO CORPORATE BANK, LTD. TOKYO, JAPAN						
수취인 계좌번호(A/C No.) 501057	수취은행 SWIFT Code		Charge 부담 수취인		신청인주민등록번호(여권번호) 610-81-20777		
송금종류 전신환	통화코드 USD	외화금액 799,417.20	송금수표번호 일본	지급사유 013	지정항목	지정고객번호	

서식 3-4-1 수입신고필증(갑지)

① 신고번호 10105-06-3200278	② 신고일 2020/06/12	③ 세관, 과 110-10	⑥ 입항일 2020/06/13	* 처리기간 : 3일
④ B/L(AWB)번호 RE623	⑤ 화물관리번호 06HSKLW347-0001		⑦ 반입일 2020/06/13	⑧ 징수형태 43

⑨ 신고자 우리관세사무소 이 갑 돌 ⑩ 수입자 (주) ABC 석유화학 (717252 A) ⑪ 납세의무자 (ABC 석유화학-1-72-1-01-0/610-87-77777) (주소) 울산광역시 북구 부산동 777 (성명) 김 길 수 ⑫ 무역대리점 ⑬ 공급자 SARUBENI CORP (JP) / JPMAR0002R	⑭ 통관계획 B 입항전신고	⑱ 원산지증명서 유무 N	⑳ 총중량 795,440.0KG
	⑮ 신고구분 A 일반P/L신고	⑲ 가격신고서 유무 N	㉑ 총포장갯수 0 VL
	⑯ 거래구분 11 일반형태수입	㉒ 국내도착항 KRUSN 울산항	㉓ 운송형태 10-BU
	⑰ 종류 A 일반외화획득용	㉔ 적출국 JP JAPAN ㉕ 선기명 RYOEI MARU JP	
	㉖ MASTER B/L 번호	㉗ 운수기관부호	

㉘ 검사(반입)장소 1104600- (본선선상)

● 품명 · 규격 (란번호/총란수 : 001/001)

㉙ 품 명 PROPYLENE ㉚ 거래품명 PROPYLENE	㉛ 상표 NO			
㉜ 모델 · 규격	㉝ 성분	㉞ 수량	㉟ 단가	㊱ 금액
LIQUEFIED GAS, USE : INDUSTRIAL	100PCT PURITY BASIS	795,440 KG	1.005	799,417.2

㊲ 세번부호	2901.22-0000	㊴ 순중량	795,440.0KG	㊷ C/S검사	S 청CS검사생략	㊹ 사후기관
㊳ 과세가격	$ 799,512	㊵ 수량		㊸ 검사변경		
	₩ 765,436,438	㊶ 환급물량	795,440.000KG	㊻ 원산지표시	JP-S- -	㊼ 특수세액

㊺ 수입요건확인 (발급서류명)				

㊽ 세종	㊾ 세율(구분)	㊿ 감면율	51 세액	52 감면분납부호	감면액	※ 내국세종부호
관	0.00 (C 가가)		0			
부	10.00 (A)		76,543,643			

53 결제금액(인도조건-통화종류-금액-결제방법)	CFR-USD-799.417-TT					55 환율	957.3800
54 총과세금액	$ 799,512	56 운임	15,069,161	58 가산금액		63 납부번호	0127-020-11-04-1-5
	₩ 765,436,438	57 보험료	90,400	59 공제금액		64 부가가치세과표	765,436,438

60 세종	61 세액
관 세	
특소세	
교통세	
주 세	
교육세	
농특세	
부가세	76,543,640
신고지연가산세	
미신고가산세	
62 총세액합계	76,543,640

※ 관세사기재란

본 수입신고필증은 수입통관 사무처리에 관한 고시 제2-1-8조 규정에 의거 수입P/L신고에 의하여 수리된 것임

65 세관기재란
이 물품은 사후심사 결과에 따라 적용세율이 변경될 수 있습니다.

울산세관관할
관세사 이 갑 돌
전자서류수입통관증명

66 담당자	정 영 동 951628	66 접수일시	2020/06/12, 09:13	68 수리일자	2-22

업태 = 기초화합물 제조업외 종목 = 산업용기초화학물외 세관 · 과 : 110-10 신고번호 : 10105-06-3200278 Page : 1/1

*수입신고필증의 진위여부는 관세청통관포탈시스템(http://portal.customs.go.kr) 또는 수출입통관정보시스템(http://kcis.ktnet.co.kr)에 조회하여 확인하시기 바랍니다.

*본 수입신고필증은 세관에서 형식적인 요건만을 심사한 것이므로 신고내용이 사실과 다른 때에는 신고인 또는 수입화주가 책임을 져야 합니다.

Chapter

04 수출입대금의 추심결제방식

제1절 추심결제방식의 의의 및 종류

1. 추심결제방식의 의의

추심결제방식(collection basis)은 취소불능 화환수출입신용장(irrevocable documentary credit) 없이 단순히 매매당사자간의 계약에 의거하여 수출상이 상품을 선적한 후 관련 서류를 첨부한 화환어음(documentary bill)을 수입상에게 제시하면 수입상이 그 어음에 대한 지급(payment) 또는 인수(acceptance)를 하여 결제하는 방식을 말하며 무신용장방식이라고도 한다.

추심결제방식에는 지급인도조건(D/P : Documents Against Payment)과 인수인도 조건(D/A : Documents Against Acceptance)이 있으며, 대금결제가 수입상으로부터 수출상에게 이루어지는 것이지만, 환(換)의 이동방향이 그 반대로 움직이기 때문에 이를 "역환방식(逆換方式)"이라고도 한다.

2. 추심결제방식의 종류

1) D/P(Documents Against Payment : 지급인도 · 지급도) 조건

동 결제방식은 수출상이 수입상과 매매계약에 따라 물품을 자신의 책임하에 선적한 후, 관련 서류가 첨부된 일람불환어음(documentary sight bill)을 수입상을 지급인(drawee)으로 발행하여 자신의 거래은행인 추심의뢰은행(remitting bank)에 추심을 의뢰하면, 추심의뢰은행은 그러한 서류가 첨부된 환어음을 수입상의 거래은행인 추심은행(collecting bank)으로 보내어 추심을 의뢰한다. 그러면 추심은행은 그 환어음의 지급인인 수입상으로부터 대금을 지급받으며 서류를 인도하고 지급받은 대금은 추심을 의뢰하여 온 수출국의 추심의뢰은행(remitting bank)으로 송금하여 결제하는 방법이다.

즉, D/P란 수출상이 수입상과의 매매계약에 따라 물품을 선적하고 구비된 서류에 일람출급환어음(sight bill of exchange)을 발행하여 자신의 거래은행(추심의뢰은행)을 통하여 수입상 거래은행인 수입국의 은행(추심은행) 앞으로 그 어음대금을 추심의뢰하면 추심은행은 수입상에게 어음을 제시하여 그 어음금액의 일람지급을 받고 서류를 인도하는 거래방식을 말한다.

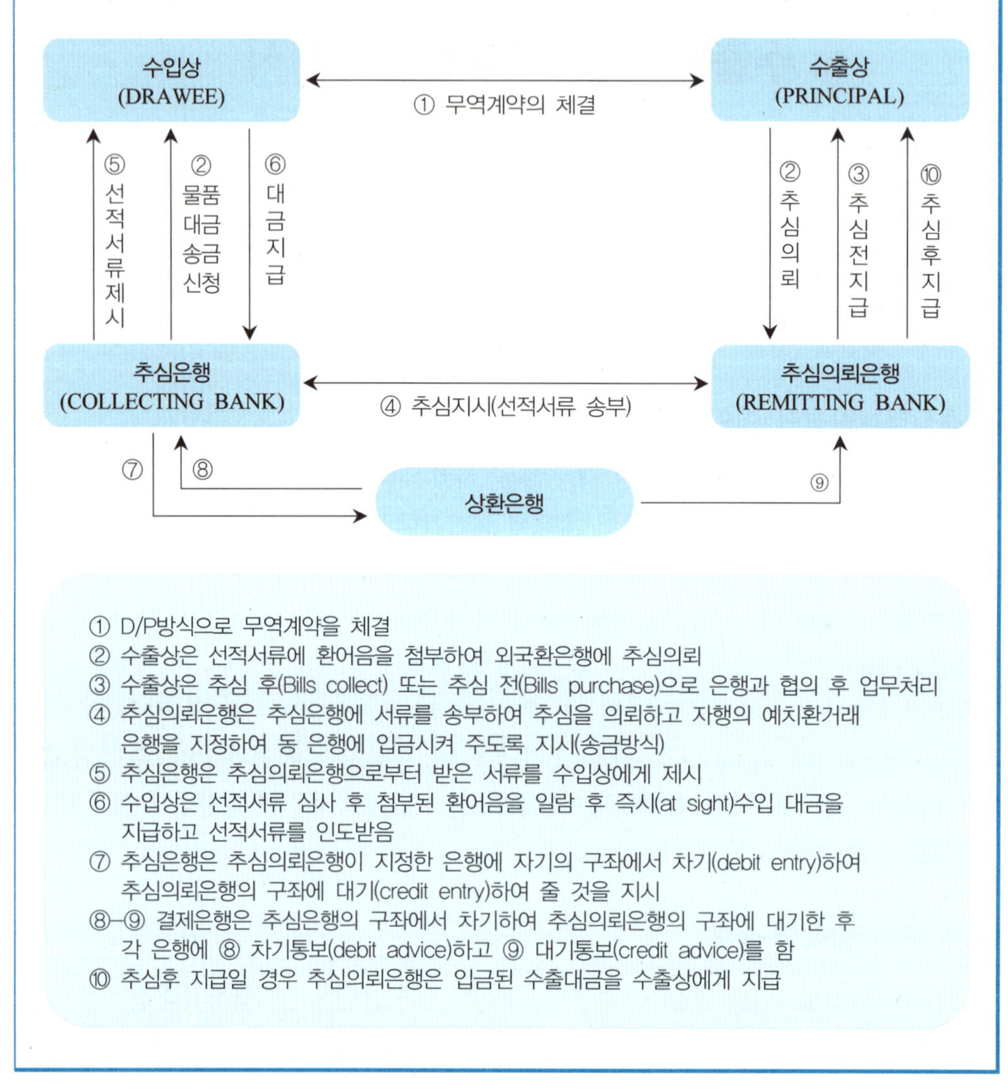

2) D/A(Documents Against Acceptance ; 인수인도 · 인수도) 조건

동 결제방식은 수출상이 수입상과 매매계약에 따라 물품을 자신의 책임하에 선적한 후, 관련 서류가 첨부된 기한부환어음(documentary usance bill or time bill)을 수입상을 지급인(drawee)으로 발행하여 자신의 거래은행인 추심의뢰은행(remitting bank)에 추심을 의뢰하면, 추심의뢰은행은 그러한 서류가 첨부된 환어음을 수입상의 거래은행인 추심은행(collecting bank)으로 보내어 추심을 의뢰한다. 그러면 추심은행은 그 환어음의 지급인인 수입상으로부터 어음의 인수(acceptance)를 받으며 서류를 인도하고, 어음의 만기일(maturity date)에 대금을 지급받아 추심을 의뢰하여 온 수출국의 추심의뢰은행(remitting bank)으로 송금하여 결제하는 방법이다.

즉, D/A란 D/P 거래와 대금을 추심하는 경로는 같으나 D/P와 다른 점은 수출상이 일람후정기 또는 확정일출급 환어음을 발행하고 수입상 거래은행인 추심은행이 수입상에게 제시하여 그 제시된 어음을 일람지급 받지 않고 인수만 받음으로써 서류를 인도한 후 만기일(maturity date)에 대금을 지급받는 거래방식이다.

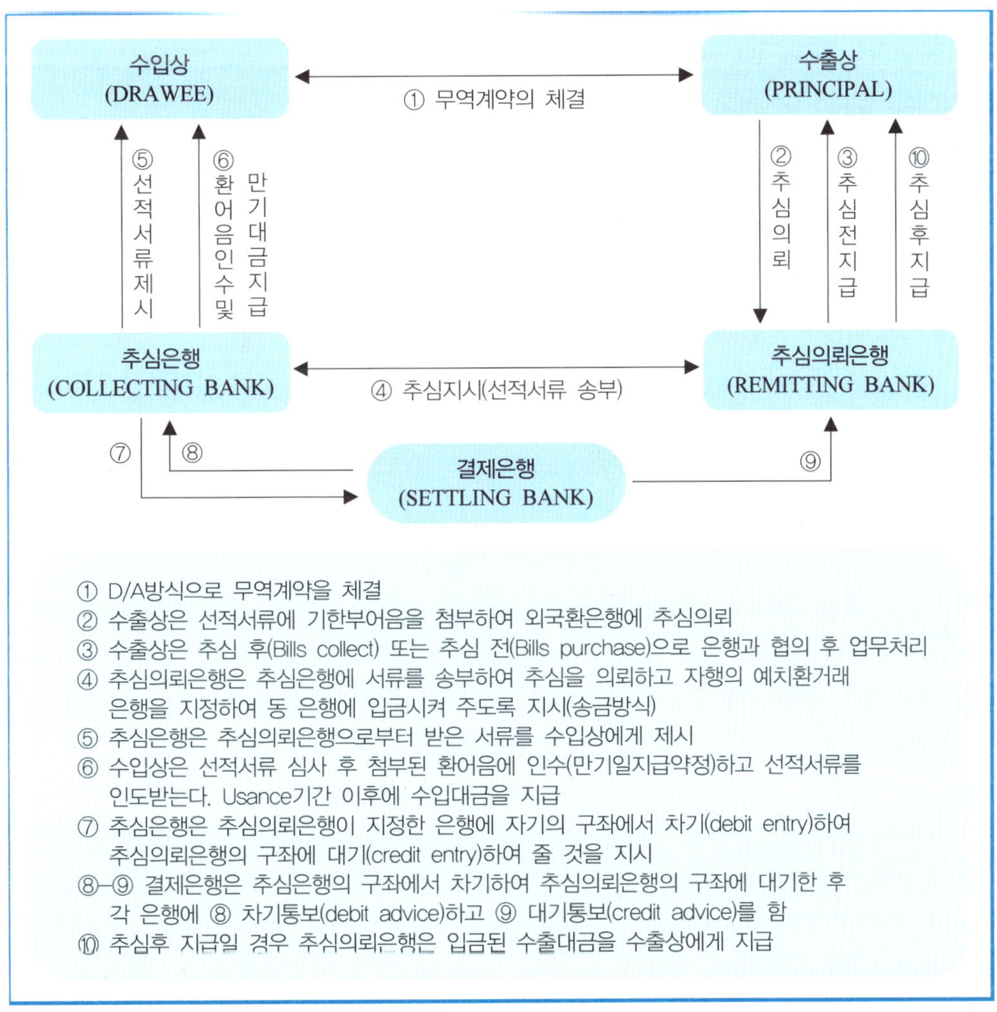

① D/A방식으로 무역계약을 체결
② 수출상은 선적서류에 기한부어음을 첨부하여 외국환은행에 추심의뢰
③ 수출상은 추심 후(Bills collect) 또는 추심 전(Bills purchase)으로 은행과 협의 후 업무처리
④ 추심의뢰은행은 추심은행에 서류를 송부하여 추심을 의뢰하고 자행의 예치환거래 은행을 지정하여 동 은행에 입금시켜 주도록 지시(송금방식)
⑤ 추심은행은 추심의뢰은행으로부터 받은 서류를 수입상에게 제시
⑥ 수입상은 선적서류 심사 후 첨부된 환어음에 인수(만기일지급약정)하고 선적서류를 인도받는다. Usance기간 이후에 수입대금을 지급
⑦ 추심은행은 추심의뢰은행이 지정한 은행에 자기의 구좌에서 차기(debit entry)하여 추심의뢰은행의 구좌에 대기(credit entry)하여 줄 것을 지시
⑧-⑨ 결제은행은 추심은행의 구좌에서 차기하여 추심의뢰은행의 구좌에 대기한 후 각 은행에 ⑧ 차기통보(debit advice)하고 ⑨ 대기통보(credit advice)를 함
⑩ 추심후 지급일 경우 추심의뢰은행은 입금된 수출대금을 수출상에게 지급

D/P·D/A에 의한 결제는 D/P·D/A 계약서에 기초하여 화환추심(documentary collection)에 의하여 대금결제가 이루어진다. 추심(collection)이라고 하여 무조건 무역대금이 해외에서 결제된 이후에 수출자가 받는 것은 아니다. 실무적으로는 수출상이 추심의뢰은행에 담보 등을 제공하거나 신용에 의하여 화환서류를 추심전매입(B/P ; Bill Purchased)하는 것이 보통이다. 환어음 매입은 신용장 방식과 유사하지만 신용장은 발행은행이 확약한 일치하는 서류제시에 대하여 발행은행이 인수·지급을 확약하는 것이지만 D/P·D/A 방식에 의한 결제는 은행이 아무런 확약이 없고 오직 매수인인 수입상이 지급을 이행하여야 결제받을 수 있는 것이다.

제2절 추심결제방식의 당사자 및 거래절차

1. 추심결제방식의 당사자

신용장의 개입없이 매매계약에 의존하여 환어음이나 선적서류를 추심하는 결제과정에서 관계하는 당사자는 추심의뢰인(principal), 추심의뢰은행(remitting bank), 추심은행(collecting bank) 및 제시은행(presenting bank)이 필요하다.

1) 추심의뢰인(principal)

추심결제방식에서 추심의뢰인(principal)은 계약물품을 선적하고 자신의 거래은행인 추심의뢰은행(remitting bank)에 추심을 지시하는 자로 매도인인 수출상이 된다. 동 의뢰인은 추심에 따른 은행의 수수료와 모든 비용을 부담하여야 하며, 추심의뢰서/추심지시서(collection order/collection instruction)에 그 비용을 지급인으로부터 추심하도록 명시하였더라도 그 지급인이 이를 거절한 때에는 의뢰인인 수출상이 최종적으로 부담하여야 한다.

2) 추심의뢰은행(remitting bank)

추심의뢰은행(remitting bank)은 추심의뢰인(수출상)으로부터 추심을 의뢰받은 수출국의 은행으로서 추심의뢰인의 대리인의 성격을 가지고 있다. 그러므로 추심의뢰은행은 추심의뢰인의 지시를 엄격히 따라야 하며 추심의뢰인의 동의없이 그 지시를 변경할 수 없다. 추심의뢰은행은 수출상의 금융상의 편의를 고려하여 우편기간과 Usance기간에 상당하는 추심이자를 공제하고 추심전 매입(bills purchased : B/P)을 하는 경우도 있다.

3) 추심은행(collecting bank)

추심은행(collecting bank)은 수입국의 수입상의 거래은행으로서, 추심의뢰은행(remitting bank) 이외에 추심과정에 참여하는 은행을 말하는데, 추심의뢰은행이 요청한 추심의뢰서/추심지시서(collection order/collection instruction)에 따라 지급인에게 추심하여 대금을 송부하는 은행을 말한다. 동 은행은 추심의뢰은행의 대리인이므로 추심의뢰은행의 지시를 엄격히 따라야 하며, 이러한 추심의뢰서에 기재된 지시에 따를 수 없다면 그 취지를 추심의뢰은행에게 즉각적으로 통지하여야 하며, 추심의 결과도 추심의뢰은행(remitting bank)에 통지하여야 한다.

4) 제시은행(presenting bank)

제시은행(presenting bank)은 수입상인 지급인(drawee)에게 환어음을 제시하는 수입국의 추심은행(collecting bank)을 말하는데 넓은 의미에서 추심은행에 포함된다. 즉, 추심은행이 수입상의 거래은행이 아닌 경우 제시은행(presenting bank)이 존재한다.

2. 추심결제방식의 거래절차

1) D/P결제방식의 거래절차

① 수출상과 수입상은 신용장 없이 추심방식(collection), 즉 D/P 방식의 대금결제 조건으로 메매계약을 체결한다.

② 수출상은 필요한 경우에 수출승인(Export License : E/L)을 받고 수출상의 보험가입 조건인 경우(CIF, CIP조건)에 보험계약을 체결한 후(수입상이 보험가입하는 조건인 경우에는 수입상이 보험계약을 체결함) 소정의 수출절차를 종료한 다음에 계약 상품을 선적하고 운송서류를 준비한다.

③~④ 수출상(principal)은 D/P계약서에서 요구하고 있는 상업송장(commercial invoice), 선하증권(B/L), 보험서류(insurance policy) 등 약정한 서류와 수입상을 지급인(drawee)으로 작성한 일람출급화환어음(documentary sight bill)을 발행하여 추심의뢰은행(remitting bank)에 추심을 의뢰한다. 수출상이 추심을 의뢰하면 서류에 하자가 없고 부도에 대비한 채권보전조치를 은행이 취한 경우에는 은행은 추심전 매입(B/P ; Bill Purchased)으로 환어음을 추심 전에 매입하고 그 대전을 선지급한다. 이때 은행은 선지급한 환어음대전을 받기 위하여 서류를 추심은행(collecting bank)에 송부하여 수입상으로부터 대금을 나중에 수취하므로 우편송달기간에 해당하는 이자성격의 환가료(exchange commission)를 공제한 「전신환매입률 - 환가료」로 산출한 금액을 수출상에게 선지급하게 된다.

<그림 4-1> 흐름도에서 ④는 추심전 지급에 해당하는 것이다.

반면에, 추심의뢰은행(remitting bank)이 선지급하지 않고 추심절차에 의하여 추심후 지급(B/C ; Bill Collection)으로 취급하게 되면, 대금지급을 하지 않은 상태에서 환어음과 서류를 추심은행(collecting bank) 앞으로 송부하여 추심은행이 수입상으로부터 대금을 수취한 후 서류를 인도하며 그 대금을 추심의뢰은행(remitting bank)으로 보내고 추심의뢰은행은 이를 다시 수출상에게 지급한다. 추심후 지급에서는 수출상에게 지급되는 경우 전신환 매입률을 적용한다.

⑤ 추심의뢰은행(remitting bank 또는 추심전 매입은행)은 환어음/운송서류를 추심은행(collecting bank)에 송부하고 대금을 자신의 해외 예치환거래은행의 계좌 입금시키도록 의뢰한다. 수출상으로부터 추심의뢰 요청을 받은 수출지의 추심의뢰은행(remitting bank)은 추심에 수반하는 모든 지시를 기재한 추심의뢰서(collection order)를 작성하여 추심서류와 함께 추심은행에 송달하여 수입상 앞으로 추심하여 줄 것을 요청한다. 이때 추심의뢰은행(remitting bank)은 의뢰인이 지시한 경우에는 지정한 추심은행(collecting bank)을 이용하며, 지정하지 아니한 경우에는 추심의뢰은행 임의로 선정한 지급지 국가에 있는 은행으로도 추심은행으로 이용할 수

있다(URC 제5조). 그리고 추심의뢰은행으로부터 추심의뢰를 받은 추심은행은 수입상과의 거래관계 등으로 인하여 직접 수입상에 대한 서류의 제시가 곤란한 경우에는 다른 추심은행(제시은행, presenting bank)으로 추심서류를 송달하여 다시 추심 의뢰하게 된다. 대개의 경우는 추심은행이 수입상의 거래은행이 되도록 추심은행을 선정한다. 즉, 조속한 추심을 위하여 최초의 추심은행이 제시은행이 되도록 하는 것이다.

⑥ 추심은행(또는 제시은행)은 운송서류를 수령하고 이를 수입상에게 추심서류 도착통지(arrival notice of documents)를 하여 조속한 어음의 결제를 촉구한다.

⑦ 수입상은 운송서류에 하자가 없는 경우에 일람출급환어음을 일람한 후에 수입대금을 지급하고 운송서류를 인도받는다. 이 때 전신환매도율을 적용하여 환산한 금액을 은행에 지급한다. 수입상은 관계화물을 통관・인수하는 절차를 밟는다.

⑧~⑨ 추심은행은 추심의뢰은행이 지시한 결제은행의 자행계좌에서 차기(debit : 출금)하여 추심의뢰은행의 계좌에 대기(credit : 입금)할 것을 결제은행에 의뢰 한다. 결제은행은 추심은행에게 차기(출금)을 통보(debit advice)한다. 결제은행은 추심의뢰은행 앞으로 대기(입금)되었음(credit advice)을 알린다.

⑩ 수출상의 거래은행인 추심의뢰은행(remitting bank)은 자기은행 계좌에 입금된 수출대금을 수출상에게 지급한다. 이 경우는 추심후지급(bill collection)의 절차를 통하여 결제과정이 성립한다. 마지막으로 수입상은 추심은행(collecting bank)으로부터 인도받은 서류를 가지고 소정의 수입통관절차를 필한 후 선하증권을 제시하고 수입물품을 인수하면 거래가 종료된다.

그림 4-1 지급인도방식(D/P : Documents against Payment) 거래절차도

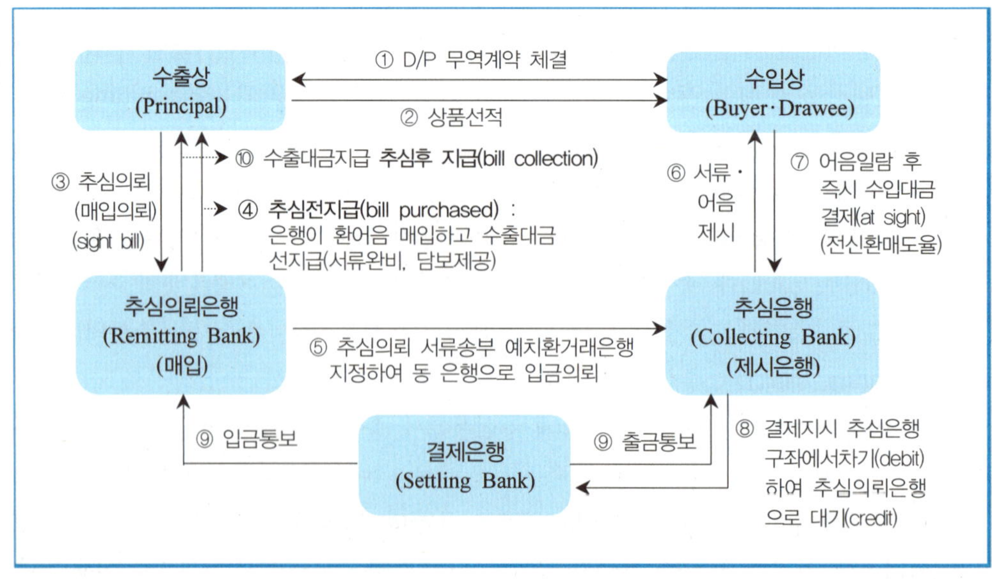

2) D/P Usance(기한부 D/P)

D/P Usance 거래란 수입상의 거래은행인 추심은행(collecting bank)이 Usance 기간 동안 추심서류를 보관하고 있다가 만기일에 수입상에게 제시하여 대금의 지급과 상환으로 서류를 인도하는 방식의 거래, 즉, D/P Usance 결제방식은 서류도착 즉시 추심은행이 수입상에게 인도하지 아니하고 명시된 기간이 경과한 후에 수입상에게 수입대금을 받고 서류를 인도해 주는 D/P거래의 한 형태로 이는 서류가 물품보다 일찍 도착한 경우에 수입상의 자금부담 등을 덜어주기 위해 만들어진 형태이다.

D/P 거래에서 수입지의 추심은행은 추심서류가 도착한 경우 통상의 경우에는 즉시 수입대금을 받고 수입상에게 서류를 인도(D/P at sight)하여야 하지만, 선하증권이나 환어음의 발행일자 후 일정기간에 서류를 인도(D/P Usance)하여야 하는 경우가 있다. 예컨대 결제조건에 대한 표현이 "D/P at 30 days after B/L date"라고 되어 있으면 추심은행은 서류가 도착하였더라도 "B/L 일자 후 30일의 날짜"에 서류를 인도하여야 한다. 만약 선하증권의 일자가 3월 20일이라면 4월 19일에 수입상에게 서류를 인도하여야 한다. 'D/P at Sight'에서는 추심은행이 상품이 도착되지 않았더라도 서류를 수입상에게 인도하여야 하고 수입상은 대금을 지급하고 서류를 인수하여야 하므로 자금부담이 되지만 "D/P at 30 days after B/L date"와 같이 기재하여 물품 도착시기에 맞추어 서류를 인도하도록 하는 것이다. 그러므로 추심은행은 추심업무(수입결제업무) 처리시 D/P Usance를 D/A로 착오하여 수입상의 결제가 이루어지지 않은 상태에서 서류를 인도하여서는 아니된다.

한편, 'D/P Usance'가 'D/A'와 다른 점은 'D/A'에서는 서류가 도착하는 즉시 인수하도록 하고 대금결제를 일정기간 후에 지급하는 것, 예컨대 "D/A 30 days after sight"이면 수입상이 '환어음 및 선적서류를 인수한 날로부터 30일'에 지급하는 것이다. 'D/A'에서는 서류가 도착되는 즉시 수입상에게 인도가 되지만 'D/P Usance'에서는 서류가 도착되는 즉시 서류를 인도할 수 없으며 반드시 일정기간 후에 인도하여야 하며 서류를 인수할 때 수입상은 수입대금을 지급하여야 한다.

D/P Usance거래는 D/A거래에 따른 수출상의 위험부담 및 D/P거래에 따른 수입상의 불필요한 자금부담을 동시에 커버할 수 있는 결제방식이라 할 수 있다.

이와 같이 D/P Usance거래는 선적서류의 내도시점보다 운송화물의 도착기간이 상당일간 뒤 늦는다는 점을 감안하여 고안된 결제방식으로서 해상으로 물품을 운송하는 경우에 선적서류가 물품보다 일찍 도착함으로 인해 발생하는 수입상의 불필요한 자금부담을 배제시키기 위하여 주로 사용된다. Usance 기간은 대개 30일 정도가 일반적이며, 서류도착일로부터 수입화물이 도착할 때까지의 기간을 의미하는 것으로 수입상은 결국 이 기간동안 대금지급을 유예받는 효과를 거두게 된다.

3) D/A결제방식의 거래절차

① 수출상과 수입상은 신용장 없이 추심방식(collection), 즉 D/A 방식의 대금결제 조건으로 매매계약을 체결한다.

② 수출상은 필요한 경우에 수출승인(export license : E/L)을 받고 수출상의 보험부보 조건인 경우에 보험계약을 체결한 후(수입상이 보험을 가입하는 조건인 경우에는 수입상이 보험계약을 체결함) 소정의 수출절차를 종료한 다음에 계약상품을 선적하고 운송서류(transport documents)를 준비한다.

③ 수출상(principal)은 D/A계약서에서 요구하고 있는 상업송장(commercial invoice), 선하증권(bill of lading), 보험서류(insurance document) 등 약정한 서류와 수입상 앞으로 기한부환어음(documentary usance bill)을 수입상을 지급인(drawee)으로 발행하여 거래외국환은행(추심의뢰은행)에 추심(또는 추심전 매입)을 의뢰한다.

④ 수출상이 추심(또는 추심전매입)을 의뢰하면 서류에 하자가 없으며 부도에 대비한 채권보전 조치를 은행이 취한 경우에는 은행은 추심전매입(B/P; Bill Purchased)으로 환어음을 추심전에 매입하고 그 대전을 선지급한다. 이 때 은행은 선지급한 환어음 대전을 추심은행에 송부하여 수입상으로부터 대금을 나중에 수취하므로 우편송달 기간에 해당하는 이자성격의 환가료 및 Usance기간에 해당하는 이자를 공제하여 산출한 금액을 수출상에게 선지급하게 된다.
반면에 추심의뢰은행이 선지급하지 않고 추심절차에 의하여 추심은행으로 환어음과 운송서류를 송부하여 수입상으로부터 어음의 만기일에 대금을 수취한 후에 그 대금을 추심의뢰은행으로 보내고 추심의뢰은행은 이를 다시 수출상에게 지급하는 추심후 지급(B/C : Bill Collection)의 경우에는 전신환매입률(TT Buying Rate)을 적용한다.
하기의 흐름도에서 ④는 추심전지급에 해당하는 것이다.

⑤ 추심의뢰은행((remitting bank : 추심전 매입은행)은 환어음과 운송서류를 추심은행(collecting bank)에 송부하고 Usance 기간 이후인 어음의 만기일(maturity date)에 대금을 자신의 해외 예치환거래은행의 계좌에 입금시키도록 의뢰한다.

⑥ 서류를 접수한 수입상의 거래은행인 추심은행(collecting bank)은 수입상에게 운송서류가 도착하였다는 내용의 서류도착을 통지하며 수입상에게 제시한다.

⑦ 서류도착 통지를 받은 수입상은 운송서류에 하자가 없는 경우에 제시된 기한부어음(usance bill)에 “Accepted by~”라고 배서하는 인수(acceptance) 서명표시를 하고 선적서류(shipping documents)를 인도받는다. 수입상은 추심은행으로부터 인도받은 서류를 가지고 소정의 수입통관절차를 필한 후 선하증권을 제시하고 수입물품을 인수한다. 수입상은 Usance 기간 이후인 어음의 만기일(maturity date)에 수입대금을 전신환 매도율(TT Selling Rate)을 적용하여 환산한 금액을 추심은행(collecting bank)에 지급・결제한다.

⑧~⑨ 수입상의 거래은행인 추심은행(collecting bank)은 수출상의 거래은행인 추심의뢰은행(remitting bank)으로 송금한다.

⑩ 수출상의 거래은행인 추심의뢰은행(remitting bank)은 수입상의 거래은행인 추심은행(collecting bank)으로부터 송금되어 온 수출대금을 수출상에게 지급한다. 동 경우는 추심후지급(bill collection)의 절차를 통하여 성립한다.

그림 4-2 인수인도방식(D/A : Documents against Acceptance) 거래절차

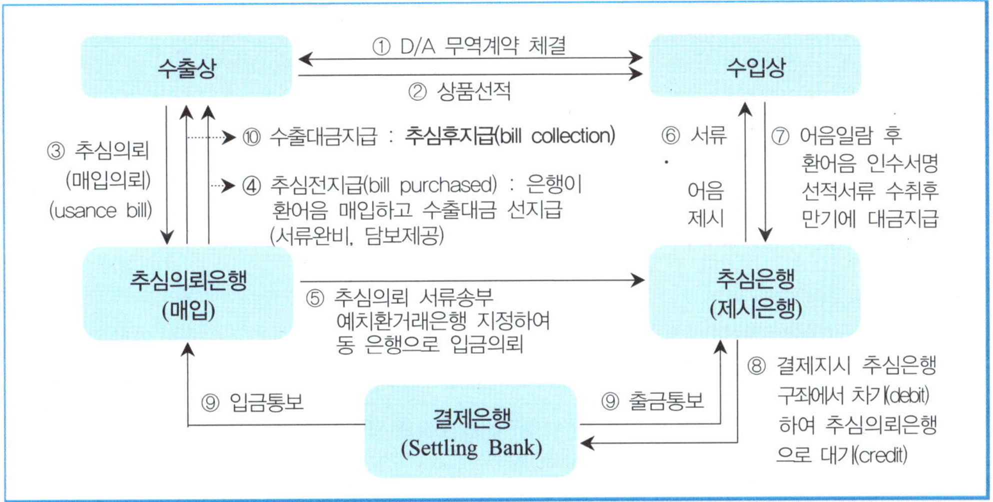

◈ **해설 : 추심전매입(bills purchased : B/P)과 추심후지급(bills collected : B/C)**

추심전매입(bills purchased : B/P)이란 수표 등의 대금을 먼저 고객에게 지급하고 사후에 추심을 하는 경우, 즉 외국환은행이 외화수표나 어음 등을 추심함에 있어서 그 대금을 먼저 고객에게 지급하는 매입절차의 방식을 말하며, 추심후지급(bills collected : B/C)이란 추심에 의해 대금이 해외거래은행 당좌구좌에 입금되었다는 통지를 받고 추심의뢰인에게 대금을 지급, 즉 추심에 의하여 추심은행으로부터 동 대금이 입금되었다는 통지를 받고 추심의뢰인에게 대금을 지급하는 방법을 말한다. 외국환업무 중 [네고(negotiation)]라는 말은 수출환어음이나 외화수표 등의 추심전 매입을 의미하는 것이다.

표 4-1 신용장방식과 D/P·D/A방식의 비교

구 분	신용장방식	D/P·D/A방식
1. 대금지급확약 여부	은행의 지급확약 있음	은행의 지급확약 없음
2. 은행의 개입 여부	개입함	개입함
3. 은행거래에 따른 담보제공	신용장발행시 담보제공	환어음추심 전 매입시 담보제공
4. 거래에 따른 부대비용	많음	적음
5. 대금결제기간	일람불(Sight), 기한부(Usance)	일람불(D/P), 기한부(D/A)
6. 환어음발행시의 지급인	은행	수입자
7. 매매당사자간의 유리성	매도인 매수인 모두 유리	매수인 유리
8. 거래상의 융통성	없음	많음
9. 결제수단의 안전성	안전	불안
10. 거래상의 준거법	신용장통일규칙	추심에 관한 통일규칙

표 4-2 무역대금결제방법(추심결제방식) 요약

<table>
<tr><th colspan="3">※ 추심방식(collection) 특징</th></tr>
<tr><td colspan="3">① 대금결제방법 중 화환어음의 추심에 관해서는 1956년 ICC(국제상업회의소)에서 제정 · 개정한 “추심에 관한 통일규칙”(Uniform Rules for Collections, 1995 Revision ICC Publication No.522 : URC 522)이 적용됨
② 환어음 사용(어음법 적용)
③ 서류와 대금을 관계은행(추심은행, 추심의뢰은행, 제시은행)을 통하여 송부함
④ 은행의 지급확약이 없고 수출상의 신용위험이 존재하기 때문에 소액거래, 신용이 두터운 거래선과의 거래, 본 · 지사간 거래시에 활용 됨.
⑤ 신용장거래보다 낮은 은행수수료 부담
⑥ 반드시 은행을 통하여 서류를 송부하고 대금결제도 은행을 통하여 이루어짐.
⑦ 환어음의 지급인(drawee)은 수입상임
⑧ 송금방식의 한계성 및 신용장방식의 복잡성과 비용절감 등의 이유로 사용됨.</td></tr>
<tr><td rowspan="4">추심결제방식</td><td colspan="2">지급인도방식(支給引渡方式) : D/P(documents against payment)</td></tr>
<tr><td>수출상이 선적한 후 선적서류와 일람출급환어음(sight bill)을 발행하여 이를 추심의뢰은행(remitting bank)을 통하여 수입상에게 송부하고, 수입국의 추심은행(collecting bank)은 환어음의 지급인(drawee)인 수입상에게 선적서류(shipping documents)와 환어음(draft)을 제시하면 즉시 대금을 받은 후에 선적서류를 인도하여 주는 조건.
무신용장 at sight 방식</td><td>수입상유리
수출상은
대금지급
거절위험</td></tr>
<tr><td colspan="2">인수인도방식(引受引渡方式) : D/A(documents against acceptance)</td></tr>
<tr><td>수출상이 선적한 후 선적서류와 기한부환어음(usance bill)을 발행하여 이를 추심의뢰은행(remitting bank)을 통하여 수입상에게 송부하고, 수입국의 추심은행(collecting bank)은 환어음의 지급인(drawee)인 수입상이 환어음을 인수(acceptance)한 후 선적서류(shipping documents)를 인도하여 주고 xxx일 후인 환어음의 만기일(maturity date)에 대금을 결제받는 조건.
무신용장 Usance 방식(예 : at 90 days after Sight, B/L Date, Date)</td><td>수입상유리
수출상은
대금지급
거절위험</td></tr>
<tr><td>1. 매매계약 체결</td><td colspan="2">수출상과 수입상이 D/P, D/A방식 매매계약 체결하고 지급조건에 다음과 같이 합의함
① D/P "Payment Terms : By a documentary bill of exchange at sight"
② D/A "Payment Terms : By a documentary bill of exchange at xx days after sight"</td></tr>
<tr><td>2. 추심의뢰</td><td colspan="2">① 수출상은 수출물품 선적후 수입상을 지급인(drawee)으로 작성한 환어음과 계약조건에 따른 서류를 구비하여 추심의뢰은행(remitting bank)에 제시하여 수입지 수입상 거래은행인 추심은행(collecting bank)으로 추심하여 줄 것을 의뢰함
② 수출상 거래은행인 추심의뢰은행은 수출상이 제시한 선적서류에 결제조건 등 추심에 수반되는 제조건을 작성한 추심의뢰서를 첨부하여 수입지 수입상의 거래은행인 추심은행(collecting bank) 앞으로 송부함</td></tr>
<tr><td>3. 추심서류 도착</td><td colspan="2">추심은행은 추심의뢰은행으로부터 추심서류가 내도되면, 수입상에게 추심서류 도착통지를 하여 조속한 어음의 결제(어음 제시 즉시 결제, Sight Bill : D/P) 또는 인수(기한부 지급, Usance Bill : D/A)를 요청함</td></tr>
<tr><td>4. 선적서류 결제 및 인수</td><td colspan="2">① 추심은행(collecting bank)으로부터 추심서류를 인도받은 수입상은 추심서류에 하자가 있으면 지급(인수)거절을 하고, 하자가 없으면 추심대금을 결제(Sight Bill, D/P)하거나 인수(Usance Bill, D/A)하고 수입상은 추심서류를 인도받는다.
② D/P의 경우 추심은행(collecting bank)은 결제와 동시에 추심의뢰은행(remitting bank) 앞 추심대금을 송금하며, D/A의 경우는 환어음의 만기일(maturity date)에 수입상에게 어음을 제시하고 추심대금을 결제받아 추심의뢰은행(remitting bank)으로 송금함.</td></tr>
<tr><td>5. 수입통관</td><td colspan="2">수입자는 인수한 선적서류와 기타 통관에 필요한 서류를 구비하여 통관함</td></tr>
</table>

서식 4-1 D/A CONTRACT

D/A CONTRACT(NO. 140326)

THIS D/A CONTRACT OS MADE IN ACCORDANCE WITH SUPPLY AGREEMENT N. HCP 89.030.4001 DATED JUNE 30, 2020 AND AGREED ON MAR. 20, 2020 BY AND BETWEEN FOLLOWING PARTIES CONCERNED.

(1) JANGSUNG CORPORATION, SEOUL, KOREA(HEREINAFTER CALLED SELLER)

(2) GRUPPO LEPETIT S.P.A., ITALY(HEREINAFTER CALLED BUYER)

FOR THE TRANSACTION OF THE FOLLOWING MERCHANDISE TO BE SHIPPED DURING THE PERIOD IN ACCORDANCE WITH TERMS AND CONDITIONS DESCRIBED HEREUNDER :

1. PAYMENT : THE CONTRACT AMOUNT WILL BE PAID AGAINST FOLLOWING DOCUMENTS AT 90 DAYS FROM B/L DATE.
   (1) SIGNED COMMERCIAL INVOICE IN 3 COPIES ISSUED AT THE NAME OF GRUPPO LEPETIT S.P.A. VIA ROBERTO LEPETIT, 9, 20020, LAINATE(MI), ITALY.
   (2) FULL SET OF CLEAN ON BOARD BILLS OF LADING CONSIGNED TO THE ORDER OF CARIPLO, VIA RE UMBERTO, 1, 17-20020, LAINATE(MI), ITALY, MARKED FREIGHT PREPAID AND SHOWING NOTIFY PARTY AS BOSSI AND C., VIA D. FIASELLAA, 1, 16121, GENOA, ITALY.
   (3) WEIGHT/MEASUREMENT NOTE
   (4) INSURANCE POLICY

2. COMMODITY : GAUZE SPONGES AS PER ORDER NO. GR/01/1/106368

SIZE	QUANTITY	CIF GENOA	AMOUNT
50CM X 60CM-4PLY	13,500 PCS	US$0.3931	US$5,306.85
5CM X 60CM-4PLY	45,000 PCS	US$0.1236	US$5,562.00
TOTAL	58,500 PCS		US$10,868.85

3. SHIPMENT : TILL APRIL 30, 2020

4. VALIDITY : TILL MAY 10, 2020

5. BANK : CARIPLO, VIA RE UMBERTO 1, 17-20020, LAINATE(MI), ITALY (ATTENTION : MR. PAGANI)

THIS CONTRACT WILL BE EFFECTIVE PROMPTLY AFTER BEING SIGNED BY BOTH PARTIES CONCERNED.

BUYER : GRUPPO LEPETIT S.P.A.
Philip Adams,
Philip Adams, Vice President

SELLER : JANGSUNG CORPORATION
M.Y. Song,
M.Y.Song, Director Trading Dept

서식 4-1-1 선적서류 매입(추심) 의뢰서

매 입 / 추 심 의 뢰 서

담당	대리/과장	차장	부점장

한빛은행 앞　　2020 년　3 월　26 일

접수번호	HG506010076-3305

다음 내용의 수출환어음 또는 선적서류를 기 약정한 바에 의하여 매입/추심하여 주시고 동 대전을 아래와 같이 처리하여 주시기 바랍니다.

(1) L/C 및 선적서류 내용

L/C CONTRACT NO.	D/A NO.140326	DATED	MAR. 20, 2020
TENOR	AT 90 DAYS FROM B/L DATE	TRADE TERM	CIF GENOA, ITALY
AMOUNT	USD10,868.85	DEDUCTED	
OPENING BANK/ COLLECTING BANK	CARIPLO, VIA RE UMBERTO	E/D	MAY. 10, 2020
BENEFICIARY	JANGSUNG CORPORATION	S/D	APR. 30, 2020
ACCOUNTEE	GRUPPO LEPETIT S.P.A, ITALY	H.S. NO.	3005.90.2000
COMMODITY	GAUZE SPONGES	TRANS-SHIP	ALLOWED, NOT
DESTINATION	GENOA, ITALY	PARTIAL-SHIP	ALLOWED, NOT

(2) 선적내용

수 출 구 분	☐ 일반 L/C ☐ 본지사간 L/C ■ 일반 D/P, D/A ☐ 본지사간 D/P, D/A ☐ 외화표시 물품공급 ☐ 수출선수금 ☐ 중계무역 ☐ 단순송금		
수 출 금 액 (FOB)	자사제품 USD9,911.-	타사제품	
수 출 면 장 일 자	2020 년 03 월 22 일	E/L NO.	E-19G5-903-00194

(3) 대전처리내역

매 입 금 액		× ⓐ
대 체 금 액		= ₩
무 역 금 융	A	㊞
	B	㊞
제수입보증금		전 금 (계좌번호)
우 편 료		

(4) DA, DP 한도

승 인 기 일	
승 인 액	
대출액(본건포함)	
한 도 잔 액	

(5) 기타

주 소 **서울특별시 서초구 서초동 1670-6**
상사명 長 聖 交 易 株 式 會 社
대표자 **代表理事　李　錫　穆**　㊞

인 감 대 조

외양(212×275) 백상지 60g/㎡

서식 4-1-2 COVERING LETTER

HANVIT BANK

FOR CUSTOMERS

C.P.O BOX 1033
SEOUL, KOREA

BIC : HANIKRSE SEOUL BIC : HANIKRSE
TELEX : K23823 TLX : 23823
FAX : (02)753-2392 PUSAN BIC : HANIKRSE
TEL : (02) TLX : 53543

DATE : **MAR. 26, 2020**

PLEASE ALWAYS QUOTE

OUR REF NO.
HG506010076-3305

MAIL TO	**CARIPLO, VIA RE UMBERTO 1, 17-20020, LAINATE(MII), ITALY (ATTENTION : MR. PAGANI)**

GENTLEMEN :
WE ENCLOSE THE ITEM DESCRIBED HEREON FOR COLLECTION. PLEASE HANDLE IN ACCORDANCE WITH THE INSTRUCTIONS BELOW.

DRAWER	**JANGSUNG CORPORATION. C.P.O. BOX 3829, SEOUL, KOREA**			
DRAWEE	**GRUPPO LEPETIT S.P.A., VIA ROBERTO LEPETIT, 8, 20020, LAINATE, MILANO, ITALY**			
CONTRACT	NUMBER	**DA NO. 140326**	DATE	**MAR. 20, 2020**
DRAFT	NUMBER		DATE	**MAR. 26, 2020**
	TENOR	**At 90 DAYS FROM B/L DATE**	MATURITY	**JUN. 22, 2020**
	AMOUNT	**US$10,868.85**		
	DOCUMENTS TO BE DELIVERED AGAINST **ACCEPTANCE**			
COMMODITY	**GAUZE SPONGES**			

The relative documents enclosed (duplicate draft and documents will follow by next mail, if any)

DOCUMENTS	DRAFT	COMM INVOICE		B/L		AWB		INSURANCE POL/CERT		INSP CERT	W/M LIST	PKG LIST	CERT ORIGIN	CUST INVOICE	BCERT	TEST	GSP
1ST MAIL	1	3	c	3/3	c			2/2	c	1	1	1	1			1	
2ND MAIL	1		c	/	c			/	c	c	c	c	c			c	

INSTRUCTIONS TO THE PAYING BANK(Marked "X")

	Please credit the proceeds to our A/C with you under cable advice to us
×	Please remit the proceeds by cable to our A/C (**A/C NO. 10952822**) with **CITIBANK, NEW YORK AT MATURITY(JUN. 22. 2020)** under cable advice to us quoting our reference No.
	Collect all your charges and expenses from drawee.
×	No Protest
×	Please acknowledge receipt by airmail.
×	Advise dishonor by cable giving reasons.
×	Advise date of acceptance and maturity of time bills by airmail.

THIS COLLECTION IS SUBJECT TO UNIFORM RULES FOR COLLECTION 1995 REVISION, I.C.C. PUBLICATION NO.522

SPECIAL INSTRUCTIONS

AUTHORIZED SIGNATURE

외양 1016D (216×303) NCR

서식 4-1-3 COMMERCIAL INVOICE

<table>
<tr><td colspan="2">① Shipper/Exporter
JANGSUNG CORPORATION</td><td colspan="3">⑧ No.& date of invoice
JSEX-140326 OF MAR. 20, 2020</td></tr>
<tr><td colspan="2" rowspan="2">② For account & risk of Messrs.
GRUPPO LEPETIT S.P.A.,
VIA ROBERTO LEPETIT, 8, 20020,
LANATE, MILANO, ITALY</td><td colspan="3">⑨ No.& date of L/C</td></tr>
<tr><td colspan="3" rowspan="2">⑩ L/C issuing bank
GARIPLO, VIA RE UMBERTO, 1, 20020
LAINATE(MI), ITALY
(ATTENTION : MR. PAGANI)</td></tr>
<tr><td colspan="2">③ Notify party
BOSSI AND C.,
GENOA, ITALY</td></tr>
<tr><td>④ Port of loading
BUSAN, KOREA</td><td>⑤ Final destination
GENOA, ITALY</td><td colspan="3" rowspan="2">⑪ Remarks :
- ORDER NO. GR/01/1/106368
- BATCH NO. 9602002
- EXPIRY DATE : MARCH 31, 2020</td></tr>
<tr><td>⑥ Carrier
MED TOKYO V-15-118-W</td><td>⑦ Sailing on or about
MARCH. 25, 2020</td></tr>
<tr><td>⑫ Marks and numbers of Package</td><td>⑬ Description of Goods</td><td>⑭ Quantity/Unit</td><td>⑮ Unit/Price</td><td>⑯ Amount</td></tr>
<tr><td></td><td></td><td></td><td colspan="2">CIF GENOA</td></tr>
<tr><td>AS PER
BUYER'S LABEL
(NO OTHER MARK)</td><td>GAUZE SPONGES AS PER
ORDER NO. GR/01/1/106368</td><td></td><td></td><td></td></tr>
<tr><td></td><td>50CM x 60CM-4PLY</td><td>13,500PCS</td><td>U$0.3931</td><td>U$5,306.85</td></tr>
<tr><td></td><td>5CM x 60CM-4PLY</td><td>45,000PCS</td><td>U$0.1236</td><td>U$5,562.-</td></tr>
<tr><td></td><td>*TOTAL*</td><td>58,500PCS</td><td></td><td>U$10,868.85</td></tr>
<tr><td colspan="5">⑰ Address : C.P.O.Box 3829
Seoul 100-638, Korea
Tel : 82-2-5232893
Telex : K22660
Cable : PHARMEX SEOUL
Fax : 82-2-5232895

JANGSUNG CORPORATION
⑱ Signed by S. M. LEE. President</td></tr>
</table>

서식 4-1-4 PACKING LIST

① Shipping/Exporter JANGSUNG CORPORATION		⑧ No.& Date of invoice JSEX-140326 OF MAR. 20, 2020
② For account & risk of Messrs. GRUPPO LEPETIT S.P.A., VIA ROBERTO LEPETIT, 8, 20020, LANATE, MILANO, ITALY		⑨ Remarks : - ORDER NO. GR/01/1/106368 - BATCH NO. 9602002 - EXPIRY DATE : MARCH 31, 2020
③ Notify party BOSSI AND C., GENOA, ITALY		
④ Port of loading BUSAN, KOREA	⑤ Final destination GENOA, ITALY	
⑥ Carrier MED TOKYO V-15-118-	⑦ Sailing on or about MARCH. 25, 2020	

⑩ Marks and numbers of Package	⑪ Description of goods	⑫ Quantity	⑬ Net-weight	⑭ Gross-weight	⑮ Measurement

AS PER
BUYER'S LABEL
(NO OTHER MARK)

GAUZE SPONGES AS PER
ORDER NO. GR/01/1/106368

		PCS/CTN	CTNS
50CM x 60CM-4PLY	13,500PCS	500	27
5CM x 60CM-4PLY	44,000PCS	2,000	22
5CM x 60CM-4PLY	1,000PCS	1,000	1

TOTAL 58,500PCS 50CTNS

- NET WEIGHT : 839KGS
  GROSS WEIGHT : 950KGS
  MEASUREMENT : 4.000CBM

//

⑯ Address : C.P.O.Box 3829
Seoul 100-638, Korea
Tel : 82-2-5232893
Telex : K22660
Cable : PHARMEX SEOUL
Fax : 82-2-5232895

JANGSUNG CORPORATION
⑰ Signed by S. M. Lee President

서식 4-1-5 BILL OF LADING

Shipper JANGSUNG CORPORATION. C.P.O. BOX 3829, SEOUL, KOREA		B/L No. NFR-6002 **COMBINED TRANSPORT BILL OF LADING** **NAM SUNG MARITIME CO., LTD.** TELEPHONE : REP(02)756-5141, FAX : (02)755-4822 PAIK NAM BLDG. 1002 188-3, 1-GA ULCHI-RO, CHUNG-KU SEOUL (100-191) KOREA 은 행 보 관 용
Consignee TO THE ORDER OF CARIPLO, VIA RE UMBERTO 1, 17-20020, LAINATE(MI). ITALY		
Notify Address BOSSI AND C., VIA D. FIASELLAA, 1, 16121, GENOA, ITALY		
Place of Receipt BUSAN, KOREA	Ocean Vessel MED TOKYO V-15-118W	Port of Loading BUSAN, KOREA
Port of Discharge GENOA	Place of Delivery GENOA, ITALY	Final destination

Marks and numbers	Number and kind of packages	Description of goods	Gross weight	Measurement
			950.000KGS	4.000CBM
AS PER BUYER'S LABEL (NO OTHER MARK)	50CTNS	SAID TO CONTAIN; 50 CARTONS OF GAUZE SPONGES AS PER ORDER NO. GR/01/1/106368 FREIGHT PREPAID SAY : FIFTY (50) CARTONS ONLY.		

LADEN ON BOARD
MAR. 25, 2020
----

according to the declaration of the merchant

The goods and instructions are accepted and dealt with subject to the Standard Conditions printed overleaf. Taken in charge in apparent good order and condition unless otherwise noted herein, at the place of receipt for transport and delivery as mentioned above one of these Combined Transport Bills of Lading must be surrendered duly endorsed exchange for the goods in Witness where of the original Combined Transport Bills of Lading all of this tenor and date have been signed in the number stated below, one of which being accomplished the other(s) to be void.

FREIGHT & CHARGES	RATE	PREPAID	COLLECT	Freight payable at SEOUL, KOREA
AS ARRANGED				Place and date of issue SEOUL, KOREA MAR. 25, 2020 Number of Original BLs THREE(3)

FOR DELIVERY OF GOODS PLEASE APPLY TO : FRANCESCO PARIS-GENOA CASA DI SPEDIEIONI S.P.A. VIA A ALGAI, 5 TEL : 3910-265441 ATTN : D.SORRENTI	**NAM SUNG MARITIME CO,,LTD** **BY** ______________ **ACTING AS A CARRIER**

서식 4-1-6 WEIGHT/MEASUREMENT NOTE

WEIGHT/MEASUREMENT NOTE

MAR., 20, 2020

TO WHOM IT MAY CONCERN :

WEIGHT/MEASUREMENT NOTE

- ORDER NO. GR/01/1/106368

- OUR COMMERCIAL INVOICE NO. : JSEX-140326

GAUZE SPONGES
AS PER ORDER NO.
GR/01/1/106368.

SIZE	QUANTITY	NET W'T	GROSS W'T	CBM
50CM X 60CM-4PLY	13,500 PCS			
5CM X 60CM-6PLY	45,000 PCS			
** TOTAL **	58,500PCS	839KGS	950KGS	4.000

TRULY YOURS,

JANGSUNG CORPORATION
S. M. Lee
S. M. Lee President

서식 4-1-7 해상보험증권

AMERICAN HOME ASSURANCE COMPANY KOREA

60-1, CHUNG MU RO 3-KA, CHING-KU, SEOUL, KOREA CABLE ADDRESS : AMINTKOREA SEOUL FAX : 275-9531

MARINE CARGO INSURANCE POLICY

Policy No. YCK6581C00 Assured(s), etc. JANGSUNG CORP

Claim, if any, payable at: AIG EUROPE VIA VALCAVA 6 20155 MILANO, ITALY TEL (392) 36901 FAX (392) 369-0289 Claims are payable in the	Ref. No. INVOICE NO, JSEX-140326
Survey should be approved by: STEFANO L SCHIAPPACASSF VIA DEL LAGO. 13-12 16011 ARENZANO-GENOA	Amount insured Cargo USD11,955.74 (USD10,868.85 X 110.00%)

Local Vessel	From(interior port or place of loading)	Conditions INSTITUTE CARGO CLAUSES (WA 3%) WAR & STRIKES. RIOT & C.C
Ship or Vessel called the	Sailing or on about	
at and from	Transhipped at	
arrived at	thence to	

Goods and Merchandises

GAUGES SPONGES AS PER
ORDER NO. GR/01/1/106368

Subject to the following Clauses as per back hereof.
Institute Cargo Clauses, Institute War Clauses
Institute Strikes Riots & Civil Commotions Clauses
Special Replacement Clause(applying to machine)
On-Deck Clause
Institute Radioactive Contamination
Exclusion Clause as attached.

Marks and Numbers as per Invoice No. specified above.

Place and Date Signed in. SEOUL KOREA 2020.03.22 No. of Policies issued. DUPLICATE

1. Warranted free of capture, seizure, arrest restraint or detainment, and the consequences thereof or of any attempt thereat; also from the consequences of hostilities or warlike operations, whether there be a declaration of war or not; but this warranty shall not exclude collision, contact with any fixed or floating object (other then a mine or torpedo), stranding, heavy weather or fire unless caused directly (and independently of the nature of the voyage or service which the vessel concerned or, in the case of a collision, any other vessel involved therein, is performing) by a hostile act by or against a belligerent power; and for the purpose of this warranty "power" includes any authority maintaining naval, military or air forces in association with a power.

2. Warranted free of loss or damage

(a) Caused by strikers, locked-out workmen, or persons taking part in labour disturbances, riots or civil commotions;

(b) resulting from strikes, lock-outs, labour disturbances, riots or civil commotions.

3. (a) Should the risks excluded by Clause 1(F.C.&S.Clause) be reinstated in this Policy by deletion of the said Clause. or should the risks or any of them mentioned in that clause or the risks of mines, torpedoes, bombs or other engines of war be insured under this Policy, Clause (b) below shall become operative and anything contained in this contract which is inconsistent with Clause (b) or which affords more extensive protection against the aforesaid risk than that afforded by the Institute War Clauses relevant to the
particular form of transit covered by this insurance is null and void.

(b) This policy is warranted free of any claim based upon loss of. or frustration of, the insured voyage or adventure caused by arrests restraints or detainments of Kings Princes Peoples Usurpers or persons attempting to usurp power.

☞ In the event of loss or damage arising under this, Policy.
no claims will be admitted unless a survey has been held with the approval of this Company's Office or Agents specified in this Policy.

Be it known that The descriptions to be inserted in the following clauses are shown as above. as well in his or their own Name, as for and in the Name and Names of all and every other Person or Persons to whom the same doth, may shall appertain, in part or in all, doth make Assurance, and cause himself or themselves and them and every of them, to be Assured, lost or lost, at and from upon any kind of Goods and Merchandises, in the good Ship or Vessel call the whereof is Master, for this present Voyage, or whosoever else shall go Master in the said Ship, or by whatsoever other Name or Names the said Ship, or the Master thereof, is or shall be named or called, beginning the Adventure upon the said Goods and Merchandises from the loading thereof aboard the said Ship as above, and shall so continue and end during her abode there, upon the said Ship, & c; and further, until the said Ship, with all her Goods and Merchandises whatsoever, shall be arrive at and upon the Goods and Merchandises until the same be there discharged and safely landed, and shall be lawful for the said Ship. &c., in this Voyage to proceed and touch and stay at any Ports or Places whatsoever without Prejudice to this Assurance. The said goods and Merchandises, &c., for so much as concerns the Assured by Agreement between the Assured at Assurers in this Policy are and shall be valued at
TOUCHING the Adventures and Perils which the said Company are contented to bear and do take upon therm selves in this Voyage. they are the Seas Men-of-War, Fire, Enemies, Pirates, Rovers, Thieves, Jettisons, Letters of Mart and Countermart, Surprisals, Takings at Sea, Arrest Restraints and Detainments of all Kings, Princes and People, of what Nation, Condition, or Quality soever, Barratry of the Master and Marine and of all other Perils, Losses and Misfortunes that have or shall be lawful to the Assured, his or their Factors, Servants and Assigns, to labour and travel for, in and about the Defence, Safeguard and Revery of the said Goods and Merchandises, or any part thereof, where Prejudice to this Assurance; to the Charges whereof the said Company will contribute. And it is especially declared and agreed that no acts of Assurer or Assured in recovering, saving, or preserving the preoperty assured, shall be considered as a waiver or acceptance of abandonment at it is agreed that this writing or Policy of Assurance shall be of as much Force and Effect as the surest Writing or Policy of Assurance made London. And so the said Company are contented, and do hereby promise and bind themselves to the Assured, his or their Executors, as ministrator, or Assigns, for the true Performance of the Premises; confessing themselves paid the Consideration due unto the, for this Assurance at and after the rate of as arranged Per cent.
N.B. Corn, Fish, Salt, Fruit, Flour and Seed are warranted free from Average, unless general, or the Ship be stranded; Sugar, Tobacco. Hem Flax, Hides and Skins are warranted free from Average. under Five Pounds per cent., and all other Goods, also the Ship and Freight, warranted free from Average, under Three Pounds per cent., unless general, or the Ship be stranded, sunk or burnt.
All questions of liability arising under this policy are to be governed by the laws and customs of England.
IN WITNESS whereof, I the Undersigned of American Home Assurance Company Korea on behalf of the said Company have subscribe my name in to Policies of the same tenor and date, one of Which being accomplished, the others to be void, as after the date specified as above
For AMERICAN HOME ASSURANCE COMPANY KOREA.

In case loss or damage, please follow the "IMPORTANT" clause printed on the back hereof. J. S. Lim

Chapter 05

수출입대금의 신용장결제방식

제1절 신용장의 정의 · 당사자 및 거래과정

1. 신용장의 정의

신용장(Letter of Credit : L/C)이란 무역거래시 대금지급 및 상품수출을 원활하게 하기 위하여 수입상을 신용장발행의뢰인(applicant)으로 하고 수출상을 수익자(beneficiary)로 하여 수입상의 거래은행인 발행은행(issuing bank)이 수입상의 요청과 지시에 따라 수출상 또는 그의 지시를 받은 은행이 신용장에 명기된 조건과 일치하는 운송서류(transport documents)를 제시하면 수입상을 대신하여 지급의 이행 혹은 신용장에 의해 발행된 어음의 지급(payment) · 인수(acceptance) · 매입(negotiation)을 수출상(beneficiary) 또는 어음매입은행(negotiating bank) 및 선의의 소지인(bona-fide holder)에게 확약하는 비유통 약속증서이다. 즉, 신용장이란 수익자에 대한 발행은행의 조건부 지급확약서(conditional bank undertaking of payment)이다.

그림 5-1 수출입 대금결제방식 요약표

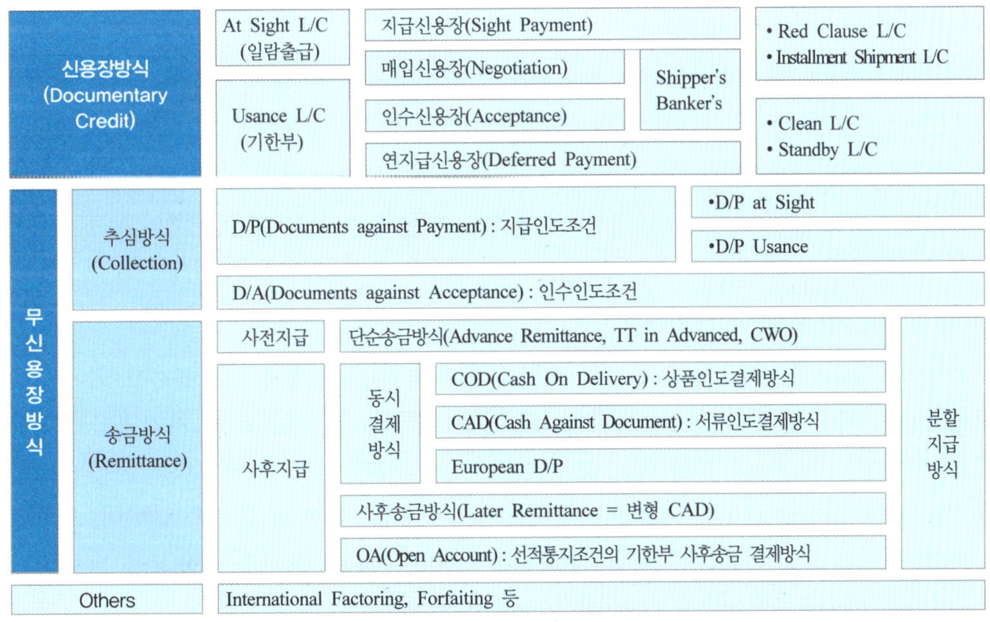

2. 신용장거래의 특성

1) 독립성의 원칙(principle of independence)

신용장은 수출상과 수입상간에 체결된 매매계약 등에 의해 신용장이 수입상의 의뢰로 발행은행에서 발행되면 신용장에 관련되는 여러 당사자(특히 관계은행)는 신용장의 기초가 되었던 매매계약이나 기타의 계약관계로부터 완전히 독립되어 자체적으로 별도의 법률관계를 형성하며 신용장의 관계당사자는 매매계약이나 기타의 계약에서의 이유와 항변에 의하여 권리의 침해를 당하거나 또는 어떠한 의무나 책임을 지지 않게 된다.

2) 추상성의 원칙(principle of abstraction)

신용장거래에서 모든 관계당사자는 서류로 거래하는 것이지, 그 서류에 관련될 수 있는 물품, 서비스 및/또는 기타 의무이행으로 거래하는 것은 아니다. 즉 서류만으로 매매계약의 이행 여부를 결정하게 되며 서류가 신용장의 제조건과 일치하기만 하면 은행은 물품과 그 품질에 관해서는 면책된다.

3) 한계성(principle of limitation)

발행의뢰인은 실제의 상품이나 계약과 다르게 작성된 운송서류라 할지라도 신용장이 요구하는 조건에 맞는 서류가 제시되면 이에 대한 대금지급의무가 있으며 발행은행에는 계약상의 위반, 손해방지를 위한 책임과 의무가 없다.

3. 신용장거래의 관계당사자 및 거래과정

1) 신용장거래의 관계당사자

(1) 발행의뢰인(Applicant)

상품매매계약에 따라 수출상에게 신용장을 발행해 주어야 할 의무가 있는 그리고 신용장의 발행을 신청하는 수입상으로 발행은행에게 신용장대금을 결제해야 할 의무를 부담하는 수입상(importer, buyer)을 말하며, 신용장을 발행해 주는 발행인(opener), 환어음의 지급인(drawee), 대금지급 의무자(accountee), 화물의 수하인(consignee), 신용공여자(accreditor)라고도 한다.

(2) 발행은행(Issuing Bank)

수입자의 거래은행으로서 수입상의 요청과 지시에 따라 신용장을 발행하고, 수출상이 발행하는 환어음 등을 지급 · 인수 · 매입할 것을 확약하는 은행으로서, 자기명의로 신용장을 발행하는 수입상의 거래은행으로서 수출상 또는 수출상으로부터 선적서류를 양도받은 매입은행 등에게 신용장 대금을 지급해야 할 의무를 부담하는 은행을 말하며, 신용을 공여한다는 의미로 신용공여은행(grantor or credit writing bank), 신용장을 발행한다는 의미로 Opening Bank 또는 Establishing Bank 등으로 부른다.

(3) 수익자(Beneficiary)

신용장상에 표기된 선적서류를 제시하고 대금을 수령하는 수출상으로서 신용장에 표기된 물품을 공급할 의무를 부담하는 자, 즉 상품매매계약상의 매도인(exporter, seller)으로서 신용장에 의해 혜택을 받는 당사자를 말하며, 발행신청인의 반대개념으로서 Drawer(발행인), Accounter(대금수령인), Consignor(송화인), Accreditee(신용수령인), 신용장을 사용하는 의미로 사용자(user)로도 부른다.

(4) 통지은행(Advising Bank)

발행은행의 지시 및 전달사항을 수출상에게 전달할 의무를 진 수출지의 은행으로 수익자 소재지에 있는 신용장발행은행의 본 · 지점이나 예치환거래계약 체결은행(depositary correspondent bank)으로서 수익자에게 신용장을 통지해 주는 은행을 말하며, Notifying Bank, Transmitting Bank라고도 한다.

(5) 확인은행(Confirming Bank)

발행은행과 동일하게 지급책임을 부담하는 제3의 은행으로서 수출상이 자신에게 제시하는 서류가 신용장조건과 일치하기만 하면 대금지급의무를 지는 은행으로서 신용장 발행은행의 대외적 신용도가 낮거나 수입국의 대외지급제한 가능성 등에 대비하여 수출자의 요청에 따라 신용장에 발행은행과 별도의 지급확약인 확인(confirmation)을 추가하는 은행, 수출상의 입장에서는 발행은행과 확인은행의 두 은행으로부터 각기 독자적인 지급확약을 받게 된다.

(6) 매입은행(Negotiating Bank)

수출상으로부터 선적서류를 제시받고 자기자금을 선지급하는 수출지의 은행으로서 수출상에게 양도받은 신용장상의 대금지급청구권을 발행은행에게 행사하여 선지급한 대금을 회수하는 은행을 말하며, 신용장의 수익자가 발행한 환어음 및 운송서류를 매입하는 은행으로서, 매입은행은 신용장상에 지정될 수도 그리고 지정하지 않을 수도 있다. 할인은행(discounting bank)이라고도 한다.

(7) 지급은행(Paying Bank)

수출지에 있는 발행은행의 지점 또는 예치환거래은행(depositary correspondent bank)으로서 수출지에서 발행은행을 대신하여 수출상에게 대금을 지급할 의무를 부담하는 은행으로서 수익자가 제시한 환어음에 대해서 직접 지급을 해주는 은행으로서 신용장 발행은행, 수익자 소재지에 있는 발행은행의 Corres Bank 또는 제3국의 은행이 된다.

(8) 인수은행(Accepting Bank)

기한부신용장(usance credit)의 경우 수출지에서 수출상으로부터 선적서류를 받고 그 대신 수출상이 제시하는 환어음의 만기일(maturity date)에 자신의 그 어음금액을 지급하겠다고 약속하는 은행으로서 기한부신용장(usance credit)에 의해 발행된 기한부 환어음(usance bill, term bill or time bill)을 인수(acceptance)하는 은행으로서 어음의 만기일(maturity date)에 가서는 지급은행이 된다.

(9) 상환은행(Reimbursing Bank) 또는 결제은행(Settling Bank)

발행은행과 매입은행이 예치환거래은행이 아니어서 신용장대금의 송금 및 입금이 불가능한 경우 발행은행의 지시에 따라 매입은행의 계좌에 입금을 해주는 역할을 맡은 은행으로서 신용장발행은행의 지시에 따라 신용장대금을 매입은행 등에게 지급하는 은행을 말하며 대금을 결제한다는 의미에서 결제은행, 환어음에 대하여 지급을 하는 은행이라는 점에서 어음지급은행(drawee bank)이라고도 한다.

(10) 연지급 확약은행(Deferred Payment Undertaking Bank)

연지급 확약은행으로 지정된 은행이 신용장의 제 조건과 일치하는 서류를 수익자가 제시할 때 발행은행의 지시에 따라 수익자에게 만기일을 기재한 연지급 확약서를 발행해 주는 은행을 말한다.

(11) 양도은행(Transferring Bank)

신용장의 최초 수익자(first beneficiary)가 제2수익자(second beneficiary)에게 신용장의 모든 권리와 의무를 이전시킬 수 있는 양도가능 신용장(transferable credit)의 양도 절차를 의뢰받은 은행을 양도은행(transferring bank)이라고 한다.

2) 신용장의 거래과정

일람출급 화환신용장의 흐름도를 순서에 의하여 설명하면 다음과 같다.

① 수출상과 수입상은 무역계약을 체결하고 대금지급방식을 취소불능 일람지급 화환신용장방식에 의하기로 상호 약정한다. 신용장으로 결제하도록 합의하는 경우, 일반적으로 매매계약서상에 대금지급은 자유매입 취소불능신용장(freely negotiable letter of credit)을 발행하도록 명시하고, 신용장 발행기한(L/C to be opened within xx days after contract)을 명시하는 것이 바람직하다.

② 수입상은 수입물품이 수출입공고, 통합공고, 전략물자 · 기술수출입통합고시 등에 의하여 수입승인에 해당하는 경우에 수입승인 관계기관에 신청하여 수입승인서(Import License : I/L) 또는 수입요건 확인서를 발급 받는다. 수출 · 수입승인은 산업통상자원부장관의 권한이지만 수출입 관련 공고에서 지정한 기관 및 단체가 추천과 승인을 한꺼번에 하도록 위임되어 수출입승인 절차를 일원화하고 있다.

③ 수입상은 매매계약서에 자신이 보험부보 의무가 있는 조건일 경우 그리고 자신의 이익을 위하여 필요한 경우에 보험회사에 보험가입을 신청한다. 수입상의 보험가입

조건은 FOB 등이며 수출상의 보험가입조건은 CIF, CIP 등이다.

④ 수입상은 매매계약서에 약정되어 있는 기한 내에 자신이 거래하고 있는 외국환 거래은행에 화환신용장의 발행신청서(application for irrevocable documentary credit)를 명확하게 기재하고 외국환거래약정서와 함께 발행은행에 제시하여 수입신용장 발행을 의뢰한다. ㉮ 발행은행은 발행의뢰인이 신용상태 조사한 후 외국환거래 약정서 체결, ㉯ 발행의뢰인의 담보제공 여부(일부 또는 전체금액), ㉰ 발행한도 약정, ㉱ 발행신청서 심사, ㉲ 발행수수료, 전신요금 등 관련 수수료 지급 등의 과정 및 징수 절차를 거쳐 수입신용장 발행을 의뢰한다.

⑤ 신용장발행을 의뢰받은 수입상의 거래은행 외국환은행인 신용장 발행은행(issuing bank)은 수입상(발행의뢰인)의 요청과 지시에 의하여 화환신용장을 발행하여 수익자 소재지의 발행은행의 본 · 지점이나 환거래은행인 통지은행 앞으로 우편, SWIFT 등의 방식으로 지체없이 송부하여 수출상에게 통지하여 주도록 요청한다. 한편 신용장발행은행은 신용장을 발행함과 동시에 결제(상환)은행으로 대금결제(상환) 수권서(reimbursement authorization, debit authorization)를 의뢰하여 매입은행의 대금청구에 대비하도록 한다.

⑥ 통지은행(advising bank)은 신용장의 진위여부를 검토한 후 신용장 상에 확인 첨가 유무를 살펴본 후에 필요시 확인(confirmation)을 첨가하여 수출상에게 신용장을 통지한다. 일반적으로 통지은행과 매입은행(negotiating bank)은 동일한 경우가 많으며, 통지은행이 확인을 첨가하여 통지하게 되면 확인은행(confirming bank)을 겸하게 된다. 수익자(beneficiary)는 신용장의 수취 후에 신용장의 내용을 상세하게 점검하여, 예컨대 선적기일이 너무 빠르면 선적기일을 연장하는 등 신용장의 조건 변경(Amendment)이 필요하다.

⑦ 화환신용장 통지를 받은 수출상은 그 신용장이 매매계약조건과 일치하는가를 반드시 확인하고, 수출상품이 수출승인에 해당하는 경우에 수출승인기관에 수출승인서(export license ; E/L) 발급 · 신청하여 교부받는다. 수출상은 약정된 수출상품을 제조 · 생산 또는 집화하여 확보절차에 착수하며, 이 때 해외 원자재 · 완제품 수입신용장을 발행하거나 국내에서 내국신용장 · 구매확인서를 개설하여 구매하는 경우 원자재 수입 및 구매금융을 제공받을 수 있는지를 검토한다.

⑧ 수출상은 매매계약서에 자신이 보험부보 의무가 있는 조건일 경우 그리고 자신의 이익을 위하여 필요할 경우에는 보험회사에 보험가입을 신청한다.

⑨ 수출상은 수출품의 확보가 완료된 후 세관에 수출신고 절차를 거쳐 선박 또는 항공회사에 선 · 기적의뢰(shipping request, S/R)를 하고 선하증권(Bill of Lading) 또는 항공화물운송장(Air Waybill) 및 신용장 등에서 요구하는 모든 조건을 일치시키는 제반서류를 준비한다. 상품의 선 · 기적은 신용장상의 최종 선적기일(latest shipping date) 이내에 이루어져야 한다.

그림 5-2 일람출급 화환신용장의 흐름도

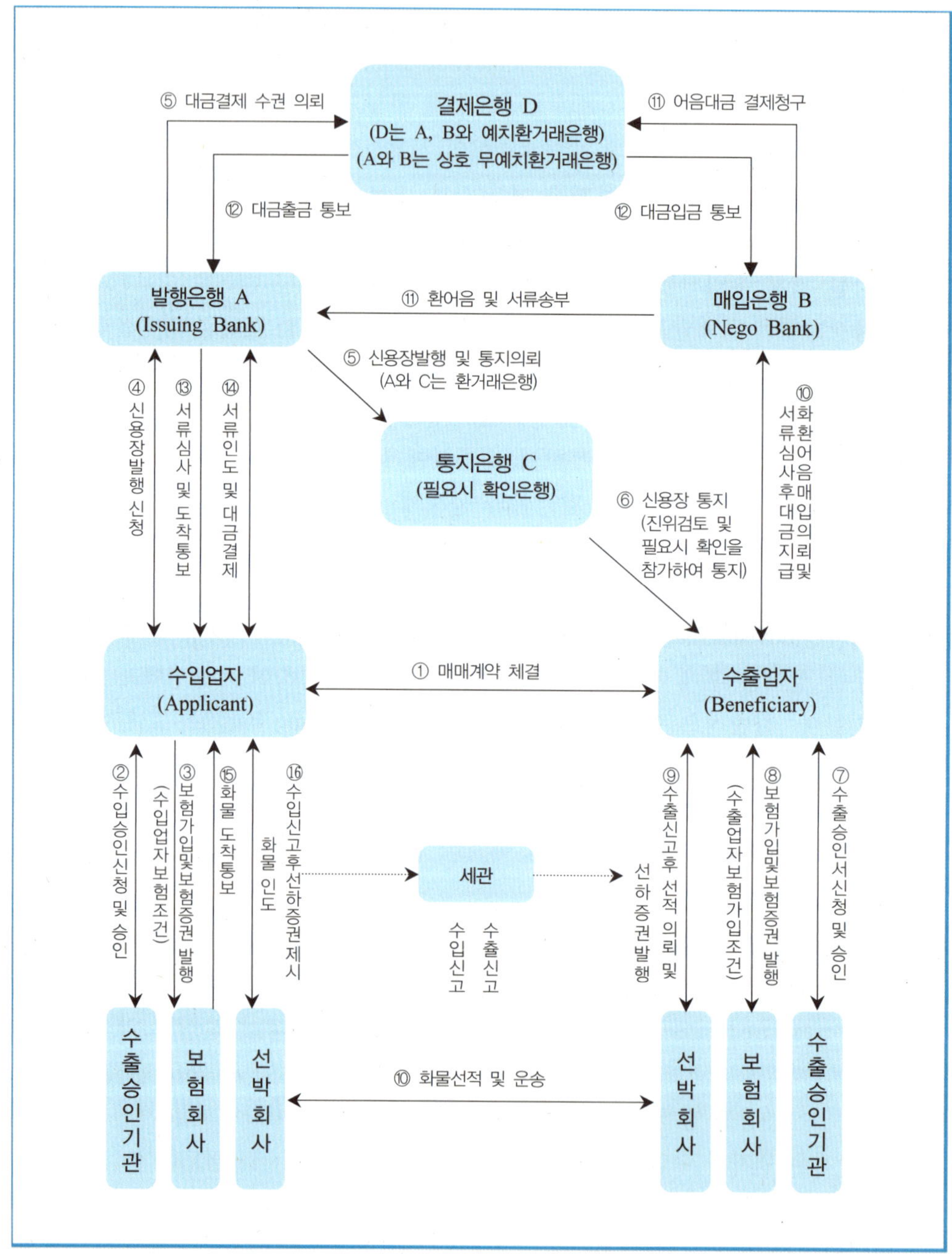

⑩ 선박·항공회사는 화물을 선·기적하고 운송한다. 수출상은 신용장상에서 요구하는 제반서류와 제조건의 일치 여부를 상당한 주의를 다하여 검토한 후 신용장에서 지정된 지급·인수 또는 매입은행 또는 개방매입신용장의 경우에는 자신에게 유리한 은행에 이를 제시하여 매입(negotiation)을 의뢰하여 수출대금을 회수하게 된다. 즉,

수출지의 매입은행(negotiating bank)은 수익자가 제시한 서류가 신용장의 제조건과 일치하면 이와 상환으로 수출상에게 환어음대금을 지급한다. 매입은행은 서류의 일치 여부를 심사한 후 환가료(exchange commission) 및 취급 수수료를 공제하고 매입은행이 자기자금으로 대금을 먼저 지급한다(추심전 매입). 수출상에게 무역금융을 제공한 경우 무역금융관련 원금과 금융이자를 공제한 대금을 수출상에게 지급한다.

⑪ 매입은행은 수출상에게 지급한 환어음대금을 결제받기 위해 신용장상의 지시에 따라 보통 신용장 발행은행 앞으로 환어음 및 운송서류를 송부하고 신용장대금의 상환을 청구한다. 이때 발행은행은 제시된 서류를 검토한 후, 제시된 서류가 신용장의 조건과 일치하는 경우에 한하여 대금을 상환하게 된다. 매입은행은 환어음대금을 발행은행에 상환청구하여 수출대금을 상환 받지만, 상환은행이 별도로 있을 경우에는 상환은행 앞으로 어음 상환청구를 하고, 선적서류는 발행 은행 앞으로 송부하여 수출대금을 상환받는다. 발행은행 A와 매입은행 B는 상호 무예치환거래은행의 관계이므로, 따라서 이 두 은행이 예치환거래은행 관계라면 결제은행 D의 존재 및 역할은 필요하지 않으며, 흐름도에서 '⑪ 환어음 및 서류 송부' 절차에 이어서 발행은행 A의 서류심사 후 대금결제가 이루어진다.

⑫ 발행은행은 서류의 조건일치 여부를 심사한 후 하자가 없을 경우에 발행은행의 자기자금으로 먼저 매입은행에게 대금을 결제한다. 발행은행의 대금결제수권을 받은 상환(결제)은행(reimbursing bank, settling bank)은 발행은행의 구좌에서 출금(debit)하여 매입은행의 구좌로 대금을 입금(credit)하고 각각 출금통보(debit advice)와 입금통보(credit advice)를 동시에 한다. 발행은행으로부터 대금을 받지 못할 경우 매입은행은 수익자에게 이미 지급했던 대금의 반환요청을 이행할 수 있으나, 발행은행과 확인은행의 경우에는 소구권이 존재하지 않는다.

⑬ 발행은행은 매입은행으로부터 송부된 운송서류와 환어음을 심사하여 신용장의 조건일치 여부를 확인한 후 수입업자에게 운송서류의 도착(arrival notice of documents)을 통지한다. 서류의 일치 여부에 따른 지급 또는 부도권한은 서류접수 익일부터 5은행영업일 내에 발행은행이 결정할 수 있으며, 부도통보시에는 하자 내용의 전부를 한꺼번에 통보하여야 한다.

⑭ 발행은행은 수입상으로부터 결제 또는 인수한 후 운송서류를 수입상에게 인도하며, 이때 발행의뢰인이 대금지급을 하지 아니할 경우 서류를 인도하지 않는다. 발행은행은 매입은행에 대금결제를 직접 하거나, 상환은행에 수권하였을 경우에는 상환청구에 응하여 상환은행이 대금결제를 하며, 이 경우 발행은행은 상환에 따른 상환대금을 결제하게 된다. 상기 흐름도는 환어음의 결제조건인 'At Sight'인 경우이며, 만약 'Usance' 조건이라면 수입업자의 대금결제는 일정기간 후인 환어음의 만기일(maturity date)에 이루어진다.

⑮~⑯ 화물도착 통보를 받은 수입업자는 수입신고와 수입통관절차를 마친 후 선하증권을 선박회사에 제시하여 해상운임(ocean freight)을 정산하고 화물인도지시서(delivery order : D/O)를 발급받아 수입화물을 인수한다.

한편 수입화물은 도착하였으나 우편 및 매입지연 등의 사유로 운송서류의 원본(B/L)이나 항공운송장(AWB)이 도착하지 않아 화물의 인수가 불가능한 경우에는 발행은행에서 수입화물선취보증서(L/G : Letter of Guarantee, SSB : Shipside Bond, Shipping L/G)나 항공화물운송장에 의한 수입화물인도승낙서를 발급받아 이를 선박회사나 항공사에 제출하고 수입화물을 미리 인수할 수 있으나, 나중에 도착하는 선적서류에 하자가 있더라도 발행은행은 지급거절을 할 수 없음을 유의하여야 한다. 또한 수입상이 수입화물은 도착하였지만 결제자금이 없는 경우에는 발행은행이 수입화물에 대한 담보권과 소유권을 유지하면서 수입상이 수입대금을 결제하기 전에 수입화물을 인도하여 줌으로써 수입상으로 하여금 적절한 시기에 처분하여 약정기일에 수입대금을 결제할 수 있는 편리한 제도로서 발행은행의 수입담보화물 보관증의 성격을 가지고 있는 대도증서(trust receipt ; T/R)를 제공하고 서류를 대도(貸渡)받아 운송화물을 인수할 수 있다.

수입화물대도(Trust Receipt : T/R) 또는 운송서류대도란 발행은행이 수입화물에 대한 담보권과 소유권을 유지하면서 수입상이 수입대금을 결제하기 전에 수입화물을 처분할 수 있도록 하는 제도다. 즉 수입상이 수입대금결제를 하지 않은 상태에서 발행은행이 수입화물을 인도하여 줌으로써 수입상이 적기에 화물을 처분하여 약정기일에 수입대금을 결제할 수 있도록 편의를 제공하는 것으로서 이러한 대도행위가 이루어지려면 위탁자인 은행은 수탁자인 수입상을 전적으로 신뢰하는 경우라야 가능하게 하다. 화물을 인수받은 수입상은 그 화물을 신속하게 처분하여 대금을 은행에 변제해야 하므로 타인에게 담보로 제공해서는 안 된다.

한편, 선박 또는 항공운송사는 화물이 도착하면 수입상에게 화물이 도착한 사실을 통지하여 수입화물을 인수준비 하도록 통지한다. 화물 도착통지를 받고 선적서류를 인수한 수입상은 선박 또는 항공회사에 선하증권(B/L) 또는 항공운송장(AWB)을 제시하고 해당되는 경우 해상·항공운송료를 정산하고 화물인도 지시서(D/O : Delivery Order)를 수취한 후 수입물품을 세관에 수입신고(import declaration) 후(EDI 신고) 수입신고서 심사 및 검사가 끝나면 지정은행에 관세 등을 납부하고 세관에서 소정의 수입통관절차(import customs clearance procedures)를 거쳐 수입신고수리필증(import declaration certificate)을 교부받고 선박회사 또는 항공사의 CY나 CFS에서 수입화물을 수령한다. 이때 수입상은 물품이 계약과 일치하는 지의 여부를 검사하여야 하며 만약 물품이 계약에 부적합할 때에는 계약서에서 약정한 기일 내에 클레임을 제기한다.

제 2 절 신용장의 구성과 기재내용 해설

신용장의 수익자는 그 신용장에 의한 지급이 어떠한 방법으로 이루어지고 그 신용장을 어느 은행에서 사용할 수 있으며 발행은행은 어떠한 책임을 부담하는가를 명확하게 하는 것이 중요하다. 신용장의 형식은 SWIFT "MT 700" 형식이 발행되어 사용되고 있으므로 이 형식에 따른 신용장의 내용구성과 기재내용을 검토할 필요가 있다.

신용장거래 당사자 사이의 법률관계를 가장 우선적으로 결정하는 근거는 신용장에 기재된 조건(terms and condition)이다. 따라서 신용장상의 문언의 해석이 정당하여야 하며 어느 일방에게 치우치는 해석을 하여서는 안 된다. 신용장의 문언을 해석하는 일반적 기준을 정리하면 다음과 같다.

첫째, 신용장은 그 기재된 문언대로만 해석하고 실행되어야 한다. 만약에 여러 가지로 달리 해석될 수 있다든지 그 문언대로 해석하면 실행할 수 없는 문언이 있다면, 사전에 그 조건이 의미하는 바를 명시하거나 명확한 문언으로 조건을 변경하여야 한다.

둘째, 신용장조건의 해석은 정당성, 객관성, 보편성을 원칙으로 하여야 한다. 이러려면 신용장 조건 자체가 완전하고 명확해야 하는데, 신용장은 매매계약을 근거로 하고 있으므로 결국 매매계약의 조건이 완전하고 명확해야 한다. 그러나 그렇다고 하여 신용장조건을 너무 세밀하게 규정한다면 오히려 혼란과 오해를 초래할 수 있다. UCP 600 제4조는 매매계약의 내용을 참조하도록 하는 조항이 신용장에 삽입되어 있더라도 은행은 이에 구속되지 않는다고 규정함으로써 발행의뢰인이 과도한 명세를 신용장에 삽입하려는 시도를 예방하고 있다.

무역거래에서 대금결제 수단으로 일반적으로 많이 사용되고 있는 취소불능화환신용장(irrevocable documentary credits)을 중심으로 그 구성 내용과 기재사항은 ① 신용장 자체에 관한 사항, ② 환어음에 관한 사항, ③ 물품명세에 관한 사항, ④ 요구서류에 관한 사항, ⑤ 운송에 관한 사항, ⑥ 특별지시에 관한 사항, ⑦ 기타의 기재사항 등으로 구분하여 구성되어 있나.

서류상의 분쟁이 발생하는 경우 우선순위 적용기준은 각 국가의 법률 → 신용장자체의 조건 → UCP → ISBP → ICC Position Papers → ICC Policy Statements → ICC Opinions → DOCDEX(ICC가 신용장 분쟁을 해결하기 위하여 신용장거래에서 DOCDEX라고 불려지는 「ICC 신용장분쟁 해결규칙(Rules for Documentary Credit Dispute Resolution Expertise)」을 ICC 은행기술 및 실무위원회(ICC Commission on Banking Technique and Practice)에서 개발·제안하여 DOCDEX 분쟁해결시스템을 제정) Decisions 등의 순서로 판단의 근거를 찾아내어 적용한다.

다음은 <서식 5-1> · <서식 5-2>에 예시된 스위프트 메시지에 의한 "SWIFT 수출신용장의 신용장 항목별 설명"에 의거하여 번호 순으로 내용을 설명하기로 한다.

서식 5-1 SWIFT 수출신용장 신용장 항목별 설명

MT 700 ISSUE OF A DOCUMENTARY CREDIT (메시지 형식 700 화환신용장발행)
Advice Number : A-0604-006-00123 (신용장 통지번호)
From: BANK OF AMERICA, NEW YORK ① (송신자, 즉 발행은행)
To: KOREA EXCHANGE BANK SEOUL, KOREA ⑧ (수신자, 즉 통지은행)
:27 sequence of total : 1/1 (일련의 총 메시지 중 본 메시지 수)
:40A form of documentary credit : IRREVOCABLE ③ (화환신용장 형식)
:20 documentary credit number : 78910 ④ (화환신용장 번호)
:31C date of issue : 15 JUNE 2020 ② (신용장 발행일자)
:31D date and place of expiry : 10 SEPTEMBER 2020 KOREA ⑤ (유효기일 및 유효장소)
:50 applicant : AMERICA INTERNATIONAL INC. ⑥ (신용장발행의뢰인)
310 FIFTH AVE, NEW YORK, N.Y.10118, U.S.A.
:59 beneficiary : KANGNAM TRADING CO., LTD. ⑦ (수익자)
275, YANGJAE-DONG, SEOCHO-GU, SEOUL 137-130, KOREA
:32B currency code amount : USD100,000 ⑨ (통화코드 및 금액)
:39A pct credit amount tolerance : 0/0 ⑬ (신용장금액의 과부족허용 비율)
:41D available with by name, address : ANY BANK ⑩ (신용장 가용가능 은행)
BY NEGOTIATION ⑪ (확약방식)
:42C drafts at : SIGHT ⑫ (환어음의 지급기일)
:42A drawee : BANK OF AMERICA, NEW YORK, NY10015, U.S.A. ⑭ (환어음 지급인)
:43P partial shipment : ALLOWED ㉓ (분할선적)
:43T transshipment : NOT ALLOWED ㉔ (환적)
:44A loading on board/dispatch/taking in charge : BUSAN, KOREA ㉕ (본선적재/발송/수탁장소)
:44B for transportation to : NEW YORK, U.S.A. ㉗ (운송 목적지)
:44C latest date of shipment : 31 AUGUST 2020 ㉖ (최종 선적기일)
:45A description of goods and/or services and/or performance ⑮ (물품 및/또는 서비스 및/또는 이행의 명세)
4000 PCS OF MEN'S SPLIT LEATHER JACKETS OTHER DETAILS AS PER SALES NOTE NO. 16018 DATED JUNE 5, 2020 CIF NEW YORK Incoterms® 2020
:46A documents required (요구 서류)
+SIGNED COMMERCIAL INVOICE IN TRIPLICATE ⑯ (상업송장)
+PACKING LIST IN TRIPLICATE ⑲ (포장명세서)
+FULL SET OF CLEAN ON BOARD OCEAN BILL OF LANDING MADE OUT TO THE ORDER OF BANK OF AMERICA MARKED FREIGHT PREPAID AND NOTIFY ACCOUNTEE ⑰ (선하증권)
+MARINE INSURANCE POLICIES AND CERTIFICATES IN DUPLICATE ENDORSED IN BLANK FOR 110PCT OF INVOICE VALUE. INSURANCE POLICES OR CERTIFICATES MUST EXPRESSLY STIPULATE THAT CLAIMS ARE PAYABLE IN THE CURRENCY OF THE DRAFTS AND MUST ALSO INDICATE A CLAIM SETTLING AGENT IN NEW YORK. INSURANCE MUST INCLUDE INSTITUTE CARGO CLAUSES(B) ⑱ (보험조건)
+CERTIFICATE OF ORIGIN IN DUPLICATE ⑳ (원산지증명서)
+INSPECTION CERTIFICATE IN DUPLICATE ㉑ (검사증명서)
+CERTIFICATE OF WEIGHT AND MEASUREMENT IN DUPLICATE ㉒ (용적·중량증명서)
:47A additional conditions (부가조건)
SHIPMENT MUST BE EFFECTED BY STAR LINE ONLY ㉘ (운송기관 지정조항)
THIS CREDIT IS TRANSFERABLE ㉙ (양도가능신용장 표시문언)
ALL DOCUMENTS MUST BEAR OUR CREDIT NUMBER ㉚ (모든 서류에 신용장번호 기재문언)
T/T REIMBURSEMENT NOT ALLOWED ㉛ (전신환 상환 금지문언)
:48 period for presentation : DOCUMENTS MUST BE PRESENTED WITHIN 3 DAYS AFTER THE DATE OF BILL OF LADING BUT WITHIN THE CREDIT VALIDITY ㉜ (서류제시기간)
:71B charges : ALL BANKING COMMISSIONS AND CHARGES INCLUDING REIMBURSEMENT CHARGES OUTSIDE U.S.A. ARE FOR ACCOUNT OF BENEFICIARY ㉝ (모든 은행비용 부담자 문언)
:49 confirmation instructions : WITHOUT ㉞ (확인 여부 문언)
:53A reimbursement bank : BANK OF AMERICA, NEW YORK, NY10015, U.S.A. ㉟ (상환은행명)
:78 instructions to the paying/accepting/negotiating bank ㊱ (지급/인수/매입은행에 대한 지시사항)
DRAFTS MUST BE SENT TO DRAWEE BANK FOR YOUR REIMBURSEMENT AND ALL DOCUMENTS TO US BY COURIER SERVICE IN ONE LOT (서류 송부처 명시문언)
:72 sender to receiver information : THIS CREDIT IS SUBJECT TO UCP(2007 REVISION) ICC PUBLICATION NO. 600 ㊲ (신용장통일규칙 준거문언)

서식 5-2 SWIFT 수출신용장 신용장 항목별 설명

CITIZENS WEALTH BANK
Seoul Branch

Telephone	: 3909-6789
Fax	: 3909-6790
Telex	: 23456CLWT
SWIFT	: CLWTSEKER
Address	: KPO Box 888 Seoul, Korea

09 OCT 2018

Credit Number (신용장번호) : EL33445566

Advising Number (통지번호) : A-7701-009-02345

Established By (발행은행) : Citizen Wealth Bank Ltd., Sydney

In Favour of (수익자) : GLOBAL LTD

On Account of (발행의뢰인) : SILKROAD LTD

Amount (금액) : USD56,500.00

We have pleasure in attaching(당행은 첨부와 같이 신용장을 통지합니다).

[*] Letter of credit in your favour(귀하를 수익자로 하는 신용장).

[ ] Letter of credit in confirmation of previously advised telex details
(이미 통지한 약식전보에 대한 확정된 내용의 신용장).

[} Amendment to letter of credit previously forwarded to you
(이미 통지한 신용장의 조건변경).

Please examine the attached advise immediately and ensure that it is in accordance with your arrangement with buyer and that you are able to comply with all terms and conditions therein. If not, advise us promptly to enable amendments to arranged before negotiation.
(첨부된 통지내용을 즉시 면밀하게 검토한 후에, 신용장의 조건이 매수인과 귀사와의 계약내용과 일치하거나, 귀사가 신용장의 제조건에 동의 혹은 준수할 수 없는 경우에는 신용장의 발행의뢰인 또는 당행에 신용장의 매입이전에 내용을 빨리 변경하시기 바랍니다).

[*] Negotiation under this credit are restricted to this bank.
(첨부된 신용장은 당행을 매입은행으로 제한하고 있습니다).

[*] This credit is advised without any engagement on our part.
(당행은 첨부된 신용장에 대하여 당행의 책임부담 없이 귀사에 통지합니다).

[ ] We are releasing the restriction clause concerning the under the above credit.
(당행은 첨부된 신용장의 매입은행에 관한 제한을 해제합니다).

[ ] As requested by our correspondent, we hereby confirm the above mentioned credit.
(상기 발행은행의 요청에 따라, 당행은 위 신용장을 확인합니다).

This Credit subject to the Uniform customs and Practice for Documentary Credit (2007 Revision), ICC Publication No.600.(첨부한 신용장은 국제상업회의소에 의하여 제정·공포된 '화환신용장에 관한 통일규칙 및 관행(2007 개정판)을 준수합니다.

Should you require any assistance in regard this credit, please do not hesitate to contact us.

(첨부된 신용장에 관하여 의문이 있을 경우에는, 즉시 당행으로 연락하십시오).

Your faithfully,

MAJHILDA, LEE
Authorized Signatures

→ 여기까지 내용은 통지은행의 통지안내서이며 이하부터 신용장의 본문임

10/09/20-16:38:57 Incom Printer-3210-000001

Message Header	
Swift Output	: FIN 700 Issue of a Documentary Credit → 화환신용장의 발행
Sender	: CLWTAUS0333
	: CITIZENS WEALTH BANK LIMITED → (1) 신용장 발행은행
	(INTERNATIONAL SERVICE CENTER-NEW SOUTH WALES
	SIDNEY AU) → (2) 신용장의 발행지역
Receiver	: CLWTSERKR
	CITIZENS WEALTH BANK LIMITED → (8) 신용장 통지은행
	SEOUL KR
Message Text	

27 : Sequence of Total : 1/1 → 본 신용장의 총 페이지 수(1 페이지 중 1페이지)

40A : Form of Documentary Credit : IRREVOCABLE → (3) 신용장의 종류

20 : Documentary Credit Number : EL33445566 → (4) 신용장의 번호

31C : Date of Issue : 201009 → (2) 신용장의 발행일자

31D : Date and Place of Expiry : 201031 IN COUNTRY BENEFICIARY → (5) 신용장의 유효기일 및 장소

50 : Applicant → (6) 신용장 발행의뢰인(수입업자)
SILKROAD LTD.
P.O.BOX 777, STRAWBERRY HILLS NEW SOUTH WALES 3333

59 : Beneficiary → (7) 수익자(수출업자), (11) 환어음의 발행인
GLOBAL 1002 KOOKJE BUILDING
34-5 5GA CHUNGMU-RO CHUNG-KU
SEOUL KOREA

32B : Currency Code and Amount → (8) 신용장 통화코드 및 금액
CURRENCY : USD(US DOLLAR) AMOUNT : $ 56,550.00

39A : Percentage Credit Amount Tolerance : 5/5 → (9) 신용장의 금액(상하 편차 허용조건)

41A : Available with/by-SWIFT Address → (10) 신용장의 사용방법(방법 · 제한조건)
CIWTSEKR
CITIZEN WEALTH BANK LIMITED
SEOUL KR
BY NEGOTIATION

42C : Draft at .... SIGHT → (12) 환어음의 지급방식

42A : Drawee → (13) 환어음의 지급인
CIWTAU 765S
CITIZENs WEALTH BANK LIMITED
(INTERNATIONAL SERVICE CENTER-NEW SOUTH WALES AND A.C.T.)
SYDENCY AUSTRALIA

43P : Partial Shipments : NOT PERMITTED → (18) 분할선적

43T : Transhipment : NOT PERMITTED → (19) 환적

44A : On Board/Disp/Taking Charge : ANY KOREAN PORT → (20) 선적지

44B : For Transportation to : SYDENCY AUSTRALIA → (22) 도착지

44C : Latest Date of Ship : 201020 → (21) 선적기일

45A : Description of Goods and/or Service → (15) 물품의 명세

100 PERCENT POLY SUPER CREPON QUAL OP-2233

COLORS :	GRAY	1,000M	DOVE	1,500M
	NAVY	2,000M	COBALT	3,000M
	WHITE	1,500M	BLACK	2,000M
	BLUE	2,000M	CREAM	3,000M
	TOTAL		16,000M	

PLUS OR MINUS 5 PERCENT IN ACCEPTABLE → 5%의 과부족수량조건

CIF SYDENCY AUSTRALIA → 가격조건

46B : Documents Required → (16) 요구서류에 관한 사항(서류의 종류 · 부수)

- FULL SET OF CLEAN ON BOARD MARINE BILL OF LOADING MADE OUT TO THE ORDER OF SHIPPER BLANK ENDORSED AND MARKED FREIGHT PREPAID AND MARKED NOTIFY SILKROAD LTD.→ 선하증권 사항
- INSURANCE POLICY OR CERTIFICATE BLANK ENDORSED BY THE ASSURED FOR 110 PERCENT OF THE CIF INVOICE VALUE COVERING INSTITUTE CARGO CLAUSES A, INSTITUTE STRIKE CLAUSES AND INSTITUTE WAR CLAUSES WITH CLAIMS PAYABLE IN AUSTRALIA.→ 보험증권 또는 보험증명서 상세사항
- COMMERCIAL INVOICE → 상업송장 사항
- PACKING LIST → 포장명세서 사항
- DETAILED PACKING LIST INDICATING FULL WIDTH OF FABRIC. → 포장 명세서 상세내용

47B : Additional Conditions → (23) 특수조건 및 부가조건

- ALL DOCUMENTS IN DUPLICATION UNLESS OTHERWISE STIPULATED. → (16) 서류의 요구 부수
- DOCUMENTS NEGOTIATED WITH OR SUBJECT TO ACCEPTANCE OF ANY DISCREPANCY WILL ATTRACT A HANDLING FEE OF USD 40. THIS FEE WILL BE DEDUCTED FROM PROCEEDS REMITTED BY OURSELVES → 신용장의 제 조건과 불일치하는 하자에 대한 수수료를 공제하겠다는 조건
- IT IS A CONDITION OF THIS CREDIT THAT ANY NEGOTIATION IS RESTRICTED TO THE ADVISING BANK. FAILURE TO COMPLY WILL BE REGARDED AS A DISCREPANCY IN CREDIT TERMS.→ 매입은행 제한조건
- ALL DOCUMENTS MUST BE IN THE OF SILKROAD LTD.
- INSTRUCTIONS FOR NEGOTIATION BANK : ON PRESENTATION OF DOCUMENTS UNDER THIS L/C, THE NEGOTIATION BANK'S PRESENTATION SCHEDULE MUST INDICATE THE NUMBER AND DATE OF ANY AMENDMENTS THAT HAVE BEEN AVAILED/REJECTED UNDER THEIR NEGOTIATION. → 매입은행에 대한 지시사항

48 : Period for Presentation → (17) 서류의 제시일자

DOCUMENTS TO BE PRESENTED WITHIN 10 DAYS AFTER DATE OF SHIPMENT INDICATE ON TRANSPORT DOCUMENT BUT WITHIN THE CREDIT VALIDITY.

49 : Confirmation Instructions : WITHOUT → 신용장의 확인(제3의 은행 추가 지급확약) : 무확인

53A : Reimbursing Bank → 대금결제은행(Settling Bank)

CIWTAU 765S

CITIZEN WEALTH BANK LIMITED

(INTERNATIONAL SERVICE CENTER-NEW SOUTH WALES AND A.C.T.) SIDNEY AU

71B : Charges → 신용장 취급 수수료 부담조건

ALL BANKING COMMISSIONS AND CHARGES OUTSIDE AUSTRALIA, PLUS ADVISING AND REIMBURSING COMMISSIONS ARE FOR ACCOUNT OF BENEFICIARY.

78 : Instruction to Pay/Accept/Nego Bank → 지급 · 인수 · 매입은행 앞 지시사항
DOCUMENTS ARE TO BE FORWARDER TO CITIZENS WEALTH BANK INTERNATIONAL SERVICE CENTER-N.S.W. P.O.BOX 8888, 9/200 ELIZABETH ST., SYDNEY, NEW SOUTH WALES 5566. ORIGINALS BY AIR COURIER OR REGISTERED AIRMAIL. DUPLICATES BY AIRMAIL → 서류를 송부할 은행
ON RECEIPT OF DRAFT AND DOCUMENTS OF NEGOTIATION, WE WILL REIMBURSE NEGOTIATION BANK BY TELEGRAPHICALLY REMITTING FUNDS AS INSTRUCTED). REIMBURSEMENT INSTRUCTIONS ARE TO INDICATE NAME OF CORRESPONDENT BANK AND NAME NUMBER OF ACCOUNT TO BE CREDITED → 신용장 조건에 일치하는 서류를 수취한 후 매입은행이 지시한 환거래은행의 예금계좌로 발행은행이 전신으로 대금을 송금

--Message Trailer--

(MAC : 1357924680)
(CHK : BE9ED876F21C)

1. 신용장 자체에 관한 사항

1 신용장 발행은행(issuing bank) : From xxx Bank

신용장상 발행은행은 양식에서 보는 바와 같이 신용장의 상단에 발행은행의 은행명과 주소, 전화번호, 텔렉스번호, 전신약호, Fax. No. 등이 인쇄되어 있는 경우가 통상적이다. SWIFT MT 700에 의하여 발행 및 통지되는 신용장은 국제적으로 그 형식이 통일되어 있어, 일반적으로 메시지 형식 발신자는 발행은행이 되고 수신자는 통지은행이 된다.

즉 전신신용장의 경우에는 SWIFT Format의 소정양식을 사용하기 때문에 서두상에 'Sender'는 발행은행(issuing bank)이 되고 'Receiver'는 통지은행(advising bank)이 된다.

2 신용장의 발행지 및 발행일자(place and data of issue) : 31C

발행지는 발행은행의 소재지를 의미하며 발행은행 다음에 기재되는 주소가 신용장 발행지가 되며 주소는 도시명, 국가명을 기재한다. 발행일자는 신용장의 지급확약 개시일이 되며 신용장 본문 상단에 표시되며 통지은행이 전송으로 수신된 메시지를 인용하여 통지하는 경우 신용장 본문의 발행일자 이외의 통지은행에서 기재한 일자는 통지일자가 된다.

3 신용장 종류의 표시(form of documentary credit) : 40A

취소불능화환신용장(irrevocable documentary credit)과 같이 신용장 종류를 표시하는 란으로 대부분의 신용장은 "irrevocable"이란 문언이 기재되어 있으나 이러한 명시가 없어도 취소불능신용장으로 간주되며, 취소불능신용장은 신용장의 관계당사자 전원(수익자, 발행은행, 확인은행이 있는 경우는 확인은행)의 합의가 있어야만 신용장의 취소나 조건변경을 할 수 있다. 신용장이란 그 명칭이나 기술에 관계없이 발행은행이 일치하는 제시에 대하여 결제(일람 후 지급 · 인수 지급 · 연지급 확약)하겠다는 확약으로 취소불가능한 모든 약정을 의미한다.

4 신용장의 번호(credit number) : 20

발행은행이 기준에 따라 부여한 번호로서, 신용장거래에서는 신용장의 번호를 관련 서류상에 기재할 것을 요구하는 경우가 많다. 우리나라의 경우 신용장을 발행할 경우에 즉, 수입시에 신용장 번호는 한국은행이 정한 "수출입허가(승인)서 및 신용장 등의 번호 기재 요강"에 따라서 신용장의 번호를 체계적으로 부여하고 있으며 각 외국환은행이 공통으로 사용하고 있다(p.161~162 참조).

5 신용장 유효기일 및 장소(expiry date and place of credit expiry) : 31D

모든 신용장은 지급(payment), 인수(acceptance) 또는 매입(negotiation)을 위한 서류 제시의 유효기일 및 제시장소인 은행을 명시해야 하며 모든 신용장에는 선적을 위한 최종기일이 명시되어 있을지라도 지급 · 인수 · 매입을 위하여 서류를 제시하여야 할 최종기일이 명시되어야 한다. 신용장유효기일의 의미는 당해 기간 이내에서 지급확약의 효력이 있으며 제시되는 유효장소의 표시는 신용장의 지급확약방식, 즉 일람지급(sight payment), 연지급(deferred payment), 인수(acceptance) 및 매입(negotiation)이 이루어지는 소재지를 기재하는 곳으로 제시장소가 특기되었을 경우에는 지정된 지명에서 유효기일이 종료하기 때문에 유의하여야 한다.

유효기한을 표시하는 문언에는 ㉮ 200630 IN THE BENEFICIARY'S COUNTRY. ㉯ 200725 AT NEGOTIATING BANK. 등과 같은 각 예에서 표시된 일자는 어음 매입이나 지급을 위하여 서류를 은행에 제시할 수 있는 최종기일을 뜻하는 것이지 은행에서 어음 매입이나 지급을 완료하여야 하는 최종일자를 뜻하는 것은 아니다. 그러므로 종료되는 날 은행 마감시간 전에만 어음과 제 선적서류를 제시하면 되고, 제시를 받은 은행은 상당한 주의를 갖고 서류를 검토한 후 그 다음날 은행 영업시간에 지급할 수 있는 것이다.

만일 신용장의 유효기일이 공휴일에 종료되는 경우에는 그 다음 최초 영업일까지 자동적으로 연장된다. 그러나 이런 사유로 연장된 날에 지급된 어음이나 서류에는 "통일규칙 제29조 a항 규정에 의하여 연장된 기한 내에 제시되었음(Presented within the time limits extended in accordance with sub-Article 29 (a) of the UCP, 2007 Revision, ICC Publication No. 600)" 등과 같은 조항을 신용장에 삽입하여 발행하고 매입서류에는 동 문언의 은행증명을 부기하여야 한다. 그러나 불가항력의 사유로 휴업을 한 경우, 즉 동맹파업(strikes)·직장폐쇄(lockouts)·반란(rebellion)·소요(disturbance)·내란(intestine war)·전쟁(war)·천재(acts of providence) 기타 불가항력으로 인한 업무중단 중에 유효기간이 경과한 신용장에 대하여는 그 기간 경과 후에는 지급 · 인수 또는 매입을 하지 아니한다.

신용장의 유효기일은 수출지에서 종료하는 경우가 대부분이지만 신용장상 31D에 "200520 at the counters of ourselves"라고 기재되어 있을 때에는 유효기일이 종료하는 장소는 "Ourselves" 즉, 발행은행이 되므로 수출지의 매입은행은 선적서류가 5월 20일까지 수입지의 발행은행에 도착되도록 소요 우편일수 등을 감안하여 그 이전에 처리하여야 한다.

UCP 600 제6조 a항에는 '모든 신용장은 지급, 인수 또는 매입을 위하여 서류를 제시할 수 있는 유효기일과 장소를 명시하여야 한다.'라고 규정하고 있으며 동 조 c항에는 '신용장을 발행할 때 유효기일을 for one month 등으로만 정하고 그 기산일을 명시하지 않은 경우에는 그 유효기일은 신용장의 발행일로부터 기산하는 것으로 본다'라고 규정하고 있다. 즉 신용장 발행일자를 기산일로 하여 그날부터 계산하여 말일 하루 전까지를 유효기간 만료일로 해석한다. 예를 들어, 신용장발행일이 7월 6일이고 유효기일 난에 "for one month"라고 기재되어 있다면 마감일은 8월 5일이 된다.

우편신용장상 유효기일을 정할 때 to, until, till 이라는 용어가 사용되는 경우, 즉 예를 들면 ㉮ This credit is valid until(or till) May 20, 2020. ㉯ The expiry date is extended to May 20, 2020. 등과 같은 경우 UCP 600에서 "신용장에 모든 기일이나 기간을 규정할 때 "to, until, till 또는 from"을 사용한 경우에는 언급된 당해일을 포함하고 "before와 after"의 표현을 사용한 경우에는 언급된 당해일을 제외한다"라고 규정되어 있다.

6 신용장발행의뢰인(applicant) : 50

우편신용장상에 표시된 수입상(account)을 의미하며 SWIFT신용장상에는 : "50" 란에 기재된 자를 말한다. 신용장 발행의뢰인의 명칭 및 주소가 기재되며, 우편 신용장상 발행의뢰인의 표시는 "in your favor for account of xxx Inc" "by order of xxx Co." "We hereby authorize you to value on ~ bank for account of ~ Co." 등으로도 표시한다.

7 수익자(beneficiary) : 59

수익자란 수출을 이행하고 수출대금을 받기 위하여 환어음을 발행하는 환어음 발행자(drawer)를 의미하며, 우편신용장에서는 'in favor of …' 또는 'F/O …'라고 표시하기도 한다. 신용장을 수취하게 되는 수신인으로 수익자의 상호・주소・전화번호를 명확하게 기재해야 발행은행에서 통지은행을 통하여 수익자에게 신용장 송달이 신속・정확하게 전달된다.

8 통지은행(advising bank) : To xxx Bank

통지은행은 발행은행에서 송부되어진 신용장을 수익자에게 통지하여 주는 중간은행으로 수익자의 소재지에 있는 발행은행의 본・지점이나 해외예치환거래은행이 통지은행의 역할을 담당하고 있다. 대개의 신용장에는 통지은행의 난이 지정되어 그 난에 통지은행의 명칭, 소재지를 기입한다. 통지은행이 UCP 600 제6조 a항에 규정된 지정은행이 되는 경우에는 은행 및 장소가 "credit available with" 밑에 기재되어야 한다. 그리고 전신으로 발행된 신용장의 원본은 "This is the confirmation of our credit opened by cable under today's date through xxx"의 형식을 취하여 우편신용장을 전달하고 있다.

9 신용장 통화코드 및 금액(currency code and credit amount) : 32B

신용장을 사용할 수 있는 한도금액으로 동 금액 이내에서 수익자가 환어음을 발행할 수 있으며, 신용장 통화코드 및 금액은 USD$100,000와 같이 ISO가 정한 통화코드에 금액을 문자(文字)와 숫자(數字)를 병기하는 것이 일반적인데 최근에는 거의 숫자로만 금액을 표시하고 있다. 때로는 금액 앞에 "About, Circa, Approximately" 등의 용어가 기재되는 경우 신용장금액의 상하 10%의 편차가 허용되는 것으로 해석한다.

SWIFT방식에 의한 신용장에서 M/T 39a : Percentage credit amount tolerance에 나타낸 표현이 바로 이러한 경우를 기재하는 곳으로 "More or Less" 조항이라고도 불리우고 있다. 이러한 편차허용은 신용장의 금액, 수량, 단가 앞에 위와 같은 용어들이 사용된 경우에 이에 해당하는 항목의 10%의 과부족을 허용한 것으로 간주한다.

또한 곡물이나 광산물, 액화물, 기화물과 같은 살적화물(bulk cargo)을 선적할 때에는 수량의 과부족이 필연적으로 발생하는 경우가 많으므로 신용장이 수량의 과부족을 특별히 금지하고 있지 않는 한, 기본적으로 물품의 수량은 5%의 과부족이 허용된다. 다만 환어음 금액은 신용장의 금액을 초과하여 발행할 수 없으며 이와 같은 과부족의 원칙은 수량이 일정한 개수의 포장단위(packing units)나 개체품목(individual items)의 숫자 단위로 규정된 경우에는 적용되지 아니한다.

2. 환어음에 관한 사항

10 신용장 사용은행과 사용방법(credit available with ... by...) : 41D

신용장에 의한 지급은 신용장상에 약정되어 있는 일람지급(sight payment)·연지급(deferred payment)·인수(acceptance) 또는 매입(negotiation) 중 어느 방식으로 사용이 가능하도록 되어 있는지에 대하여 명확하게 표시되어야 한다.

[신용장 사용방법 기재예시]

- 매입신용장(신용장과 일치하는 화환어음을 매입은행에 제시하면 매입은행은 화환어음을 매입하고 발행은행은 매입은행에 대전을 지급한다)
  "41D : Available with … by … : ABC Bank, New York by Negotiation"
  "41C : draft at … …Sight"
- 지급신용장(신용장과 일치하는 선적서류를 발행은행 또는 발행은행이 권한을 주고 있는 은행에게 제시하면 지급한다)
  "41A : Available with … by … : ABC Bank, New York by Payment"
  "41A : Available with … by … : Issuing Bank by Sight Payment"
- 연지급신용장(신용장과 일치하는 선적서류를 발행은행 또는 발행은행이 권한을 주고 있는 은행에 제시하면 만기일에 지급한다)
  "41D : Available with … by … : Issuing Bank by Deferred Payment at 90 days after B/L date"
- 인수신용장(신용장과 일치하는 화환어음을 발행은행이 지시한 인수은행이나 또는 발행은행에 제시하면 만기일에 지급한다)
  "41D : Available with … by … : ABC Bank, New York by Acceptance"
  "41C : draft at 90 days after Sight"

신용장의 사용가능은행을 표시하는 난으로 지급, 인수 또는 매입의 권한이 부여된 은행, 즉 신용장을 사용할 수 있는 은행(지정은행) 및 신용장의 사용방법을 기재, 즉 신용장이 일람지급(sight payment), 연지급(deferred payment), 인수(acceptance) 및 매입(negotiation)의 권한을 부여할 경우에는 그 특정의 지정은행이 기입되고, 모든 은행에 의한 매입을 허용할 때에는 “Any Bank”의 용어를 기입한다. 또한 연지급이 지정되는 경우에는 “by deferred payment at” 다음에 “180 days after B/L date(sight)”와 같은 지급기한을 기입한다. 즉 “with” 다음에는 신용장을 사용할 수 있는 은행명을 “by” 다음에는 신용장의 사용방법을 표시한다. 예를 들면, SWIFT방식의 신용장에서 41D에 “available with by”에서, 지급신용장의 경우에는 “available with xxx bank by payment”로, 자유매입신용장인 경우에는 ”available with any bank in New York(도시명 또는 국명) by negotiation”으로, 통지은행으로 매입이 제한되는 경우에는 “Available with advising bank by negotiation”으로 표시되며 일람출급 신용장에서는 “By payment 또는 By negotiation”만을 사용한다.

11 환어음의 지급기일(tenor of the draft)과 환어음금액(amount of draft) : 42C

환어음의 지급기한(tenor of the draft)은 ‘at’와 ‘sight’ 사이에 표시된다. 즉 “and beneficiary’s draft at…”의 “at” 다음에 환어음의 만기, 즉 일람출급이면 “sight”, 기한부이면 “90 days after sight” 또는 “90 days after B/L date”를 기입한다.

환어음 지급인(drawee)은 우편신용장인 경우에는 ‘drawn on’ 다음에 지명된 자, SWIFT 신용장인 경우는 42A : Drawee로 기재되며, 환어음의 금액은 ‘for’ 다음에 표시되는데 대개 상업송장 금액과 동일하지만, 거래형태에 따라 가감되기도 한다.

환어음의 지급기일은 일람지급신용장(sight payment credit)의 경우에 환어음 발행이 요구된다면 “Your draft at sight drawn on xxx Bank”와 같이 “at sight”로 하고, 기한부 신용장(usance credit)의 경우에는 “at 30 days after sight”와 같이 at 다음에 결제기간을 표시한다. 환어음 금액은 환어음 지급기일 뒤에 계속하여 “for 100% of invoice value”, “for full invoice value”처럼 표시한다.

12 신용장금액의 과부족 허용비율 : 39A

신용장 금액의 허용비율을 표시한다. 9 신용장 통화코드 및 금액(currency code and credit amount)을 참조 바람

13 환어음의 지급인(drawee) : 42A

환어음상의 지급인(drawee)은 “drawn on” 다음에 기재된 은행이 환어음의 지급인으로서 보통 발행은행 또는 발행은행의 예치환거래은행(depositary correspondent bank)인 상환·결제은행(reimbursing·settling bank)이 된다. SWIFT에 의한 신용장에서는 환어음 지급인으로 “ : 42A drawee : ABC Bank”와 같이 명시되면 ABC가 지급인이 된다.

일반적으로 환어음의 지급인은 신용장의 발행은행이나 지정은행 등 은행명칭이 기재되는데 신용장거래에서 환어음이 사용되는 이유는 먼저 수익자는 발행은행이 발행한 신용장이라는 담보(擔保) 이외에도 환어음이라는 법률상의 채권서류(債權書類)를 확보하게 되어 이중담보(二重擔保)를 확보할 수 있게 되며 환어음을 매입하여 보유하고 있는 매입은행 등 선의의 제3자는 환어음이 지급되지 않는 경우 그 환어음의 발행인(drawee), 배서인(endorsers)에게 소구권(遡求權)을 행사할 수 있기 때문이다, 그러나 일부 유럽 및 남미국가에서는 신용장에 의거하여 발행되는 환어음을 상업거래에 수반하는 유가증권으로 취급하여 과중한 인지세금을 부과하기 때문에 인지비용을 절감하기 위하여 환어음이 없는 지급신용장을 요구하기도 한다.

14 환어음상의 기재사항

대부분의 환어음에는 "Draft … drawn … under documentary credit no. xxx issued by xxx bank" 등과 같이 신용장의 번호(documentary credit no.), 신용장의 발행일(issuing date) 및 발행은행(issuing bank) 등의 신용장에 관한 사항을 기재하도록 요구하고 있다.

3. 물품명세에 관한 사항

물품의 명세(description of commodity)는 신용장상의 'covering shipment of' 또는 'Evidencing shipment of' 다음에 물품명(name of the covering commodity) 및 수량(quantity), 상품명세(commodity description), 단가(unit price), 가격조건(price terms), 원산지(country of origin) 등을 "4,000 pcs of Men's and Women's Blue Jeans as per Sales Note No. 500 dated May 10, 2020 @US$25 CIF Busan U.S.A. Origin." 등과 같이 표시한다.

15 물품 및/또는 서비스 및/또는 이행의 명세(description of goods and/or services and/or performance) : 45A

물품명세는 상품명(commodity name), 수량(quantity), 규격(specification), 단가(unit price), 가격조건(price terms), 원산지(country of origin) 등을 "4,000 Pcs. of Men's Split Leather Jackets as per Sales Note No. 1018 dated June 5, 2020 @US$50 CIF New York Incoterms® 2020, U.S.A. Origin", "200.000yds of polyester woven fabric at USD 10/yd FOB Hong Kong, China Origin." 등과 같은 요령으로 표시한다.

상업송장상의 물품, 서비스 또는 이행의 명세는 계약서의 상품명세와 일치하여야 하며 상품명세가 복잡하여 "Offer Sheet"를 이용할 경우에는 "Details are as per Offer Sheet No.123 issued by ABC, dated May 15, 2020"로 표시한다. 상품의 명세 표시방법은 일정하지 않고, 열거한 요구서류 다음에 "evidencing shipment of xxx" 또는 "covering shipment of xxx"와 같은 문언을 기재하고 요구서류의 물품명세는 당연히 일치하여야 한다.

UCP 600 제10조에서 은행은 신용장 또는 그 조건변경 중에 과도한 명세를 포함시키려는 것은 삼가야 한다고 규정하고 있다. 이는 발행의뢰인의 입장에서는 매매계약이 철저하게 이행되도록 하고 은행은 상품에 관한 전문적 지식이 없고 상세한 조건의 이행 여부를 확인할 방법이 없으므로 은행을 보호하고 혼란과 오해를 방지하며 원활한 신용장 거래를 위하여 발행은행은 발행의뢰인이 신용장상에 과도한 명세를 삽입하려는 시도를 억제하기 위함이다.

한편 상업송장에 기재되는 물품의 명세는 신용장의 물품명세와 일치하여야 하며 기타 모든 서류에는 신용장상의 물품명세와 모순되지 않는 일반적인 용어로 기재할 수 있다. 이와 관련하여 Sales Contract 또는 Pro-forma Invoice를 신용장에 첨부하여 발행하는 것은 역시 지나친 명세에 해당하기 때문에 은행은 이러한 요청을 제지하여야 하지만 현실적으로는 상세한 신용장발행의 지시 또는 신용장을 요구하는 경우도 있기 때문에 신용장의 내용과 첨부서류의 상호 일치성을 엄격하게 준수하여야 후일의 분쟁을 예방할 수 있다. 물품명세에 관한 사항에는 정형거래조건이 신용장상에 부기되는 경우가 많다. 현재 활용되고 있는 INCOTERMS® 2020의 11가지 정형거래조건이 신용장상의 상품명세에는 "FOB Busan, CIF New York"와 같이 가격조건을 표시하여야 하며 가격조건 다음에 매도인의 운임부담 종료지점을 표시한다.

4. 서류에 관한 사항(documents required)

선적서류라는 것은 선적된 화물의 권리를 나타내는 증권 등으로 구성되는데, 이들 필요 문서들은 지급·인수 또는 매입을 위한 서류가 정확하게 명시되어야 하며, 서류는 대개 상업송장(commercial invoice), 운송서류(transport document), 보험서류(insurance policy), 기타서류(other documents) 순으로 요구한다.

16 서류의 종류와 요구 부수

서류(Documents)란 매도인이 화물을 선적할 수에 매수인에게 제공하는 모든 서류를 총칭하는 것으로서, 무역거래에서의 서류에는 꼭 필요한 기본서류(basic documents)와 필요한 경우에만 요구되는 기타서류(other documents)로 구분한다.

기본서류(basic documents)에는 환어음(bill of exchange), 운송 관련 서류(transport documents), 상업송장(commercial invoice), 보험서류(insurance documents) 등이 있다. 운송서류에는 해상선하증권(marine/ocean B/L), 비유통 해상운송장(non-negotiable sea waybill), 용선계약선하증권(charter party B/L), 복합운송서류(multimodal transport documents), 항공운송서류(air transport documents), 도로·철도 또는 내수로 운송서류(road, rail or inland waterway transport document), 특사 배달 및 우편수취증(courier and post receipts) 등이 있다.

기타서류(other documents)는 상기 서류 외에 포장명세서(packing list), 영사송장(consular invoice), 세관송장(customs invoice), 검사증명서(certificate of inspection), 중량 및 용적 증명서(certificate of weight and/or measurement), 품질증명서(certificate of quality), 원산지증명서(certificate of origin) 등을 말한다.

신용장은 독립·추상성에 의거한 서류상의 거래이므로 은행은 수익자가 제시한 서류의 심사만으로 신용장 대금의 지급여부를 결정하게 된다. 신용장에 의한 지급을 받기 위해서 수익자는 UCP 600의 규정에 따라서 신용장 조건과 문면상 일치하는 서류를 은행에 제시하여야 하며, 서류의 심사는 UCP 600에 반영되어 있는 신용장거래를 위한 국제적인 은행표준관행(ISBP)에 따라서 "상당한 주의"를 다하여 은행은 서류가 신용장조건과 문면상 일치하고 있는가를 심사하는 것이다. 당해 신용장발행의 원인이 되고 있는 매매계약 등의 계약과의 관계나 물품의 현물과의 관계에 대하여 고려하는 의무 및 서류의 진정성, 법률적 효력 등에 대한 실질검사를 하는 의무는 은행에는 부과되어 있지 않다.

선적서류(shipping documents)라는 것은 선적된 화물의 품질·수량·가격 그리고 선적된 화물의 권리를 나타내는 증권 등으로 구성되는데, 필수서류(basic documents)는 상업송장(commercial invoice), 운송서류(transport documents), 보험서류(insurance documents), 기타서류(other documents) 순으로 정확하게 명시하며, 물론 FOB나 CFR조건에서는 보험서류(insurance documents)가 요구되지 않는다.

서류의 요구 부수는 예를 들면 "…… in triplicate."와 같이 표시하여야 하는데 서류의 부수는 Copy나 Fold 이외에도 Original(1 fold), Duplicate(2 fold), Triplicate(3 fold), Quadruplicate(4 fold), Quintuplicate(5 fold), Sextuplicate(6 fold), Septuplicate(7 fold), Octuplicate(8 fold) 등과 같이 표기하기도 한다.

만약 신용장상에 명시된 요구 서류의 문언 중에 "Documents required : - Full set of clean on board ocean bill of lading made out to order of(name of importer, address), marked Freight Collect and Notify Accountee 등과 같이 기재되어 있다고 가정하자." 이러한 문언은 선하증권에 상품에 관한 하자내용이 기재되어 있지 않은 해상선적선하증권 전통을 제출하여야 하며, Clean B/L이며, 선적해상선하증권은 상품이 이미 선박에 적재된 후에 발행된 선하증권을 의미한다.

선하증권에는 Consignee(수취인) 기재 란에 'to order ……'라고 적혀있고, 운임 란에는 'Freight Collect'라고 기재하라는 의미이다. 'to order of 수입회사'란 수입회사 본인이나 수입회사가 지정한 자 즉, 수입회사가 선하증권을 양도한 자가 물품을 찾아갈 수 있다는 뜻이며, 신용장거래에서 'to order of 수입회사'로 기재하면 대금회수의 안전성에 문제가 있으므로 수입회사 대신에 '수출회사(to order of shipper)'나 '발행은행(to order of issuing bank)' 또는 단순히 'to order'만 기재하는 것이 안전한 방법이다.

(1) 상업송장(Commercial Invoice) : 46A

상업송장은 매수인에 대한 대금청구서, 거래명세서, 출하안내서, 견적서이며 수익자가 작성하며 상업송장에 기재된 물품명세는 신용장의 물품명세와 일치되어야 한다. 통상적으로 신용장상에 상업송장을 요구할 때에는 "Signed commercial invoice in triplicate" 처럼 요구통수를 표시하는데, "Original(1 fold), Duplicate(2 fold), Triplicate(3 fold),

Quadruplicate(4 fold)", Quintuplicate(5 fold), Sextuplicate(6 fold) 등과 같이 요구한다. 상업송장은 반드시 수익자에 의하여 발행되어야 하도록 하고 있으며, 별도의 지시가 없는 한 서명을 필요로 하지 않으나, "Signed commercial invoice in quadruplicate which must be certified by chamber of commerce and legalized by consulate."라고 기재하여 특정기관의 확인이나 검정을 요구하기도 한다.

서류 중에서 다른 서류에 선적화물은 일반적인 용어로 기재될 수 있으나 상업송장상에는 화물의 명세(description)가 신용장상의 명세와 반드시 일치하여야 하며, 신용장상에 별도의 지시가 없는 한 신용장 금액을 초과한 금액으로 발행된 상업송장은 수리되지 않는다. 양도가능신용장에서는 최초의 수익자가 작성한 상업송장이 제2의 수익자의 상업송장을 대체(substitution of invoice, 송장대체권)할 수 있으며, 그 송장상의 차액은 최초의 수익자가 지급받을 수 있다.

신용장거래에서는 신용장상의 물품명세와 상업송장상의 물품명세가 상이하다는 이유로 지급거절하는 사례가 많으므로 수익자는 한 단어 또는 한 문자도 누락되지 않고 엄밀히 일치되도록 상업송장을 작성하여야 한다. 또 "Signed Commercial Invoice in duplicate which must be certified by chamber of commerce and legalized by xx consulate"라고 하여 특정기관의 확인이나 검정을 요구하기도 하면, 반드시 이 요건이 충족되어야 유효한 서류가 된다.

(2) **운송서류**(Transport Documents) : 46A

운송서류는 물품의 선적 · 발송 · 수탁을 명시하는 인도의 증거서류를 포괄적으로 말하는 것으로 해상선하증권(Marine/Ocean B/L), 항공화물운송장(Air Waybill), 복합운송증권(Multimodal Transport Document) 등 운송방식에 따라 요구되는 운송서류의 종류가 다양하다. 신용장통일규칙상 일정한 요건만 갖추면 은행은 이를 수리하지만, Ⓐ 용선계약에 의한 운송서류(Charter Party B/L 제외), Ⓑ 돛에 의해서만 추진되는 선박에 의한 운송서류, Ⓒ 갑판적 서류, Ⓓ 고장부 서류 등은 수리되지 않는다.

예시된 신용장처럼 해상선하증권을 요구할 경우에는 무사고선적 해상선하증권(clean on board ocean bills of lading) 전통(full set)을 제시하도록 하고 있다.

무사고(clean)란 선적된 물품 및 포장상태의 포장 개수가 부족하지 않고 외관상 완전한 상태로 선적되었음을 입증하는 사고문언(remarks)이 없는 것을 말하며, 전통(full set)이란 만일 선하증권의 원본 3통(original, duplicate, triplicate)이 1조로 발행되었다면 3통 모두를 갖춘 것을 말하며, 3통은 각각 정식의 선하증권으로서 독립된 효력을 가지며 그 중 1통이 사용되면 나머지는 자동 무효가 된다.

또한 선하증권의 발행방식으로 수하인(consignee)을 지정하게 되는데, 예시의 신용장은 "to the order of Bank of America"와 같이 "Bank of America의 지시식"으로 발행할 것을 요구하고 있다. 이 방식 이외에도 수하인은 단순 지시식으로 "to order," 송하인의 지시식으로 "to the order of shipper," 수입자의 지시식으로 "to the order of ABC Inc."와 같이 기재하도록 신용장상에서 요구한다. 보통 선하증권 최초의 소지인이며 송하인인 신용장 수익자는 '단순 지시식'이나 '송하인의 지시식'의 경우에 선하증권 원본 이면에 무기명(백지)배서(blank endorsement)를 하여 운송서류를 양도하고 있다. 무기명(백지)배서(blank endorsement)란 배서를 하지 말라는 뜻이 아니라 피배서인을 명시하지 않고 빈 칸으로 두고 배서인의 업체명을 기재하고 서명하는 것을 말한다.

운임지급에 관하여 정형거래규칙이 Incoterms® 2020에 의거 CFR, CIF, CPT, CIP 중 어느 하나라면 운임선지급(freight prepaid)으로, FCA, FAS, FOB 중 어느 하나라면 운임후지급(freight collect)이라고 운송서류 상에 표시하게 되며, 해상운임(ocean freight)은 전자는 매도인이, 후자는 매수인이 부담하여야 한다.

화물 도착통지처(notify party)는 화물이 목적항에 도착하였을 때 선박회사로부터 화물도착통지서(arrival notice of cargo)를 통지하여야 할 곳으로 신용장 발행의뢰인인 수입자나 그 대리인명의의 상호와 주소를 기재하게 된다.

한편 항공운송의 경우에는 예시의 신용장처럼 수하인은 ××은행으로 발행한 '항공화물운송장(Air Waybill)'을 요구하게 되는 것이 일반적이다. 이는 비유통운송서류(non-negotiable transport document)이기 때문에 신용장거래에서는 보통 신용장발행은행(issuing bank)을 수하인(consignee)으로 정하여 발행하며, 기타 운임지급표시나 화물도착통지처(notify party) 등은 해상선하증권과 동일하다.

해상선하증권은 "Full sets of Clean on Board Marine(Ocean) Bills of Lading made out to(issued to, consigned to) order(the order of shipper, the order of issuing bank) blank endorsed(endorsed in blank) marked Freight Prepaid (collect) Notify Applicant" 등으로, 복합운송증권인 경우 "Full sets of Clean Combined Transport Bills of Lading issued to (made out to, consigned to) the order of issuing bank indicating place of taking in charge of the goods xxx, port of loading xxx, port of discharge xxx, Place of final destination xxx …", 항공화물운송장의 경우는 "Clean Air Waybills consigned to(issued to) xxx Bank showing Freight Prepaid(collect) Notify Accountee" 등으로 요구한다.

운송서류상에 기록된 날이 모든 경우에 선적일로 간주되기 때문에 이러한 날을 신중히 다루어야 하며, CIF 조건의 화물의 운송서류가 "Freight Prepayable", "Freight to be Prepaid"로 표시되어 있으면 이는 서류상의 모순이 생기므로 수리되지 않는다.

"Full set original clean on board ocean bills of lading"은 운송회사에서 발행한 선적이 확인된 해상운송증권 원본 전통을 의미한다. Full Set은 운송회사에서 3통 발행했으면 3통 모두 제시하라는 뜻이며, Original은 증권에 원본이라는 표시가 있는 것을 의미한다. Clean은 증권에 수량, 화물손상이나 결함 등이 없다는 것이며, On Board는 선하증권에 이미 화물이 선박에 선적되어 선적된 후에 발행된 것임을 의미한다.

〈 신용장에서 요구하는 선하증권 〉

- FULL SET OF CLEAN ON BOARD OCEAN BILL(S) OF LADING MADE OUT TO ORDER, BLANK ENDORSED, MARKED FREIGHT PREPAID NOTIFY ACCOUNTEE.
- FULL SET OF CLEAN ON BOARD OCEAN BILL(S) OF LADING MADE OUT TO THE ORDER OF SHIPPER, BLANK ENDORSED, MARKED FREIGHT COLLECT NOTIFY ACCOUNTEE.
- FULL SET OF CLEAN ON BOARD OCEAN BILL(S) OF LADING MADE OUT TO THE ORDER OF BANK OF AMERICA, BLANK ENDORSED, MARKED FREIGHT COLLECT NOTIFY ACCOUNTEE.
- FULL SET(3/3)① OF ORIGINAL CLEAN② ON BOARD③ OCEAN④ BILL OF LADING MADE OUT TO ORDER,(TO ORDER OF SHIPPER, TO ORDER OF ISSUING BANK,⑤ MARKED "FREIGHT COLLECT"⑥ AND "NOTIFY ACCOUNTEE"⑦

선하증권 (B/L)

	항목	내용
①	은행에 제시되어야 할 원본 부수	통상, 선하증권은 3부가 발행되며 발행된 원본 전부의 제시를 요구
②	본선적재시 화물의 상태	선하증권의 'Remark'란에 하자내용이 없는 Clean B/L을 요구
③	선적서류의 발급시점	정확한 선적일자의 확인을 위해 본선 적재일자가 표기된 선하증권을 요구
④	선하증권의 서명방법	운송인이 해양운송을 할 수 있는 선박을 확보할 수 있는지 여부. 선하증권 서명란에 「Name & Capacity」 표시 여부
⑤	선적서류의 유통성 (양도 가능성)	선하증권을 통한 화물의 매매가능성 보장(B/L의 양도가능성)을 위해 지시식 B/L을 요구
⑥	운임의 지불 여부	수출상이 지불한 경우 - PREPAID(완불) 수입상이 지불해야 할 경우 - COLLECT(미불)
⑦	화물도착통지의 담당자	통상, 수입상 또는 그 대리인

Consignee를 “to order”, “to order of shipper”와 같이 표시한 선하증권을 단순 지시식 선하증권이라 하는데, 이때 수출상이 배서를 해서 네고를 한다. Consignee를 “Order of 특정인”과 같이 표시한 선하증권을 기명 지시식 선하증권이라 하는데, 이때는 수출상이 배서를 하지 않는다. 만약 Consignee를 “to order of 수입상”으로 기재한 경우에 수출상이 배서를 해서는 안되며 수입상이 배서권자(“to order of 수입상”)가 되지만 일반적으로 기명 지시식 선하증권에서는 발행은행이 배서권자(“to order of issuing bank)”가 된다.

“made out to order of shippers and endorsed in blank”는 선하증권의 수취인 란에 “to order of shippers” 라고 기재할 것을 의미하며, 은행이나 상대방에게 인도할 때 증권 뒷면에 아무것도 기재하지 않고 회사의 명판과 사인을 하는 것 즉, 백지식 배서를 의미한다. 선하증권은 유가증권이므로 선하증권 뒷면에 배서를 통해 소유권의 양도를 표시하게 된다. 일반적으로 배서는 소유권이 양도될 때마다 양도인이 양수인을 기재하여 양도하는 형식으로 이루어지지만 백지식 배서(blank endorsement)는 배서 의무자가 최초의 양도인과 최종 양수인만이 배서하는 형식의 배서방법이다.

운임지급방법은 수출지 인도가격(FOB, 복합운송은 FCA)인 경우에는 수입자가 운임을 부담하므로 Freight Collect로, 특수비용 포함가격(CFR, CIF, 복합운송은 CPT, CIP)은 수출업자가 운임을 부담하므로 Freight Prepaid로 표시한다.

복합운송증권인 경우 “Full set of clean combined transport bill of lading issued to the order of issuing bank indicating place of taking in charge of the goods xxx, port of loading xxx, port of discharge xxx, Place of final destination xxx ……”으로 요구하며,

항공화물운송장의 경우 “Air Waybill consignee to us showing freight collect notify accountee” 등으로 요구한다. 항공화물운송장은 수입자가 대금결제 없이는 직접 화물을 인도받지 못하도록 반드시 발행은행을 수하인으로 지정한다.

소량의 물품을 수출하고자 하는 여러 화주들로부터 화물을 수집하여 이를 하나로 만든 다음, 스스로 송하인이 되어 항공회사에 화물의 운송을 위탁하는 운송주선업자를 ‘Air Cargo Consolidator(Air Freight Forwarder)’라고 하는데, 이들 Consolidator가 개별 화주들 앞으로 발행하는 AWB을 ‘House Air Waybil(HAWB)’ 이라고 한다. 비록 ‘Freight Forwarder(Consolidator)’가 발행한 이러한 HAWB이라 할지라도 그들 운송주선업자가 운송인 또는 그 대리인의 자격으로 서명하고 발행하였다면 이는 신용장에서 특별히 금지하지 않는 한 수리거절의 사유가 되지 않는다. 만일 신용장 상에 ‘House AWB is acceptable’ 등과 같이 명시되어 있는 경우라면 서명자의 자격 및 운송인의 명칭을 표시하지 않은 채 운송주선업자 본인의 명의로 서명·발행된 AWB도 수리가 가능하다. 그러나 신용장상에 ‘House AWB is not acceptable’ 등과 같이 명시되어 있다면 신용장은 반드시 AWB이 발행되고 서명되는 방법 등에 대해서도 상세히 지시하여야 한다.

한편 '발행운송인'인 항공회사가 혼재화물의 운송을 의뢰한 'Consolidator' 앞으로 발행하는 AWB을 'Master Air Waybill(MAWB)'이라고 부르며, 화주가 직접 화물의 운송을 의뢰한 경우에는 그들 화주 앞으로 MAWB이 발행된다.

UCP 600에서는 종래의 해상선하증권, 우편수취증 또는 증명서 외에 비유통해상화물운송장(sea way bill), 용선계약부 선하증권(charter party B/L), 도로 · 철도 · 내수로 운송서류(transportation documents for roads, railroads and inland water)에 대하여도 별도의 수리요건을 규정하고 있으며, 운송주선인발행 운송서류는 설령 FIATA B/L이라 할지라도 운송인, 복합운송인 또는 그 대리인이 아닌 경우 그 수리를 거절하도록 하였다.

(3) 보험서류(Insurance Documents) : 46A

보험서류(insurance documents)라 함은 보통 보험증권(insurance policy), 보험증명서(insurance certificate), 통지서(declaration)를 총칭하는 것이다. 보험증권은 확정보험(definite insurance)에 대하여 발행되는 증권이며, 보험증명서는 포괄예정보험(open cover)에 대하여 발행되는 부보증명서로 신용장거래에서는 대부분 두 가지 서류 중 어느 한 가지를 제시하도록 하고 있다. 그러나 보험중개업자(brokers)가 발행하는 보험인수증인 "Cover Note"는 신용장에서 특별히 허용하지 않는 한 수리 거절된다.

예시된 신용장상의 보험서류는 송장금액의 110%를 부보하도록 부보범위(coverage)를 정하고 있으며 최소의 담보범위로 송장금액에 10%를 가산하여 부보할 것을 요구하고 있다. 또한 보험금 청구시 지급지와 통화는 신용장 금액에 명시된 동일한 통화로 기재하고 '신협회적화약관(ICC)'을 참조하여 보험부보범위는 물품의 성질과 운송방식 등을 고려한 적화보험조건, 즉 ICC(A), ICC(B), ICC(C)중 어느 조건으로 부보할 것이며, 부가 담보조건을 부보할 것인지에 대해서도 고려해야 한다.

가격조건이 CIF 등인 경우에 보험증권이나 보험증명서를 요구한다. 보험서류는 신용장에 명시된 내용과 같아야 하며, 보험회사, 그 대리인 또는 보험인수업자가 발행 및 서명한 것이어야 하며, 보험중개 업자 발행의 Cover Note는 신용장에 특히 허용되어 있지 않은 이상 수리되지 않는다. 또 신용장상에 별도의 규정이 없는 한 선적일 이후에 부보된 보험서류는 수리하지 않으며, 모든 보험서류는 신용장에 표시된 통화로 표시되어 부보통화는 신용장상의 통화와 일치하여야 한다. 신용장상에 특별한 지시가 없으면 부보의 최저금액은 CIF 또는 CIP금액의 110%가 되며 서류상으로 CIF 또는 CIP가격을 결정할 수 없는 경우에는 신용장에 의해서 지급 · 인수 또는 매입이 이루어지는 금액과 상업송장의 금액 중 큰 금액의 110%가 부보의 최저금액이 된다.

보험증권(Insurance Policy)은 확정보험으로 발행되는 증권이다. 일정기간 내에 특정지역에서 선적되는 일정금액의 화물에 대하여 포괄적으로 부보한 후(Open Policy) 매 선적시마다 보험자에게 구체적인 사항(화물명세, 보험액, 도착항, 선박 등)을 통고하여 확정발행하도록 하기도 한다.

[해설] 신용장통일규칙(UCP 600)과 적하보험(Cargo Insurance)

"INSURANCE POLICY/CERTIFICATE IN DUPLICATE COVERING INSTITUTE CARGO CLAUSES(A), INSTITUTE STRIKE CLAUSES, INSTITUTE WAR CLAUSES BLANK ENDORSED FOR 110 PCT OF CIF VALUE, CLAIMS PAYABLE AT HONG KONG WAREHOUSE TO WAREHOUSE."

◑ 통상적인 신용장상의 보험문구 해석

① CERTIFICATE란 보험계약자가 보험회사와 일정기간(통상 1년)동안 포괄보험 계약을 체결하고 포괄보험 증권을 근거로 발행되는 보험가입증명서를 말하며, 이것은 신용장상에서 증권(POLICY)과 동일한 효력을 지닌다.

② DUPLICATE란 원본 2부를 말하는데 통상 1부는 "ORIGINAL DUPLICATE UNPAID", 다른 한 부는 "DUPLICATE ORIGINAL UNPAID"라고 인쇄되어 있으나 이들의 효력은 동일하다.

③ 통상 보험조건은 기본조건[ICC(A)]을 기재하고 기본조건에서 담보되지 않는 부가조건(WAR CLAUSES와 STRIKES CLAUSES)을 기재한다. 여기서의 부가조건은 추가 보험료를 필요로 하며 간혹 기본조건에서 보상되는 부가조건을 요청하는 경우 보험사에서는 동일한 보험료로 증권상에 기재하여 준다.

④ BLANK ENDORSED 110% OF CIF VALUE는 송장가액에 10%를 추가하여 보험가액으로 하고(여기서의 10%를 희망이익 이라고 한다), 기명지시식인 "TO ORDER OF 피배서인"이 아닌 경우 수출자의 명판만 찍어준다. 백지배서를 하는 이유는 적하보험 청구권자의 편리를 위한 것이다.

⑤ "CLAIMS PAYABLE IN HONG KONG, WAREHOUSE TO WAREHOUSE"는 사고발생시 보험금 지급지를 홍콩으로 해달라는 것이며 'Warehouse to Warehouse'는 보험담보구간을 수출자의 창고에서 수입자의 창고까지 해달라는 것이다. 무역조건에 따라 차이는 있지만 CIF수출의 경우 보험담보구간은 'Warehouse to Warehouse'이다.

◑ 은행에서 수리 가능한 보험서류(신용장통일규칙 제28조)

① 보험회사 또는 보험업자 또는 그 대리인에 의해 발행되고 서명된 것.

② 포괄보험가입을 근거로 한 보험가입증명서(CERTIFICATE).

③ 신용장상 다른 약정이 없는 한, 보험서류는 신용상과 동일한 동화로 표시되어야 하며, 보험서류가 표시되어야 할 가입된 최저금액은 CIF 또는 CIP 격에 10%를 가산한 금액으로 부보하여야 한다.

④ 신용장에서 달리 약정되어 있지 않는 한, 또는 보험서류에서 보험가입이 늦어도 상품의 본선적재, 발송 또는 수탁일자로부터 유효한 것으로 나타나 있지 않는 한, 은행은 운송서류에 표시되어 있는 본선 적재・발송일자 또는 수탁일자 보다 늦은 발행일자를 기재한 보험서류를 수리하지 않는다. 실제 수출적하보험의 경우 선적일 보다 늦게 보험가입을 하는 경우가 있는데 이는 NEGO시 수리거절 사유가 되기 때문에 보험회사에서는 증권에 선적일자 보다 늦지 않은 날짜로 계약일자를 찍어 주고 증권에 "WARRANTED NO LOSS REPORTED AS OF 실제 계약일자"를 표시하는데 이는 실제 계약일자 이전에 난 사고에 대해서는 실계약일 이전에 계약자가 사고사실을 알지 못했을 경우에 한하여 보험사가 보상을 한다는 내용이다.

◑ 보험가입범위의 표시(신용장통일규칙 제28조)

① 신용장은 요구되는 보험의 종류와 필요한 경우 보험에 가입하여야 할 추가적인 위험을 신용장에 규정하여야 한다. 통상적인 위험(usual risks), 관례적인 위험 (customary risks)과 같은 부정확한 용어는 사용해서는 안 되며 만일 이런 용어가 사용되었을 경우에는 은행은 보험가입되지 않은 어떠한 위험에 대해서 책임을 지지 않고 보험서류를 제시된 대로 수리한다.

② 신용장에 달리 약정되지 않는 한, 은행은 면책률(franchise) 또는 초과(excess)약관의 부가조건으로 SHORTAGE(부족손) 위험을 추가하는 경우가 있는데 우리나라 적하보험 요율서에는 IN EXCESS OF 1%에서 IN EXCESS OF 5%까지 있는데 이중 어느 조건으로 보험가입을 해도 은행은 수리해야 한다는 것이다. 즉, 은행은 신용장상에 면책비율 약관의 적용을 받지 않는(irrespective of percentage) 조건의 보험서류이어야 한다는 특별 규정이 없는 한 면책비율약관(franchise)의 적용을 받는 보험서류도 수리할 수 있다.

③ 신용장이 "전위험 담보(insurance against all risks)"를 약정하고 있는 경우, 은행은 "전위험(all risks)"이라는 제목의 기재 여부에 상관없이 어떠한 "전위험" 표기 또는 약관을 포함하고 있는 보험서류 또는 특정한 위험은 제외된다고 표시하고 있을지라도 보험가입이 되지 않은 어떠한 위험에 대해서도 책임을 지지 않고 이를 수리한다.

현행 우리나라 적하보험요율서는 ICC(A/R) 또는 ICC (A)조건일지라도 품목에 따라서는 특정위험을 제외하고 기본요율을 산정하고 있다. 이러한 품목의 경우에는 기본요율에서 제외된 위험을 담보 받고자 하는 경우에는 추가요율을 적용하고 있다. 예를 들어 현행 적하보험요율서는 유리 및 요업제품의 경우 전위험 담보조건에서 파손위험(risk of breakage)을 제외시키고 있으므로, 파손위험을 부가하지 않으면 증권에 ICC(A) 또는 ICC(A/R)(excluding breakage)이라고 표기되어도 은행은 이를 수리하여야 한다.

참고로 ICC(A) 또는 ICC(A/L) 조건은 모든 위험을 담보하는 것이 아니며(면책 조항 있음) 특정품목에는 특정위험을 제외시키고 있다. 따라서 매매계약시 해당 품목에 대한 제외 위험을 명확히 알고 그 위험을 신용장상에 표기해 주어야 한다.

(4) 포장명세서(packing list) : 46A

포장명세서(packing list)는 선적화물의 포장 및 포장단위별 명세와 단위별 순중량(net weight), 총중량(gross weight), 용적(measurement), 화인(shipping marks) 및 포장의 일련번호 등을 기재한 명세서이다. 포장명세서는 상업송장의 기재사항과 부합되어야 하며, 수출서류를 매입하기 위해서는 중량(weight)이나 용적(measurement) 등은 운송서류상의 용적 및 중량과도 반드시 일치하여야 한다.

신용장에서 요구하는 기본서류 이외의 기타서류(other documents)로 보통 ⑲ 원산지증명서(Certificate of Origin), ⑳ 검사증명서(Inspection Certificate), ㉑ 중량 및 용적증명서(Certificate of Weight and Measurement), ㉒ 수익자증명서(Beneficiary's Certificate), ㉓ 세관송장(Customs Invoice), ㉔ 품질증명서(Certificate of Quality), ㉕ 검역증명서(Certificate of Quarantine) 등을 요구하는 경우가 많다.

17 서류의 제시일자(time limit for presentation) : 48

신용장상에 선적일, 유효기일의 표시와는 별도로 "Documents to be presentation within 10 days after the date of issuance of the transport documents"라는 문구가 표시되어 있을 경우 그 신용장상의 실제 종료일은 유효기일 범위 내에서 선적서류 발급일(B/L)로부터 서류제시 기간(10일)이 끝나는 날이 된다. 신용장상에서 서류제시 기간이 명시되지 않았을 경우에는 실제 선적일로부터 21일이 경과하여 매입은행에 서류가 제시되면 Stale B/L로 간주되어 지급거절의 사유가 된다. 만일 아무런 표시가 없으면 선적일(서류발행일이 아님) 후 21일 내에 제시되어야 하므로 그 후 제시되는 서류도 수리할 의향(Stale B/L을 허용하는 표시)이라면 "Documents presented later than 21 days after the date of issuance of the transport documents are acceptable"로 표시하여야 하며 신용장에 별도의 명시가 없는 한 모든 서류는 신용장의 유효기일과 지정된 선적기일 내에 은행에 제시되어야 한다.

5. 운송에 관한 사항

18 분할선적(partial shipment) : 43A

분할선적(partial shipment)이란 계약상품을 매매계약상 분할선적이 인정된 경우 여러 번에 나누어서 시간적 간격을 두고 선적하는 것을 의미한다. 분할선적의 허용 여부는 신용장상에 지시하게 되는데 허용(allowed, permitted, authorized), 금지(not allowed, prohibited, not permitted)를 표시하고 분할선적에 대하여 신용장상에 아무런 명시가 없으면 분할선적이 허용되는 것으로 해석한다.

동일 선박과 동일 항로에 의한 선적은 본선선적을 증명하는 복수의 운송서류가 비록 각각 다른 선적일이나 선적장소가 표시되어 있더라도 동일한 목적지가 표시되어 있다면 분할선적으로 간주되지 않으며, 우편이나 특사에 의한 선적서류의 경우에도 동일한 장소 및 일자에 화물을 수령한 것으로 인증되어 있는 한, 분할선적으로 간주되지 않는다.

신용장에 일정기간과 일정수량을 지정한 할부선적(shipment by instalments) 또는 어음의 할부발행을 규정하고 있는 경우에는 각각의 할부분의 기간과 수량을 위반하여서는 아니 된다. 만약 일정기간의 할부선적이 규정된 신용장의 수익자가 할부분마다 지정된 기간과 수량을 위반하여 선적하거나 어음을 발행한 경우에는 신용장에 별도의 명시가 없는 한 그 위반된 당해 할부분과 이후의 모든 할부분에 대하여도 효력을 상실한다.

19 환적(transhipment) : 43T

환적(transhipment)이란 운송화물이 도착항에 도착하기 전에 최초에 선적되었던 운송수단에서 다른 운송수단으로 이적되거나 재적재되는 행위를 의미한다. 물품의 운송도중에 있어서 환적을 허용하는 경우에는 "allowed", "permitted", "authorized" 등으로 표시하고, 금지하는 경우는 "not allowed", "prohibited", "not permitted" 등으로 표시한다.

환적(transhipment)이 신용장상에서 금지되더라도 운송인이 환적유보 인쇄약관이 있는 서류나 전 항로를 단일 운송증권으로 커버되는 경우 등 복합운송이 이루어지는 대부분의 경우에도 선하증권상에서 화물이 컨테이너 · 트레일러 · Lash선 등에 선적된 것으로 입증되거나 운송인이 환적을 할 권리를 유보한다는 뜻의 조항이 인쇄되어 있는 선하증권은 수리할 수 있다.

20 적재·발송 및 수취(loading on board/dispatch/taking in charge) : 44A

선적(shipment)이라는 표현은 본선적재(loading on board), 발송(dispatch), 운송을 위한 인수(accepted for carriage), 우편수령일(date of post receipt), 접수일(date of pick-up) 또는 복합운송을 요구하는 신용장의 경우에는 수탁(taking in charge)의 뜻이 포함되어 있는 것으로 해석된다. 따라서 적재지가 부산항이라면 "shipment from Busan, Korea"로, 발송지가 인천공항이라면 "from Incheon Airport, Korea"로, 수탁지가 ABC 화물운송 터미널이라면 "from ABC Cargo Transport Terminal Korea"로 표시하면 된다. 그런데 내륙운송을 포함하는 복합운송증권(combined transport document) 등의 경우에는 발송지(place of dispatch), 수탁지(place of taking in charge) 등이 되는 경우도 있다.

21 선적기일(shipping date) : 44C

선적기일은 물품의 최종선적, 즉 물품의 적재(loading), 발송(dispatch), 수탁(taking in charge) 등을 위하여 최종적으로 허용되는 일자를 의미한다. "shipment not later than May 30, 2020"라고 기재되어 있으면 인도조건에 따라서 5월 30일까지는 적재, 발송, 수탁을 완료하여야 한다. 선적기일은 "shipment not later than" 다음에 표시되며 선적기일은 "shipment must be effected on or before xxx" 등으로 표시되기도 한다. 선적기일의 기준은 선하증권의 일자 또는 선적이나 발송을 증명하는 수령인(reception stamp)이 찍힌 일자로 하며, 선적기일의 표시에 사용되는 'to', 'until', 'till', 'from' 및 이와 유사한 의미의 용어는 기재된 일자를 포함하며, 'before', 'after'란 용어가 사용되면 기재된 일자는 제외한다. 그리고 'on or about'라는 용어가 지정일자와 함께 표시된 경우에 5일 이내에 기간(끝 날짜 포함)을 선적일자로 본다. 또한 "loading on board", "dispatch", "taking in charge" 등으로 최종 선적기일을 표시해도 선적(shipment)과 같은 뜻으로 간주하며, 선적해야 하는 최종일이 공휴일이라도 선적기일은 연장되지 않는다.

22 운송목적지(for transportation to, place of destination) : 44B

물품의 최종 도착지를 기재하며, 최종 목적지는 "shipment to" 다음에 표시되는데, 선적물품의 최종 도착지를 기재하여야 한다. 일반적으로 해상운송의 경우는 "to New York, U.S.A", 항공운송의 경우는 "to New York Airport", 복합운송의 경우는 "to ABC Cargo Transport Terminal, New York"로 표시된다. 최종 목적지(place of final destination)는

"Shipment to" 다음에 표시되는데, 복합운송에서는 양륙항(port of discharge)과 구별되어 표시된다.

6. 부가조건(additional conditions)에 관한 사항 : 47A

부가조건에 대해서는 신용장에 따라 다르지만, 신용장표준양식에 기재되지 못한 부가조건에 대하여 언급하게 된다. 즉 예를 들면 28 특정 선박편의 지정은 "Shipment must be effected by Star Line Only"/"Shipment must be effect by S.S. Arirang of ABC Line only", 29 신용장 양도의 허용은 "This credit is transferable", 30 서류상에 신용장 번호 등 기재사항의 지시는 "Each documents of presentation must be indicated the credit number of the issuing bank and the number of the advising bank", All documents must bear our credit number, 대금상환과 관련하여 전신환에 의한 상환은 금지된다는 지시는 31 "T/T reimbursement not allowed" 등과 같이 요구할 수 있다.

7. 기타의 기재사항에 관한 사항

신용장의 일반적인 조건 이외에 수입상이 특별히 요구하는 사항을 기재하는 것으로 일반적인 조건들과 상호 모순되는 점이 없어야 하며, 특히 발행은행의 지급확약을 해치는 조항이 없어야 하며, 사용되는 기타조건은 다음과 같다.

32 제시기일(period for presentation) : 48

제시기일은 수익자가 신용장에 의한 대금지급을 받기 위하여 은행에 서류를 제시해야 하는 기일이다. 신용장 예시에서는 "선하증권 발급 후(물품선적 후) 3일 이내에 서류가 제시되어야 하지만 서류가 신용장에서 규정하고 있는 만기일 이내에 제시되어야 한다" 라고 규정되어 있다.

33 은행수수료의 부담 : 71B

은행업무와 관련하여 발생하는 수수료와 요금을 부담하는 자를 기재하는데, 은행수수료와 부담자는 "all banking charges commissions including reimbursing charges outside 신용장발행지 are for account of beneficiary(or applicant)" 등으로 명시되어 있다.

㉮ 신용장 취급 수수료 부담 표시 : All banking commissions and charges outside ____, plus advising and reimbursing commissions are for account of beneficiary.

㉯ 확인신용장의 통지 및 수수료의 부담 표시 : "Pleas advise this credit to the beneficiary adding your confirmation", "Confirmation charge are for account beneficiary"

㉰ 은행비용 부담주체에 관한 사항 : "All banking charge including outside of Korea are for account of beneficiary", For each presentation of discrepant documents under this credit, a charges of USD60. shall be deducted from the reimbursement claim proceeds.

㉣ 기한부신용장의 이자 부담자 지정에 관한 사항 : "Acceptance commission and Discount charges are for buyer's(seller's) account."

34 확인지시(confirmation instructions)

발행은행의 확인은 수출국에 소재하는 자신의 본 · 지점 혹은 제3은행의 확인 유무에 대하여 표기한다. 통지은행의 신용장 확인에 대한 발행은행의 지시는 'CONFIRM(확인 요청)', 'MAY ADD(확인 가능)', 'WITH-OUT(확인 불요)' → 통지은행에 대하여 확인을 요청하지 않는다는 것 등의 3가지로 구분하고 있다.

35 상환은행(reimbursing bank)

신용장발행은행이 대금의 상환을 위해 제3의 은행에게 결제방법을 지시하는 것으로, 발행은행의 계정을 가지고 있는 상환은행에게 대금지급을 하도록 지시하며, 대금상환과 관련하여 전신환에 의한 상환은 금지된다는 지시는 "T/T reimbursement not allowed" 등과 같이 요구할 수 있다.

36 지급·인수·매입은행에 대한 지시사항(서류의 송달방법)

서류의 분실 등에 대비하기 위하여 "in two lots by registered airmail, in two consecutive lots airmail"와 같이 항공등기우편으로 송부할 것을 기재한다.

37 지급·인수·매입은행에 대한 지시사항(지급확약문언)

신용장의 종류에 따른 발행은행의 지급확약문언(engagement clause)이 있다. 지급확약문언과 관련하여 발행은행의 지급확약문언은 신용장의 종류에 따라 다르다.

- 매입신용장 : We hereby engage with drawers, endorsers and bona fide holders that drafts drawn under and negotiated in compliance with the terms of this credit will be duly honoured on presentation.
- 일람지급신용장 : We hereby engage with you that payment will be duly made against documents presented in conformity with terms of this credit.
- 인수신용장 : We hereby engage with you that drafts drawn in conformity with the terms of this credit will be duly accepted on presentation and duly honored at maturity.

38 상환지시(reimbursing instructions) : 53A

신용장발행은행은 상환(reimbursement)을 위하여 대금결제은행 및 대금결제방법에 대하여 다음과 같은 예와 같이 기재한다.

- "T/T reimbursement not allowed" : 전신상환을 허용하는 않는 표시 표현으로 대금상환과 관련하여 전신환에 의한 상환은 금지된다는 지시

- "We shall remit the proceeds of your draft to your account with your designated bank according to your instructions."
- "Please reimburse yourselves for your payment and charges on A Bank, New York, under advise to us."
- "Upon receipt of documents in compliance with the terms of the credit, We will remit the proceeds of the drafts to your account as per your instruction."

39 신용장통일규칙 및 은행간 대금상환에 관한 통일규칙 준거문언 : 72

신용장상에는 취소불능 화환신용장에 관한 통일규칙(This documentary credit is subject to the Uniform Customs and Practice for Documentary Credits(2007 Revision) International Chamber of Commerce Publication No. 600) 및 은행간 대금상환에 관한 ICC통일규칙(ICC Uniform Rules for Bank to Bank Reimbursements under Documentary Credits, URR 725)의 준거문언이 명시되며, 동 규칙이 명시된 신용장을 사용하는 관계 당사자는 동 규칙에 따른 법적 구속력을 가지게 된다.

◈ 지급 · 인수 · 매입은행에 대한 지시(instruction to the paying/accepting/negotiation bank)

㉮ 신용장에 의하여 어음을 매입하였을 때는 사무착오의 방지와 선의의 제3자를 보호하기 위하여 그 사실을 신용장면에 기재하도록 매입은행 또는 지급은행에 "The amount and date of negotiation of each draft(s) must be endorsed on the reverse hereof by the negotiation bank."/The amount and date each negotiation must be endorsed on the back hereof by the negotiating bank 등과 같은 지시사항이 명시된다.

㉯ "In reimbursement, please draw your own draft at sight on xxx Bank(결제은행)" /Please reimburse yourselves for your payment and charges on A Bank, New York, under advise to us./Please debit our head office A/C with you at maturity. 으로 표시하는 것은 수익자의 환어음은 발행은행 앞으로 발행하고, 별도로 매입은행이 자신의 상환용 어음을 작성하고 이를 결제은행으로 송부하게 하여 대금을 지급하는 경우의 상환지시 문언을 말한다.

㉰ "Upon receipt of documents in compliance with the terms of the credit, We will remit the proceeds of the drafts to your account as per your instruction"으로 표시하는 경우는 수익자의 환어음을 발행은행 앞으로 발행하도록 하고 발행은행이 서류를 수취한 후 대금을 매입은행이 지정하는 은행으로 대금을 지급하는 경우에 표시하는 내용이다.

㉱ 특히 환어음과 선적서류의 처리(발송)에 관하여 "Please forward all documents and draft negotiated direct to xx(issuing) bank and reimburse yourselves in the amount of your negotiation by at sight on our account with xxx."와 같이 모든 Nego된 서류는 발행은행 앞으로 송부하지만, 상환어음은 발행은행이 구좌를 갖고 있는 결제

은행 앞으로 발행하여 상환을 받으라는 것으로 구체적인 지시사항도 명시된다.

㉮ 매입은행의 지정내용에 관하여 "Negotiations under this credit are restricted to the advising bank"/This credit are available through xxx bank only.등으로 명시된다.

표 5-1 신용장실무절차(신용장거래의 절차 요약)

1. 무역계약과 신용장
• 신용장거래는 매매계약과 독립된 별개이며 서류만의 거래 • 신용장의 제조건 일치서류 제시
2. 신용장 발행
• 발행은행과 외국환거래약정, 담보제공, 발행한도 설정, 발행수수료, 신용장발행신청서 • 계약서의 발행기한 내에 발행, 서류제시기일로 납기통제, 품질검사서 첨부 여부 • 운송조건의 제한, 서류불일치시 대응방안, 신용장 기재사항의 조건일치 정확성
3. 신용장의 구성과 기재내용
• SWIFT방식의 신용장, 발행은행, 발행지역, 발행일자, 신용장 종류, 취소가능 · 불능 여부 • 양도가능 여부, 특수조건 검토, 신용장 번호, 유효기일과 장소, 발행의뢰인, 수익자 • 통지은행, 금액, 신용장의 사용방법, 환어음의 지급기한, 선적지, 도착지, 선적기일, 물품의 명세 • 요구서류의 종류와 제출 통수, 관련 수수료 조건, 서류의 제시기간, 매입은행 제한조건 • 신용장의 확인 여부, 분할선적, 환적, 특별지시사항, 대금결제은행, 지급 · 인수 · 매입은행 앞 지시사항, 기타 필요 기재사항, UCP 준수문언
4. 신용장 통지
• 신용장의 외관상 진위확인, 발행은행 신용도 점검, 조건검토 • 지급 · 연지급 · 인수 · 매입 등의 신용장 사용방법 점검 • 신용장 분실시 재발급 가능
5. 신용장 수령
• 신용장 진위 재확인, 발행은행 신용도와 국가위험도 검토 • 독소조항(함정문구) 여부, 이행불능조건의 검토 • 불완전/불명료한 조건의 검토.
6. 신용장 조건변경
• 이미 발행된 신용장의 조건을 변경하는 경우에는 발행은행, 수익자, 수익자, 확인신용장의 경우에는 확인은행 등 전원의 동의를 구하고 조건을 변경, 동일한 통지은행을 통한 조건변경, 조건변경 내용이 원신용장과 모순되는 내용 여부 확인, 조건변경의 효력시기
7. 신용장 확인
• 1차적으로 지급확약의무를 부담하고 있는 발행은행의 요청으로 제3의 은행(확인은행)이 2차적으로 신용장에 대하여 추가적으로 지급확약의무를 부담하는 것을 신용장의 확인이라고 함 • 발행은행의 신용도가 낮거나 국가위험도가 높은 지역에 소재하는 발행은행이 발행한 신용장의 경우에 수익자(수출업자)의 보호를 목적으로 발행 • 확인은행은 소구권없이 매입을 확약하며, 확인은행의 책임은 발행은행과는 독립적인 의무임

8. 신용장 양도
• 신용장의 제1수익자가 다른 제2수익자에게 신용장의 권리를 이전하는 행위 • 양도는 'Transferable'이라고 신용장상에 명시되어야 하며, 1회만 가능 • 전액 · 분할양도, 국내 · 국외양도, 조건변경 양도가능, 양도 L/C와 Baby L/C.
9. 서류매입(Negotiation)
• 선적완료 후 신용장조건에 일치하는 서류(선하증권 등 신용장에서 요구하는 서류와 환어음, 신용장 등)를 매입은행에 제시하여 수출대금을 먼저 수취하는 것을 매입이라고 함. • 매입은행은 서류를 심사(서류접수 다음날부터 5은행영업일 이내에 심사)한 후 조건이 일치하면 자기자금을 먼저 수출업자에게 지급하고 서류를 발행은행으로 보내는데 소요되는 우편기일에 해당하는 이자성격의 수수료(환가료)를 공제하고 대금을 지급함. • 서류기재 내용은 신용장의 제조건, UCP, ISBP 등과 일치해야 함. • 서류심사의 기준은 신용장의 제조건, UCP, ISBP에 의함. • Clean Nego · L/G Nego • 하자서류(discrepancies)의 처리방법 : ① Cable Nego ② Amendment ③ Collection ④ Approval ⑤ Letter of Guarantee Nego • 수수료 : 환가료, 대체료, Less Charge, 매입수수료, Delay Charge • 재매입(Renegotiation)
10. 발행은행의 서류인도
• 발행은행은 매입은행이 보낸 서류의 조건일치 여부를 심사한 후(서류접수 다음 날부터 5은행영업일 이내에 심사) 매입은행으로 대금을 송금하고 서류를 수입업자에게 인도하면서 대금을 수취함. • 대금의 지급은 일람출급과 기한부인 경우에 시기가 달라짐. • 발행은행의 지급거절 통지에는 ㉮ 결제 또는 매입거절의 사실 ㉯ 구체적인 하자사실 ㉰ 서류의 현황 내용 등을 반드시 포함해야 함.
11. 수입화물선취보증서(Letter of Guarantee : L/G)
• 수입화물은 이미 도착하였으나 우편지연, 매입지연 등의 사유로 운송서류의 원본(선하증권)이 도착하지 않은 경우에 발행은행에서 수입화물선취보증서(L/G)를 발급받아 이를 선박회사에 제출하고 수입화물을 미리 인수함. 나중에 도착하는 선적서류에 하자가 있더라도 발행은행은 지급거절을 할 수 없음. Shipside Bond(SSB), Shipping L/G
12. 수입화물대도(Trust Receipt : T/R)
• 발행은행이 수입화물에 대한 담보권과 소유권을 유지하면서 수입업자가 수입대금을 결제하기 전에 수입화물을 인도하여 줌으로써 수입업자로 하여금 적절한 시기에 처분하여 약정기일에 수입대금을 결제할 수 있는 편리한 제도
13. 무역금융
• 수출품 및 수출용 원자재 제조에 필요한 자금을 선적 전에 지원하기 위한 제도. 생산자금, 원자재자금 및 완제품 구매자금으로 구분하여 지원.

제3절 신용장의 종류

1. 신용장의 종류

◈ 상업신용장(commercial credit) vs 클린신용장(clean credit)

① 상업신용장(commercial credit)은 무역신용장(trade credit)이라고도 한다. 유·무형재의 상업적 매매거래에 따른 대가를 결제하는 수단으로 이용되는 신용장을 말하며, 화환신용장(documentary credit)과 무화환신용장(documentary clean credit)으로 나눌 수 있다. 화환신용장은 대금결제에 환어음에 선적서류(운송서류, 보험서류 및 기타서류)의 첨부를 요구하는 신용장을 말하며, 무화환신용장이란 선적서류의 첨부 없이 환어음만으로 대금을 결제할 수 있게 한 신용장을 말한다.

① 클린신용장(clean credit)은 상업적 매매거래 이외의 용도로 사용되는 신용장으로 클린신용장은 여행자신용장(traveller's credit), 일반클린신용장으로 나누어지며, 일반클린신용장은 다시 보증신용장(standby credit)과 클린현금신용장(clean cash credit)으로 나눌 수 있다. 여행자신용장(traveler's credit)은 여행자의 현금휴대 위험을 피하고자 사용되는 신용장을 말하지만 현재는 여행자수표(traveler's check)나 신용카드(credit card)로 이러한 목적을 더 효율적으로 달성할 수 있어 거의 이용되지 않고 있다.

② 일반클린신용장은 다시 보증신용장과 클린현금신용장으로 구분된다. 보증신용장(stand-by credit)은 주로 수출입거래 또는 해외건설거래에 수반하는 각종의 보증을 위하여 발행되는 신용장으로 보증에는 입찰보증(bid bond), 계약이행보증(performance bond), 선수금환급보증(advance payment bond)과 유보금환급보증(retention money bond) 등이 있다.

③ 클린현금신용장(clean cash credit)은 국외지사의 유지비를 제공하기 위해 사용되는 신용장을 말한다. 본사가 해외 현지법인이나 지점 또는 관련 거래선이 자국 상사의 영업과 관련하여 현지은행에 현지 금융담보의 조건이나 건설, 용역 및 플랜트수출과 관련한 지급보증서의 대용으로 국내 외국환은행이 해외은행 앞으로 발행하여 사용되고 있다.

◈ 화환신용장(documentary credit) vs 무화환신용장(documentary clean credit)

① 화환신용장(documentary credit)은 상품거래에 따른 환어음과 이를 담보하는 상업송장, 선하증권 및 보험증권 등의 운송서류를 수출상이 은행에 제시하고 은행은 동 서류와 상환하여 신용장대금을 지급하는 방식의 신용장. 이러한 신용장은 대금결제의 선행조건으로 물품의 소유권 또는 점유권 이전이라는 대차관계의 존재를 전제하는 한편, 대금청구시의 구비서류로 매매당사자가 아닌 제3자(선박회사 및 보험회사)가 발행한 서류를 제출토록 한다는데 그 본질이 있는 것이다.

② 무화환신용장(documentary clean credit)은 환어음을 담보하는 운송서류의 제시를 요구하지 않는 신용장을 의미하므로 이를 '담보신용장'과 '무담보신용장'으로 구분하기도 한다. 무담보 신용장은 선적서류의 첨부없이 수익자가 발행하는 환어음만으로 발행은행이 지급·인수·매입을 확약하는 신용장이기 때문에 선적서류가 아예 없는 Clean Credit와는 다르다.

즉, 무담보 신용장거래에서는 선적서류가 존재하고 있지만 수익자가 선적서류를 은행에 제시하는 것이 아니라 수입상에게 직접 송부하기 때문에 환어음만을 은행에 제출하는 것이므로 그 본질은 상업신용장에 해당된다. 무담보 신용장은 담보물건인 상품의 권리를 대표하는 선하증권 등 선적서류가 수입상에게 직접 송부되므로 발행은행의 입장에서는 담보(선적화물)가 없는 상태에서 지급확약을 부담하게 되어 위험성이 높다. 따라서 무담보 신용장은 동일한 기업의 본점과 지점간의 거래나 오래된 거래관계로 확립된 신뢰성을 바탕으로 한 당사자들 간에 이용되며, 발행은행이 무담보 신용장을 발행하는 경우에는 발행의뢰인인 수입상에 대하여 신용도를 신뢰하거나 발행금액에 해당하는 전액담보물(full margin)을 확보한다. 앞의 클린신용장과 무화환신용장은 모두 운송서류를 요구하지 않는다는 점에서는 유사하지만, 클린신용장은 운송서류가 수반되지 않는 무역외 거래에 사용되는 신용장임에 반하여, 무화환신용장은 운송서류가 수반되는 무역거래임에도 불구하고 이를 요구하지 않는 신용장이라는 점에서 양자의 차이가 있다.

◈ 취소가능신용장(revocable credit) vs 취소불능신용장(irrevocable credit)

① 취소가능신용장(revocable credit)은 발행은행이 발행한 신용장이 수익자에게 사전의 통고 없이 언제라도 발행은행에 의하여 신용장의 조건을 변경하거나 취소될 수 있는 신용장이지만 일단 수익자에게 신용장이 통지되고 그 신용장의 취소나 변경이 통지은행에 접수되기 전에 원 신용장의 조건대로 지급, 인수 또는 매입한 은행에 대해서는 발행은행이 대금을 상환할 의무를 부담함.

② 최근에는 취소가능신용장이 실제로 사용되는 경우가 거의 없다는 관행을 반영하여, UCP 600에서는 취소가능신용장을 인정하지 않고 있으며, UCP 600 제3조에서 "신용장은 취소불능이라는 표시가 없는 경우에도 취소불능이다."라고 규정하고 있다.

① 취소불능신용장(irrevocable credit)은 UCP 600 제2조에서 "신용장이란 그 명칭이나 기술에 관계없이 발행은행이 일치하는 제시에 대하여 결제(일람지급 · 인수 · 연지급확약)하겠다는 확약으로서 취소가 불가능한 모든 약정을 의미한다."라고 규정하고 있다.

② 취소불능신용장이란 신용장조건에 일치한 소정의 서류가 제시되면 이에 대금을 지급하겠다는 발행은행의 일정한 확약으로서 일단 발행된 후에는 발행은행, 확인은행(있는 경우) 및 수익자 전원의 합의 없이는 그 조건을 변경하거나 취소할 수 없는 신용장을 말한다.

③ 즉, 취소불능신용장은 발행은행이 신용장에 명기된 서류가 제시되고 신용장조건이 충족되는 것을 조건으로 발행은행이 직접 환어음을 지급, 인수 또는 매입을 하거나 또는 타은행에 수권 하겠다는 것을 수익자 또는 경우에 따라서는 선의의 어음소지인(bona fide holder)에게 확약하는 법률적 구속력을 가지는 특성을 가지고 있다. 취소불능신용장에는 다음과 같은 발행은행의 지급확약문언이 기재된다.

- We engage with the drawer, endorsers, and bona-fide holders of drafts drawn under and in compliance with the terms of the credit that the same shall be duly honored on due presentation and delivery of documents as specified if negotiated on or before (date).
- We hereby agree to protect the drawers, endorsers, and bona-fide holders of drafts against any loss which may arise by means of the non-payment of drafts drawn in accordance with the terms of this credit.

◈ **확인신용장(confirmed credit) vs 무확인신용장(unconfirmed credit)**

① 신용장의 확인(confirmation)이란 발행은행이 1차적으로 지급·인수 또는 매입을 확약하고 있는 취소불능신용장에 대하여 신용장 발행은행 이외의 은행(일반적으로 발행은행의 예치환거래은행으로 수익자 소재지의 통지은행)인 제3의 은행이 신용장에 의거하여 발행된 어음을 2차적으로 지급 · 인수 또는 매입함에 대하여 발행은행과 동일한 확약을 부가하는 것으로. 확인은행의 2차적인 지급확약은 발행은행의 지급확약에 따른 부차적인 지급확약이 아니라 별도의 독립된 직접적인 지급확약이 되는 것이다.

② 확인신용장(confirmed credit)은 발행은행이 지급·인수 또는 매입을 확약한 취소불능신용장에 타은행(발행은행에 대한 신용을 공여하고 있는 은행, 주로 통지은행)이 발행은행의 수권이나 요청에 따라 추가로 지급이나 인수를 확약하거나, 구상권을 행사하지 않는 조건으로 환어음의 매입을 확약하는 행위를 신용장의 '확인(confirmation)'이라고 하며 그러한 내용이 담겨진 신용장을 확인신용장이라고 한다.

③ 이와 같이 확인신용장이 활용되는 것은 발행은행의 Credit Risk 또는 발행은행 소재국의 Country Risk가 높다고 판단되는 경우에 수익자는 그에 따른 위험을 제거하기 위한 수단으로 확인신용장을 요구하기 때문이다.

④ 발행은행이 자신의 신용장에 확인을 추가해 달라고 요청하고 그 요청을 수락한 확인은행이 신용장상에 다음과 같은 문언을 기재하면 확인신용장이 된다.

- We confirm the credit and thereby undertake that all drafts drawn and presented as above specified will be dully honored by us.
- At the request of our correspondent, we confirm their credit and engage with the drawers, endorsers and bona-fide holders of draft drawn in confirmity with the conditions of this credit that these drafts will be duly honored.

⑤ L/C SWIFT Field 49 : Confirmation Instructions(확인지시) 각 표시의 의미

- CONFIRM : 전문수신은행이 확인을 요청받은 경우
- MAY ADD : 전문수신은행의 선택에 의해 확인을 추가할 수 있는 경우
- WITHOUT : 전문수신은행이 확인을 요청받지 않은 경우

⑥ "We confirm the credit and thereby undertake that all drafts drawn and presented as above specified will be dully honored by us"

① 무확인신용장(unconfirmed credit)은 신용장 발행은행 이외의 제3은행의 확약이 없는 즉 확인이 첨가되지 않고 오로지 발행은행의 지급확약으로만 구성되어 있는 신용장을 말하며, 대부분의 상업신용장은 이 무확인신용장이 이용된다.

② L/C SWIFT Field 49 "CONFIRMATION INSTRUCTION : WITHOUT"

◈ **일람출급신용장(sight credit) vs 기한부신용장(usance credit)**

① 일람출급신용장(sight credit)은 수익자가 일람출급환어음(sight bill)을 발행하거나 환어음 없이 선적서류를 직접 발행은행, 확인은행 또는 지정은행에 제시하면 그 선적서류가 신용장의 제 조건과 일치하고 있는 한 선적서류와 상환으로 즉시 지급되는 신용장

② 지급신용장의 경우

· 지급표시문언 : "We hereby issue in your favor this documentary credit which is available by sight payment against presentation ~"

· 지급확약문언 : "We hereby engage that payment will be duly made against documents presented in conformity with the terms of this credit."

③ 매입신용장의 경우 : 일람출급신용장은 환어음의 매입을 허용하여 매입은행을 지정하거나 모든 은행이 환어음을 자유로이 매입할 수 있도록 허용하는 경우도 있다.

· 매입표시문언 : "We hereby establish this documentary credit in your favor available by negotiation of your draft at sight drawn on ~"

· 지급확약문언 : "We hereby engage wit drawers and/or bona-fide holders that drafts drawn and negotiated in conformity with the terms of this credit will be duly honoured on presentation."

◈ 매입신용장(negotiation credit) vs 지급신용장(payment credit)

① 매입신용장(negotiation credit)은 신용장에 근거하여 수익자가 발행한 환어음 및/또는 서류를 매입(negotiation)하는 방법으로 신용장대금을 지급하도록 명시된 신용장. 환어음 및/또는 서류의 발행인 또는 매입의뢰인인 수익자뿐만 아니라 배서인(endorser), 선의의 소지인(bona-fide holder)에 대해서도 발행은행이 지급을 확약하고 있음.

② 선적서류 매입 의뢰시 환어음을 제시하여야 하는 어음부 신용장이다. 따라서 환어음상의 배서인에 대한 지급확약이 있음

③ 매입은행이 발행은행의 무예치 환거래은행인 경우에도 사용함

④ 일람출급 또는 기한부신용장으로 사용함

⑤ 어느 은행이나 매입할 수 있는 것이 일반적이고, 예외적으로 지정은행만이 매입할 수 있는 경우가 있음. 신용장상 매입표시 예시는 다음과 같음.

· 자유매입신용장(freely negotiable credit), 일반신용장(general credit), 개방신용장(open credit) : "Available with/by any bank by negotiation"

· 매입제한신용장(negotiation restricted credit), 특정신용장(special credit) : "Available with/ by ABC bank by negotiation"

⑤ 신용장 뒷면에 매입사실의 배서를 요구하는 배서신용장(notation credit)임

⑥ 매입서류가 부도·반환되면 매입은행은 수익자에게 소구권을 행사할 수 있음

⑦ 매입신용장의 발행은행 지급확약문언 예시 : "We hereby agree with the drawer, endorser and bona-fide-holder of drafts drawn under and in compliance with the terms of this credit that such drafts shall be duly honored on presentation of and on delivery of the documents as specified to the drawee bank"

① 지급신용장(payment credit)은 발행은행이 신용장을 발행할 때 수출지에 소재하고 있는 자행의 예치환거래은행이나 해외 본 · 지점을 지급은행(일반적으로 통지은행)으로 지정하고 수익자가 지정은행에 직접 서류를 제시하면 지급하겠다고 약정한 신용장

② 원칙적으로 어음을 필요로 하지 않음

③ 통지은행이 발행은행의 예치환거래은행이나 해외 본 · 지점일 경우에 통지은행을 지정은행(지급은행)으로 하여 주로 사용됨

④ 일람지급신용장으로만 사용됨.

⑤ 원칙적으로 지정은행(nominated bank)인 지급은행만 지급업무를 담당함.

⑥ 신용장 뒷면에 매입사실 배서를 요구하지 않는 비배서 신용장(non-notation credit)임

⑦ 서류가 부도반환 되어도 수익자에게 소구권을 행사할 수 없음.
⑧ 지급신용장의 발행은행의 지급확약문구 : "We hereby issue in your favour this documentary credit which is available by sight payment against presentation of the following documents".
⑨ 지급신용장은 때로는 지급은행으로 지정된 은행을 지급인으로 하는 일람지급환어음의 발행을 요구하는 것도 있음.
⑩ 실무적으로 유럽지역 발행은행들이 우리나라 은행으로 신용장을 송부할 때 어음발행에 따른 인지세를 회피하기 위해 지급신용장으로 발행하고 지급 지정은행을 발행은행 자신으로 명시한 경우가 많은데 이러한 신용장에 근거한 수출환어음 매입은 자유매입신용장에 준하여 직매입으로 처리하는 관행이 있음.

◈ 연지급신용장(deferred payment credit) vs 인수신용장(acceptance credit)

① 연지급신용장(deferred payment credit)은 신용장상에서 지정한 연지급(延支給) 확약은행에 제 조건과 일치하는 서류를 제시하고 신용장에 명시되어 있는 조항에 의하여 결정되는 일정기간 후인 만기일에 대금을 지급된다고 약정하는 기한부신용장임.
① 무어음신용장임.
② 대개의 경우 수출지의 연지급은행이 발행은행의 예치환거래은행일 때 사용된다. 이 신용장에서는 일반적으로 수익자가 소재하는 지역의 통지은행이 연지급은행이 되며 통지은행이 발행은행의 예치환거래은행 또는 해외지점일 때 이용됨.
③ 지정된 연지급은행(일반적으로 통지은행)만이 지급업무를 담당함.
④ 신용장 뒷면에 매입사실 배서를 요구하지 않는 비배서신용장(non-notation credit)
⑤ 서류가 부도반환 되어도 수익자에게 소구권을 행사할 수 없음.
⑥ 환어음이 첨부되지 않기 때문에 수익자가 서류를 제시할 때 만기일에 지급한다는 확약내용이 기재된 연지급확약서(deferred payment undertaking)를 연지급은행이 발행함
⑦ 연지급신용장의 신용장상 예문 :
- "Available with/by ABC bank by deferred payment"
- "Credit available with xxx bank(the nominated bank) by deferred payment at 90 days after the date of issuance of the transport documents detailed herein"
- Principal amount is available against the beneficiary's three drafts on the dates of xxx, xxx, and xxx days from the date of Bill of Lading for one third of principal amount of each shipment.

① 인수신용장(acceptance credit)은 발행은행이 자행의 해외지점이나 예치환거래은행(주로 통지은행)을 인수은행으로 지정하고 그 은행을 지급인으로 수익자가 발행한 기한부 환어음(usance bill)을 인수(acceptance)하는 것을 명시하고 있는 신용장.
② 선적서류 제출시 항상 환어음이 필요한 어음부신용장임.
③ 발행은행이 특정은행을 인수은행(실무적으로는 통지은행)으로 지정하고 그 인수은행으로부터 인수편의를 제공받을 때 사용됨. 인수편의(acceptance facility)란 수입상이 기한부수입을 하고자 하는 경우, 해외에 있는 예치환거래은행(인수은행)이 발행은행을 위하여 환어음의 인수(및 할인)와 신용장대금을 대신 지급하여 주고, 어음의 만기에 발행은행으로부터 그 대금을 회수하는 형태의 신용공여를 말함.

④ 지정된 인수은행(일반적으로 통지은행)만이 인수업무를 담당할 수 있음.
⑤ 신용장 뒷면에 매입사실 배서를 요구하지 않는 비배서 신용장(non-notation credit)
⑥ 소구권을 행사할 수 없는 소구불능신용장(without recourse credit)임.
⑦ 인수신용장은 지급인으로 지정된 은행이 환어음을 인수(acceptance)한다는 것을 명시하고 있는 신용장.
⑧ 인수신용장에서 표시되는 문구 예시 : "We hereby issue in your favor irrevocable documentary credit which is available by acceptance of your draft at 30 days after sight drawn on xxx bank"

㉮ 무역인수신용장(seller's usance credit, trade acceptance credit)

기한부신용장(usance credit)에서 수입상이 대금지급을 일정 기간 후에 할 수 있도록 신용을 제공 해주는 주체가 수출상인 신용장을 무역인수신용장(seller's usance credit, trade acceptance credit)이라 한다. 이 신용장에서는 수출상이 Nego시 대금의 결제없이 인수은행으로부터 인수용 어음의 뒷면에 인수표시만을 받고 서류를 매입(인수)은행에게 인도하게 되며, 인수은행은 그 서류를 받아서 발행은행에 보내준다. 그 후 어음의 만기일이 되면 수출상은 어음을 인수은행에 제시하고 대금을 상환받게 된다.
물론 수출상이 기간 만료 전에 금융시장에서 이 어음을 할인하는 경우도 있지만, 이는 자기의 신용을 이용하여 자금 부담을 면하는 것이므로 수입상과는 전혀 관계가 없다. Seller's usance임을 판별하는 방법은 기한부신용장에서 수익자에게 "At sight nego"를 허용하는 조항이 빠져 있거나, 발행은행이 기한 만기시에 수익자의 지시에 따라 지급하겠다는 뜻을 기재하고 있으면, 이는 발행의뢰인에 대한 신용제공의 주체가 수출상인 것으로 이해할 수 있게 된다.

㉯ 은행인수신용장(banker's acceptance credit, banker's usance credit)

수출상에게 자금 부담을 가져오는 무역인수신용장의 단점은 은행이 대신 신용을 제공함으로써 해결할 수 있다. 수출상 대신에 은행이 신용을 제공하는 신용장을 은행인수신용장(banker's acceptance credit) 또는 은행유전스신용장(banker's usance credit)이라고 하는데, 이는 수입상이 기한의 이익(benefit of time)을 누리는 것과 수출상과는 전혀 관계가 없으므로 수출상은 선적 즉시 대금을 회수할 수 있다. 신용장은 신용제공의 주체가 발행은행인가 아니면 국외에 있는 발행은행의 예치환거래은행인가에 따라 다시 국내은행 인수신용장(domestic banker's acceptance credit) 또는 국내수입유전스신용장(domestic import usance credit)과 해외은행 인수신용장(overseas banker's acceptance credit) 또는 해외은행유전스신용장(overseas banker's usance credit)으로 구분된다.
국내은행 인수신용장(domestic banker's acceptance credit)은 발행은행이 선적서류와 환어음이 내도하면 수입상에게 수입대전을 징수함이 없이 선적서류를 인도하고, 자기자본으로 매입은행에 대금을 상환하며, 그 상환대금은 환어음의 만기에 가서야 수입상으로부터 징수하게 된다.
국외은행인수신용장(overseas banker's acceptance credit)은 국외에 있는 발행은행의 예치환거래은행이 신용을 제공한다. 일반적으로 외국환은행은 업무 편의를 위하여 예치환거래은행에 일정금액 이상의 예금을 유지하는 것이 보통인데, 예치환거래은행은 이처럼 예금잔액을 유지할 수 있게 해준 데 대한 반대급부로 그 외국환은행에 인수

편의, 당좌대월, 신용장확인 등 몇 가지의 신용 편의를 제공하게 된다. 여기에서 인수편의(acceptance facility)를 공여한다는 의미는 발행은행을 대신해서 수입대전을 지급하고 어음의 만기에 수입대전을 발행은행으로부터 징수하는 것을 뜻한다.

◈ **단순·상환·송금신용장(simple credit vs reimbursement credit vs remittance credit)**

① 단순(차기)신용장(simple credit)은 신용장을 지급 · 인수 · 매입한 은행에 발행은행이 자신의 명의로 예치된 환계정이 있는 예치환거래은행(depository correspondent bank)의 관계일 때, 다은행이 신용장에서 요구하는 제조건에 일치한 서류의 제시에 내한 정당한 대금지급에 대하여 발행은행의 예치환계정에서 대체하여 대금을 상환받는 형태의 신용장, 예치환거래은행은 통지은행(지급은행)이 서류를 매입할 때 발행은행 명의의 예치금계정에서 차기(debit, 출금)하여 수익자에게 신용장 대금을 지급하게 되므로 차기신용장(debt base credit)이라고도 함. 이러한 신용장은 발행은행과 매입은행이 본·지점간인 경우 및 지정신용장(straight credit)의 형식에서 볼 수 있으며 예문은 다음과 같다.

㉮ 매입은행 지정문언 : We hereby issue in your favour this documentary credit which is available by payment against documents---.

㉯ 계정차기 허용문언 : Please pay the sum due to the debit of our account with you, Please debit our account with you and credit you're a/c on maturity. "On maturity we shall credit your a/c with ourselves", "Please debit our account with you". "On maturity we shall credit your a/c with ourselves" "Please debit our account with you"

① 상환신용장(reimbursement credit)은 신용장을 지급 · 인수 · 매입한 수출지역의 서류매입은행과 발행은행이 자신의 명의로 예치환계정을 보유하지 않은 무예치환거래은행(non-depositary bank)의 관계일 때 발행은행이 별도로 지정한 제3의 은행인 발행은행의 예치환거래은행인 결제은행(settling bank) 또는 상환은행(reimbursing bank) 앞으로 환어음을 송부하여 대금을 지급받는 신용장. 결제은행 또는 상환은행이 신용장의 제 조건과 일치한다는 증명서 또는 서류를 요구하지 않음.

발행은행이 상환을 청구하도록 지시하는 방법에는 환어음을 상환은행으로 직송하여 상환을 청구하도록 하는 방법 또는 환어음과 선적서류를 발행은행 앞으로 보내게 하고 매입은행으로 하여금 상환용 어음(reimbursement draft)을 따로 발행하여 상환은행으로부터 상환을 받도록 하는 방법 등이 있다.

② 문언 예시 : "negotiating bank should forward the draft(s) drawn hereunder in one airmail to the drawee bank together with certificate that all terms of the credit have complied with and required documents have been forwarded directly to us by separate airmail".

"please send the drafts to XXX bank accompaning with your certificate stating that all documents sent to us have been complied with all terms and conditions of this credit".

"in reimbursement, please draw your own draw your own drafts at sight on xxx Bank(drawee bank)".

① 송금신용장(remittance credit)은 신용장 발행은행이 상환에 대한 지시가 없이 매입은행이 신용장에 의거 정당한 매입절차를 완료한 후 자신이 상환받기를 원하는 은행을 지정하여 그 은행으로 자금을 송금할 것을 요청하면 발행은행은 이 지시에 따라 지정된 은행

으로 매입대금을 송금하는 방식의 신용장. 신용장에 수출대금 상환은행이 지정되지 않고 또한 통지은행과 발행은행이 예치환거래 관계가 아닐 때 사용되는 신용장. 송금신용장은 단순신용장이나 상환신용장에 비하여 대금상환이 늦어지는 단점이 있으며 서류상의 사소한 하자를 이유로 입금을 지연시키는 등의 문제 발생 소지가 있음.

② 문언 예시 : "we will remit the proceeds to your account with the bank designated by you upon receipt of the drafts and documents in order".

"proceeds drawn under this credit will be remitted as per instruction of the negotiating bank upon receipt of the documents in compliance with the terms and conditions of the credit".

"upon receipt of documents in compliance with the terms of the credit, we will remit the proceeds as per your instruction".

"We shall make payment as per negotiating bank's instructions to be received".

"We will provide you with the necessary funds as per your instruction to be received".

◈ **양도가능신용장(transferable credit) vs 양도불능신용장(non-transferable credit)**

신용장의 양도(transfer)란 신용장상의 수익자가 향유하는 권리의 전부 또는 일부를 수익자가 지정하는 제3자에게 양도하는 것을 말하며, 양도가능신용장(transferable credit)은 신용장에 "transferable"이란 명시적인 문언이 있어 원수익자가 지급 · 인수 또는 매입은행에 대하여 신용장의 전부 또는 일부를 사용할 수 있도록 수익자가 지정은행(양도은행)에게 신용장의 양도(transfer)를 요청할 수 있는 신용장, 즉 신용장 권리의 전부 또는 일부를 타인에게 양도할 수 있도록 허용하는 신용장을 말하며, 양도은행에 의하여 제2수익자가 원신용장의 수익자로부터 양도받은 신용장은 양도신용장(transferred credit)이라고 한다. 양도불능신용장(non-transferable credit)이란 신용장상에 양도가능(transferable)의 명시적인 문언이 없어 오직 신용장상에 지정된 원수익자만이 이를 사용할 수 있다.

양도가능신용장에서 양도를 위한 요건들을 요약하면 ㉮ 양도은행은 지급·연지급·인수·매입을 수권받은 지정은행 또는 자유매입신용장의 경우에는 신용장에서 특별히 양도은행으로 수권된 은행만이 양도할 수 있다. ㉯ 신용장에 "transferable"이라는 용어가 있어야 한다. ㉰ 양도은행이 합의한 범위와 방법에 따라서만 양도될 수 있다. ㉱ 단 1회에 한하여 양도될 수 있다. ㉲ 분할어음발행 또는 분할선적이 허용된 경우에 한하여 분할양도가 가능하다.

신용장의 양도절차는 ① 전부 또는 일부 양도신청서(Application for Advice of Total or Partial Transfer)를 양수자 즉, 제2수익자와 함께 서명한 후(또는 제2수익자와 맺은 계약서나 오퍼를 첨부) 원신용장과 함께 양도 취급은행에 제출 ② 양도 취급은행은 동의뢰서의 내용에 따라 원신용장 원본 뒷면에 양도사실 [예 : This credit had been totally(or Partially) transferred to ABC Co.(제2 수익자) for USD 12,000(양도금액) by XYZ Bank(양도은행)]을 명기 ③ 특히 Partial Transfer인 경우 상품이 종류별로 되어 있거나 수량이 명시되어 있는 경우에는 원신용장의 뒷면에 당해 상품명이나 수량도 기재하여야 한다. ④ 양도은행은 양도인, 발행은행, 통지은행(양도은행이 통지은행이 아닌 경우)에 Transfer Advices의 사본을 교부하고 양수인(제2수익자)에게는 양도통지서 원본과 양도은행이 작성한 양도신용장 원본을 교부

제 4 절 신용장의 발행

수입상은 수입물품에 대한 수입승인(해당되는 경우)을 받은 다음 그 유효기간 내에 신용장 발행을 신청하게 된다. 신용장 발행은행은 신용장 발행에 관한 심사 및 기타의 절차를 완료하고 발행의뢰인이 제출한 신용장발행 신청서(application for irrevocable documentary letter of credit)의 내용을 점검한 후 모든 내용을 타당하다고 인정하면 수입 신용장을 발행하여 준다.

신용장의 발행방법은 선적기일, 시황, 자금사정 등을 고려하여 결정하여 발행하게 되는데, 전통적인 방법은 발행은행이 자행의 양식을 사용하여 서신형식으로 신용장을 작성하여 우편으로 발송하는 것이다. 그러나 점차 통신수단의 발달로 대부분의 신용장이 전신 등을 이용하여 보다 신속하고 능률적인 방법으로 신용장을 발행하고 있다. 특히 최근에 와서는 SWIFT 등 획기적인 통신수단의 등장과 함께 많은 은행들이 이러한 방법으로 신용장을 발행하고 있다.

1. SWIFT에 의한 신용장발행

오늘날 대부분의 신용장발행은 전신에 의해 발행되는데, 전신에 의한 발행방법에는 SWIFT에 의한 방법이 대부분이다. SWIFT(Society for Worldwide Inter-bank Financial Telecommunication : 국제은행간 자금결제 전산망)란 국제은행간 자금결제를 위한 정보통신망으로 국제금융기관의 대차업무, 즉 국제자금결제업무를 보다 신속하고 정확·안전한 자금결제 업무처리를 위한 EDI방식에 의한 문서전달 체제를 의미한다.

SWIFT에서는 전문의 진위확인을 위해서 인증키(authentication)를 이용하며 인증키에 의한 16자리의 암호로 구성된 비밀번호를 사용한다. SWIFT의 장점인 안전성(security), 신속성(timeliness), 저렴한 비용(low cost), 업무의 표준화(standardized formats) 등으로 전문(電文)이 신속·정확하며 표준화된 양식을 사용함으로써 전송메시지 자체를 암호화하여 고도의 보안성을 유지할 수 있다.

SWIFT에 의한 신용장발행은 신용장의 Format이 표준화되고 Code화되어 있고 Authenticator Key는 Test Key와 같이 금액, 통화종별, 거래일자 등을 수자화(數字化)하여 16진법의 기본수자(基本數字)인 0~9, A~F까지의 임의의 숫자 및 알파벳 문자를 중복하지 않고 사용한 16자리의 암호로 구성되어 있다. SWIFT 신용장관련 표준형식은 은행간에 신용장을 발행하여 송신할 때 정형화되어진 Message Type(MT)란에 어떠한 내용인지를 명시하도록 되어 있는데 예를 들어 신용장발행은 MT(message type) 700과 MT701(issue of documentary credit)을 사용한다. MT700은 신용장발행 양식이며 서류명세·물품명세 등이 많아 MT700으로 부족한 경우에는 MT701을 추가로 사용한다. SWIFT에 가입한 금융기관들끼리 신용장과 관련하여 사용되는 Message Type들은 다음과 같다.

MT 700	• 화환신용장 발행, 발행된 화환신용장의 조건들을 표시한 형식이다.
MT 701	• 화환신용장 발행, 상기 MT700에 연속되는 신용장 내용의 2쪽이다. • 신용장의 내용이 최대 허용치의 분량을 초과하는 경우 추가사항은 MT701 형식을 사용하여 발신하여야 한다. MT701은 최대 3쪽까지 사용이 가능하다.
MT 705	• 화환신용장 발행의 사전통지문, 완전한 신용장을 보내기 이전에 사전 정보사항으로 보내는 신용장의 사전통지문 형식이다.
MT 707	• 화환신용장 조건변경의 통지문 • 화환신용장의 조건변경사항을 통지하는 형식이다.
MT 720	• 신용장의 양도형식이다.
MT 740	• 발행은행이 상환은행으로 보내는 상환수권 전신문이다.

금융기관을 코드화하여 자동화 처리를 위해 SWIFT가 국제표준화기구에서 명시한 Coding System을 바탕으로 Member, Sub-member, Participant들에게 고유의 Code를 부여하고 있는데 이를 BIC(Bank Identifier Code)라 한다. BIC 부여방법은 SWIFT 가입 회원이 자체 환경에 따라 1개 또는 여러 개의 BIC부여 신청을 하면 SWIFT 본부에서 이를 수리함으로써 부여되며, 연 4회 발간되는 BIC Directory에 실려 모든 가입자에게 알려지게 된다. 신청하는 BIC는 다른 회원의 BIC와 중복되지 않아야 하며, Coding System에 따라 만든 것이어야 한다. BIC(bank identifier code)의 구성은 BIC는 8자리 또는 Branch Code를 사용할 때는 11자리로 구성되는데 구조는 아래와 같다.

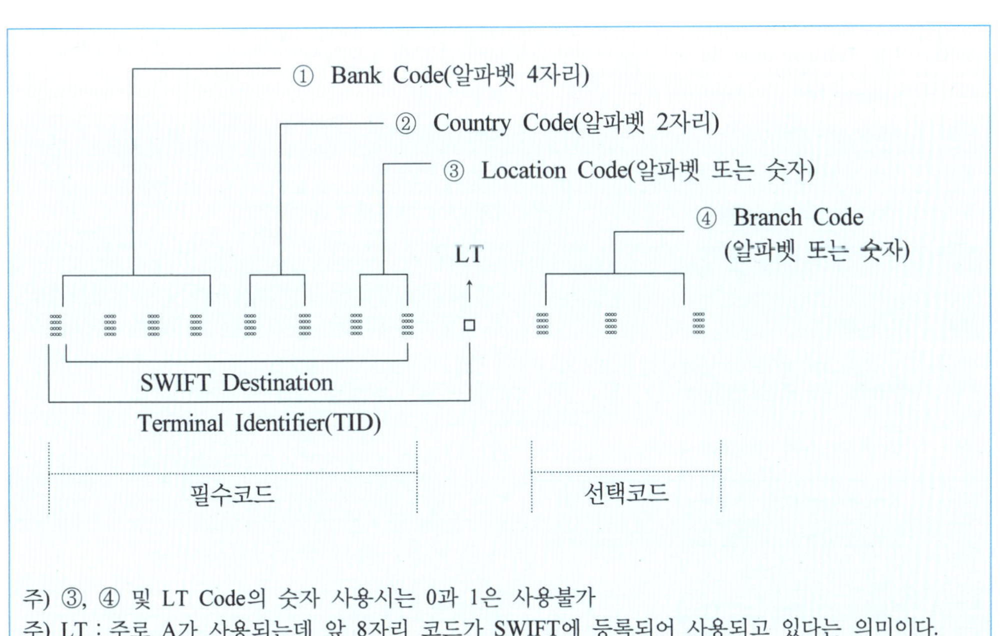

주) ③, ④ 및 LT Code의 숫자 사용시는 0과 1은 사용불가
주) LT : 주로 A가 사용되는데 앞 8자리 코드가 SWIFT에 등록되어 사용되고 있다는 의미이다.

서식 5-2 신용장 발행을 위한 SWIFT Message Type(MT700 Issue of Documentary Credit)

TAG	FIELD NAME	내 용
27	Sequence of Total	전문의 총 쪽 중에서 몇 번째 쪽인지를 표시
40A	Form of Documentary Credit	신용장의 종류
20	Documentary Credit Number	신용장번호(발행은행이 부여)
23	Reference to Pre-Advice	PREADV/사전통지 번호 및 일자
31C	Date of Issue	신용장 발행일자
31D	Date and Place of Expiry	신용장 유효기일 및 종료지점
51a	Applicant Bank	A or D
50	Applicant	발행의뢰인(수입상)
59	Beneficiary	수익자(수출상)
32B	Currency Code, Amount	신용장의 통화종류와 금액
39A	Percentage Credit Amount Tolerance	신용장금액의 상 · 하한 허용비율을 표시
39B	Maximum Credit Amount	신용장금액 한도
39C	Additional Amounts Covered	상품명세, 서류명세, 특별조건 등을 추가로 표시.
41D	Available With… By…	지급·인수·매입을 담당할 은행과 그 형식을 구분 표시
42C	Drafts at…	환어음의 결제조건을 표시(화환어음기간)
42a	Drawee	화환어음의 지급인[발행은행 또는 상환(결제)은행]
42M	Mixed Payment Details	혼합지급의 지급일자, 금액, 방법 등을 표시
42P	Deferred Payment Details	후지급의 지급일자, 결정방법 등을 표시
43P	Partial Shipments	분할선적 허용 여부
43T	Transshipment	환적의 허용 여부
44A	Loading on Board/Dispatch/Taking in Charge at/from…	선적항, 발송지, 수탁지
44B	For Transportation to…	최종 목적지
44C	Latest Date of Shipment	최종 선적일
44D	Shipment Period	선적 가능기간
45A	Description of Goods and/or Services	상품(용역)명세
46A	Documents Required	수출상이 제시해야 할 서류
47A	Additional Conditions	추가조건
71B	Charges	수수료 부담(수익자 부담인 경우에 명시, 명시가 없으면 매입 · 양도비용을 제외한 모든 비용은 발행의뢰인 부담)
48	Period for Presentation	지급 · 인수 · 매입을 위한 서류제시 기간
49	Confirmation Instructions	통지은행의 신용장 확인에 관한 사항을 표시 MAY ADD(확인 가능), WITHOUT(확인불요)
53a	Reimbursement Bank	발행은행에 의하여 상환을 수권받은 은행명 기재
78	Instructions to the Paying/Accepting/Negotiating Bank	지급 · 인수 · 매입은행을 위한 지시사항
57a	"Advise Through" Bank	수익자에게 통지하기 위하여 경유하는 은행
72	Sender to Receiver Information	발행은행이 수신은행에게 제공하는 정보사항

서식 5-3 수입신용장(SWIFT MT 700)

Application header block :

: Input/Output Identifier : 1 Outgoing Message
: Transaction Type : 700 issue of a documentary credit
: Transaction Priority : Normal
. To : KOREA EXCHANGE BANK, HONG KONG BRANCH, HONG KONG
: 27 /sequence of total : 1/1
: 40A /form of documentary credit : IRREVOCABLE
: 20 /documentary credit number : M-06Q4-006-NS-00025
: 31C /date of issue : 200610
: 31D /date and place of expiry : 201005 AT NEGOTIATION BANK'S COUNTER
: 50 /applicant : DAE JOONG INTERNATIONAL LTD.
120-3 CHUNGDAM-DONG KANGNAM-KU, SEUOL, KOREA
: 59 /beneficiary : POSCELIN CO. LTD.. UNIT D. 7/F., HONG KONG SPINNERS IND BLDG.
PHASE 1 AND 2, 601-603 TAI NAN WEST ST., KLN., HONG KONG
: 32B /currency code amount : USD243,698.30
: 39A /pct credit amount tolerance : 10/10
: 41D /available with/by-name, address : ANY BANK BY NEGOTIATION
: 42C /drafts at : AT SIGHT
: 42A /drawee : KOREA EXCHANGE BANK KANGNAM BRANCH
: 43P /partial shipments : ALLOWED
: 43T /transshipment : NOT ALLOWED
: 44A /on board/disp/taking charge : HONG KONG PORT
: 44B /for transportation to : BUSAN, KOREA PORT
: 44C /latest date of shipment : 200930
: 45A /descr goods and/or services : 8,730S/F OF COLORED COWHIDE GRAIN LEATHER FOR SHOE UPPER "RAW MATERIAL" 1.STEER RAW HIDE ORIGIN : HONG KONG PRICE TERM : FOB HONG KONG
: 46A /documents required
+ SIGNED COMMERCIAL INVOICE IN THREE FOLD
+ FULL SET OF CLEAN ON BOARD OCEAN BILLS OF LADING MADE OUT TO THE ORDER OF KOREA EXCHANGE BANK MARKED FREIGHT COLLECT AND NOTIFY ACCOUNTEE
+ PACKING LIST IN THREE FOLD
: 47A /additional conditions
+ ALL DOCUMENTS MUST BEAR OUR CREDIT NUMBER
+ T/T REIMBURSEMENT NOT ALLOWED
+ 10 PCT MORE OR LESS IN QUANTITY AND AMOUNT ARE ACCEPTABLE
+ THIRD PARTY DOCUMENTS ACCEPTABLE
: 71B /charges : ALL BANKING COMMISSIONS AND CHARGES INCLUDING REIMBURSEMENT CHARGES OUTSIDE KOREA ARE FOR ACCOUNT OF BENEFICIARY.
: 49 /confirmation instructions : WITHOUT
: 53A /reimbursement bank : KOEXFRPP
: 78 /instructions to pay/acc/neg bk :
+ DRAFTS MUST BE SENT TO DRAWEE BANK FOR YOUR REIMBURSEMENT AND ALL DOCUMENTS TO US BY BY COURIER SERVICE IN ONE LOT.
+ REIMBURSEMENT IS SUBJECT TO ICC URR 525.

: 72 /sender to receiver information :
UNLESS OTHERWISE EXPRESSLY STATED, THIS CREDIT IS SUBJECT TO THE UNIFORM CUSTOMS AND PRACTICE FOR DOCUMENTARY CREDIT, 2007 REVISION, ICC PUB. NO, 600

SWIFT에서의 신용장발행은 MT(Message type) 700과 MT701(issue of a documentary credit)을 사용한다. MT700은 신용장발행 양식이며 서류명세 · 물품명세 등이 많아 MT700으로 부족한 경우에는 MT701을 추가로 사용한다. SWIFT에 의한 신용장발행 양식은 <서식 5-8-1>과 같으며 실제 발행된 수입신용장은 <서식 5-8-2>와 같다.

MT700의 신용장발행방법은 종전 정식전보에 의한 신용장 전체를 각 주요 항목별로 코드화한 것이며 각각의 Tag에 들어갈 내용들을 명확히 규정하여 전문 송 · 수신자간의 신용장 조건해석에 따른 오해를 방지토록 하고 있다.

2. 결제방법에 따른 신용장 발행

신용장 거래에 있어 일반적인 지급방법은 일람출급 · 연지급 · 분할지급 수입이 있다. 일람출급수입이란 선적서류의 인수와 동시에 수입대금을 지급하는 방법이며, 연지급수입은 선적서류나 물품의 영수일로부터 일정기간이 경과한 후에 수입대금을 지급하는 것을 말한다. 분할지급수입은 물품 수입대금의 일부를 선적서류나 물품을 영수하기 전에 미리 지급하고 그 잔액을 당해 선적서류나 물품을 영수한 후에 분할하여 지급하는 방법을 말한다.

결제방법에 따른 신용장발행을 SWIFT를 중심으로 살펴보면 다음과 같다.

1) 일람출급신용장의 발행

일람출급 신용장은 수입신용장의 대부분을 차지하고 있다. SWIFT의 MT700(issue of a documentary credit)에서 일람출급 신용장 발행에 대한 주요 항목별 검토사항을 보면 다음과 같다.

① Sequence of Total(27) : 신용장 전문의 필수항목으로 신용장을 구성하고 있는 전문의 수를 의미하며, “1/1”로 표시된 경우 하나의 전문이 완전한 신용장임을 의미한다. 만일 “2/2”로 표시된 전문이 있어야 완전한 신용장이 되는 것이다.

② Form of Documentary Credit(40A) : 신용장의 종류를 나타내며 “IRREVOCABLE”로 표시하며, 양도가능신용장의 경우에는 “IRREVOCABLE TRANSFERABLE”로 표시한다.

③ Reference to Pre-advice(23) : MT705로 신용장이 사전 통지된 경우 “PREADV/사전통지번호 및 일자”를 표시하고 사전 통지한 날짜를 기재한다. 신용장을 사전 통지한 은행은 사전통지와 일치하는 신용장을 발행하여야 한다.

④ Date of Issue(31C) : 신용장의 발행일자를 나타내며 본란이 빈칸일 경우에는 전문발신일자를 발행일자로 간주한다. 발행일자가 전문 발신일자와 다른 경우에는 발행일자를 분명히 표시하여야 한다.

⑤ Date of Place of Expiry(31D) : 서류가 제시되어야 하는 최종일인 유효기일과 그 유효기일 내에 서류가 제시되어야 하는 장소를 표시하며, 표시된 장소는 신용장의

사용방법 및 사용은행을 나타내는 "Available With … By …"(41D)에 표시된 사용은행의 소재지와 일치하여야 한다. SWIFT에서의 일자표시는 "200305"과 같이 6자리로 연월일을 표시한다.

⑥ Currency Code, Amount(32B) : 신용장의 통화종류와 금액을 표시하며 통화코드는 별도로 지정되어 있다 "About, Approximately" 등을 표시하여 금액의 상·하한을 나타내는 경우에는 TAG 39A, 39B, 39C를 사용해야 한다.

⑦ Percentage Credit Amount Tolerance(39A) : 신용장금액의 상·하한 허용 비율을 표시하는 것으로 선적수량의 과부족이 허용되는 경우, 신용장금액도 달라지게 되므로 그 허용비율을 표시하기 위한 것이다.

⑧ Maximum Credit Amount(39B) : 신용장금액의 상·하한이 허용되는 경우 "Up to, Maximum 또는 Not Exceeding" 등을 사용하여 신용장의 최고금액을 표시하며, 이러한 신용장에 의해 발행되는 환어음은 본 항의 금액을 초과할 수 없다.

⑨ Additional Amount Covered(39C) : 신용장조건에 따라 수익자가 이용가능한 추가금액(보험료·운임·이자 등)을 표시한다.

⑩ Avail with …… By …… (41D) : 본 항에서는 신용장의 형식을 표시, 즉, 지급·인수·매입을 담당할 은행과 그 형식을 구분 표시한다. 따라서 "By Payment, By Acceptance, By Negotiation, By Def Payment, By Mixed Payment" 중의 하나와 은행코드 또는 은행명을 표시하여야 한다. 예를 들면 지급신용장의 경우 "available with ○○○ bank By Payment"로 표시하고, 자유매입 신용장인 경우에는 "available with any bank in New York(도시명 또는 국명) By Negotiation"으로 표시한다. 그리고 통지은행으로 매입이 제한되는 경우는 "available with Advising Bank By Negotiation"으로 표시한다. 또한 일람출급신용장에서는 "By Payment 또는 By Negotiation"만을 사용하여야 한다.

⑪ Drafts at(42C) : 본 항에서는 환어음의 결제조건을 표시하는 것으로 일람출급신용장은 "Sight"로 기한부신용장은 결제기간에 따라 "90 days after sight", "90 days after B/L date" 등으로 표시한다.

⑫ Drawee(= Drawn On : 42a) : 본 신용장의 조건에 따라 발행된 환어음의 지급을 담당할 은행을 표시한다. 환어음의 지급인은 발행은행 또는 제3의 은행이 된다. 신용장에서 환어음이 사용되는 이유는 수익자는 발행은행이 발행한 신용장이라는 담보 외에도 환어음이라는 법률상의 채권서류를 확보하게 되어 이중담보를 확보할 수 있게 되고, 환어음을 매입하여 보유하고 있는 매입은행 등 선의의 제3자(bona fide holder)는 환어음이 지급되지 않는 경우 그 환어음의 발행인(drawer), 배서인(endorser)에게 소구권을 행사할 수 있기 때문이다. 그러나 일부 유럽 및 남미국가의 경우에는 신용장에 의해 발행되는 환어음을 상업거래에 수반되는 유가

증권으로 취급하여 과중한 인지세를 부과하고 있어 인지 비용을 절감하기 위해 환어음이 없는 지급신용장 내지는 연지급신용장을 요구하기도 한다.

⑬ Mixed Payment Details(42M) : 혼합지급의 대금지급 방법(지급일자, 금액, 지급방법 등)을 표시한다.

⑭ Deferred Payment Details(42P) : 후지급의 대금지급 방법(지급일자, 결제방법)을 표시한다.

⑮ Partial shipment(43P), Transshipment(43T), Loading on Board /from(44A), For Transportation to(44B), Latest Date of Shipment(44C)은 발행신청서의 기재 내용과 동일하게 표시한다.

⑯ Description of Goods(45A) : 상품명세는 상업송장 작성의 기초가 되는 것으로 상품명, 수량, 단가, 가격조건, 원산지 등을 "200,000yds of Polyester Woven Fabric at USD10/yd FOB Hong Kong, China Origin" 등의 예와 같이 표시한다.

⑰ Documents required(46a) : 발행신청서에서 요구한 서류명세를 표시한다. 무역거래에서 요구되는 서류는 상업송장, 포장명세서, 운송서류, 보험서류를 비롯하여 원산지 증명서, 검사증명서 등이며, 이러한 서류의 발행부수를 표시할 때 신용장에서는 Copy, Fold 및 Original, Duplicate, Triplicate 등으로 표시하고 있다.

⑱ Additional Conditions(47a) : 상품명세나 서류명세를 추가로 표시하거나 신용장의 특별조건을 표시한다. 특별조건은 발행의뢰인 또는 발행은행의 요구사항을 기재하는 것으로 그 내용들은 매우 다양하다.

⑲ Charges(71B) : 본 항은 수익자가 비용을 부담할 경우에만 사용되며 매입 및 양도 비용을 제외한 모든 비용은 발행의뢰인이 부담하게 된다. 비용부담을 표시할 때는 "All banking charges and commissions including reimbursing charges outside Korea are for account of beneficiary's account" 등과 같이 표시한다. 이와 같이 수익자가 비용을 부담하더라도 신용장에 관한 발행의뢰인의 지시를 이행하기 위하여 타 은행의 서비스를 이용하는 은행은 발행의뢰인의 위험과 부담으로 하기 때문에 수익자가 지급하지 않는 경우에는 발행의뢰인이 부담하여야 한다.

⑳ Period for Presentation(48) : 서류가 지급·인수·매입을 위하여 제시되어야 하는 기간을 표시한다. 모든 신용장은 선적일 이후부터 서류가 최종적으로 제시되어야 하는 기간을 명시하여야 한다. 아무런 표시가 없는 경우에는 서류제시기간을 21일로 본다.

㉑ Confirmation Instructions(49) : 통지은행의 신용장 확인에 관한 사항을 지시하는 것으로 확인을 요청할 경우에는 신용장 확인에 따른 제비용의 부담자를 추가조건인 Additional Conditions 란에 표시하는 것이 좋다. SWIFT MT 700 전신문의 'Field 49'의 확인에 대한 발행은행의 지시는 'CONFIRM (확인)' → 통지 은행에 대하여

확인을 요청하는 것, 'MAY ADD(확인 가능)' → 통지은행은 확인을 할 수 있다고 허용하는 것, 'WITH-OUT(확인불요)' → 통지은행에 대하여 확인을 요청하지 않는다는 것 등의 3가지로 구분하고 있다.

㉒ Reimbursement Bank(53a) : 신용장에 의해 발행된 환어음 대금을 지급할 권한을 부여받은 은행의 명칭을 기재하며 이를 상환은행(reimbursing bank)이라고 한다. 상환신용장 발행시 발행은행의 지시에 따라 신용장의 수익자가 발행한 환어음 대금을 매입은행에게 발행은행을 대신하여 지급하는 은행으로서 대금지급시 상환은행은 상환수수료(reimbursement commission)조로 일정액을 신용장조건에 따라 발행은행 또는 매입은행으로부터 징수하므로 국가별·은행별로 큰 차이가 있으므로 상환수수료가 저렴한 은행을 선정토록 하며, 신용장 발행 후 적절한 기간 내에 상환수권전문(MT740)을 발신한다. 상환수권전문은 상환은행으로 하여금 발행은행의 계좌를 차감하여 상환청구 금액을 지급할 권한을 부여하는 전문으로 청구금액 지급을 위해 필요한 사항인 신용장번호·금액·환어음기간·발행은행 계좌번호·상환수수료에 관한 사항을 표시하고 있다.

㉓ Instructions to the Paying/Accepting/Negotiation Bank(78) : 지급·인수·매입은행에 대한 지시사항을 표시하는 것으로 일람출급신용장에서 발행은행이 매입은행 앞으로 지시하는 내용을 보면 다음과 같다.

㉮ 수익자가 발행한 환어음을 환어음지급은행으로 송부토록 하여 대금을 지급하는 경우 "Instructions to the Negotiating Bank : Please present beneficiary's draft to the drawee bank for payment"로 표시하며 이 때 환어음의 지급은행(drawee bank)은 「42a : Drawee」에 표시된다.

㉯ 수익자의 환어음은 발행은행 앞으로 발행하고, 별도로 매입은행이 자신의 상환어음을 작성하고 이를 결제은행으로 송부케 하고 대금을 지급하는 경우 "Instructions to the Negotiating Bank : In reimbursement, Please draw your own drafts at sight on ○○○ Bank(결제은행)"로 표시하며 이때 결제은행(reimbursement bank)은 「53a」에 표시된다.

㉰ 수익자의 환어음을 발행은행 앞으로 발행토록 하고 별도의 결제은행을 지정하지 않고 발행은행이 서류수취 후 대금을 지급하는 경우 "Instructions to the Negotiating Bank : Upon receipt of documents in compliance with the terms of the credit, We will remit the proceeds to you as per your instruction"으로 표시하며 「42a」에는 발행은행명을 기재한다.

㉱ 이상과 같은 대금결제와 관련한 지시사항 이외에도 거래의 형태에 따라 다양한 지시사항이 있을 수 있으며 서류송부에 관하여는 "All documents must be forwarded direct to issuing bank in two consecutive sets on courier service by registered airmail"과 같이 표시한다.

㉔ "Advise Through" Bank(57a) : 전문을 수신한 은행이 아닌 다른 은행을 통하여 신용장이 통지되거나 확인될 경우 최종통지 또는 확인할 은행의 명칭을 기재한다. 신용장의 통지는 신용장거래의 시발점이 되는 중요한 행위이며, 통지은행과 발행은행은 대리와 위임의 관계가 성립되므로 발행은행은 해외의 환거래은행을 통지은행으로 선정한다. 통지수수료는 수익자 부담이며 발행의뢰인이 통지은행을 선정한 경우에는 매매계약 당사자 간의 거래관계를 고려하여 이에 따르도록 한다.

㉕ sender to receiver Information(72) : 필요한 경우 발신은행이 수신은행에게 제공하는 정보사항을 기술한다.
PHONBEN : 수익자에게 전화로 통지하시오.
TELEBEN : 수익자에게 가장 효과적인 전신으로 통지하시오.

2) 기한부신용장의 발행

기한부신용장(Usance Credit)이란 수입상이 대금을 결제하기 전에 먼저 서류를 인도받은 후 신용장조건에 따라 일정기간 후에 수입어음대금을 결제하는 신용장으로서 수입상은 어음지급기간 내에 수입화물을 처분하여 그 대금으로 만기일에 수입대금을 결제할 수 있는 방법으로서 수입상에게는 결제자금의 부담을 덜 수 있는 유리한 결제수단이다. 기한부신용장은 만기일까지의 이자를 누가 부담하느냐에 따라 Shipper's Usance Credit(무역인수신용장)와 Banker's Usance Credit(은행인수신용장)로 구분하며, Banker's Usance Credit는 신용공여자에 따라 Overseas Banker's Usance Credit(해외인수)와 Domestic Banker's Usance Credit(내국수입유전스)로 구분한다.

그림 5-3 기한부신용장의 종류

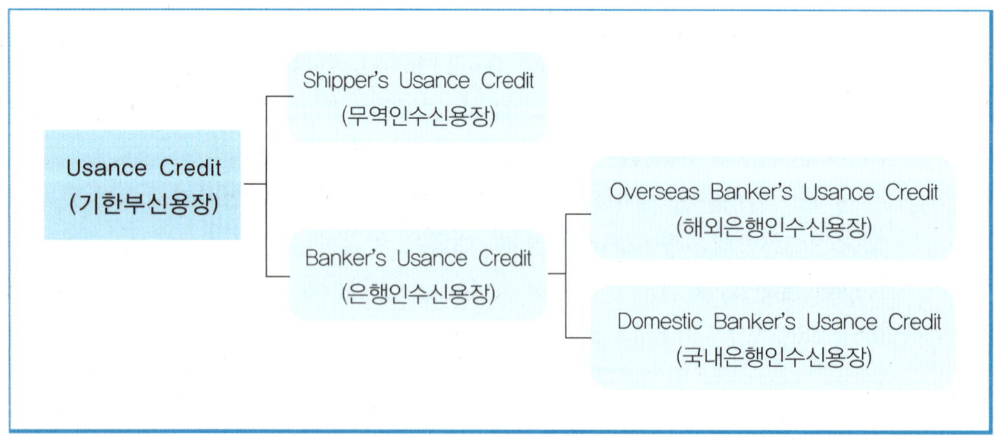

(1) 무역인수신용장(Shipper's Usance Credit)의 발행

화주인 수출상이 은행의 신용공여를 향유 받지 않고 수입상에 대하여 기한부어음의 만기일까지 지급을 유예하여 주는 것으로 Seller's Usance Credit 또는 무역인수 신용장(trade acceptance credit)이라고도 부른다. 수출상이 신용을 공여한다는 의미는 수출상이 선적을 하여 수입상이 상품을 수취한 후 신용장에서 정한 일정기간 후에 불품대금을 받는다는 것을 말한다.

동 방식에서는 수입신용장 발행은행을 지급인(drawee)으로 하고 발행은행에 수입환어음인 기한부어음과 서류가 도착하면 수입상이 인수하여 인수사실과 만기일은 매입은행 앞으로 통지하고 만기일에 수입대금을 결제한다. 신용장통일 규칙상 환어음의 지급인은 발행은행이 되므로 발행은행 명칭을 지급인 난에 표시하며 운송서류와 함께 환어음이 송부되어 오면 발행은행은 수입상에게 서류의 수리 여부를 확인하게 되는 것이며, 유전스기간의 이자는 수출상이 부담한다.

Shipper's Usance Credit은 수출상과 수입상의 상호계약에 의하여 원리금을 동시에 만기에 지급하는 형태이며 원리금을 신용장금액에 포함하여 발행하고 있는 것이 일반적이다. 어음의 지급인은 발행은행으로 하며, 이러한 Shipper's Usance의 이자지급 문구는 다음과 같다.

① 이자가 신용장금액에 포함되어 있는 경우 : "Usance interest is for account of beneficiary", "Acceptance commission and discount charges are for Seller's(또는 beneficiary's) account"

② 이자가 신용장금액에 포함되어 있지 않은 경우 : "Usance interest is for account of buyer and the negotiating bank is requested to inform us of the interest up to the maturity at our prevailing rate"

③ 무역인수신용장에서 환어음의 만기일에 대금을 지급하는 방법은 송금방식 또는 제3은행을 통한 결제방법을 이용하므로 Instructions to the Paying / Accepting / Negotiating Bank란에 다음의 예시와 같이 기재한다.

㉮ 송금방식으로 지급하는 경우 : "Interest are for seller's account. In reimbursement, we will remit the proceeds as per negotiating bank's instruction at maturity."

㉯ 제3의 결제은행(상환은행)을 통한 상환베이스로 지급하는 경우 : "Interest are for seller's account. In reimbursement, please draw your own drafts at sight on xxx Bank(drawee bank) at maturity."

㉰ 차기베이스로 지급하는 경우 : "Usance Interest is for beneficiary's account. In reimbursement, please debit our account with you for the face amount of drafts only at maturity under advise to us."

그림 5-4 Shipper's Usance(Remittance Base) 흐름도

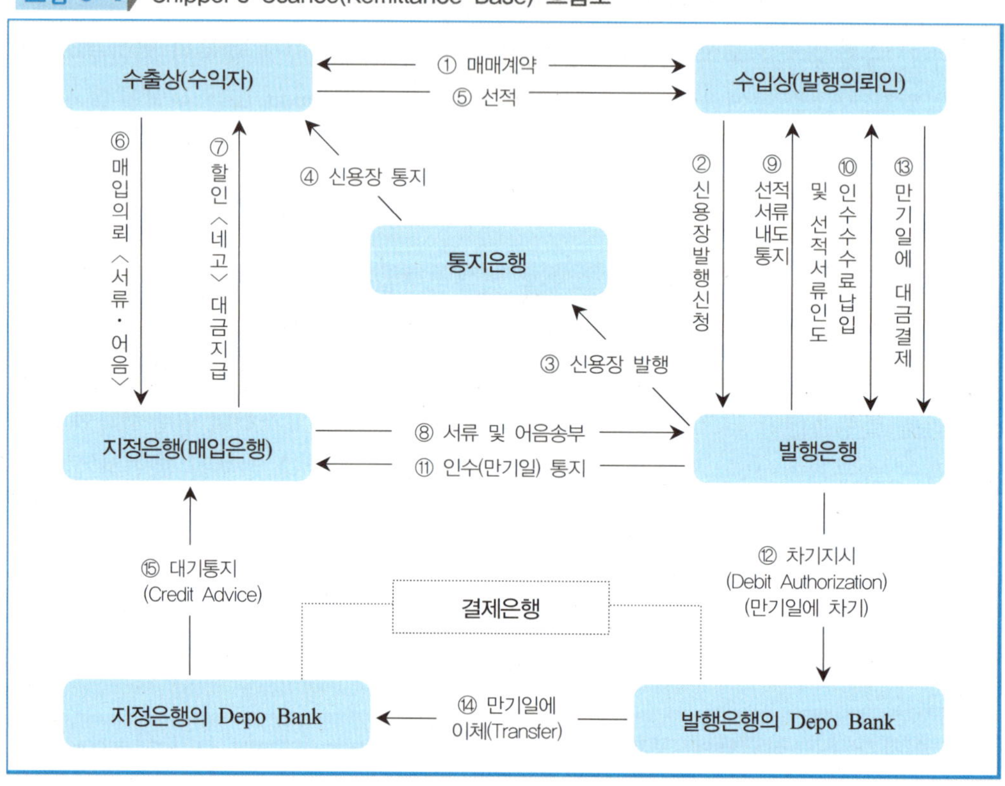

MT700을 이용한 무역인수 신용장의 발행은 다음과 같은 사항들을 제외하고는 일람출급신용장과 동일하다.

① Drafts at(42c) : 환어음의 결제조건으로서 유전스 기간을 기입한다. 즉, "at 90 days after sight, at 60 days from B/L date" 등으로 표시한다.

② Drawee(42a) : 무역인수신용장에서는 수출상이 발행한 환어음을 발행은행이 인수를 함으로써 수입상에게 신용공여가 이루어지며, 환어음의 지급인은 발행 은행이 되므로 발행은행명을 본란에 표시한다.

③ Charges(71B) : 유전스기간의 이자는 수출상이 부담하므로 "Interests are for Seller's (or beneficiary's) account"로 표시한다.

④ Instructions to the Paying/Accepting/Negotiating Bank(78) : 무역인수신용장에서 환어음의 만기일에 대금을 지급하는 방법은 아래와 같은 결제방식에 의한다.

㉮ 송금방식으로 지급하는 경우 : "Interest are for seller's account. In reimbursement, We will remit the proceeds as per negotiating bank instruction at maturity"

㉯ 제3의 결제은행을 통하여 지급하는 경우 : "Interest are for seller's account. In reimbursement, please draw your own drafts at sight on ○ ○ ○ Bank(결제은행) at maturity"로 표시하고 「53a : Reimbursement Bank」에 결제은행을 나타낸다.

그림 5-5 Shipper's Usance(Reimbursement Base) 흐름도

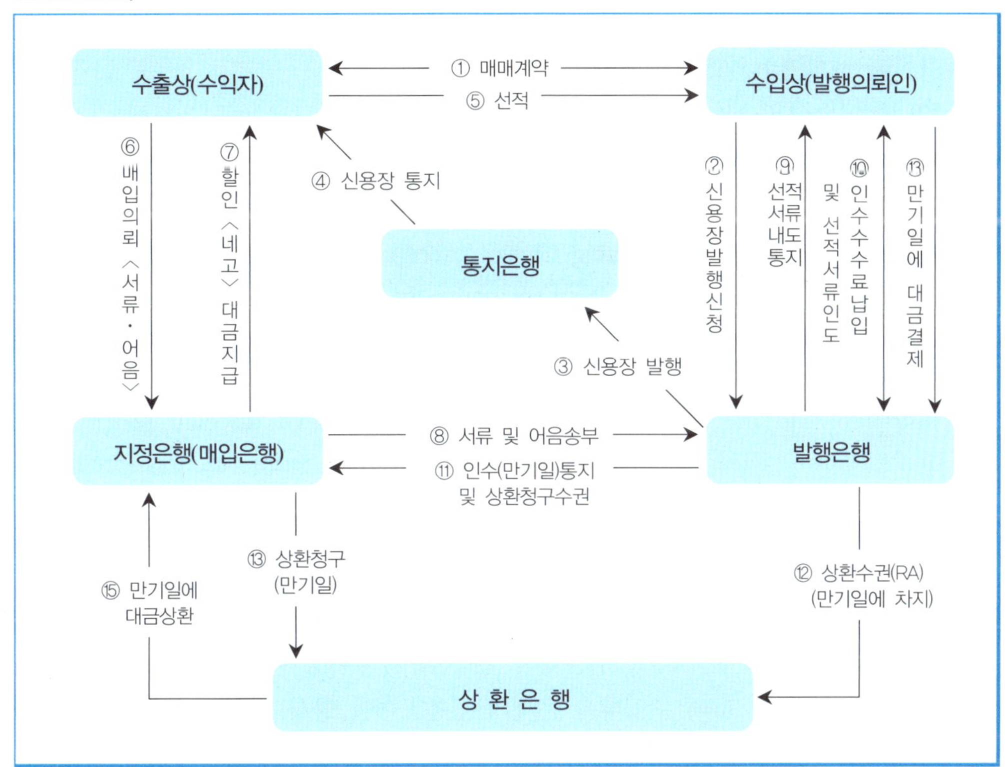

(2) 해외은행인수 신용장의 발행

은행이 Usance기간 동안의 신용을 공여하는 방식으로 발행은행이 자신의 해외환거래은행을 인수은행으로 지정하고 인수은행으로 하여금 수출상이 발행한 기한부환어음을 인수하여 할인 · 매입하게 하여 환어음금액 전액을 매입은행을 통하여 수출상에게 지급하고 인수수수료(acceptance commission)와 할인료(discount charge)는 발행은행에 청구토록 하여 수출상은 일람불신용장(sight basis credit)과 동일하게 수출대금을 수취하고, 수입상은 Usance기간에 해당되는 이자만 선지급하고 원금은 만기일에 발행은행을 통하여 지급하거나(이자선급), 원금과 이자를 만기일에 결제(이자후급)하게 되는 것을 은행인수신용장(banker's acceptance credit) 또는 해외은행 유전스신용장(overseas banker's usance credit)라고 한다.

신용장은 신용제공의 주체가 발행은행인(issuing bank)가 아니면 국외에 있는 발행은행의 예치환거래은행(depositary correspondent bank)인가에 따라 다시 국내은행 인수신용장(domestic banker's acceptance credit) 또는 국내수입유전스신용장(domestic import usance credit)과 해외은행 인수신용장(overseas banker's acceptance credit) 또는 해외은행유전스신용장(overseas banker's usance credit)으로 구분된다.

기한부어음을 인수하여 할인한 인수은행은 자신의 신용을 바탕으로 하여 당해 기한부 환어음을 B/A시장에 매각하거나 만기일까지 보관하게 되므로 이러한 방식에서는 환어음의 지급인이 해외인수은행이 되는 것이다.

해외은행 인수신용장은 일람출급조건으로 대금을 지급하므로 매입은행에 대하여는 이러한 사실을 표시하여야 하고, 인수은행에 대하여는 인수이율의 기준을 사전에 협의하여 표시할 수 있다.

① Instructions to the Negotiating Bank : "Acceptance commission and discount charges are for buyer's a/c. Payment under this L/C is to be made on at sight basis regardless of drafts tenor. In reimbursement, Please present beneficiary's drafts to the drawee bank for acceptance."

② Instructions to the Accepting Bank : "Please accept and discount beneficiary's drafts drawn under and in compliance with the terms of this credit. In reimbursement, please debit our account with you for Acceptance Commission and Discount Charge at sight, and for face amount at maturity under advice to us. Interest should not exceed 6 months LIBOR plus 0.5 pct P.A."

기한부신용장임에도 불구하고 수출상은 별도의 금융비용 부담없이 Sight Basis로 수출대금을 회수할 수 있고, 수입상은 은행의 신용공여를 통하여 일정기간 대금지급을 유예받은 후 환어음의 만기에 이를 결제할 수 있게 되는 것이다. 따라서 수입상은 본인을 위하여 여신(인수 및 할인편의)을 공여한 은행에 대하여 그 보상으로 'A/D Charge (acceptance commission & discount charge)'를 지불하여야 한다.

해외은행인수란 해외은행의 인수금융(acceptance finance)에 의거 수출상에게는 일람출급조건과 같이 수출대금을 지급하고, 수입상에게는 일정기간 대금결제를 유예해 주는 것을 말한다. 무역인수가 수출상의 금융임에 비해 해외은행인수는 해외은행이 신용의 공여자가 되며 이자는 수입상이 부담한다. MT700을 이용한 해외은행인수신용장의 주요 검토사항은 다음과 같다.

① Available with …… By ……(41D) : 해외은행이 환어음의 인수를 통하여 신용을 공여하므로 인수은행명과 신용장의 형식을 "인수"로 표시한다. 즉, "available with ○ ○ ○ bank(인수은행) by acceptance"로 표시하며 수익자발행 환어음을 해외은행이 인수하는 조건의 신용장이다.

② Drafts at(42c) : 유전스 기간을 표시한다.

③ Drawee(42a) : 수익자발행의 환어음을 인수하여 일람출급조건으로 대금을 지급할 은행명을 기재한다. 일반적으로 해외 예치환거래은행이 인수은행 겸 지급은행이 된다. 인수은행은 환어음을 인수할 때의 인수수수료(acceptance commission)와 이 어음을 타인에게 매각할 경우에 발생하는 할인료(discount charge)를 발행 은행으로 청구하며 이는 수입상이 최종적으로 부담한다.

그림 5-6 Overseas Banker's Usance(reimbursement base) 흐름도

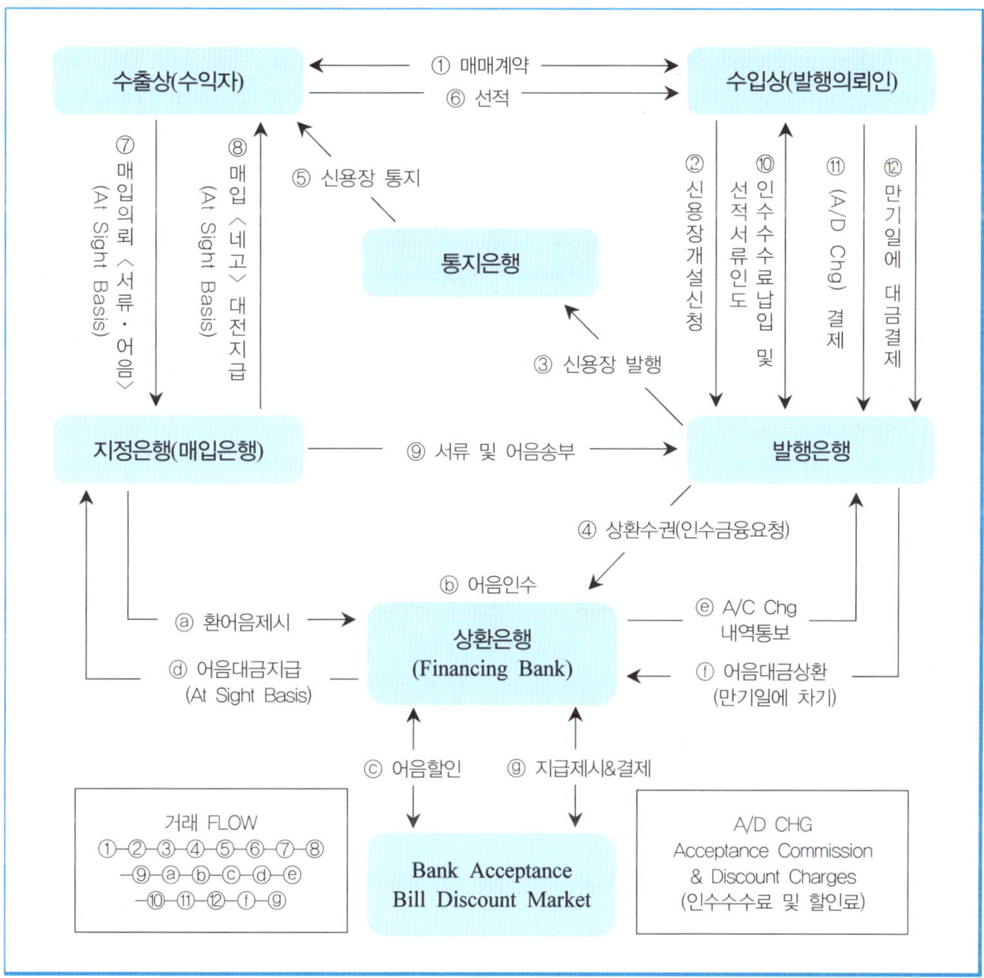

④ Instructions to the Paying/Accepting/Negotiating Bank(78) : 해외은행인수신용장은 일람출급조건으로 대금을 지급하므로 매입은행에 대하여는 동 사실을 표시하여야 하고, 인수은행에 대하여는 인수이율의 기준을 사전 협의하여 표시할 수 있다. 인수은행의 선정은 해외의 은행이 수입환어음을 인수함으로써 신용장 발행의뢰인이 수입대금의 지급을 일정기간 유예받는 Overseas Banker's Usance Credit에서는 발행은행이 보통 해외의 환거래은행이나 자행의 해외 본·지점을 인수은행으로 선정한다. 인수은행은 수입환어음을 인수함으로써 인수수수료(acceptance commission)를 발행은행 앞으로 청구한다.

㉮ "Instructions to the Negotiating Bank : Acceptance Commission and Discount charges are for buyer's a.c. Payment under this L/C is to be made on at sight basis regardless of drafts tenor."

㉯ "Instructions to the Accepting Bank : Please accept and discount beneficiary's drafts drawn under and in compliance with the terms of this credit. In reimbursement, please debit our account with you for A/C and D/C at sight, and for face amount at maturity under advice to us. Interest should not exceed 6 months LIBOR plus 0.5 pct P.A."

(3) 국내은행인수(내국수입유전스) 신용장의 발행

내국수입유전스는 외국환은행이 기한부 수입신용장을 발행하고 동 신용장에 의거하여 외국의 수출상이 발행한 기한부어음을 국내은행(신용장발행 은행)이 인수하여 할인 · 매입함으로써 수출상에게는 일람불로 수출대금을 지급하고 수입상에게는 일정기간 수입대금의 결제를 유예하여 주는 방식의 신용장을 말한다.

인수금융이 국내에서 발생하므로 인수수수료와 할인료가 해외로 유출되지 않는다. 동 방식에서는 해외의 수출상이 일람불환어음과 동일하게 선적과 함께 수출대전을 받을 수 있다는 점에서 Overseas Banker's Usance와 같으나 Overseas Banker's Usance에서는 기한부환어음의 인수가 발행은행에게 신용공여 한도를 제공한 해외환거래은행에서 이루어지고 어음의 만기일에 발행은행의 예치금계정에서 차기하는 것이다. 이에 비하여 내국수입유전스는 어음의 지급인을 발행은행으로 지정하여 국내에서 발행은행이 어음을 인수하고 만기일까지 수입상으로 하여금 수입어음의 결제를 유예시켜 주는 신용공여의 형태라는 점에서 다른 것이다.

내국수입유전스에 표기되는 신용장상의 특수조항 문구는 ① Negotiation under this credit may be effected on at sight basis. ② Beneficiary's usance drafts must be negotiated on at sight basis. ③ Acceptance Commission and discount charge are for buyer's account. 등과 같으며, 한편 매입은행 앞으로 지시되는 문언의 예를 들면 ㉮ Acceptance Commission and Discount Charges are for buyer's a/c. ㉯ Payment under this L/C to be made on at sight basis regardless of drafts tenor. ㉰ Upon receipt of documents, we will remit the proceeds as per your instruction. ㉱ In reimbursement, upon receipt of the drafts and documents in goods order we shall remit the proceeds as per the negotiating bank's instruction 등과 같다(송금방식).

내국수입유산스제도는 해외의 수출상이 일람불어음과 동일하게 선적과 함께 수출대전을 회수할 수 있다는 측면에서는 Banker's Usance와 같으나 Banker's Usance는 당해 어음의 인수가 신용장 발행은행에게 신용공여한도를 제공한 해외환거래은행에서 발생되고 어음의 만기일에 발행은행의 예치금계정에서 차기(debit : 출금)하는데 비하여 내국수입유산스는 어음의 지급인을 발행은행으로 지정하여 국내에서 발행은행이 인수하고 어음의 만기일까지 수입상으로 하여금 수입어음의 대금결제를 유예하여 주는 신용공여라는 점에서 다른 것이다.

그림 5-7 Domestic Banker's Usance(remittance base) 흐름도

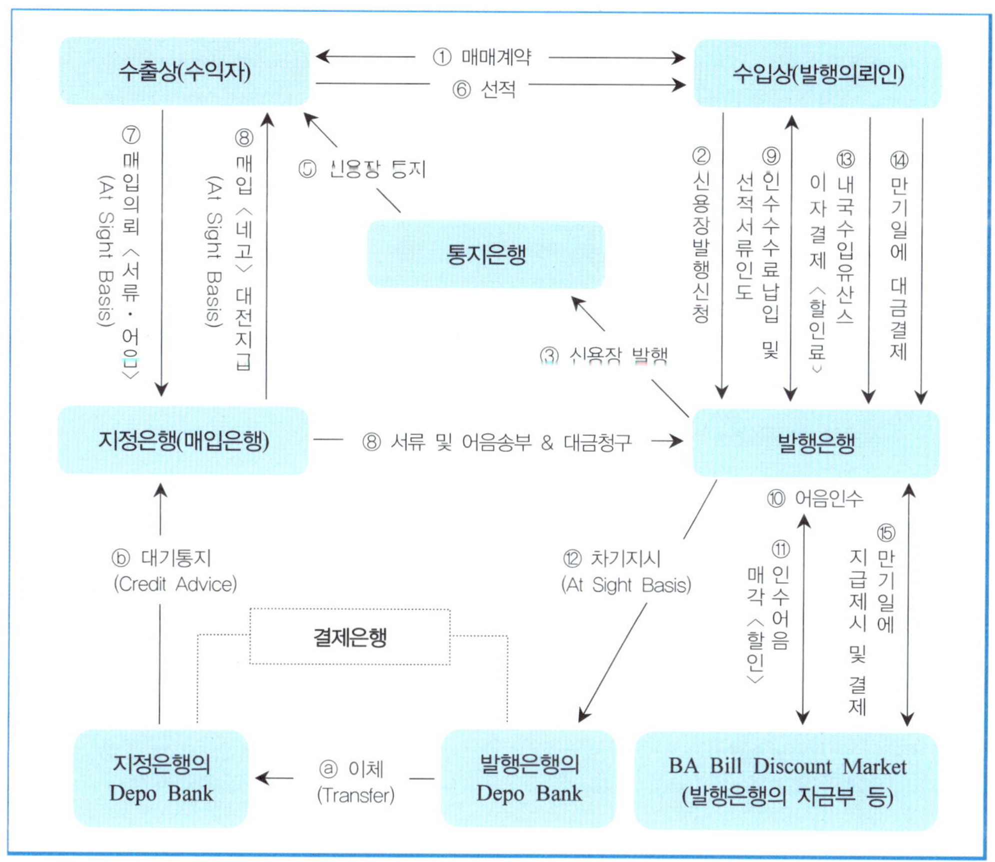

내국수입유전스란 수출상이 발행한 환어음의 인수를 국내은행, 즉 신용장발행은행이 담당하여 수입상에게 금융을 제공하는 것으로 인수금융이 국내에서 발생하므로 인수수수료와 할인료가 해외로 유출되지 않는다는 점을 제외하고는 해외은행인수와 동일하다.

MT700을 이용한 내국수입유전스 신용장 발행시 주요 검토사항은 아래와 같다.

① Available with By (41D) : 신용장발행은행이 인수금융을 담당하므로 발행은행명과 신용장의 형식을 "인수"로 표시한다. 즉, "available with ○ ○ ○ bank (발행은행) by acceptance"로 표시하게 된다.

② Drafts at(42c) : 유전스 기간을 표시한다.」

③ Drawee(42a) : 환어음의 지급인을 표시하는 것으로 발행은행명을 기재한다. 즉, 발행은행이 환어음을 인수하고 수입대금을 매입은행 앞으로 일람출급으로 지급한다. 수입상에게는 유전스 기간 동안 신용을 공여하며 만기일에 수입대금을 영수한다.

④ Instructions to the Paying/Accepting/Negotiating Bank(78) : 해외은행 인수신용장과 같이 매입은행 앞으로는 일람출급조건으로 대금을 지급하며 발행은행이 송금방식으로 지급하거나 제3의 결제은행을 통하여 지급한다.

그림 5-8 Domestic Banker's Usance(reimbursement base) 흐름도

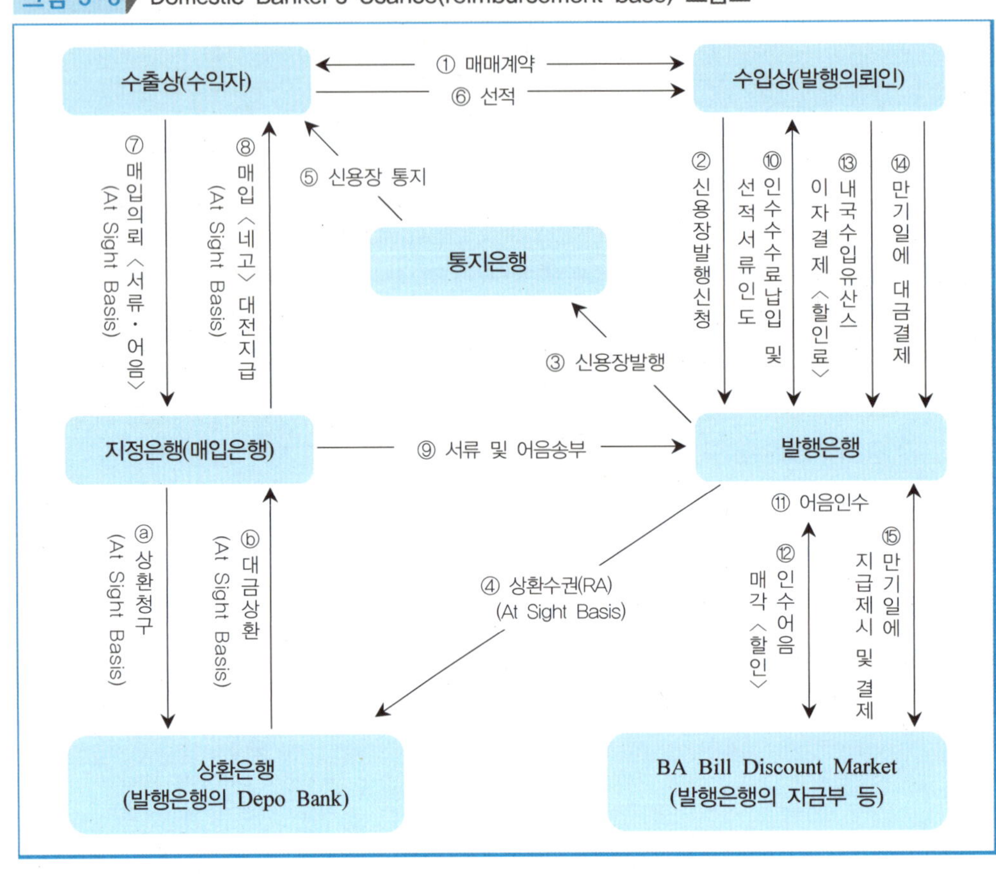

(4) 분할지급신용장의 발행

분할지급신용장이란 수입대금의 5% 이상을 착수금조로 일람출급조건으로 사전 지급하고 잔액은 당해 선적서류나 물품영수 후 연지급으로 2회 이상 분할하여 지급하는 방법을 말한다. 분할지급신용장은 보통 사전지급분에 대한 일람출급신용장과 잔액에 대해서는 연지급조건인 해외은행인수신용장이 혼합된 형태로 발행된다. M700을 이용한 분할지급신용장의 주요 검토사항은 다음과 같다.

① Available with … By …(41D) : "available with xxx bank(지정은행) by mixed payment"과 같이 분할지급을 담당할 은행명과 신용장의 형식은 혼합지급임을 표시한다.

② Drafts at(42c) : 분할지급조건을 기재하며 "5 pct at sight, 95 pct 180 days after B/L date" 등으로 표시한다.

③ Drawee(42a) : 일정액을 일람출급으로 지급하고 나머지 금액은 연지급으로 대금을 지급할 은행명을 기재하며, 해외은행인수신용장과 같이 인수은행이 대금지급 업무를 겸하고 있다.

④ Instructions to the Paying/Accepting/Negotiating Bank(78) : 일람출급분과 연지급에 대한 각종 지시사항을 표시한다.

3) 신용장의 번호기재

화환신용장 번호는 발행은행이 신용장을 발행하면서 부여하는 고유번호로서, 일반적으로 신용장관리의 편의상 수입신용장의 발행이 완료되는 즉시 발행은행은 신용장의 번호는 한국은행에서 제정한 "수출입허가(승인)서 및 신용장 등의 번호기재 요강"에 따라 당해 신용장번호를 기재하여야 한다.

(1) 번호의 부여대상별 기호

표 5-2 부여대상별 기호

대 상	기 호	대 상	기 호
수출허가(승인)번호	E	수출실적 확인서 번호	X
수출신용장 통지번호	A	수입허가(승인)번호	I
내국신용장 번호	L	국산원자재 공급실적확인서 번호	S
선수출계약서 관리번호	P	수입신용장번호	M
외화표시공급계약서 관리번호	F	수출입허가(승인)번호	C

(2) 번호의 구성

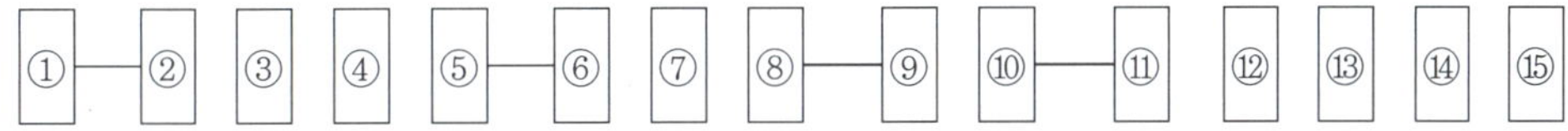

①: 번호의 종류 표시기호, 수입신용장의 표시기호 M
②③: 취급관서 또는 은행번호(본점기준)
④⑤: 취급관서 또는 은행의 부, 지점번호(지점기준)
⑥: 연도표시 번호(매년도의 끝자리 수 1단위만 표시. 예: '20년은 0로 표시)
⑦⑧: 월 표시 번호(월은 두 단위로 표시, 예 : 3월은 03, 12월은 12)
⑨: 수입용도 기호
⑩: 수입결제방법 기호
⑪⑫⑬⑭: 신용장의 일련번호
⑮: 검색번호(Check Digit)

(3) 번호활용의 실제

예) 신용장의 번호가 다음과 같이 구성되었다면 이의 해석은 아래와 같이 한다.

M—0 6 0 2—0 0 9—E S—0 9 2 3 8

M은 수입신용장, 0 6 0 2는 한국외환은행 명동지점

0 0 9는 2020년 9월 E S는 수출용원자재로서 일람출급 수입신용장

0 9 2 3 8은 923번째 발행하는 신용장을 의미한다.

이를 풀이하면 2020년 9월 한국외환은행 명동지점이 At Sight 조건으로 발행한 수출용 원자재 수입신용장이며, 신용장발급 번호는 923번이라는 뜻이다.

표 5-3 수입용도별 기호

수 입 용 도	기 호	비 고
일 반 내 수 용	N : Normal	수출산업용 시설기자재 포함
수 출 용 원 자 재	E : Export	
정 부 용	G : Government	
가 공 무 역 용	B : Bonded	수탁가공무역 제외
수 탁 가 공 무 역 용	T : Trust	
군 납 용 원 자 재	A : Army	
중 계 무 역 용	R : Relay	
기 타 외 화 획 득 용	S : Sight-seeing	중계무역제외
대 북 반 입 용	P : People	
특 수 거 래	X : Extra	연계무역, 외국인수수입 등
임 대 차 방 식	L : Lease	

표 5-4 수입결제방법 기호

대금결제방법	기 호	비 고
일람출급신용장	S	
기한부 신용장	U	
기 타 신 용 장	D	분할지급수입 포함
D / P 방 식	P	
D / A 방 식	A	
단순송금방식	R	
무 상 거 래	N	임차방식 수입 포함

4) 신용장 관련 수수료(수출 · 수입)

수수료라 함은 신용장과 관련하여 발행은행 이외의 많은 은행이 개입하게 되는바 이 은행들에게 지급하여야 할 수고비를 의미한다. UCP 600에 의하면 수수료의 부담자는 "서비스를 이행하도록 지시하는 은행"이라고 명백히 명시하고 있고, 통지 · 매입 · 지급 · 인수 · 확인 · 상환은행들에 대한 지정권한을 발행은행이 행사하므로 신용장 관련 제반 수수료는 발행은행이 부담하여야 하는 것이 원칙이다. 그러나 대부분의 신용장에서 동 수수료를 발행은행이 부담하지 않고 수출자에게 부담시키고 있는바 이것은 신용장의 특약란에 "all banking charges and commissions outside issuing country including advising and reimbursement charge are for account of beneficiary"라는 문구를 두고 있기 때문이며, 신용장 해석의 우선순위는 당사국의 강행법규, 특약, 신용장통일규칙 등의 순서로 되어 있어 특약이 있는 한 수수료의 부남사는 특약에 명시한 자가 되는 것이다.

(1) 수수료의 종류

① 환거래 수수료(corres charge)

환거래수수료는 발행은행이 해외에 있는 통지 · 매입 · 지급 · 인수 · 확인 · 상환은행 등으로부터 각종 서비스를 받을 경우 그 대가로 지급하는 수수료를 말한다.

㉮ 통지수수료(advising charge) : 신용상에서 통지업무를 행하는 통지은행에게 지급하는 수고료를 말하며, 이는 신용장통지료, 조건변경료, 전신사용료로 구분한다. 또한 이들 수수료는 기본료와 부가료로 나누어 합산한 금액을 부과하게 되는데, 기본료 및 부가료의 적용기준 금액은 은행별로 다소간의 차이가 있으나 환거래은행 상호간에는 동일한 요율을 적용하고 있다.

㉯ 매입수수료(negotiating commission) : 매입신용장, 매입제한신용장 등에서 은행이 수출상으로부터 받은 서류를 심사하는데 따른 수고료를 말하는바, 동 수수료 또한 신용장 내용의 다과, 제출하는 서류량의 다과에 따라 차이가 있다.

㉰ 지급수수료(payment commission) : 지정신용장, 연지급신용장 등에서 은행이 서류심사 및 지급을 행하는데 따른 수고료를 말한다.

㉱ 인수수수료(acceptance commission) : 기한부신용장에서 인수를 담당하는 은행에게 지급하는 수수료를 말하며, 매입수수료와 비슷한 수준이나 Usance 기간 여하에 따라 달라지며 매 3개월 단위로 부과하는 Term Charge이다.

㉠ Usance Credit의 환어음을 '인수(acceptance)'한다는 것은 신용장발행에 따른 '미확정 지급확약채무'가 '확정 지급확약채무'로 전환되는 것이며, 더욱이 Banker's Usance Credit하에서 해외은행이 인수 · 할인이 이루어진 경우라면 발행은행은 이를 차입금으로 계상하여야 함.

㉡ 따라서 발행은행은 그에 따른 추가적 리스크 및 비용을 커버할 목적으로 인수수수료를 징수하게 됨. 인수수수료는 발행수수료보다 높은 요율이 적용되며, 인수일로부터 만기일까지의 기간에 대하여 월 단위로 절상하여 징수함.

㉢ 인수수수료의 징수기간이 이미 징수한 발행수수료의 징수기간과 중복되는 경우에는 당해 중복기간에 해당하는 발행수수료를 환급함.

㉣ A/D Charge : Acceptance Commission & discount Charge : Banker's Usance Credit하에서 인수은행이 기한부환어음을 '인수'하고 '할인'하는 때에 발생하는 금융비용. 인수은행이 발행은행으로 청구하며, 이는 최종적으로 수입상이 부담함.

㉲ 상환수수료(reimbursing commission) : 상환수수료란 매입은행이 수출자가 발행한 "상환용 어음"을 상환은행으로 송부하였을 때 상환은행이 자행에 예치된 발행은행의 구좌에서 수출자가 청구한 어음금액을 매입은행구좌로 이체시키는데 따른 수고료를 의미하며, 금액에 상관없이 건별로 일정액을 부과한다.

㉥ 확인수수료(confirming charge) : 확인신용장에서 확인은행에게 지급하는 수수료를 말하며 원칙적으로 신용장 발행수수료와 동일하다. 확인수수료가 이와 같이 고액이 되는 것은 확인은행은 발행은행과 동일하게 수출자에게 신용장대금의 지급책임을 부담하고 있기 때문이다. 신용장 확인시 확인은행이 징수하는 수수료로 신용장에서 지시하는 당사자(수출상 또는 수입상)가 부담하며, 인수 수수료에 준하여 매 3개월마다 0.4% 요율로 징수한다.

② 이자 성격의 수수료

㉮ 환가료(exchange commission) : 일람출급신용장 또는 발행은행 부담 기한부 신용장인 경우 매입은행은 서류심사가 끝나자마자 먼저 수출자에게 자기자금을 선지급하고 자행이 선지급한 매입자금은 몇일 후에 발행은행으로부터 지급받게 되므로 동 기간동안의 이자를 수출자에게 부담시켜야 한다는 것이 환가료 징수의 명분이다. 수입상에게 발행은행이 환가료를 부담시키는 것은 발행은행이 수입상에게 신용장대금을 결제받기 이전에 해외은행에 예치된 발행은행의 구좌에서 수출상의 매입금액이 먼저 인출되는 경우에는 동 기간만큼 발행은행의 자금부담이 발생하기 때문이다. 그런데 동 이자가 선이자(先利子)이기 때문에 은행은 실제로 입금되는 기일 여하에 상관없이 무조건 몇 일간의 이자를 일률적으로 공제하게 된다.
우리나라는 동 선이자 적용기간을 외환거래 규정에서 기준 10일(동남아지역 9일, 재매입인 경우 12일)로 운영하도록 하고 있으며, 환가료 징구를 위한 이율은 국내금리가 아닌 국제금리를 적용하고 있는바 현행 환가료의 이율은 LIBO Rate + 1%로 정하고 있어 미화 1달러당 환가료는 10 / 360 × 환가료율(LIBO + 1%) × 장부가격이 된다.

㉯ 지연이자(delay charge) : 지연이자는 수출상에게는 매입은행이 선적서류를 발행은행에 송부하여 대금지급 청구를 하였으나 우편기일(최장 12일)이 경과될 때까지 입금되지 않았을 때 발생하고, 수입상에게는 발행은행에 서류도착 후 7일이 경과될 때까지 수입상이 그 대금을 결제하지 못하면 8일째 되는 날 발행은행이 우선 대납처리하고 그 이후 대금 완납시까지의 기간에 대한 이자를 수입상에게 부과하게 된다. 수출지연 이자는 Clean Nego 여부에 따라 달라지는 바, Clean Nego시에는 환가료 이자를 적용하고, 하자 Nego시에는 환가료에 1.5% 를 가산한 이율을 적용한다.

㉰ 대체료(in lieu of exchange commission) : 수출입업자가 거래 외국환은행에 자기명의의 외화계정을 보유하고 있어서 이 계정을 통하여 외화로 대체 입출금이 발생하는 경우에 외국환은행은 외국환매매에 따르는 매매이익의 기회를 상실하게 되어 대체료는 이처럼 은행의 외환매매이익 감소에 따른 보상성격으로 징수하는 특수한 수수료이다. 장부정리 수고료는 정상적인 매입 또는 결제에서는 무료로

해주지만 은행의 이익이 감소할 때는 징구(대체료 계산공식 = 외화금액 × 0.1% × 장부가격)한다.

㉣ 미입금 수수료(less charge) : 수출상이 매입을 완료하고 일정기간이 지난 후 매입은행이 수출자에게 추가로 수수료를 징수하는 경우가 있는데 이때의 수수료를 Less Charge라 한다. Less Charge가 발생하는 이유는 매입은행이 수출상에게 10일치의 환가료를 받았으나 발행은행에서 이 기간을 초과하여 신용장 대금을 지연입금시킨 경우 및 매입 당시에 징수치 못한 은행수수료가 해외은행으로부터 추가 청구된 경우에 이러한 비용의 청구를 추가로 하게 되는 것이다.

(2) 신용장의 발행수수료

신용장발행에 따르는 수수료에는 ㉮ 발행, 증액 및 기한연장의 수수료, ㉯ 기타 조건변경의 수수료, ㉰ 코레스 비용 등이 있다. 신용장금액의 증액수수료와 기타 조건변경수수료 가운데 동시에 2종 이상이 발생하면 보다 높은 수수료 하나만을 징수한다.

코레스비용(correspondent charge, corres charge)이란 신용장발행 · 조건변경 및 환어음 등과 관련하여 해외의 환거래은행에서 발생되는 각종 비용을 말하며 통지수수료(advising commission), 조건변경(amend commission), 확인수수료(confirmation charge), 지급수수료(payment commission) 및 상환수수료(reimbursement commission) 등의 모든 수수료를 통칭한다.

따라서 코레스 비용(corres charge)은 국별, 지역별 또는 은행별로 그 수수료율의 차이가 있으며, 이들 수수료 이외에 신용장발행이나 조건변경에 전신을 사용했을 경우에는 전신수수료(cable charge)가 있을 수 있다.

① 신용장 발행수수료의 계산 산식은 신용장금액 × 매매기준율 × 적용요율 × 징수기간(일)/360(또는 365) 등과 같다. 발행수수료는 발행으로 인하여 발생하는 발행은행의 신용위험부담을 커버할 목적으로 징수하는 수수료이며, 통상 3개월의 기간단위로 수수료를 징수한다고 하여 기간수수료라고도 한다.
수수료의 징수기간은 발행일로부터 수입환어음의 결제일(또는 인수일) 전일까지를 원칙으로 하며, 일람불신용장 및 기한부신용장의 발행시에 유효기일까지에 대해서 일 단위로 징수하고, 징수요율은 수입용도 및 업체별 신용도 등에 따라 달리 적용되나, 일반적으로 0.6 ~ 1.2% 정도의 연요율을 적용하며 수수료의 징수통화는 원화로 징수하는 것을 원칙으로 한다.

② 수수료의 원화징수시 적용할 원화 대 외화의 환산율은 징수당시의 장부가격에 의하여 Corres Charge 등 대외지급을 요하는 수수료를 징수할 경우에는 징수 당시의 대고객 전신환 매도율을 적용한다.

서식 5-4 LETTER OF CREDIT(At Sight, Negotiation, Unconfirmed) · SAMPLE

SWIFT Field	Meaning and Example
MT700	ISSUE OF DOCUMENTARY CREDIT
52A	ISSUING BANK : KOOK MIN BANK, SEOUL, KOREA
:27	SEQUENCE OF TOTAL : 1/1
:40A	FORM OF DOCUMENTARY CREDIT : IRREVOCABLE
:20	DOCUMENTARY CREDIT NUMBER : M0701002NS01234
:31C	DATE OF ISSUE : Feb 10, 2020
:31D	DATE AND PLACE OF EXPIRY : May 10, 2020 Place At the Nego Bank
:50	APPLICANT : THREE SEVEN COMPANY C.P.O. BOX 777 SEOUL KOREA
:59	BENEFICIARY : TRADE EXPERT 777 INDUSTRIAL COMPLEX, SEATTLE, WA, 77, USA
:32B	CURRENCY CODE AND AMOUNT : USD1,000,000
:39A	PERCENTAGE CREDIT AMOUNT TOLERANCE :
:41D	AVAILABLE WITH : ANY BANK BY NEGOTIATION
:42C	DRAFT AT : SIGHT
:42A	DRAWEE : BANK OF CALIFORNIA, SAN FRANCISCO
:43P	PARTIAL SHIPMENTS : ALLOWED
:43T	TRANSHIPMENT : NOT ALLOWED
:44A	LOADING ON BOARD/DISPATCH/TAKING IN CHARGE AT/FROM : SEATTLE, USA
:44B	FOR TRANSPORTATION TO : BUSAN, KOREA
:44C	LATEST DATE OF SHIPMENT : May 01, 2020
:45A	DESCRIPTION OF GOODS AND/OR SERVICES : 1,000 CASES OF CASHMERE WOOL YARN USA ORIGIN AT USD1,000 CFR BUSAN
:46A	DOCUMENTS REQUIRED : +SIGNED COMMERCIAL INVOICE QUINTUPLICATE +FULL SET OF CLEAN ON BOARD OCEAN BILLS OF LADING MADE OUT TO THE ORDER OF KOOK MIN BANK MARKED FREIGHT PREPAID AND NOTIFY ACCOUNTEE +PACKING LIST IN TRIPLICATE
:47A	ADDITIONAL CONDITIONS : DOCUMENTS TO BE PRESENTED WITHIN 10 DAYS AFTER THE DATE OF ISSUANCE OF THE TRANSPORT DOCUMENTS BUT VALIDITY OF THE CREDIT
:71B	CHARGES : ALL CHARGES OUTSIDE OPENING BANK ARE FOR BENE'S A/C
:49	CONFIRMATION INSTRUCTIONS : WITHOUT
:53A	REIMBURSEMENT BANK : BANK OF CALIFORNIA, SAN FRANCISCO
:78	INST TO THE PAY/ACCEPT/NEGOTIATE BANK : +ALL DOCUMENTS MUST BE FORWARDED TO ISSUING BANK IN TWO LOT(S) BY REGISTERED AIRMAIL +IF THE CREDIT IS AVAILABLE BY NEGOTIATION, EACH PRESENTATION MUST BE NOTED ON THE REVERSE OF THIS ADVICE BY THE BANK WHERE THE CREDIT IS AVAILABLE
:72	SENDER TO RECEIVER INFORMATION : THIS CREDIT IS SUBJECT TO UCP(2007 REV., ICC PUBLICATION NO.600)

※ 참고사항 : 필요한 서류의 부수는 copy나 fold 이외에도 original(1 fold), duplicate(2 fold), triplicate(3 fold), quadruplicate(4 fold), quintuplicate(5 fold), sextuplicate(6 fold), septuplicate(7 fold), octuplicate(8 fold) 등과 같이 표기하기도 한다.

서식 5-5 LETTER OF CREDIT(일람지급, 매입방식, 무확인신용장) · SAMPLE 번역

SWIFT Field	Meaning and Example
MT 700	화환신용장의 발행
52A	발행은행 : 국민은행, 서울, 대한민국
:27	총페이지 중 순서 : 1/1
:40A	화환신용장의 형태 : 취소불능
:20	화환신용장의 번호 : M0701002NS01234
:31C	발행일자 : Feb 10, 2020
:31D	유효기일과 유효기일 종료장소 : 매입은행에서 2020년 5월 10일
:50	발행의뢰인 : THREE SEVEN COMPANY C.P.O. BOX 777 SEOUL KOREA
:59	수익자 : TRADE EXPERT 777 INDUSTRIAL COMPLEX, SEATTLE, WA, 77, USA
:32B	금액과 통화의 종류 : USD1,000,000
:39A	신용장금액 과부족 인정 비율 :
:41D	신용장사용방식과 사용은행 : 매입방식으로 어느 은행이든 가능
:42C	환어음의 지급기일 : 일람지급
:42A	환어음의 지급인 : BANK OF CALIFORNIA, SAN FRANCISCO
:43P	분할선적 : 인정됨
:43T	환적 : 인정 안 됨
:44A	본선적재/발송/수탁 지정장소 : SEATTLE, USA
:44B	운송도착장소 : BUSAN, KOREA
:44C	최종선적기일 : May 01, 2020
:45A	상품 또는 용역의 명세 : 1,000 CASES OF CASHMERE WOOL YARN USA ORIGIN AT USD1,000 CFR BUSAN
:46A	요구서류 : +서명되어진 상업송장 5부 +해상운임이 지급필되었다는 표시와 통지처가 수입상으로 기재되고 국민은행의 지시식으로 작성되어진 무결함(무고장)의 본선적재 해상선하증권 전체 전통 +포장명세서 3부
:47A	부가조건 : 서류들은 신용장의 유효기일 이내에서 운송서류의 발행일자로부터 10일 이내에 제시되어야 함
:71B	비용 : 발행은행 이외에서 발생하는 비용은 수익자가 부담함
:49	확인지시 : 필요 없음
:53A	결제은행 : BANK OF CALIFORNIA, SAN FRANCISCO
:78	지급 · 인수 · 매입은행에 대한 지시 : +모든 서류는 등기 항공우편으로 두 통으로 나누어 발행은행 앞으로 보내어야 함 +만일 신용장이 매입으로 사용되어지는 경우에는 각각의 제시금액에 대하여 신용장이 사용 되어진 은행이 신용장의 사용금액을 신용장의 뒷면에 기재하여야 함
:72	송신자가 수신자에게 보내는 정보 : 이 신용장은 국제상업회의소 발행번호 600번, 2007년도 개정된 신용장통일규칙을 준수함

서식 5-6 LETTER OF CREDIT(At Sight, Payment, Confirmed) · SAMPLE

Swift code	Meaning	Example
20	Documentary credit number	GB 78823
23	Issuing bank's reference	SBRE-777
31C	Date of issue	January 26, 2020
31D	Date and place of expiry	March 26, 2020 London, UK
32B	Currency code amount	Twenty thousand US Dollars(USD20,000.00)
39B	Maximum credit amount	Not exceeding twenty thousand US Dollars(USD20,000.00)
40A	Form of documentary credit	Irrevocable
41D	Available with... by...	Draft(s) drawn on MegaBank, by payment
42C	Drafts at	At sight for full invoice value
42D	Drawee - name and address	MageBank, 402 Cannon St, London WC1N 9XX, UK
43P	Partial shipments	Prohibited
43T	Transhipment	Permitted
44A	On board/disp/taking charge	Siythampton, UK
44B	For transportation to	Munbai, India
44C	Latest date of shipment	March 19, 2020
45A	Description of goods and services	100 Blizzard computers model K-99T, CIF Mumbai
46	Documents required	- Signed commercial invoice in five (5) copies indicating the buyers Purchase order No. PP-876 dated January 10, 2020 - Packing list in five (5) copies - Full set 3/3 clean on board ocean bill of lading, plus two (2) non-negotiable copies, issued to order of GlobalBank, Mumbai, India, notify the above accountee, marked 'freight prepaid', dated latest March 19, 2020, and showing documentary credit number - Insurance policy in duplicate for 110% CIF value covering Institute Cargo Clauses (A), Institute War and Strike Clauses, evidencing that claims are payable in India
47A	Additional conditions	- All documents indicating the Import License No. IP/123456 dated January 18, 2020 - Draft(s) drawn under this credit must be marked "Drawn under documentary credit No. GB78823 of GlobalBank, Mumbai, India dated January 26, 2020" - This credit is subject to the Uniform Customs and Practice for Documentary Credit, 2007 Revision, International Chamber of Commerce Publication No.600
48	Period of presentation	Documents must be presented for payment within 15 days after the date of shipment.
49	Confirmation instruction	Add your confirmation
50	Applicant	Prestige Imports, 1003 Connaught Street, Mumbai, India
52A	Issuing bank	GlobalBank, Mumbai, India
57D	Advise through bank	MegaBank, 402 Cannon St, London WC1N 9XX, UK
59	Beneficiary	Mantissa Limited, 1 Cresswell Park, London SE3 9RD, UK
71B	Charges	All charges outside the Import-country are on beneficiary's account
72	Sender to receiver information	This is an operative instrument, no mail confirmation to follow
78	Instruction to pay/accep/negot.bank	Documents to be forwarded to us in one lot by courier

서식 5-7 LETTER OF CREDIT(일람지급, 지급방식, 확인신용장) · SAMPLE 번역

Swift code	Meaning	Example
20	화환신용장 번호	GB 78823
23	발행은행 업무참조번호	SBRE-777
31C	발행일자	January 26, 2020
31D	유효기일과 유효기일 종료장소	March 26, 2020 London, UK
32B	금액과 통화의 종류	Twenty thousand US Dollars(USD20,000.00)
39B	신용장 최대사용금액	Not exceeding twenty thousand US Dollars(USD20,000.00)
40A	호환신용장의 형태	취소불능신용장
41D	신용장의 사용은행과 사용방법	MegaBank를 지급은행으로 발행된 환어음, 지급방식
42C	환어음 기일	전체 송장금액에 대하여 일람지급
42D	지급인-이름과 주소	MageBank, 402 Cannon St, London WC1N 9XX, UK
43P	분할선적	금지됨
43T	환적	허용됨
44A	본선적재/발송/수탁 지정장소	Siythampton, UK
44B	운송목적지	Munbai, India
44C	최종선적기일	March 19, 2020
45A	상품 또는 용역의 명세	100 Blizzard computers model K-99T, CIF Mumbai
46	요구서류	- 서명된 상업송장 5부, 송장에는 매수인의 구매주문서 번호 "PP-876 dated January 10, 2020"가 기재되어야 함 - 포장명세서 5부 - 무결함 해양선하증권 전체 3통 전부, 비유통 사본 2통 포함, 인디아의 뭄바이 소재 글로벌은행의 지시식으로 작성된, 통지처는 수입상, '운임 선지급'으로 표시된, 최종 2020년 3월 19일까지 일자가 표시된, 그리고 신용장번호가 표시되어야 함 - Institute Cargo Clauses (A), Institute War and Strike Clauses 조건으로 CIF 금액의 110%에 대하여 보험이 가입되어진 보험증권 2부, 보험보상금액이 인도에서 지급될 수 있다는 문구가 기재되어야 함
47A	부가조건	- 모든 서류에는 "the Import License No. IP/123456 dated January 18, 2020"라는 내용이 기재되어야 함 - 이 신용장하에서 발행되는 환어음에는 "Drawn under documentary credit No. GB78823 of Global Bank, Mumbai, India dated January 26, 2020"라는 내용이 기재되어야 함 - 이 신용장은 국제상업회의소 발행번호 600번, 2007년도 개정된 신용장통일규칙을 준수함
48	서류제시기일	서류들은 선적일로부터 15일 이내에 지급을 위하여 제시되어야 함
49	확인지시	귀행(통지은행)의 확인을 추가함
50	발행의뢰인	Prestige Imports, 1003 Connaught Street, Mumbai, India
52A	발행은행	Global Bank, Mumbai, India
57D	통지은행	Mega Bank, 402 Cannon St, London WC1N 9XX, UK
59	수익자	Mantissa Limited, 1 Cresswell Park, London SE3 9RD, UK
71B	비용	수입국가 이외의 모든 수수료는 수익자 부담임
72	송신자의 수신자 정보	이 내용은 유효한 문서이며 우편확인서는 추후에 발송되지 않음
78	지급·인수·매입은행 지시	서류들은 직송택배업자에 의하여 한 통으로 발행은행으로 송부하여야 함

서식 5-8 취소불능 화환신용장 발행을 위한 Offer Sheet

HANWOOK TRADING CO., LTD

RM 506, BOKCHANG BLDG. 80, SOKONG-DONG CHUNG-KU SEOUL KOREA
PHONE NO. : 02-776-5850 FAX : 02-753-0514

OFFER SHEET

DATE : JUN. 22. 2020
NO. : HWT-0602

Messrs : SAMWHA CAPACTITOR CO., LTD.
GYUNGGI-DO, KOREA

Gentlemen :
We have pleasure to offer you the following merchandise on the terms and conditions mentioned hereunder subject to your reply to us by JUL. 22. 2020

Shipment : WITHIN 30 DAYS AFTER RECEIPT OF YOUR L/C

Shipping Port : KOREAN PORT

Destination : JAPANESE PORT

Payment : BY AN IRREVOCABLE L/C AT SIGHT IN FAVOR OF
YOTAI REFRACTORIES CO., LTD, 8-1, NISHIKINAKA-MACHI.
KAIZUKA-SHI, OSAKA, 597-0093, JAPAN.

Packing : EXPORT STANDARD PACKING

Insurance : TO BE COVERED BY BUYER

Remark : ORIGIN : JAPAN

Inspection : MAKER'S INSPECTION IS TO BE FINAL

Manufacturer : YOTAI REFRACTORIES CO., LTD.

Item No.	Commodity Description	Quantity	Unit Price	Amount
HS No. 6902.20-0000	SETTER FOR CERAMIC CAPACITOR TDG-SBM688C 150X150X4T-9H(COAT YXP)	FOB KOBE IN JAPANESE YEN		
		1,000 pcs	@¥965.-	¥965,000
	TOTAL	1,000 pcs		¥965,000

L/C ADV. BANK&NEGO BANK : TOKYO-MITSUBISHI UFJ LIMITED/DOJIMA BRANCH
2-16, SONEZAKISHINCHI 2-CHOME, KITA-KU,
OSAKA 530-0002, JAPAN
SWIFT NO. : BOTKJPJTOSA

HANWOOK TRADING CO., LTD.
SOON HYO, PARK
Representative Director

E. & O. E.

서식 5-8-1 취소불능 화환신용장 발행신청서

취소불능화환신용장발행신청서

(Irrevocable Documentary Credit Application)

Except so far as otherwise expressly stated, this documentary credit is Subject to the "Uniform Customs and practice for documentary Credits"(UCP latest version)

<일반정보>

발신신청일자 : 2020/09/14
발행방법 : By full cable
운송수단 : Sea/ Air
발행(의뢰)은행 : 신한은행 신한금융
(희망)통지은행 : TOKYO-MITSUBISHI UFJ LIMITED DOJIMA BRANCH

<스위프트>

40A Form of Document Credit : IRREVOCABLE
31D Date and Place of Expiry : (date) 2020/11/13
(place) IN THE BENEFICIARY COUNTRY
50 Applicant : KANGNAM TRADING CO., LTD.
59 Beneficiary : YOTAI REFRACORIES CO., LTD.
8-1. NISHIKINAKA-MACHI, KAIZUKA-SHI,
OSAKA, 597-0093, JAPAN
32B Currency Code. Amount : JPY965,000
42C Draft at... : AT SIGHT(NS)
43P Partial Shipment : ALLOWED
43T Transhipment : PROHIBITED
44E Port of Loading/Airport of Departure : JAPANESE PORT
44F Port of Discharge/Airport of Destination : KOREAN PORT
44C Latest Date of Shipment : 2020/11/01
45A Description of Goods and/or Services : +H.S CODE NO. 6903.20-9000
+1,000 PCS OF SETTER FOR CERAMIC
[Term of price] FOB(Free On Board)
[Country of origin] Japan
46A Documents Required
+SIGNED COMMERCIAL INVOICE IN 3 COPIES
+FULL SET OF CLEAN ON BOARD OCEAN BILLS OF LADING MADE OUT TO THE ORDER OF SHINHAN BANK MARKED FREIGHT COLLECT AND NOTIFY APPLICANT
46A Documents Required
+SIGNED COMMERCIAL INVOICE IN 3 COPIES
+FULL SET OF CLEAN ON BOARD OCEAN BILLS OF LADING MADE OUT TO THE ORDER OF SHINHAN BANK MARKED FREIGHT COLLECT AND NOTIFY APPLICANT
+PACKING LIST IN 3 COPIES
71B Charges
ALL BANKING CHARGES OUTSIDE KOREA AND REIMBURSEMENT CHARGES ARE FOR ACCOUNT OF BENEFICIARY
48 Period for Presentation : DOCUMENTS TO BE PRESENTED WITHIN 21 DAYS AFTER THE DATE OF SHIPMENT BUT WITHIN THE VALIDITY OF THE CREDIT
49 Confirmation instruction : WITHOUT

<전자서명>

이 전자문서는 전자무역 촉진에 관한 법률 제2조 제4호 및 동법 시행령 제12조에 의거 발행된 전자문서입니다.

서식 5-8-2 취소불능 화환신용장 발행

```
*MSG TYPE : 수입(210) (MT700) ISSUE OF A DOCUMENTARY CREDIT
 RECEIVER : (D0000361 BOTKJPJTXXX)
            BANK OF TOKYO-MITSUBISHI UFJ LTD(HEAD OFFICE), TOKYO
MSG NO   : (201809083080)  REF-NO  :  M4221009NS00445
AMOUNT   : JPY 965000(UNKNOWN CVT MSG)
MSG DATE : 20200917  MAKER : 114  APPROVER : 036  SENDER : 999  20200917 SENT
PRT DATE : <JEOM> 2020 OCT 19 at 13:34 MSG SEND LINE : *SWIFT*
--------------------------------------------------------------------------------
점번호 : 신한은행 신한금융센터
고객   : 400012130  강남무역(주) XXX
{1:F01SHBKKRSEAXXX0000000000}
{2:I700B0TKJPJTXXXXN}
{3:{108:202009073080}}
{4:
:27 /SEQUENCE OF TOTAL                 : 1/1
:40A/FORM OF DOCUMENTARY CREDIT        : IRREVOCABLE
:20/DOCUMENTARY CREDIT NUMBER          : M4221009NS00445
:31C/DATE OF ISSUE                     : 200914
:40E/APPLICABLE RULES                  : UCP LATEST VERSION
:31D/DATE AND PLACE OF EXPIRY          : 201113 IN THE BENEFICIARY COUNTRY
:50/APPLICANT                          : KANGNAM TRADING CO., LTD.
                                         SEOUL KOREA.
:59/BENEFICIARY                        : YOTAI REFRACTORIES CO., LTD.
                                         8-1, NISHIKINAKA-MACHI,
                                         KAIZUKA-SHI, OSAKA,
                                         597-0093, JAPAN.
:32B/CURRENCY CODE, AMOUNT             : JPY965000,
:41D/AVAILABLE WITH...BY...            : ANY BANK BY NEGOTIATION
:42C/DRAFTS AT...                      : AT SIGHT
:42D/DRAWEE                            : SHINHAN BANK, SEOUL
:43P/PARTIAL SHIPMENTS                 : ALLOWED
:43T/TRANSSHIPMENT                     : PROHIBITED
:44E/PORT OF LOADING/AIRPORT OF DEP : JAPANESE PORT
:44F/PORT OF DISCHARGE/AIRPORT OF D : KOREAN PORT
:44C/LATEST DATE OF SHIPMENT           : 201101
```

:45A/DESCRIPTION OF GOODS/SERVICE :
+1,000 PCS OF SETTER FOR CERAMIC CAPACITOR ORIGIN JAPAN
FOB JAPANESE PORT
:46A/DOCUMENTS REQUIRED :
+SIGNED COMMERCIAL INVOICE IN TRIPLICATE
+PACKING LIST IN TRIPLICATE
+FULL SET OF CLEAN ON BOARD OCEAN BILLS OF LADING MADE OUT TO THE ORDER OF SHINHAN BANK SEOUL MARKED FREIGHT COLLECT AND NOTIFY APPLICANT
:47A/ADDITIONAL CONDITIONS
+BANK INFO. : PLS REGARD THE WORD 'KOREA' AS 'SOUTH KOREA' WHEREVER APPEARING IN THIS L/C.
:71B/CHARGES : ALL BANKING CHARGES OUTSIDE OF KOREA AND REIMBURSEMENT CHARGES ARE FOR ACCOUNT OF BENEFICIARY
:48/PERIOD FOR PRESENTATION : DOCUMENTS TO BE PRESENTED WITHIN 21 DAYS AFTER SHIPMENT DATE BUT WITHIN THE VALIDITY OF THE CREDIT
:49/CONFIRMATION INSTRUCTIONS : WITHOUT
:78/PAY/ACCEPT/NEGO BANK :
T/T REIMBURSEMENT NOT ALLOWED
THE DISCREPANCY FEE OF JPY 9,000,00(OR EQUIVALENT) SHOULD BE DEDUCTED FROM YOUR REIMBURSEMENT CLAIM TO THE REIMBURSING BANK OR WILL BE DEDUCTED FROM PROCEEDS BY US
IF DOCUMENTS ARE PRESENTED WITH DISCREPANCY(IES) UPON RECEIPT OF ALL DOCS AND DRAFTS IN CONFORMITY WITH TERMS AND CONDITIONS OF THIS CREDIT WE SHALL REMIT THE PROCEEDS TO THE BANK DESIGNATED BY NEGOTIATING BANK.
ALL DOCUMENTS MUST BE DESPATCHED BY COURIER IN ONE LOT TO SHINHAN BANK, INT'L TRADE BUSINESS DEPT., 14, 1-KA, NAMDAEMUN-RO, CHUNG-KU, SEOUL 100-757, KOREA.
:57D/<ADVISE THROUGH>BANK : DOJIMA BRANCH

--< END OF MESSAGE >--

이 전자문서는 전자무역 촉진에 관한 법률 제2조 제4호 및 동법 시행령 제12조에 의거 발행된 전자문서입니다.

서식 5-9 Firm Offer

DONG BANG ENTERPRISE
ROOM NO,105-1102, 1139 SADANG5-DONG, DONGJAK-KU, SEOUL, KOREA
TEL: (02)521-0779 FAX: (02)521-0657

REG. NO. 98080197 **FIRM OFFER** OFFER NO. HD-374

DATE: MAY 10, 2020

MESSRS: **KMW INC.**

We are pleased to offer you the under-mentioned good the terms and condition described as follows.

Origin	Japan	Validity	MAY 20, 2020
Shipping Port	Japanese port or airport	Packing	Export standard packing
Manufacturer		Destination	Korean port or airport
Delivery(Shipping Date)	Within 60 Days	Inspection	Maker's Inspection is to be final

Payment: (BY an irrevocable L/C at sight or T/T) in favor of :
HAYASHI CHEMICAL INDUSTRY CO., LTD.
31, ISHI-MACHI, ONG, ISHIHARA, ISSHOIN, INAMI-KU, KYOTO, JAPAN

Remarks

Accepted by: Very truly yours.

Signature

HS NO	Commodity/Specification	Quantity	Price/Unit	Amount
3824.90.6600	DIELECTRIC POWDER HIZIRCO MWF-38R	3,000Kg	FOB JAPAN @JPY2,600/Kg	JPY7,800,000
Total		3,000Kg		JPY7,800,000

BANK : SUMITOMO MITSUI BANKING CORPORATION
SHUO OMIYA BRANCH
ACCOUNT NO: 247618

서식 5-9-1 취소불능화환신용장 발행신청서

(APPLICANT FOR IRREVOCABLE DOCUMENTARY CREDIT)

☐AIRMAIL ☑CABLE ☐CONFIRMED

<table>
<tr><td colspan="3">ADVISING BANK
SUMITOMO MITSUI BANKING CORPORATION
SHLIO OMIYA BRANCH</td><td colspan="3">APPLICANT
KMW INC.
65, YOUNGCHEON-RI, DONGTAN-MYUN,
HWASUNG-SI, KYOUNGKI-DO, KOREA</td></tr>
<tr><td colspan="3">CREDIT NUMBER
M16XO - 005 - NS - 00057</td><td colspan="3" rowspan="2">BENEFICIARY
HAYASHI CHEMICAL INDUSTRY CO., LTD.
31, NISHI-MACHI, DOGO, ISHIHARA, KISSHOIN,
MINAMI-KU, KYOTO, JAPAN</td></tr>
<tr><td colspan="3">AMOUNT
JPY7,800,000-</td></tr>
<tr><td colspan="3">SHIPPING DATE
20-05-27</td><td colspan="3">DOCUMENTS MUST BE PRESENTED WITHIN
15 DAYS AFTER THE DATE OF SHIPMENT</td></tr>
<tr><td colspan="3">TENOR OF DRAFT ☑AT SIGHT
☐</td><td colspan="3">(Usance only)
☐BANKER'S ☐SHIPPER'S ☐DOMESTIC</td></tr>
<tr><td colspan="6">DOCUMENTS REQUIRED
☑ SIGNED COMMERCIAL INVOICE IN QUINTUPLICATE
☑ AIRWAY BILLS CONSIGNED TO CHOHUNGBANK MARKED "FREIGHT COLLECT" AND "NOTIFY ACCOUNTEE"
☐ FULL SET OF CLEAN ON BOARD OCEAN BILLS OF LADING MADE OUT TO THE ORDER OF CHOHUNGBANK MARKED "FREIGHT" AND "NOTIFY ACCOUNTEE"
☐ INSURANCE POLICY, CERTIFICATE OR DECLARATION IN DUPLICATE, ENDORSED IN BLANK FOR 110% OF THE INVOICE COST. INSURANCE POLICIES, CERTIFICATE OR DECLARATION MUST EXPRESSLY THAT CLAIMS ARE PAYABLE IN THE CURRENCY OF THE CREDIT AND MUST ALSO INDICATE A CLAIMS SETTLING AGENT IN KOREA. INSURANCE MUST INCLUDE INSTITUTE : CARGO CLAUSE
☑ PACKING LIST IN DUPLICATE
☐ OTHER DOCUMENTS</td></tr>
<tr><td>HS NO.</td><td>COMMODITY DESCRIPTION</td><td>QUANTITY</td><td>UNIT PRICE</td><td colspan="2">AMOUNT</td></tr>
<tr><td>3824.90-6600</td><td>DIELECTRIC POWDER
HIZIRCO MWF-38R</td><td>3,000Kg</td><td>JPY2,600/Kg</td><td colspan="2">JPY7,800,000-</td></tr>
<tr><td colspan="2">(JAPAN) ORIGIN</td><td colspan="4">PRICE TERMS (FOB JAPAN ☐ PORT ☑ AIRPORT)</td></tr>
<tr><td colspan="6"></td></tr>
<tr><td colspan="3">MARKING INSTRUCTION</td><td colspan="3">PARTIAL SHIPMENT
☑ ALLOWED ☐ PROHIBITED</td></tr>
<tr><td colspan="3" rowspan="2">SHIPMENT
FROM : JAPAN AIR PORT
TO : INCHEON AIR PORT</td><td colspan="3">TRANSSHIPMENT
☐ ALLOWED ☑ PROHIBITED</td></tr>
<tr><td colspan="3">ALL BANKING CHARGES OUTSIDE KOREA ARE FOR ACCOUNT OF ☐ APPLICANT ☑ BENEFICIARY</td></tr>
<tr><td colspan="6">SPECIAL CONDITIONS
☐ CHARTER PARTY B/L ACCEPTABLE
☐ DOCUMENTS PRESENTED LATER THAN 21 DAYS AFTER THE DATE OF SHIPMENT ACCEPTANCE
☑ SHIPMENT TO BE MADE ON "K" LINE AIR SERVICE LTD.
TYO (81)(3)3455-4901 OSA (81)(6)615-3252 FUK (81)(92)622-7421
☐ ACCEPTANCE COMMISSION AND DISCOUNT CHARGES ARE FOR BUYER'S ACCOUNT
☐ THIRD PARTY B/L ACCEPTABLE
☐ CONFIRMATION CHARGES ARE FOR ACCOUNT OF</td></tr>
<tr><td colspan="6">위와 같이 신용장발행을 신청함에 있어서 따로 제출한 외국환거래약정서의 해당 조항에 따를 것을 확약하며 아울러 위 수입물품에 관한 모든 권리를 은행에 양도하겠습니다.
2020년 5월 13일
조흥은행 신청인 : (인)
CHOHUNG BANK 앞 주 소 :</td></tr>
</table>

서식 5-9-2 취소불능화환신용장

ORIGINATOR: CHOHKRSEAXXX
SESSION: 1937 SEQUENCE: 346539
DESTINATION: SMBCJPJTXXX TYPE: 700

:27: Sequence of Total
1/1
:40A: Form of Documentary Credit
IRREVOCABLE
:20: Documentary Credit Number
M16X0005NS00057
:31C: Date of Issue
200513
:31D: Date and Place of Expiry
200720 AT NEGOTIATION BANK
:50: Applicant
KMW INC.
65, YOUNGCHEON-RI, DONGTAN-MYUN,
HWASUNG-SI, KYOUNGKI-DO, KOREA.
:59: Beneficiary
HAYASHI CHEMICAL INDUSTRY CO., LTD.
31, ISHI-MACHI, ONG, ISHIHARA, ISSHOIN, INAMI-KU, KYOTO, JAPAN
:32B: Currency Code, Amount
JPY7800000,
:41D: Available With .. By..
ANY BANK
BY NEGOTIATION
:42C: Drafts at ..
AT SIGHT
:42D: Drawee
DRAWN ON
CHOHUNG BANK, SEOUL FOR FULL INVOICE COST.
:43P: Partial shipments
ALLOWED
:43T: Transhipment
PROHIBITED
:44A: Loading on Board/Dispatch/Taking in Charge at/from..
JAPAN AIRPORT
:44B: For Transportation to ..
INCHEON AIRPORT

:44C: Latest Date of Shipment
200527
:45A: Description of Goods and/or Services
DIELECTRIC POWDER
HIZIRCO MWF-38R 3,000KG AT JPY2,600/KG
JAPAN ORIGIN
FOB JAPAN AIRPORT
:46A: Documents Required
SIGNED COMMERCIAL INVOICE IN QUINTUPLICATE
AIRWAY BILLS CONSIGNED TO CHOHUNG BANK MARKED 'FREIGHT COLLECT' AND 'NOTIFY ACCOUNTEE'
PACKING LIST IN DUPLICATE
:47A: Additional Conditions
UPON RECEIPT OF YOUR DOCUMENTS IN GOOD ORDER, WE WILL REMIT THE PROCEEDS TO THE ACCOUNT DESIGNATED BY NEGOTIATION.
HOUSE AIRWAYBILL SHOULD BE ISSUED BY "K" LINE AIR SERVICE LTD.
TYO (81)(3)3455-4901 OSA (81)(6)615-3252 FUK (81)(92)622-7421
:71B: Charge
ALL BANKING COMMISSIONS AND CHARGES INCLUDING REIMBURSEMENT CHARGES AND POSTAGE OUTSIDE KOREA ARE FOR ACCOUNT OF BENEFICIARY.
:48: Period for Presentation
DOCUMENTS MUST BE PRESENTED WITHIN 15 DAYS AFTER THE DATE OF SHIPMENT
:49: Conformation Instructions
WITHOUT
:78: Instructions to the Paying/Accepting/Negotiating Bank
THE AMOUNT OF EACH NEGOTIATION(DRAFT) MUST BE ENDORSED ON THE REVERSE OF THIS CREDIT BY THE NEGOTIATION BANK.
ALL DOCUMENTS MUST BE FORWARDED DIRECTLY BY COURIER SERVICE IN ONE LOT TO CHOHUNG BANK H.O., (INTERNATIONAL OPERATIONS DIVISION) 14, 1-KA, NAMDAEMUNRO, CHUNG-KU,
SEOUL 100-757, KOREA
IF DOCUMENTS ARE PRESENTED WITH DISCREPANCIES, A DISCREPANCY FEE OF USD60.00 OR EQUIVALENT SHOULD(WILL) BE DEDUCTED FROM THE REIMBURSEMENT CLAIM(THE PROCEEDS).
THIS FEE SHOULD BE CHARGED TO THE BENEFICIARY.
:57D: 'Advise Through' Bank
PLS ADVISE THRU YR SHLIO OMIYA BR.
:72: Sender to Receiver Information
/REC//THIS CREDIT IS SUBJECT TO I.C.C PUBLIC NO 600(2007 REVISION).

제5절 수입신용장 조건변경 및 신용장 양도

1. 수입신용장 조건변경 신청

신용장의 조건변경(modification of the terms of a letter of credit)이란 이미 발행된 신용장의 조건 중 일부를 관계 당사자 간의 합의에 의하여 수정하는 것을 말하며, 취소불능신용장은 신용장 당사자 전원의 동의 없이는 이를 변경 또는 취소할 수 없다.

신용장의 조건변경원칙에서 신용장의 관계당사자라 함은 발행은행, 확인은행, 수익자를 말하며 취소불능 신용장이 대부분이기 때문에 이들 중 하나라도 동의치 않으면 조건변경은 불가능하게 된다. 따라서 수익자에게 불리한 조건변경을 할 때에는 "Please confirm us beneficiary's consent" 등의 문구를 삽입하여 후일의 분쟁을 미연에 방지하는 동시에 그 결과에 따라서 필요한 업무 절차를 취하도록 하여야 하며, 신용장의 조건변경은 통상 발행신청인으로부터 「신용장 조건변경 신청서」를 받아 이를 통지은행을 통해서 수익자의 동의를 받음으로써 그 절차가 종료된다.

취소불능신용장은 취소·변경의 당사자인 발행은행, 확인은행(확인신용장인 경우) 및 수익자의 동의 없이는 취소하거나 변경될 수 없으므로 조건변경 시에는 관계당사자 전원의 합의가 있어야 한다. 따라서 신용장 조건변경 내용을 수익자에게 통지한 후 통지은행으로부터 수익자의 동의를 발행은행이 접수하게 됨으로써 조건변경이 성립되며 발행은행은 조건변경서를 발급한 시점부터 임의로 취소할 수 없다.

수익자가 조건변경에 대한 수락 또는 거절의 의사표시를 하지 않은 채 변경된 조건에 수락할 수 없으며 전부를 수락하든가 거절해야 한다.

1) 신용장 조건변경의 신청절차

신용장의 조건변경은 무제한으로 변경할 수 있으나, 취소불능 신용장의 경우는 관계당사자의 동의가 있어야 하며, 신용장의 조건변경은 신용장발행은행만이 할 수 있으므로 통상 발행의뢰인으로부터 "신용장 조건변경신청서(Application for Amendment to Irrevocable Documentary Credit)"를 받아 이를 통지은행을 통해서 수익자의 동의를 얻음으로써 그 절차가 끝나게 된다.

신용장의 조건을 변경하기 위해서는 먼저 수입승인(I/L) 사항변경을 신청(수입제한품목일 때)하여 수입승인 사항변경 승인을 받은 후 동 승인서, 수익자와 신용장조건변경을 합의한 계약서 등과 함께 신용장발행의 경우와 같이 발행의뢰인이 발행은행에 신용장 조건변경의뢰서(Application for Amendment to Irrevocable Documentary Credit)를 제출함으로써 이루어지며 이의 통지도 신용장 발행에 준한다.

2) 실무상 유의사항

일반적으로 가장 많이 발생하는 신용장의 조건변경사항은 다음과 같은 사항들을 들 수 있다.

① 신용장 금액의 증감 : 신용장금액의 감액의 경우는 감액변경으로 충분하다. 그러나 증액의 경우에는 수입승인의 변경이 선행되어야 하며(수입제한 품목일 때) 추가담보 및 지급보증의 추가확보가 요청된다. 발행은행으로서는 증액변경 의뢰를 받았을 때는 추가수수료를 발행에 준해서 징수한다.

② 신용장 기한의 연장 : 기한연장이란 수출상의 사정에 의하여 약정일까지 선적할 수 없을 때 선적기일과 유효기일을 연장하는 것을 말한다. 보통 수출상의 요청에 의해 수입상이 발행은행에 연장신청을 하게 되며 몇 번이든지 허용된다.
유효기일이 연장되더라도 선적기일 연장에 대한 문언이 없으면 최종 선적기일은 연장되지 않으나 최종 선적기일이 명시되지 않았을 때에는 유효기일을 선적기일로 간주하므로 유휴기일의 연장은 자동적으로 선적기일의 연장으로 볼 수 있다.

③ 환적 및 분할선적(Partial shipment and transhipment) : 신용장에는 Partial Shipment나 Transhipment를 금지하였다가 직항선이 없다든지 분할선적이 아니면 선적이 불가능할 경우에는 별 이의없이 변경된다. 수입상이 Transhipment를 꺼리는 것은 파손위험이나 보험료가 높아지고 도난의 위험도 수반되기 때문이다.

④ 선적항 및 도착항, 품목 변경 등 기타사항에 대한 변경 : 원신용장에 규격이나 품목 등 정의가 불충분하거나 기타 지시사항이 불충분 하였다면 “Amend”라기보다는 추가사항으로 조건변경을 할 수 있으며 삭제할 사항은 삭제할 수도 있다.

⑤ 신용장의 취소 : 발행의뢰인으로부터 신용장의 취소의뢰를 받은 발행은행은 취소불능신용장의 경우 반드시 통지은행을 경유하여 수익자의 동의를 받아야 한다. 이와 같은 요청을 받은 통지은행은 수익자의 취소동의를 받으면서 신용장 원본을 회수하여야 하며 원본의 반송요청이 있으면 이에 따르게 된다.

3) 변경승인절차

① 구비서류 : 수입신용장 조건변경신청서 및 변경된 계약서(contract)나 오퍼(offer) 등

② 구비서류의 검토

㉮ 조건변경 내용의 계약서 및 관계법규의 충족여부를 검토하고 신용장발행 의뢰인의 필적, 인감 및 서명인가를 확인, 신용장번호, 수익자명, 품목, 기타사항들이 원신용장 또는 계약서의 내용과 일치하는지 확인 등의 기재사항 확인 등 해당사항을 확인한다.

㉯ 신용장금액의 변경은 ㉠ 지급보증을 요하는 경우에는 해당계의 지급보증 획득 여부 확인, ㉡ 증액시 수입보증금의 추가적립 여부, ㉢ 신용장은 취소불능이므로 감액은 원칙으로 불가하나 당사자 합의에 의하여 이루어질 수 있다.

③ 조건변경 문안 작성

계약변경 내용과 신용장 조건변경 신청서와의 일치 및 기재사항의 누락, 오류를 검토하고 이에 따라 전문 우편문안을 작성한다. 취소불능신용장은 당사자 중 어느 일방이라도 동의치 않으면 조건변경은 불가능하므로 조건변경을 할 때는 “Please confirm us beneficiary's” 등의 문언을 삽입하여 후일의 분쟁을 미연에 방지하는 동시에 그 결과에 따라서 필요한 절차를 취하도록 한다.

④ 수수료 수납

㉮ 증액인 경우: 신용장발행시의 수수료율과 동일하면 원 수입신용장 발행금액에 대한 수수료의 징수기간까지 증액되는 금액에 대하여 월단위로 절상징수하고 그 이후는 총 지급보증금액에 대하여 3개월 단위로 징수한다.

㉯ 기한연장시 연장되는 기한(통산)이 수수료가 기 징수기간을 초과하지 않는 경우에는 기타 조건변경 최저요금을 징수하고, 수수료 기 징수기간을 초과하는 경우에는 수수료 기 징수기간까지는 기타 조건변경 최저요금만 징수하고 그 기간 만료 다음날에는 Term Charge를 징수한다.

㉰ 증액수수료 또는 기한연장수수료와 기타 조건변경수수료 중, 동시에 2종 이상 발생한 때에는 그 중 고액인 수수료 하나만 징수한다.

㉱ 기타 L/C조건변경인 경우 : Cable Charge, Corres Charge 등 실비로 징수한다.

4) 작성요령

① 신용장 자체에 관한 사항 : 신용장 조건변경은 원신용장의 내용을 수정 변경하는 것이므로 신용장 자체에 관한 사항은 원신용장의 내용과 동일하게 기입해야 한다.

㉮ 통화표시 : 달러인 경우 USD와 같이 영문 3자로 기재한다.

㉯ 수익자(Beneficiary) 성명 및 주소 : 원신용장의 수익자번호 및 이름 이외에 주소를 정확하게 표시하며 약호는 사용하지 않는 것이 좋다. 수익자가 변경되는 경우에도 원신용장의 수익자를 기입하는 것은 마찬가지다.

㉰ 신용장 금액 : 신용장 금액을 변경하는 경우라도 이 난에는 변경되기 전 원신용장 금액을 기입한다.

㉱ 신용장 유효기일(Expiry Date) : 유효기일 변경신청의 경우라도 원신용장에 표시된 유효기일을 기입한다. 해석상 오해를 없애기 위해서 월 표시는 문자로 하는 것이 좋다(예 : JUNE 4. 2020).

② 조건변경 내용에 관한 사항

㉮ 유효기일의 연장 : The expiry date is extended (to) until 다음에 변경된 유효기일을 기입하며, 유효기일이 연장된다고 최종 선적기일이 연장되는 것은 아니다.

예) 원신용장 유효기일 : Oct. 31, 2020. 변경된 유효기일 : Nov. 21, 2020.
“The expiry date is extended (to) until Nov. 21, 2020”

㉯ 선적기일의 연장 : 최종 변경된 선적기일을 표시한다. 즉 The latest shipment date extended until 다음에 최종 변경된 선적기일을 표시한다. 선적기일이 연장될 경우 유효기일도 동일한 기한만큼 연장한다.

예) 원신용장 선적기일 : Sep. 30, 2020. 변경된 선적기일 : Oct. 31, 2020.

"The latest shipment date extended Oct. 31, 2020."

※ 변경된 선적기일 및 유효기일 : Oct. 31, 2020. 및 Nov. 21, 2020.

"The latest shipment date expiry date is extended to Oct. 31 and Nov. 21, 2020 instead of Sep. 30, and Nov. 21, 2020."

㉰ 금액의 증감 : Amount increased(또는 Decreased) by 다음에 순 증감액을 표시하고 To 다음에는 증감변동 후 신용장 금액을 표시하면 된다.

예) 원신용장금액이 US$30,000이고 증액 US$20,000인 경우

"Amount increased by US$20,000 to US$50,000"

원신용장금액이 US$30,000이고 감액 US$10,000인 경우

"Amount decreased by US$10,000 to US$20,000"

③ 환적 및 분할선적 : -금지에서 허용: Transhipments are permitted(or allowed)
Partial shipments are allowed(or permitted)
-허용에서 금지: Transhipments are prohibited(or not permitted)
Partial shipments are not allowed(or prohibited)

④ 선적항 및 도착항의 변경

㉮ 선적항의 변경시 : "Shipment from Kobe instead of Osaka". "Shipment from U.S. airport instead of U.S. port", "Shipment to be made from Los Angeles to Pusan instead of from New York to Incheon", "Shipping port is changed into San Francisco instead of Seattle".

㉯ 도착항의 변경 : "Destination should be Incheon instead of Pusan", "Destination changed from Pusan to Incheon", "Destination is changed into Busan instead of Incheon".

㉰ 기타 변경사항 : 일반적으로 금액의 변동에 따른 단가, 수량 등의 변경사항을 기입하고, 그 외 규격・품목 등의 명세, 인도조건, 환어음 지급기일, 신용장의 양도 가능 여부 등 당사자 간에 합의가 된 변경, 추가, 삭제사항을 기입한다.

"Unit price changed from @US$1,100 to @US$,1,110".

"Commodity size now should read 20cm×25cm instead of 8"×10".

⑤ 상품명세 변경의 경우

- Description of commodity are changed as follows :

10,000pcs of Men's Cotton Shirts U.S.A, origin @US$100 CIF Busan.

서식 5-9-3 취소불능화환신용장 조건변경신청서

APPLICATION FOR AMENDMENT TO IRREVOCABLE DOCUMENTARY CREDIT

To : CHOHUNG BANK

Advising Bank SUMITOMO MITSUI BANKING CORPORATION SHLIO OMIYA BRANCH	to be advised by ☑ CABLE ☐ AIR MAIL

Re our L/C NO M16X0005NS00057 dated 200513
for JPY 7,800,000.- in favor of HAWASHI CHEMICAL INDUSTRY CO., LTD.
amended as follows (Marked by X)

☐ Credit amount increased/decreased by
to
☐ The latest shipping date is extended to
☐ Expiry date is extended to
☐ Partial shipments are now allowed / prohibited
☐ Transshipment is now allowed / prohibited
☑ Loading port / airport now changed to OSAKA ☑Port / ☐airport
☑ Unloading port / airport now changed to PUSAN ☑Port / ☐airport
☐ Air waybills acceptable / required
☐ Price terms are changed to instead of previous
☑ Others

FULL SET OF CLEAN ON BOARD OCEAN BILLS OF LADING MADE OUT TO THE ORDER OF CHOHUNG BANK MARKED "FREIGHT" AND "NOTIFY ACCOUNTEE" instead of previous AWB

All other terms and conditions remain unchanged

위와 같이 수입신용장 조건변경을 신청함에 있어서 따로 제출한 외국환거래약정서의 해당 조항에 따를 것을 확약합니다.

CHB CHOHUNG BANK

주 소 경기도 xx군 xx면 xx리 65번지 신청일자 2020. 06. 27
신 청 인 ㈜케이엠더블유
Authorized Signature

서식 5-9-4 취소불능 화환신용장 조건변경 통지서

ORIGINATOR: CHOHKRSEAXXX
SESSION: 1954 SEQUENCE: 436869
DESTINATION: SMBCJPJTXXXX TYPE: 707

:20: Sender's Reference
M16X0005NS00057
:21: Receiver's Reference
NONREF
:31C: Date of Issue
200513
:30: Date of Amendment
200627
KOREA.
:59: Beneficiary
HAYASHI CHEMICAL INDUSTRY CO., LTD.
:44A: Loading on Board/Dispatch/Taking in Charge at/from..
LOADING AIRPORT NOW CHANGE TO OSAKA PORT
:44B: For Transportation to..
UNLOADING AIRPORT NOW CHANGE TO PUSAN PORT
:79: Narrative
PLS AMEND IN FIELD 46A:
B/L INSTEAD OF PREVIOUS AWB.
"FULL SET OF CLEAN ON BOARD OCEAN BILLS OF LADING
MADE OUT TO THE ORDER OF CHOHUNGBANK MARKED
FREIGHT COLLECT AND NOTIFY ACCOUNTEE"
:72: Sender to Receiver Information
/REC/
//PLS ADVISE THRU YR SHLIO OMIYA
//BRANCH
//

2. 신용장 양도 신청서

신용장의 양도(transfer of L/C)란 신용장상의 수익자가 향유하는 권리의 전부 또는 일부를 수익자가 지시하는 제3자에게 양도해 주는 것을 말한다. 원칙적으로 신용장은 비유통성 증서이므로 그 이용이 원수익자에게 한정되어 있으나 양도가능 신용장이라고 규정된 경우에 한하여 양도가 가능하다.

양도가능신용장(transferable credit)이란 수익자가 신용장금액의 전부 또는 일부를 제3자(제2의 수익자)에게 양도할 수 있는 권한을 부여한 신용장을 말하고, 수익자가 신용장을 제3자에게 양도할 수 없는 신용장을 양도불능신용장(non-transferable credit)이라고 한다. 양도가능신용장에는 반드시 "transferable"이라는 문구가 신용장상에 표시되어 있어야 하며, 신용장에 별도의 명시가 없는 한 동일국내는 물론 제3국으로의 양도가 가능하다. 이러한 양도는 1회에 한하며 분할선적(partial shipment)이 허용되는 경우 분할양도(partial transfer)가 가능하다.

따라서 양수받는 제2수익자는 복수로 존재할 수 있으나, 제2수익자가 제3자에게 다시 양도할 수는 없다. 양도된 신용장의 조건은 원신용장의 조건과 동일하여야 한다. 다만 ① 신용장금액 ② 단가 ③ 선적기간 ④ 유효기간을 원신용장보다 감액하거나 단축하는 것은 허용된다.

그림 5-9 신용장 양도 흐름도

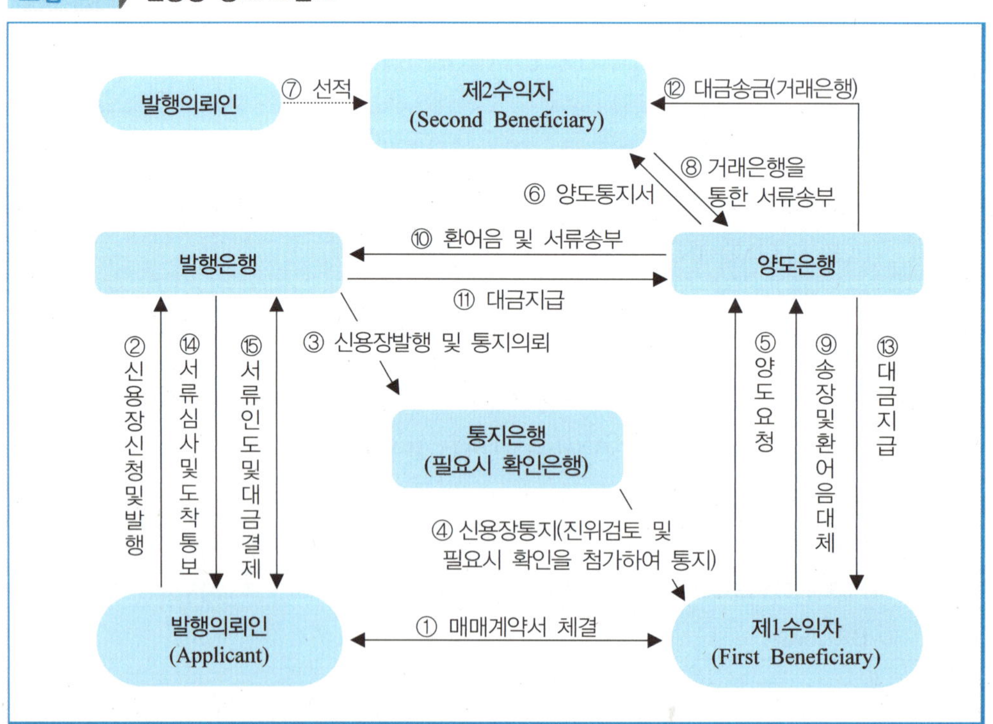

표 5-5 신용장 양도개요 요약

◈ 의 미
① 양도가능신용장(L/C에 "Transferable"이 명시됨)의 권리의 일부나 전부를 원수익자(제1수익자)의 요청에 따라 제3자(제2수익자)에게 양도(Transfer, T/S)하는 것 ② 양도요청은 발행은행의 일방적인 의사표시로 성립될 수 없으며, 이는 반드시 양도은행(transferring bank) 측의 승낙을 득하여야 함 ③ 양도는 1회에 한하며 제2수익자의 요청으로 제3수익자에게 다시 양도되는 재양도(retransfer)는 금지됨. 단, 양수인이 원수익자에게 양도환원(transfer back)하는 경우 양도취소로 간주하며, 원수익자가 제3자에게 양도 가능함 ④ 제1수익자는 양도를 요청할 때 제2수익자 앞으로 조건변경을 통지할 것인지에 대하여 취소불능의 조건으로 명확하게 지시하여야 함 ⑤ 양도가능문구는 신용장상에 "Transferable"이 명시되어야 가능하며, "Divisible, Fractional, Assignable, Transmissible"과 같은 용어는 신용장의 양도와 아무런 관련이 없으며 이러한 용어가 사용되었더라도 이는 무시함
◈ 양도의 필요성
① 수익자가 계약물품의 미보유로 신용장의 양도에 의하여 생산자 등이 직접 선적 ② 신용장을 수출쿼터 보유자에게 양도하고 수출대행을 의뢰하는 경우 ③ 실제공급자에게 양도하여 중간차익의 취득을 목적으로 하는 중계무역의 경우 ④ 신용장(back to back L/C, baby L/C, sub L/C 등) 발행비용 절감 목적. 수출지에 있는 수입상의 대리점, 지사가 신용장을 받아서 실수출자에게 1부씩 양도하는 경우
◈ 양도 취급은행
① 지급(Payment) L/C : 지급은행 ② 연지급(Deferred Payment) L/C : 연지급은행 ③ 인수(Acceptance) L/C : 인수은행 ④ 매입제한(Restricted) L/C : 매입제한은행 ⑤ 자유매입(Freely Negotiable) L/C : 신용장에서 양도은행으로 지정된 은행이며 이 경우 "This Credit is transferable at ×× Bank"라는 문구가 있어야 됨
◈ 양도절차
① 전부 또는 일부 양도신청서(Application for Advice of Total or Partial Transfer)를 양수자 즉, 제2수익자와 함께 서명한 후(또는 제2수익자와 맺은 계약서나 오퍼를 첨부) 원신용장과 함께 양도 취급은행에 제출 ② 양도 취급은행은 동 의뢰서의 내용에 따라 원신용장 원본 뒷면에 양도사실 [예 : This credit had been totally(or Partially) transferred to ABC Co.(제2 수익자) for USD 12,000 by XYZ Bank]을 명기 ③ 특히 Partial Transfer인 경우 상품이 종류별로 되어 있거나 수량이 명시되어 있는 경우에는 원신용장의 뒷면에 당해 상품명이나 수량도 기재해야 한다. ④ 양도은행은 양도인, 발행은행, 통지은행(양도은행이 통지은행이 아닌 경우)에 'Transfer Advices'의 사본을 교부하고 양수인(제2수익자)에게는 양도통지서 원본과 양도은행이 작성한 양도신용장 원본을 교부
◈ 수수료
① 양도시 : ② 양도후 조건변경시, 증액 조건변경시, 기타 조건변경시 : ③ 양도와 관련한 은행비용과 수수료, 대가 또는 지출금을 포함한 양도은행의 경비(charges)는 다른 합의가 없는 한 원칙적으로 제1수익자가 부담함.

◈ 양도금액

① 전액양도(total transfer) : 원신용장의 제1수익자가 수취한 신용장금액을 제2수익자에게 전액을 양도하여 주는 것. 양도은행은 원신용장의 배면에 다음과 같은 양도사실을 기재하고 서명한다. "This Credit in totally transferred to A Co., Ltd. for US$200,000 on April 16, 2020 by XXX Bank XX Branch."

② 분할양도(partial transfer) : 원신용장의 최초의 수익자가 수취한 신용장금액 중 일부를 하나의 제2수익자에게 양도하거나 원신용장 전체금액을 다수의 제2수익자에게 분할로 양도하여 주는 방법이다. 원신용장금액의 US$200,000이라면 그 금액을 A, B, C, D에게 US$50,000씩 분할하여 양도하면 이들 모두를 제2수익자로 간주.

③ 분할양도는 원신용장에서 분할선적이 허용되는 경우에만 가능하며 분할양도 금액의 합계액은 원신용장 금액을 초과할 수 없음

◈ 유의사항

UCP600 제38조에서 신용장을 양도받은 제2수익자가 반드시 양도은행에 서류를 제시하도록 규정하였다. 이는 제2수익자가 양도은행을 거치지 않고 발행은행으로 서류를 직접 송부함으로써 제1수익자가 서류교체를 통해서 양도차익 등을 얻을 수 있는 기회를 상실하는 상황이 발생하기 때문이다. 만약 신용장금액이 100% 양도되는 무조건 양도인 경우에는 양도시 양도신용장에 "서류는 발행은행으로 직접 송부해야 된다."라는 조항을 명확하게 삽입하여야 한다.

◈ 조건변경 여부

① 단순양도 : 원신용장의 조건변경없이 제2수익자가 현지은행에서 NEGO하여 발행은행 앞 직송 후 원신용장 조건에 의거 결제받도록 하는 양도. 제1수익자의 송장대체가 필요없고 양도인의 중개 및 알선수수료는 별도로 무역외로 영수함.

② 조건변경부 양도 : 제1수익자가 중계차익의 확보를 목적으로 신용장의 금액, 단가, 유효기일 등을 감액 또는 기간 단축(수량은 변경할 수 없음)하여 양도하는 것

◈ 조건변경 양도절차

① 수입상(발행은행)으로부터 수령한 원신용장의 내용이 다음과 같은 경우
신용장 금액 : USD10,000, 수량 100개, 단가 USD100

② 제2수익자(생산자) 앞으로 신용장을 금액, 단가 감액 양도
신용장 금액 : USD9,000, 수량 100개, 단가 USD90

③ 제2수익자가 물품생산을 완료한 후 수입상 앞으로 물품을 선적

④ 제2수익자 거래은행(매입은행)을 통하여 양도은행 앞으로 선적서류를 송부, 송장 및 어음은 제1수익자를 수화인(consignee)으로 작성 : 송장 및 어음 금액 : USD9,000

⑤ 제1수익자는 수입상을 수화인(consignee)으로 기재한 송장 및 어음으로 대체하여 원신용장 발행은행 앞으로 선적서류르 송부, 중계차액(USD1,000)의 매입 또는 추심여부는 양도은행과 협의로 결정한다.
신용장 금액 : USD10,000($9,000은 추심)

⑥ 원신용장 발행은행으로부터 신용장 대금(USD10,000) 입금 통지 받음

⑦ 양도은행은 제2수익자 앞 대금(USD9,000) 송금, 중계차액 USD1,000 취득

⑧ Less Charge 등은 제2수익자 앞 결제대금에서 공제함

* 활용 : 중계무역거래, 해외 현지공장 등에 위탁생산한 물품을 외국에 판매하는 거래, 국내 완제품 LOCAL 거래, 국내에서 중계수수료 수취를 목적으로 한 단순양도 거래 등에서 조건변경부 양도의 이용가능

◈ 양도 지역

① 국내양도 : 제1수익자와 제2수익자가 동일한 국가 내에 소재하고 있는 경우

② 국외양도 : 제1수익자와 제2수익자가 다른 국가에 소재하고 있는 경우를 의미

◈ 양도된 신용장 조건변경

① 제1수익자는 신용장의 양도요청시에 조건변경서의 통지방법에 대하여 명확히 지시하여야 함
② 다수의 제2수익자에게 양도된 경우 조건변경이 있는 경우에는 조건변경을 수락한 양수인에 대해서만 조건변경의 효력이 발행하며, 조건변경을 수락하지 아니한 양수인에 대하여는 이전의 원신용장이 그대로 유효하게 적용됨. 비록 일부의 양수인이 조건변경사항을 거절한다 해서 조건변경서가 양수인 모두에게 무효가 되는 것은 아니며, 조건변경을 수락한 양수인에 대하여는 당해 조건변경이 유효하게 적용됨.

◈ 금액 및 단가의 감액

① 제1수익자는 신용장 금액을 감액하여 양도신청할 수 있다. 또한 신용장이 단가를 표시하는 경우 단가감액에 의하여 신용장의 금액을 감액 양도요청할 수 있으며,
② 신용장 금액이 US$200,000 단가가 US$200이라면 신용장을 양도할 때 신용장의 금액은 US$180,000로 하고 단가를 US$180으로 감액할 수 있는 것이며 이러한 경우 그 차액인 US$20,000은 원 수익자의 양도차익임

◈ 유효기일, 서류제시 기일 및 선적기일의 단축

① 감액된 신용장양도장에 의하여 제2수익자가 작성한 상업송장 및 어음의 금액과 원신용장조건에 일치하게 제1수익자가 작성한 상업송장 및 어음금액의 차액이 제1수익자의 양도차익이며, 그 차익은 송장 대체 및 어음의 대체나 추가발행에 의해서만 취득이 가능함. 따라서 송장 및 어음의 교체를 위한 시간적 여유를 확보하기 위해서는 유효기일, 서류제시시간 및 선적기일에 대한 단축이 필요함
② "선적기일 2020. 10. 10, 유효기일 10. 20., 서류 제시기간 선적일로 부터 20일 이내" → "S/D 2020. 10. 10, E/D 10. 20., P/D 선적일로부터 20일 이내"로 단축 가능

◈ 원신용장 보험가입금액 비율 요구

① 원신용장의 금액이 US$200,000이며 보험가입 금액이 상업송장 금액의 110%에 대하여 보험가입 하도록 되어 있는 경우에 보험가입 금액은 US$220,000이 되며,
② US$180,000로 감액하고 상업송장 금액의 110%를 보험가입하게 된다면 가입금액은 US$180,000의 110%인 US$198,000이 되기 때문에 원신용장의 조건에 위배됨. 그러므로 신용장 양도장에 US$220,000에 대하여 보험가입 하도록 요구하면 원신용장 조건을 충족하게 됨

◈ 발행의뢰인 성명 대체

① 신용장을 감액양도하는 경우 제2수익자가 신용장발행의뢰인의 존재를 알게 되면 제2수익자는 제1수익자를 배제하고 직접적인 거래관계를 모색할 가능성이 있어서,
② 제1수익자 이해관계 보호를 위하여 원신용장 조건적용 예외사항의 하나로 양도장의 발행의뢰인란에 신용장발행의뢰인의 성명대신에 제1수익자 자신의 성명을 대신 표시할 수 있도록 허용한다.
③ 그러나 원신용장이 신용장발행의뢰인의 명의가 상업송장 이외의 다른 서류에 표기되도록 특별히 요구하고 있을 때에는 그러한 요구가 반드시 이행되어야 함.
④ 제1수익자는 신용장에 명시된 금액을 초과하지 않는 범위 내에서 제2수익자의 송장 및 환어음을 자신의 송장 및 환어음으로 대체할 권리를 가지고 있으며, 대체를 하는 경우에, 제1수익자는 자신의 송장과 제2수익자의 송장간에 차액이 있다면, 그 차액에 대하여 신용장에 따라 어음을 발행(청구)할 수 있다.
⑤ 제1수익자가 만일 있다면 그 자신의 송장과 환어음을 제시하였으나 첫 요구시에 그렇게 하지 못한 경우, 또는 제1수익자가 제시한 송장이 제2수익자에 의하여 행해진 제시에는 존재하지 않았던 하자를 발생시키고, 제1수익자가 첫 요구시에 이를 정정하지 못하였다면, 양도은행은 제1수익자에게 더 이상의 책임을 지지않고 제2수익자로부터 받은 그대로 서류를 발행은행에 제시할 권리를 지닌다.
⑥ 제1수익자는 제2수익자에 대하여 신용장 유효기일까지 결제 또는 매입이 신용장이 양도되어진 장소에서 이루어지도록 요구하는 경우에 원 수익자는 그러한 뜻 "Please forward us(transferring bank) all draft and documents in two consecutive airmail."을 양도장에 기재하도록 요구한다.

서식 5-10 수출신용장 양도신청서

APPLICATION FOR	□ Total □ Partial	Transfer	담 당	검토자		결제권자

To : WOORI BANK ⑦ Date :

Re : ① L/C No.
② Dated
③ Issuing Bank
④ Amount
⑤ Beneficiary
⑥ Accountee

Gentlemen :

We hereby request you to transfer irrevocably all our rights of the above mentioned credit to the transferee under the same terms and conditions of the original credit with exceptions indicated hereunder :

⑧ Amount to be transferred :
⑨ Latest shipping date :
⑩ Expiry date :
⑪ Description of commodities and other conditions

Any amendment to the credit hereafter made is to be advised to □ the first beneficiary
□ the second beneficiary

The original credit(including amendments to this date, if any) is attached herewith for your endorsement.

We agree to indemnify and hold you harmless against any and all losses, damages and expenses arising from your actions on this transfer.

This application is subject to the Uniform Customs and Practice for Documentary Credit. 2007 Revision. International Chamber of Commerce Publication No. 600.

⑫ Accepted by	⑬ Your very truly	인감 및 원본확인
Name and Signature of Second Beneficiary	Name and Signature of First Beneficiary	

수출(4030031, 310×297) 수출신용장양도신청서 백상지 80g/m (2002. 11 계정)

서식 5-10-1 양도가능신용장의 전액양도 및 서류작성의 예제

Shinhan Bank SEOUL, KOREA C.P.O. BOX : 6999 SEOUL ORIGINAL
SWIFT : SHBKKRSE Telex number : K25583

---------------------- ADVICE OF ISSUE OF DOCUMENTARY CREDIT--------------------------

CREDIT NO. : LC82A90551 ADVICE NO. : A-4201-006-102222

----

*ISSUING BANK (017370) BKCHCNBJ82A
BANK OF CHINA, SHEN YANG,
HEPING DAJIE 3 DUAN 5,
SHEN YANG, CHINA

*APPLICANT
SHENYANG LEATHER SHOES CORP.
HEPING QU, SHENYANG CHINA

*BENEFICIARY
KANGNAM TRADING CO., LTD.
3RD FLOOR, 223-12 BONGEE-DONG
SONGPA-KU, SEOUL, KOREA

*AMOUNT : USD348,000.00

*EXPIRY DATE : JUN. 05, 2020
*ISSUING DATE : APR. 22, 2020

Gentlemen :
WE HAVE BEEN REQUESTED BY THE ISSUING BANK WITHOUT ANY RESPONSIBILITY ON OUR PART TO ADVISE YOU OF AUTHENTICATED TELETRANSMISSION AS FOLLOWS :

---< Message Text >---

700 ISSUE OF A DOCUMENTARY CREDIT
***27 : Sequence of total : 1/2
***40A : Form of Documentary Credit : IRREVOCABLE
***20 : Documentary Credit Number : LC82A90551
***31C : Date of Issue : 2020-04-22
***40E : Applicable Rules : UCP LATEST VERSION
***31D : Date and Place of Expiry : 2020-06-05 S. KOREA
***50 : Applicant : SHENYANG LEATHER SHOES CORPORATION.
***59 : BENEFICIARY : KANGNAM TRADING CO., LTD.
77, JONGNO 1-KA, JONGNO-GU, SEOUL, KOREA
32B : CURRENCY CODE, AMOUNT : USD348,000.00
***39A : PERCENTAGE CREDIT AMOUNT TOLERANCE : 0/0
***41D : AVAILABLE WITH... BY... : ANY BANK IN S. KOREA
BY NEGOTIATION
***42C : DRAFTS AT... : SIGHT FOR 100 PCT OF THE INVOICE VALUE
***42A : DRAWEE : BKCHCNBJ82A
BANK OF CHINA, SHENYANG, CHINA
***43P : PARTIAL SHIPMENTS : ALLOWED
***43T : TRANSHIPMENT : NOT ALLOWED
***44A : LOADING ON BOARD/DISPATCH : PUSAN KOREA
***44A : FOR TRANSPORTATION TO : DALIAN CHINA
***44C : LATEST DATE OF SHIPMENT : 2020-05-20
***45A : DESCRIPTION OF GOODS AND/OR SERVICE :
NUBUCK 2.0-2.2MM, COLOR : WHEAT, MELDISCO STOCK NO : 46571
QUANTITY : 174,000SF, CIF DALIAN CHINA, TOTAL AMOUNT : USD348,000.00

***46A : DOCUMENTS REQUIRED :
1. SIGNED COMMERCIAL INVOICE IN 3 COPIES INDICATING L/C NO. AND CONTRACT NO.
2. FULL SET OF CLEAN ON BOARD OCEAN BILLS OF LADING MADE OUT TO THE ORDER AND BLANK ENDORSED MARKED FREIGHT PREPAID AND NOTIFY APPLICANT
3. INSURANCE POLICY/CERTIFICATE ISSUED IN TRIPLICATE DULY ENDORSED IN BLANK FOR FULL INVOICE VALUE PLUS 10 PERCENT WITH CLAIMS PAYABLE IN CHINA IN THE SAME CURRENCY AS THE DRAFT COVERING INSTITUTE CARGO CLAUSES(A).
4. PACKING LIST/WEIGHT MEMO IN 3 COPIES INDICATING QUANTITY/GROSS AND NET WEIGHT OF EACH PACKAGE AND PACKING CONDITIONS.
5. BENEFICIARY'S CERTIFICATE STATING THAT ONE ORIGINAL B/L AND ONE COMPLETE SET OF NON-NEGOTIABLE SHIPPING DOCUMENTS HAVE BEEN FAXED TO APPLICANT WITHIN 24 HOURS AFTER SHIPMENT
6. CERTIFICATE OF QUALITY IN 3 COPIES ISSUED BY KANGNAM TRADING CO., LTD.
7. INSPECTION CERTIFICATE ISSUED BY KANGNAM TRADING CO., LTD. IN 3 COPIES.
8. ANIMAL AND PLANT QUARANTINE CERTIFICATE IN 1 COPY.

***47B : ADDITIONAL CONDITIONS :
1. A SPECIAL HANDLING CHARGE OF USE50.00 OR EQUIVALENT IS PAYABLE BY BENEFICIARY ON EACH DRAWING IF DOCUMENTS ARE PRESENTED WITH DISCREPANCY (IES).
2. ALL DOCUMENTS TO BE FORWARDED IN ONE COVER.
3. THIS L/C IS TRANSFERABLE, THE TRANSFERRING BANK IS THE ADVISING BANK. IT CAN BE TRANSFERRED TO CHOKWANG LEATHER CO., LTD. 8/FL, HONGWOO BLDG. NO.834-34 YUKSAM-DONG, KANGNAM-KU, SEOUL, KOREA.
4. SHIPMENT MUST BE EFFECTED IN 3 LOTS. THE FIRST NOT LATER THAN 200427 THE SECOND NOT LATER THAN 200510 THE THIRD NOT LATER THAN 200520.

***48 : PERIOD FOR PRESENTATION : WITHIN 5 DAYS AFTER B/L DATE BUT NOT LATER THAN CREDIT VALIDITY

***49 : CONFIRMATION INSTRUCTIONS : WITHOUT

***71B : CHARGES : ALL BANKING CHARGES OUTSIDE CHINA INCLUDING L/C ADVISING FEE, REIMBURSEMENT COMMISSION AND DISCREPANCY CHARGE ARE FOR BENEFICIARY'S ACCOUNT.

***78 : INSTRUCTION TO THE PAYING/ACCEPTING/NEGOTIATING BANK :
+THE AMOUNT OF EACH DRAWING MUST BE ENDORSED ON THE REVERSE HEREOF.
+ALL DOCUMENTS TO BE FORWARDED BY COURIER SERVICE TO ISSUING BANK
+UPON RECEIPT OF DOCUMENTS WHICH ARE IN CONFIRMITY WITH THE TERMS OF THIS CREDIT, WE SHALL REMIT THE PROCEEDS TO YOU AS PER YOUR INSTRUCTION.

Please note that we reserve the right to make such corrections to this advice as may be necessary upon receipt of the cable confirmation and assume no responsibility for any errors and/or omission in the transmission and/or translation of the teletransmission, and for any forgery and/or alteration on the credit. If the credit is available by negotiation, each presentation must be noted on the reverse of this advice by the bank where the credit is available.

THIS ADVICE IS SUBJECT TO UNIFORM CUSTOMS AND PRACTICE FOR DOCUMENTARY CREDITS (2007 REVISION), ICC PUBLICATION NO. 600

Yours very truly,

서식 5-10-2 앞 양도신용장의 전액(분할)양도 통지장

Original

Shinhan Bank
SEOUL, KOREA

Advice of ■ Total □ Partial Transfer

CHOKWANG LEATHER CO., LTD

Date : 2020. 4. 27
T/S No. 4266-004-00046

L/C No.	: LC82A9055I
Dated	: APR. 22, 2020
Issuing Bank	: BANK OF CHINA, SHEN YANG CHINA
Amount	: U$348,000.00
Beneficiary	: KANGNAM TRADING CO., LTD.
Accountee	: SHENYANG LEATHER SHOES CORP.

Gentlemen :

We are pleased to advise you that above mentioned credit has been ■ totally □ partially transferred to you by the first beneficiary, so amendments hereafter will be advised □ the first beneficiary ■ the second beneficiary.

Details of transfer are as follows
Amount to be transferred : $348,000.00
Latest shipping date : MAY. 20, 2020
Expiry date : JUN. 05, 2020

Description of commodities and other conditions :

NUBUCK 2.0-2.2MM
COLOR : WHEAT
MELISCO STOCK NO : 46571
QUANTITY : 174,000SF

관리번호	17-04-67

This advice is to be considered as an integral part of original credit, All other terms and conditions are same to the original credit with exceptions indicated as above.

All drafts to be negotiated under this advice must be accompanied by this Letter and the amount of any such drafts be endorsed of the bank hereof by the negotiating bank.

This advice is subject to The Uniform Customs and Practice for Documentary Credits. 2007 Revision. International Chamber of Commerce Publication No.600.

C.C :

Truly Yours.

FOR SHINHAN BANK

Authorized Signature

(27-0571) (210×297)

Chapter

06 수출승인

제1절 수출승인의 개념

1. 수출승인의 의의

물품의 수출은 무역업신고를 필한 경우 원칙적으로 자유롭게 할 수 있으나 대외무역법에서 정하고 있는 특정한 물품의 경우에는 수출을 하기 이전에 당해 물품의 수출에 대한 사전허가를 받아야 하는데 이를 수출승인(Export Licence : E/L)이라 한다.

즉 대외무역법상 수출입공고에 의해 수출이 제한되는 물품을 수출하고자 하는 경우에는 당해 물품을 관장하는 기관에서 수출승인을 받아 수출을 이행하여야 한다. 다만 대외무역법 이외의 법령에 이해 수출이 금지되거나 제한되는 물품을 수출하고자 하는 경우에는 수출승인과는 관계없이 당해 법령에서 정하고 있는 요건을 충족하여야 한다.

2. 수출승인 기관

수출승인대상물품을 수출하고자 하는 자는 원칙적으로 산업통상자원부장관으로부터 수출승인을 받아야 한다. 그러나 산업통상자원부장관은 무역관리의 효율성을 도모하기 위하여 수출입의 승인에 관한 대부분의 권한을 관계 행정기관 또는 단체의 장, 즉 승인기관(수출입공고에 산업통상자원부장관이 지정 · 고시한 기관 · 단체)의 장에게 위탁하고 있다. 수출승인기관은 다음과 같다.

표 6-1 수출승인기관

기관명	대상품목	기관명	대상품목
대한어망공업협회	어망, 끈류	한국의류산업협회	의류(미국, EU 등)
농림부	채소종자	한국자동차공업협회	승용차(대만)
한국농림수산식품수출조합	배, 사과(대만)	한국의약품수출입협회	의약품
한국골재협회	모래, 자갈 등	한국기계산업진흥회	산업설비수출
한국생사수출조합	건사(일본)	한국수출입은행	산업설비수출 (연불금융대상)
한국섬유직물수출조합	직물류(미국, EU 등)		

3. 수출승인 신청 시 구비서류

① 수출승인신청서 4부(업체용, 세관용, 승인기관용 및 사본)
② 수출신용장, 수출계약서 또는 주문서
③ 수출 · 수출대행계약서(대행 수출인 경우)
④ 수출입공고 등에서 규정한 요건을 충족하는 서류(단, 당해 승인기관에서 제한 요건의 충족 여부를 확인할 수 있는 경우는 제외)

4. 수출승인요건

수출승인기관의 장은 수출승인신청을 받은 경우 인적요건(거래주체), 물적요건(제한요건 충족), HS코드 적용 등의 요건을 확인한 후 승인하게 된다.

① 수출자 및 위탁자 확인 : 수출을 하려면 대외무역법상의 무역업고유번호를 발급 받아야 한다. 수출승인기관은 수출승인 신청자가 무역업 고유번호를 받았는지 여부를 확인하고, 만약 대행의 경우에는 대행계약서를 첨부하여야 한다.
② 수출입공고 및 대외무역관리규정에 따른 제한여부 검토 : 수출품은 수출입공고 등에서 정하고 있는 제한요건을 충족하여야 한다.
③ 품목분류의 정확성 검토 : 수출하는 물품의 품목분류번호가 HS상품분류상의 분류와 일치하여야 하며, 상품분류는 관세율표를 참조한다.

5. 수출승인의 면제

수출승인은 국가간 협정의 의무이행, 경제협력증진을 위해 수출을 제한하는 물품에 대해 예외적으로 수출을 승인하는 제도이므로 개인적인 물품과 같이 비상용(非常用)이거나 외교관용품 등 대외무역관리규정〔별표 3, 4〕에 열거되어 있는 경우에는 수출입공고의 제한에도 불구하고 수출이 가능하다.

표 6-2 수출입승인의 면제대상물품

수출승인 면제대상 물품	수입승인 면제대상 물품
① 외교관 물품 기타 산업통상자원부장관이 정하는 자의 특정물품	① 외교관 기타 산업통상자원부장관이 정하는 자의 특정물품
② 긴급을 요하는 물품	② 긴급은 요하는 물품
③ 무역거래를 원활히 하기 위하여 수출하는 물품 등	③ 무역거래를 원활히 하기 위하여 수입하는 물품 등
④ 주된 사업목적 달성을 위하여 수출하는 물품 등	④ 주된 사업목적 달성을 위하여 수입하는 물품 등
⑤ 무상으로 수출하는 물품 등	⑤ 무상으로 수입하는 물품 등
⑥ 특정지역에 대하여 수출하는 물품 등	⑥ 특정지역으로부터 수입하는 물품 등
⑦ 공공성을 가지는 물품 등	⑦ 공공성을 가지는 물품 등
⑧ 기타 상행위 이외의 목적으로 수출하는 물품	⑧ 기타 상행위 이외의 목적으로 수입하는 물품
⑨ 해외이주자의 해외이주시 반출하는 물품	⑨ 외국환거래가 수반되지 아니하는 물품

제2절 수출승인서의 작성요령

① 수출자(상호, 주소, 성명), 무역업 신고번호

수출자(exporter)의 상호, 주소, 성명(name of firm, address, name of representative) 및 무역신고번호(notification no.)를 기재한다. 수출자는 대외무역법상 무역업 신고를 한 자이어야 한다. 따라서 승인기관은 수출승인신청자가 무역업신고를 한 자인지의 여부를 확인한다.

② 위탁자(상호, 주소, 성명), 사업자 등록번호

일반적인 수출의 경우에는 수출자와 동일하나, 수출대행의 경우에 위탁자(화주)의 상호, 주소, 대표자성명 및 사업자등록번호를 별도로 기재한다.

③ 원산지(origin)

수출물품의 원산지를 기재한다. 수출물품의 원산지가 우리나라인 경우에는 R.O.K로 기재하여야 한다. 원산지(origin of goods)란 특정 물품이 성장(growth), 생산(production), 제조(manufacture) 또는 가공(processing)된 지역으로서 원칙적으로 정치적 실체를 지닌 한 국가를 의미한다. 그러나 홍콩 등과 같이 국가는 아니지만 독립 관세영역이거나 자치권을 보유한 지역도 원산지가 될 수 있다. 즉, 원산지는 어떤 물품의 생산지를 의미하므로 물품을 단순히 조립한 조립국이나 가공과정을 거치지 않고 단순히 경유한 경유국 또는 적출국과는 구별되는 개념이다.

표 6-3 수출물품의 원산지를 인정한 기준

ⓐ 자국 영토에서 생산한 광산물, 농산물 및 식물성 생산물
ⓑ 자국 영토에서 번식, 사육한 산동물과 이들로부터 채취한 물품
ⓒ 자국 영토에서 수렵, 어로로 채취한 물품
ⓓ 자국 선박에 의하여 채취한 어획물, 기타 물품
ⓔ 자국에서 제조, 가공공정 중에 발생한 잔여물
ⓕ 자국 또는 자국 선박에서 ⓐ부터 ⓔ까지의 물품을 원재료로 하여 제조·가공한 물품
ⓖ 외국산 원자재를 사용하여 가공, 생산된 물품으로서 가공공정에서 새로운 상품적 특성이 부여된 물품

이상의 일곱 가지 조건 중 그 어느 한 가지 조건에 해당될 경우에는 원산지로 인정하는 것이 국제적인 관례이며 우리나라도 이에 준하고 있다. 위 원산지기준 중 ⓐ~ⓕ는 완전생산(wholly produced)에 의한 원산지 기준이며, ⓖ는 실질적 변경(substantial transformation) 기준인데, 우리나라는 가공도 기준(HS 6단위 변경기준)을 채택하고 있다.

④ 구매자 또는 계약 당사자(buyer or principal of contract)

수출승인신청의 근거서류인 수출신용장상의 발행의뢰인 또는 기타거래인 경우 계약당사자(수입자)를 기재하되 수출승인서 발급근거서류인 수출신용장 또는 계약서와 일치해야 한다.

⑤ 신용장 또는 계약서번호(L/C or contract no.)

신용장 방식의 거래조건일 때는 신용장 번호를 기재하고, 기타 무신용장방식의 거래일 경우에는 계약서 번호를 기재하며 동 번호는 수출승인 신청 시 첨부되는 신용장 또는 계약서 번호와 일치하여야 한다.

발행은행의 신용장번호는 통상 신용장상 우편신용장일 경우는 환어음 표시문언 "drawn under documentary Credit no."의 부분에서도 확인되고 있으며 SWIFT Credit인 경우에는 40A :에 표시되며, 모든 선적서류에 명시되어야 한다.

⑥ 금액(total amount)

수출승인신청의 근거서류에 있는 금액을 통화와 함께 표시한다.

⑦ 결제기간(period of payment)

결제기간 란에는 다음과 같이 기재한다(2가지 이상의 결제방식이 혼합되어 있을 때에는 결제방식별로 병기).

- 화환수출신용장에 의한 거래는 일람불 수출신용장(Sight Credit)에 의한 수출과 기한부 수출신용장(Usance Credit)의 수출이 있는 바, Sight Credit거래의 경우에는 'at sight', Usance Credit 거래인 경우에는 'at ~ days after sight(or date of B/L)'로 결제기간 란에 기재하고 금액란에 금액을 기재한다.

  Usance 어음의 만기일은 ⓐ 일람후 정기출급(at ~ days after sight), ⓑ 발행일자후 정기출급(at ~ days after draft date), ⓒ 선적일자후 정기출급(at ~ days after B/L date) 등의 방법이 있는데, 통상 ⓐ나 ⓒ의 방법이 활용되고 있다.
- 추심결제방식에 의한 거래는 선적서류의 인도가 어음의 지급(또는 인수)을 조건으로 하고 있느냐에 따라서 지급인도조건(D/P, Documents against Payment)와 인수인도조건(D/A, Documents against Acceptance)거래로 구별할 수 있다.

  D/P 조건이란 화환어음의 지급인(수입자)이 수출자가 발행한 일람출금 환어음 대금을 결제하여야만 관계 선적서류가 인도되는 거래인 바, 결제기간 란에는 At Sight로 기재하며 금액란에 금액을 기재한다. D/A 조건이란 수출자가 발행한 일람후 또는 선적후 정기출급화환어음의 대금지급없이 인수행위만 함으로써 선적서류가 인도되는 인수인도조건을 말한다. 따라서 결제기간 란에는 일람후 정기출급조건일 경우 'at ~ days after sight', 선적후 정기출급조건일 경우 'at ~ days after date of B/L'로 기재하고 금액란에는 금액을 기재한다.

- 송금방식에 의한 수출은 어음결제방식이 아닌 수출대금전액을 외화로 영수하는 조건으로 수출하는 대금결제방식의 거래를 말한다. 대외무역법에서는 송금방식에 의한 수출형태로서 ⓐ 수출대금을 미리 외화로 영수한 후 수출하는 사전송금방식의 수출과 ⓑ 물품의 인도와 동시에 또는 물품의 인도후에 수출대금을 영수하는 조건인 대금교환조건수출(COD 및 CAD)의 2가지로 구분하고 있는데, 대금교환도조건 수출은 교환의 대상에 따라 현금교환도(COD)와 서류상환도(CAD)가 있다. 사전송금방식수출의 경우 결제기간 란에는 Payment in Advance 또는 단순히 In Advance로 기재하고 금액란에 금액을 기재하고, 현금교환도조건 수출(COD/Cash on Delivery)은 결제기간 란에는 COD로, 금액란에 금액을 기재하며, 서류상환방식의 수출(CAD/ Cash against Documents)은 결제기간 란에는 CAD로 기재하고 금액란에 금액을 기재한다.
- 기타 위탁한 수출, 외국인도수출 등은 계약서 또는 신용장상의 대금결제방식에 의거 결제기간 및 금액을 각각 기재한다.

⑧ 가격조건(terms of price)

국제무역에 있어서 가격조건은 두 가지 의미로 해석할 수 있는데, 계약물품의 인도장소, 비용 및 위험부담의 범위에 따라 인도장소 기준조건과 가격구성요소기준조건으로 대별된다. 통상적으로 정형거래조건(INCOTERMS)을 기재하게 되는데 만약 다르게 계약하는 경우에는 계약내용으로 기재한다.

- 인도장소 기준조건

  본 조건의 용어는 물품의 인도장소와 인도방법을 나타낸다. 가령 F.O.B(Free On Board)의 경우 On Board(갑판상)는 인도장소를 나타내고 있으므로 화물을 선적하여 갑판상에서 인도하면 수출자의 책임은 끝남을 나타낸다(INCOTERMS는 전통적으로 위험부담의 분기점을 Ship's Rail <선박의 난간>으로 보고 있음).

  따라서 선적지 인도조건은 인도하는 선적지의 지정지명이나 수출항명이 부기되고, 양육지 인도조건은 지정목적지명 또는 수입항명이 부기된다.
- 가격 구성요소 기준조건

  본 조건은 선적지 인도를 기준으로 하여 수출자는 수입자부담의 특정비용을 부담하고 그 비용을 포함하는 가격으로 매매계약을 맺고 수입자는 수출자가 부담하지 않는 위험과 비용을 부담하는 조건인 바 수출자가 부담하는 비용을 명시하기 위하여 지정목적지 또는 항구명을 부기한다.

⑨ 도착항(port of arrival)

통상 신용장(또는 계약서)상에 Shipment from to로 기재되는 문구 중, to 다음의 도착지(port of destination)를 기재한다.

⑩ HS부호(HS Code)

상품의 수출입관리는 수출입공고에 따른다. 수출입공고란 산업통상자원부장관이 물품의 수출 또는 수입에 대한 제한 여부, 제한품목의 품목별 수량, 금액, 규격 또는 지역 등이 제한에 관한 사항 및 동 제한에 따른 승인에 관한 사항을 종합적으로 규정하여 공고하는 것을 말한다. 수출입공고 본문에는 품목관리제도의 일반원칙이 규정되어 있고 품목표는 수출제한 품목표와 수입제한품목표로 구분하여 품목별로 수출입제한 내용 및 동 제한에 따른 수출입요령을 구체적으로 열거하고 있다. 수출입공고의 품목분류는 HS품목분류를 채택하고 있다. 따라서 수출 품목의 HS분류는 HS상품분류상의 분류(10단위)와 일치하여야 한다.

⑪ 품명 및 규격(description/size)

수출신용장(또는 계약서)상의 품목명세와 일치하도록 기재한다. 다만, 소요량 증명서발급, 관세환급 등을 위하여 신용장상의 상품명세 이상으로 기재하는 것은 무방하다.

⑫ 단위 및 수량(unit/quantity)

수량의 계산단위는 상품의 종류에 따라서 분류되는데, 일반적으로 상품의 수량은 다음과 같이 개수 혹은 도량형에 의하여 계산된다.

㉮ 상품수 : 개수(Piece), 조(Set), 다스(Doz) 등
포장수 : 상자(Case), 표(Bale), 부대(Bag) 등

㉯ 중량 : 톤(Ton), 파운드(Lb), Kg, 용량 : 입방피이트(Cft, cubic feet).
길이 : 야아드(Yard), 미터(Meter), 면적 : 평방피이트(SF: Square Feet)
용적톤(M/T, Measurement Ton) : 용적톤은 운임계산에도 사용되는 계산단위로서, 40cft=1M/T 이다. 표시방법은 5M/T 또는 5ton of 40cft과 같이 명기한다. 중량표시방법 중 Ton은 Long Ton, Short Ton, Metric Ton으로 구분되며 특히 동일한 Ton이 수출통관시에 수출승인서상의 수량과 수출신고서에 기재된 검사감정기록이 차이가 있을 경우 ㉮ 산물 또는 용적물품으로서 과부족이 발생하는 물품(예, 광물, 곡물, 원피 및 원목 등)은 15%, ㉯ 천연모피제품은 20%, ㉰ 기타 물품은 10% 등의 범위 내에서만 수출면허가 된다는 점을 유의할 필요가 있다. 특히 More or Less Terms일 경우는 용인량의 한도와 과부족 선택권자를 명시(예 : 5% More or Less at Seller's Option)한다.

⑬ 단가(unit price) ⑭ 금액(amount)

해당 수출물품의 단가와 금액을 기재한다. 가격조건은 ⑧항에 기재되므로 여기에는 기재하지 않는다.

⑮ 승인기관 기재란(remarks to be filled out by an approval agency)

승인기관에서 기재하는 난으로 수출입공고상 수출제한품목을 승인할 때 필요한 경우 승인조건을 기재한다.

⑯ 유효기간(period of approval)

수출승인 유효기간은 원칙적으로 1년이지만 다음과 같은 특정한 경우에는 1년 이내 또는 20년의 범위 내에서 단축 또는 초과하여 설정할 수 있다.

- 산업통상자원부장관이 국내의 물가안정 또는 수급조정을 위하여 1년 이내로 유효기간의 단축이 필요하다고 인정하는 경우
- 수출계약 체결 후 물품 등의 제조 · 가공기간이 1년을 초과하는 경우 등 물품의 선적 또는 도착 기일을 감안하여 1년 이내에 물품의 선적이나 도착이 어려울 것으로 수출입 승인기관의 장이 인정하는 경우
- 수출 · 수입이 혼합된 거래로서 수출입승인기관의 장이 부득이하다고 인정하는 경우

⑰ 승인번호(approval no.)

승인기관에서 승인번호를 기재한다<표 5-2 참조>.

수출승인의 인증부호표시방법

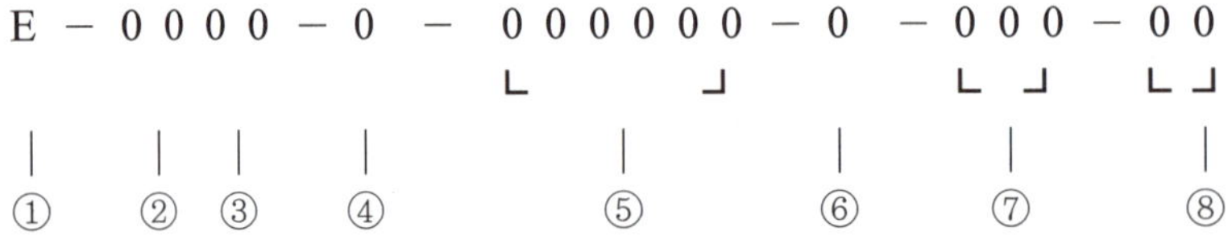

① 수출 수입의 구분: 수출승인 즉, E/L의 E
② 승인기관 고유번호
③ 관리부서
④ 발급연도의 끝자리. 예: 2020년 0
⑤ 일련번호
⑥ Check Digit : 부호의 정확여부 확인용으로 한국은행에서 제정 배부
⑦ 제한근거 : - 수출입공고 : A01,
　　　　　　- 전략물자공고 : A05
⑧ 변경승인표시 : 예) 첫 번째 변경 : 01

⑱ 승인기관 관리번호(no. of approval agency)

승인기관의 자체적인 관리번호가 기재된다.

서식 6-1 수출 승인(신청)서

수 출 승 인 (신청) 서

Export License(Application)

처리기간 : 1일 Handling Time : 1 Day

<table>
<tr><td colspan="2">① 수출자 무역업고유번호
(Exporter) (Notification No.)
상호, 주소, 성명
(Name of firm, Address, Name of Representative)
(서명 또는 인)
(Signature)</td><td colspan="3">④ 구매자 또는 계약당사자
(Buyer or Principal of Contract)

⑤ 신용장 또는 계약서 번호(L/C or Contract No.)</td></tr>
<tr><td colspan="2">② 위탁자 사업자등록번호
(Requester) (Business No.)
상호, 주소, 성명
(Name of firm, Address, Name of Representative)
(서명 또는 인)
(Signature)</td><td colspan="3">⑥ 금액(Total Amount)

⑦ 결제기간(Period of Payment)

⑧ 가격조건(Terms of Price)</td></tr>
<tr><td colspan="2">③ 원산지(Origin)</td><td colspan="3">⑨ 도착항(Port of Arrival)</td></tr>
<tr><td>⑩ Hs부호
(HS Code)</td><td>⑪ 품명 및 규격
(Description/Size)</td><td>⑫ 단위 및 수량
(Unit/Quantity)</td><td>⑬ 단가
(Unit Price)</td><td>⑭ 금액
(Amount)</td></tr>
<tr><td></td><td></td><td></td><td></td><td></td></tr>
<tr><td colspan="5">⑮ 승인기관기재란(Remarks to be filled out by an Approval Agency)</td></tr>
<tr><td colspan="5">⑯ 유효기간(Period of Approval)</td></tr>
<tr><td colspan="5">⑰ 승인번호(Approval No.)</td></tr>
<tr><td colspan="5">⑱ 승인기관 관리번호(No. of Approval Agency)</td></tr>
<tr><td colspan="5">⑲ 위의 신청사항을 대외무역법 제11조제2항 및 동법 시행령 제18조제1항의 규정에 의하여 승인합니다.
(The undersigned hereby approves the above-mentioned goods in accordance with Article 11(2) of the Foreign Trade Act and Article 18(1) of the Enforcement Decree of the said Act..)
년 월 일
승인권자 (인)</td></tr>
<tr><td colspan="5">※ 승인기관이 2이상인 경우 ⑮~⑱의 기재사항은 이면에 기재하도록 합니다.
※ 이 서식에 의한 승인과는 별도로 대금결제에 관한 사항에 대하여는 외국환거래법령이 정하는 바에 따라야 합니다.</td></tr>
</table>

Chapter

07 수출물품의 확보

제1절 외화획득용 완제품 및 소요원자재의 국내구매

무역계약이 확정되면 수출자는 즉시 수출물품 확보활동을 한다. 수출신용장을 수취하거나 계약서를 작성하고 난 후 수출물품에 대한 수출승인을 받아야 하는 품목의 경우 해당기관 장의 수출승인을 받았으면 다음의 절차는 수출물품의 확보이다.

수출물품을 확보하는 방법에는 수출물품을 수출업자의 자가공장에서 직접 제조 · 생산하는 방법과 수출물품 자체를 국내에서 구매하는 방법과 국외에서 수입하는 방법 등이 있을 수 있다. 또한 수출물품을 제조·생산하기 위해서는 당해 물품의 생산에 소요되는 원·부자재를 확보하여야 하는데 그 원·부자재를 확보하는 방법도 외국에서 수입하는 방법과 국내에서 구매하는 방법이 있다.

국내에서 수출용 완제품 및 소요원료를 국내에서 구매하는 방법에는 무역금융관련규정상의 내국신용장에 의한 구매방법과 대외무역법령상의 구매확인서에 의한 구매방법이 있다. 따라서 국내에서 외화획득용 원료 또는 물품을 구매하고자 하는 자는 외국환은행의 장에게 내국신용장의 발행을 의뢰하거나 구매확인서의 발급을 신청할 수 있다.

그림 7-1 수출물품의 확보방법

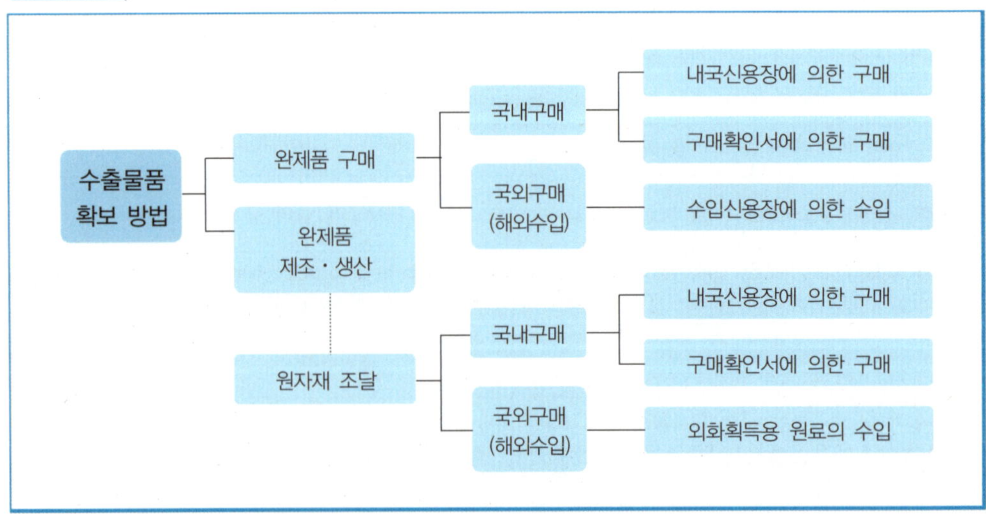

1. 내국신용장에 의한 구매방법

1) 내국신용장의 개념

내국신용장(Local L/C)이란 원수출신용장의 수익자가 국내의 상품공급자나 제조업자로부터 물품을 구매하여 수출이행을 하고자 할 때 자신에게 내도된 원수출신용장을 담보로 상품의 공급자나 제조업자를 수익자로 한 또 하나의 신용장을 개설할 경우 그 제2의 신용장을 말한다. 즉, 내국신용장은 수출용 완제품 또는 수출용 원자재의 국내 공급업체에게 대금결제의 확실성을 보장해 주기 위하여 물품구매자를 개설의뢰인으로 하고 공급자를 수혜자로 하여 외국환은행이 발급하는 국내 업자간 지급보증제도를 의미한다.

내국신용장은 융자대상 증빙(신용장기준금융) 또는 과거 수출실적(실적기준금융)을 보유한 국내 수출업체가 수출물품을 제조·가공하는데 소요되는 수출용 원자재 또는 수출용 완제품을 국내 다른 업체로부터 원활하게 조달하기 위하여 국내 공급업체를 수혜자로 하여 외국환은행인 개설은행이 지급확약한 국내용 신용장이다. 수출업체는 내국신용장에 의하여 수출용 원자재 또는 완제품을 간편하고 원활하게 조달할 수 있으며, 수혜자가 내국신용장에 의하여 공급한 실적은 융자대상 수출실적으로 인정된다. 원 신용장(Original Credit, Master L/C)의 수익자인 수출업자가 수출상품 생산에 필요한 원료 공급자나 협력업체 앞으로 자기가 받은 신용장을 견질로 하여 자기 거래은행으로 하여금 제2의 신용장을 개설해 주게 하는데, 이와 같은 방법으로 발행된 신용장을 내국신용장(Local L/C)이라고 한다.

내국신용장에 의하여 물품을 공급한 공급업자나 제조업자는 내국신용장 개설은행의 지급확약을 보장받기 때문에 안심하고 공급할 수 있으며 공급분에 대하여 영업세, 법인세 및 물품세의 감면 또는 면제, 무역금융의 혜택 그리고 수출실적의 인정 등 많은 편익을 누리게 된다.

현행 내국신용장 제도는 "한국은행 금융중개지원 대출 관련 무역금융지원 프로그램 운용세칙"에 근거하고 있으며, 동 규정에 의하면 내국신용장은 수출신용장뿐만 아니라 D/P·D/A계약서, 외화표시 물품공급계약서, 외화표시 건설 및 용역공급계약서 및 과거의 수출실적을 근거로 하여 발급받을 수도 있고, 내국신용장의 수혜자가 공급물품의 제조에 필요한 원자재를 공급받기 위하여 내국신용장을 근거로 제2의 내국신용장(Sub-Local L/C)도 개설이 가능하다.

한편 국내 생산업체는 수출업체에게 물품을 공급한 후 수취한 내국신용장 및 수출업체로부터 받은 물품수령증명서를 근거로 환어음을 발행, 거래은행에 매입을 의뢰하게 되고 거래 외국환은행은 환어음을 매입하고 내국신용장 개설은행에 환어음의 추심의뢰를 하게 되며 내국신용장 개설은행은 동 환어음에 대한 결제를 하게 된다.

환어음의 결제에 있어서 무역금융을 수혜하는 경우와 수출업자 자신의 자금으로 결제하는 방법이 있는데 무역금융의 수혜는 수출용 원재료 및 완제품 조달시에는 무역금융 수혜(원자재 구매자금 및 완제품 구매자금)을 받을 수 있다. 즉 무역금융을 수혜받는 것을 전제로 내국신용장이 개설되었다면 내국신용장 개설은행은 원자재 및 완제품 구매자금을 당해 물품의 수출시까지 융자하여 주게 되고 수출시 결제자금으로 당해 원자재 구매자금 및 완제품 구매자금을 상환하게 된다. 반면에 내국신용장 개설 시 무역금융 수혜가 안 되었으면 수출업자는 자기 자금으로 국내 생산업체로부터 공급받은 당해 물품대금을 지급하게 된다.

그림 7-2 내국신용장 개념

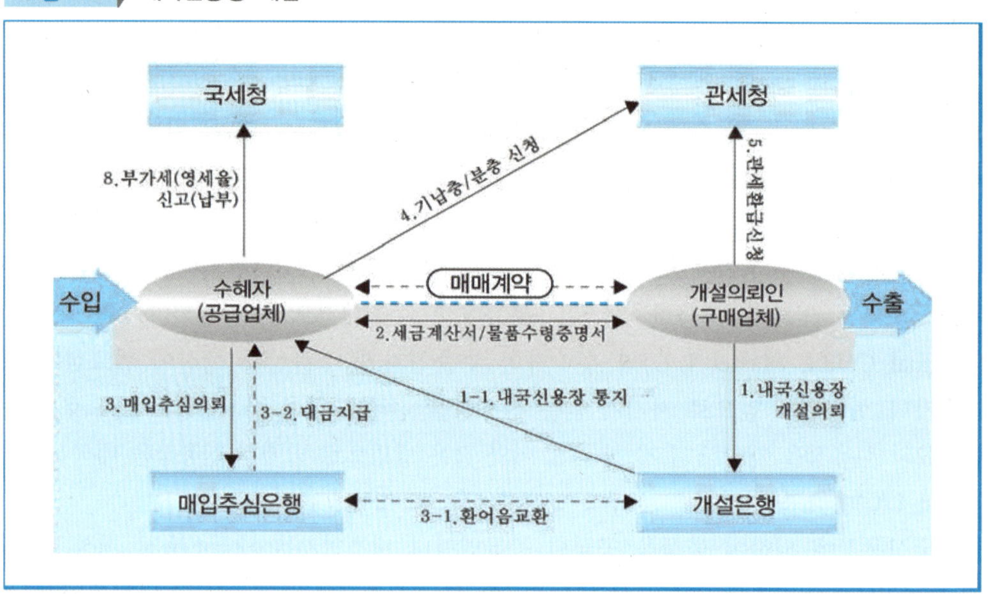

2) 관계당사자와 거래절차

① 개설의뢰인(구매자) : 내국신용장의 발행의뢰인은 국내에서 수출용원자재와 수출용완제품을 내국신용장방식에 따라 구매하고자 하는 업체로서 내국신용장 대금의 지급의무를 부담하게 된다. 개설의뢰인의 자격은 원칙적으로 수출신용장 등을 보유한 자, 자사제품 수출실적 보유자 및 타사 제품 수출실적 보유자에 해당하는 자는 물품공급업자 앞으로 내국신용장을 개설할 수 있다.

② 수혜자(공급자) : 당해 내국신용장의 공급대상 물품을 제조 · 생산(또는 임가공 수탁)하여 개설의뢰인에게 매도하는 업체 또는 유통업자 등이 가능하다.

③ 개설은행(외국환은행) : 개설의뢰인의 신청으로 내국신용장을 개설하는 국내 외국환은행으로서 개설의뢰인이 거래하는 은행이며, 개설의뢰인에 대한 무역금융 융자취급은행이다.

④ 매입추심은행 : 내국신용장 수혜자가 물품공급을 완료한 후 동 공급대금을 회수할 목적으로 발행한 환어음을 매입 또는 추심의뢰 하는 외국환은행이다.

그림 7-3 내국신용장 업무 흐름도

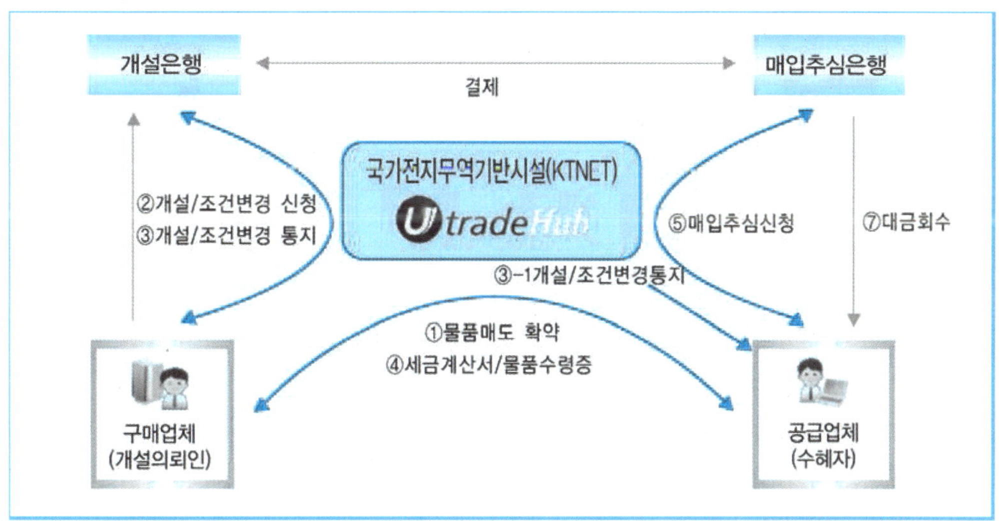

※ 국가전자무역기반시설은 『전자무역촉진에 관한 법률』에 따라 전자무역기반사업자인 KTNET이 운영하며, 유트레이드허브(www.utradehub.or.kr)는 정부의 전자정부지원사업의 일환으로 산업통상자원부가 구축하고 KTNET이 운영하는 전자무역 단일창구임.

3) 내국신용장의 종류

(1) 공급(거래) 대상 품목에 따른 분류

외국환은행은 수출용 원자재 또는 수출용 완제품(임가공 위탁 포함)을 구매하고자 하는 업체의 신청에 의하여 내국신용장을 개설한다.

① 원자재 내국신용장 : 수출용 원자재(국산 원자재 또는 외국 원자재)를 국내에서 구매하기 위하여 개설하는 내국신용장으로서 개설신청인은 동 원자재 구매자금 결제를 목적으로 원자재 구매자금 융자를 받을 수 있다.

② 완제품 내국신용장 : 수출물품을 구매자가 직접 제조·가공하지 않고 타업체로부터 동 수출물품(완제품)을 구매하기 위하여 개설되는 내국신용장으로서 동 완제품 구매자금 결제를 목적으로 완제품 구매자금 융자를 받을 수 있다.

③ 임가공 내국신용장 : 생산시설이 없거나 부족한 업체가 생산시설을 보유한 업체와 임가공 계약을 체결하고, 수출용 원자재 또는 수출용 완제품을 위탁가공하기 위한 가공임을 대상으로 하여 내국신용장을 개설할 수 있다.

(2) 표시 통화에 따른 분류

외국환은행은 수출용 원자재 또는 수출용 완제품(임가공 위탁 포함)을 구매하고자 하는 업체의 신청에 의하여 내국신용장을 개설한다.

① **원화표시 내국신용장** : 내국신용장 금액표시를 외화부기 없이 순수 원화로만 표시한 내국신용장

② **외화표시 내국신용장** : 내국신용장 금액표시를 외화로만 표시한 내국신용장

③ **원화표시 외화부기 내국신용장** : 내국신용장 금액표시를 원화로 표시하고 개설일 현재 매매기준율로 환산한 외화금액을 부기한 내국신용장

4) 내국신용장 개설 시 검토사항

① 양도가 불가능한 취소불능신용장일 것

② 표시통화는 ㉮ 원화, ㉯ 외화, ㉰ 원화로 하되 개설일 현재 매매기준율로 환산한 외화금액을 부기한 것 중의 어느 하나로 하는 것일 것

③ 내국신용장의 금액은 물품대금 전액으로 하고, 제2호 다목에 의한 내국신용장의 경우 금액은 부기외화금액을 판매대금추심의뢰서의 매입일(추심시는 추심 의뢰일) 현재의 매매기준율로 환산한 금액으로 하는 것일 것

④ 물품의 인도기일은 대응수출 또는 물품공급이 원활히 이행되는데 지장이 없도록 책정된 것일 것

⑤ 유효기일은 물품의 인도기일에 최장 10일을 가산한 기일 이내일 것. 다만, 원수출신용장 등을 근거로 하여 개설되는 내국신용장의 유효기일은 대응되는 원수출신용장 등의 선적 또는 인도기일 이전이어야 한다.

⑥ 서류제시기간은 물품수령증명서 발급일로부터 최장 5영업일 이내에서 책정된 것일 것

⑦ 판매대금추심의뢰서의 형식은 개설의뢰인을 지급인으로 하고, 개설은행을 지급장소로 하며 일람출급식일 것

표 7-1 내국신용장의 개설근거별 용도표시방법

개설근거	용도	표시방법		비고
		표시 문언	표시장소	
Ⅰ. 원자재내국신용장 1. 신용장기준원자재 자금이용업체 및 신용장기준 포괄금융이용업체의 개설 의뢰분	1. 원자재구매 2. 원자재임가공 위탁	원자재 원자재임가공 완제품임가공	"용도란" 〃 〃	"원수출신용장 내용" 란에 원수출신용장 등의 내용 기재
2. 실적기준원자재 이용업체 및 실적기준 포괄금융 이용업체의 개설 의뢰분	1. 원자재구매 2. 원자재임가공 위탁 3. 완제품임가공 위탁	원자재(실적) 원자재임가공(실적) 완제품임가공(실적)	〃 〃 〃	〃
Ⅱ. 완제품 내국신용장 1. 신용장기준완제품 구매 자금이용업체의 개설 의뢰분	1. 완제품구매 2. 수출대행	완제품 완제품(수출대행)	〃 〃	"원수출신용장 내용" 란에 원수출신용장 등의 내용 기재"
2. 실적기준완제품 구매 자금이용업체의 개설 의뢰분	1. 완제품구매 2. 수출대행	완제품(실적) 완제품(수출대행)(실적)	〃 〃	

⑧ 판매대금추심의뢰서의 대금결제방식은 다음 각 목의 어느 하나일 것
가. 일람불 내국신용장 : 개설의뢰인이 자체자금으로 결제하는 방식
나. 기한부 내국신용장 : 개설은행이 융자하여 결제하는 방식

⑨ 판매대금 추심의뢰서의 발행조건은 원수출신용장 매입조건부 결제 등 수혜자에게 불리한 조건이 아닐 것. 다만, 선박 또는 대외무역법에서 정하는 산업설비의 수출을 위하여 개설되는 완제품 내국신용장의 경우에는 원수출 신용장 등의 대금결제조건에 따른 제조공정별 분할지급조건으로 할 수 있다.

⑩ 제1호~제9호까지의 사항 외의 조건에 관하여는 국제상공회의소(ICC) 제정 「화환신용장에 관한 통일규칙 및 관례」를 준용한다는 문언이 기재된 것일 것

그림 7-4 내국신용장의 전체 업무 구성도

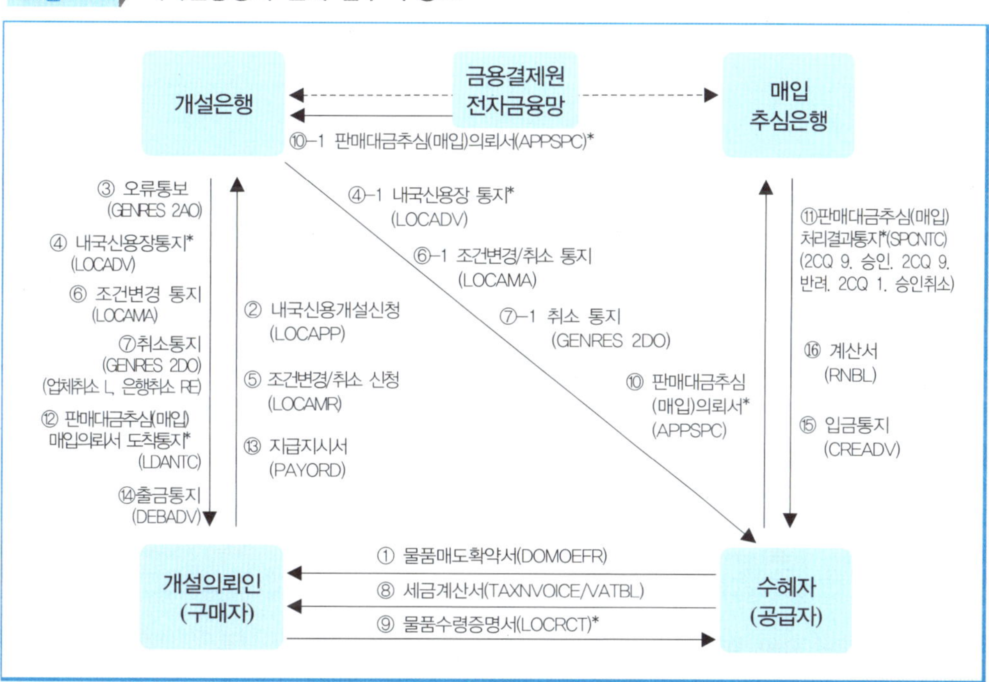

5) 내국신용장 상세업무

내국신용장 개설·조건변경에서 통지, 세금계산서 발행·수령, 물품수령증명서 발급·수령, 매입추심의뢰까지 내국신용장 업무 전 과정 전자화

- **개설의뢰인(구매자)** : 물품매도확약서 수신, 내국신용장 개설, 조건변경신청, 세금계산서 수령, 물품수령증명서 발급 등
- **수혜자(공급자)** : 물품매도확약서 송신, 내국신용장 통지, 조건변경 통지, 세금계산서 발행, 물품수령증명서 수령, 매입추심의뢰 등 전자화 필수업무, 세금계산서는 별도 전자세금계산서 서비스 이용 가능

그림 7-5 내국신용장의 업무처리 절차

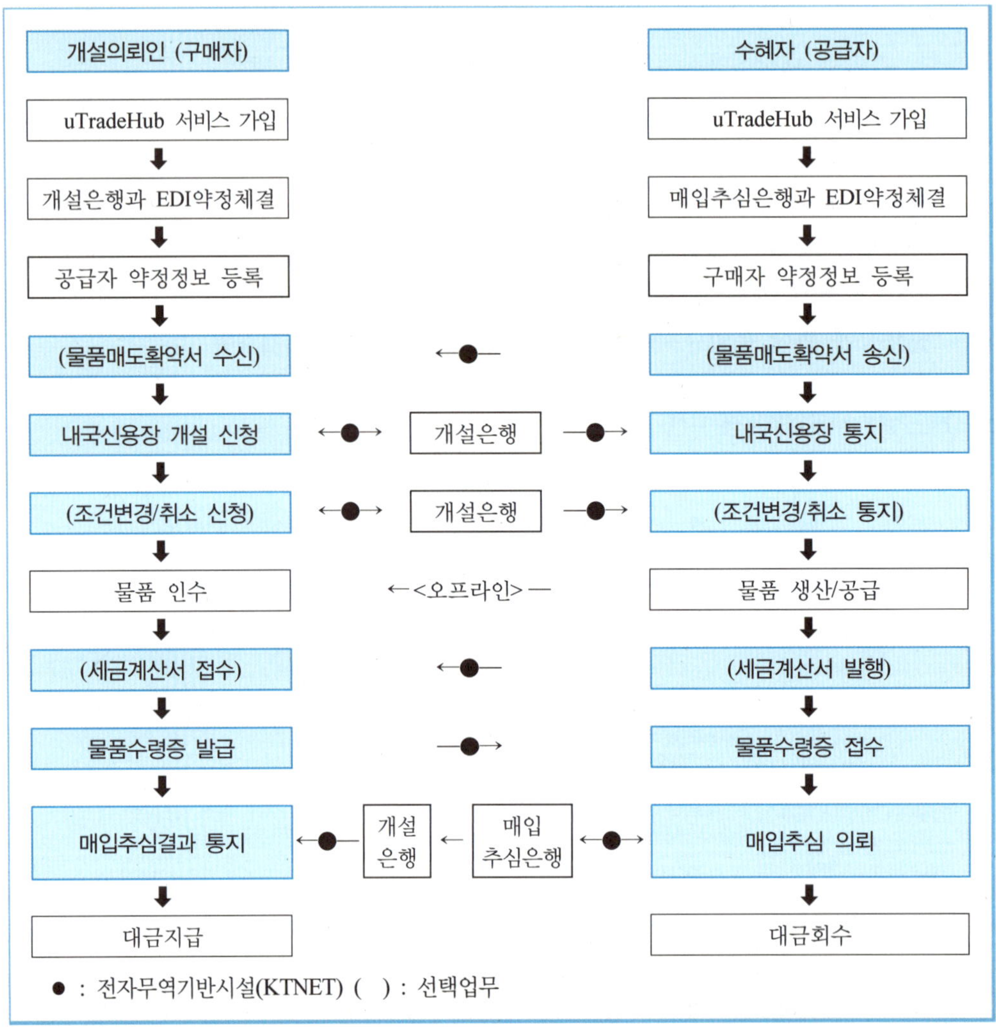

(1) 기반시설 가입 및 약정체결 · 등록

① 개요

내국신용장 업무처리를 위해 개설의뢰인(구매자) 및 수혜자(공급자)는 관련 규정(「전자무역촉진에 관한 법률」 및 「한국은행 금융중개지원 대출 관련 무역금융 지원 프로그램 운용세칙」)에 따라 전자무역 기반시설을 통한 전자문서교환 방식으로 하여야 하며, 이를 위해 기반시설(KTNET)에 사전에 가입하여야 한다.

② 업무 절차

㉮ 이용업체는 유트레이드허브 사이트(www.uTradeHub.or.kr)에서 회원가입 또는 KTNET 전자무역서비스* 신청

* KTNET(www.ktnet.com) 고객지원센터 자료실에서 「EDI 통합신청서」를 다운로드・작성하여 KTNET 고객지원센터에 제출

㉯ 이용업체는 거래은행을 방문하여 EDI 약정체결(개설의뢰인(구매자)은 개설은행과 EDI약정을 체결하고, 수혜자(공급자)는 매입추심은행과 EDI약정 체결) 및 이용서비스에 약정결과 등록

※ 은행 EDI 약정체결시 은행 제출서류(세부사항은 거래은행 문의)

- KTNET 또는 uTradeHub 가입승인서 1부
- 전자무역업무 이용(신규・변경・해지) 신청서(은행서식) 1부
- 등기사항전부증명서(개인은 주민등록등본) 1부
- 법인인감증명서(개인은 인감증명서) 1부

※ 은행EDI약정통보서(EDIADV)

- 이용업체가 은행창구에서 EDI약정을 체결한 후 이용시스템에 약정결과 등록 실수에 따른 오류를 방지하기 위해, 은행이 약정체결 정보를 업체에게 전자문서로 통보하는 문서임
- 약정은행(지점)은 모든 EDI약정건(신규, 변경, 취소)에 대해 EDIADV 전자문서를 통해 업체에게 전송하며, 기반시설은 은행이 전송한 약정정보를 uTradeHub에 자동 등록함
  * 이용업체는 uTradeHub 등 이용 서비스에서 약정정보 정상 등록여부 확인 필수

㉰ 거래 상대방 약정정보* 등록

구매자(개설의뢰인)와 공급자(수혜자)는 상대방의 약정정보를 이용서비스에 각각 등록(uTradeHub : MY TRADE > 거래약정 > 거래약정관리)

* 약정등록을 위해 거래 상대방의 수발신식별자, 상세수발신식별자, 인증키값 등의 정보를 사전에 확보 필요

(2) 내국신용장 개설신청

① 개요

관련 규정에 따라 전자문서 교환방식에 의해 전자 개설만 가능(☞한국은행 금융중개지원대출 관련 무역금융지원 프로그램 운용세칙 제12조)

② 업무 절차

㉮ 내국신용장 개설신청서(LOCAPP) 작성 및 개설은행에 전송

※ 내국신용장 개설시 은행 제출서류

㉠ 공급자발행 물품매도확약서(필요시)

㉡ 해당 내국신용장의 개설근거(원수출신용장 등)

※ 물품매도확약서는 수혜자가 작성하여 개설의뢰인에게 전자문서로 전송 가능

㉯ 개설은행은 심사 후 개설의뢰인에게 내국신용장통지서(LOCADV) 전송

㉰ 수혜자 통지를 위해 개설은행 및 전자무역기반시설(KTNET)은 수혜자에게 내국신용장통지서(LOCADV)를 전송

③ 기타 사항

- 개설의뢰인은 개설신청 이전에 KTNET 가입 및 개설은행과 EDI 약정 필수
- 개설신청시 수혜자(공급자) 사업자등록번호는 필수 입력항목이며, 수혜자 자동통지를 위해서는 수혜자의 수발신 식별자 입력해야 함
- 수혜자 수발신식별자 미입력 등으로 통지가 안 된 경우, 수혜자는 uLocal에 접속하여 내국신용장 조회 가능
- 개설신청시 수혜자 이메일을 입력한 경우 기반시설은 수혜자에게 내국신용장 통지 알림 이메일 발송
- 내국신용장 개설 이전에 이미 물품공급이 완료된 부분에 대하여는 해당 물품대금 결제를 위한 내국신용장을 개설할 수 없음
- 개설의뢰서 작성, 심사 및 승인, 제출서류 등 은행 고유업무 관련 사항은 개설은행에 별도 문의

(3) 내국신용장 오류통보

① 개요

개설의뢰인이 개설은행에 내국신용장을 개설신청하거나 조건변경 신청 후, 오류사항 발생시 개설은행에서 오류통보서를 이용해 개설의뢰인에게 통보

② 업무 절차

㉮ 개설의뢰인의 개설신청 또는 조건변경/취소 신청

㉯ 개설은행은 오류사항 발생시 오류통보서(GENRES_2AO)를 개설의뢰인에게 전송

※ 개설은행은 '9.RFF' 항목에 내국신용장 개설신청서(LOCAPP) 번호 입력

(4) 내국신용장 통지(개설 · 조건변경 · 취소통지)

① 개요

- 외국환은행은 개설한 내국신용장을 개설의뢰인 및 수혜자에게 통지하고 전자적으로 전달하여야 함
- 전자무역 기반시설은 수혜자가 전자문서로 통지받을 수 있도록 내국신용장 자동통지 서비스 제공

② 업무 절차

㉮ **기반시설의 자동통지** : 기반시설이 개설신청서 상의 수혜자 수발신식별자로 개설은행과 수혜자간 EDI약정 체결없이도 수혜자에게 전자문서로 자동통지

- 개설의뢰인은 개설신청시 수혜자의 수발신식별자를 반드시 입력해야 함
- 기반시실은 은행의 동보통지건을 제외한 모든 내국신용장을 수혜자에게 자동으로 통지함

• 기반시설 자동통지 적용업무: 내국신용장 통지, 조건변경 통지, 취소통지 등

㉯ **개설은행의 동보통지** : 개설은행이 개설신청서 상의 수혜자 수발신식별자로 개설은행과 EDI 약정이 체결된 수혜자에게 전자문서로 통지

• 수혜자는 개설은행과 EDI약정이 체결되어 있어야 함

• 개설의뢰인은 개설신청시 수혜자의 수발신식별자를 반드시 입력해야 함

㉰ **uLocal 통지** : 수혜자는 uLocal에 가입 · 접속하여 수혜자 수발신식별자 입력 여부와 관계없이 사업자번호 기준으로 통지내용 조회 및 후속업무 처리 가능

• uLocal '통지문서 수동전송' 기능으로 별도 수혜자 시스템으로 수동 또는 자동 전송 가능

③ 기타사항

• 거래상대방 이메일 알림: 신청서에 거래상대방 이메일 주소를 입력한 경우 기반시설이 이메일을 통해 전자문서 도착 알림 제공(알림대상: 내국신용장 통지, 조건변경 통지, 취소통지, 매입추심의뢰 도착통지 등)

(5) 내국신용장 조건변경 신청

① 개요

내국신용장 기본요건에 위배되지 않는 범위내에서 관계당사자(개설의뢰인, 수혜자, 개설은행) 전원의 합의에 의하여 내국신용장을 변경할 수 있음.

② 업무 절차

㉮ 개설의뢰인은 내국신용장 조건변경신청서(LOCAMR) 작성 및 개설은행 전송

㉯ 은행은 개설의뢰인에게 내국신용장조건변경통지서(LOCAMA) 통지

※ 은행 제출 서류(필요시)

• 조건변경 동의서(개설의뢰인 및 수혜자의 쌍방 합의)

• 기타 은행요청 서류(송장, 원 수출신용장 등)

③ 기타사항

• 수혜자에 대한 내국신용장 조건변경 통지는 '다. 내국신용장 통지' 절차에 준함 (※기반시설 자동통지, 은행 동보통지, uLocal 통지 등)

• 조건변경 신청서 작성, 심사 및 승인, 동의서, 제출서류 등 은행 고유업무 관련 사항은 개설은행에 별도 문의

(6) 내국신용장 개설취소

① 개요

내국신용장 개설신청의 취소 또는 개설취소를 위해 개설의뢰인 또는 은행이 개설 신청을 취소할 수 있는 기능 제공

② 업무 절차

㉮ 개설의뢰인은 내국신용장 조건변경신청서(LOCAMR)의 취소기능(기능코드: 3)을 선택하여 개설은행에 전송

㉯ 은행은 내국신용장 취소통보서(GENRES_2DO, 기능코드 L)를 통해 개설의뢰인 및 수혜자에게 취소 통지

- 개설의뢰인의 취소신청 없이 은행이 직접 취소처리 하는 경우에는 내국신용장 취소통보서(GENRES_2DO, 기능코드 RE)를 이용

③ 기타사항

- 수혜자에 대한 내국신용장 취소 통지는 '다. 내국신용장 통지' 절차에 준함 (※기반시설 자동통지, 은행 동보통지, uLocal 통지 등)
- 개설취소 신청은 조건변경 절차에 준하여 개설은행에 동의서 등 관련 서류를 제출해야 함.

(7) 세금계산서

① 개요

수혜자(공급자)는 내국신용장 조건에 따라 물품공급 후 구매자에게 세금계산서를 발행하고, 매입추심 의뢰시 해당 세금계산서를 첨부 또는 직접 입력하여 매입추심은행에 전송

② 업무 절차

- 공급자(수혜자)는 유트레이드허브에서 전자세금계산서(국세청 전송) 또는 전자무역용 세금계산서(VATBIL)를 발행하여 구매자에게 전자문서(EDI)로 전달

  ※ 다음 중 택일

  ① 전자세금계산서 발행 및 국세청 전송(※ 구매자 미전송)

  ② 공급받는자 전송(※ 구매자에게 EDI 세금계산서(VATBIL) 전송)

  ③ 둘다 전송(※ ① + ②)
- uTradeHub에서 세금계산서를 발행한 경우 공급자(수혜자)가 매입추심의뢰시 세금계산서 정보를 간편하게 첨부 가능
- 별도 전자세금계산서 서비스를 이용하는 경우 수혜자는 매입추심의뢰시 해당 세금계산서 정보를 직접 입력함

③ 기타사항

- 업체에서 이용 중인 전자세금계산서 서비스와 관계없이, 물품수령증명서 또는 판매대금추심의뢰서 작성시에 세금계산서 정보 직접입력 가능

- 물품수령증명서상 세금계산서는 선택 입력사항이나 판매대금 추심의뢰서의 세금계산서 정보는 필수 입력사항임(※물품수령증명서 상의 세금계산서 정보 입력시 판매대금 추심의뢰서 상의 세금계산서 정보와 상호 일치해야 함).
- 세금계산서의 구매자와 내국신용장의 개설의뢰인은 일치하여야 함.

(8) 물품수령증명서 발급

① 개요

- 물품수령증명서는 물품을 공급받은 구매자(개설의뢰인)가 공급자(수혜자)에게 발급하며, 수혜자의 매입추심의뢰시 매입추심은행에 제출하는 필수서류임.
- 매입추심 전자화 시행에 따라 구매자와 공급자는 물품수령증명서를 전자문서 방식으로 송수신해야 함.

② 업무 절차

- 구매자 · 공급자 각각 거래 상대방의 약정사항을 시스템에 등록
- 구매자(개설의뢰인)는 물품인수 후 물품수령증명서(LOCRCT)을 작성하여 공급자(수혜자)에게 전송
  ※ 물품수령증명서 입력시 공급자(수혜자)의 수발신식별자 필수 입력
  ※ 전자무역기반시설은 물품수령증명서의 중복 발급 등 오류를 방지하기 위해 물품수령증명서 발급번호 중복여부를 체크하며, 중복시 개설의뢰인에게 오류통보서(GENRES_961)를 전송함

③ 기타사항

- 개설의뢰인은 수혜자의 매입추심의뢰 이전에 물품수령증명서를 전자무역기반시설(KTNET)을 통해 사전에 전자적으로 전달해야 함
  ※ 매입추심의뢰 신청 이전에 물품수령증명서가 전자적으로 발급되어있지 않은 경우 추심매입의뢰 진행이 불가함
- 물품수령증명서상의 물품명세 대량업로드 기능 제공
- 구매자(개설의뢰인)는 공급자(수혜자)의 세금계산서 발행일로부터 10일 이내 물품수령증명서를 발급해야함. 단, 중소기업이 대기업으로부터 구매시는 제한 없음
  ※ 물품인수일자와 세금계산서상의 공급일자는 일치해야 함(물품수령증명서 발급일은 직접 입력가능)
  ※ 물품수령증명서는 세금계산서 건별로 발급함을 원칙으로 함(단, 분할공급 조건인 경우에는 분할 발행한 세금계산서를 일괄하여 물품수령증명서 발급가능)
- 수혜자는 물품수령증명서 발급일로 부터 서류제시기간(최장 5영업일) 이내에 매입추심 의뢰해야 함

(9) 매입추심 의뢰 및 결과 통지

① 개요

내국신용장의 수혜자가 물품공급을 완료하고 물품수령증명서를 발급받은 경우 물품대금의 회수를 위해 거래은행(매입추심은행)에 매입(또는 추심)을 의뢰하는 절차임(매입추심 관련 절차가 전면 전자화되어 은행창구를 통한 오프라인 추심 · 매입은 불가함)

② 업무 절차

㉮ 수혜자는 매입추심은행에 '판매대금추심(매입)의뢰서'(APPSPC)를 작성하여 전송(2BJ: 매입, 2BK: 추심)

※ 판매대금추심의뢰서(APPSPC) 작성시 내국신용장, 물품수령증명서, 세금계산서를 첨부해야 하므로, 사전에 내국신용장과 물품수령증명서를 전자적으로 수신받아야 함(세금계산서는 직접 입력 가능)

※ 전자무역 기반시설은 수혜자가 외국환은행에 전송하는 판매대금추심의뢰서(APPSPC)와 물품수령증명서(LOCRCT)상의 주요 정보를 상호 비교하여 일치하는 경우에 한해 외국환은행에 전송함(검증 불일치하는 경우 수혜자에게 오류통보 자동전송)

※ 매입의뢰시 첨부한 물품수령증명서는 다른 매입추심건으로 중복사용 불가(매입추심은행의 매입추심의뢰 오류통보 또는 승인취소 후에는 재사용 가능)

㉯ 매입추심 결과 통지

- 매입추심 정상 승인의 경우: 매입추심은행은 매입추심 승인시 판매대금추심(매입)응답서(SPCNTC)의 정상통보(2CQ, 기능코드 9)를 수혜자에게 통지
- 수혜자의 매입추심의뢰에 대한 오류통보의 경우: 은행은 판매대금추심(매입)응답서(SPCNTC)의 오류통보(2CR, 기능코드 9)를 통해 수혜자에게 전송

③ 기타사항

- 판매대금추심의뢰서 상의 세금계산서는 uTradeHub에서 발행한 세금계산서를 첨부하거나 세금계산서 정보를 직접 입력함
- 은행의 매입추심의뢰 오류통보 이후 수혜자는 재매입 의뢰시 물품수령증명서 재사용 가능
- 판매대금추심의뢰서 작성, 심사 및 승인, 하자여부, 제출서류 등 은행 고유업무 관련 사항은 매입추심은행에 별도 문의

〈내국신용장의 결제〉

(☞한국은행 금융중개지원대출관련 무역금융지원프로그램 운용세칙 제16조)

① 전자문서교환방식 내국신용장을 개설한 은행은 다음 각 호의 어느 하나에 해당하는 지급거절사유가 있는 경우를 제외하고는 지급제시를 받은 날로부터 3 영업일 이내에 판매대금 추심의뢰서에 따라 결제하여야 한다.

㉮ 판매대금추심의뢰서의 추심의뢰일이 전자문서교환방식 내국신용장의 유효기일을 경과한 경우

㉯ 전자문서교환방식 물품수령증명서상의 물품명세가 전자문서교환방식 내국신용장상의 대표물품명세와 불일치한 경우

㉰ 판매대금 추심의뢰서와 전자문서교환방식 물품수령증명서가 전자문서교환방식 내국신용장상의 기타 조건 등과 불일치한 경우

② 개설은행은 제1항 각 호의 어느 하나에 해당하는 지급거절사유가 있는 경우라도 그 내국신용장의 관계당사자 전원이 동의하는 경우에는 그 판매대금추심의뢰서에 따라 결제할 수 있다.

(10) 매입추심 승인의 취소

① 개요

매입추심은행은 수혜자에게 판매대금 추심(매입)응답서(SPCNTC)를 전송하여 매입추심을 승인한 이후에도 필요한 경우 매입승인을 취소할 수 있으며, 취소 통보를 접수한 수혜자는 매입서류를 보완하여 재신청 가능

② 업무 절차

매입추심은행은 판매대금추심(매입)응답서(SPCNTC)의 승인취소(2CQ 기능 코드 1)를 통해 수혜자에게 전송

※ 은행의 매입추심의뢰 오류통보 또는 매입승인 취소통지 이후에는 해당 물품수령증명서 재사용 가능

6) 서비스 이용방법

(1) 서비스 이용방식

① uLocal 내국신용장 통합서비스

- 내국신용장 전용서비스(www.utradehub.or.kr)로서 구매자 · 공급자별로 업무절차에 따라 편리하게 이용 가능(이용자의 사업자 번호 기준)
- uTradeHub 메인화면에서 ‘내국신용장 서비스’ 메뉴로 접속하거나 ‘ulocallc.utradehub.or.kr’로 직접 접속

※ 제공 서비스 : 업무진행현황, 물품매도확약서, 내국신용장 개설/통지, 조건 변경 신청/통지, 세금계산서 발행/통지, 물품수령증명서 발급/통지, 매입추심 의뢰,

매입결과통지, 개설잔액조회, 기일도래/경과 내역, 하자검증, 영세율 신고자료 조회, 전자발급명세서, 통계, 은행용 매입추심지원서비스 등

② 무역포탈

- 수출, 수입, 내국신용장, 구매확인서 등 다양한 업무 이용 가능
- uTradeHub 메인화면에서 '무역포탈' 메뉴로 접속

※ uTradeHub 가입 시 '내국신용장 전용서비스'과 '무역포탈' 모두 이용 가능 (단, 건별요금제 선택 시 '내국신용장 전용서비스'만 이용 가능)

(2) 유트레이드허브(uTradeHub) 가입절차

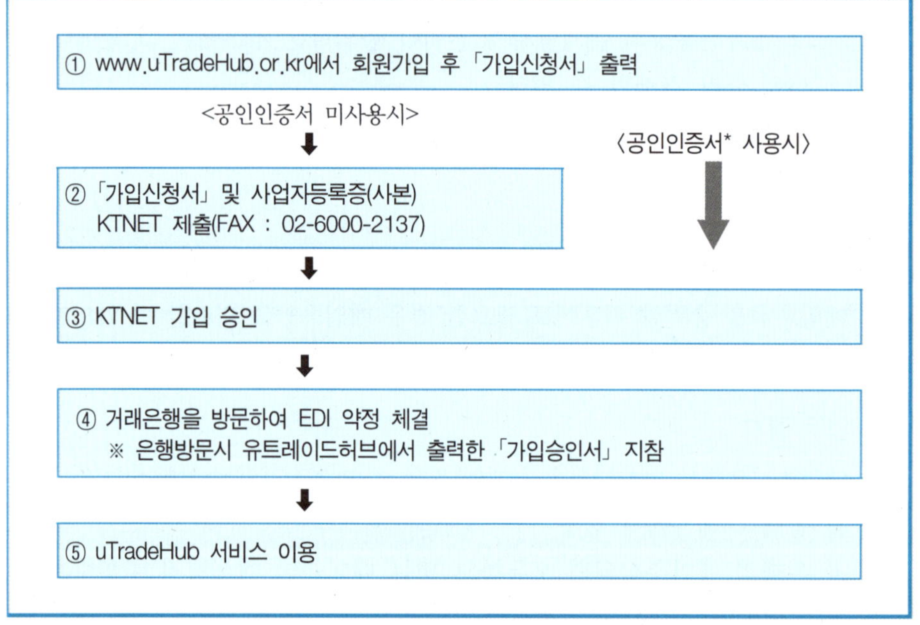

※ 사용가능 공인 인증서

- 범용 공인인증서(발급기관: KTNET, 금융결제원, 한국정보인증, 코스콤, 한국전자인증)
- 전자무역용 공인인증서(발급기관: KTNET)

※ 이용업체는 uTH 등 사용중인 시스템에 거래은행과의 EDI 약정내역 등록 필요

(3) 내국신용장 개설신청

① 사전지식

수출상은 완제품 또는 원자재를 국내외에서 확보하여야 한다. 제조 수출상은 주로 물품을 제조·가공하는데 필요한 원자재를 국내외에서 확보하게 되지만, 수출상은 국내외에서 완제품도 구매하게 된다.

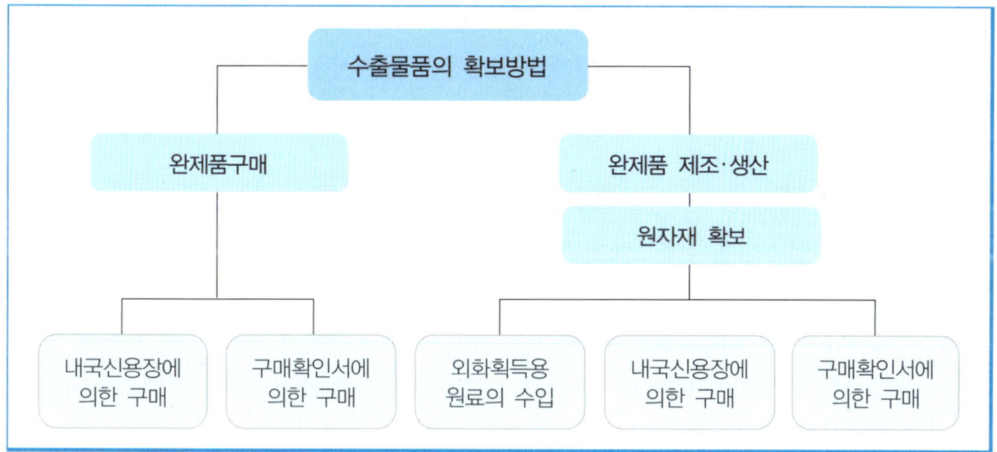

② 업무 프로세스 흐름도

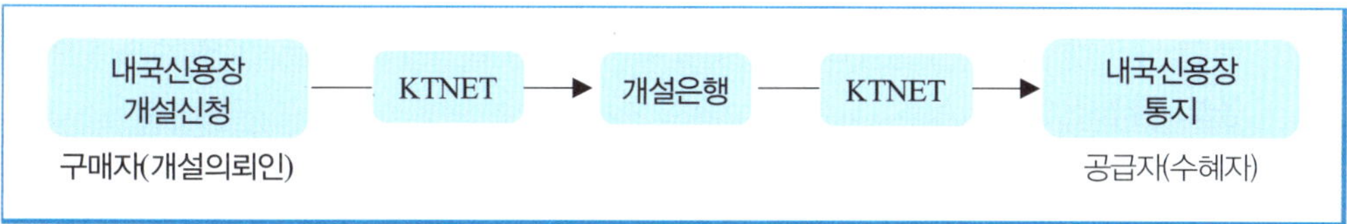

- 구매자는 내국신용장 개설신청서 작성 및 개설은행에 전송한다.
  ※ 내국신용장 개설시 은행 전송서류
    - 공급자발행 물품매도확약서(필요시)
    - 해당 내국신용장의 개설근거(원수출신용장 등)
  ※ 물품매도확약서는 공급자(수혜자)가 작성하여 개설의뢰인에게 전자문서로 전송 가능하다.
- 개설은행은 심사 후 개설의뢰인에게 내국신용장 통지서를 전송한다.
- 통지를 위해 개설은행 및 전자무역기반시설(KTNET)은 공급자에게 내국신용장 통지서를 전송한다.

③ 전자문서 흐름도

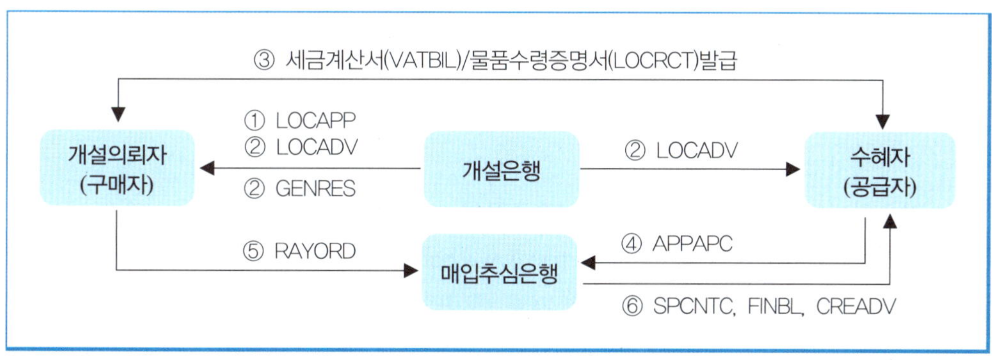

- 개설의뢰인은 내국신용장 개설신청서(LOCAPP) 작성 및 개설은행에 전송한다.
- 개설은행은 심사 후 개설의뢰인에게 내국신용장 통지서(LOCADV) 전송하고 수혜자 통지를 위해 개설은행 및 전자무역기반시설(KTNET)은 수혜자에게 내국신용장 통지서(LOCADV)를 전송한다.
- 개설은행은 오류사항 발생시 개설의뢰인에게 오류통보서(GENRES)를 전송한다.
- 공급자는 매입추심은행에 '판매대금매입(추심)의뢰서'(APPSPC)를 작성하여 전송한다(2BJ: 매입, 2BK: 추심).
  ※ 판매대금매입(추심)의뢰서(APPSPC) 작성시 내국신용장, 물품수령증명서, 세금계산서를 첨부해야 하므로, 사전에 내국신용장과 물품수령증명서를 전자적으로 수신받아야 함(세금계산서는 직접입력 가능).
  ※ 전자무역 기반시설은 수혜자가 외국환은행에 전송하는 판매대금매입(추심)의뢰서(APPSPC)와 물품수령증명서(LOCRCT)상의 주요 정보를 상호 비교하여 일치하는 경우에 한해 외국환은행에 전송함(검증 불일치하는 경우 수혜자에게 오류통보 자동전송).
  ※ 매입의뢰시 첨부한 물품수령증명서는 다른 매입(추심)건으로 중복 사용불가(매입추심은행의 매입(추심)의뢰 오류통보 또는 승인취소 후에는 재사용 가능).
- 매입(추심)은행은 매입시 입금 및 추심시 대금지급지시(PAYORD)를 확인하여 결제한 후, 판매대금매입(추심)응답서(SPCNTC)를 수혜자에게 통지하고 입금통지서(CREADV) 및 계산서(FINBIL)를 전송한다.

(4) 세금계산서 발행

① 사전지식

- 전자세금계산서 활용
- 국내 물품공급자는 물품을 공급한 후에 구매자에게 전자세금계산서를 발행하여야 한다.
- 2014년 7월 1일부터 매출이 3억 이상인 개인사업자도 의무적으로 전자세금계산서를 발행하여야 한다.
- KTNET의 전자세금계산서 서비스를 이용할 경우 uTradeHub에서 국세청으로 세금계산서를 자동 전송한다.
- 국세청 전자세금계산서 이용방법
- 회사에서 회계 ERP를 이용하는 경우 ERP를 이용해서 전자세금계산서를 국세청에 전송한다. 대표적으로 '더존(DUZON)'의 전자세금계산서 서비스가 있다.
- ERP가 없으면 국세청 홈택스(https://www.hometax.go.kr/)를 방문하여 발급할 수도 있으나 규모가 있는 회사의 경우 자체 데이터 관리를 위해 잘 사용하지는 않는다.

② 업무 프로세스 흐름도

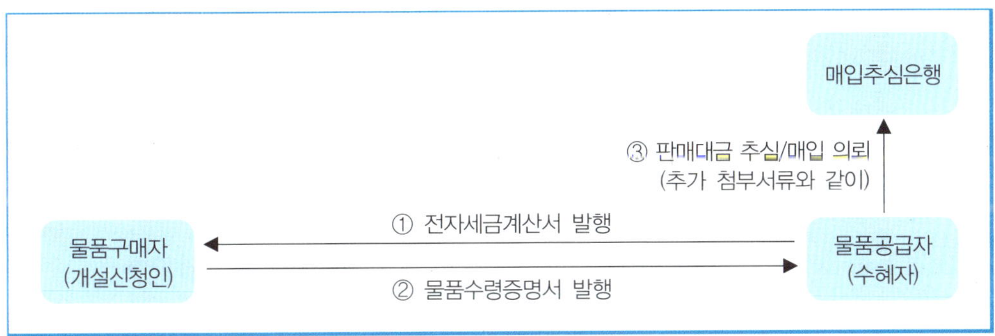

- 공급자는 구매자에게 전자세금계산서를 발행하며, 구매자는 공급자가 세금계산서를 발행한 일자로부터 10일 이내에 물품수령증명서를 공급자에게 발행한다.
- 공급자는 물품수령증명서 발급일로부터 서류제시기간(최장 5영업일) 이내에 매입(추심)은행에 판매대금의 매입(추심)을 의뢰해야 한다.
- 구매확인서나 내국신용장용 전자세금계산서를 발행할 경우에는 반드시 영세율 전자세금계산서를 발행하여야 한다. 또한 세금계산서의 구매자와 내국신용장의 개설의뢰인은 일치해야 한다.

③ 전자문서 흐름도

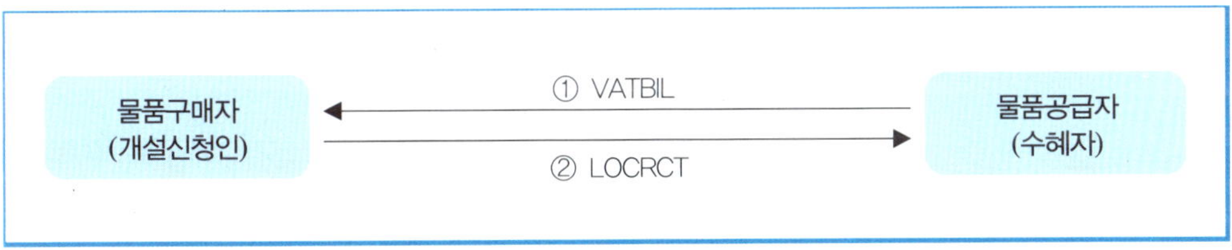

물품공급을 완료한 후에 공급자는 구매자를 상대로 전자세금계산서(VATBIL)를 발행한다. 구매자는 세금계산서 발행일로부터 10일 이내에 반드시 물품수령증명서(LOCRCT)를 공급자에게 발급해야 한다. KTNET의 전자세금계산서를 이용하여 구매자에게 전자적으로 전송할 경우에는 판매대금 매입(추심)의뢰서 작성시 여러 첨부서류 중에 전자세금계산서를 클릭 한번으로 간편하게 첨부할 수 있다.

(5) 물품수령증명서 발급

① 사전지식

- 내국신용장 물품수령증명서는 내국신용장 개설의뢰인이 수혜자로부터 내국신용장 조건과 일치하는 물품을 인수하였다는 사실을 입증하는 서류이며, 내국신용장 수혜자는 물품대금 회수시 동 증명서를 첨부하여야 하므로 내국신용장어음 매입시 갖추어야 할 필수서류 중의 하나로서 무역거래와 비교해 보면 선하증권에 해당

한다고 할 수 있다. 즉, 물품수령증명서는 물품을 공급받은 구매자(개설의뢰인)가 공급자(수혜자)에게 발급하며 수혜자의 매입(추심)의뢰시 매입(추심)은행에 제출하는 필수서류이다.

- 판매대금 매입(추심) 절차가 전자화됨에 따라 구매자와 공급자는 전자문서 방식으로 물품수령증명서를 송·수신해야 한다.

② 업무 프로세스 흐름

- 물품을 공급받은 구매자(개설의뢰인)가 공급자(수혜자)에게 발급한다.
- 구매자는 수혜자의 매입(추심)의뢰 이전에 물품수령증명서를 전자무역기반시설을 통해 사전에 전자적으로 전달해야 하며, 그렇지 않을 경우 매입(추심)의뢰 진행이 불가하다.
- 이때, 구매자는 공급자의 세금계산서 발행일로 부터 10일 이내 물품수령증명서를 발급해야 한다.
  ※ 물품인수일자와 세금계산서상의 공급일자는 일치해야 함(물품수령증명서 발급일은 직접 입력 가능)
  ※ 물품수령증명서는 세금계산서 건별로 발급함을 원칙으로 함(단, 분할공급 조건인 경우에는 분할 발행한 세금계산서를 일괄하여 물품수령증명서 발급 가능)
  ※ 수혜자는 물품수령증명서 발급일로부터 서류제시기간(최장 5영업일) 이내에 매입(추심) 의뢰해야 함

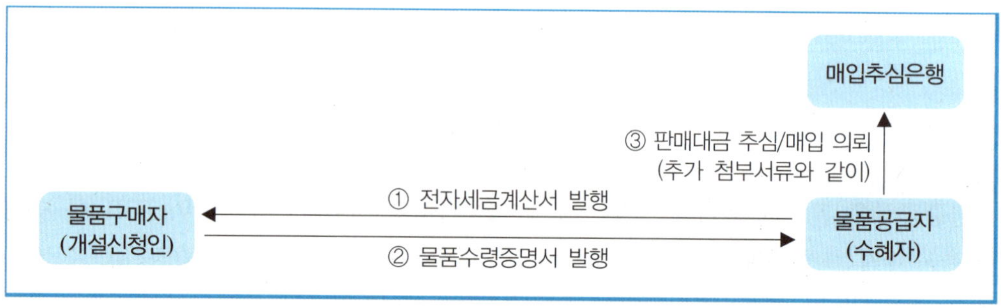

③ 전자문서 흐름도

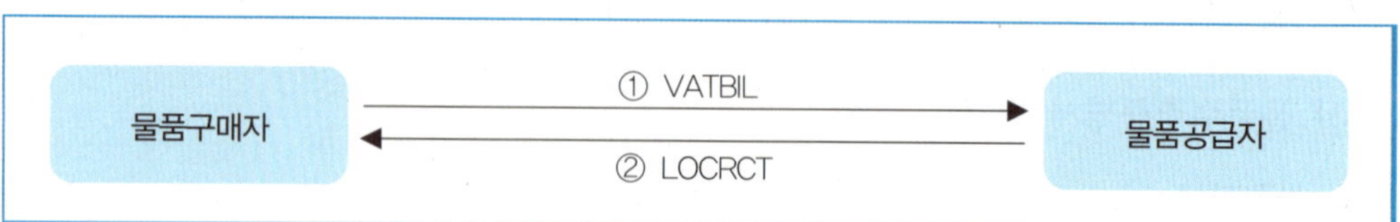

- 구매자·공급자 각각 거래 상대방의 약정사항을 시스템에 등록한다.
- 공급자는 물품을 납품한 후 전자세금계산서(VATBIL)를 발행한다.
- 구매자(개설의뢰인)는 물품인수 후 물품수령증명서(LOCRCT)을 작성하여 공급자(수혜자)에게 전송

(6) 판매대금 매입(추심)의뢰

① 사전지식

- 내국신용장의 공급자(수혜자)가 물품공급을 완료하고 물품수령증명서를 발급받은 경우 물품대금의 회수를 위해 거래은행〔매입(추심)은행〕에 매입(또는 추심)을 의뢰하는 절차이다.
- 매입(추심) 관련 절차가 전면 전자화되어, 은행창구를 통한 오프라인 매입·추심은 불가하다.

② 업무 프로세스 흐름도

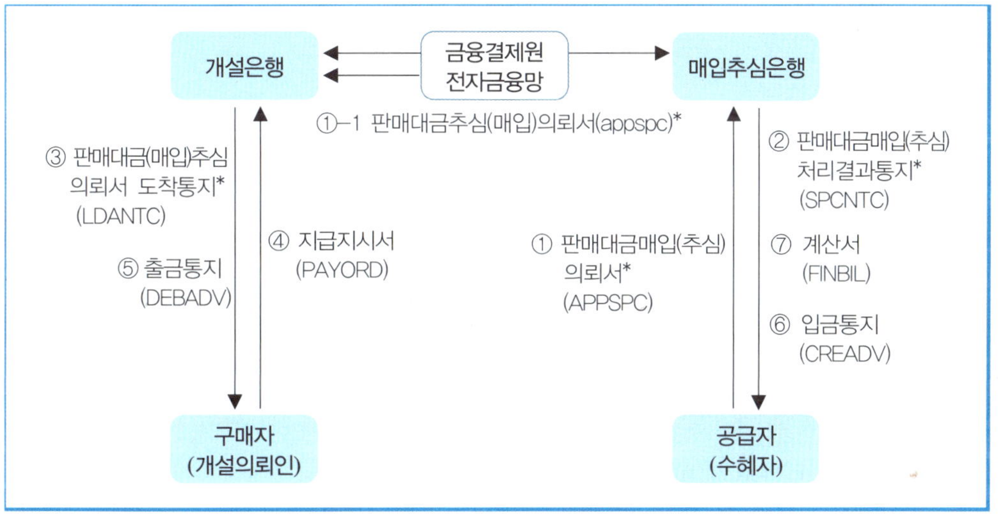

- 구매자는 거래은행에 '판매대금매입(추심)의뢰서'를 작성/전송하여 대금결제를 의뢰한다.
- 매입(추심)은행은 매입(추심)의뢰서를 심사하여 결과를 공급자에 통지하고, 동시에 구매자에 매입(추심)의뢰 도착통지를 전송한다.
- 구매자는 개설은행에 판매대금 지급지시서를 전송하고 그 결과로서 출금통지를 수령하고, 매입은행은 공급자 계좌로 결제대금 입금처리하고 입금통지와 계산서를 발급한다.

③ 전자문서 흐름도

- 수혜자는 매입(추심)은행에 '판매대금매입(추심)의뢰서(APPSPC)'를 작성하여 전송한다(2BJ: 매입, 2BK: 추심).

  ※ 판매대금매입(추심)의뢰서(APPSPC) 작성시 내국신용장, 물품수령증명서, 세금계산서를 첨부해야 하므로, 사전에 내국신용장과 물품수령증명서를 전자적으로 수신받아야 함(세금계산서는 직접입력 가능).

※ 전자무역 기반시설은 수혜자가 외국환은행에 전송하는 판매대금매입(추심)의뢰서(APPSPC)와 물품수령증명서(LOCRCT) 상의 주요 정보를 상호 비교하여 일치하는 경우에 한해 외국환은행에 전송함(검증 불일치하는 경우 수혜자에게 오류통보 자동전송).

※ 매입(추심)의뢰시 첨부한 물품수령증명서는 다른 매입(추심)건으로 중복 사용 불가(매입추심은행의 매입(추심)의뢰 오류통보 또는 승인취소 후에는 재사용 가능).

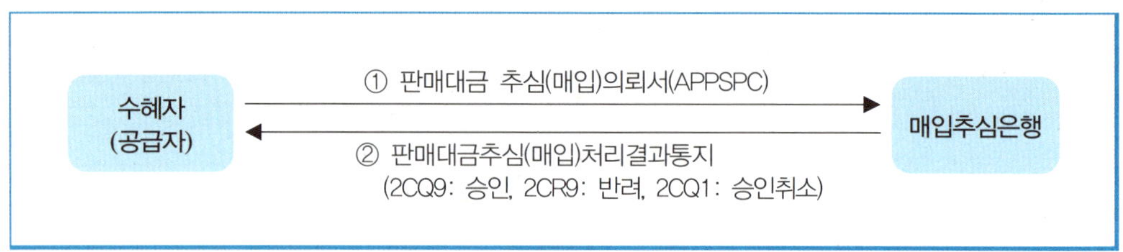

(7) 매입추심 결과 통지

- 매입(추심) 정상 승인의 경우: 매입(추심)은행은 매입(추심) 승인시 판매대금매입(추심)응답서(SPCNTC)의 정상통보(2CQ, 기능코드 9)를 수혜자에게 통지한다.
- 수혜자의 매입(추심)의뢰에 대한 오류통보의 경우: 은행은 판매대금매입(추심)응답서(SPCNTC)의 오류통보(2CR, 기능코드 9)를 통해 수혜자에게 전송한다.

(8) 매입의뢰 도착통지 및 대금지급

① 매입의뢰 도착통지

- 매입의뢰 도착통지: 매입의뢰 도착통지란 수출업체(구매자)가 국내물품을 내국신용장 방식으로 조달 하였을 경우, 내국신용장을 개설한 구매자 주거래 은행이 공급업체의 대금지급 신청 내용을 받아서 구매자에게 대금지급 요청내용을 통지하는 것이다.
- 판매대금매입(추심)의뢰서: 공급자 주거래은행에 공급자가 무역대금을 받기 위해서 주거래은행에 판매대금 매입(추심)의뢰시에 사용
- 판매대금매입(추심)도착통지: 내국신용장을 개설한 은행에서 판매대금추심 서류를 매입(추심)은행으로부터 받고 그 도착사실을 구매자(개설의뢰인)에게 통지시에 사용
- 대금지급: 주거래 은행으로부터 매입의뢰 도착통지를 받은 구매업체는 통지내용을 확인하고 이상이 없는 경우 지급지시 신청을 이용 주거래은행에 물품대금지급을 요청한다. 구매 업체 주거래은행은 지급지시 신청을 근거로 공급자 주거래은행인 매입(추심)의뢰 은행에게 대금결제를 한다.

- 지급지시서: 구매업체가 공급업체에게 판매대금 결제를 위해 개설은행에 대금지급을 요청시 사용
- 입금통지: 공급자 주거래은행인 매입(추심)은행이 무역대금을 내국신용장 개설은행으로부터 받고 그 내역을 공급자에게 통지시 사용
- 계산서: 공급자 주거래은행인 매입(추심)은행이 무역대금 처리에 소요된 각종 수수료 내역을 통지시 사용
- 출금통지: 지급지시를 받은 개설은행에서 지급의뢰인에게 대금지급 결과를 통지 사용

② 업무 프로세스 흐름도

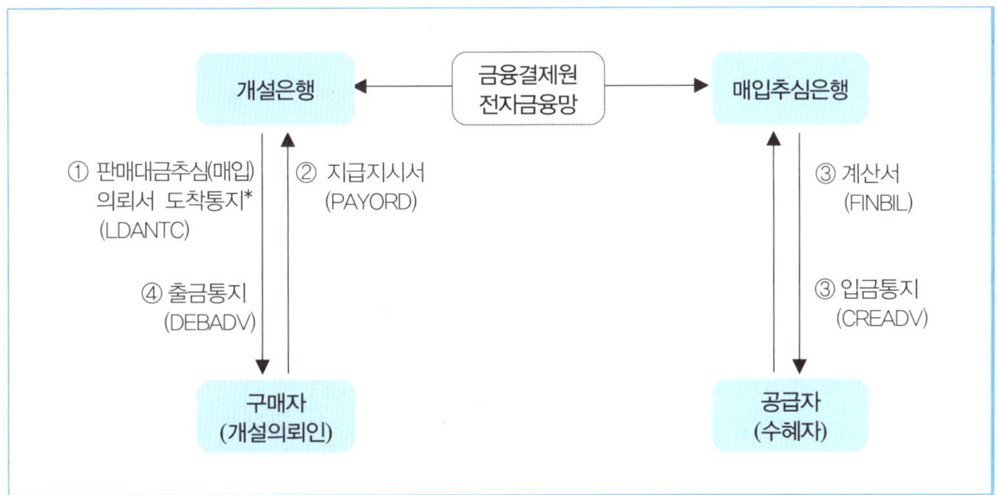

- 구매자(개설의뢰인)의 신청을 받아서 내국신용장을 개설한 은행은 공급자(수혜자)의 주거래 은행인 매입(추심)은행으로부터 판매대금 매입(추심) 관련 서류를 받아서 매입(추심)의뢰 서류를 확인하고 구매자(개설의뢰인)에게 판매대금 매입(추심) 의뢰서 도착통지를 한다.
- 구매자(개설의뢰인)은 판매대금매입(추심)의뢰 도착통지를 확인하고 대금결제를 위해 지급지시서를 작성해서 개설은행에 지급지시를 요청한다. 개설은행은 지급지시에서 요청한 금액을 매입(추심)은행에 이체를 하고 이체 결과인 출금통지서를 구매자(개설의뢰인)에게 통지한다.
- 개설은행으로부터 대금을 지급받은 매입(추심)은행은 입금 관련 수수료 등 관련 계산내역을 계산서와 무역대금 입금내역을 담은 입금통지서를 공급자(수혜자)에게 전송한다.

서식 7-1 Firm Offer

DONG-A OTSUKA CO., LTD.
450-1, SEOCKSU-DONG, ANYANG CITY,
KYEONKI-PROVINCE, KOREA C.P.O BOX NO.0038
TEL : 031-778-2754-5, FAX. : 031-778-2758

OFFER SHEET

OFFER NO. : DAF-600811 DATE : AUGUST 11, 2020

Messrs. DONG-A PHARM. CO., LTD.
Seoul, Korea

WE HEREBY OFFER YOU THE UNDER-MENTIONED GOODS ON THE TERMS AND CONDITIONS HEREIN AFTER SET FORTH.

H.S. NO.	DESCRIPTION	QUANTITY	UNIT PRICE	AMOUNT
220210-9000	POCARI CAN 245ML (ORDER NO. WS019)	111,000CANS	@J¥25.75	J¥2,858,250.-
	POCARI CAN 345ML (ORDER NO. WS019)	39,600CANS	@J¥31.83	J¥1,260,468.-
		150,600CANS		J¥4,118,718.-

ORIGIN : Korea
TIME OF SHIPMENT : Within 10 Days after Receipt of your LOCAL L/C
PAYMENT : By an irrevocable at sight LOCAL L/C to be opened in favour of DONG-A OTSUKA CO., LTD. 450-1, Seoksu-Dong, Anyang-City. Kyeongki-Do, Korea
VALIDITY : September 20, 2020
REMARKS : Standard Export Packing
ACCEPTED DONG-A PHARMACEUTICAL CO., LTD.

DONG-A PHARM. CO., LTD. DONG-A OTSUKA CO., LTD.

J. B. Son *m. y. Hong.*

Trade Manager *Director, Trading Department*

서식 7-1-1 취소불능내국신용장

취소불능 내국신용장

전자문서 번호 : LOCAPPJW1805511-12161230341 통지일자 : 2020-12-31

---< 개 설 내 역 >---

개설은행	:	12AM 하나은행 약수동
개설일자	:	2019-12-31
신용장번호	:	L12AM91600040
개설의뢰인	:	DONG-A PHARM. CO., LTD.
(상호, 주소, 대표자, 전화번호, 사업자등록번호)	:	손 정 빈
	:	2010432291
	:	서울 중구 장충동 1가 38-16
수혜자	:	DONG-A OTSUKA CO., LTD.
(상호, 주소, 대표자, 전화번호, 사업자등록번호)	:	황 호 진
	:	1358102429
신용장 종류	:	외화표시 내국신용장
개설외화금액	:	J¥4,118,718.-
개설원화금액	:	
허용오차	:	(+) / (-) (%)
매매기준율	:	0.00
물품매도확약서 번호	:	
물품인도기일	:	2019-12-31
유효기일	:	2020-01-09
제출서류	:	물품수령증명서 1 통
	:	공급자발행 세금계산서 사본 1 통
	:	공급자발행 물품매도확약서 사본 0 통
	:	본 내국신용장 사본 1 통
기타 구비서류	:	

당행은 귀하(사)가 위 금액의 범위에서 상기의 서류를 첨부하여 물품대금 전액의 일람출급식 판매대금추심의뢰서를 발행할 수 있는 취소불능내국신용장을 개설합니다. 당행은 이 신용장에 의하여 발행된 판매대금추심의뢰서가 당행에 제시된 때에는 이를 이의없이 지급할 것을 판매대금추심의뢰서의 발행인에게 확약합니다.

대표공급물품명 : POCARI CAN (HS부호 : 2202109000)
분할인도 허용여부 : 허 용
서류제시기간 : 물품수령증명서 발급일로부터 5 영업일 이내
개설근거별 용도 : 완제품
기타 : •개설 수수료 : 24,044

--- < 원수출신용장 등 내역 > -------------------------------

개설근거서류 종류 : Master L/C
신용장(계약서) 번호 : 103-11-2280871-M

---< 발신기관 전자서명 > -----------------------------------

발신기관 전자서명 : (주) *** 은행
*** 금융센터(부)지점장

1. 이 전자문서는 「전자무역 촉진에 관한 법률」에 따라 발행된 내국신용장으로서 이 문서를 전송받은 개설의뢰인 또는 수혜자는 같은 법률 시행규정 제12조제3항의 별표4에 따라 신용장 여백에 정당발급 문서임을 표시하는 적색 고무인을 날인하여야 합니다.
2. 이 신용장에 관한 사항은 다른 특별한 규정이 없는 한 국제상공회의소 제정 화환신용장 통일규칙 및 관례에 따릅니다.

서식 7-1-2 내국신용장 물품수령증명서(전자문서교환방식)

내국신용장 물품수령증명서

전자문서 번호	: LOCRCTJW1005511- 16123001166	통지일자	:	2019-12-31
발급번호	: LOCRCTJW1005511- 16123001166	인수일자	:	2019-12-31
발급일자	: 2019-12-31	인수금액	:	(외화금액) J￥4,118,718.00
공 급 자	: 동아오츠카(주)			

----------------------------- <인수물품 내역 > -----------------------------

대표공급물품의 HS부호 : 2202109000

물품/규격	수량	단가	금액
POCARI CAN 245ML(ORDER NO. WS019)	111,000CANS	J￥	J￥2,858,250.00
POCARI CAN 345ML(ORDER NO. WS019)	9,600CANS	J￥	J￥1,260,468.00
TOTAL			J￥4,118,718.00

----------------------------- < 관련 내국신용장 내역 > -----------------------------

개설은행	: 하나은행 약수동	인도기일	:	2019-12-31
개설은행전자서명	:	유효기일	:	2020-01-09
신용장 번호	: L12AM91200040	참조사항	:	
신용장 금액	: (외화금액) J￥4,118,718.00 (원화금액)			

----------------------------- < 물 품 수 령 인 > -----------------------------

기 관 명 : 동아제약(주)
대표자명 : 손 정 빈
전자서명 : 2621187120

----------------------------- < 세금계산서 내역 > -----------------------------

승인번호 : 작성일 :
공급가액 : 세 액 :

----------------------------- < 세칙 16조제2항 동의사항 > -----------------------------

기타조건

* 동내용은 나머지 관계당사자(수혜자 및 개설은행) 전원 동의 시에만 유효함

* 유의사항
1. 이 물품수령증명서는 관련세금계산서 건별로 발급하여야 함
   다만, 내국신용장 조건에 따라 수출용원자재 또는 완제품을 분할 공급받는 경우에는 매 반월 또는 월을 단위로 하는 경우에 한정하여 동 기간 중 분할공급 시마다 교부된 세금계산서상의 공급가액을 일괄하여 물품수령증명서를 발급할 수 있음
2. 이 물품수령증명서는 공급자의 세금계산서 발행일로부터 10일 이내에 발급하여야 함
   다만 중소기업이 대기업으로부터 물품을 인수하는 경우에는 예외로 함
3. 이 물품수령증명서의 물품명세는 관련내국신용장상의 대표물품명세와 일치하여야 함
   다만, 일치 여부 확인은 HS부호를 기준으로 함
4. 이 물품수령증명서의 물품 인수일자는 관련 세금계산서상의 공급일자를 모두 기재하여야 함

이 전자문서는 「전자무역촉진에 관한 법률」에 따라 발행된 전자문서교환방식 물품수령증명서로서 이 문서를 전송받은 수혜자는 같은 법률 시행규정 제12조제3항의 별표4에 따라 물품수령증명서 여백에 정당발급문서임을 표시하는 적색 고무인을 날인하여야 합니다.

서식 7-1-3 판매대금추심의뢰서

판매대금추심의뢰서

(내국신용장용)

전자문서번호 : DONGAOTSUKA-4212160010400736　　신청일자 : 2020-01-04

아래와 같이 귀 행에 판매대금의 추심을 의뢰합니다.

-------< 신 청 내 용 >-------

추심은행	: 신한은행 학동지점
추심금액	: J￥4,118.718.00
원화환산금액	:
적용환율	:

추심관련 서류		전자문서번호	발급은행	발급번호	발급일
- 내국신용장		LOCAPPJW1805511-12161230134	하나은행	L12AM181200040	2019-12-31
- 물품수령증명서		LOCRCTJW1805511-15163001166	하나은행	LOCRCTJW1005511-18123001166	2019-12-31
- 세금계산서		20161231100000077350479		---	2019-12-31

-------< 추심대금 지급관련 >-------

지급받을 은행명	: 신한은행		
계좌번호	:		
금　액	: J￥4,118.718.00		
예 금 주	:		
* 해당사항이 있는 경우만 기재			

-------< 신 청 인 >-------

신청인	: 동아오츠카주식회사		
주　소	: 경기도 안양시 석수동 450-1		
전자서명	: 1358102429		

이 전자문서는「전자무역 촉진에 관한 법률」제2조 제4호 및 동법 시행령 제12조에 의거 발행된 전자문서입니다.

2. 구매확인서에 의한 구매방법

1) 구매확인서의 의의

구매확인서(purchase confirmation, approval of purchase)란 외화획득용 물품 또는 원자재로 사용하거나 외화획득용 전자적 형태의 무체물 또는 용역으로 사용하기 위해 구매하려는 경우에 외국환은행의 장 또는 전자무역기반사업자(KTNET)가 내국신용장에 준하여 발급하는 증서를 의미한다. 구매확인서는 단순송금방식 수출, 무역금융 부족 등으로 내국신용장을 개설할 수 없을 경우 물품구매자에 의하여 국내에서 구매되는 원자재 또는 완제품이 외화획득용으로 사용될 것이라는 사실을 외국환은행의 장 또는 전자무역기반사업자가 발급해주는 증서를 의미한다.

따라서 외화획득용 원료 등을 국내에서 구매하고자 하는 자는 www.utradehub.or.kr를 통해 KTNET 또는 거래 외국환은행을 선택하여 온라인으로 신청서를 제출하여 발급받아야 하며, 구매확인서 전자발급기관인 외국환은행장과 KTNET는 업자간의 외화획득용 원료 등의 국내 거래를 확인해 줄 뿐이며 대금의 결제에 대해서는 보증하지 않는다. 구매확인서는 ① 수출실적 인정(무역금융한도 산정기준 실적 포함) ② 부가가치세 영세율 적용 ③ 관세환급 ④ 외화획득용 원료의 사후관리 이행 등을 목적으로 발급되며, 내국신용장의 개설한도가 부족하거나 내국신용장을 개설할 수 없는 경우에 많이 이용하고 있다.

구매확인서는 수출자가 국내에서 원자재 또는 완제품을 구매하는 경우 수출자의 신청에 의하여 수출자 및 공급자 앞으로 발급하는 확인서를 말한다. 구매확인서는 선대신용장방식이나 송금방식에 의한 수출 등 수출대금이 전액 영수된 거래에서도 발급되는 것이 특징이다.

2) 구매확인서의 발급

국내에서 외화획득용 원료나 기재를 구매하고자 하는 자나 또는 이미 구매한 자가 부가가치세법에 의한 영세율의 적용 등을 받기 위해 구매확인서의 발급을 신청하는 경우에는 ① 외화획득용원료 · 기재구매 확인 신청서 ② 외화획득용원료(물품 등) 공급계약서 또는 물품매도확약서 ③ 수출신용장, 수출계약서 등 발급 근거서류 ④ 공급자 · 공급받는 자의 인감증명서 등과 같은 근거서류가 첨부되어야 한다.

3) 구매확인서의 종류

구매확인서는 사전발급 구매확인서와 사후발급 구매확인서로 구분된다. 사전발급 구매확인서는 국내에서 외화획득용 원료 또는 물품을 구매하고자 하는 자의 신청에 의하여 외국환은행의 장이 그 물품의 구매 전에 발급하는 것이고, 사후발급 구매확인서는 물품의 구매 후에 발급하는 것이다.

그림 7-6 구매확인서 업무 흐름도

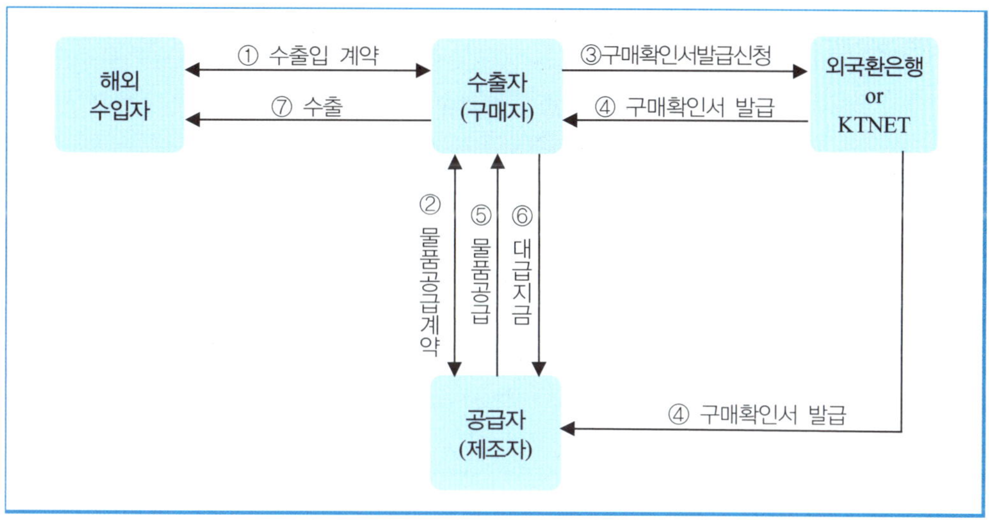

4) 내국신용장과 구매확인서의 비교

내국신용장과 구매확인서의 다른 점은 내국신용장은 은행이 대금지급을 보장하지만 구매확인서는 대금지급의 문제는 거래당사자간의 계약에 의한 거래이므로 은행이 대금지급을 보장하지 않는다. 또한 내국신용장은 무역금융의 융자대상이 되는데 반해 구매확인서는 무역금융융자대상이 되지 않으며, 수출실적의 인정이나 부가가치세 영세율 적용대상이 되는 점 등은 동일하다.

표 7-2 내국신용장과 구매확인서 비교

구 분	내 국 신 용 장	구 매 확 인 서
관련 법규	한국은행 금융중개지원대출관련 무역금융 지원프로그램운용세칙	대외무역법(대외무역관리규정) 전자무역촉진에 관한 법률
발행기관	외국환은행/KTNET	좌 동
부 가 세	영세율 적용	좌 동
지급 확약	발행은행이 지급확약	발급은행의 지급확약 없음
발행조건	당해업체 원자재금융 한도 내에서 발행	제한없이 발급(발급근거 확인)
발행(발급) 근 거	1. 수출신용장 2. 수출계약서(D/P, D/A 등) 3. 외화표시 물품공급계약서 4. 외화표시 용역공급계약서 5. 내국신용장 6. 당해 업체의 과거 수출실적	1. 수출신용장 2. 수출계약서(D/P, D/A 등) 3. 외화표시 물품공급계약서 4. 내국신용장 5. 외화입금(매입)증명서 6. 구매확인서
발행제한	3차까지 순차적으로 발급 가능	좌 동
관세환급	관세환급 가능	좌 동
무역금융	무역금융 수혜 가능	좌 동

서식 7-2 외화획득용 원료 · 기재 구매확인(신청)서

[대외무역관리규정 별지 제13호 서식]

외화획득용원료 · 기재구매확인신청서

① 구매자 (상호)
(주소)
(성명)
(사업자등록번호)

② 공급자 (상호)
(주소)
(성명)
(사업자등록번호)

1. 구매원료 · 기재의 내용

③ HS부호	④ 품명 및 규격	⑤ 단위 및 수량	⑥ 구매일	⑦ 단가	⑧ 금액	⑨ 비고

2. 외화획득용 원료 · 기재라는 사실을 증명하는 서류

⑩ 서류명 및 번호	⑪ HS부호	⑫ 품명 및 규격	⑬ 금액	⑭ 선적기일	⑮ 발급기관명

3. 세금계산서(외화획득용 원료 · 기재를 구매한 자가 신청하는 경우에만 해당)

⑯ 세금계산서 번호	⑰ 작성일자	⑱ 공급가액	⑲ 세액	⑳ 품목	㉑ 규격	㉒ 수량

㉓ 구매원료 · 기재의 용도명세 : 원자재구매, 원자재 임가공위탁, 완제품 임가공위탁, 완제품구매, 수출대행 등 해당 용도를 표시하되, 위탁가공무역에 소요되는 국산원자재를 구입하는 경우는 "(위탁가공)" 문구를 추가표시

* 한국은행 총액한도 대출관련 무역금융 취급절차상의 용도표시 준용

위의 사항을 대외무역법 제18조에 따라 신청합니다.

신청일자 년 월 일
신 청 자
전자서명

※ *③은 HS부호 또는 자사관리 코드 중 어느 하나를 반드시 기재하여야 합니다.
⑳ 내지 ㉒은 1. 구매원료 · 기재의 내용과 금액이 다른 경우에는 반드시 기재하여야 합니다.

210㎜ × 297㎜ 일반용지 60g/㎡

외화획득용 원료·기재 구매확인(신청)서

(별지 제 5-1호 서식)(공급받는자용)

① 신청인 (상호, 주소, 성명)	② 공급자 (상호, 주소, 성명)
106-81-40236 현주컴퓨터(주) 서울특별시 구로구 구로 3동 826-1 대표이사 김 대 성	경북 구미시 공단동 165 오리온전기주식회사 대표이사 사장 김 영 남

공급물품명세(국산원자재, 기초원자재, 수출물품 중 해당사항에 ○표할 것)

③ HS 부호	④ 품 명 및 규 격	⑤ 단위 및 수량	⑥ 단 가 (US $ 화 부기)	⑦ 금 액 (US $ 화 부기)
HS 부호	품명 및 규격	수량	판매단가(/KG)	Amount
	MONOTOR(RICHCOM)			
8471.60-2021	15"(5F720)	539 SETS	US$99.00	US$53,361.00
		11 SETS	F.O.C	
	17"(17DB07)	204 SETS	US$155.00	US$31,620.00
		4 SETS	F.O.C	
	TOTAL	758		US$84,981.00

수출 또는 구매확인서상의 내용

⑧ 근거서류명 및 번호	⑨ HS 부호	⑩ 품 명	⑪ 금 액	⑫ 유효기일	⑬ 선적기일
OFFER NO. HJ140809		MONITOR	USD87.448.00	SEP.25.2014	SEP.04.2018

⑭ 확인조건

⑮ 확인번호 R-O7405-49-150

⑯ 위 신청사항을 대외무역관리규정 제5-2-7조의 규정에 의하여 확인합니다.

2020 년 08 월 31 일

은 행 장 국민은행장 ㊞
(독산동 지점)

2802-26민
1987. 6. 17. 승인

210㎜ × 297㎜
(인쇄용지 특급 34g/㎡)

(1) 구매확인서 발급신청

① 발급근거서류

- L/C, 수출계약서(D/P · D/A), 외화매입증명서, Local L/C, 구매확인서 등

※ 외화매입(예치)증명서는 외화획득 이행 관련 대금임이 관계서류에 의해 확인되는 경우에 한함)

② 구매확인서 발급신청시 구비서류

- 외화획득용원료 · 기재 구매확인 신청서
- 외화획득용원료(물품 등) 공급계약서 또는 물품매도확약서
- L/C, 수출계약서 등 발급 근거서류
- 공급자 · 공급받는 자의 인감증명서

구매확인서 업무는 전면 전자화되어 구매자의 구매확인서 발급신청서(APPPCR ; Purchase confirmation application on raw materials for export goods)와 구매자와 공급자에게 발급되는 외화획득용 원료구매확인서(PCRLIC ; Certificate of purchase confirmation on raw materials for export goods) 문서가 사용된다.

(2) 전자문서 흐름도

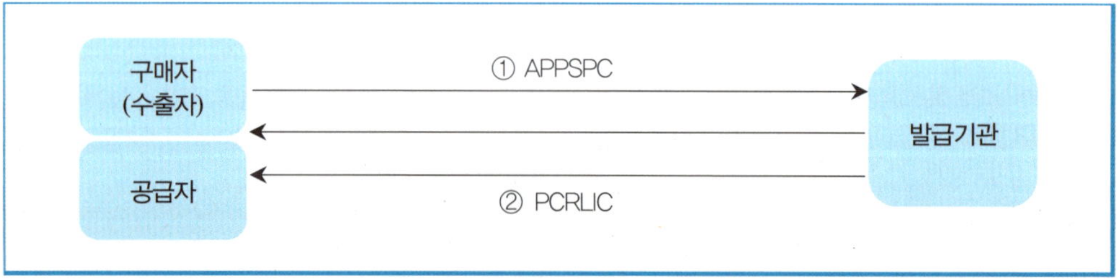

① 물품구매자는 수출용 원자재를 구입하기 위해 KTNET나 은행에 구매확인서 발급신청을 한다.

② 구매확인서 발급신청을 받은 KTNET나 시중은행은 내용을 검토한 후 이상이 없는 경우 구매확인서를 발급하여 물품구매자에게 전송한다.

③ 공급자에게 동보전송을 요청한 경우 지정된 공급자에게 동일한 구매확인서가 전송된다.

④ 공급자는 물품을 공급한 후에는 구매자에게 세금계산서를 발행한다.

제 2 절 외화획득용 원료 및 기재의 국외구매

1. 외화획득용 원료 및 기재의 수입

외화획득용 원료 · 기재의 수입승인제도는 수출을 포함한 광의의 외화획득행위를 대상으로 이에 합당한 제반 지원제도를 시행하여 외화획득을 진흥하기 위한 것이다. 이는 외화획득용 원료 · 기재가 수입된 후 국내에서 소비 사용되거나 또는 국내에서 소비 사용될 제품을 제조 · 가공하는 것이 아니고 제조 · 가공되어 다시 수출 등의 외화획득용으로 사용하거나 수출, 군납, 관광 등의 외화 획득용 물품을 제조 · 가공하는데 사용되는 것이므로 일반물품과는 달리 수입의 촉진은 곧 외화획득에 이바지하게 된다.

산업통상자원부장관은 국산원자재 사용촉진을 위한 외화획득용 원료 수입승인품목이나 농림수산물을 제외하고, 물품의 수출 등 외화획득을 위하여 사용되는 원료 · 시설 · 기계 및 제품의 수입에 대해 수출입승인대상물품 및 수출입지역 등의 한정의 규정을 적용하지 아니할 수 있다. 그러므로 소요량증명서나 대응수출 신용장 또는 수출계약서를 첨부하지 않고 수입승인을 받게 된다.

이외에도 외화획득용 원료 등의 수입에 대해 수입부담금 면제, 연지급수입대상품목 및 연지급기간 차등적용, 수입통관시 원산지표시면제, 무역금융규정에 의한 수입자금지원, 관세환급 등 금융과 세제상의 우대조치를 하고 있다.

1) 외화획득용 원료 · 기재의 정의

외화획득용 원료·기재라 함은 물품의 수출 등 외화획득을 위하여 사용되는 원료·시설·기계 및 제품으로서, 외화획득용 원료· 설기재 및 제품, 외화획득용 용역 및 전자적 형태의 무체물을 말하는데 이에 대한 정의는 다음과 같다.

첫째, "외화획득용 원료(raw materials for obtaining foreign exchange)"는 외화획득에 제공되는 물품(물품과 용역 및 전자적 형태의 무체물)을 생산(물품의 제조·가공·조립·수리· 재생· 개조)하는데 필요한 원자재 · 부자재 · 부품 및 구성품을 말한다. 이는 그 원료에 노동, 기술, 원료 등이 부가되어 새로운 형태의 생산물로 변형될 수 있다는 것이다.

둘째, "외화획득용 시설기재(facilities or equipments for obtaining foreign exchange)"는 외화획득에 제공되는 물품을 생산하는데 사용되는 시설 · 기계 · 장치 · 부품 및 구성품(물품 등의 하자 및 유지보수에 필요한 부품 및 구성품을 포함)을 말한다.

셋째, "외화획득용 제품(products for obtaining foreign exchange)"은 수입한 후 생산과정을 거치지 아니하는 상태로 외화획득에 제공되는 물품을 말한다.

넷째, "외화획득용 용역(services for obtaining foreign exchange)"이란 외화획득에 제공되는 물품 등을 생산하는 데에 필요한 법시행령 제3조에 따른 용역을 말한다.

다섯째, "외화획득용 전자적 형태의 무체물(intangibles of electronic forms for obtaining foreign exchange)"이란 외화획득에 제공되는 물품 등을 생산하는 데 필요한 대외무역법 시행령 제4조에 따른 전자적 형태의 무체물을 말한다.

2) 외화획득용 원료·기재에 대한 권한의 위임·위탁

산업통상부장관은 산업통상부장관이 관장하는 물품에 대한 권한을 제외하고, 그 권한을 그 대상물품의 품목에 따라 당해 물품을 관장하는 중앙행정기관의 장에게 위탁한다. 외화획득이행기간의 연장에 관한 권한 및 사용목적변경승인에 관한 권한은 시 · 도지사에게 위임한다.

3) 외화획득의 범위와 대응수출의무

(1) 외화획득의 범위

외화획득의 범위는 ① 수출, ② 주한 국제연합군 기타 외국군 기관에 대한 물품의 매도, ③ 관광, ④ 용역 및 건설의 해외진출, ⑤ 국내에서 물품을 매도하는 것으로서 산업통상자원부장관이 정하는 것 등의 하나에 해당하는 방법에 따라 외화를 획득하는 것으로 한다. 한편, 무역거래업자가 외국의 수입업자로부터 수수료를 받고 행한 수출알선도 외화획득 행위에 준하는 외화획득행위로 본다.

(2) 외화획득의 이행의무자

외화획득용 원료·기재의 수입과 관련하여 ① 외화획득용 원료·기재를 수입한 자, ② 외화획득용 원료·기재의 수입을 위탁한 자, ③ 외화획득용 원료·기재 및 그 원료나 기재로 제조된 물품을 양수한 자다음의 행위를 한 자는 산업통상자원부장관으로부터 외화획득용 원료·기재의 목적 외 사용의 승인을 얻은 경우를 제외하고, 그 수입에 대응하는 외화획득을 하여야 한다.

4) 외화획득용의 원료·기재의 수입에 대한 사후관리

외화획득용 원료·기재의 수입은 일반 내수용 수입과는 달리 우대조치가 적용되는데, 이러한 우대조치는 외화획득용으로 수입된 원자재를 제조·가공하여 일정기간 내에 합법적인 절차에 따라 외화획득 행위를 이행할 것을 전제로 한 것이므로 외화획득용 원료·기재를 수입한 자가 의무이행을 제대로 하였는지 여부를 사후에 관리할 필요가 있다. 따라서 산업통상자원부장관은 승인을 받아 수입한 외화획득용 원료·기재 및 그 원료·기재로 제조된 물품 등에 대하여는 외화획득 이행의무자의 외화획득 이행 여부를 사후관리하여야 한다.

서식 7-3 외화획득용 원료 수입승인(신청)서

외화획득용 원료 수입승인(신청)서
Import for Re-Export License(application)

처리기간 : 1일
Handling Time : 1 Day

① 수입자 (Importer)	무역업신고번호 (Notification No.)		⑥ 송화인(Consignor)
상호, 주소, 성명			상호, 주소, 성명 (Name of Firm, Address, Name of Representative)
(Name of Firm, Address, Name of Representative) (서명 또는 인) (Signature)			
② 위탁자 (Requester)	사업자등록번호 (Business No.)		⑦ 금액(Total Amount)
(상호, 주소, 성명)			⑧ 결제기간(Period of Payment)
(Name of Firm, Address, Name of Representative) (서명 또는 인) (Signature)			
③ 원산지(Origin)	④ 선적항(Port of Loading)		⑨ 가격조건(Terms of Payment)
⑤ 사후관리 기관명			

⑨ HS 부호	⑩ 품명 및 규격	⑪ 단위 및 수량	⑫ 단 가	⑬ 금 액
(HS Code)	(Description/Size)	(Unit/Quantity)	(Unit Price)	(Amount)

⑭ 승인조건 (Condition of Approval)
⑮ 유효기간 (Period of Approval)
⑯ 승인번호 (Approval No.)
위의 신청사항을 대외무역법 제14조 제2항 및 동법 시행령 제26조 제1항의 규정에 의하여 승인합니다. (The undersigned hereby approves the above-mentioned goods in accordance With Article 14(2) of the Foreign Trade Act and Article 26(1) of the Enforcement Decree of the said Act.) 년 월 일 승인권자 (인)
※ 이 서식에 의한 승인과는 별도로 대금결제에 관한 사항에 대하여는 외국환거래법령이 정하는 바에 따라야 합니다.

AL WASL AUTO PARTS EST.

TEL. : +971 3 7214979 P.O.BOX 17291, AL AIN, U.A.E. FAX : +971 3 7214989

PROFORMA INVOICE

Kangnam Trading Co., Ltd.
279-25, Sungsu 2ga, Sungdong-Gu
Seoul, South Korea

Date 02/11/2020
No.: 19030S

Sr. No.	Partt No.	Part Name	Qty.	U/Price $	Value USD
1	16363-23010	FANMOTOR	3	100.60	301.80
2	16363-31080	MOTOR,COOLINGFAN	2	100.60	201.20
3	16363-31090	MOTOR,COOLINGFAN	2	100.60	201.20
4	16604-31010	PULLEYSUB-ASSY.	10	21.50	215.00
5	16620-31040	TENSIONERASSY.	5	107.70	538.50
6	16711-31250	SHROUD,FAN	5	48.60	243.00
7	42304-48010	RRAXLECARRIER	2	106.30	212.60
8	42450-48011	LEX-HUB&BRGASSY.	3	213.00	639.00
9	43340-39605	BALLJOINTLOWER	5	43.10	215.50
10	43420-06860	SHAFTASSY,F	2	305.00	610.00
11	43502-28090	HUBSUB-ASSY,FR	3	49.80	149.40
12	47749-58010	CLIP,PINHOLD	50	0.40	20.00
13	48068-58010	SUSPENSION LOWER ARM	2	78.10	156.20
14	48069-33070	ARMSUB-ASSY.	7	78.10	546.70
15	48069-47050	ARMSUB-ASSY.	2	81.20	162.40
16	48069-58010	SUSPENSION LOWER ARM	2	78.10	156.20
17	48095-30060	LEX-VALVESUB-ASSY.	2	112.50	225.00
18	48520-80199	LEX-ABSORBERASSY.	3	152.10	456.30
19	48620-50070	LEX-ARMASSY.	7	161.40	1129.80
20	48640-50070	LEX-ARMASSY.	3	161.40	484.20
21	48655-50012	LEX-BUSH,SUSPNARM	10	37.40	374.00
22	48740-33100	ARMASSY,RR	3	51.70	155.10
23	48780-33040	RODASSY,STRUT,RR	3	43.30	129.90
24	48812-33210	LEX-BAR, STABILIZER,	2	60.00	120.00
25	48820-28050	LINKASSY,FR	6	26.80	160.80
26	48820-33040	LINKASSY,FR	2	26.60	53.20
27	51440-50040	LEX-COVER ASSY, ENGI	2	147.60	295.20
28	51441-33120	LEX-COVER, ENGINE UN	3	35.10	105.30
29	51442-33120	LEX-COVER, ENGINE UN	3	44.60	133.80
30	52021-33140	REINFORCEMENT	5	59.70	298.50
31	52023-53030	REINFORCEMENT	2	107.90	215.80
32	52114-33200	LEX-BRACKET, FR BUMP	3	19.50	58.50
33	52114-33210	BRACKET,FRBUMPER	4	15.30	61.20
34	52115-33100	LEX-SUPPORT, FR BUMP	3	35.90	107.70
35	52115-47040	SUPPORT,FRBUMPER	10	15.10	151.00
36	52115-53020	LEX-SUPPORT, FR BUMP	5	38.30	191.50
37	52116-30070	LEX-SUPPORT, FR BUMP	3	38.30	114.90
38	52119-33928	LEX-COVER,FR BUMPER,	2	174.40	348.80
39	52119-33930	LEX-UBUMPERCOVER	7	183.70	1285.90
40	52119-33950	COVER,FRBUMPER	13	107.00	1391.00
41	52119-33974	COVER,FRBUMPER	4	116.90	467.60
42	52119-48934	LEX-COVER, FR BUMPER	2	166.70	333.40
43	52119-48993	LEX-COVER,FRBUMPER	7	172.80	1209.60
44	52119-50962	LEX-COVER,FR	9	168.20	1513.80
45	52119-53919	COVER,FRBUMPER	2	107.00	214.00
46	52125-33070	LEX-BRACKET, FOG LAM	5	9.60	48.00
47	52126-33070	LEX-BRACKET, FOG LAM	5	9.60	48.00
48	52133-50050	LEX-REINFORCEMENT, F	3	15.40	46.20
49	52145-33040	LEX-BUMPERSTAYFR	10	12.20	122.00
50	52145-33050	LEX-STAY,FRBUMPER	15	12.20	183.00
51	52145-48010	LEX-BUMPERSTAYFR	5	18.00	90.00
52	52146-33040	LEX-BUMPERSTAY,FR	10	12.20	122.00
53	52146-33050	LEX-STAY,FRBUMPER	15	12.20	183.00
54	52155-33010	LEX-SUPPORT, RR BUMP	5	37.10	185.50
55	52157-33021	LEX-SUPPORT, RR BUMP	10	23.20	232.00

56	52157-53040	LEX-SUPPORT, RR BUMP	5	11.10	55.50
57	52158-33021	LEX-SUPPORT, RR BUMP	10	23.40	234.00
58	52159-30943	LEX-COVER, RR BUMPER	3	183.70	551.10
59	52159-33918	COVER, RR BUMPER	5	116.90	584.50
60	52159-33923	LEX-COVER, RR BUMPER	1	182.10	182.10
61	52159-50907	LEX-COVERRRBUMPER	5	183.70	918.50
62	52159-50912	LEX-COVER, RR BUMPER	7	201.00	1407.00
63	52159-50919	LEX-COVER, RR BUMPER	2	201.00	402.00
64	52159-53906	LEX-COVER, RR BUMPER	7	174.40	1220.80
65	52159-53933	LEX-COVER, RR BUMPER	3	174.40	523.20
66	52161-16010	PIECE, RR BUMPER	500	0.90	450.00
67	52171-33100	BUMPER REINFORCEMENT	2	69.80	139.60
68	52171-33120	REINFORCEMENT, RR	3	98.50	295.50
69	52197-22020	BRACKET, RR BUMPER	9	1.50	13.50
70	52211-33080	CUSHION, FR SUSP	6	26.00	156.00
71	52215-33090	LEX-CUSHION, FR SUSP	4	41.30	165.20
72	52217-33020	LEX-CUSHION, FR SUSP	4	37.30	149.20
73	52521-33080	RETAINER, FR BUMPER,	5	19.80	99.00
74	52535-30210	LEX-RETAINER, FR BUM	7	12.70	88.90
75	52535-33040	RETAINER, FR BUMPER	10	11.90	119.00
76	52535-50060	RETAINER, FR BUMPER	50	1.70	85.00
77	52535-50070	LEX-RETAINER, FR BUM	7	12.80	89.60
78	52535-53011	LEX-RETAINER, FR BUM	15	14.40	216.00
79	52536-30190	LEX-RETAINER, FR BUM	10	12.70	127.00
80	52536-33040	RETAINER, FR BUMPER	10	11.90	119.00
81	52536-53011	LEX-RETAINER, FR BUM	15	14.40	216.00
82	52562-53010	LEX-RETAINER, RR BUM	7	14.90	104.30
83	52563-33030	LEX-RETAINER, RR BUM	7	14.30	100.10
84	52575-33110	RETAINER, RR BUMPER	7	9.90	69.30
85	52576-33080	RETAINER, RR BUMPER	5	9.90	49.50
86	52611-33190	LEX-ABSORBER, FR BUM	3	31.20	93.60
87	52611-50060	LEX-ABSORBER, FR BUM	3	24.60	73.80
88	52614-50010	LEX-ABSORBER, FR BUM	3	22.60	67.80
89	52615-33090	U.BUMPERABSORBER	5	19.90	99.50
90	52615-33110	ABSORBER,RRBUMPER	3	27.50	82.50
91	52615-33130	LEX-ABSORBER, RR BUM	5	25.80	129.00
92	52711-30231	LEX-MOULDING, FR BUMP	2	73.70	147.40
93	52711-33080	LEX-MOULDING, FR BUM	5	73.70	368.50
94	52751-50030	LEX-REAR BUMPER MOUL	20	47.00	940.00
95	53111-33260	LEX-GRILLE, RADIATOR	4	133.50	534.00
96	53111-50060	LEX-GRILLE, FRAME	3	104.10	312.30
97	53112-50140	LEX-GRILLE, RADIATOR	3	9.70	29.10
98	53112-53010	LEX-GRILLE, RADIATOR	3	21.60	64.80
99	53141-33100	LEX-GARNISH, RADIATO	3	17.40	52.20
100	53208-33040	LEX-SUPPORT SUB-ASSY	4	20.60	82.40
101	53216-33140	LEX-SUPPORT, RADIATO	2	66.60	133.20
102	53293-33070	LEX-DEFLECTOR, RADIA	3	20.90	62.70
103	53295-33031	LEX-SEAL,COOLAIR	3	42.10	126.30
104	53301-33120	HOODSUB-ASSY	2	202.00	404.00
105	53301-48060	HOODSUB-ASSY	3	181.00	543.00
106	53341-33120	INSULATOR,HOOD	2	64.80	129.60
107	53341-33200	LEX-INSULATOR,HOOD	3	67.20	201.60
108	53341-50070	LEX-INSULATOR,HOOD	1	114.50	114.50
109	53381-33090	LEX-SEAL,HOODTO	5	10.90	54.50
110	53395-33010	SEAL, HOOD TO FR END	10	15.90	159.00
111	53395-47020	SEAL, HOOD TO FR END	5	7.10	35.50
112	53510-33341	LEX-LOCKASSY, HOOD	3	32.70	98.10
113	53550-33060	LEX-HOOKASSY, HOOD	2	23.80	47.60
114	53801-50160	FENDERSUB-ASSY, FR	2	139.30	278.60
115	53801-50180	LEX-FENDER SUB-ASSY,	3	252.00	756.00
116	53802-47040	FENDERSUB-ASSY, FR	3	103.50	310.50
117	53802-48080	LEX-FENDER SUB-ASSY,	2	182.20	364.40
118	53804-33030	BRACKET SUB-ASSY, FR	6	11.10	66.60

119	53805-30090	LEX-SHIELD SUB-ASSY,	3	47.50	142.50
120	53805-50020	LEX-FRONT FENDER SPL	3	54.10	162.30
121	53805-50030	LEX-FRONT FENDER SPL	3	49.10	147.30
122	53805-53020	LEX-SHIELD SUB-ASSY,	4	78.20	312.80
123	53806-50030	LEX-FRONT FENDER SPL	3	49.10	147.30
124	53806-50050	LEX-SHIELD SUB-ASSY,	5	87.20	436.00
125	53806-53020	LEX-SHIELD SUB-ASSY,	5	78.20	391.00
126	53845-33080	LEX-BRACE,FRWHEEL	3	5.40	16.20
127	53846-33070	LEX-BRACE,FRWHEEL	5	5.40	27.00
128	53852-47020	PAD,FRWHEEL	3	9.90	29.70
129	53852-53021	LEX-PAD,FRWHEEL	5	16.20	81.00
130	53875-33180	LEX-LINER, FR FENDER	5	60.00	300.00
131	53875-42074	LINER, FR FENDER, RH	2	32.10	64.20
132	53875-47030	LINER, FR FENDER, RH	5	33.80	169.00
133	53876-33150	LINER, FR FENDER, LH	3	30.20	90.60
134	53876-33171	LEX-FENDERLINERLH	7	33.20	232.40
135	53876-47030	LINER, FR FENDER, LH	5	33.80	169.00
136	53879-50020	RETAINER,FRFEN	200	2.40	480.00
137	53879-58010	RETAINER,FRFENDER	50	1.60	80.00
138	58748-33050	LEX-PROTECTOR, QUART	7	8.90	62.30
139	64600-33140	LEX-LOCK ASSY, LUGGA	2	95.70	191.40
140	67001-47070	PANELSUB-ASSY,FR	1	243.00	243.00
141	67001-53050	PANELSUB-ASSY,FR	1	302.00	302.00
142	67002-47070	PANELSUB-ASSY,FR	2	243.00	486.00
143	67003-33180	LEX-PANELSUB-ASSY,	1	352.00	352.00
144	67004-33180	LEX-PANELSUB-ASSY,	2	352.00	704.00
145	67896-33020	LEX-WEATHERSTRIP, RR	5	5.10	25.50
146	75071-30080	LEX-MOULDING SUB-ASS	3	52.20	156.60
147	75072-30080	LEX-MOULDING SUB-ASS	3	52.20	156.60
148	75072-33060	LEX-MOULDING SUB-ASS	2	37.40	74.80
149	75075-30080	LEX-MOULDING SUB-ASS	3	42.80	128.40
150	75310-47010	EMBLEMASSY,	7	17.00	119.00
151	75311-33150	EMBLEM,RADIATOR	7	14.60	102.20
152	75331-33060	LEX-EMBLEM,HOOD	7	11.30	79.10
153	75441-30421	LEX-PLATE, LUGGAGE C	5	15.40	77.00
154	75441-50070	LEX-EMBLEMORNAMENT	3	8.70	26.10
155	75441-50080	LEX-EMBLEMORNAMENT	3	10.10	30.30
156	75441-50100	LEX-PLATE, LUGGAGE C	5	15.70	78.50
157	75441-53071	LEX-PLATE,LUGGAG	5	15.40	77.00
158	75442-33250	PLATE, LUGGAGE COMPT	5	10.70	53.50
159	75442-33290	LEX-PLATE, LUGGAGE C	10	11.20	112.00
160	75443-33460	PLATE, LUGGAGE COMPT	5	8.30	41.50
161	75443-53070	LEX-PLATE, LUGGAGE C	5	13.80	69.00
162	75447-33080	LEX-EMBLEMORNAMENT	5	13.10	65.50
163	75447-33110	LEX-PLATE, LUGGAGE C	5	13.10	65.50
164	75601-50050B0	LEX-MOULDING SUB-ASS	3	16.60	49.80
165	75624-33160B0	LEX-MOULDING SIDE LO	3	11.50	34.50
166	75710-33140	MOULDINGASSY,FR	5	30.60	153.00
167	75710-47021	MOULDINGASSY,FR	5	13.70	68.50
168	75720-33120	LEX-MOULDING ASSY, F	5	32.00	160.00
169	75720-47021	MOULDINGASSY,FR	5	13.70	68.50
170	75730-33140	MOULDINGASSY,RR	5	25.80	129.00
171	75730-33150	LEX-MOULDING ASSY, R	2	27.30	54.60
172	75730-47021	MOULDINGASSY,RR	3	13.70	41.10
173	75731-33200B0	LEX-MOULDING SIDE LO	5	58.80	294.00
174	75732-33200B0	LEX-MOULDING SIDE LO	1	58.80	58.80
175	75740-33100	LEX-MOULDING,RR DOOR	3	20.70	62.10
176	75740-47021	MOULDINGASSY,RR	3	13.70	41.10
177	75742-33190B0	LEX-MOULDING SIDE LO	1	39.20	39.20
178	75745-33040B0	LEX-MOULDING SIDE LO	5	45.70	228.50
179	75745-33050B1	LEX-MOULDING, RR DOO	5	45.10	225.50
180	75746-33040B0	LEX-MOULDING SIDE LO	3	45.70	137.10
181	75746-33050B1	LEX-MOULDING, RR DOO	5	45.10	225.50

182	75851-33907B1	LEX-MOULDING,BODY	2	174.70	349.40
183	75852-47900	MOULDING,BODY	3	132.50	397.50
184	75852-50906	LEX-MOULDING,BODY	2	153.70	307.40
185	75860-33030B2	MOULDINGASSY,BODY	2	140.70	281.40
186	75867-30120	CLIP,ROCKERPANEL	300	1.80	540.00
187	75867-30130	CLIPROCKERPANE	300	1.80	540.00
188	75867-33030	CLIP,ROCKERPANE	200	1.80	360.00
189	75867-33040	CLIP,ROCKER	71	1.80	127.80
190	75871-50060	LEX-MOULDING, FR FEN	5	20.20	101.00
191	75872-50060	LEX-MOULDING, FR FEN	5	20.20	101.00
192	76088-47020	SPOILER SUB-ASSY, RR	3	14.40	43.20
193	76851-47030	COVER,FRSPOILER	3	54.20	162.60
194	76851-50900	LEX-AIRSPOILER	3	36.10	108.30
195	76851-53010B1	LEX-SPOILER,FR,RH	4	63.80	255.20
196	76852-53010B1	LEX-SPOILER,FR,LH	6	63.80	382.80
197	81125-33700	CORD,HEADLAMP	5	6.50	32.50
198	81130-33700	UNIT ASSY, HEADLAMP,	7	197.00	1379.00
199	81130-50241	LEX-HEADLAMP UNIT,AS	2	554.00	1108.00
200	81130-50251	UNITASSY,	1	552.00	552.00
201	81140-30B60	UNIT,	2	455.00	910.00
202	81140-53300	UNITASSY,	2	451.00	902.00
203	81170-33700	UNIT ASSY, HEADLAMP,	7	197.00	1379.00
204	81210-48021	LEX-FOGLAMPASSY	3	107.30	321.90
205	81211-30312	LEX-LENS,FOGLAMP	3	131.20	393.60
206	81211-33170	LEX-FOGLAMPLENS	2	112.30	224.60
207	81221-33170	LEX-FOGLAMPLENS	3	112.30	336.90
208	81490-48030	LAMPASSY,RRFOG,	2	98.60	197.20
209	81521-47022	LENS & BODY, FR TURN	5	14.50	72.50
210	81551-33430	LEX-RRCOMBLENS	3	83.60	250.80
211	81551-33500	LEX-LENS&BODY,	5	83.60	418.00
212	81551-53171	LENS&BODY,RR	2	77.80	155.60
213	81561-33280	LEX-LENS&BODY,RR	3	88.20	264.60
214	81561-50140	LENS&BODY,	4	86.60	346.40
215	81581-50150	LENS&BODY,	2	85.00	170.00
216	81591-33170	LENS&BODY,RR	3	38.90	116.70
217	81731-33021	LEX-TURN SIGNAL LENS	7	15.10	105.70
218	81910-48040	REFLECTORASSY,	5	31.40	157.00
219	81920-13022	REFLECTORASSY,	2	11.20	22.40
220	85207-50010	LEX-ACTUATOR SUB-ASS	2	99.90	199.80
221	85207-50021	LEX-ACTUATOR,SUB-ASS	3	114.20	342.60
222	85315-33300	JAR,	5	21.80	109.00
223	85315-47140	JAR,WASHER,A	5	35.80	179.00
224	87906-33130B1	LEX-MIRROR SUB-ASSY,	3	255.00	765.00
225	87931-53250	MIRROROUTER,	3	132.70	398.10
226	88460-06230	CONDENSERASSY	4	322.00	1288.00
227	88460-33090	CONDENSERASSY	3	257.00	771.00
228	88460-33100	LEX-CONDENSERASSY	5	442.00	2210.00
229	89341-12061	SENSOR,ULTRASONIC,	8	90.90	727.20
230	89341-33110B1	LEX-SENSOR, ULTRASON	15	105.20	1578.00
231	89341-50011B3	LEX-SENSOR, ULTRASON	10	95.70	957.00
232	89341-50011C0	LEX-SENSOR, ULTRASON	10	95.70	957.00
233	89341-50050B1	LEX-SENSOR,ULTRASONI	7	95.70	669.90
234	89348-33010B1	LEX-RETAINER, ULTRAS	20	0.50	10.00
235	89348-44010	RETAINER, ULTRASONIC	30	1.10	33.00
236	90075-60028	PLUG,SOCKET	10	3.30	33.00
237	90369-45003	BEARING	10	32.50	325.00
238	90467-07166	CLIP	10	0.50	5.00
239	90975-02022	LEX-EMBLEM,SYMBOL	4	14.80	59.20
240	90975-02079	LEX-EMBLEM,SYMBOL	10	15.90	159.00
241	90975-02212	LEX-EMBLEM,SYMBOL	5	11.70	58.50
242	90981-13085	BULB	7	9.10	63.70
		GRAND TOTAL	2,851		68707.10

for AL WASL AUTO PARTS EST.

은행용

취소불능화환신용장 발행신청서
(Irrevocable Documentary Credit Application)

This documentary credit is subject to the Uniform Customs and Practice for Documentary Credits(2007 Revision) International Chamber of Commerce(Publication No.600). Reimbursements under this Credit are subject to the Uniform Rules for Bank-to-Bank Reimbursements under Documentary Credits, ICC Publication No.725

OPEN TYPE : SWIFT
ISSUING BANK : INDUSTRIAL BANK OF KOREA 화양동(BR-CODE : 026)
ADVISING BANK : BOMLAEAD
MASHREQBANK PSC.(DUBAI)

< SWIFT >

Credit Number(20) : M04 - - 011 - NS -
Date & Place of Expiry(31D) : (DATE) 2020-12-04
(PLACE) IN YOUR COUNTRY
Applicant(50) : KANGNAM TRADING CO., LTD
279-25,SUNGSU 2GA, SUNGDONG-GU,
SEOUL, SOUTH KOREA
Beneficiary(59) : AL WASL AUTO PART EST. P.O BOX 1729 1,AL AIN,U.A.E.
Currency Code, Amount(32B) : USD 68,707.10
Percentage Credit Amount Tolerance(39A) : MORE 5.00% / LESS 5.00% :
Available with __by__(41) : ADVISING BANK BY NEGOTIATION
Draft at __(42C) : AT SIGHT
Drawee(42A) :
Partial shipments(43P) : ALLOWED
Transshipment(43T) : PROHIBITED
Port of Loading / Airport of Departure(44E) : DUBAI
Port of Discharge / Airport of Destination(44F) : BUSAN
Latest Date of Shipment(44C) : 2020-12-04
Description of Goods and / or Service(45A) :
COUNTRY OF ORIGIN : JAPAN PRICE TERMS : CFR
HS CODE : 870899900
+ DESCRIPTION OF GOODS AND/OR SERVICE
DETAILS AS PER OFFER NO. : 19030S
TOYOTA GENUINE PARTS
Documents Required(46A) :
+ FULL SET OF CLEAN ON BOARD OCEAN BILLS OF LADING MADE OUT TO THE ORDER OF INDUSTRIAL BANK OF KOREA MARKED FREIGHT PREPAID AND NOTIFY APPLICANT
+ OTHER DOCUMENT(S) REQUIRED :
SIGNED COMMERCIAL INVOICE/PACKING LIST IN ORIGINAL 1
Additional Conditions(47A) :
+ BENEFICIARY SHOULD SEND TO APPLICANT SHIPPING ADVICE BY FAX OR CABLE BEFORE SHIPMENT INFORMING SHIPPING COMPANY. VESSEL NAME, ESTIMATED ARRIVAL DATE, WEIGHT, AMOUNT, AND B/L DATE.
+ OTHERS : T/T REIMBURSEMENT IS ALLOWED
Charges(71B) : ALL BANKING COMMISSIONS AND CHARGES OUTSIDE KOREA PLUS REIMBURSING CHARGES REIMBURSING CHARGES ARE FOR ACCOUNT OF APPLICANT
Period for Presentation(48) : DOCUMENTS TO BE PRESENTED WITHIN 21 DAYS AFTER THE DATE OF SHIPMENT BUT WITHIN THE VALIDITY OF THE CREDIT
Confirmation Instruction(49) : WITHOUT

< E N D >

위와 같이 신용장을 발행함에 있어서 위 기재사항이 수입허가(승인)사항과 틀림없음을 확인하고 따로 제출한 외국환거래 약정서의 관련 조항 및 여신한도거래 약정서의 각 조항에 따를 것을 확약하며 아울러 위 수입화물에 관한 모든 권리를 귀행에 양도하겠습니다.

2020년 11월 05일

지급보증	금액		일자		신청인 :	(인)	인감대조
		ㅁ 외화/한화 수입보증금 적립에 동의함			주 소 :		

DOC-ID : 20201105101436/MT700/REFNO: M0421001NS00096
지점 : 화 양 동 USER: 034346

--> TOP OF TEXT <-- (TEL: 02-464-8712)

* TO BIC CODE: BOMLAEADXXX
TELEX NUMBER: 89345429
BANK NAME: MASHREQBANK PSC.(DUBAI)
* FM: INDUSTRIAL BANK OF KOREA SEOUL
ADVICE KIND : SWIFT ACK

:27 : SEQUENCE OF TOTAL : 1/1
:40A: FORM OF DOCUMENTARY CREDIT : IRREVOCABLE
:20 : DOCUMENTARY CREDIT NUMBER : M0421011NS00096
:31C: DATE OF ISSUE : 201105
:40E: APPLICABLE RULES : UCP URR LATEST VERSION
:31D: DATE AND PLACE OF EXPIRY : 201204 IN YOUR COUNTRY
:50 : APPLICANT : KANGNAM TRADING CO., LTD.
279-25, SUNGSU 2GA, SUNGDONG-GU,
SEOUL, SOUTH KOREA
:59 : BENEFICIARY : AL WASL AUTO PART EST.
P.O BOX 17291, AL AIN, U.A.E.
:32B: CURRENCY CODE, AMOUNT : USD68707.1
:39A: PERCENTAGE CREDIT AMOUNT TOLERANCE : 05/05
:41D: AVAILABLE WITH/BY : ADVISING BANK
BY NEGOTIATION
:42C: DRAFTS AT : AT SIGHT
:42A: DRAWEE : INDUSTRIAL BANK OF KOREA, NEW YORK BRANCH (NEW YORK, NY)
1250 BROADWAY FLOOR 37 NEW YORK, NY
:43P: PARTIAL SHIPMENT : ALLOWED
:43T: TRANSSHIPMENT : PROHIBITED
:44E: PORT OF LOADING/AIRPORT OF DEPARTURE : DUBAI
:44F: PORT OF DISCHARGE/AIRPORT OF DESTINATION : BUSAN
:44C: LATEST DATE OF SHIPMENT : 201204
:45A: DESCRIPTION OF GOODS AND/OR SERVICES
DETAILS AS PER OFFER NO. : 201030S
TOYOTA GENUINE PARTS
+COUNTRY OF ORIGIN : JAPAN
+PRICE TERMS : CFR BUSAN
:46A: DOCUMENTS REQUIRED
+FULL SET OF CLEAN ON BOARD OCEAN BILLS OF LADING MADE OUT TO THE ORDER OF INDUSTRIAL BANK OF KOREA MARKED "FREIGHT PREPAID" AND "NOTIFY APPLICANT"
+SIGNED COMMERCIAL INVOICE/PACKING LIST IN ORIGINAL 1
+BENEFICIARY'S CERTIFICATE CERTIFYING THAT BENEFICIARY SHOULD SEND TO APPLICANT SHIPPING ADVICE BY FAS OR CABLE BEFORE SHIPMENT INFORMING SHIPPING COMPANY, VESSEL NAME, ESTIMATED ARRIVAL DATE, WEIGHT, AMOUNT AND B/L DATE.

:47A: ADDITIONAL CONDITIONS

+ A DISCREPANCY FEE OF USD80.00(OR EQUIVALENT) SHOULD BE DEDUCTED FROM THE AMOUNT CLAIMED OR WILL BE DEDUCTED FROM THE PROCEEDS OF ANY DRAWING, IF DOCUMENTS ARE PRESENTED WITH ANY DISCREPANCY(IES). NOTWITHSTANDING ANY INSTRUCTIONS TO THE CONTRARY.
THIS CHARGE SHALL BE FOR ACCOUNT OF BENEFICIARY.
IN ADDITION, THE PAYMENT OF THE RELATIVE CABLE EXPENSE. IF ANY, SHALL ALSO BE FOR ACCOUNT OF BENEFICIARY.
+ DRAFT DRAWN UNDER THIS CREDIT MUST BE ENDORSED AND CONTAIN THE CLAUSE, DRAWN UNDER INDUSTRIAL BANK OF KOREA, SEOUL, LETTER OF CREDIT NO. M0421011NS00096 DATED 2020-11-05
+ 5 PCT MORE OR LESS IN QUANTITY AND AMOUNT ARE ACCEPTABLE
+ ONE ADDITIONAL PHOTOCOPY OF REQUIRED DOCUMENT(S) ARE REQUIRED FOR L/C ISSUING BANKS FILE AND WILL NOT BE RETURNED EVEN DOCUMENTS ARE FINALLY REFUSED. IF THESE DOCS ARE NOT PRESENTED, A PHOTOCOPY HANDLING FEE OF USD20.00 PER SET WILL BE DEDUCTED FROM THE PROCEEDS OF PAYMENT.
+ ALL DOCUMENTS MUST BE ISSUED IN ENGLISH

:71B: CHARGES
ALL BANKING COMMISSIONS AND CHARGES OUTSIDE KOREA, PLUS REIMBURSING CHARGES ARE FOR ACCOUNT OF APPLICANT

:48 : PERIOD FOR PRESENTATION
DOCUMENTS TO BE PRESENTED WITHIN 21 DAYS AFTER THE DATE OF SHIPMENT BUT WITHIN THE VALIDITY OF THIS CREDIT

:49 : CONFIRMATION INSTRUCTIONS : WITHOUT

:53D: REIMBURSEMENT BANK
INDUSTRIAL BANK OF KOREA, NEW YORK BRANCH (NEW YORK, NY) 1250 BROADWAY FLOOR 37 NEW YORK, NY

:78 : INST TO PAY/ACP/NEGO BANK
+T/T REIMBURSEMENT IS ALLOWED
+ALL DOCUMENTS(AND DRAFTS IN THE CASE OF T/T REIMBURSEMENT) MUST BE FORWARDED DIRECTLY TO OUR DOCUMENTARY CREDITS DEPT RATHER THAN JUST TO THE BANK(ADD: INDUSTRIAL BANK OF KOREA(H.O.), 50, ULCHIRO 2GA, CHUNG-GU, SEOUL, KOREA) IN ONE LOT BY COURIER SERVICE.
+IN REIMBURSEMENT: PROVIDED THAT THE TERMS AND CONDITIONS OF THIS CREDIT ARE COMPLIED WITH, YOU ARE AUTHORIZED TO CLAIM ON OUR ACCOUNT WITH REIMBURSEMENT BANK ONLY AFTER YOUR FORWARDING OF THE DOCUMENTS.

--> END OF TEXT <--

2. 소요량 증명제도

1) 자율소요량제도

(1) 자율소요량제도의 의의

소요량이란 수출물품을 생산하는데 소요되는 원재료의 양으로서 생산과정에서 정상적으로 발생하는 손모량(손실량 및 불량품 생산에 소요된 원자재의 양을 포함)의 평균량을 말하며, 자율소요량제도란 수출원재료에 대한 관세 등 환급에 관한 특별법에 따라 도입된 제도로서 수출업자가 관세환급을 받기 위하여 자기의 수출제품을 생산하는데 소요되는 원재료의 종류와 양을 스스로 계산하는 제도를 말한다.

자율소요량은 환급신청자(수출업자 또는 생산자)가 수출물품 생산에 소요된 원재료의 소요량을 일정한 기준과 그 절차에 따라 자율적으로 산정, 환급신청 전까지 환급신청 세관에 신고하고 환급을 받을 수 있는 소요량을 말한다.

환급대상 업체들은 단위실량, 단위설계소요량, 수출 건별 총 소요량 산정방법 등 자율소요량 산정방법 중 한 가지를 선택해 환급금을 계산하여야 하며 환급신청 전에는 세관장에게 동종의 수출물품별로 소요량 산정방법을 신고하여야 하고 제조사양서 및 제조공정도와 같은 자율소요량 계산근거 자료는 보관·관리하여야 한다.

(2) 자율소요량제도 및 소요량 사전심사 신청제도 시행의 목적

자율소요량제도의 시행은 외화획득용 수입원료의 수출이행에 대한 사후관리 제도가 폐지되어 소요량 관리의 필요성이 감소됐으며 관세환급 목적의 소요량 관리만이 존재하게 되었다는데 이유가 있다. 또 신기술의 개발 및 신제품의 출현으로 제품의 수명이 짧아지고 있으나 기존 소요량 관리기관의 책정능력 및 인력부족으로 환급지연 및 비용증가의 요인이 되고 있기 때문이다.

또한 소요량 사전심사 신청제도는 추가 가공되어 판매되는 부산물의 가격산정을 명확히 하는 등 수출업체의 환급신청 편의 및 업무처리의 효율을 도모할 목적으로 환급특례법을 개정하여 환급신청 전 소요량 사전심사 신청제도를 시행하고 있다.

(3) 소요량과 관련 용어

소요량은 수출물품을 생산하는데 소요되는 원재료의 종류별 양을 말한다. 수출물품 생산에 소요되는 원재료의 수입시 납부한 관세 등을 수출업자(및 생산자)에게 되돌려 주는 관세환급금을 산출하는데 기본적인 요소가 된다.

① "소요량"은 외화획득용 물품 등을 생산하는데 소요된 원자재의 실량을 말하며, 완성된 수출물품에 들어가 있는 원자재의 양(단위실량)에 생산과정에서 손실된 손모량을 더한 것이다. 관세환급이란 수출물품 생산에 필요한 원재료를 수입할 때 납부한

관세 등을 수출자에게 되돌려 주는 제도이므로 관세환급 금액을 계산하기 위해서는 반드시 소요량을 계산해야 한다.

② "단위실량"은 수출물품 1단위를 형성하고 있는 원재료의 종류별 양을 말한다.

③ "손모량"은 수출물품을 정상적으로 생산하는 과정에서 발생하는 원재료의 손실량(불량품에 소요된 원재료 재활용이 가능한 원재료의 양은 제외)을 말한다.

④ "손모율"은 일정기간동안 발생한 손모량을 동 기간 중에 생산된 해당 수출물품을 원재료로 환산한 양으로 나누어 백분율로 표시한 값을 말한다.

⑤ "단위소요량"은 수출물품 1단위를 생산하는데 소요된 원재료별 양으로서 단위실량과 손모량을 합한 양을 말한다.

⑥ "제조사양서"는 B.O.M(Bill of Material), 설계도면, 원재료 배합비율(수출물품 1단위 제조에 소요되는 원재료별 배합량), 제조표준서, 시방서, 그 밖에 수출물품 1단위를 생산하는데 기준이 되는 자료들을 말한다.

⑦ "부산물"은 수출물품 생산공정 중에 수출물품 외에 부수적으로 발생하는 경제적인 가치를 가진 물품으로 판매되거나 자가 사용되는 물품을 말한다.

⑧ "연산품"이란 「수출용원재료에 대한 관세 등 환급에 관한 특례법」(이하 "법"이라 한다) 제13조제1항 및 「수출용원재료에 대한 관세 등 환급에 관한 특례법 시행령」(이하 "영"이라 한다) 제15조에 따른 특수공정물품 중에서 원재료를 같은 생산공정으로 가공했을 때 주종(主從)의 관계를 구별할 수 없는 종류가 다른 두 가지 이상의 개별적인 기능과 경제적인 가치를 가진 제품들이 생산되는 경우에 이 제품들을 총칭하여 말한다. [예: 원유(원재료)를 상압증류하여 생산(같은 생산공정으로 가공)한 나프타, 등유, 경유, 중유, 아스팔트, 윤활유, LPG 등(주종 관계를 구별할 수 없는 제품)을 연산품이라고 함]

⑨ "자율소요량"는 환급특례법령에 의하여 소요량계산서 작성업체에서 산정한 소요량을 말한다.

⑩ "표준소요량"이란 법 제10조제2항에 따라 관세청장이 수출물품별 평균소요량 등을 기준으로 정하여 고시한 소요량을 말한다.

⑪ "원재료별 환산량"이란 수출물품을 구성하고 있는 원재료의 종류별 총 실량을 말한다.

⑫ "원재료수불대장"이란 원재료의 반출입 사항을 기록한 장부 또는 마이크로필름, 광디스크, 그 밖의 자료보존매체를 말한다.

⑬ "제품수불대장"이란 제품의 반출입 사항을 기록한 장부 또는 마이크로필름, 광디스크, 그 밖의 자료보존매체를 말한다.

⑭ "부산물수불대장"이란 부산물의 반출입 사항을 기록한 장부 또는 마이크로필름, 광디스크, 그 밖의 자료보존매체를 말한다.

(4) 소요량 산정방법

① 단위실량 산정방법

수출물품을 구성하고 있는 원재료의 양인 단위실량 만으로 소요량을 산정하는 방법, 즉 단위실량은 수출물품(견본)을 분해하여 실측한 원재료의 종류별 양, 수출물품 1단위를 생산하는데 사용되는 설계도면상의 원재료의 면적이나 양, 수출물품 1단위를 구성하고 있는 원재료의 부품명세서 등과 같은 자료상의 원재료의 양 등으로 산정한다.

② 단위설계소요량 산정방법

단위설계소요량이란 수출물품을 생산하는데 있어 가장 기본이 되는 자료인 제조사양서상의 원재료 중 환급을 받고자 하는 원재료의 종류별 양으로써, 이는 단위실량과 동일한 원재료도 있을 수 있으나 일반적으로 단위실량에 최적의 상태에서 발생하는 최소의 손모량이 합하여진 소요량이다. 단위설계소요량은 제조 사양서 상의 원재료 중 환급을 받으려는 원재료의 종류별 양으로 산정한다.

③ 수출건별 등 총소요량 산정방법

수출건별 등 총소요량은 수출신고 수리필증, 기초원재료 납세증명서 또는 수출계약서(이하 "수출건별 등"이라 한다)나 내국신용장 상의 수출물품을 생산하는 과정에서 사용한 원재료의 종류별 총량으로 산정한다.

④ 일정기간별 단위소요량 산정방법

㉮ 제품을 생산하는 과정에서 원재료가 물리적으로 결합되는 경우 일정기간별 단위소요량은 6개월 이내의 범위에서 산정기간 첫 달의 첫날부터 산정기간 마지막 달의 말일까지의 기간(이하 "일정기간"이라 한다)동안 제품 생산에 사용된 원재료의 종류별 총량을 일정기간 동안에 생산된 제품의 원재료별 환산량으로 나눈 값에 단위실량을 곱한 양으로 산정한다.

$$\text{일정기간별단위소요량} = \frac{\text{일정기간동안 사용된 원재료별 총량}}{\text{일정기간동안 생산된 제품의 원재료별 총량}} \times \text{단위실량}$$

㉯ 제품을 생산하는 과정에서 원재료가 화학적으로 통합되는 경우 일정기간별 단위소요량은 일정기간 동안 제품생산에 사용된 원재료의 종류별 총량을 일정기간동안에 생산된 제품의 총량으로 나눈 양으로 산정한다.

$$\text{일정기간별단위소요량} = \frac{\text{일정기간동안 사용된 원재료별 총량}}{\text{일정기간동안 생산된 제품의 총량}}$$

⑤ 1회계년도 단위소요량 산정방법

㉮ 제품을 생산하는 과정에서 원재료가 물리적으로 결합되는 경우 1회계연도 단위소요량은 1회계연도 동안 제품생산에 사용된 원재료의 종류별 총량을 1회계연도 동안에 생산된 제품의 원재료별 환산량으로 나눈 값에 단위실량을 곱한 양으로 산정한다.

$$1회계연도단위소요량 = \frac{1회계연도\ 동안\ 사용된\ 원재료별\ 총량}{1회계연도\ 동안\ 생산된\ 제품의\ 원재료별\ 총량} \times 단위실량$$

㉯ 제품을 생산하는 과정에서 원재료가 화학적으로 통합되는 경우 1회계연도 단위소요량은 1회계연도 동안 제품 생산에 사용된 원재료의 종류별 총량을 1회계연도 동안에 생산된 제품의 총량으로 나눈 양으로 산정한다.

$$1회계연도\ 단위소요량 = \frac{1회계연도\ 동안\ 사용된\ 원재료별\ 총량}{1회계연도\ 동안\ 생산된\ 제품의\ 총량}$$

⑥ 위탁건별 총소요량 산정방법

위탁건별 총소요량은 위탁가공계약서 등에 따라 수출물품을 위탁생산하는 경우 수출물품의 생산을 위탁한 업체에서 수출물품의 생산을 수탁한 업체에 공급한 원재료 중 수탁업체가 해당 위탁생산물품을 생산하는 과정에서 사용한 원재료의 종류별 총량으로 산정한다.

(5) 자율소요량 이용방법

① 산정방법의 신고

소요량계산서 작성업체는 환급신청 전에 환급신청 세관장에게 동종의 수출물품별로 소요량 산정방법에 대해 사전 신고를 해야 한다. 동종의 물품은 HS 10단위와 품명이 같고 소요원재료의 차이가 없으며 상거래상 서로 대체 사용할 수 있는 물품을 말한다.

② 선정방법의 선택제한

소요량계산서 작성업체는 동종의 수출물품별로 제3조부터 제8조까지의 소요량 산정방법 중 한 가지 방법을 임의로 선택하여 소요량을 산정하여야 한다. 다만, 다음 각 호의 경우에는 그러하지 아니하다.

㉮ 소요원재료의 등급이 다른 이유 등으로 소요량이 불안정한 농·수·축·임산물을 원재료로 생산되는 수출물품은 제5조에 따른 수출건별등 총소요량 산정방법 또는 제8조에 따른 위탁건별 총소요량 산정방법으로 소요량을 산정하여야 한다.

㉯ 시제품 생산단계로 손모율이 불안정한 수출물품은 제6조에 따른 일정기간별 단위소요량 산정방법 또는 제7조에 따른 1회계연도 단위소요량 산정방법으로 소요량을 산정할 수 없다.

㉰ 연산품은 제6조에 따른 일정기간별 단위소요량 산정방법 또는 제7조에 따른 1회계연도 단위소요량 산정방법으로 소요량을 산정하여야 한다.

㉱ 1회계연도 단위소요량 산정방법은 매월 1회 이상 또는 연간 6개월 이상 생산활동을 하는 업체에 한정하여 적용한다. 다만, 천재지변, 노사분규, 설비의 수리 등 불가항력적 사유로 생산활동을 할 수 없는 경우에는 예외로 한다.

③ 소요량 산정방법 등의 신고

㉮ 소요량계산서 작성업체는 환급신청 전에 별표 1의 "소요량 산정방법 등 신고서 작성요령"에 따라 영 제11조 제1항 각 호에 관한 사항을 기재한 별지 제1호서식의 소요량 산정방법 등 신고(변경신고)서에 수출물품의 제조공정 설명서를 첨부하여 환급신청 세관장에게 신고하여야 하며, 신고한 내용이 변경된 경우에는 변경 신고 하여야 한다.

㉯ 제1항에 따른 신고를 받은 세관장은 소요량 산정방법이 적정한지 여부 또는 제9조에 따른 선택제한 대상에 해당하는지 여부를 검토하기 위하여 수출물품의 제조공정설명서를 확인하거나 현지 제조공정을 확인할 수 있다. 이 경우, 현지확인은 3일 이내에 완료하여야 한다.

④ 소요량의 적용기간

㉮ 단위실량 및 단위설계 소요량은 단위실량 및 단위설계 소요량이 변경되기 전까지 생산된 수출물품의 소요량계산에 적용한다.

㉯ 수출건별등 총소요량 및 위탁건별 총소요량은 산정대상기간(수출건별이나 위탁건별 수출물품을 생산한 기간)동안 생산된 수출물품의 소요량계산에 적용한다.

㉰ 일정기간별 단위소요량은 산정대상기간 말일 이후 다음 달의 첫날부터 산정대상기간에 해당하는 기간동안 수출신고수리 되거나 내국신용장 등에 의하여 공급된 수출물품의 소요량계산에 적용한다. 다만, 일정기간별 단위소요량이 산정되지 않은 소요원재료에 대하여는 단위실량 또는 단위설계 소요량으로 소요량계산을 할 수 있다.

㉱ 1회계연도 단위소요량은 1회계연도 말일 이후 3개월이 지난 달의 첫날부터 1년간 수출신고 수리되거나 내국신용장 등에 의하여 공급된 수출물품의 소요량 계산에 적용한다. 다만, 1회계연도 단위소요량이 산정되지 않은 소요원재료에 대하여는 단위실량 또는 단위설계 소요량으로 소요량계산을 할 수 있다.

⑤ 소요량 산정 및 계산의 기준

㉮ 수출물품과 소요원재료는 품명·규격(특성, 함량, 중량, 두께 등)별로 분류하여 소요량 산정 및 계산을 하여야 한다.

㉯ 제1항에도 불구하고 1회계연도 단위소요량(일정기간별 단위소요량 포함)을 산정할 때에는 상거래상 동종의 물품으로 인정되고 손모율의 차이가 없다고 인정되는 경우 수출물품 또는 소요원재료를 통합하여 손모율을 산정할 수 있다.

㉰ 동일업체 제조장 간에 손모율의 차이가 있는 경우 제조장별로 소요량을 각각 산정하여야 한다.

(6) 소요량의 계산기준

① 소요량 계산기준

수출물품과 소요원재료는 품명, 규격(특성, 함량, 중량, 두께 등)별로 분류하여 소요량 산정과 계산을 해야 한다. 1회계년도 단위소요량이나 일정기간별 단위소요량을 산정할 때 상거래상 동종물품으로 인정되고 손모율의 차이가 없다고 인정될 때는 수출물품 또는 소요원재료를 통합하여 손모율을 산정할 수 있다.

② 소요량 계산의 근거자료

㉮ 영 제28조 제1항 제1호에 따라 보관·관리하여야 할 자료는 제1호부터 제5호까지의 자료이다. 다만, 제7조에 따른 1회계연도 단위소요량 산정방법으로 소요량을 산정한 경우에 제6호의 자료를, 제8조에 따른 위탁건별 총소요량 산정방법으로 소요량을 산정한 경우에 제7호의 자료를 추가로 보관·관리하여야 한다.

㉠ 자율소요량 계산근거 자료

ⓐ 제조사양서 및 제조공정도

ⓑ 원재료 및 제품 수불대장

ⓒ 소요량 계산서철

ⓓ 부산물 수불대장(부산물이 발생하는 경우에 한정함)

ⓔ 별표 2의 “소요량계산서 작성요령”에 따라 작성된 별지 제2호서식의 소요량 계산서철

ⓕ 결산보고서(제품 및 자재 수불 관련 부속서류 포함)

ⓖ 위탁가공계약서

㉡ 제1항의 서류를 마이크로필름, 광디스크, 그 밖의 자료보존 매체로 보관·관리하려는 자는 확인, 조회 또는 출력장치와 일체로 보관·관리하여야 한다.

(7) 소요량 계산

① 단위실량, 단위설계소요량, 일정기간별 단위소요량, 1회계연도 단위소요량을 적용한 소요량의 계산은 다음과 같이 한다.

소요량 = 수출물품의 수량 × 단위실량 또는 단위설계 소요량, 일정기간별 단위 소요량, 1회계 연도단위 소요량

② 수출건별 등 총 소요량과 위탁건별 총 소요량은 해당 건별 총소요량이고 소요량의 계산은 “소요량 = 해당 건별 총소요량”과 같이 한다.

③ 단위실량, 단위설계 소요량, 일정기간별 단위소요량, 1회계연도 단위소요량, 수출건별 등 총소요량과 위탁건별 총소요량으로 계산된 소요량은 산정대상기간 동안 수출물품을 생산하는데 실제 사용한 원재료의 양을 초과할 수 없다.

④ 제1항 및 제2항에 따라 소요량을 계산할 때 순도나 함량 등에 따라 비례환산하여야 할 경우에는 비례환산하여야 하며, 소요량은 소수점 이하 3자리까지 계산하되 4자리 이하는 반올림한다. 다만, 소요원재료가 개수 등으로 표기되어 소수점 이하로 구분할 수 없을 때에는 소수점 이하는 절사한다.

(8) 연산품 부산물

① 연산품의 소요량 계산

㉮ 연산품의 생산비율은 다음과 같이 산출한다.

$$\text{생산비율} = \frac{\text{1회계연도(일정기간) 동안의 각 연산품 생산량}}{\text{1회계연도(일정기간) 동안의 각 연산품 생산량의 총합}} \times 100$$

㉯ 연산품의 가치비율은 다음과 같이 산출한다.

$$\text{가치비율} = \frac{\text{해당 연산품의 생산비율} \times \text{해당 연산품 1단위가격}}{\sum(\text{각 연산품의 생산비율} \times \text{각 연산품 1단위가격})} \times 100$$

㉰ 제2항의 연산품 1단위 가격은 결산보고서(일정기간 회계자료)상의 연산품별(수입원재료로 생산한 제품과 구입상품이 혼합관리되는 경우는 이를 구분하지 않음. 이하 같다) 총수출액과 연산품별 총 국내 판매액의 합인 연산품별 총판매액을 해당 연산품별 총수출량과 연산품별 총 국내 판매량의 합인 연산품별 총판매량으로 나누어 산출한 값으로 다음 공식과 같다. 다만, 1회계연도(일정기간) 동안 수출되거나 국내판매 되지 않은 연산품 1단위의 가격은 결산보고서(일정기간 회계자료)상의 제조원가(원재료 가격, 제조경비, 노무비 등을 합한 가격)를 해당 연산품의 수량으로 나누어 산출한다.

$$\text{연산품 1단위가격} = \frac{\text{연산품별 총 수출액} + \text{연산품별 총 국내판매액}}{\text{연산품별 총 수출량} + \text{연산품별 총 국내판매량}}$$

㉱ 연산품의 소요량계산은 다음 공식에 따른다.

$$\text{소요량} = \text{수출량} \times \frac{\text{가치비율}}{\text{생산비율}} \times \text{1회계연도(일정기간별)단위소요량}$$

㉠ 연산품의 생산비율 산출

생산비율 = [1회계연도(일정기간) 동안의 각 연산품 생산 ÷ 1회계연도(일정기간) 동안의 각 연산품 생산량의 합계] × 100

㉡ 연산품의 가치비율 산출

가치비율 = (한 연산품의 생산비율 그 연산품 1단위가격) ÷ [(각 연산품의 생산비율 각 연산품 1단위가격)의 합계] × 100

㉢ 연산품 1단위가격

연산품 1단위가격은 결산보고서나 일정기간 회계자료에서 연산품별 총 판매액(연산품별 총 수출액과 연산품별 총 국내 판매액의 합계액)을 연산품별 총 판매량

(연산품별 총 수출량과 연산품별 총 국내 판매량의 합계)으로 나누어 산출한다. 다만, 1회계년도(일정기간) 동안 수출되거나 국내 판매되지 않은 연산품 1단위의 가격은 결산보고서(일정기간 회계자료)의 제조원가를 그 연산품 수량으로 나누어 산출한다.

ⓐ 연산품 1단위가격 = (연산품별 총 수출액 + 연산품별 총 국내 판매액) ÷ (연산품별 총 수출량 + 연산품별 총 국내 판매량)

ⓑ 연산품의 소요량 계산공식
소요량 = 수출수량(가치비율 ÷ 생산비율) × 1회계년도 단위소요량(일정기간별 단위소요량)

② 부산물 공제

㉮ 부산물 공제의 의의
수출품 제조과정에서 경제적 가치가 있는 부산물이 발생할 때 원재료를 수입할 때 납부한 관세 등의 금액에서 부산물 가치만큼 공제한 뒤 환급하는 것을 말한다.
환급금 = 부산물 공제전 환급금(1 − 부산물 공제비율)

㉯ 공제대상이 되는 부산물의 기준
㉠ 경제적인 가치를 가진 물품으로서 판매되거나 자가사용 될 때 또는 판매나 사용을 목적으로 보관, 관리할 때
㉡ 경제적인 가치가 있어도 업체에서 판매나 사용하지 않고 폐기하면 부산물로 인정하지 않는다.

㉰ 부산물 공제비율
부산물 공제비율 = 부산물 가격 ÷ [(부산물 발생공정에서 생산된 제품가격부산물을 발생시킨 그 원재료 가격) ÷ (환급을 받고자 하는 원재료 중 부산물 발생공정에서 소요된 원재료 가격 + 부산물 가격)]
㉠ 부산물 공제비율은 소수점 이하 4자리까지 계산하되 5자리 이하는 반올림한다.
㉡ 부산물을 발생시킨 원재료를 구분하기 어려울 때는 제품의 생산과정에 소요되는 원재료 전부로부터 부산물이 발생한 것으로 본다.
㉢ 부산물 발생공정에서 생산된 제품가격과 환급을 받고자 하는 원재료 중 부산물 발생 공정에 소요된 원재료 가격을 산정하기 어려울 때는 "부산물 가격 ÷ 부산물을 발생시킨 원재료 가격"으로 부산물 공제비율을 계산할 수 있다.
위의 두 가지 가격을 산정하기도 어려울 때는 부산물 발생비율로 부산물 공제비율을 대신할 수 있다.

③ 부산물 관리

㉮ 부산물을 발생시킨 원재료를 구분하여 파악하기 어려운 경우에는 제품의 생산과정에 드는 원재료 전부로부터 부산물이 발생하는 것으로 본다.

㉯ "부산물 공제비율"은 다음공식에 따라 산출하며 소수점 이하 4자리까지 계산하되 5자리 이하는 반올림 한다.

$$\text{부산물 공제비율} = \frac{D}{A \times \frac{C}{B} + D}$$

A : 부산물이 발생하는 해당 공정에서 생산된 제품의 가격

B : 부산물이 발생하는 해당 공정에 소요된 총 소요원재료의 가격

C : 부산물을 발생시킨 해당 원재료의 가격

D : 부산물의 가격(다만, A, B의 가격을 산정하기 곤란한 경우에는 D/C로, A, B, C, D의 가격을 산정하기 곤란한 경우에는 부산물 발생비율로 부산물 공제비율을 대신할 수 있다.)

㉰ 제2항의 A, B, C 및 D의 가격은 다음 각 호에서 정하는 가격으로 한다.

1. 환급신청 건별로 부산물 공제비율을 산정하는 경우에는 다음 각 목에서 정한 가격으로 한다.

가. 부산물이 발생하는 해당 공정에서 생산된 제품의 가격(A)은 다음 순으로 적용한다.

㉮ 해당 제품이 수출된 경우에는 그 수출가격

㉯ 해당 제품이 국내판매된 경우에는 그 판매가격 다만, 국내 판매가격에 관세 등의 세액이 구분하여 표시된 경우에는 이를 공제한다.

㉰ 해당 제품에 대한 환급신청일이 속하는 달 이전 6개월 이내의 범위에서 가장 가까운 기간에 수출신고된 동일제품의 수출가격

㉱ 해당 제품에 대한 환급신청일이 속하는 달 이전 6개월 이내의 범위에서 가장 가까운 기간에 국내판매된 동일제품의 판매가격. 다만, 국내 판매가격에 관세 등의 세액이 구분하여 표시된 경우에는 이를 공제한다.

㉲ 수출 또는 국내 판매되지 않은 경우에는 해당 제품에 대한 제조원가(원재료 가격, 제조경비, 노무비 등을 합한 가격)

나. 부산물의 가격(D)은 다음 순으로 적용한다. 다만, 해당 부산물이 추가 가공되어 수출·판매·자가소비된 경우에는 그 가공비용을 공제한 가격을 적용한다.

㉮ 해당 부산물이 수출된 경우에는 그 수출가격

㉯ 해당 부산물이 국내판매된 경우에는 그 판매가격, 다만 국내 판매가격에 관세 등의 세액이 구분하여 표시된 경우에는 이를 공제한다.

㉰ 해당 제품에 대한 환급신청일이 속하는 달 이전 6개월 이내의 범위에서 가장 가까운 기간에 수출신고된 동일 부산물의 수출가격.

㉱ 해당 제품에 대한 환급신청일이 속하는 달 이전 6개월 이내의 범위에서 가장 가까운 기간에 국내 판매된 동일 부산물의 판매가격. 다만, 국내 판매가격에 관세 등의 세액이 구분하여 표시된 경우에는 이를 공제한다.

㉲ 수출 또는 국내판매되지 않은 경우에는 해당 부산물에 대한 제조원가(원재료 가격, 제조경비, 노무비 등을 합한 가격). 다만, 환급신청인이 요청하면 제6단에 따른 가격을 적용할 수 있다.

해당 부산물의 동종물품 또는 유사물품 수출가격이나 국내 판매가격 및 해당 부산물의 가치를 다른 물품의 열량 등으로 환산할 수 있는 경우의 가격으로(예: 정유사의 오프가스(Off-gas)의 열량을 벙커시유의 열량으로 환산했을 때의 벙커시유 가격으로, 이하 "대응가격"이라 한다) 관할지 세관장이 합리적이라고 인정하는 가격

다. 원재료의 가격(B, C)은 다음 순으로 적용한다.

㉮ 해당 원재료가 수입된 경우에는 그 수입가격

㉯ 해당 원재료가 국내 구입된 경우에는 그 구입가격. 다만, 국내 구입가격에 관세 등의 세액이 구분하여 표시된 경우에는 이를 공제한다.

㉰ 해당 제품에 대한 환급신청일이 속하는 달 이전 6개월 이내의 범위에서 가장 가까운 기간에 수입신고된 동일 원재료의 수입가격

㉱ 해당 제품에 대한 환급신청일이 속하는 달 이전 6개월 이내의 범위에서 가장 가까운 기간에 국내 구입한 동일 원재료의 구입가격. 다만, 국내구입 가격에 관세 등의 세액이 구분하여 표시된 경우에는 이를 공제한다.

㉲ 수입 또는 국내 구입되지 않은 경우에는 해당 원재료에 대한 제조원가(원재료 가격, 제조경비, 노무비 등을 합한 가격)

2. 제1호에도 불구하고 1회계연도(일정기간별) 단위소요량 산정방법으로 소요량을 산정하는 업체에서 부산물 공제비율을 산정할 경우에는 다음 각 목에서 정한 가격으로 할 수 있다.

가. 부산물이 발생하는 해당 공정에서 생산된 제품의 가격(A)은 다음 순으로 적용한다.

㉮ 1회계연도 결산보고서(일정기간회계자료)상의 제품의 총 수출액과 총 국내 판매액을 합한 금액을 해당 기간동안의 총 수출량과 총 국내 판매량을 합한 물량으로 나누어 산출한 제품 1단위가격

㉯ 1회계연도(일정기간) 동안 수출되거나 국내 판매된 제품이 없는 경우에는 회계자료상에 기록된 제품 1단위에 대한 제조원가(원재료가격, 제조경비, 노무비 등을 합한 가격)

나. 부산물의 가격(D)은 다음 순으로 적용한다. 다만, 해당 부산물이 추가 가공되어 수출·판매·자가소비된 경우에는 그 가공비용을 공제한 가격을 적용한다.

㉮ 1회계연도 결산보고서(일정기간 회계자료)상의 부산물의 총 수출액과 총국내 판매액을 합한 금액을 해당 기간동안의 부산물 총 수출량과 총 국내 판매량을

합한 물량으로 나누어 산출한 1회계연도(일정기간) 부산물 1단위 격에 제품 1단위를 생산하면서 발생하는 부산물의 물량을 곱하여 산출한 금액

㉯ 1회계연도(일정기간) 동안 수출되거나 국내판매된 부산물이 없는 경우에는 부산물 1단위에 대한 제조원가(원재료가격, 제조경비, 노무비 등을 합한 가격)에 제품 1단위를 생산하면서 발생하는 부산물의 물량을 곱하여 산출한 금액. 다만, 환급신청인이 요청하면 제3단 또는 제4단에 따른 가격을 적용할 수 있다.

㉰ 부산물 1단위의 동종물품 또는 유사물품 가격에 제품 1단위를 생산하면서 발생하는 부산물의 물량을 곱하여 산출한 금액으로서 관할지 세관장이 합리적이라고 인정하는 금액

㉱ 부산물 1단위의 대응가격에 제품 1단위를 생산하면서 발생하는 부산물의 물량을 곱하여 산출한 금액으로서 관할지 세관장이 합리적이라고 인정하는 금액

다. 원재료의 가격(B, C)은 다음 순으로 적용한다.

㉮ 1회계연도 결산보고서상(일정기간 회계자료)의 원재료의 종류별 총 수입액과 총 국내 구입액을 합한 금액을 해당기간 동안의 원재료별 총 수입량과 총 국내 구입량을 합한 물량으로 나누어 산출한 1회계연도(일정기간) 원재료 별 1단위 가격에 제품 1단위 생산에 드는 원재료의 소요량을 곱하여 산출한 금액

㉯ 1회계연도(일정기간) 동안 수입하거나 국내 구입한 원재료가 없는 경우에는 원재료 1단위에 대한 제조원가(원재료가격, 제조경비, 노무비 등을 합한 가격)에 제품 1단위 생산에 드는 원재료의 소요량을 곱하여 산출한 금액

④ 부산물이 발생한 원재료에 대한 환급금은 제2항의 부산물 공제비율을 적용하여 다음과 같이 산출한다.

환급금 = 부산물 공제 전 환급금 × (1 − 부산물 공제비율)

⑤ 제2항에 따라 산출한 부산물 공제비율에 오류가 있는 경우로서 다음 공식에 따라 산출한 오류 비율이 ±3% 범위 이내에 있는 경우에는 정당한 것으로 간주한다.

$$\text{오류 비율(\%)} = \left(\frac{\text{오류 부산물 공제비율}}{\text{정당 부산물 공제비율}} - 1\right) \times 100$$

(9) 소요량 사전심사

① 소요량 사전심사

㉮ 법 제10조의 2 제1항에 따라 소요량 사전심사를 신청하려는 자는 별표 3의 "소요량 사전심사 신청서 작성요령"에 따라 작성한 전자문서를 관할지 세관장에게 전송하고 접수번호가 기재된 소요량 사전심사 신청서(별지 제5호 서식)와 사전심사를 받으려는 물품 및 소요량 산정내역 설명서(별지 제6호 서식)를 함께 제출하여야 한다.

㉯ 세관장은 제1항에 따라 제출된 자료가 미비하여 심사하기 곤란한 경우에는 영 제11조의2 제3항에 따라 보정요구 사유, 보정할 내용, 보정기간 등 각 호의 사항을 명시하여 보정 요구하여야 한다.

㉰ 제1항에 따른 소요량 사전심사를 완료한 세관장은 신청인에게 별지 제7호 서식으로 소요량 사전심사 결과를 통보하고 그 내용을 전산 등록하여야 한다. 이 경우 사전심사 신청물품에 대하여는 제10조에서 정한 소요량 산정방법 등을 신고(변경신고)한 것으로 본다.

㉱ 제3항에 따른 소요량 사전심사 결과에 대하여 법 제10조의 2 제3항에 따라 재심사를 신청하고자 하는 자는 소요량 사전심사 신청서(별지 제5호 서식)를 제1항의 절차에 따라 관할지 세관장에게 제출하여야 한다.

㉲ 제4항에 따른 재심사 신청에 대한 심사에 대하여는 제2항 및 제3항의 규정을 준용한다.

② 현지확인

㉮ 세관장은 영 제11조의 2 제4항 단서 규정에 따라 현지 확인을 하려는 경우에는 현지확인 개시 5일 전까지 신청인에게 현지 확인 일자 및 기간, 현지 확인자, 현지 확인 사유 등 각 호의 사항을 기재한 문서로 통보하여야 한다.

㉯ 세관장은 신청인의 책임으로 제1항에 따른 현지 확인을 하지 못한 경우로서 제출된 서류만으로 법 제10조의 2 제2항에 따른 심사를 하는 것이 곤란하다고 판단되는 경우에는 영 제11조의 2 제5항을 준용하여 심사를 거절할 수 있다.

③ 소요량 사전심사의 효력 및 갱신

㉮ 소요량 사전심사(재심사) 결과 통지는 법 제10조의 2 제5항에서 정한 기간 내에 수출한 동일 물품에 대하여 효력을 갖는다.

㉯ 소요량 사전심사(재심사) 결과의 유효기간을 연장하고자 하는 자는 유효기간 만료 2개월 전까지 제24조 제1항에 따라 소요량 사전심사 신청을 하여야 한다. 이 경우 신청인은 이전 소요량 사전심사 신청내역과 사실관계의 변동이 없는 때에는 물품 및 소요량 산정내역 설명서(별지 제6호 서식)의 제출을 생략하고 제24조 제3항에 따라 이전에 받았던 소요량 사전심사(재심사) 결과 통보서 사본을 제출할 수 있다.

㉰ 제2항에 따른 신청을 받은 세관장은 소요량 및 소요량 계산방법에 변동이 없어 심사할 필요가 없다고 판단하는 경우에는 심사를 생략하고 신청인에게 별지 제7호 서식의 소요량 사전심사(재심사) 결과 통보를 할 수 있다.

서식 7-4 소요량 산정방법 등 신고서

■ 소요량의 산정 및 관리와 심사에 관한 고시 [별지 제1호서식]

소요량 산정방법 등 [ ]신고서 [ ]변경신고서

※ [ ]에는 해당되는 곳에 √표를 합니다.

신고인	상호	대표자
	주소	
	통관고유부호	전화번호
	제조장명	

품목번호(HSK)	수출물품	소요량 산정방법	산정방법 변경		산정 대상기간	적용기간
			종전	변경		

자율소요량 관리서류 신고

[ ] 1. 제조사양서 및 제조공정도
[ ] 2. 원재료 수불대장
[ ] 3. 제품 수불대장
[ ] 4. 부산물 수불대장(부산물이 발생하는 경우에 한함)
[ ] 5. 소요량계산서철
[ ] 6. 결산보고서(제품 및 자재수불 관련 부속서류 포함)
[ ] 7. 위탁가공계약서

「수출용원재료에 대한 관세 등 환급에 관한 특례법」 제10조 및 같은 법 시행령 제11조 제1항에 따라 소요량산정 방법을 신고합니다.

20 년 월 일

신고인 (서명 또는 인)

○ ○ 세 관 장 귀하

첨부서류	수출물품의 제조공정 및 공정설명서	수수료 없음

210㎜×297㎜[일반용지 60g/㎡(재활용품)]

서식 7-5 소요량 계산서

■ 소요량의 산정 및 관리와 심사에 관한 고시 [별지 제2호서식]

소요량계산서

① 관련 자료제출 요구 문서번호(연번) : XXX-XX-XXXXXX (XXX)

② 제출번호	(제출일자: YYYY-MM-DD)	④ 제출자	상호(통관고유부호) :
③ 관련 신청건(접수번호)	(신청구분: ◉ 환급, ○ 기납증)	⑤ 관세사	관세사부호 :

<table>
<tr><td colspan="2">⑥ [XXXX]란/총[XXXX]란</td><td colspan="2">⑦ 물품식별번호:</td><td colspan="3">⑧ 상세물품식별번호:</td></tr>
<tr><td rowspan="2">품명</td><td rowspan="2" colspan="2"></td><td>⑩ 생산 수량 (단위)</td><td></td><td colspan="2">⑪ 품목번호 :</td></tr>
<tr><td>⑫ 금액 (FOB)</td><td></td><td colspan="2">⑬ 소요량산정방법 :</td></tr>
</table>

<table>
<tr><td rowspan="2">ⓐ 연번</td><td rowspan="2">ⓑ 상위 원재료 식별번호</td><td rowspan="2">ⓒ 원재료 식별 번호</td><td rowspan="2">ⓓ 품명 및 규격</td><td rowspan="2">ⓔ 단위 소요량 (단위)</td><td rowspan="2">ⓕ총 소요물량</td><td colspan="2">ⓖ부산물 발생율(%)</td></tr>
<tr><td>내역작성분(B)</td><td>내수용(C)</td></tr>
<tr><td></td><td></td><td></td><td></td><td></td><td></td><td></td><td></td></tr>
<tr><td></td><td></td><td></td><td></td><td></td><td></td><td></td><td></td></tr>
<tr><td></td><td></td><td></td><td></td><td></td><td></td><td></td><td></td></tr>
<tr><td></td><td></td><td></td><td></td><td></td><td></td><td></td><td></td></tr>
</table>

99,999/총 99,999　　　　제출번호 : XXXXX-XX-XXXXXX

서식 7-6 소요량 사전심사 신청서

■ 소요량의 산정 및 관리와 심사에 관한 고시 [별지 제5호서식]

소요량 사전심사 신청서

제출번호: XXXXX-XX-XXXXXX(제출일자: XXXX-XX-XX) 처리기간: 30일(현지 확인이 필요한 경우 50일)

※ [ ]에는 해당되는 곳에 ✓표를 합니다. 심사유형: 사전심사[ ] 재심사[ ] 갱신[ ]

<table>
<tr><td rowspan="2">접수 번호</td><td colspan="4">xxx-xx-S1xxxx</td><td colspan="2">접수일자</td><td colspan="2"></td></tr>
<tr><td colspan="4">[이전접수번호]xxx-xx-S(재심사,갱신시 기재)</td><td colspan="2">접수세관</td><td colspan="2">(한글)</td></tr>
<tr><td rowspan="5">1.신청인</td><td colspan="2">①상호</td><td colspan="2"></td><td colspan="2">②대표자 성명</td><td colspan="2"></td></tr>
<tr><td colspan="2">③사업자번호</td><td colspan="2">조회키값</td><td colspan="2">④통관고유부호</td><td colspan="2"></td></tr>
<tr><td colspan="2">⑤주 소</td><td colspan="6"></td></tr>
<tr><td colspan="2">⑥담당자성명</td><td colspan="2"></td><td colspan="2">⑦전화번호(FAX)</td><td colspan="2"></td></tr>
<tr><td colspan="2">⑧전자메일</td><td colspan="2"></td><td colspan="2">⑨대리인</td><td colspan="2"></td></tr>
<tr><td rowspan="6">2.생산자</td><td colspan="2">①상호</td><td colspan="2"></td><td colspan="2">②대표자 성명</td><td colspan="2"></td></tr>
<tr><td colspan="2">③사업자번호</td><td colspan="2">조회키값</td><td colspan="2">④통관고유부호</td><td colspan="2"></td></tr>
<tr><td colspan="2">⑤주 소</td><td colspan="6"></td></tr>
<tr><td colspan="2">⑥담당자성명</td><td colspan="2"></td><td colspan="2">⑦전화번호(FAX)</td><td colspan="2"></td></tr>
<tr><td colspan="2">⑧전자메일</td><td colspan="2"></td><td colspan="2" rowspan="2">⑨제조장 주소(홈페이지)</td><td colspan="2" rowspan="2"></td></tr>
<tr><td colspan="2">⑩심사신청동의여부</td><td colspan="2">□ 동의 □ 미동의</td></tr>
<tr><td rowspan="4">3.신청 물품</td><td colspan="2">①품목번호(HSK)</td><td colspan="6"></td></tr>
<tr><td colspan="2">②품명·모델·규격</td><td colspan="6"></td></tr>
<tr><td colspan="2">③물품식별번호</td><td colspan="2"></td><td colspan="2">④수출신고번호-란-규격</td><td colspan="2"></td></tr>
<tr><td colspan="2">⑤연산품 여부</td><td colspan="2"></td><td colspan="2">⑥소요량산정방법</td><td colspan="2"></td></tr>
<tr><td rowspan="6">4.신청 원재료</td><td rowspan="2">①연번</td><td colspan="2">②물품식별번호</td><td>③HSK</td><td rowspan="2">⑥품명 및 규격</td><td rowspan="2">⑦단위소요량</td><td rowspan="2">⑧부산물 공제비율</td><td rowspan="2">⑨구매형태</td></tr>
<tr><td colspan="2">④상위원재료식별번호</td><td>⑤원재료 식별번호</td></tr>
<tr><td rowspan="2">xx
xx</td><td colspan="2"></td><td></td><td rowspan="2"></td><td rowspan="2"></td><td rowspan="2"></td><td rowspan="2"></td></tr>
<tr><td colspan="2"></td><td></td></tr>
<tr><td rowspan="2">xx
xx</td><td colspan="2"></td><td></td><td rowspan="2"></td><td rowspan="2"></td><td rowspan="2"></td><td rowspan="2"></td></tr>
<tr><td colspan="2"></td><td></td></tr>
<tr><td colspan="2">재심사 신청 사유</td><td colspan="7">(재심사시 신청기재, 별지가능)</td></tr>
<tr><td colspan="9">5. 소요량 계산 및 환급신청 위하여 관리하고 있는 자료</td></tr>
<tr><td colspan="9">[ ] 제조사양서(변경내용 포함)
[ ] 제조공정도(변경내용 포함)
[ ] 원재료수불대장
[ ] 제품수불대장
[ ] 부산물 수불대장
[ ] 소요량계산서철
[ ] 결산보고서
[ ] 위탁가공계약서
[ ] 납부증명서 확인서류(철)
[ ] 수입계약서 또는 구매계약서 등
[ ] 수출사실 확인서류(철)
[ ] 수출계약서 또는 판매계약서 등
[ ] 기타( )</td></tr>
</table>

210㎜×297㎜(일반용지 60g/㎡(재활용품))

3. 무역금융제도

1) 무역금융의 의의

무역금융이란 물품의 수출 및 용역의 제공을 통한 외화획득을 촉진하기 위하여 수출업체 등에 대하여 수출물품의 생산, 원자재 및 완제품 구매에 필요한 자금을 지원하는 원화대출 및 관련 지급보증제도를 말한다. 넓은 의미로는 수출입 등 대외무역거래를 원활하게 하기 위하여 지원되는 모든 금융을 의미한다. 은행업무 취급상 의미로는 국내의 수출업체 및 국내 수출물품 생산업체를 지원 대상으로 하여 수출물품 선적 전에 필요한 운전자금을 지원하는 무역관련 금융 및 관련 지급보증을 의미한다.

2) 무역금융의 특징

물적자원이 부족한 반면 비교적 인적자원이 풍부한 국가에서는 경제성장을 도모하고 국제수지를 개선하여 경제적 자립을 이루기 위해서는 무엇보다도 수출증대가 중요하다. 그러나 수출이란 국내거래와 달리 주권을 달리하는 국가 간의 국제거래이므로 이의 증대를 도모하기 위해서는 세제 · 금융 등에서 다각적인 지원이 필요하다. 무역금융이란 이러한 여러 지원수단 중에서 수출물품의 생산 등에 필요한 수출업체 등의 소요자금을 적기에 지원, 수출물품을 공급할 수 있게 함으로써 국제경쟁력을 강화하고 수출증대를 달성하기 위하여 지원되는 금융으로 다음과 같은 특징이 있다.

① 선적 전에 지원되는 금융 : 무역금융은 수출물품을 생산하는데 소요되는 자금을 선적 전에 지원하여 동 수출대금으로 융자금을 상환토록 하는 선적전 금융이다. 이에 비하여 수출물품 등을 선적한 후 대금결제 시까지 일정시일이 소요되는 기한부신용장 등에 의한 수출환어음을 대금지급기일 전에 매입하는 기한부 수출환어음의 매입(negotiation)은 선적후 금융이라 할 수 있다.

② 수출단계별로 지원 : 수출신용장 등의 내도 전과 내도 후 또는 과거 수출실적과 연계하여 일정시점부터 수출대금의 회수 시까지 수출이행의 전체 과정을 대상으로 생산자금, 원자재자금 및 완제품구매자금의 수출이행 과정별로 연계하여 지원함을 원칙으로 하고 있다. 무역금융은 하나의 수출신용장을 이행하기 위하여 필요한 자금을 각 자금별로 소요시기에 맞추어 지원할 수 있다. 단지, 전년도 또는 과거 1년간 수출실적이 미화 5천만 달러 미만인 중소업체에 대해서는 자금용도의 구분 없이 포괄금융의 지원이 가능하다.

③ 내국신용장제도 운용 : 우리나라에서만 통용될 수 있는 내국신용장 제도를 실시하여 대외거래의 직접 당사자로서 수출신용장을 수취하거나 수출계약을 체결한 수출업자뿐만 아니라 수출용 수입원자재와 국내 생산 '수출용 원자재'나 '수출용 완제품' 생신업자에 대해시도 직접 수출하는 수출업자와 동등한 차원에서 금융을 지원하고 있다.

④ 사후관리제도 운용 : 무역금융은 수출진흥을 위하여 지원하는 금융이므로 자금의 유용방지를 위하여 거래외국환은행은 해당업체의 업황, 생산시설 및 수출능력 등을 파악하는 등 사후관리제도를 운용하고 있는 바, 융자금의 수출대금 등에 의한 회수 원칙과 부당한 금융수혜 등에 대한 제재제도를 실시하고 있다.

⑤ 융자취급은행 제한 : 하나의 수출신용장 등과 관련된 무역금융의 취급 및 수출대금의 영수는 동일한 외국환은행을 통하여 이루어져야 한다.

3) 무역금융의 내용

무역금융은 유형의 물품 및 무형의 용역 수출활동을 대상으로 지원하는 선적 전 금융으로서 상품수출입이 대외거래의 주종을 이루고 있으며 외국환은행이 물품을 직접 해외로 수출하는 직수출업자 또는 국내의 수출품 원자재 등의 제조업자를 대상으로 수출품의 제조, 원자재 또는 완제품 구매에 필요한 대출금을 선적 전에 소요시기에 맞추어 지원하는 제도이다.

표 7-3 융자대상자 구분에 의한 무역금융의 분류

구 분			내 용
융자대상증빙 보유자 (신용장기준)			–생산자금 –원자재자금 –포괄금융 –완제품구매자금
과거수출실적 보유자 (실적기준)			
제조자 금융	용도별금융	생산자금	수출용 완제품 또는 원자재의 제조, 가공, 개발비용
		원자재자금	수출용 원자재를 해외로부터 직수입 또는 내국신용장에 의하여 국내 구매하는데 소요되는 비용
	포괄금융		상기의 제조·가공·개발비·수입·국제원자재 구매자금을 자금용도의 구분없이 일괄하여 지원하는 자금
비제조자 금융	완제품 구매자금		완제품구매를 위한 내국신용장 개설 후 결제시점에 지원하는 자금

4) 무역금융의 융자대상

(1) 신용장기준금융

① 수출신용장 또는 지급인도(D/P) 인수인도(D/A) 조건 및 기타 수출관련계약서(단순송금방식에 의한 수출실적으로서 대응수출이 이행되고 수출대금 전액이 입금된 분, 대금교환도(COD 및 CAD) 방식에 의한 수출실적으로서 수출대금 전액이 입금된 분, 팩터링 방식에 의한 수출실적으로서 수출대금 전액이 입금된 분 등)에 의하여 물품(대외무역법에서 정하는 전자적 형태의 무체물 포함), 건설 및 용역을 수출하거나 국내 공급하고자 하는 자

② 내국신용장 또는 대외무역법에 의한 외화획득용원료·기재구매확인신청서에 의하여 수출용 완제품 또는 원자재를 공급(수탁가공 포함)하고자 하는 자

③ 외국정부, 외국 공공기관 또는 국제기구와 체결된 물품, 건설 및 용역공급계약서, 선박건조공급(개조공급 포함) 및 대외무역법이 정한 산업설비의 수출을 위한 계약서, 정부, 지방자치단체 또는 정부투자기관이 외국으로부터 받은 차관자금에 의한 국제경쟁입찰에 의하여 국내에서 유상으로 물품, 건설 및 용역을 공급하기 위하여 체결된 계약서 등 중 하나에 해당하는 외화 또는 원화표시 물품공급계약서에 의하여 물품, 건설 및 용역을 수출하거나 국내 공급하고자 하는 자

(2) 실적기준금융

① 수출신용장, 지급인도(D/P)와 인수인도(D/A) 조건 및 기타 수출관련계약서, 외화표시 물품공급계약서 또는 내국신용장 방식에 의한 과거 수출실적 또는 공급실적이 있는 자로서 동 수출실적을 기준으로 융자를 받고자 하는 자

② 관세법의 규정에 의하여 설치된 보세판매장에서 자가 생산품을 외국인에게 외화로 판매한 실적이 있거나 외항항공, 외항해상운송 또는 선박수리업체로서 과거 입금실적이 있는 경우 동 외화판매실적 및 외화입금실적을 기준으로 융자를 받고자 하는 자

(3) 생산자금 또는 포괄금융 융자

① 생산시설을 보유한 제조업체(생산시설 임차업체 포함)

② 국내 임가공위탁에 의한 수출용 완제품 또는 원자재 제조업체(임가공위탁계약서로 확인)

③ 대외무역법에서 정한 전자적 무체물 수출업체(생산자금에 한함)

표 7-4 일반수출입금융의 융자금

구 분	종 류	내 용
용도별 금 융	생산자금	수출용 완제품 또는 원자재의 제조·가공비 또는 개발하는데 소요되는 비용
	원자재자금	• 수출용 수입원자재를 직수입하거나 내국신용장에 의하여 국내 구매하는데 소요되는 자금 • 국내에서 생산된 수출용 원자재를 내국신용장에 의하여 구매하는데 소요되는 자금
	완 제 품 구매자금	국내에서 생산된 수출용 완제품을 내국신용장에 의하여 구매하는데 소요되는 자금
포 괄 금 융	상기 제조·가공비 및 수출용 수입·국산원자재구매자금을 일괄하여 자금용도 구분없이 지원되는 자금	

5) 융자금의 종류(용도별 금융)에 의한 구분

무역금융은 자금용도(용도별 금융)에 따라 생산자금, 원자재(구매·수입)자금, 완제품 구매자금으로 구분되며, 이와는 별도로 일정한 자격요건을 갖춘 소액 수출업체에 대하여 수출물품의 생산에 소요되는 자금(생산자금, 원자재자금)을 용도 구분없이 일괄하여 포괄금융을 취급할 수 있다. 단, 포괄금융을 사용하는 업체는 생산자금과 원자재자금을 함께 사용할 수 없다.

(1) 생산자금

국내에서 수출용 완제품 또는 수출용 원자재를 제조·가공하거나 개발하는데 소요되는 설비·인건비·운영경비 등에 필요한 자금을 말한다. 제조시설을 갖추지 않은 업체들은 수출물품을 직접 제조·가공할 수 없다는 이유로 생산자금을 융자받을 수 없었으나 수출신용장이나 과거 수출실적을 근거로 기획·개발자금이나 위탁가공에 소요되는 자금을 외국환은행과 협의하여 융자받을 수 있다.

생산자금은 수출금액(FOB가액 기준) 중 소요원자재금액 “원자재수입액(CIF가액기준) 및 원자재 국내구입액”을 제외한 부분, 즉 가득액(또는 부가가치액)을 대상으로 지원되는 자금이므로 가득액 금융이라고도 한다. 또한 생산자금은 수입신용장 및 내국신용장에 의한 원자재구매 결제자금을 직접 충당되는 원자재자금과는 달리 대출금이 차주에게 직접 현금으로 지급된다는 점에 그 특징이 있다.

(2) 원자재 자금

원자재자금은 수출이행에 필요한 수출용원자재를 해외로부터 수입시에 지원되는 수입신용장에 의한 원자재 수입자금과 국내에서 내국신용장에 의하여 구매하는데 소요되는 원자재 구매자금으로 나누어 볼 수 있다.

① 원자재 수입자금

해외로부터 수출용원자재를 수입하는 경우에는 일람출급신용장(Sight Credit) 및 지급도(D/P) 소선 수입의 경우와 물품인수 또는 신직서류와 상환조건으로 수입대금을 지급하여야 하는 대금교환도(COD 및 CAD)조건 수입의 경우에 한하여 동 수입대금결제에 충당하기 위한 자금으로 취급되는 자금 인수도(D/A)조건 및 기한부신용장(Usance Credit)에 의한 연지급수입의 경우에는 원자재자금의 융자대상에서 제외된다.

② 원자재 구매자금

수출용원자재를 국내에서 내국신용장에 의하여 구매하는 데 소요되는 자금은 내국신용장을 개설한 후, 동 내국신용장 수혜자가 원자재를 공급하고 대금회수를 위하여 당해 내국신용장 개설의뢰인을 지급인으로 하여 발행한 판매대금 추심의뢰서를 결제하는데 필요한 자금이다. 따라서 수출용원자재라 하더라도 내국신용장을 개설하여 구매하지 않는 경우에는 융자대상이 되지 않는다.

(3) 완제품 구매자금

국내에서 생산된 수출용 완제품을 내국신용장에 의하여 구매하는데 소요되는 자금을 지원하기 위한 자금이다. 수출용 완제품을 수출자가 국내에서 구매할 때 공여되는 무역금융을 가리킨다. 당해 수출물품을 제조하지 않은 자가 수출신용장을 수취한 경우 제품을 생산하는 자로부터 완제품을 구매하여 수출하는 경우가 있는데, 이때에 금융이 제공된다. 따라서 수출용 완제품이라 하더라도 내국신용장을 개설하여 구매하지 않는 경우에는 유자대상이 되지 않는다.

(4) 포괄금융

일정한 요건을 갖춘 자가 생산품 직수출업체에 대하여 수출품의 생산에 필요한 자금을 융자할 때 자금용도를 구분하지 않고, 수출신용장 등의 금액 또는 수출실적의 일정비율 해당액을 일괄하여 지원하는 자금을 말한다. 따라서 포괄금융을 융자받은 기업은 생산자금, 원자재자금 또는 완제품 구매자금을 수혜 받을 수 없다.

6) 융자방법에 의한 구분

일반수출입금융의 융자방법은 수출업체의 금융편의와 융자절차 간소화를 위하여 각 자금별(포괄금융의 경우에는 업체별)로 신용장기준금융방식과 실적기준금융방식으로 구분하여 운용되고 있다. 즉, 무역금융을 융자받고자 하는 모든 업체는 두 가지 방법 중에서 한 가지를 선택하여 이용할 수 있고 두 방식을 동시에 이용할 수는 없다.

대상업체는 '은행업감독규정' 제79조 제1항에서 정하는 계열기업군중 상위 30대 계열기업군 소속기업체가 아닐 것(비계열 대기업 및 중소기업) 그리고 전년도(1월 1일부터 12월 31일까지를 기준으로 한다) 또는 과거 1년간 수출실적이 미화 5천만 달러 미만인 업체. 다만, 수출실적 보유기간이 1년 미만인 신규업체 동 기간 동안의 수출실적이 5천만 달러 미만인 업체이다.

(1) 신용장기준금융

수출업체 등이 보유하고 있는 수출신용장, 수출계약서, 외화표시 물품공급계약서 및 내국신용장 등의 매 건별로 당해 수출(공급) 계약금액 및 선적(인도) 기일 범위내에서 대출금 및 지급보증을 수출입절차에 맞추어 취급하고 당해 수출(공급)대금으로 융자금을 회수하는 방식이다.

(2) 실적기준금융

수출신용장 등 개별수출 증빙을 확인하지 않고 업체별 과거수출실적(융자대상 수출실적)만을 기준으로 각 자금별 융자한도를 설정하여 동 한도 범위 내에서 대출금 및 지급보증을 취급하되 소정 융자기간 만료일에 융자금을 회수하는 방식이다.

그림 7-7 수출 및 무역금융 융자절차 도해

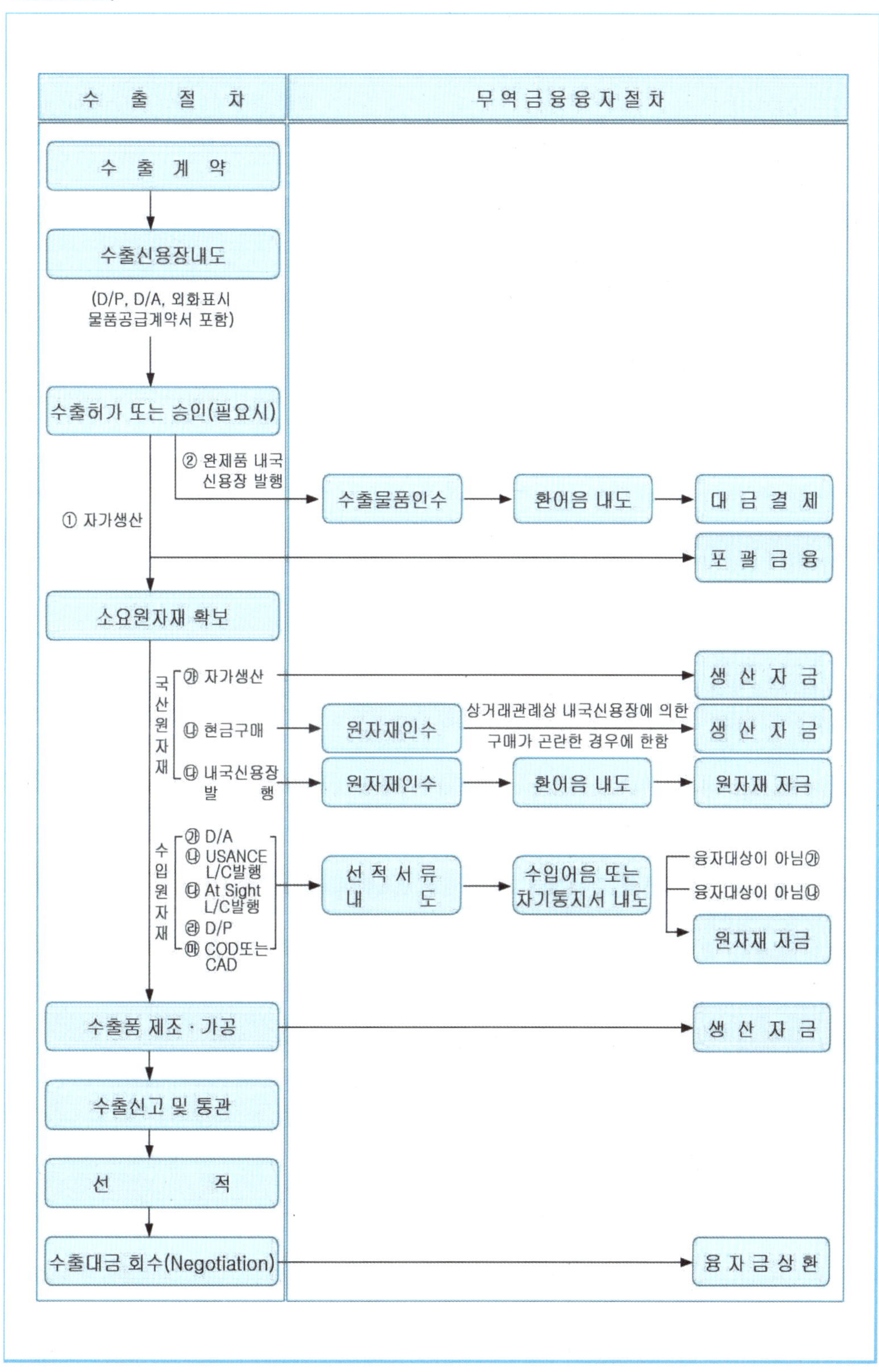

4. 화환수입신용장 결제방식 수입절차

1. 수입계약 절차
• 외국 수출입상 간 수출입계약을 체결, 통상 외국 수출입상간 확정 물품매도확약서(firm offer)나 구매주문서(purchase order)에 대하여 이를 승낙(acceptance) 또는 주문승낙(acknowledgement)에 의하여 수출입계약을 체결한다.
2. 수입승인(필요시)
• 수출입공고 등에서 수입이 제한되는 품목인 경우 관련 기관의 수입승인(import license : I/L)을 득하고, 물품이 통합공고상 수입제한 품목인 경우는 주무부처의 사전허가를 득한다.
3. 수입신용장 발행
• 지급확약의 방식인 신용장 발행을 위하여 신용장발행신청서에 제 조건을 간단 · 명료, 정확하게 그리고 수입계약서의 조건(대금결제방법, 선적항, 도착항, 선적기일, 유효기일 등)과 일치되게 작성하여야 한다. • 발행은행은 신속한 방법(우편 · SWIFT)으로 통지은행을 통하여 수익자(수출상)에게 신용장발행 사실을 통지하는데, 사전에 수입신용장 발행을 위하여 거래은행에 수입신용장 한도를 미리 설정해야 하며 신용 또는 담보, 건별 또는 회전한도로 설정 여부를 결정한 후 외국환 거래약정서, 발행신청서 등을 구비하여 신용장 발행, 신용장발행 수수료 준비 • 담보제공에 따른 비용발생 • FOB 조건인 경우 보험회사에 신용장 발행신청서 사본을 팩스로 보내어 보험부보 하고 보험사의 보험증권 원본이 신용장발행 당일에 은행의 외환계에 전달될 수 있도록 요청. 보험증권 사본과 보험료 청구서를 접수. 일반적으로 'All Risks' 조건으로 부보하나 품목별로는 낮은 요율로 부보가능 • FOB 조건의 경우 신용장의 "Special Condition" 난에 포워딩업체의 상대국 측 파트너의 이름을 명기하나, 소량의 화물이라면 선박회사를 지명하지 않을 수도 있다. • 신용장사본, 수출업체의 전화번호, 담당자 등의 정보를 포워딩업체에 통보함. • 수출업체 또는 수출업체의 국내 대리점에 수시로 연락하여 신용장 조건에 따라 제조 등의 사항이 순조롭게 진행되는지 재확인함.
4. 선적서류 내도
• 수입화물의 선박명과 도착예정일 확인(수출상이 발송한 선적서류 사본, 선박회사의 화물 도착통지(arrival notice of cargo)인 Arrival Notice, 은행에 내도한 선적서류 원본). • 발행은행으로 보내온 선하증권 등 서류가 신용장 제 조건과 일치하는지 여부를 심사한 후 수입상에게 운송서류 도착통지서(arrival notice of documents)를 송부한다. 근거리 국가의 경우 또는 항공 화물의 경우 수입화물이 은행을 통하여 송부되는 선적서류보다 먼저 도착되는 경우에는 신속한 통관이 필요함으로 수입화물 선취보증서(Letter of Guarantee : L/G) 또는 항공화물 인도승락서 제도를 활용하여 화물을 인수하는데 L/G 발급시에는 수입보증금을 적립하는 것이 기본원칙이다. 또한 수입상이 수입대금 결제자금이 부족한 상황에서는 발행은행이 수입화물을 인도하여 줌으로써 수입상으로 하여금 적기에 화물을 처분하여 약정기일에 수입대금을 결제할 수 있도록 편의를 제공하는 수입화물대도(Trust Receipt : T/R)을 활용한다.

5. 수입대금 결제 및 서류 인수
• 수입상은 발행은행으로 도착된 선적서류를 인도받게 되는데, At Sight 조건인 경우는 바로 대금을 결제하고 Usance 조건인 경우에는 일단 선적서류를 인수(acceptance)를 하고 만기일(maturity date)에 결제하게 된다. • 수입상은 자기자금으로 결제하거나(일반재 등) 무역금융 규정에 의한 자금을 융자받아(수출용, 외화대출 등) 관련수수료를 납부하고 수입대금을 결제하면서 서류를 인도받는다.
6. 수입통관
• 신용장 발행은행에 수입대금을 지불한 수입상은 당해 수입품이 수입지의 항만 혹은 보세구역〔컨테이너 화물의 경우 CY(Container Yard)/CFS(Container Freight Station)에의 도착통지를 받으면 선하증권 원본(Original B/L)을 선박회사에 제시하여 해상운임을 정산하고 화물인도지시서(D/O : Delivery Order)를 발급 받는다. • FOB 조건의 경우 해상운임(Ocean Freight)을 지불해야 한다. 보세운송이 필요한 업체라면 B/L 제출시에 이를 신청해야 한다. • 수입신고서를 접수한 후 세관에서는 수입통관시스템(CEDIM, Customs EDI for Import)에 조회하여 C/S(Cargo Selectivity) 결과, 통관검사 및 검사에 특별한 주의를 요하는 사항이 있는지 여부를 확인하여 즉시수리, 심사대상, 물품검사 중 한 가지를 선택하여 수입신고서 처리방법을 결정한다. • 수입물품을 보세구역이나 타소 장치장에 반입한 후에, 세관에 수입신고 후(EDI 신고) 수입신고서 심사 및 검사가 끝나면 지정은행에 관세 등을 납부하고 세관에서 소정의 절차를 거쳐 수입신고필증을 교부받음. • 수입자가 당해 화물을 운송해 온 선사 혹은 포워더에게 운임정산을 하고 선하증권(B/L) 원본을 제출하면 선사 혹은 포워더는 수입자에게 D/O(Delivery Order)를 발급함.
7. 물품반출
• 수입신고필증 및 D/O(Delivery Order)를 제시하여 화물이 보관되어 있는 보세구역 혹은 CY/CFS에서 물품을 반출한다. • 수출용원자재로 수입한 원료로 제조, 가공한 물품은 수출한 후 소요량 증명서를 첨부하여 원자재 수입시 이미 납부한 관세를 환급받을 수 있다.
8. 무역클레임
• 수입자가 수입물품의 변질, 품질불량, 수량부족 등으로 발생된 손해를 청구한다. 무역클레임의 해결 방법에는 당사자간의 협상을 통한 청구권의 포기(waiver of claim), 타협이나 화해(compromise, accord, concord and amicable settlement), 제3자에 의한 국제거래에 대한 분쟁처리제도(alternative dispute resolution)인 알선(intercession, recommendation), 조정(conciliation, mediation), 중재(arbitration), 소송(litigation, suit) 등이 있다.
9. 기타 절차
• 해상보험계약 체결(FOB, CFR 등의 거래조건시) 등 수입업자의 이익을 위한 절차를 취한다.

1) 수입실무와 절차

수입(import)은 매매의 목적물인 물품을 외국으로부터 구매하는 것이다. 대외무역법의 규정에서는 ① 매매·교환·임대차·사용대차·증여 등을 원인으로 외국으로부터 국내로 물품을 이동하는 것 ② 유상으로 외국에서 외국으로 물품을 인수하는 것으로서 산업통상자원부장관이 정하여 고시하는 기준에 해당하는 것 ③ 외국환거래법에서 규정하고 있는 비거주자가 거주자에게 산업통상자원부장관이 정하여 고시하는 방법으로 용역을 제공하는 것 ④ 외국환거래법에서 규정하고 있는 비거주자가 거주자에게 정보통신망을 통한 전송과 그 밖에 산업통상자원부장관이 정하여 고시하는 방법으로 전자적 형태의 무체물을 인도하는 것 등을 의미한다. 관세법에서 수입은 ㉮ 외국으로부터 우리나라에 도착된 물품(외국의 선박 등에 의하여 공해에서 채집하거나 포획한 수산물 등을 포함)으로서 수입신고가 수리되기 전의 것 ㉯ 수출신고가 수리된 물품을 우리나라에 인취하는 것을 말한다고 규정하고 있다.

수입절차는 원칙적으로 한국무역협회를 통해 무역업의 고유번호를 취득한 자가 수입 가능한 품목에 대해 대외무역법의 수입추천 등을 받아 국내로 수입할 경우에 관세법에 근거한 수입통관절차를 걸쳐 최종적으로 수취하는 일련의 절차를 의미한다. 이러한 수입절차는 국내무역법규(대외무역법, 외국환거래법, 관세법 등)와 국제무역관습규정(신용장통일규칙, 인코텀스 등)들의 상호 연관 속에서 각 절차에 적용되고 있다. 따라서 수입업자로서는 각 단계별로 가장 적합한 법규 등을 충분히 이해함과 동시에 이에 대한 신중히 검토가 선행되어야 올바로 수입행위를 이행할 수 있다.

2) 수입계약의 체결

수입계약은 매수인이 매도인으로부터 오퍼를 받고 매수인이 이에 대한 승낙을 하게 되면 계약이 성립되게 되는데, 오퍼는 수출업자가 수입업자에게 물품의 가격·품질·결제조건 등으로 매도하겠다는 의사표시이다. 오퍼는 거래대상 품목, 거래방식 등에 따라 다양한 형태를 취하나 그 주요사항은 ① 품명 및 규격(Commodity & Description), ② 유효기간(Validity), ③ 선적일(Shipping date), ④ 포장방법(Packing Method), ⑤ 수량(Quantity), ⑥ 단가(Unit Price) ⑦ 대금결제방법(Payment Condition) 등으로 구성되어 있다.

3) 수입승인

수입승인(I/L : import license)이란 대금결제사항이 제외된 상태로 수출입공고, 통합공고 등에 의해 수입이 제한되는 물품을 수입이 가능하게 되도록 허가하여 주는 절차라고 할 수 있다. 수입승인제도(import diversification)는 수입승인대상의 관리체계를 Positive System(원칙규제·예외허용)에서 Negative System(원칙허용·예외규제)으로 전환함으로써 수출입공고 등의 대상품목에 해당하는 물품과 외화획득용 원료·기재의 수입 및 산업설비수출물품에 대해서만 승인대상으로 하였다.

승인대상물품을 수입하고자 하는 자는 매 계약 건별로 구비서류를 갖추어 산업통상자원부장관에게 승인을 신청하여야 하는데, 수입승인권한을 각 품목별 추천기관으로 변경하여 위탁하고 있다. 물품의 수입의 승인을 얻고자 하는 자는 ① 수출입승인신청서 4부(업체용, 세관용, 승인기관용(산업자원부용) 및 사본(신청자가 신청한 경우에 한함) ② 수입계약서 또는 물품매도확약서(수입의 경우) ③ 수입대행계약서(실수요자와 수입업자가 다른 경우) ④ 수출입공고 등에서 규정한 요건을 충족하는 서류를 첨부하여 수입승인기관의 장에게 신청하여야 한다.

4) 수입신용장 발행

신용장의 발행의뢰인(수입업자)이 자기의 거래은행에 신용장발행을 신청하면 발행은행은 신용장을 발행한 후, 이를 통지은행으로 통지를 요청하고, 통지은행은 수익자에게 신용장발행을 통지하고 이를 전달하게 된다.

한편 수익자는 상품의 선적을 완료하고 운송서류 등 신용장에게 요구하는 서류들을 준비하여 지정된 매입은행에 제시하면, 매입은행은 수입대전을 지불하고 동 서류를 발행은행으로 송부하게 된다. 서류를 송부받은 발행은행은 신용장의 조건과 일치되는 서류를 제시받은 경우 매입은행에게 지급을 이행하고 발행의뢰인에게 서류를 인도한 후 보상받게 된다. 물론 이러한 절차는 일반적인 신용장 거래에 불과하지만 이러한 모델을 기본으로 하여 모든 무역거래에 변형 · 적용되기 때문에 각 절차별 필요한 사항을 사전에 숙지하여야 한다.

(1) 수입신용장의 발행방법

수입업자는 수입물품에 대한 수입승인을 받은 다음 그 유효기간 내에 신용장 발행을 신청하게 된다. 신용장 발행은행은 신용장발행에 관한 심사 및 기타의 절차를 완료하고 발행의뢰인이 제출한 의뢰서의 내용을 점검하여 타당하다고 인정되면 신용장을 발행하여 주게 된다. 신용장의 발행방법은 선적기일, 시황, 자금사정 등을 고려하여 우편에 의한 방법과 전신에 의한 방법이 있다. 신용장발행신청서에 기재된 내용은 곧 신용장이 조건이 되므로 모든 사항이 매매계약에 약정된 내용과 일치되게 간단명료하고 정확하게 기재되어야 한다.

(2) 선적서류 내도와 수입대금결제

수입업자가 거래은행을 통하여 수입신용장을 발행하면 수출업자는 그 신용장 조건에 따라 물품을 선적한 후, 발행은행 등을 지급인으로 하는 환어음을 발행하여 관계운송서류를 지급 또는 매입은행에 제시하고 대금을 회수한다.

동 운송서류 및 환어음을 매입한 수출국의 은행은 신용장에 제시된 바에 따라 동 운송서류 등을 발행은행 앞으로 송부하며 수입국가의 발행은행은 접수한 후 수입업자에게 운송서류 도착통지를 하게 된다. 만일 은행이 운송서류를 심사한 결과 신용장조건과 불일치한 점이 발견되면 발행의뢰인에게 "신용장조건 상위에 따른 조회"를 송부하여 동 서류의 인수 여부를 조회하게 된다. 이 경우 수입업자가 동 서류를 인수할 의사가 없거나, 인수가 불가능한 경우에는 즉시 이를 발행은행에 통고하여 거래상대방 매입은행에 이의를 신청하도록 하여야 한다. 운송서류를 인수받은 수입업자는 자기자금이나 일반수출입 금융 및 거래를 약정할 때 제공한 담보 등을 처분하여 수입대금을 공제한 후 운송서류를 인도받아 수입통관절차(import customs clearance procedures)를 밟게 된다.

① 운송서류 수취 및 도착통지

매입은행으로부터 서류를 접수한 발행은행은 선적서류가 신용장조건에 따라 합당하게 작성되었는지 여부와 매입은행의 지시대로 취급하였는지를 심사하게 된다. 심사결과 신용장조건과 일치하면 발행은행은 발행의뢰인에게 선적서류 도착통지(arrival notice of document)를 발송함과 동시에 전화 또는 전신 등 가장 빠른 방법으로 도착사실을 통지하게 된다. 통보를 접수한 발행의뢰인은 선적서류를 엄밀하게 점검하여 서류상 하자로 서류를 인수할 의사가 없거나 관계법규에 의하여 인수를 거절한 경우에는 서류접수 후 3일 이내에 발행은행에 이를 통보하여 상대방 매입은행에 이의를 제기하여야 한다.

② 환어음의 결제와 운송서류인도

수출국에 있는 매입은행이 매입절차를 마친 후, 신용장대금 수취를 위해 발행은행으로 관련 서류를 우송하면 발행은행은 이 서류를 심사하게 된다. 이때 발행은행은 도착한 운송서류를 "상당한 주의(reasonable care)"를 기울여 심사하여야 할 의무를 부담하게 되나, 상당한 주의의 구체적인 범위는 국제표준은행업무관행(international standard banking practice : ISBP)에 따라야 한다.

따라서 신용장의 발행은행은 상당한 주의를 기울여 서류를 검토하여야 하며, 그 내용이 신용장조건과 일치한다면 이를 수리하고 지급, 인수 또는 매입은행에게 대금을 보상하여야 한다. 발행은행이 서류를 심사하는 방법은 매입은행이 수익자의 서류를 매입할 때 심사하는 방법과 동일하다.

신용장의 발행은행은 매입은행으로부터 운송서류의 Original Document와 Duplicate Document 중에서 먼저 도착한 것으로 내용을 심사하여야 한다. 즉, 발행은행은 매입은행이 발송한 Covering Letter 또는 Collection Letter상에 기입된 서류종류와 실제로 도착된 서류가 해당된 신용장의 조건과 도착된 서류와 그 기재문언이 일치하는지를 확인한다. 발행은행의 매입은행(negotiating bank)에 대한 대금지급은 결제방식이 송금(remittance)이냐, 상환(reimbursement)이냐, 차기(debit)에 따라 다음과 같이 달라진다.

신용장상의 결제관련 문언이 "We shall make payment as per your instruction to be received"와 같이 기재되어 있으면, 발행은행은 매입은행에게 서류심사결과 통보 → 매입은행은 발행은행에게 상환은행 지정통보→ 발행은행은 지정된 상환은행으로 송금조치의 순서로 업무를 처리한다. 송금조치는 차기지시서를 보내거나, 지정된 은행(발행은행 또는 매입은행의 환거래은행)이 발행한 당좌수표를 보내거나, 발행은행이 마음대로 선택하여 한 가지만 보내면 된다. 또한 신용장에 상환은행명이 명기되어 있는 경우는 발행은행이 매입은행에 서류심사결과를 통보할 필요 없이 곧바로 지정된 상환은행에 상환수권서(reimbursement authorization)를 보내면 된다.

한편 신용장이 Straight L/C이고 수출국에 지정은행이 있으면 발행은행은 지정은행에 서류심사 결과를 통보하기만 하면 된다. 이 경우는 매입은행과 지급은행이 동일은행의 본・지점간인 경우가 대부분이므로 발행은행이 서류를 접수하기 전에 매입은행이 이미 자행에 예치된 발행은행 구좌에서 해당금액을 자동인출 해 버리는 것이다.

발행은행으로부터 운송서류 도착통지를 받으면 수입업자는 수입서류 도착일로부터 7일 이내에 신용장 대금을 결제하고 해당 운송서류를 인도 받아야 한다. 만일 수입업자가 이 기간 이내에 대금결제를 하지 못하면 지연이자도 함께 물어야 한다.

한편, 발행은행은 발행의뢰인이 운송서류를 수령한 때에는 반드시 운송서류 수령증(Receipt of Shipping Document)을 받아 두어야 한다. 일반화물의 수입시는 3일 이내에 서류를 수령하지 않으면 3일~7일까지의 환가료(exchange commission)를 납부하여야 한다. 수출용 원자재의 수입시는 7일 이내에 서류를 수령하면 된다. 만약 7일을 초과하여 이를 수령해가지 않으면 연체료를 납부하여야 한다. 수입어음의 결제는 크게 일람불어음(sight bill) 결제와 기한부어음(usance bill) 결제로 구분된다.

㉮ 일람불어음(Sight Bill) 결제 : 발행은행은 신용장 조건에 따라 발행된 환어음의 지급인(drawee)이 발행은행(issuing bank)으로 일람출급어음(at sight bill)인 경우 즉시 발행은행에게 지급청구를 하게 된다. 발행의뢰인은 외국환은행의 선적서류 또는 차기통지서(借記通知書)의 접수일로부터 7일 이내에 결제하여야 하나 기간 중 결제가 이루어지지 않으면 8일째에 외화지급보증대지급(代拂) 처리하게 된다. 이때 은행은 대금이 변제될 때까지 선적서류를 인도하지 않는다. 발행의뢰인이 수입금융을 받아 대금을 결제할 경우에는 은행은 수입화물대도(trust receipt : T/R)에 의하여 서류를 인도하게 된다.

㉯ 기한부어음(Usance Bill) 결제 : 무역거래에서 Usance방식은 수출자가 신용장에 명시된 서류와 함께 기한부환어음을 제시하면 당해 환어음을 인수하고 그 만기일(at maturity)에 대금을 지급한다고 약정된 신용장을 말한다. 그런데 국제매매는 본질적으로 매도인과 매수인의 거래이며 수입상에게 기한부만큼의 기간동안 지급을 유예시키는 당사자가 누구인가에 따라서 다음과 같이 분류한다.

- Shipper's Usance Credit : 기한부 신용장거래에서 수출상이 발행하는 환어음은 기한부어음(time/term bill)이기 때문에 수입상은 만기일까지 결제대금을 유예받을

수 있는 이익을 향유할 수 있는데, 기한부 신용장거래에서 이익을 공여하는 것을 인수금융(acceptance financing)이라고 하며, 인수금융을 관계당사자 중에서 Shipper인 수출상이 공여하도록 신용장상에 명시하고 있는 신용장을 말한다.

Shipper's Usance란 Usance기간 동안 신용공여를 수출상이 수입상에게 하는 것으로 수출입상간의 계약에 의하여 기간동안의 원리금을 어음만기일에 지급하는 형태이며 일반적으로 Shipper's Usance는 원리금을 신용장에 지시된 대로 수출상에게 대금을 지급하는 점에서 Banker's Usance와 다른 점이다.

화주인 수출상이 은행의 신용공여를 향유받지 않고 수입상에 대하여 기한부어음의 만기일까지 지급을 유예하여 주는 것으로 Seller's Usance Credit 또는 무역인수신용장(trade acceptance credit)이라고도 부른다. 수출상이 신용을 공여한다는 의미는 수출상이 선적을 하여 수입상이 상품을 수취한 후 신용장에서 정한 일정기간 후에 물품대금을 받는다는 것을 말한다.

- Banker's Usance Credit : Banker's Usance는 은행이 Usance 기간 동안의 신용을 공여하는 형태로서, 발행은행이 자행의 환거래은행을 인수은행으로 지정하고, 인수은행으로 하여금 수출상이 발행한 연지급어음을 인수 할인하게 하여 어음금액 전액을 매입은행을 통하여 수출상에게 지급하고 인수료와 할인료(acceptance & discount charge)는 발행은행에 청구함으로써, 수출상은 At Sight Basis Credit과 마찬가지로 Nego 대전(대금)을 수령하며, 수입상은 Usance이자만 선급하고 원금은 만기일(at maturity)에 가서 발행은행을 통하여 지불하게 되는 것이다.

한편 동 어음을 인수 · 할인한 인수은행은 자기의 신용으로 어음을 B/A 시장에 매각하거나 만기일까지 보관하게 된다. 기한부 환어음의 지급을 유예시켜주는 주체가 은행이 되는 것으로 수출상이 발행한 기한부어음을 만기일 이전에 인수은행이 인수 및 할인하여 매입하고 어음금액 전액은 매입은행을 통하여 수출상에게 지급하며 인수수수료와 할인료는 발행은행에 청구하여 수출상은 At Sight Basis와 동일하게 매입대전을 수취하고 수입상은 인수수수료와 할인료만 선지급하고 원금은 만기일에 발행은행을 통하여 지급하거나(이자선급), 원금과 이자를 만기일에 결제(이자후급)하게 되는 것을 Banker's Usance Credit이라고 하며 Buyer's Usance라고도 부르며, 미국에서는 Banker's Acceptance라고도 한다.

Banker's Usance Credit에서 신용공여를 국내의 발행은행이 담당하는 경우를 Domestic Import Usance Credit(내국 수입 유전스 신용장)이라고 하며, 발행은행이 해외에 있는 자신의 환거래은행을 인수은행으로 지정하고 인수은행으로 하여금 수출상이 발행한 기한부어음을 인수하여 할인·매입하도록 하여 신용공여를 담당하게 하는 것을 Overseas Banker's Acceptance Credit(해외은행 인수신용장)이라고 한다. 수출상이 일람불로 대금지급을 받기 때문에 Shipper's Usance보다는 수출금액이 수입상이 부담하는 Usance Interest만큼은 저렴해야 한다.

그림 7-8 Banker's Usance거래의 도해

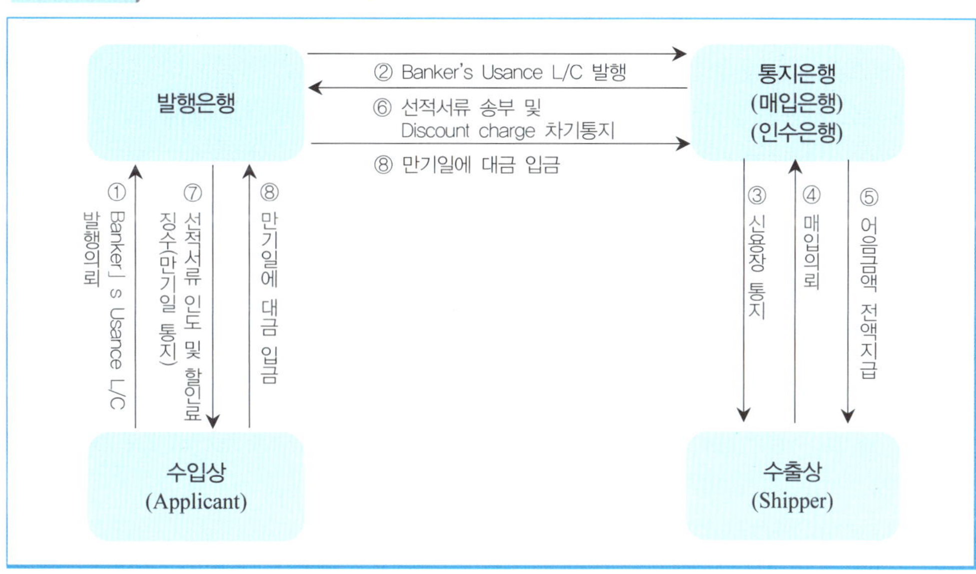

① Domestic Import Usance(내국수입 유전스, 국내은행 인수신용장)

Domestic Import Usance는 외국환은행이 기한부 수입신용장을 발행하고 동 신용장에 의거하여 외국의 수출상이 발행한 기한부어음을 국내은행(신용장발행은행)이 인수하여 할인·매입함으로써 수출상에게는 일람불로 수출대금을 지급하고 수입상에게는 일정기간 수입대금의 결제를 유예하여 주는 방식의 신용장을 말한다.

인수금융이 국내에서 발생하므로 인수수수료와 할인료가 해외로 유출되지 않는다. 동 방식에서는 해외의 수출상이 일람불어음과 동일하게 선적과 함께 수출대전을 받을 수 있다는 점에서 Overseas Banker's Usance와 같으나 Overseas Banker's Usance에서는 기한부 어음의 인수가 발행은행에게 신용공여 한도를 제공한 해외환거래은행에서 이루어지고 어음의 만기일에 발행은행의 예치금계정에서 차기하는 것이다. 이에 비하여 내국수입 유전스는 어음의 지급인을 발행은행으로 지정하여 국내에서 발행은행이 어음을 인수하고 만기일까지 수입상으로 하여금 수입어음의 결제를 유예시켜 주는 신용공여의 형태라는 점에서 다른 것이다.

내국수입 Usance제도 도입의 주요한 목적은 다음과 같이 설명될 수 있다.

첫째, 기한부 수입방식이 Shipper's Usance 또는 해외의 인수은행의 신용공여에 의하는 Overseas Banker's Usance 등 무역신용의 해외의존 일변도를 지양하고, 신용공여를 국내은행에 의하도록 함으로써 국내 금융기관의 국제화를 도모하고 무역신용의 비용을 국내은행에 귀속시킴으로써 국내은행의 수익증대를 꾀할 수 있고, 국가적으로 볼 때 Usance 이자의 해외지급에 따르는 외화를 절약할 수 있다.

둘째, 국내은행이 인수한 어음을 국내에 유통시켜 단기외화자금 시장의 형성에 기여토록 함으로써 국내 외환시장의 육성에 이바지한다.

셋째, 내국수입 Usance에 의하여 창출된 어음은 국내유통 외에도 해외 B/A 시장에 매각함으로써 외자조달원의 다양화를 도모할 수 있다.

넷째, 보유외환을 효율적으로 이용할 수 있다.

내국수입유전스에 표기되는 신용장상의 특수조항 문구는 ㉮ Negotiation under this credit may be effected on at sight basis. ㉯ Beneficiary's usance drafts must be negotiated on at sight basis. ㉰ Acceptance Commission and discount charge are for buyer's account. 등과 같다.

한편 매입은행 앞으로 지시되는 문언의 예를 들면 ㉮ Acceptance Commission and Discount Charges are for buyer's a/c. ㉯ Payment under this L/C to be made on at sight basis regardless of drafts tenor. ㉰ Upon receipt of documents, we will remit the proceeds as per your instruction. ㉱ In reimbursement, upon receipt of the drafts and documents in goods order we shall remit the proceeds as per the negotiating bank's instruction 등과 같다(송금방식) 등과 같다.

내국수입유산스제도는 해외의 수출상이 일람불어음과 동일하게 선적과 함께 수출대전을 회수할 수 있다는 측면에서는 Banker's Usance와 같으나 Banker's Usance는 당해 어음의 인수가 신용장 발행은행에게 신용공여 한도를 제공한 해외환거래은행에서 발생되고 어음의 만기일에 발행은행의 예치금계정에서 차기(debit : 출금)하는데 비하여 내국수입 유산스는 어음의 지급인을 발행은행으로 지정하여 국내에서 발행은행이 인수하고 어음의 만기일까지 수입상으로 하여금 수입어음의 대금결제를 유예하여 주는 신용공여라는 점에서 다른 것이다. 인수어음은 국내유통으로 인수시장의 활성화에 기여하고 있다.

② Overseas Banker's Usance(해외은행 유전스, 해외은행 인수신용장)

발행은행이 자신의 해외 환거래은행을 인수은행으로 지정하고 인수은행으로 하여금 수출상이 발행한 기한부어음을 인수하여 할인・매입하게 하여 어음금액 전액을 매입은행을 통하여 수출상에게 지급하고 인수수료(acceptance commission)와 할인료(discount charge)는 발행은행에 청구토록 하여 수출상은 일람불신용장(sight basis credit)과 동일하게 수출대금을 수취하고, 수입상은 Usance기간에 해당되는 이자만 선지급하고 원금은 만기일에 발행은행을 통하여 지급하거나(이자선급), 원금과 이자를 만기일에 결제(이자후급)하게 되는 것을 해외은행 유전스(overseas banker's usance)라고 한다. 기한부어음을 인수하여 할인한 인수은행은 자신의 신용을 바탕으로 하여 당해 기한부어음을 B/A시장에 매각하거나 만기일까지 보관하게 되므로 이러한 방식에서는 어음의 지급인이 해외 인수은행이 되는 것이다. 해외은행 인수신용장은 일람출급조건으로 대금을 지급하므로 매입은행에 대하여는 이러한 사실을 표시하여야 하고, 인수은행에 대하여는 인수이율의 기준을 사전에 협의하여 표시할 수 있다.

그림 7-9 D/P · D/A의 거래과정

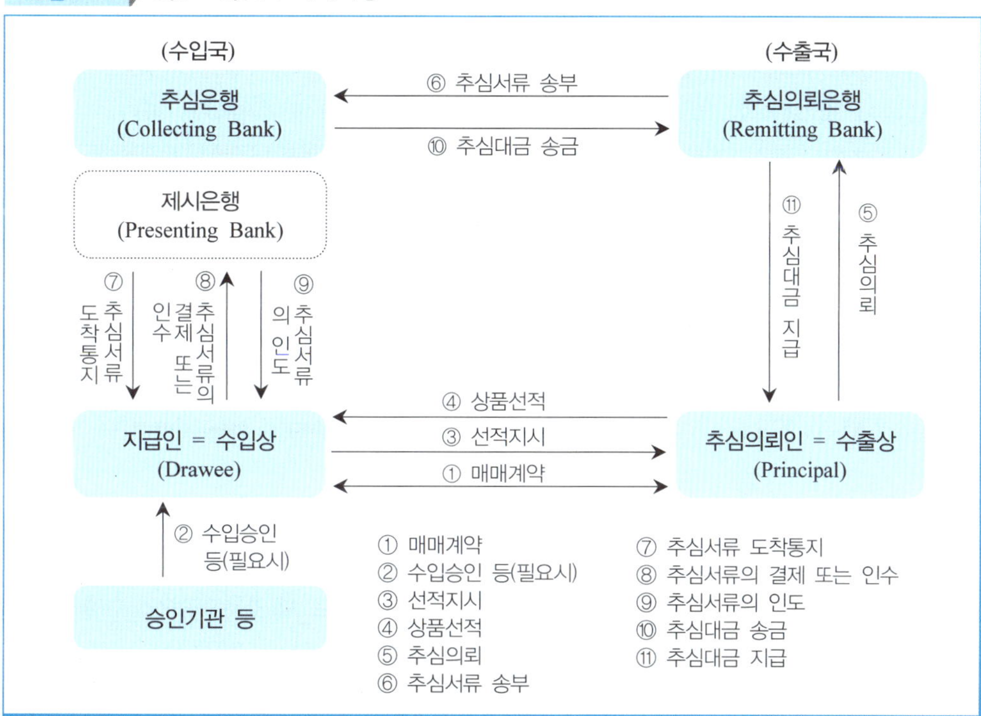

- D/P · D/A 어음결제 : D/P · D/A에 의한 어음은 수출업자의 신용만으로 수출입거래가 이루어지는 것으로 어음의 매입은 원칙적으로 추심후 지급에 의하게 된다. 매입은행(추심의뢰은행, remitting bank)은 계약내용과 선적서류를 심사하여 매입여부를 결정하게 되며 매입이 완료된 선적서류는 수입지 추심은행(collecting bank) 앞으로 발송하게 된다. 수입지 추심은행은 수입자에게 D/P계약인 경우 수입대금을 즉시 지급하게 하고, D/A계약인 경우에는 어음을 인수하게 한 후 선적서류를 수입자에게 인도한 후 환어음 만기일(maturity date)에 대금을 지급하게 한다. D/P거래와 D/A 거래의 가장 큰 차이점은 D/P거래는 수출상이 일람출급 환어음(Sight Bill)을 발행하는데 비하여, D/A거래는 수출상이 기한부 환어음(Usance Bill)을 발행하여 수입상에게 환어음의 결제기간만큼 D/P방식보다 더 오랜 기간동안 신용을 공여한다는 점이다. 그리고 수출상이 화환어음을 추심의뢰할 때에는 선적서류의 인도방식이 D/P 방식인지 D/A방식인지를 명시하여야 하는데, 그 지시가 불명확한 경우에는 이를 D/P방식의 추심 환어음으로 간주한다.

(3) 수입통관(import clearance)

수입하고자 하는 자가 우리나라에 수입될 물품을 선적한 선박(항공기)가 (① 출항하기 전, ② 입항하기 전, ③ 입항 후 물품이 보세구역에 도착하기 전, ④ 보세구역에 장치한 후) 중에 선택하여 세관장에게 수입신고 하고, 세관장은 수입신고가 관세법 및 기타 법령에 따라 적법하고 정당하게 이루어진 경우에 이를 신고수리하고 신고인에게 수입신고필증을 교부하여 수입물품이 반출될 수 있도록 하는 일련의 과정을 말한다.

즉 외국에서 우리나라에 도착된 물품은 원칙적으로 보세구역(지정 장치장·보세장치장)에 반입하여 장치한 후 그 반입일로부터 30일 이내에 세관에 수입신고 한다. 수입신고(import declaration)란 외국으로부터 반입되는 물품을 수입하겠다는 의사표시를 세관장에게 하는 것이며, 세관에서는 수입신고한 물품과 수입승인(import license : I/L) 사항의 일치 여부를 확인하는 등 신고사항을 심사한 후 심사시점에서 납세의무자 및 과세물건이 확정되고 신고일에 시행되는 법령(세율, 환율, 감면규정 등 포함)이 수입물품에 적용되며, 수입화주에게 납부서류를 발급한다. 납세의무자는 제반세금을 신고납부하고 수입신고수리필증(import declaration certificate)을 교부받아 보세구역에서 그 물품을 반출할 수 있는 일련의 절차를 수입통관절차(import customs clearance procedures)라 한다.

5) 수입승인(신청)서

(1) 수입승인의 의의

수입승인(import license : I/L)은 수출승인과 마찬가지로 대외무역법상 수출입공고, 통합공고 등에 의해 수입이 제한되는 물품을 수입하고자 하는 경우에는 당해 물품을 관장하는 기관에서 수입승인을 받아 수입하여야 한다. 수입승인에 관한 권한은 원칙적으로 산업통상자원부장관에게 있으나 실제로는 대부분 당해 물품을 관장하는 기관의 장에게 위탁되어 있으며 승인사항의 변경에 관한 권한 역시 위탁되어 있다.

또한 결제방법 등이 외국환거래법령에 의하여 인정된 거래이어야 하고, 정상거래형태가 아닌 경우에는 대외무역법상 특정거래인정을 받아야 한다. 이렇게 수입승인 받은 후 수입자는 수입승인 유효기간 내에 수입대금을 지급하고 당해 물품을 수입하여야 하나 상대방과의 계약변경이나 기타 사유로 인하여 승인내용을 변경할 필요가 있을 경우에는 변경승인신청으로 수입승인사항을 변경할 수 있다. 수입승인절차가 끝나면 수입승인기관의 장은 수입승인내용에 따라 이행하였는지 여부를 사후관리하게 된다.

수입신고세관은 ㉮ 출항전 신고 또는 입항전 신고 : 수입물품을 적재한 선박 등의 입항예정지를 관할하는 세관장, ㉯ 보세구역 도착전 신고 : 수입물품이 도착할 보세구역을 관할하는 세관장, ㉰ 보세구역 장치후 신고 : 수입물품이 장치된 보세구역을 관할하는 세관장에게 신고하여야 한다.

(2) 수입승인 신청시 구비서류

① 수입승인신청서〔(세관용, 승인기관용(산업통상자원부용), 업체용〕

② 수입계약서 또는 물품매도확약서

③ 수입대행계약서(수입자와 실수요자가 다를 경우)

④ 수출입공고 등에서 규정한 요건을 충족하는 서류(단, 승인기관에서 제한요건의 충족 여부를 확인할 수 있는 경우는 제외)

(3) 수입승인시 검토사항

① 수입자 및 위탁자 확인 : 수입을 하려면 대외무역법 상의 무역업 고유번호를 발급받아야 한다. 수입승인기관은 수입승인 신청자가 무역업 고유번호를 받았는지 여부를 확인하고, 만약 대행의 경우에는 대행계약서를 확인하여야 한다.

② 물품매도확약서 검토 : 수입승인신청서에는 반드시 물품매도확약서(offer sheet) 또는 계약서를 첨부하여야 하는데 Offer Sheet는 원칙적으로 국외의 물품공급자가 직접 발급한 것이어야 한다. 그 외에 국내의 무역업자가 거래상대국 물품 공급자와 체결한 Offer Sheet 발행에 관한 합의서 또는 계약서에 따라 국내에서 발행한 것도 인정된다.

③ 상품분류의 정확성 검토 : 수입하고자 하는 물품의 분류는 HSK 10단위로 분류되어야 한다. 만약 관세율표상 HSK 10단위 분류가 불분명한 경우에는 관세청장에게 그 물품에 적용될 품목분류에 관하여 사전에 질의하여(품목분류사전회시) 그 결과에 따라야 한다.

④ 원산지 검토 : 자국에서 생산한 원자재를 사용하여 제조, 가공한 물품 등 국제적으로 인정되는 원산지 기준에 해당하는지 여부를 확인하여야 한다.

⑤ 결제방법에 대한 검토 : 수입대금 결제 방법은 외국환관리법령에서 인정하는 방법에 따라야 한다.

(4) 작성요령

① 수입자(상호, 주소, 성명), 무역업고유번호 : 수입자는 무역업고유번호를 받은 자라야 한다.

② 위탁자(상호, 주소, 성명), 사업자등록번호 : 위탁자의 상호, 주소, 성명 및 사업자등록번호를 기재한다. 무역업고유번호를 받은 자라도 특수한 제품이나 특정한 거래로서 전문적인 지식과 경험이 있는 자에게 대행시키는 것이 유리할 경우 에는 대행을 위탁할 수 있다. 이때는 소정의 인지를 첨부한 수입대행계약서를 구비하고 대행위탁자(실수요자)를 이 위탁자란에 기재한다.

③ 원산지 : 당해 수입물품의 원산지를 기재한다. 원산지 기준은「수출승인서의 작성요령」편 참조.

④ 선적항 : 계약서나 Offer Sheet 상의 Port of Shipment를 기재한다.

⑤ 송화인 : 물품매도확약서(Offer Sheet)나 계약서상의 수출상(seller or exporter)을 기재한다. 신용장조건인 경우 일반적으로 수익자(beneficiary)가 제품을 적출한 송하인(shipper)이 된다.

⑥ 금액 : 수입승인신청의 근거서류에 있는 금액을 통화와 함께 표시한다.

⑦~⑱ :「수출승인신청서」편 참조

서식 7-6 수입승인(신청)서

수입승인(신청)서
Import License(Application)

처리기간 : 1일
Handling Time : 1Day

① 수입자 무역업고유번호 (Exporter) (Notification No.) 상호, 주소, 성명 (Name of firm, Address, Name of Representative) (서명 또는 인) (Signature)		⑤ 송화인(Consignor) 상호, 주소, 성명 (Name of firm, Address, Name of Rep.)		
② 위탁자 사업자등록번호 (Requester) (Business No.) 상호, 주소, 성명 (Name of firm, Address, Name of Representative) (서명 또는 인) (Signature)		⑥ 금액(Total Amount) ⑦ 결제기간(Period of Payment) ⑧ 가격조건(Terms of Price)		
③ 원산지(Origin)		④ 선적항(Port of Loading)		
⑨ H.S부호 (H.S Code)	⑩ 품명 및 규격 (Description/Size)	⑪ 단위 및 수량 (Unit/Quantity)	⑫ 단가 (Unit Price)	⑬ 금액 (Amount)
⑭ 승인기관기재란(Remarks to be filled out by an Approval Agency)				
⑮ 유효기간(Period of Approval)				
⑯ 승인번호(Approval No.)				
⑰ 승인기관 관리번호(No. of Approval Agency)				
⑱ 위의 신청사항을 대외무역법 제14조 제2항 및 동법 시행령 제26조 제1항의 규정에 의하여 승인합니다. (The undersigned hereby approves the above-mentioned goods in accordance with Article 14(2) of the Foreign Trade Act and Article 26(1) of the Enforcement Decree of the said Act..) 년 월 일 승인권자 (인)				
※ 승인기관이 2 이상인 경우 ⑭~⑰의 기재사항은 이면에 기재하도록 합니다. ※ 이 서식에 의한 승인과는 별도로 대금결제에 관한 사항에 대하여는 외국환거래법령이 정하는 바에 따라야 합니다.				

6) 외화획득용 원료 수입승인(신청)서

(1) 개요

우리나라는 수출상품의 국제경쟁력 제고를 위하여 외화획득에 공할 물품을 제조 · 가공하는데 소요되는 원자재에 대하여는 일반 내수용수입에 비하여 여러 가지 혜택을 부여하고 있다. 즉, 외화획득용 원료의 수입시에는 수량제한을 받지 아니하고 수출입공고 등에서 수입이 제한되는 품목에도 불구하고 수입이 가능할 뿐만 아니라 수입에 소요되는 자금에 대하여도 무역금융(원자재수입자금)의 혜택을 받을 수 있다. 이와 같은 외화획득용 원료의 수입에 따르는 특혜조치는 당연히 대응외화획득행위를 전제로 부여되고 있는 것이므로 정책적 지원의 배후에는 대응외화획득행위가 성실히 이행되고 있는지의 여부를 사후관리를 통해 확인하고 있다.

외화획득용 원료의 수입은 절차에 있어서 일반재 수입과 근본적인 차이는 없으며 각종 지원제도 수혜에 따른 사후관리로 인하여 일반재 수입절차에 몇 가지 절차가 부가될 뿐이다. 외화획득용 원료라 함은 외화획득에 제공되는 물품을 생산 즉, 물품의 제조·가공·조립·수리·재생 또는 개조하는데 필요로 하는 원자재·부자재·부품 및 구성품을 말한다.

현행 대외무역관리규정상 외화획득용 원료의 범위는 아래와 같다.

① 대외무역관리규정 제3-6-1조의 규정에 의한 수출실적으로 인정되는 수출물품을 생산하는데 소요되는 원료(포장재 포함)
② 외화가득율이 30% 이상인 군납용 물품을 생산하는데 소요되는 원료
③ 해외건설 및 용역사업용 원료
④ 대외무역관리규정 제4-1-1조의 규정에 의한 외화획득용 물품을 생산하는데 소요되는 원료
⑤ 외화획득이 완료된 물품의 하자 및 유지보수용 원료(외화획득용 원료는 수입된 하나의 물품이 다양한 경로를 통하여 수출물품의 생산에 직접 사용된 것을 의미하는 것으로써 이러한 측면에서 소모성 기자재는 외화획득용 원료의 범위에 포함될 수 없다)

(2) 실무상 유의사항

① 외화획득용 원료의 수입제한

외화획득용 원료는 수출입공고 등의 제한조치에도 불구하고 수입이 가능하며 또한 그 수입수량에도 제한이 없지만 이의 예외로써 다음의 경우에는 이에 합당한 요건을 갖추어야만 수입이 가능하다.

㉮ 농림수산물

농림수산물 중 당해 품목을 관장하는 중앙행정기관의 장 또는 그 중앙행정기관의 장이 지정하는 기관의 장이 정하는 품목은 당해 기관의 장이 정하는 수입승인요령에 따라 승인을 받아야 수입할 수 있다.

㉯ 통합공고상 제한품목

외화획득용 원료의 수입은 수출입공고 등의 적용을 배제하나 통합공고는 수출입공고에 우선하여 적용되므로 수입승인 신청 전에 이의 제한여부를 확인하여야 한다. 따라서 통합공고에 수입요령을 규정하고 있는 품목의 수입시에는 관련 기관의 추천서 또는 허가서 등을 수입승인신청시 제출하여야 한다.

② 수입승인신청

㉮ 수입승인기관

외화획득용 원료의 수입승인에 관한 권한을 위임·위탁받은 기관이나 단체의 장

㉯ 구비서류

- 외화획득용 원료 수입승인신청서(4-1호 서식)
- 수입계약서 또는 물품매도확약서 4부
- 소요량증명서(필요한 경우)
- 다른 법률 등에 의하여 허가 등을 요하는 경우는 허가 등을 받은 사실을 증명하는 서류
- 수입대행계약서(수입대행의 경우)
- 인감증명서 또는 거래인감신고서(필요한 경우)

㉰ 작성요령

① 수입자(상호·주소·성명), 무역업고유번호
- 수입자의 상호, 주소, 성명 및 무역업고유번호를 기재한다.
- 수입대행의 경우는 대행의뢰자는 위탁자란에 기재된다.

② 위탁자(상호 주소 성명), 사업자등록번호

수입위탁자의 상호, 주소, 성명 및 무역업고유번호를 기재한다. 따라서 승인서상 수입자와 실수요자가 일치하지 아니한 경우에는 수입대행계약서를 첨부하고 수입대행료에 따라 인지세법에 규정된 소정의 인지를 첨부해야 하며 위탁자란에 대행위탁자(실수요자)의 관계사항을 기재한다.

③ 원산지 : 당해 수입물품의 원산지를 기재한다.

④ 선적항 : 계약서나 Offer Sheet 상의 선적항(Shipping Port)을 기재

⑤ 사후관리기관명 : 수입자의 사후관리기관명을 기재한다.

⑥ 송화인 : 수입승인 신청의 근거서류인 물품매도확약서(Offer Sheet)나 계약서상의 수출상(Seller or Exporter)을 기재한다.

⑦~⑰ 17「수입승인신청서」참조

서식 7-7 외화획득용원료수입승인(신청)서

외화획득용원료수입승인(신청)서

Import for Re-Export License(Application)

처 리 기 간 : 1일 Handling Time : 1 Day

<table>
<tr><td colspan="2">① 수입자 (Importer)   무역업고유번호 (Notification No.)</td><td></td><td colspan="3" rowspan="2">⑥ 송화인(Consignor)

상호, 주소, 성명
(Name of Firm, Address, Name of Rep.)</td></tr>
<tr><td colspan="3">상호, 주소, 성명
(Name of Firm, Address, Name of Rep.)
(서명 또는 인)
(Signature)</td></tr>
<tr><td colspan="2">② 위탁자 (Requester)   사업자등록번호 (Business NO.)</td><td></td><td colspan="3">⑦ 금액(Total Amount)</td></tr>
<tr><td colspan="3">상호, 주소, 성명
(Name of Firm, Address, Name of Rep.)
(서명 또는 인)
(Signature)</td><td colspan="3">⑧ 결제기간(Period of Payment)</td></tr>
<tr><td>③ 원산지(Origin)</td><td colspan="2">④ 선적항(Port of Loading)</td><td colspan="3">⑨ 가격조건(Terms of Payment)</td></tr>
<tr><td>⑤ 사후관리 기관명</td><td colspan="5"></td></tr>
<tr><td>⑩ HS부호
(HS Code)</td><td colspan="2">⑪ 품명 및 규격
(Description/Size)</td><td>⑫ 단위 및 수량
(Unit / Quantity)</td><td>⑬ 단 가
(Unit Price)</td><td>⑭ 금 액
(Amount)</td></tr>
<tr><td colspan="6">⑮ 승인기관 기재란(Remarks to be filled out by an Approval Agency)</td></tr>
<tr><td colspan="6">⑯ 유효기간(Period of Approval)</td></tr>
<tr><td colspan="6">⑰ 승인번호(Approval No.)</td></tr>
<tr><td colspan="6">⑱ 승인기관 관리번호(No. of an Approval Agency)</td></tr>
<tr><td colspan="6">위의 신청사항을 대외무역법 제14조 제2항 및 동법 시행령 제32조 제1항의 규정에 의하여 승인합니다.
(The undersigned hereby approves the above-mentioned goods in accordance with Article 14(2) of the Foreign Trade Act and Article 32(1) of the Enforcement Decree of the said Act.)

년 월 일
승인권자 (인)</td></tr>
<tr><td colspan="6">※이 서식에 의한 승인과는 별도로 대금결재에 관한 사항에 대하여는 외국환거래법령이 정하는 바에 따라야 합니다.</td></tr>
</table>

7) 외화획득용 원료의 사후관리

우리나라는 수출의 증대를 통하여 국제수지 균형과 안정적인 국민경제 성장을 도모하고자 외화획득원료를 수입하는 경우 금융, 외환, 관세 등의 측면에서 각종의 혜택을 부여하고 있다. 이와 같은 외화획득원료에 대한 차별적인 혜택은 수출용으로 수입된 원자재를 제조·가공하여 일정기일 내에 합법적인 절차에 따라 대응수출을 이행할 것을 전제로 부여되고 있는 것이므로, 외화획득용 원료를 수입한 자가 이러한 조건들을 성실히 이행하는지의 여부를 사후 관리할 필요가 있으며 또한 무역정책상 외화획득용 원료의 수입에는 수출입공고 등의 수입금지, 제한 등의 품목제한 및 수량제한을 받지 아니하므로 이와 같은 혜택에 대응하는 사후관리를 규정할 필요가 있다.

그림 7-15 외화획득용 원료의 수입절차

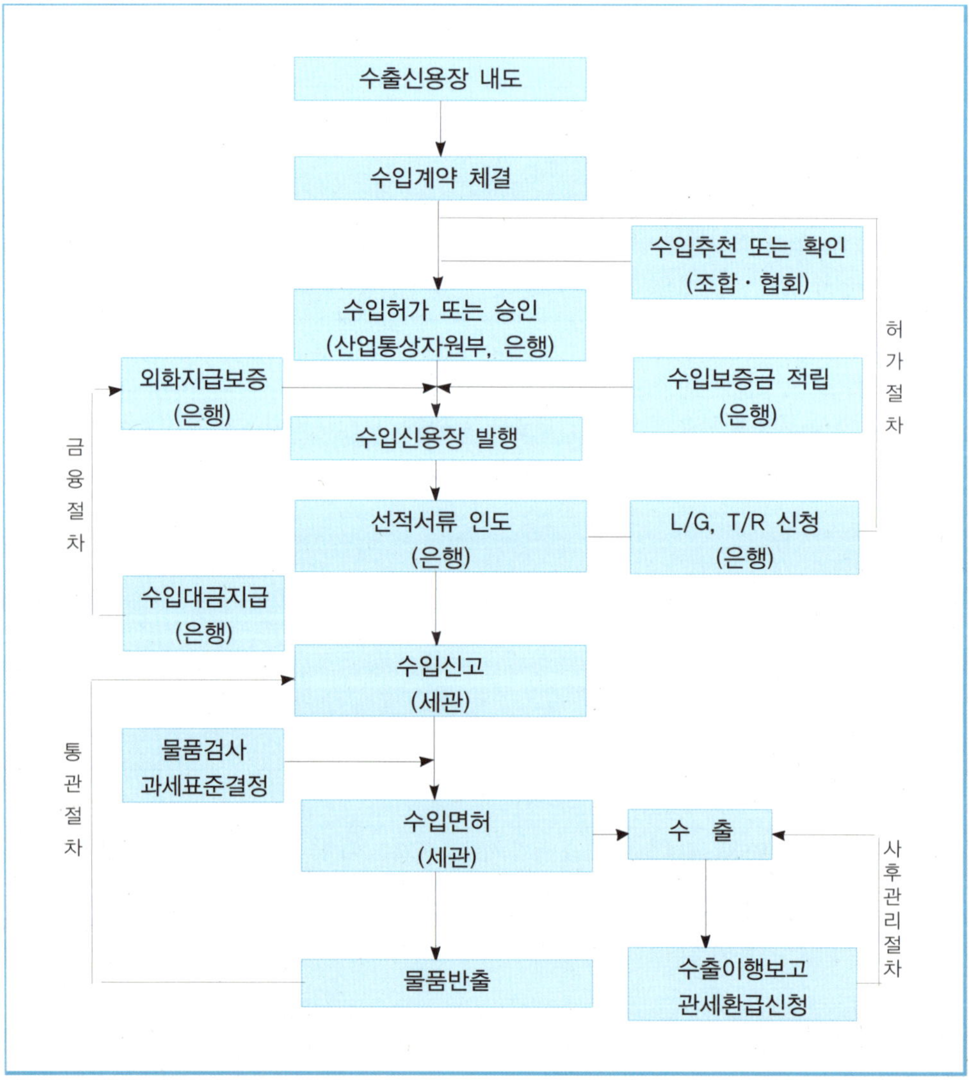

수출신용장 내도
수입계약 체결
수입추천 또는 확인 (조합·협회)
수입허가 또는 승인 (산업통상자원부, 은행)
외화지급보증 (은행)
수입보증금 적립 (은행)
수입신용장 발행
선적서류 인도 (은행)
L/G, T/R 신청 (은행)
수입대금지급 (은행)
수입신고 (세관)
물품검사 과세표준결정
수입면허 (세관)
수 출
물품반출
수출이행보고 관세환급신청
허가절차
금융절차
통관절차
사후관리절차

5. 수입화물 선취보증 신청서

1) 개요

수입화물선취보증서(L/G : Letter of Guarantee)란 수입화물이 수입지에 이미 도착되었음에도 불구하고 선적서류가 도착되지 않아 화물의 인수가 불가능할 때 동 화물의 인수가 가능하도록 화물에 대한 모든 책임을 은행이 보증한다는 화물 선취보증서를 말한다. 'Shipside Bond(SSB)', 'Shipping L/G'라고도 한다.

따라서 L/G의 내용으로는 ① 선하증권이 도착하면 지체없이 선박회사에 제출할 것을 명시하여야 하며, ② L/G에 의하여 인도된 화물에 대하여 발생되는 모든 손해는 하주 및 보증은행이 책임을 진다는 내용, ③ 양육지 지급운임 및 기타비용과 선적지에 있어서의 미납선임 및 비용 등 일체를 지급할 것을 명시하는 사항이 포함되어야 한다.

이와 같이 은행은 L/G 발급에 따라 화물에 대한 책임문제가 발생하기 때문에 L/G 발급시에는 의뢰자의 신용여하에 따라 대금결제 및 담보제공을 요구하는 경우도 있다.

2) 요건 및 의무

수입업자로부터 수입화물선취보증서 발급신청이 있을 경우에 신청인으로부터 징구한 제 서류를 징구하고 각 서류의 기재내용의 상호 일관성을 세밀히 검토한 후 L/G를 발급한다.

① 발급은행 소정의 선취보증서 및 보증서발행신청서 각각 1부씩을 작성하여 보증서 발급신청서는 은행에서 보관하고 선취보증서는 수입업자가 선박회사에 제출하여 선착화물을 인도받는다.
② 선하증권의 사본은 선취보증서발행 증빙서류로서 은행에 제출한다.
③ 상업송장의 사본은 L/G 등의 내용과 일치하는가를 심사하기 위한 서류로 선취보증서 발급시 은행에 제출해야 한다.
④ 선박회사의 화물도착통지서(Arrival Notice)
⑤ 기타 필요하다고 인정되는 서류(각서 등)

3) 실무상 유의사항

(1) 처리절차 및 수입보증금 예치

외국환은행이 L/G를 발급하게 되면 신용장조건과 일치하지 않는 선적서류가 내도하여도 화물이 수입업자에게 인도된 후이므로 매입은행에 대하여 서류상의 하자를 이유로 대금지급을 거절할 수가 없다. 따라서 발급은행은 수입업자가 L/G 발급 신청시 제출한 서류를 엄격히 심사하여 발급하여야 한다. L/G 발급은 선적서류의 원본을 인도하는 것과 동일한 효과를 갖는다. 따라서 수입자는 L/G 발급시 수입보증금으로 L/G 금액의 일정비율을 현금 예치해야 한다.

L/G를 발행한 후 선적서류가 내도되면 L/G를 회수하기 위하여 선하증권의 원본에 발행은행이 배서하고 선박회사에 제출하여 L/G를 회수한다.

(2) D/A 및 D/P조건에 의한 L/G발행

- D/A조건에 의한 L/G 발행 : D/A조건에 의한 L/G를 발행하기 위하여는 수입화물이 국내항에 도착하고, 추심의뢰은행으로부터 관계선적서류를 발송했다거나 혹은 장차 발송하겠다는 확인 통고를 받은 후에 L/G를 발급하는 것이 원칙이다. 그러나 이와 같은 요건에 필요한 서류를 갖추어 L/G발급 신청을 해오면 신청회사의 신용도, 과거의 실적, 해당 거래의 특수성 등을 충분히 종합 검토한 다음에 발급한다.
- D/P조건에 의한 L/G 발행 : 수입화물이 도착했으나 관계서류의 원본이 아직 도착하지 않았을 때 또는 이미 선적서류 원본이 도착했으나 분할결제를 하기 위하여 L/G를 발행하는 경우가 있다. 즉 선하증권이 하나로 발행되어 왔기 때문에 수입화물을 분할인수할 수 있도록 하기 위하여 분할결제 해당 금액에 대하여 추심은행은 L/G를 발행한다. 수입상은 추심은행으로부터 발행받은 L/G를 선박회사에 제시하고 Delivery Order를 발급받아 관계 수입화물을 인도받을 수 있게 된다.
- L/G 발행에 따른 사후관리 : L/G는 선적서류 원본이 도착하지 않은 상태에서 Arrival Notice를 확인하고 발행되기 때문에 은행은 관계 선적서류 원본의 도착 여부에 관하여 세심한 주의를 기울이며, 일정한 시일이 경과하면 선적서류 원본이 내도되는 것이 상례이지만 상당한 기간이 지나도 선적서류 원본이 도착하지 않을 경우 은행은 L/G를 발행받은 수입상에게 선적서류 원본 징구를 촉구한다.

4) 작성요령

수입화물 선취보증신청서 양식은 은행별로 약간씩 달리하므로 거래은행 홈페이지를 검색하여 거래은행의 양식을 Down받아 사용하기 바랍니다.

① Shipping Co. : 당해 수입물품의 국제운송업자로서 B/L에 기재된 선박회사와 일치하여야 한다.

② Shipper : Shipper는 당해 물품을 선적한 자로서 B/L상의 Shipper와 일치해야 하나 신용장 상의 Beneficiary와 반드시 일치할 필요는 없다.

③ Invoice value : 당해 물품의 가격은 B/L에 표시된 물품의 가격을 말하며, 수입업자가 물품을 우선 선취하기 위해서 은행이 L/G를 발행하는 것이므로 송장금액은 수입업자가 제출한 송장의 금액과 반드시 일치해야 한다.

④ Nos. & Marks : 수입물품의 포장 Mark로서 수입업자가 L/G를 받기 위해서 제출한 Commercial Invoice, Packing List 및 B/L상의 Nos. & Marks와 일치해야 한다.

⑤ Packages : 물품의 포장갯수로서 B/L상에 표시된다. 보증서상의 Packages 란에 기재하면 된다.

⑥ Number of Credit : 당해 수입을 위하여 발행된 신용장의 고유번호를 기재한다. D/P나 D/A의 경우에는 해당계약서의 번호를 기재하여야 한다.

⑦ L/G No. : 은행의 L/G 발행에 대한 Reference No.로서 L/G 사후관리에 필요한 번호로서 은행에서 부여하는 발급번호이다.

⑧ Number of B/L : B/L의 고유번호로서 이 번호를 L/G신청서상에 기재하면 된다.

⑨ Vessel Name : 화물이 선적된 명칭으로서 B/L상에 기재된 Vessel Name과 일치하여야 한다.

⑩ Arrival Date : 화물도착통지서상의 화물이 도착한 일자를 기재한다.

⑪ Voyage No. : 화물을 선적한 선박의 항해번호로서 B/L상에 기재된 번호와 일치되어야 한다.

⑫ Port of Loading : 화물의 선적이 이행된 항구로서 B/L상에 명기되는데 이 선적항은 신용장 조건과 일치되어야 한다.

⑬ Port of Discharge : 화물이 도착되는 국내의 항구로서 B/L상에 기재되는데 이 도착항은 신용장 조건과 일치해야 한다.

⑭ Description of Goods : 당해 상품을 인도하기 위해서 L/G를 발급받는 것이므로 상품의 명세는 제반 서류상의 기재내용과 일치하여야 함은 물론이고 신용장상에서 요구한 상품인가를 확인하여야 한다.

⑮ 수입화물선취보증서(L/G) 발행은행과 수입상(신청인)이 선박회사에 대해 연대보증 내용

⑯ 신청은행에 등록된 신청인(수입상)의 상호, 주소 그리고 대표자명을 기재

5) 수입화물선취보증서의 분할발급과 회수

수입화물선취보증서(L/G : Letter of Guarantee)는 선하증권 단위별로 발행하는 것이 원칙이나 상품이 원맥이나 원면인 경우에는 회원별 통관의 편의를 위하여 분할하여 발행하는 예도 있다. 수입화물선취보증장은 원칙적으로 선하증권의 건수만큼 발급되지만 필요한 경우에는 단일 선하증권하에도 분할발급이 가능하며, 수입화물선취보증서에 의해 은행이 부담하여야 하는 보증채무는 해당 선박회사가 관련 선하증권의 원본을 회수하는 시점에서 종료하게 된다.

따라서 발행은행은 수입선적서류가 내도하는 즉시 L/G회수(redemption)를 위하여 선하증권 원본 이면에 "For Cancellation of L/G Only Authorized Signature (of Bank)"와 같이 배서하여 이 서류를 배달증명으로 우송하여 선박회사로 송부하고 수입화물선취보증서를 회수하여야 하는데 이를 「L/G Redemption」이라고 한다. 다만 항공운송의 경우에는 AWB이 배서양도가 가능한 유가증권이 아니기 때문에 「항공화물운송장에 의한 수입화물 인도승낙(신청)서」의 회수를 위한 별도의 회수행위가 필요치 않다.

6. 항공화물운송장에 의한 수입화물 인도승낙(신청)서

1) 개요

수입절차(import procedure)는 해외시장조사(foreign market research) ⇒ 수입승인(import license) ⇒ 수입신용장 발행 및 통지(issuance and notification of an import letter of credit) ⇒ 운송 및 보험계약 체결(the signing of transportation and insurance contracts) ⇒ 수입대금결제와 운송서류 입수(Import payment and delivery of shipping documents) ⇒ 수입통관(import customs clearance) 등의 절차가 이루어진다.

항공화물운송장(Air Waybill : AWB)은 선하증권(Bill of Lading : B/L)과는 달리 유가증권이 아닌 단지 보관증(수령증)에 불과하다. 따라서 신용장거래시 화물운송장상에 수하인(consignee)이 지시식(order)으로 발행되지 않고 기명식(straight)으로 발행된다.

따라서 신용장 발행은행(issuing bank)이 수하인(consignee)으로 명시되어 있는 항공화물운송장(air waybill)을 선하증권(bill of lading)처럼 수입상에게 직접 양도할 수가 없으므로 별도의 양도증을 발급하여 화물의 소유권을 양도하게 되는데 이에 이용되는 서류가 바로 「항공화물운송장에 의한 수입화물 인도승낙서」이다.

신용장거래를 하는 수입상이 항공화물로 물품을 수입할 경우에는 항공기가 도착하자마자 곧 바로 선적서류(shipping documents) 사본을 구비하여 신용장 발행은행(issuing bank)에 수입화물인도승낙서와 함께 수입대금을 지급하므로써 「항공화물운송장에 의한 수입화물인도승낙서」를 발급받게 되며, 이 서류를 운송인에게 제시함으로서 화물이 반출되게 된다. 이는 해상운송시의 해상운송인이 발행하는 일종의 화물인도시지서(Delivery Order : D/O)와 같은 서류이다.

2) 기재요령

① 항공화물운송장에 의한 수입화물 인도승낙(신청)서 신용장 발행은행이 된다.

②~⑤ [항공화물운송장의 내용]
항공화물운송장의 운송회사명(대한항공 등), 관련 신용장 또는 계약서 번호, 항공화물운송장의 번호 및 상업송장의 번호와 금액 등을 기재한다.

⑥ 수입상의 항공화물운송장(air waybill)에 의한 수입화물 인도승낙(신청)서 발급은행에 대한 의무사항을 기재한 내용으로 비용과 담보에 대한 의무사항이 기재되어 있다.

⑦ 신청인 즉 수입상의 상호, 주소 그리고 대표자명을 기재한다.

⑧ 승낙권자 즉 항공화물운송장에 의한 수입화물 인도승낙(신청)서 발행은행(issuing bank)의 책임자의 서명이 날인된다.

⑨ 첨부서류를 표시한다.

표 7-5 수입화물선취보증서(L/G) 요약

◈ 의 미
① 수입화물선취보증서(Letter of Guarantee, L/G)란 운송서류의 도착 전에 수입상이 먼저 도착한 수입물품을 인도 받음에 따라 발생하는 모든 문제에 대하여 L/G 발행은행이 책임을 지고 차후 운송서류 원본이 도착하면 이를 운송회사에 제출할 것을 보증하는 L/G 발행은행의 보증서를 말함(B/L 원본 없이 화물을 인수할 수 있음) ② 수출입지역 간의 항해일정이 짧거나 항공운송인 경우, 또는 수출상의 운송서류 매입지연에 따라 서류 송달의 지연이 빈번하게 발생하게 됨 ③ 수입상의 통관지연에 따르는 창고료 및 보험료 등 부담을 경감시키고 수입물품을 적당한 시기에 판매할 수 있음 ④ L/G 발행은 수입상에 대한 L/G 발행은행의 여신 행위의 일종임. 따라서 신청인에 대한 채권보전 상황, 신청인의 신용도 등을 검토하여 은행이 발급함 ⑤ 'Shipside Bond(SSB)', 'Shipping L/G'라고도 함
◈ 유의사항
※ L/G 발급 후 향후 내도하는 서류에 하자가 있어도 발행은행은 대금지급을 거절할 수 없으며 그 이유는 다음과 같음 ① 발행은행이 서류하자로 인한 하자통보를 할 때 서류의 행방 즉 제시인의 처분을 기다리면서 보관하고 있다거나 또는 서류를 반송하고 있다는 것을 기재하여야 함 ② 또한 발행은행이 서류송부자의 처분을 위하여 서류를 보관하거나 반송하지 못한 경우 클레임을 주장하지 못함 ③ L/G 발급 후에는 운송서류가 발행은행에 내도되면 지체없이 선박회사로 운송서류의 원본을 송부하여 L/G를 회수하여야만 은행의 보증채무가 사라지는 것이므로 서류에 하자가 있다고 하여 클레임 제기 및 서류 반송을 할 수 없는 것임 ※ 만약 발행은행이 L/G 발급 후 서류상의 불일치로 하자통보를 하게 되면, ① 수출상은 동 서류의 반환을 요청하면서 선박회사 앞으로는 운송서류 원본 없이 수입상에게 물품을 인도한 것에 대하여 소송을 제기하게 되고, ② 선박회사는 발행은행이 발급해 준 L/G를 근거로 발행은행을 상대로 손해배상을 요구할 것임 ③ 그리고 발행은행은 이미 하자통보시 운송서류를 매입은행 앞으로 반환하여 L/G를 회수할 수가 없으므로 발행은행이 선박회사 앞 손해배상을 하게 될 수 있음 ※ 수입상에게는 매우 편리한 제도이나 L/G 위조사건 발생시 운송회사들이 막대한 피해를 볼 수도 있음
◈ 업무처리 흐름
① L/G 발급 신청서, 선하증권 사본 또는 항공화물운송장 사본, 상업송장 사본 등 ② L/C 방식 : 신용장 발행시 발행은행이 채권보전조치를 취한 경우에는 L/G 발행시에 별도의 채권보전조치가 추가적으로 요구하지 않음 ③ D/P · D/A 방식 : L/G 발행은 새로운 지급보증, 즉 선박회사에 대한 L/G 발행은행의 채무가 발행하기 때문에 채권보전조치를 요구함 ④ L/G의 발행단위는 B/L 또는 AWB 단위로 발행함. 무신용장방식으로 추심은행이 분할 결제를 허용하는 경우와 BWT(보세창고도 수입거래)인 경우에는 분할발급이 가능함
◈ 수수료
① L/G 발급시에는 수입어음 결제대금조의 수입보증금 적립을 요구함 • 일람지급 : L/G 발행시 적립 • 기한부지급 : 예정만기일(L/G 발행일에 기한부지급기간을 가산한 날). 다만, 확정만기일이 예정만기일 이전인 경우에는 확정만기일에 적립 ② L/G 발행 수수료 : 건당 1만원

서식 7-8 수입화물선취보증서

계	결재

수입화물선취보증신청서
(Application For Letter of Guarantee)

(ㅁ 수입물품대도(T/R) 신청　　ㅁ EDI형 서비스 신청)

TO : Korea Exchange Bank

① 선박회사명(Shipping Co)		⑥ 신용장(계약서)번호(L/C NO.) :	⑦ L/G번호(L/G NO.)
		⑧ 선하증권번호 (B/L NO.)	
② 송하인(Shipper)		⑨ 선박명 (Vessel Name)	
		⑩ 도착(예정)일 (Arrival Date)	
		⑪ 항해번호 (Voyage No.)	
③ 상업송장금액(Invoice Value)		⑫ 선적항 (Port of Loading)	
		⑬ 도착항 (Port of Discharge)	
④ 화물표시 및 번호 (Nos. & Marks)	⑤ 포장수(Packages)	⑭ 상품명세(Description of Goods)	

ㅁ 본인은 위 신용장의 수입물품을 대도(T/R) 신청함에 있어 따로 제출한 외국환거래약정서 및 양도담보계약서의 모든 조항에 따를 것을 확약합니다.
ㅁ 본인은 EDI 방식에 의한 수입물품선취보증서(L/G) 발급의 경우 소정의 서비스 이용료를 납부하고 본건이 발급된 후에는 변경 또는 취소가 불가능함을 확약합니다.

본인은 위 신용장 등에 의한 관계 선적서류가 귀행에 도착하기 전에 수입화물을 인도받기 위해 수입화물선취보증을 신청하며 본인이 따로 제출한 수입화물 선취보증서(LETTER OF GUARANTEE)에 귀행이 서명함에 있어 다음 사항에 따를 것을 확약합니다.

1. 귀행이 수입화물 선취보증서에 서명함으로써 발생하는 위험과 책임 및 비용은 모두 본인이 부담하겠습니다.
2. 본인은 위 수입화물에 대하여는 귀행이 소유권이 있음을 확인하며 귀행이 수입화물선취보증서에 따른 보증채무를 이행하여야 할 것이 예상될 경우 또는 본인에 대하여 은행여신거래 기본약관 제7조의 사유가 발생할 경우에는 귀행의 청구를 받는 즉시 위 수입화물을 귀행에 인도하겠으며, 수입화물의 인도가 불가능할 경우에는 위 수입물품에 상당하는 대금으로 상환하겠습니다.
3. 본인은 위 수입화물에 관한 관계 선적서류를 제3자에게 담보로 제공하지 않았음을 확인하며, 또한 귀행의 서면 동의없이 이를 담보로 제공하지 않겠습니다.
4. 본인은 위 수입화물에 관한 관계 선적서류가 도착할 때에는 신용장 조건과의 불일치 등 어떠한 흠에도 불구하고 이들 서류를 반드시 인수하겠습니다.

년　월　일

신청인　　　㊞
주　소
T E L.

인감 및 원본확인	

서식 7-9 수입화물 선취보증서(영문)

LETTER OF GUARANTEE

Date :

TO : Korea Exchange Bank

<table>
<tr><td colspan="2" rowspan="2">① Shipping Co.</td><td colspan="2">⑥ (L/C NO.)</td><td>⑦ (L/G NO.)</td></tr>
<tr><td>⑧ (B/L NO.)</td><td colspan="2"></td></tr>
<tr><td colspan="2" rowspan="3">② Shipper</td><td>⑨ Vessel Name</td><td colspan="2"></td></tr>
<tr><td>⑩ Arrival Date</td><td colspan="2"></td></tr>
<tr><td>⑪ Voyage No.</td><td colspan="2"></td></tr>
<tr><td colspan="2" rowspan="2">③ Invoice Value</td><td>⑫ Port of Loading</td><td colspan="2"></td></tr>
<tr><td>⑬ Port of Discharge</td><td colspan="2"></td></tr>
<tr><td>④ Nos. & Marks</td><td>⑤ Packages</td><td colspan="3">⑭ Description of Goods</td></tr>
<tr><td></td><td></td><td colspan="3"></td></tr>
</table>

⑮ Whereas you have issued a Bill of Lading covering the above shipment and the above cargo has been arrived at the above port of discharge(or the above place of delivery), we hereby request you to give delivery of the said cargo to the above mentioned party without production of the original Bill of Lading.

In consideration of your complying with our above request, we hereby agree as follows :

1. To indemnify you, your servants and agents and to hold all of you harmless in respect of liability, loss, damage or expenses which you may sustain by reason of delivering the cargo in accordance with our request, provided that the undersigned Bank shall be exempt from liability for freight, demurrage or expenses in respect of the contract of carriage.
2. As soon as the original Bill of Lading corresponding to the above cargo comes into our possession, we shall surrender the same to you, whereupon our liability hereunder shall cease.
3. The liability of each and every person under this guarantee shall be joint and several and shall not be conditional upon your proceeding first against any person, whether or not such person is party to or liable under this guarantee.
4. This guarantee shall be governed by and construed in accordance with Korean law and the jurisdiction of the competent court in Korea.
   Should the Bill of Lading holder file a claim or bring a lawsuit against you, you shall notify the undersigned Bank as soon as possible.

Yours faithfully

⑯ For and on behalf of	For and on behalf of
[Name of Requestor]	[Name of Bank]
Authorized Signature	Authorized Signature

서식 7-9-1 수입화물 선취보증서(한글)

수입화물선취보증서

수신 ______________________ L/G 번호 ______________________
(선박회사명) 발행일자 ______________________

선명/항차번호		L/C 번호	발행일
선적항		송장금액	
양하항(또는 인도장소)		화물명세	
선하증권번호	발행일		
송화인			
수화인		포장개수	하인 및 번호
인수예정자			

귀사가 상기 선적화물에 관한 선하증권을 발행하였고 상기 화물이 상기 양하항(또는 인도장소)에 도착하였기에, 우리는 선하증권 원본을 제시함이 없이 상기 당사자에게 상기 화물을 인도해 줄 것을 귀사에게 요청합니다.

귀사가 상기와 같이 당사의 요청에 따를 경우 우리는 아래와 같이 합의합니다.

1. 귀사와 귀사가 지정한 고용인, 대리점 모두는 당사의 요청에 의하여 화물을 인도함으로써 발행할지도 모를 채무, 손실, 손해, 또는 비용에 대하여 면책한다. 다만, 은행은 운송계약과 관련하여 발생하는 채무, 운임, 체선료, 기타비용은 책임을 지지 않는다.

2. 상기 화물의 선하증권 원본을 입수하는 대로 귀사에게 전달하겠으며, 이때 당사의 책임은 종료된다.

3. 본 보증서상 하기 서명자 각각 모두가 단독 및 연대책임이 있으며, 귀사가 하기 서명자 중 어떤 사람에게 먼저 소송을 제기하였을 때 해당인(피고인)이 당사이든 아니든 책임이 있는 없든 그것은 조건부가 아니다.

4. 이 보증서의 준거법 및 관할법원은 한국법 및 한국법원으로 한다.

선하증권 소지인이 분쟁 또는 소송을 제기하는 경우에는 가능한 빨리 은행에 통보하여야 한다.

화 주	은 행
______________________	______________________
(서 명)	(서 명)

서식 7-10 항공화물 운송장에 의한 수입물품 인도승낙(신청)서

항공화물 운송장에 의한 수입물품 인도승낙(신청)서

(□ 수입물품대도(T/R) 신청 □ EDI형 서비스 신청)

TO : ① 주식회사 한국외환은행 앞

② 운 송 회 사 명		
③ 신용장(계약서) 번호		
④ 운 송 장 번 호		(발급일 :)
⑤ 상 업 송 장	번호	
	금액	

⑥

□ 본인은 위 신용자의 수입물품을 대도(T/R) 신청함에 있어 따로 제출한 외국환거래약정서 및 양도담보계약서의 모든 조항에 따를 것을 확약합니다.

□ 본인은 EDI 방식에 의한 수입물품선취보증서(L/G) 발급의 경우 소정의 서비스 이용료를 납부하고 본건이 발급된 후에는 변경 또는 취소가 불가능함을 확약합니다.

본인은 위 내용의 수입과 관련된 항공화물인도승낙을 신청함에 있어 다음 사항에 따를 것을 확약합니다.

1. 은행이 수입물품 인도승낙서를 발급함으로써 발생하는 위험과 책임 및 비용은 모두 본인이 부담하겠습니다.

2. 본인은 위 수입물품에 대하여 은행에 소유권이 있는 것으로 확인하고, 담보권 실행을 위하여 은행이 요구한 경우에는 수입물품을 지체없이 은행 또는 은행이 지정한 자에게 인도하겠으며 수입물품의 인도가 불가능한 경우에는 위 수입물품에 상당하는 대금으로 상환하겠습니다.

3. 본인은 은행의 서면동의 없이는 수입물품 및 관련 서류를 담보로 제공하지 않겠습니다.

4. 본인은 위 수입물품에 관한 항공화물 운송서류가 도착할 때 신용장 조건과의 불일치 등 어떠한 하자에도 불구하고 반드시 지급 또는 인수하겠습니다.

년 월 일

⑦ 본 인 : ㊞

주 소 :

앞 발급번호 :

상기 신청내용과 같이 수입물품을 인도할 것을 승낙합니다.

년 월 일

⑧ 승락권자 **한국외환은행장** ㊞

⑨ ※첨부서류 명세

□ 항공화물운송장 □ 상업송장 □ 포장명세서 □ 원산지증명서

□ 검사증명서 □ 기타( )

7. 수입 담보화물 대도(선인도) 신청서(선적서류 수령증 겸용)

1) 개요

신용장발행은행(issuing bank)이 신용장을 발행하여 수익자(beneficiary)에게 통지하면 수익자는 약정된 상품을 선적한 후 제반 선적서류(shipping documents)를 준비하여 매입은행(negotiating bank)에 매입을 의뢰하여 대금을 회수하고 매입은행은 동 서류를 발행은행에 송부하면서 신용장에서 지시하는 대로 상환을 청구한다.

수입화물대도(輸入貨物貸渡; Trust Receipt: T/R)란 신용장발행은행이 수입대금을 결제하면서 담보로 취득한 수입화물에 대하여 소유권만 보유하고 수입자가 수입대금을 결제하기 이전에 수입물품을 통관하여 제조·가공·판매 등을 할 수 있도록 하기 위한 신용장 발행은행 앞으로의 "수입화물의 신탁적 양도" 행위를 의미한다.

일람출급 환어음(Sight Bill) 거래에서 선적서류가 도착하면 발행의뢰인은 대금을 지급하여야만 서류를 수령할 수 있지만 발행은행이 발행의뢰인 앞으로 금융을 제공하는 경우에는 결제대금을 동 금융으로 지급하고, 수입대금 결제에 충당한 대금은 발행의뢰인에 의하여 일정한 기간 후에 상환받게 된다.

이와 같은 제도 아래에서는 소위 자동결제기능이 있으므로 수입화물을 담보로 취득하게 된다. 또 여기서 수입화물을 통상의 담보와 같이 취급하게 되면 발행의뢰인이 수입하는 본래의 목적을 달성할 수 없으므로 특별한 조치가 필요하다. 또 은행 입장에서도 동 수입화물을 창고 등에 장치하게 되면 창고료, 보험료 등의 비용부담만 발생하고 아무런 이득이 전혀 없다.

따라서 은행은 소유권만 보유하고 의뢰인이 본래의 목적을 달성할 수 있도록 수입물품을 통관하여 제조 · 가공 · 판매 등을 할 수 있도록 하는 제도가 수입담보화물대도(輸入貨物貸渡 : T/R) 제도이다.

한편, 금융의 내용에 따라 수입화물대도(輸入貨物貸渡; Trust Receipt: T/R)는 여러 가지의 유형으로 구분할 수 있다. 즉 ① 원자재수입금융에 따른 수입화물대도(T/R)로 수출용 원자재를 수입하는 때에 금융혜택을 주는 것 ② 인수금융에 따른 수입화물대도(T/R)로 해외은행인수(overseas bank's acceptance) 또는 내국수입유산스(domestic bank's usance)에 따른 것 ③ 할부지급 방법의 수입에 따른 수입화물대도(T/R)로 기한부거래나 착수금을 먼저 지급하고 잔액은 일정 기간에 균등분할 상환하여야 하는 신용공여에 따른 것 ④ 수입화물대도금융(T/R loan) 또는 "T/R Facility"에 따른 수입화물대도(T/R)로 일반수입에 있어서 소정의 기간동안 수입화물대도(T/R) 약정에 따라 신용을 공여하는 것 ⑤ 외화대출에 따른 수입화물대도(T/R)로 신용장 발행은행이 조성한 외화자금 또는 국내의 외국은행의 국내지점이 외화자금으로 대출하는 것 ⑥ 차관자금 또는 "Bank Loan"에 따른 수입화물대도(T/R)로 외국에 있는 금융기관 또는 회사 등이 공여하는 차관과 외국은행이 제공하는 "Bank Loan"에 따른 수입화물대도(T/R)이 있다.

2) 발행근거 및 발행범위

① 수입담보화물대도 신청서
② 수입담보화물처분약정서(공증인의 확정일자가 있어야 함)
③ 선하증권(bill of lading) 사본
④ 상업송장(commercial invoice) 및 포장명세서(packing list) 사본
⑤ 신탁양도증서(공증인의 확인일자가 있어야 함)
⑥ 기타 수입신용장, 수입승인서 사본 등

3) 작성요령

수입화물 대도(Trust Receipt : T/R) 신청서 양식은 은행별로 약간씩 달리하므로 거래은행 홈페이지를 검색하여 거래은행의 양식을 Down받아 사용하시기 바랍니다.

① 신용장 번호(L/C No.)
수입담보화물 대도 신청에 해당하는 물품을 수입하기 위해 수입자가 금융기관에서 발행하였던 수입신용장의 번호를 기재하며, 수입담보화물 대도 신청의 신용장 번호와 선하증권의 본문, 상업송장, 포장명세서 등에 기재되어 있는 수입신용장의 번호와 일치하여야 한다.

② 선적서류(Shipping Documents)
신청서에 첨부되는 서류를 기재하며 통상 Bill of Lading, Commercial Invoice, Packing List가 주로 첨부되며 수입신용장 발행시 특별히 요구한 서류이다.

③ 선하증권(Bill of Lading)
수입담보화물 대도 신청인은 수입담보화물 대도 신청을 하고자 하는 물품에 해당하는 선하증권(B/L) 본문에 기재되어 있는 증권의 번호, 증권발행인과 증권발행일자를 일치하도록 기재하여야 한다.

④ 송장금액(Invoice Amount)
수입담보화물 대도 신청에 해당하는 수입화물에 대한 송장금액을 기재하며 당해 물품에 대해 송장이 여러 장으로 발행된 경우에는 그 합계금액으로 기재한다. 간혹 한 송장에 선하증권이 여러 장으로 발행되는 경우가 있는데 이 경우에는 선하증권에 해당하는 금액만 기재하는 것이 아니고 송장금액 전액을 기재한다.

⑤ T/R금액(T/R Amount)
수입담보화물 대도 신청에 해당하는 수입화물의 해당 금액을 말하며 해당 선하증권의 물량에 해당하는 송장의 금액과 일치해야 한다. 금액 기재는 수입외화 금액을 기재하며 원화 환산액은 수입담보화물 대도 신청 당일의 대고객 전신환 매도율(T/T Selling rate)을 적용한다.
예) T/T금액 : US$100,000(원화 환산액) ₩115,000,000 ⓐ1,150

표 7-6 수입화물대도(T/R) 요약

◈ 의 미
① 수입화물대도(Trust Receipt : T/R) 또는 운송서류대도란 발행은행이 수입화물에 대한 담보권과 소유권을 유지하면서 수입상이 수입대금을 결제하기 전에 수입화물을 처분할 수 있도록 하는 제도임. 즉 T/R이란 수입상이 수입대금결제를 하지 않은 상태에서 발행은행이 수입화물을 인도하여 줌으로써 수입상으로 하여금 적기에 화물을 처분하여 약정기일에 수입대금을 결제할 수 있도록 편의를 제공하는 것임 ② 이러한 대도행위가 이루어지려면 위탁자인 은행은 수탁자인 수입상을 전적으로 신뢰하는 경우라야 가능하게 됨. 화물을 인수받은 수입상은 그 화물을 신속하게 처분하여 대금을 은행에 변제해야 하므로 그 화물을 타인에게 판매할 수 있는 자이어야 하며, 그것을 다시 다른 사람에게 담보로 제공해서는 안 됨
◈ T/R의 활용
① 일람지급신용장에 의한 수출용 원자재 수입대금의 무역금융 결제시 무역금융을 활용하여 수입대금을 결제하는 경우에는 비록 신용장에 의한 채무가 종결되었다 하더라도, 무역어음대출로 인한 또 다른 신용공여가 지속적으로 이루어지게 됨. 따라서 융자금의 상환시까지 수입상이 부담하여야 하는 무역금융 채무의 담보조로 T/R 약정을 체결하게 됨 ② 일람지급신용장에 의한 내수용 일반재 수입대금의 T/R Loan 결제시 내수용 일반재 수입의 경우에는 무역금융의 혜택을 받을 수 없는데, 발행은행은 별도의 수입결제자금대출을 통하여 수입상이 기한의 혜택을 받을 수 있도록 하여 기한부 신용장과 동일한 효과를 거두게 할 수 있음. ③ 기한부신용장에 의한 수입화물 인도시 • Shipper's Usance Credit : 발행은행은 수입환어음을 인수함으로써 어음발행인(수출상)에 대하여 만기에 대금을 지급할 의무를 부담하게 됨. 따라서 발행은행이 발행의뢰인에게 선적서류를 인도할 때 인수보증 채무에 대한 담보조로 T/R을 활용함 • Overseas Banker's Usance Credit : 신용장에 근거하여 발행된 기한부환어음을 해외의 은행이 인수 · 할인하여 그 대금을 지급하여 발행은행에 여신을 공여하게 되고, 한편 발행은행은 이러한 채무를 부담하면서 발행의뢰인(수입상)에 대해 만기일까지 대금결제를 유예하여 줌으로써 또 다른 신용을 공여하게 됨. 발행은행은 당해 환어음의 만기일에 해외의 인수은행에 대해 그 대금을 지급하여야 할 채무를 부담하게 되며, 따라서 선적서류를 인도할 때에는 그에 대한 담보조로 T/R을 활용함 • Domestic Banker's Usance Credit : 이 경우에도 발행의뢰인이 발행은행으로부터 선적서류를 인도받을 때에는 발행은행의 환어음 인수 및 할인에 대한 채무의 담보조로 T/R을 활용함 ④ 수입화물선취보증서에 의한 수입화물 인도시 L/G에 의해 수입대금의 결제 이전에 먼저 화물을 인도받기 위해서는 그에 대한 담보조로 수입보증금을 적립하여야 하는 것이 원칙임. 수입보증금의 적립을 면제하는 경우에 발행은행은 보증채무를 담보받을 수 없게 되어 그 담보조로 T/R을 활용함
◈ 제출서류
① 수입화물대도 신청서 ② 선하증권 사본 ③ 상업송장 사본 ④ 포장명세서 사본

서식 7-11 수입화물대도(T/R) 신청서

<table>
<tr><td colspan="9" rowspan="2">수입화물대도(T/R) 신청서

한국외환은행 앞</td><td>계</td><td>대리</td><td>차장</td><td>부점장</td></tr>
<tr><td></td><td></td><td></td><td></td></tr>
<tr><td colspan="13">본인은 아래 신용장 등에 의하여 도착된 수입화물을 대도 신청함에 있어서 은행여신거래 기본약관, 따로 제출한 수입거래약서 및 양도담보 계약서의 모든 조항에 따를 것을 확약합니다.</td></tr>
<tr><td>① 선하증권 기타</td><td colspan="12">번호 :
발행일 :
발행인 :</td></tr>
<tr><td>② 대도 (T/R)금액</td><td colspan="12">금 액 : US$

(원화 :)</td></tr>
<tr><td>③ 신용장 등</td><td colspan="12">번 호 :
금 액 : UC$
발행인 :</td></tr>
<tr><td>⑦ 물품 명세</td><td colspan="12">물품명 :
수 량 :
단 가 :
금 액 : UC$
화물표시 및 번호 :
선적항 :
도착항 :
도착(예정)일 :
선 명 :</td></tr>
<tr><td>⑧ 선적서류</td><td>선하 증권</td><td>항공화물 운송장등</td><td>상 업 송 장</td><td>보 험 서 류</td><td>포 장 명세서</td><td>원산지 증명서</td><td>중량용적 증 명 서</td><td>검 사 증명서</td><td colspan="4">기타</td></tr>
<tr><td>통 수</td><td></td><td></td><td></td><td></td><td></td><td></td><td></td><td></td><td colspan="4"></td></tr>
<tr><td colspan="13">년 월 일

신청인 ㉿
주 소

인감대조</td></tr>
</table>

Chapter

08 무역운송계약 체결

제1절 해상운송

1. 개요

수출품의 제조가 완료되면 수출업자는 계약내용에 따라 정해진 기일이내에 물품을 선적하여야 하며, 수출계약조건이 CIF일 경우에는 수출업자의 책임으로 해상적하보험에 부보해야 한다. 선적과 관련하여 최근의 운송유형은 일반적으로 해상운송(海上運送)과 항공운송(航空運送) 중심에서 항로(航路)와 육로(陸路)를 연결하는 복합운송(複合運送)으로 발전하고 있으며 이러한 추세는 러시아를 비롯한 동구권(東歐圈)의 개방과 때를 맞추어 더욱 중요시되고 있다.

2. 운송의 기본지식

1) 매매조건과 선적의무

통상 화물을 운송할 선박을 수배하는 자는 해당 선박회사에 운임을 지급하는 화주이다. 상품 매매의 대금결제조건이 CIF 또는 CFR조건일 경우에는 수출업자가, FOB조건일 경우에는 수입업자가 운송선박을 수배하여야 한다. 물론 수출업자와 수입업자의 거래관계, 상황에 따라 상대의 요청에 의해 FOB조건임에도 불구하고 수출업자가 선박수배를 주선해 주는 경우도 있다. 선적은 해상운송의 본선적재(loading on board), 항공 또는 철도운송의 발송(dispatch) 및 복합운송의 운송인의 수탁(taking in charge) 등을 포괄하는 개념이다.

무역계약 체결시 계약 당사자인 수출업자와 수입업자는 운송에 관한 지식을 가지고 선적조건을 협의해야 하며, 일반적으로 선적조건에 포함되는 내용으로 선적기일(S/D : shipping date), 선적항(POL : port of loading), 도착항(POD : port of discharge), 분할선적(partial shipment) 및 환적(T/S : transhipment) 여부 등을 정하게 된다.

선적기일은 최종 선적일(latest shipping date)을 말하며 신용장거래에서 선적기일이 정해져 있지 않은 경우 신용장 유효기일(E/D : expiry date)을 선적기일로 보며, 일반적으로 선적일의 입증은 선하증권상 본선적재일(on board date) 및 선하증권 발행일(B/L date)로써 한다. 실무적으로 주의할 것은 S/D는 연장되지 않기 때문에 S/D가 공휴일인 경우 당일 또는 전일까지 선적을 완료하고 선하증권을 발급받아야 한다는 점이다.

그림 8-1 무역거래 담당자 및 운송인간의 서류의 흐름

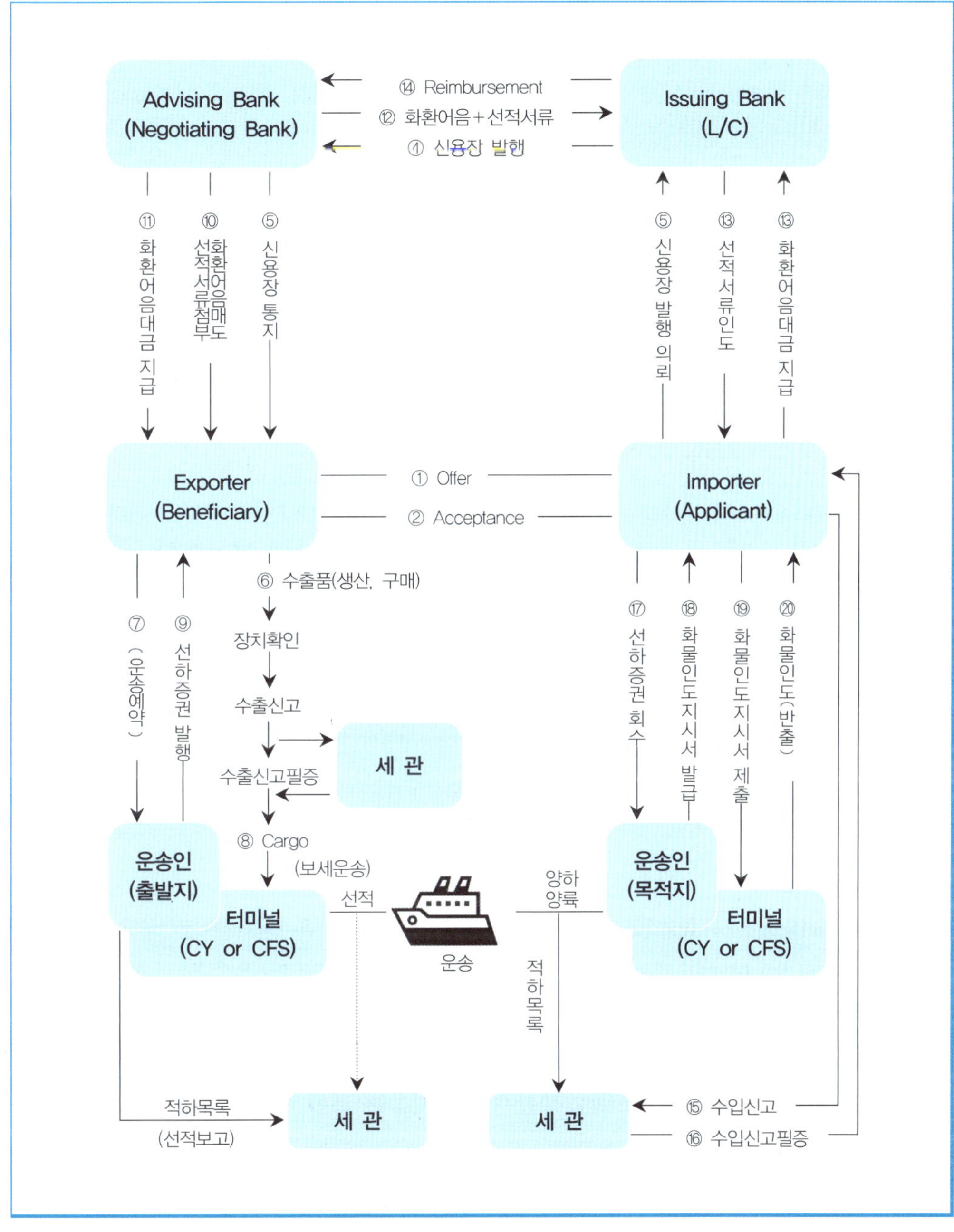

2) 수출입화물의 운송형태

무역화물운송은 일반적으로 항공기(Aircraft)나 선박(Ship)을 주로 이용한 해상운송(Marine Transportation)과 항공운송(Air Transportation)으로 이루어지지만, 최근에는 복합운송(Multimodal or Combined Transportation)방식이 많이 이용되고 있다.

◈ 해상화물운송(marine cargo transportation)

해상운송은 화물운송선에 의하여 화물을 운송하는 방식으로 주로 대량화물이나 또는 저렴한 운임으로 운송하고자 하는 경우에 주로 이용된다. 전자제품이나 잡화 등과 같은 일반화물의 대부분은 컨테이너화되어 컨테이너로 운송되며 운송경로와 운임이 미리 정해져 있는 정기선(liner) 운송과 운송수요에 따라 운행되는 부정기선(tramper) 운송이 있다.

◈ 항공화물운송(air cargo transportation)

항공운송은 항공기에 의하여 공로를 통하여 화물을 운송하는 방식으로, 시장전략과 경쟁력 증대 방안 등의 이유로 긴급물품이나 소량화물, 고부가가치제품인 전자제품, 신선도를 유지할 필요가 있는 활어, 어패류, 꽃 등의 운송에 이용되고 있어 항공운송의 점유율이 점차 증가하고 있다. 항공기에 의한 화물운송의 가장 중요한 특징은 화물의 적기인도(just-in-time delivery)를 통한 운송시간 단축이며, 이외에도 해상운송과 육상운송에 비하여 진동이 적어 포장을 간단하게 할 수 있어 포장비용이 저렴한 것이 특징이다.

◈ 육상운송(land transport)

육상운송은 철도나 자동차에 의한 육로운송을 말하는데, 철도는 대량화물의 원거리 운송에 운임이 저렴하여 경제적이며 안전 수송의 장점이 있고, 자동차 운송은 운송의 시작과 도착을 마감하는 중요한 운송수단으로 철도운송의 보조적인 수단으로 출발하여 FCL화물과 LCL 화물의 운송에 이용되고 있을 뿐만 아니라 철도운송보다 신속하고 저렴하여 해상운송과의 연계에서 많이 활용되고 있다.

◈ 복합운송(multimodal transport)

복합운송은 독립된 복합운송인이 단일의 운송계약으로 복합운송서류를 발행해서 운송의 전 과정에 대해 하주에 대하여 책임을 지고, 동시에 복합운송인은 각 운송구간에 대해 하청운송인 내지 실제운송인에 각각의 운송수단에 의한 운송의 수행을 위탁하여 이루어지는 운송방식이다. 국제복합운송은 규격화된 컨테이너를 사용함으로써 해상운송에 있어서 문전에서 문전(door to door)까지의 운송을 가능하게 하는 컨테이너운송이 급속하게 발전하고 있는 운송방식이다.

3. 해상운송 형태

해상운송(shipping by sea, ocean transportation)은 선박을 운송수단으로 해상에서 이루어지는 운송을 의미하며, 상선(商船)에 의하여 국제간의 물품의 운송을 뜻한다.

운송인은 무역상품의 국제간 이동을 책임지는 자로서 운송수단에 따라 해상운송의 경우는 해상운송인(ocean carrier), 항공운송의 경우는 항공운송인(air carrier), 육상운송의 경우는 육상운송인(overland carrier), 복합운송의 경우는 복합운송인(multimodal transport operator) 등으로 분류될 수 있다.

또한 운송인은 선박을 보유하고 있는 선박회사와 선박을 보유하지 않은 운송주선업자(forwarder)가 있다. 화주는 선사와 직접 운송계약을 체결한 후 선하증권을 발급받기도 하고, 운송주선업자와 운송계약을 체결할 수도 있다. 화주가 만약 Forwarder와 운송계약을 체결하면 Forwarder는 선사와 다시 운송계약을 체결하여 선복(船腹, ship's space)을 수배한다. Forwarder는 화주와 실제운송인(actual carrier)인 선사(船社) 사이에서 화주에게는 운송인으로서의 역할을 수행하는 계약운송인(contractual carrier)이며, 선사에게는 송화인으로서 화주의 입장이다.

1) 정기선(liner) 운송

정기선(liner)이란 선박회사가 동일항로에 정기적으로 왕복 운항하는 경우를 정기선 운송이라 한다. 특징으로는 ① 사전에 작성·공포된 운항일정(sailing schedule)에 의해서 특정한 항로만을 왕복운항하며 ② 불특정다수 하주의 완제품 및 반제품 등의 수송을 수요 대상으로 하고 ③ 고정된 항로(route), 운임요율표(freight tariff) 등에 의하여 평등한 서비스를 제공하는 것이다. 우리나라가 취항하고 있는 정기선 항로는 ㉮ 한일항로, ㉯ 동남아항로, ㉰ 북미주항로, ㉱ 중동항로, ㉲ 유럽항로, ㉳ 호주항로, ㉴ 홍해·지중해항로, ㉵ 아프리카항로, ㉶ 중남미항로 등이다.

2) 부정기선(tramper) 운송

정기선의 경우 화물이 선박을 찾아오는 데 반해서, 부정기선(tramper)의 경우 선박이 화물을 찾아간다고 할 수 있으며, 즉 화주가 요구하는 시기와 항로에 선복을 제공하는 운송형태로 ① 고정된 운항일정과 항로가 없으므로 항로의 자유선택이 가능하며 ② 대량의 화물(bulk cargo) 등의 수송을 주요 대상으로 하고 ③ 운임이 그 당시의 수요와 공급에 의한 완전경쟁으로 운임을 결정하게 된다는 특징을 갖고 있다.

표 8-1 정기선운송과 부정기선운송의 비교

구 분	정기선운송	부정기선운송
선 박	정기선(컨테이너선)	부정기선(전용선, 겸용선)
조 직	대형조직	소형조직
운항형태	규칙성(고정항로, 운항일정에 의한 규칙적 운항)	불규칙성(지역별, 시기별 불규칙적 운항)
화 물	다수화주의 소량화물, 공산품 등의 일반화물, 컨테이너화물, 포장화물	단일화주의 산화물 (원유, 철광석, 석탄, 곡물, 시멘트 등)
운 임	공시운임(tariff)	변동운임(수요와 공급)
운송계약	개품운송계약(선하증권)	용선운송계약(용선계약서)

4. 해상화물의 운송계약

해상운송계약(contract of carriage of goods by sea)이란 운송을 의뢰하는 화주(shipper)의 청약에 대한 운송인의 승낙으로 성립한 운송에 대한 합의로서 운송인(carrier)은 운임 또는 용선료의 지급과 상환으로 수출국의 일정장소에서 수입국의 일정장소까지 화물을 운송하여 화물에 대한 권리자에게 인도할 것을 내용으로 하는 계약을 의미한다. 화물운송의 형태는 개개의 운송물품을 계약의 목적물로 하는 개품운송계약과 선박의 일부 또는 전부를 계약의 목적으로 하는 용선운송계약이 있다.

1) 개품운송계약(contract of affreightment in a general ship)

정기선(liner)인 선박회사가 다수의 화주로부터 개개의 물품을 대상으로 개별적으로 운송계약을 체결하는 것을 개품운송계약(個品運送契約)이라 하며, 일반적으로 선박회사가 불특정 다수의 화주로부터 화물운송을 위탁받아 이들 화물을 분류하여 목적지별로 화물을 혼재(consolidation)하여 컨테이너에 적입한 후 정기항로에 취항하는 정기선을 통하여 운송하는 형태이다.

개품운송 계약은 화주와 운송인간의 권리와 의무를 약정하는 것으로서 운송실무상 일반적으로 운송계약은 송화인(shipper)이나 그 대리인인 국제물류주선인이 운송인인 선박회사가 사전에 작성 · 공포된 항해일정표(sailing schedule)에서 항로별 선박명, 출항예정일(expected time of departure ; ETD) 및 도착예정일(expected time of arrival ; ETA) 등을 참조하여 화물의 준비상황, 매매계약상의 선적일(shipping date), 화물특성에 맞는 선박종류 등을 고려하여 선박을 선정한 후 운송인에게 선복요청서(shipping request : S/R)를 제출하거나 또는 구두, 전화 및 기타의 방법(fax 및 e-mail 등)으로 선복(ship's space)의 예약을 의뢰하고 선박회사가 이를 승낙(booking)함으로써 계약이 체결된 것으로 인식되고 있다. 다만 선박회사에서 운송계약의 증거로 물품을 선적하게 되면 정형화된 양식인 선하증권(Bill of Lading ; B/L)을 발행함으로써 이면에 인쇄되어 있는 운송약관이 화주와 운송인간에 운송계약의 증빙으로서의 역할을 한다.

2) 용선운송계약(contract of affreightment by charter party)

용선운송계약(傭船運送契約)이란 타인소유의 선박을 세내어 일정한 조건을 정하여 차용(借用)할 때의 계약을 말한다. 즉, 송하인이 선주(shipowner)로부터 선박 또는 선복(ship's space)의 전부 또는 일부를 빌려 화물을 운송하고자 하는 경우에 체결하는 계약을 의미하며, 선주가 제공한 선박의 전부나 일부의 선복에 의하여 화물을 운송할 것을 약정하고 이에 대하여 보수를 지급할 것을 약정하고, 이에 대하여 보수를 지급할 것을 약속하는 해상운송방법을 말한다.

용선계약에 이용되는 화물은 특수한 화물로서 곡물, 석탄, 원목, 광석 등 1회의 적하가 대량일 때에 이용되며, 부정기선을 사용하는 것이 일반적이다. 부정기선 화물을 운송할 때에는 용선계약서(charter party)가 작성되며, 용선계약서는 정기선의 경우와 달리 운송인 측에 의해 일방적으로 인쇄된 양식을 사용하는 것이 아니고, 당사자간에 충분한 합의를 거쳐 작성된다. 특히 유의할 것은 화물수량의 표시, 선적일시, 하역일시, 체선관계 등 상당히 전문적인 지식 내지는 경험을 필요로 하므로 관련 해운회사의 조언을 받거나 용선중개인(chartering broker) 또는 변호사의 협조를 받는 것이 좋다. 용선운송계약은 일부 · 전부용선계약(partial·whole charter)으로 구별되고, 전부용선계약(whole charter)은 다시 항해용선계약(voyage charter) · 기간용선계약(time charter)으로 구분되며, 특수한 형태의 나용선계약(bareboat charter)이 있다.

표 8-2 개품운송계약과 용선운송계약의 비교

구 분	개 품 운 송 계 약	용 선 운 송 계 약
운송형태	불특정다수의 하주로부터 개별적으로 운송요청을 받은 개개 화물형태로 운송함	특정의 단일하주의 특정 화물을 선적하기 위해 선박의 선복을 빌려주는 형태로 운송함
신 박	정기신(liner vessel)	부정기신(tramper)
화 물	주로 컨테이너 화물 및 기타 유니트화물(Unit Cargo)	원유, 철광석, 석탄, 곡물 등 대량 산화물(bulk cargo)
계약서	선하증권(B/L)이 발급됨으로써 최종적으로 확실한 계약서 역할	하주가 직접 여러 가지 조건을 운송인과 협의하여 용선계약서(C/P)를 교환
운 임	Tariff Rate(공표된 운임)	Open Rate(수급관계에 따라 변동)
운임조건 (선내하역비)	Berth Term=Liner Term	FIO, FI, FO

5. 정기선 운송(Liner Shipping)

1) 정기선 운송의 의의

정기선(liner, regular liner)은 정기항로에 취항하고 있는 선박을 말하며, 정해진 기항항(寄港港) 사이를 정해진 운항일정에 따라 항해하여 주로 일반포장화물(general cargo)을 운송하며, 이 정기선을 운항하는 해운업자를 정기선사(Line : liner shipping company)라고 한다. 정기선은 컨테이너 화물전용의 컨테이너선과 재래화물선 및 다목적선으로 분류하는데 오늘날 주요한 정기항로에는 컨테이너선이 투입된다.

정기선운송(liner shipping)은 무역화물을 운송할 때에 정기선을 이용하는 것을 말하는데, 주로 완제품이나 반제품 등의 일반포장화물(general cargo)을 운송한다. 현재 포장화되고 단위화된 무역화물의 대부분은 정기선운송을 통해 이루어지고 있다.

2) 정기선 운송의 특징

정기선운송은 항해일정을 공시하여 일반화물의 운송을 인수하기 때문에 부정기선운송에서와는 다른 ① 특정의 항로 혹은 구간이 사전에 정해져 정기적으로 발착하고 일정한 동형선(同型船)이 배선되므로 화물이 많든 적든 반드시 취항하며, ② 운송화물의 대상은 주로 소량의 일반화물이므로 운임은 미리 운임표(tariff)에 의하여 공시되므로 운송수요량에 따라 운임이 변동이 심하지 않다는 등의 특징을 갖고 있다.

3) 정기선의 운임

(1) 정기선운임의 구성

정기선 운임은 일반적으로 정기선 운송시 항로별로 해운동맹이 결성되어 있어 요율표(tariff)를 보유하고 있으나 역외선사(outsiders)와의 경쟁으로 인해 실제로 선사가 징수하는 시장운임(market rate)은 표준운임(tariff rate)보다 낮은 경우가 대부분이며 시황에 따라 변동폭도 크다. 정기선 운임은 기본적으로 기본운임(basic rate)과 화물의 형상, 항만사정, 화물의 특수성, 항해 여건상의 사유 등에 따라 부과되는 할증료(surcharge) 및 기타 추가요금(additional charge) 등으로 구성되는 것이 보통이다.

『해상운임(ocean freight) = 기본운임(basic rate) + 부대요금(할증료 + 추가요금)』

(2) 정기운임의 계산방법

운임은 화물의 모양, 성질 등에 따라 산정되며 그 기준은 일단 운송인에게 유리한 쪽으로 적용된다는 점이 가장 큰 특징이다. 예를 들어 정기선 운임은 운송인에게 중량기준이 유리하면 중량을 적용하고 부피(용적)이 유리하면 용적을 적용한다.

① 화물의 중량기준(weight basis)

중량(weight)을 기준으로 운임을 계산하는 방법으로 1,000kg의 중량을 의미하며, 통상 Metric Ton(M/T)이라고 하며, 1,000 kg은 1 Kilo Ton이라고 한다. 용적은 작지만 중량이 높은 화물, 예컨데 철강제품이나 화학제품 등은 중량을 기준으로 하여 운임이 책정된다. 중량기준 화물도 1 Long Ton=2,240lbs(1,016kg), 1 Short Ton=2,000lbs(907kg), 1 Metric Ton=2,204lbs(1,000kg) 등의 톤 중에서 어느 것을 사용하느냐 하는 것은 선적지역이나 화물종류에 따라 각각 다르지만 실무상 Metric Ton이 보편화되어 있다.

② 화물의 용적기준(measurement basis)

일반화물은 용적을 재는 단위는 Cubic Meter(CBM)로 1㎥(1m × 1m × 1m)를 1 Ton으로 하는 용적 Ton(Measurement Ton : M/T)을 기준으로 운임률이 정해지며, 용적에 의하여 계산되는 운임을 용적운임(measurement freight)이라 하고 그러한 화물을 통상 용적화물(measurement cargo)이라고 한다. 통상 선박회사는 중량톤 또는 용적톤 중 운임수입이 많은 쪽을 운임징수의 기준으로 하는 선택권을 갖고 있어 이때 운임징수 기준으로 사용하는 Ton을 Freight Ton 또는 Revenue Ton(R/T)이라고 한다. 화물의 포장명세서(packing list), 선적요청서(shipping request : S/R) 등에 중량과 용적의 두 가지 중 어느 쪽이든 높은(큰) 쪽의 톤 수가 운임산정의 기준이 된다.

③ 종가단위(ad valorem)

보석이나 예술품, 희귀품 등에 대해서는 보통 상품가격의 2~5% 정도의 일정비율을 할증·추가하여 운임으로 결정하는 경우가 있는데 이를 종가운임(ad valorem freight or ad valorem rate)이라고 하며 정기선 운임에서만 통용되는 계산기준이다.

④ 박스 레이트(box rate)

컨테이너 내부에 넣는 화물의 종류나 중량에 상관없이 무조건 컨테이너 하나 당 얼마라고 하는 식으로 운임을 책정한 운임을 말하며, BOX Rate는 상품종류에 상관없이 적용하는 품목별 무차별 운임(FAK : Freight All Kinds Rate)과 상품을 몇 등급으로 분류하여 적용하는 등급운임(Class Box Rate), 상품을 몇 품목으로 분류하여 적용하는 품목별운임(CBR : Commodity Box Rate)이 있다.

(3) 해상운임의 종류

① 지급시기에 따른 분류

㉮ **선불운임(freight prepaid)** : CIF 또는 CFR 조건에 의한 수출의 경우 수출상이 선적지에서 운임을 선불하는 경우로서 선사는 B/L 발급시 운임을 징수하게 된다.

㉯ **후불운임(freight collect)** : FOB조건의 경우 수입상이 화물의 도착지에서 운임을 지급하는 경우로서 수입상이 운임을 완불하지 않으면 선사는 CY나 보세창고에서 화물을 찾을 수 있는 화물인도지시서(D/O : Delivery Order)를 발행하여 주지 않는다.

② 부과방법(산정기준)에 따른 분류

㉮ **종가운임(ad valorem freight)** : 귀금속 등 고가물품의 운송에서 화물의 가격을 기초로 하여 이의 일정률을 운임으로 징수하는 경우의 운임이다.

㉯ **최저운임(minimum all kinds rate)** : 운임은 일정단위(CBM 또는 Ton)를 기초로 부과되는데 화물의 용적과 중량이 일정기준 이하(1CBM)일 경우의 운임이다.

㉰ **차별운임(discrimination rate) 및 무차별운임(FAK : freight all kinds rate)** : 화물, 장소, 화주에 따라 운임을 차별적으로 부과하는 차별임과 운송거리를 기준으로 일률적으로 부과하는 차별운임과 운송거리를 기준으로 일률적으로 운임을 책정하는 무차별운임(FAK Rate)이라고 한다.

㉱ **중량(weight)기준 운임** : 실제 중량(ton)을 기준으로 한 운임

㉲ **용적(measurement)기준 운임** : 실제중량에 비하여 요적이 큰 경우, 용적(CBM)을 기준으로 부과하는 운임

㉳ **운임톤(R/T : Revenue Ton)** : 기본운임(basic rate)은 중량(weight) 또는 용적(measurement) 단위로 책정되며 2가지 중 운임이 높은 쪽이 실제운임으로 결정된다. 이러한 실제 운임을 운임톤(revenue ton)이라 한다.

③ 운송완성도에 의한 분류

운송의 완성 여부에 불구하고 전액을 지급하는 전액운임, 그 완성도에 따라 지급되는 비교운임 및 하주가 계약한 수량보다 실제 적게 적재한 양, 즉 선적 부족분에 대해서도 지급되는 부적운임(不適運賃 : dead freight) 등이 있다.

④ 하역비부담에 의한 분류

화물의 적양하역(積揚荷役) 비용을 누가 부담하느냐에 따라 ① Berth Terms(B/T), ② Free In and Out(FIO) ③ Free In(FI) ④ Free Out(FO) 등이 있다.

㉮ Berth Terms(liner terms) : 화주가 화물을 선측까지 운송하여 선주에게 인도하면, 선주가 화물을 Tackle에 걸어서 선적하면서부터 하역비와 화물손상비를 부담한다. 동 조건은 화주의 하역비 부담이 적다. 통상 정기선은 이 Berth Terms 조건으로 운임이 책정되므로 "Liner Terms"라고도 한다.

㉯ Free In(FI) : 본선 내로의 적재 하역비와 그 사이의 손해비용은 선주가 부담하지 않는다.

㉰ Free Out(FO) : 본선에서 화물을 양하할 때 양하 하역비와 그 사이의 화물 손상비용은 선주가 부담하지 않는다.

㉱ Free In & Free Out(FIO) : 적양 하역비는 모두 선주가 부담하지 않는다.

⑤ 특수운임

㉮ **특별운임**(special rate) : 이 운임은 해운동맹이 비동맹과 화물유치경쟁을 할 때 일정한 화물에 대해 일정조건을 갖춘 경우 정상요율을 인하하여 특별요율로 화물을 인수하는 수단으로 사용되는 운임이다.

㉯ **경쟁운임**(open rate) : 정기선요율에 있어서 자동차, 시멘트, 비료, 광산물과 같은 선적단위가 큰 대량화물은 해운동맹이 비동맹보다 경쟁력이 약하다. 이 경우 해운동맹은 이들 대량화물에 대해서는 요율을 별도로 정하지 않고, 그 동맹가입선사(member)가 임의로 적용하여 경쟁력을 높이고 있는데, 이들 품목을 Open Rate Cargo라고 하며, 이때 적용되는 운임을 경쟁운임이라 한다.

㉰ **접속운임**(OCP Rate) : 북미내륙의 육상운송의 종착역에 해당하는 OCP지역으로 운송하는 경우 해상운송업자가 육상·항공운송까지 화주를 대신하여 계약을 체결하는 경우에 하주가 지급하게 되는 총괄운임을 말한다.

㉱ **최저운임**(minimum rate) : 최저운임은 용적 또는 중량이 운임산출 톤에 미달되는 화물에 대한 B/L이 발행되는 경우에 화물의 종류에 관계없이 B/L 한 건당을 단위로 하여 특정하게 운임을 설정하는 방법이다.

㉲ **지역운임**(local freight) : 태평양운임동맹(TPFC)의 요율에는 태평양 연안 여러 항구까지의 양륙화물에 대한 운임과, 북미 내륙지역을 도착지로 하는 화물에 적용하는 미내륙항접속운임률이 있다. 미국 록키산맥의 동부지역은 Local Area라고 하며 Main Port에서 내륙지역까지의 운송료를 Port Local Freight라고 한다.

⑥ 할증운임

특정한 항로구간에 각 취항선이 정기적으로 반복 운항하는 항구에는 해운동맹운임표가 작성되어 통상 기본운임(base rate)의 역할을 하고 있으나, 다음과 같이 기본운임 외에 일종의 할증운임(additional rate, surcharge)을 설정하는 경우도 있다.

㉮ **중량할증운임**(heavy lift surcharge) : 단위당 화물이 3톤 또는 4톤을 초과할 경우의 할증운임과 컨테이너의 중량이 일정중량을 초과할 경우의 할증운임.

㉯ **용적 및 장척할증료**(bulky/lengthy surcharge) : 화물의 부피가 너무 크거나 길이가 너무 긴 화물에 대해 부과되는 할증료.

㉰ **체선할증료**(port congestion charge) : 도착항의 항만사정이 선박으로 혼잡할 경우 신속히 하역할 수 없게 되어 선박의 가동율이 저하돼 선박회사에 손해가 발생하므

로 이를 화주에 전가하는 요금.

㉣ 통화할증료(Currency Adjustment Factor : CAF) : 운임표시 통화의 가치하락에 따른 손실을 보전하기 위해 도입한 할증료로서 일정기간 해당통화의 가치변동률을 감안하여 기본운임의 일정비율(%)을 부과하고 있다.

㉤ 유류할증료(Bunker Adjustment Factor : BAF) : 선박의 운항비용 중 선박의 주연료인 벙커유의 가격변동에 따른 손실을 보전하기 위해 부과하는 할증료로서 기본운임에 대하여 일정비율(%) 또는 일정액을 징수하고 있다. CIF 가격조건인 경우 BAF는 운임 비용을 부담해야 하는 매도인이 부담하는 것이 원칙이다.

⑦ 부대비용의 종류

㉮ 터미널화물처리비(Terminal Handling Charge : THC) : THC는 수출화물의 CY 입고시점부터 선측까지, 수입화물의 본선선측에서 CY Gate 통과시까지 화물의 이동에 따르는 화물처리비용을 말한다. 한국, 대만, 홍콩 등 극동지역, ASEAN 국가, 유럽지역에서는 THC라는 명칭으로, 일본은 아시아 항로에 CHC(Container Handling Charge), 미국은 DDC(도착지화물인도비용 : Destination Delivery Charge)라고 하여 THC에 내륙운송비를 추가하여 부과하고 있다.

㉯ CFS Charge : 선사가 컨테이너 하나의 분량이 되지 않는 소량화물(LCL : Less than Container Load)을 운송하는 경우 선적지 및 도착지의 CFS(Container Freight Station)에서 화물의 혼재 또는 분류작업시 발생하는 비용을 CFS Charge 라 한다.

㉰ 서류발급비(Documentation Fee : DOC Fee) : 서류발급비는 선사가 일반관리비 보전을 목적으로 수출시 선하증권(B/L)을 발급해 줄 때, 수입시는 화물인도지시서(D/O)를 발급해 줄 때 소요되는 비용을 보전하기 위하여 징수하는 비용.

㉱ 도착지화물인도비용(Destination Delivery Charge : DDC) : 북미수출의 경우 도착항에서의 하역 및 터미널 작업비용을 해상운임과는 별도로 징수하는 것.

㉲ 체선료(Demmurage) : 적하(loading) 또는 양하(discharging) 일수가 약정된 정박기간(laydays)을 초과하는 경우 초과일수에 대하여 용선자가 선주에게 지불하는 것으로 하루 또는 중량 톤수 1톤당 얼마를 지불하는 금액이다.

㉳ 지체료(Detention Charge) : 화주가 Container 또는 Trailer를 대여 받았을 경우 규정된 시간(free time) 이내에 반환을 못할 경우 벌과금으로 운송업체에게 지불해야 하는 비용이다. 정기 선사들은 보통 4일 기간의 Free Time을 설정해두고 그 이상을 경과하면 하루당 일정액의 지체료를 징수하고 있다.

㉴ 성수기할증료(Peak Season Surcharge) : 수출화물이 특정기간에 집중되어 하주들의 선복수요를 충족시키기 위해 선박용선료, 기기 확보 비용의 성수기 상승분을 보전받기 위해 대부분 원양항로에 적용되고 있는 요금.

㉮ EBS(Emergency Bunker Surcharge) : 긴급 유가할증(emergency oil premium)으로 갑작스러운 유가변동(oil price fluctuation)이 발생시 부과하는 요금.

4) 선하증권(Bill of Lading)

(1) 선하증권의 의의

선하증권(bill of lading)은 선주가 하주로부터 의뢰받은 운송화물을 수취 · 적재하고 또는 선적을 위하여 그 화물을 수취한 것을 증명하고, 이것을 운송하여 도착항에서 일정조건하에 수하인 또는 그 지시인에게 인도할 것을 약정한 유통 유가증권이다. 선하증권은 선하증권상에 기재된 화물의 권리를 화체(貨體)한 것으로서 선하증권의 이전은 바로 화물에 대한 권리의 이전을 의미함으로 화물을 처분할 시에는 반드시 관련 선하증권(B/L)을 갖고 있어야만 한다.

국제무역에 있어서 대차결제수단의 국제적 관례는 통상 화환어음(documentary bill)이며, 선하증권(bill of lading)은 동 화환어음을 취결하는데 상업송장(commercial invoice), 해상보험증권(marine insurance policy)과 함께 그 기본이 되는 서류이다.

선하증권의 기능과 역할은 다음과 같다.

① 권리증권(entitled document) : 선하증권에 기재된 물건을 화체(貨體)하는 권리증권으로 선하증권의 소유자나 피배서인은 해당 상품의 인도를 주장할 수 있으며, 권리증권의 소지인은 증권에 기재된 물품을 임의로 처분할 수 있다.

② 계약의 증빙(evidence of contract) : 선주와 화주간 운송계약이 체결된 것을 증명하는 역할을 하는 협정된 운송계약을 나타내는 증거서류이다.

③ 물품수령증(receipt of goods) : 상품이 선박에 인도되었음을 증명하는 선하증권은 선장 또는 선주의 대리인으로서 정당한 권한을 부여받은 자가 서명한 선사의 화물수취증이다.

(2) 선하증권의 법적 성질

선하증권은 해상운송에 있어 필수 불가결한 것으로 다음과 같은 특성이 있다.

① **요인증권성** : 화물의 수령 또는 선적되었음을 전제로 발행한다.

② **요식증권성** : 상법 등에서 정한 기재사항을 증권에의 기재를 요한다.

③ **문언증권성** : 선의의 B/L소지인에게 운송인이 B/L문언에 대하여 반증할 수 없다.

④ **제시 · 상환증권성** : 화주가 목적지에서 화물인도청구를 할 때는 운송인에게 선하증권 원본(Original B/L)을 제시하고 화물을 상환한다.

⑤ **인도증권성** : 선하증권 원본(OB/L)의 인도=화물의 인도와 동일한 효력이 있다.

⑥ **처분증권성** : 화물에 대하여 B/L이 발행된 경우, 그 화물을 처분할 때에는 반드시 "B/L로써" 한다.

⑦ **지시증권성** : B/L소지인이 배서의 방법으로 다른 사람을 B/L의 권리자로 되게 할 수 있는 법률상 당연한 지시증권이다.

(3) 선하증권의 종류

선하증권은 분류 방법에 의해 여러 가지 종류로 구분할 수 있으나 실무상 필요한 것을 보면 다음과 같다.

* 신용장에서 일반적으로 요구하는 선하증권의 요건

• Full Set of Clean on Board Ocean/Marine Bill of Lading made out to order, to order of Shipper, to order of Issuing Bank marked Freight Prepaid and Notify Accountee.
• 전통선하증권(Full Set), 무사고선하증권(Clean B/L), 선적선하증권(on Board B/L), 해상선하증권(Ocean B/L), 지시식선하증권(Order B/L), 운임지급조건, 착화통지처(수입상)

① 선적선하증권과 수취선하증권(Shipped or on Board B/L vs Received for B/L)

선하증권은 원래 본선에 화물이 선적된 후에 발행되는데, 증권면에 Shipped 혹은 On Board와 같이 실질적으로 화물의 선적완료를 표시한 것이 선적선하증권이며, 선박회사가 물품을 본선에 적재되었음을 확인하고 발행하는 선하증권을 말한다. 선하증권상에 "shipped(or loaded) in apparent good order and condition on board the vessel on May 20, 2020(2020년 5월 20일 본선에 외관상 양호한 상태로 선적되었음)"과 같이 기재되어 물품이 실질적으로 본선에 선적되었음을 증명하는 선하증권이다. 선하증권상의 본선적재 표시는 보통 "On Board : May 20, 2020", "On Board Date : May 20, 2020" 혹은 "Loaded On Board on May 20, 2020" 등과 같이 적재문언과 일자를 기입하고 운송인·선장·운송인의 대리인 또는 선장의 대리인이 서명하게 된다. 실무에서는 운송인 또는 운송인의 대리인이 서명하는 경우가 대부분이다.

한편 수취선하증권은 지정선박이 부두에 아직 정박하지 않았거나 입항하지 않았을 경우에는 선박회사가 물품을 수령한 후 화물은 선박회사의 부두창고에 입고되고 선적 전에 "Received for Shipment" 형식으로 발행되는 선하증권으로 보통 선하증권상에 "Received in apparent good order and condition on May 20, 2020 for shipment on board the vessel(본선에 선적을 위하여 2020년 5월 20일 외관상 양호한 상태로 수취되었음)"과 같이 기재된다. 신용장상에 "Received B/L acceptable"이라는 문언이 없으면 은행은 수리거절하며, 만일 수취선하증권이 발행된 이후 실제 선적이 이루어질 경우 선적일을 기입하여 선박회사 또는 그 대리인이 서명하면 선적선하증권과 동일한 효력을 가지게 되어 은행은 수리한다.

② 무사고선하증권과 사고부선하증권(Clean B/L vs Foul or Dirty B/L)

본선에 계약화물을 선적할 때 그 화물의 상태가 외관상 양호하고 수량이 맞아 선하증권의 비고(remarks)난에 아무것도 기재되지 않고 증권면에 "shipped on board in apparent good order and condition"과 같이 기재되거나 주문된 물품명과 수량이 정확하게 기재되고 물품이나 포장상태의 하자내용이 기재되어 있지 않은 경우라고 표시된 선하증권을 무사고선적선하증권이라고 한다. 따라서 신용장상에 '무고장선하증권(clean B/L)'을 요구하고 있는 경우 위와 같이 기재된 선하증권을 은행은 수리한다.

또한 만재화물(FCL)인 컨테이너 화물의 경우 컨테이너로의 물품적재의무가 송하인에게 있기 때문에 매도인이 물품을 컨테이너에 적입(stuffing)한 후 발행된 선하증권상에 "Shipper's Load and Count" 혹은 "Said by Shipper to Contain"과 같은 부지문언(unknown clause)이 기재된 선하증권도 무고장선하증권(Clean B/L)으로 간주되어 은행은 수리한다.

한편, 선박회사가 물품을 인수할 당시 파손, 수량부족 혹은 포장불량 등의 사실, 즉 비고(remark)란에 "1 Box Torn", "5 Pcs Damaged(5개 손상됨)" 등과 같이 물품의 수량과 외관상의 문제점을 기재하고 있는 경우를 고장부 선하증권이라 한다. 고장부선하증권은 신용장상에 "Foul B/L acceptable" 등과 같이 별도의 언급이 없는 한 은행은 수리거절 한다.

화주는 부족한 물품이나 손상된 물품을 대체시켜 무고장선하증권이 발행되도록 하는 것이 원칙이지만, 만일 선박출항일정, 제조 및 가공시간, 원재료의 부족 등으로 사고 물품을 대체할 수 있는 시간적 여유가 없을 경우 선박회사에 송하인과 은행을 연대보증인으로 한 파손화물보상장(Letter of Indemnity ; L/I)을 제출하고 선박회사로부터 무고장선하증권을 발급받을 수 있다. 파손화물보상장은 수출업자가 파손된 물품에 대해서 모든 책임을 질 것을 선박회사에게 약속하는 일종의 보증장이다. 물론 도착지에서 사고내용의 보상과 책임은 모두 송화인이 지게 된다. 따라서 수출업자는 이런 사실을 수입업자에게 알리고 파손화물에 대한 보상조치를 취해야 한다.

③ 유통선하증권과 유통불능선하증권(Negotiable B/L vs Non-Negotiable B/L)

선박회사는 선하증권을 발급할 때 주로 3통이 한 세트가 되는 선하증권 원본을 발행하는데, 이들 원본만이 그러한 선하증권이 대표하는 화물과 상환이 되며, 또 은행에서는 신용장에서 요구하는 정당한 선하증권으로 인정하여 대금결제가 이루어진다. 선박회사가 발급하는 원본 이외의 모든 선하증권에는 발급될 때 이미 "Non-Negotiable"이라는 도장이 찍혀 발급되기 때문에 이들 사본으로는 은행에서 Nego가 되지 않는다.

④ 기명식선하증권과 지시식선하증권(Straight B/L vs Order B/L)

기명식선하증권(Straight B/L)은 화물의 수취인으로서 수입상명이 기재된 선하증권으로 기명된 수입상만이 물품인도를 청구할 수 있을 뿐 수출상은 아무런 권리가 없으므로 화환어음에 의한 결제가 아니고 송금 · 청산결제방식 그리고 이삿짐 또는 개인의 물품을 발송하는 경우에 많이 이용되며 유통이 되지 않으므로 송하인의 배서는 필요 없다. 지시식선하증권(Order B/L)은 B/L의 수하인 난에 특정의 수하인명이 기재되지 않고 단순히 "to order", "to order of shipper", "to order of ... bank"와 같이 지시인만 기재하여 유통을 목적으로 한 선하증권으로 수출상이 지시식 선하증권 이면에 백지배서(blank endorsement)만 하면 이 증권의 소지자가 그 화물에 대한 소유권을 갖게 된다.

⑤ 약식선하증권(Short Form B/L) vs 정식선하증권(Long Form B/L)

절차의 간소화를 위해서 선하증권 면에 기재된 장문의 약관을 생략한 것을 약식선하증권이라 하며, Short Form B/L에는 분쟁이 발생하면 원래의 선하증권, 즉 Long Form B/L의 약관에 따른다는 문언이 기재되어 있다.

⑥ 집단선하증권과 국제물류주선인 선하증권(Master B/L vs House B/L)

운송화물이 한 컨테이너 분량이 되지 않는 소량화물(LCL)인 경우 국제물류주선인(international freight forwarder) 또는 무선박운송인(Non-Vessel Operating Common Carrier : NVOCC)이 동일 목적지별로 여러 화주들의 물품을 혼재하여 Group으로 선적해 운송할 때 해상운송을 직접 수행하는 선박회사가 국제물류주선인에게 발급해주는 선하증권을 Master B/L 또는 Groupage B/L(집단선하증권)이라 한다. 즉 선박회사가 포워더의 혼재화물에 대해 포워더에게 1건으로 발행하는 선하증권을 Groupage B/L 또는 Master B/L이라고 하며 포워더가 LCL화물 건건마다 LCL화물 화주에게 개별적으로 발행하는 B/L을 혼재선하증권(House B/L) 또는 물류주선인 선하증권(Forwarder B/L)이라고 한다.

⑦ Third Party B/L vs Switch B/L

Third Party B/L은 선하증권상에 표시되는 선적인(shipper)은 일반적으로 신용장의 수익자가 되는 것이 보통이나 수출입거래의 매매당사자가 아닌 제3자(third party)가 선적인(shipper)이 되는 경우가 있는데 이를 제3자 명의 선하증권(Third Party B/L, Neutral Party B/L)이라고 하며, 주로 중계무역에서 이용된다.

한편 Switch B/L은 해외 공급업자로부터 받은 선하증권의 Consignee가 실제 공급업자인 경우 그 선하증권을 운송회사에 반납하고 자신을 선적인(shipper, consignor)으로 하는 새로운 선하증권을 다시 발급 받게 되는데 이것을 Switch B/L이라고 한다. Master L/C를 네고하기 위하여 해외 공급업자를 숨기고 자신을 선적인(shipper)으로 하는 경우에 이용되며 선하증권상에 "Switch"한다는 취지의 문구를 포함하고 있다고 하여 Switch B/L이라고 부르는데 중계무역(intermediary trade)에 사용된다.

예를 들어 미국과 수출입계약에 따라 Master L/C를 받은 한국의 수출상은 수출물품 확보차원에서 동남아 국가에 위탁생산을 하여 수입하여 미국으로 수출하는 경우에 한국의 수출상은 동남아 국가에서 미국으로 직접 운송되게 하고 물품의 관련서류를 한국에서 받아 동남아의 수출상이 발급받은 선하증권을 한국의 수출상이 회수하고 이를 한국에서 교환하여 재발급 받아 미국에 있는 수입상에게 송부하게 된다.

이러한 Switch B/L은 한국의 수출상은 미국의 수입상이 동남아의 실질적인 수출상인 제조업체가 누구인지 알지 못하게 할 필요가 있을 때 사용하는데, 생산법인을 동남아에 두고 있는 한국의 본사가 중개업자의 역할을 하면서 많이 이용한다.

⑧ Surrendered B/L vs Sea Waybill

Surrendered B/L은 운송회사가 원선하증권(Original B/L)을 발급하여 화주에게 주지 않고 "Non-Negotiable Copy"에 자신의 서명(sign)을 하여 이것으로 수입상이 물품을 찾을 수 있도록 권리를 양도하는 것이다. 원칙적으로 운송회사는 Original B/L을 발급하고 수입상은 발행은행을 통하여 Original B/L을 건네받아 물품을 찾아야 하지만 수입을 하다 보면 시간이 촉박하여 그렇게 진행하지 못할 상황이 발생하기도 한다.

우리나라와 가까운 동남아 국가와 같이 선박의 운항시간이 짧은 경우 정상적인 매입 과정을 거쳐서 수입상이 B/L을 받는다면 선박의 운항시간에 비해 수입물품 확보에 장기간이 소요된다. 따라서 운송회사는 송하인에게 Surrendered B/L을 발급하여 주고 송하인은 수입상에게 이것을 보내고 수입상은 수입지의 운송회사 파트너에게 가서 자신이 수하인임을 확인 받은 후 D/O(Delivery Order, 화물인도지시서)를 받아 물품을 찾는다. 정상적인 신용장 매입의 과정을 거친다면 아무리 빨라야 최소 5~7일 정도가 소요되나 이러한 경우는 2~3일 정도면 업무가 해결된다.

Sea Waybill(해상화물운송장)은 오늘날 운송기술의 발달로 물품이 운송서류 보다 먼저 도착지에 도착하는 경우가 빈번히 발생하고 있는 경우에 관습적으로 B/L대신에 L/G(Letter of Guarantee)를 이용하고 있으나, L/G보증에 따른 까다로운 절차와 비용, 그리고 L/G 위조문제 등 L/G에 많은 문제점이 제기되고 있는 문제점을 해결하기 위해 유통성 선하증권 대신에 도착지에서 서류의 제시가 필요 없는 비유통성 서류의 사용이 증가하고 있는데 이것이 해상화물운송장(Sea Waybill)이다.

Sea Waybill은 운송계약의 증빙서류이며 물품에 대한 수령증이라는 점에서 B/L과 공통점을 가지고 있으나 해상화물 운송인에게 제시할 필요가 없다는 점이 다르다. 다시 말해 해상화물운송장은 B/L과 달리 수화인이 물품을 수령할 때 운송인에게 제출할 필요가 없는 서류, 즉 유가증권이 아니기 때문에 B/L의 입수가 화물의 도착보다 지연됨으로써 발생하는 물품의 인도지연을 해소할 수 있고, 그 결과 보관료나 이자의 절감이 가능하고, 분실할 경우 B/L과 같은 위험이 존재하지 않으며, 물품수취에 꼭 필요로 하는 서류가 아니기 때문에 해상화물운송장이 없이도 수화인은 물품의 통관, 수령의 신속화를 꾀할 수 있다.

⑨ 복합운송선하증권(Combined Transport B/L) vs FIATA B/L

복합운송 선하증권이란 수출국의 화물인수 장소로부터 수입국의 인도장소까지 해상·육상·항공 중 적어도 두 가지 이상의 운송기관을 이용하여 운송되는 경우에 복합운송인(combined or multimodal transport operator)이 전 구간의 운송을 책임지고 발행하는 운송증권을 말한다. 한편 운송주선인들의 이익을 옹호할 목적으로 설립된 기관인 국제복합운송주선인협회(International Federation of Forwarding Agent's Association : FIATA)에 가입된 회원들은 FIATA에서 제정하고 ICC에서 승인된 FIATA B/L(FBL)을 발행할 수 있으며 이것은 주로 복합운송에 이용된다.

⑩ Air Waybill(항공화물운송장)

화물을 항공으로 운송하고자 하는 경우에 항공회사가 발급하는 운송서류가 항공화물운송장으로 Air Way Bill(AWB) 또는 Air Consignment Note라고도 한다.

항공화물운송장은 국제항공운송협회(IATA, International Air Transport Association)에서 제정한 서식을 사용하여 발행되고 있다. 이러한 항공화물운송장(air waybill)은 화물을 비행기로 운송할 때 항공회사에서 항공화물의 운송계약이 체결되었다는 사실과 화물의 운송을 위하여 수탁되었음을 증거하는 단순한 탁송증거로서의 역할만 할 뿐 유가증권으로서의 성질을 가지지 못하기 때문에 기명식, 수취식으로만 발행되어 유통불능의 성격을 지닌 비유통증권이다.

⑪ 용선계약선하증권(Charter Party B/L)

하주가 대량화물을 수송하기 위하여 일 항해 또는 일정기간 동안 부정기선을 사용하는 경우, 하주와 선박회사 사이에 체결된 용선계약에 의하여 발행되는 선하증권을 말한다. 신용장통일규칙 제26조에 이런 선하증권은 별도의 명시가 없는 한 은행은 수리를 거절할 수 있도록 규정하고 있다.

⑫ 기한경과 선하증권(Stale B/L)

선하증권의 어떤 형태를 말하는 것이 아니고 선하증권의 제시시기가 필요이상으로 지연되어 제시되는 선하증권을 말한다. 신용장통일규칙에 모든 선적서류는 발행후 신용장에서 명시한 기간 내에 제시되어야 한다고 규정되어 있고, 만일 선적일 후(after the date of shipment) 21일이 지나 매입은행에 제시하면 은행은 특별히 신용장에 "Stale B/L are Acceptable"이란 조항이 없이는 수리를 거절하게 된다.

⑬ 전자식 선하증권(Electronic Bill of Lading)

선하증권은 상환증권이므로 동 서류를 소지하지 않고서는 선박회사에 화물을 청구할 수 없으므로 L/G라는 편법을 낳았고, 비유통해상화물운송장은 매우 제한적인 거래에서만 사용될 뿐 아니라 선하증권과 비교하여 수하인의 지위가 불확실하고 운송중의 물품진매의 거래에서는 사용될 수 없었다. 종이 선하증권(Paper B/L)의 문제점과 이를 보완하기 위하여 유럽 일부지역에서 사용되는 Non-Negotiable Sea Waybill의 문제점을 극복하기 위해 권리증권으로서 기능을 하면서 서류를 신속하게 수하인에게 인도할 수 있는 방법의 배경에서 개발된 것이 전자식 선하증권이다.

전자식 선하증권은 기존의 Paper B/L을 발행하지 않고 선하증권의 내용을 구성하는 정보를 전자적 방법에 의해 운송인의 컴퓨터에 보관하고 운송인이 부여한 개인키(private key : 비밀번호)를 사용함으로써 물품에 대한 지배권 및 처분권의 권리를 그 권리자의 지시에 따라 하수인에게 그 정보를 전송하는 형식의 선하증권을 말한다.

(4) 선하증권의 발행과 배서형식

① 선하증권의 발행

선하증권은 각 선박회사마다 그 양식이나 작성방법은 대체로 동일하여 필요문언은 처음부터 인쇄되어 있다. 실무상 선하증권은 운송회사에서 작성한다. 수출상이 S/R (Shipping Request)를 운송회사에 제시하면 운송회사는 그것을 근거로 선하증권을 발급하나 요즘은 대부분 S/R이라는 양식을 사용하지 않고 포장명세서만 보낸 후 선하증권 원본 발급 전에 선하증권의 내용을 운송회사로부터 팩스로 받아 수출상이 직접 신용장과 선하증권 내용을 확인하여 수정토록 하거나 수출상이 자신이 없으면 포장명세서(Packing List : P/L)와 신용장 사본을 운송회사로 보내 선하증권 발급을 요청하기도 한다. 실무적으로 운송회사가 원본 선하증권을 발급하기 전에 일단 작성하여 수출상에게 팩스로 보내 확인토록 하는 것을 'CHECK B/L'이라고 한다.

② 선하증권의 배서형식

선하증권을 타인에게 양도하기 위하여 배서할 때 피배서인(endorsee)의 표시방법에는 ㉮ 피배서인(endorsee)의 성명을 명기하고 배서인(endorser)이 서명하는 방식인 기명식 배서, ㉯ 피배서인으로서 "order of xx"라고 기재하고 배서인이 서명하는 방식인 지시식 배서, ㉰ 피배서인에 대하여서는 누구라고 기재하지 않고 배서인이 서명만 하는 방식인 무기명식(백지식) 배서, ㉱ 특정의 「피배서인 또는 본권 지참인(...or bearer)」이라고 기입하고 배서인이 서명하는 형식인 선택무기명식 배서 등과 같이 4종이 있는데 보통 앞에 3종이 많이 이용되고 있다.

㉮ 기명식 배서(Full Endorsement : Special Endorsement) : 동 방식은 피배서인(endorsee)의 이름을 명기하여 배서인(endorser)이 서명하는 경우로서, Kangnam Trading Co., Ltd.가 송하인(shipper)으로서 배서한 예이다. 기명식으로 발행될 경우 최초의 배서인은 선하증권에 수하인(consignee)으로 기명된 자이며 배서의 연속에 의해 권리가 이전된다. 즉 배서된 기명식 선하증권을 다시 유통시키기 위해서는 피배서인의 배서가 또 있어야 한다.

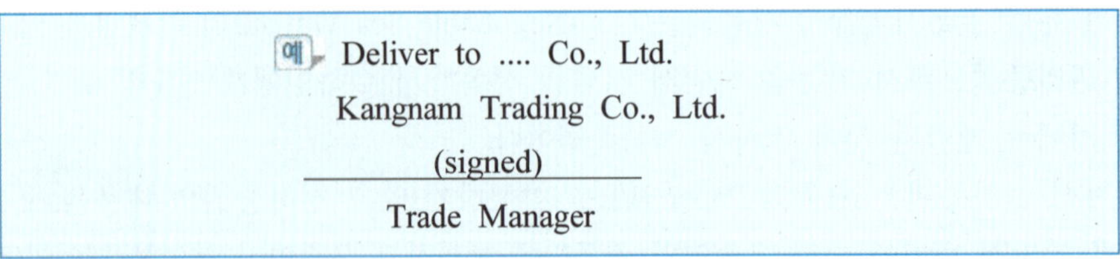
예 Deliver to .... Co., Ltd.
Kangnam Trading Co., Ltd.
(signed)
Trade Manager

㉯ 지시식 배서 : 동 방식은 피배서인의 이름이 명기되지 않고 지시인, 즉 송하인(shipper) 또는 신용장 발행은행(issuing bank)의 지시를 받아, 그들이 지정한 자에게 화물을 인도하라는 문언과 함께 배서인이 서명한다.

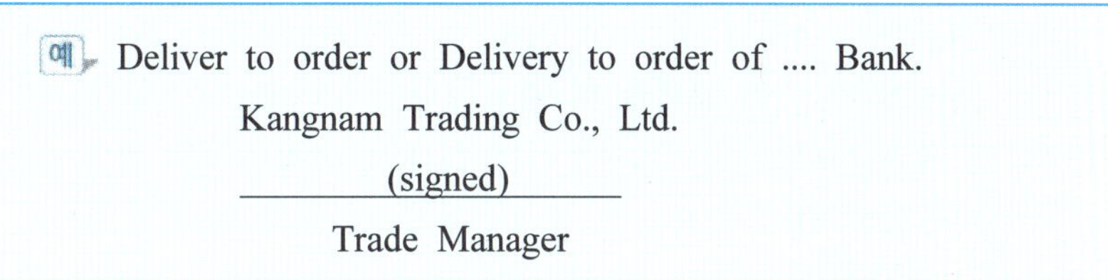

예 Deliver to order or Delivery to order of .... Bank.
Kangnam Trading Co., Ltd.
(signed)
Trade Manager

㉰ 백지식(무기명식) 배서(blank endorsement, endorsement in blank) : 백지식 배서방식은 두 가지가 있다. 하나는 피배서인의 이름이 없고 인도문언 및 배서인의 서명만 있는 방식이고, 다른 하나는 피배서인의 이름과 인도문언이 없고 배서인의 서명만 있는 방식이다.

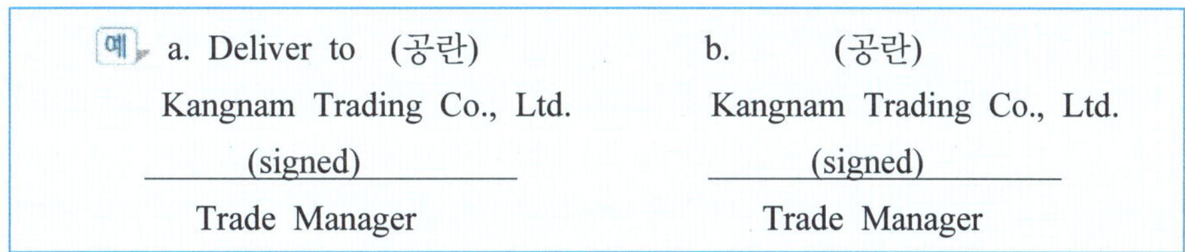

예 a. Deliver to (공란)
Kangnam Trading Co., Ltd.
(signed)
Trade Manager

b. (공란)
Kangnam Trading Co., Ltd.
(signed)
Trade Manager

㉱ 선택 무기명식 배서 : 동 방식은 특정의 「피배서인 또는 본권 지참인(...or bearer)」이라고 기입하고 배서인이 서명하는 형식이다. 이때 유의해야 할 점은 선하증권(B/L)은 선하증권의 정당한 권리자에 의해 배서·양도되어야 하고 그 의사가 분명히 나타나야 하므로, 배서인의 기명날인은 어느 경우에도 필수불가결하다.

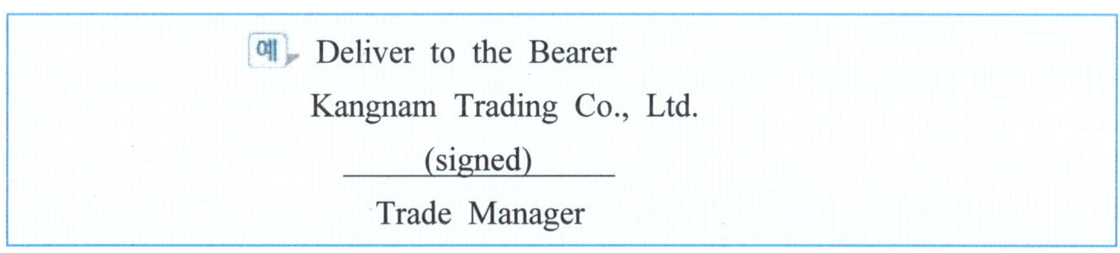

예 Deliver to the Bearer
Kangnam Trading Co., Ltd.
(signed)
Trade Manager

(5) 선하증권의 기재내용과 실예(實例)

선하증권의 기재내용은 다음과 같이 법정기재 사항과 임의기재 사항이 있으며, 여기서는 복합 선하증권을 중심으로 선적요청서(Shipping Request ; S/R)와 선하증권(Bill of Lading : B/L)의 기재내용을 서술한다.

① 선적요청서(Shipping Request : S/R)

선적요청서(shipping request)는 Application for Shipment라고도 하는데, 이는 화주가 운송인에게 선적요청과 선하증권의 발행의 근거를 위해 제출하는 서류이다. 통상 선적인(shipper), 수하인(consignee), 도착통지처(notify party), 선적항(shipping port), 도착항(discharging port), 화인(shipping marks), 물품의 명세(description), 총중량(gross weight), 용적(measurement) 등 선적 이후의 선하증권에 기재해야 되는 사항들이 기재되어 운송인에게 송부하게 된다. 그러나 실제 실무에서는 S/R을 제출하기도 하지만 통상 운송인 홈페이지에 있는 S/R양식에 입력을 하거나 유선상으로 통보가 되기도 하며, 상업송장과 포장명세서를 제출함으로서 운송인이 이를 토대로 선하증권을 발행하기도 한다.

따라서 선하증권은 화주가 제출한 선적용청서와 일치해서 작성되므로 화주는 신용장이나 계약서상의 내용을 충분히 검토하여 선적요청서를 작성해야 한다.

◈ 선적요청서 기재사항〈서식 8-1〉

① Shipper/Exporter(선적인/수출상) : 신용장일 경우는 신용장상의 수익자를 명시하며, Third Party B/L을 신용장에서 요구할 경우에는 신용장에서 요구하는 당사자를 Shipper로 기재하고 무신용장방식일 경우는 계약서상의 수출상(seller)을 기재한다.

② Consignee(수하인) : 신용장일 경우는 "to order", "to the order of shipper", "to the order of 신용장 발행은행" 등이 기재되며, T/T방식이나 D/P·D/A방식인 무신용장방식일 경우는 계약서상의 수입상(buyer)의 상호 및 주소를 기재한다.

③ Notify Party(화물도착 통지처) : 신용장방식일 경우는 선하증권의 요구문언 중에 "Notify xxx Co., Ltd."라고 명시된 회사를 기재하며, 신용장상에 복수인이 명시되어 있으면 모두를 전부 기재한다. 한편, 계약서방식일 경우는 수입상이 기재되는 것이 일반적이나 Consignee와 동일하기 때문에 "Same as Consignee"라고 표기해도 무방하며, 계약서에서 화물도착 통지처에 대해 별도로 약정(외국인수수입 또는 중계무역)한 경우에는 약정된 당사자를 기재한다.

④ Place of Receipt(화물의 수탁지) : 운송인이 선적전에 화물을 인수하는 장소를 말하며, 통상 "Busan CY", "Busan CFS" 등과 같이 기재하며, 선적항과 수탁지의 지명이 다를 경우에는 선적항과 선박명이 다시 한 번 기재되어야 한다.

⑤ Ocean Vessel/Voyage/Flag(선박명/항차번호/국적) : 선박명과 항차번호 그리고 선박의 등록국적을 나타낸다.

⑥ Port of Loading(선적항) : 신용장이나 계약서상의 약정한 선적항을 기재한다.

⑦ Port of Discharge(도착항) : 신용장이나 계약서상의 약정한 도착항을 기재한다.

⑧ Place of Delivery(화물의 인도장소) : 운송인이 책임지고 운송하여 수하인에게 인도하여 주는 장소를 기재하며, Ocean B/L일 경우에는 도착항의 기재로 끝나지만 복합운송일 경우에는 내륙이 도착지이므로 화물의 인도장소가 기재된다.

⑨ For Transhipment to(환적지) : 환적항이 있을 경우에는 환적항을 기재하며, 선하증권상에 이러한 환적 란이 없는 선하증권은 환적할 경우에 도착항 란에 "Shanghai via Hong Kong"처럼 기재한다.

⑩ Marks and Numbers(화물의 화인) : 화인(shipping marks)을 기재한다.

⑪ No. of Container or Other Packages : "20 Packages," "20 Boxes," "30 Cases" 등과 같이 화물의 개수를 기재한다.

⑫ Description of Packages and Goods(적재물품명세) : 선적물품의 명세를 신용장이나 계약서상의 물품명세와 서로 모순되지 아니하는 방식으로 기재하면 된다.

⑬ Gross Weight(kgs)(화물의 총중량) : 화물의 총중량을 기재하며, 포장명세서와 수출신고필증상의 총중량과 일치해야 한다.

⑭ Measurement(CBM)(화물의 용적) : 화물의 용적을 기재하며, 용적의 기본단위는 CBM(Cubic Meter)를 사용하며, 운송계약 체결 및 운임결정에 기본자료가 된다.

⑮ 선적인의 서명 : 화주(Shipper)가 서명하고, 이를 운송인에게 송부한다.

서식 8-1 선적요청서(Shipping Request)

SHIPPING REQUEST

<table>
<tr><td colspan="3">① Shipper/Exporter</td><td colspan="2" rowspan="4">SHIPPING REQUEST

World Trans Corporation
C.P.O. BOX 7197 SEOUL KOREA
TEL : (02) 756-2340(Rep)
FAX : (02) 756-2337</td></tr>
<tr><td colspan="3">② Consignee</td></tr>
<tr><td colspan="3">③ Notify Party</td></tr>
<tr><td colspan="2">Pre-Carriage by</td><td>④ Place of Receipt</td></tr>
<tr><td colspan="2">⑤ Ocean Vessel/Voyage/Flag</td><td>⑥ Port of loading</td><td colspan="2">⑨ For Transshipment to</td></tr>
<tr><td colspan="2">⑦ Port of Discharge</td><td>⑧ Place of Delivery</td><td colspan="2">Final Destination For the Merchant's Reference Only</td></tr>
<tr><td colspan="5">Particulars Furnished by Shipper</td></tr>
<tr><td>Marks and Numbers</td><td>No. of Cont. or Other PKGS</td><td>Description of Packages and goods</td><td>Gross Weight (KGS)</td><td>Measurement (CBM)</td></tr>
<tr><td>⑩</td><td>⑪</td><td>⑫</td><td>⑬</td><td>⑭</td></tr>
<tr><td colspan="2">ACCEPTED
⑮
World Trans Corporation
By ____________</td><td colspan="3">Please arrange to ship cargoes as above :
Applicant :
Address :
Name :</td></tr>
</table>

② 선하증권 서식 기재사항

법 정 기 재 사 항	임 의 기 재 사 항
1) 선박 : 선박, 국적, 톤수 실제로는 Vessel난에 서명과 임의기재사항인 항해번호만 기재한다 **2) 선장의 이름** : 통상 기입하지 않음. **3) 운송품의 종류·중량·용적·포장의 기호 및 개수** : 도착지 통관에 중요한 내용으로 B/L내용과 화물의 내용이 사실과 다름으로써 발생하는 일체의 책임은 송하인이 지고 운임도 2배로 과징 **4) 송하인 성명/상호** : 화물 발송자 **5) 선적항** **6) 양륙항** : 양륙항이 기재되어 있지 않은 것은 무효임. **7) 운임** : 선불이면 Freight Prepaid라고 기입, 후불이면 그 액수나 "Freight Collect As Arranged"라 기입하기도 함. **8) 작성지와 작성일자** : 작성지는 B/L을 서명, 발행한 장소, 발행일자는 본선 출항일자로 통일 **9) 선하증권의 발행 부수** : 1부로 족하지만 정본 3부를 1 Set로 발행, 정본 3부는 각기 동등한 효력을 가지며 그 중 1부로 화물을 인도하면 나머지는 자동 무효	**1) 본선항해번호(Voyage No.)** : 선사가 자체 업무편의상 참조용으로 붙이는 일련번호 **2) 통지처(Notify Party)** : 수하인이 기입되지 않는 지시식 선하증권에는 반드시 통지처를 기입 **3) 운임의 지불지 및 환율** : 필요한 경우 지불처 기입, 환율은 선불일 때 B/L작성 당일, 후불은 본선 입항일의 환율에 따르는 것이 통례 **4) 선하증권 번호(B/L N0.)** : 취급상 업무편의를 위해 발행인이 임의로 정함. **5) 면책조항** : B/L의 표면 또는 이면에 기입되어 있음. 선사마다 B/L의 면책조항의 종류가 다양(일반약관, 면책약관, 스탬프약관)하다. 주로 헤이그 룰과 헤이그-비스비 룰이 주류를 이룸.

◈ 선하증권 양식 기재사항

선하증권의 양식 및 기재사항은 컨테이너로 운반되는지 혹은 재래선 벌크형태로 운반되는지에 따라 다소 차이는 있으나 대동소이하며 여기서는 복합 선하증권을 중심으로 서술한다.

① Shipper or Consignor(선적인 또는 송하인) : 선적인 또는 송하인의 성명 또는 상호를 기재하며 혼동이 예상될 때는 주소를 명기하여 명확히 하는 것이 좋다.

② Consignee(수하인) : T/T방식·D/P·D/A 방식에서는 수입상의 상호 및 주소가 기재되나 신용장 방식에는 신용장상에 표시된 문구에 따라 'to order', 'to order of shipper', 'to order of 발행은행명' 등이 기재된다.

선하증권을 요구하는 신용장상에 명시된 『Full set Clean on board ocean B/L made out to the order of Chase Manhatan Bank N.Y. marked Freight Prepaid and Notify Applicant』의 밑줄 친 문구를 기재하며, 여기에 명시되는 내용들은 일반적으로 다음과 같은 것들이 있다. 선하증권은 유가증권이기 때문에 배서(endorsement)를 할 수 있으며, 이는 수하인의 발행방식에 따라 결정하게 된다.

㉮ to Wilson & Company Limited → 기명식(記名式)

- 주로 무신용장 거래방식에 이용
- Consignee란에 수입상의 상호와 이름을 기재하면 된다.

㉯ to order → 단순 지시식(單純 指示式)

- Consignee 란에 “to order”라고만 기재한다.
- 그리고 B/L 이면에 *백지(無記名式) 배서(blank endorsement)를 해야 한다. 이런 경우에는 신용장상에 “Full set …… made out to order, endorsed in blank marked “Freight Prepaid ……”라고 명시되어 있다.

㉰ to the order of shipper → 기명 지시식(記名 指示式)

- Consigned란에 “to the order of shipper”라고 기재한다.
- ㉯번과 마찬가지로 “Full set …… made out to order, endorsed in blank ……” 라고 명시되어 있으며 배서하는 방식은 동일하다.

㉱ to the order of Chase Manhatan Bank(신용장발행은행) → 기명 지시식 목적지에 도착되면 화물의 소유권이 신용장발행에게 있으므로 수입상의 B/L결제와 동시에 발행은행에 B/L이면을 통해 수입상에게 배서하게 된다.

무역거래에서는 원칙적으로 “Full sets of clean on board ocean bills of lading made out to the order of ~ marked freight … and notify accountee”와 같이 Order B/L을 사용한다. 왜냐 하면 수입업자로서는 Order B/L이어야만 선하증권을 양도하여 매매할 수 있고 B/L의 소지자가 곧 화주가 되기 때문이다.

③ Notify Party(화물도착 통지처) : 신용장에 “Notify Accountee”로 기재되며 신용장발행 의뢰인 즉, 수입상 또는 수입상이 지정하는 대리인이 통지처(화물 도착시 연락처)로 기재되며, 일반적으로 수입상이 기재되지만, Freight Forwarder가 명시되기도 하며, 수입상과 복합운송주선업자가 동시에 기재되기도 한다. 한편, 외국인수수입을 할 경우에는 수입상의 해외공장이 Consignee가 되고 수입상과 수입상의 해외공장이 모두 Notify Party가 되기도 한다.

④ Pre-Carriage By : 화물 인수지점에서 본선 선적항까지 운송을 담당한 운송인을 기재한다.

> 예 On Board Date :
> June 15, 2020
> Port of Loading : Busan, Korea
> Vessel Name : Brown 709 E

⑤ Place of Receipt(화물 수취장소) : 송하인으로부터 운송인이 선적화물을 수취하는 장소로 “Busan CY”, “Busan C.F.S” 등으로 표기한다. 일반적으로 “Place of Receipt”는 “Port of loading(선적항)”과 같은 장소로 기재되며, 그 장소가 서로 다를 경우 또는 선적항이 기재되지 않은 경우에는 본선적재 부기(On Board Notation)란에 선적항과 선박명을 기재하여 화물이 그 수취장소에서부터 선박으로 운송되는 것이 분명하게 보여야 하며, 적재부기에 화물이 그 항구에서 그 선박에 적재되었다는 사실을 기재해 주어야 한다.

⑥ Ocean Vessel : Ocean Vessel은 화물을 운송하는 선박명을 기재하며, 이는 본선(mother vessel)을 말하는 것으로 지선(lighter ship)과는 구별된다. 환적이라는 것은 하나의 본선에서 또 다른 본선으로의 이적을 말하는 것이다.

⑦ Voyage No. : 운송선박의 운송회사나 선박회사가 임의로 정한 일련번호가 기재되는데, 1항차는 출발항에서 목적항을 거쳐 출발항에 회항하는 것으로 한다. 수출·수입의 구별을 위해 East(E), West(W), South(S), North(N) 등을 표기한다.

⑧ Port of Loading : 화물을 선적하는 항구명 및 국명이 표시된다. 신용장상에 "Korean Ports" 등으로 명시되었다 할지라도 B/L상에는 그 지역 내에 포함되는 실제 선적항을 기재하여야 한다. Ocean B/L의 경우에 선적항이 명시되어 있지 않고 수탁지(place of receipt)만 나와 있는 경우에는 본선적재 부기란에 선적항과 선박명을 함께 부기해야 한다. 예) "Busan, Korea", "Incheon, Korea"

> 예 On Board Date :
> June 15, 2020
> Port of Discharge : New York
> Vessel Name : Brown 709 E

⑨ Port of Discharge : 화물의 도착항 및 국명을 기재한다. 신용장상에 "Any European Ports" 등으로 명시되었다 할지라도 B/L상에는 그 지역 내에 포함되는 실제 도착항을 기재하여야 한다. Ocean B/L인 경우 도착항은 B/L상에 보여야 된다. 그러나 도착항이 명시되지 않았거나 또는 도착항과 인도장소 및 최종지가 서로 다를 경우에는 첫째, 화물이 그 최종 목적지까지 선박으로 운송되는 것이 분명하여야 하고, 둘째, 화물이 그 항구에서 양륙된다는 사실을 별도로 도착항과 선박명을 부기하여야 한다.

⑩ Place of Delivery(인도장소) : 운송인의 책임하에 화물을 운송하여 수하인에게 인도하여 주는 장소를 명기한다. Container Cargo일 경우에는 주로 도착항과 화물의 인도장소가 같은 경우가 대부분이나 서로 다를 경우에는 ⑦번에서 설명한 예를 따라야 한다.

⑪ Final Destination(최종 도착지) : 화물의 최종 목적지를 표시하나 선하증권에 운임이 기재되어 있지 않은 경우는 단지 참조사항에 불과하며, 복합운송이 아닌 경우에는 기재되지 않는 경우가 많다.

⑫ B/L No. : 선사가 임의로 규정한 표시번호를 기재한다. 통상 선적항과 양육항의 알파벳 두문자를 이용하고 번호는 일련번호로 쓴다. "BO-5001": Busan-Osaka, "HMBU-9001": Hamburg Busan 등으로 표시한다.

⑬ Container No. : 화물이 적재되는 컨테이너 번호(container no.)를 표기한다.

⑭ Seal No. : 화물이 적재된 컨테이너 봉인번호(seal no.)를 표기한다.

⑮ Marks and No. : 포장명세서상에 표시된 하인 및 포장의 일련번호(예, 1~50)를 기재한다.

⑯ No. & Kinds of Containers or Pkgs. : 운송인이 인수한 화물의 수량을 표기하며, CY 인수조건의 화물인 경우에는 컨테이너 종류와 수량(예, 1 × 40' CNTR)을 표기하며, CFS 인수인 경우는 포장 갯수를 표기한다.

⑰ Description of Goods(물품명세) : 상업송장 및 포장명세서에 기재된 상품명세와 수량의 내용을 열거 · 기재하며, 신용장의 번호와 운임의 지급 여부 그리고 FCL Cargo일 경우에는 부지약관(unknown clause)도 명시된다. 부지약관은 일반적으로 화물의 선적시 그 내용물까지는 검사하지 않으므로 "외관상 양호한 상태로 선적하고 이것과 유사하게 양호한 상태로 인도한다"고 기재한 일종의 선박회사의 면책을 특약한 조항이다. FCL Cargo의 경우에는 선박회사에서 화물의 내용을 전혀 확인할 수가 없으므로 B/L상에 『Container "Shipper's Load & Count & Sealed" Said to contain :』 또는 『Container "Shipper's Load Stowage & Count" Said to contain :』 라고 명시함으로서 화물의 내용에 대한 선박회사의 면책을 특약하게 된다. 운임의 지급여부는 FAS, FCA, FOB일 경우에는 "Freight Collect"라고, CFR, CIF, CPT, CIP일 경우에는 "Freight Prepaid"라고 기재한다.

⑱ Gross Weight : 등록 공인검량회사에서 검측된 포장의 중량 및 용적을 명기하며 포장명세서 및 상업송장과 일치되지 않을 경우 Remark를 부기(附記)하여야 하고, 화물에 이상이 있으면 송하인에게 파손화물 보상장(Letter of Indemnity : L/I)을 첨부시키며, 수출입의 경우 포장명세서(packing list)와 선하증권(B/L)이 상이한 경우 통관되지 아니하므로 세심히 작성되어야 한다.

⑲ Measurement : 등록된 공인검량회사에서 검량된 포장의 가로 × 세로 × 높이 최대 길이의 용적을 기재하며, 역시 포장명세서 등의 기타 서류와 일치하여야 한다. 〔1 CBM = 가로(1m) × 세로(1m) × 높이(1m)〕.

⑳ Total Number of Container or Packages(In Words) : 상품의 수량 또는 컨테이너의 개수를 영문으로 표시하여 명백히 나타내며, In Words의 의미는 선하증권 발행자가 직접 상품을 확인하지 못하고 발행하므로 수량이 틀림없을 것이라는 추측의 의미로 삽입된 단어이다.

㉑ Freight and Charge : 상품의 운송에 따른 운임 및 제반비용의 명세로 Freight CAF, BAF, CFS Charge, Wharfage 등이 통상 표시되며 복합운송 선하증권인 경우는 Inland Charge가 표시된다.

㉒ Revenue Tons : 중량톤(weight ton)과 용적톤(measurement ton) 중에서 운임이 높게 계산되는 톤을 택하여 표시한다. 즉, 총중량 또는 총용적에 각각의 운임 단위

를 곱하여 총중량의 운임이 총용적의 경우보다 많을 경우는 "M/T"를, 총용적의 운임이 많을 경우는 "CBM"을 표시한다.

㉓ Rate : 운임톤당(per revenue ton) 운임단가 및 CFS Charge, Wharfage, BAF, CAF의 Percent 등이 표시된다. Wharfage의 경우 국내에서는 1톤 이하는 무조건 올림으로 산정하고 있어, 만약 7.001 CBM이라면 8 CBM으로 계산된다.

㉔ Per : 용적단위 또는 중량단위로 표시하고, Full Container의 경우는 Van 단위로 표시한다.

㉕ Prepaid : 선·후불운임의 금액을 표기한다. CIF 조건의 수출일 경우는 Prepaid 란에 운임을 계산하여 표시하며, FOB 조건의 수출일 경우는 Collect란에 계산표시한다. 또한 복합운송의 경우는 복합운송을 명백히 표시하기 위해 구간표시를 하고 각 구간마다 운임을 표시하는 것이 좋다.

㉖ Collect : 후불운임의 금액을 표기하며, 선불운임은 종종 기재되지 않는 경우도 있으나 후불운임은 반드시 기재하여야 한다.

㉗ Freight Prepaid At : CIF 수출조건인 경우 운임이 지불되는 장소를 나타낸다. 즉, 화물이 부산에서 선적·운송되어도 서울에서 운임이 지불되는 경우는 "Seoul, Korea"라고 기재한다. "Freight Prepaid"의 경우 운임이 지불되지 않으면 발행자는 특별한 상거래가 없는 한 B/L을 발행·교부하지 않는다.

㉘ Freight Payable At : FOB 수출조건으로 운임이 수하인 부담인 경우 수하인의 운임 지불장소가 기재되며 운임이 지불되지 않으면 운송인 또는 그 대리점은 화물인도지시서(D/O)를 발행·교부하지 않는다.

㉙ Place of Issue : 선하증권(B/L)의 발행장소가 기재된다.

㉚ Total Prepaid in : 선적지 통화기준 선불운임 및 제요금의 합계, 즉 외화표시 운임에 환율을 곱하여 선적지통화 운임액을 산출하고 여기에 제 요금을 합하여(부가세는 제외함) 총액을 표시한다.

㉛ No. of Original B/L : Original B/L의 발행통수를 기재한다. Original B/L은 통상 3통을 한 세트로 발행하는데 그 발행통수에는 제한이 없다. Original B/L에는 "Original", "Duplicate", "Triplicate" 등의 표시가 있고, Original B/L의 경우는 발행통수에 관계없이 한 장이라도 회수되면 나머지는 유가증권으로서의 효력을 상실한다. B/L Copy의 경우는 "Copy Non-Negotiable"이라 기재되며 B/L Copy는 유가증권으로서의 효력이 없고 단지 참조적인 서류에 불과하다.

㉜ Date of Issue : 선하증권(B/L)의 발행일자가 기재된다.

㉝ On Board Date : Shipped B/L일 경우에는 선하증권의 발행일자(date of issue)가 선적일자(on board date)로 간주되며, 발행일자가 선적일자보다 늦을 수는 있으며, Received B/L은 화물의 수취서류로서 화물이 선박갑판에 선적되었음을 입증하여

야 하므로 본선에 화물이 적재되었다는 부기(additional notation)를 하여야 한다. On Board Date와 B/L의 발행일자는 통상 동일 날짜이나 서로 다를 경우에는 On Board Date를 실제 선적일자로 간주하며, 선적일자 하단에는 선하증권 발행자의 서명(sign)이 표기된다.

㉞ Carrier Name(선하증권의 발행자) : 선하증권 발행권자의 서명이 기재된다. 선하증권 발행권자는 은행에 서명(sign)을 등록하고 있으며, 일단 발행권자가 서명을 한 후에 선하증권을 수정할 경우에는 재발급을 하든가 또는 수정도장(correction)을 날인한 후 서명하여야 한다. 그러나 중량(weight) 및 용적(measurement) 등 상품의 가격에 영향을 미치지 않는 부분에는 수정도장만 날인해도 유효하다. 신용장에서 "Freight Forwarder's Bill of Lading is Acceptable" 등으로 운송중개인의 자격으로 선하증권 을 허용하는 경우를 제외하고는 운송인 또는 그의 대리인 그리고 선장 또는 그의 대리인의 자격으로 서명을 하여야 한다.

• 운송인 또는 그의 대리인인 경우

Sung Nam Asia Shipping Line (서　　명) Acting as Carrier	E-trans Shipping Co., Ltd.(FBL) (서　　명) Acting as agent for the Carrier, Sung Nam Asia Shipping Line

• 선장 또는 그의 대리인인 경우

Sung Nam Asia Shipping Line (서　　명) Acting as Carrier	E-trans Shipping Co., Ltd.(FBL) (서　　명) Acting as agent for the Master/Captain Mr. Peter S. Ryder

• 신용장에서 Freight Forwarder B/L을 허용하는 경우

World Global Shipping Co., Ltd.
(서　　명)
As Freight Forwarder

㉟ By : 선사의 상호 및 서명자의 이름을 기재한다. 대리점이 발행할 경우에는 "××× as Agent of ××× Carrier"라고 표기한다. 은행에 따라 UCP 600에 의거, 선사의 상호 앞에 "Acting as a Carrier"의 명시를 요구하는 경우도 있다.

서명의 효력은 실서명을 요구하지 않는 한 팩시밀리서명, 요철, 스템프, 도장과 같은 상징표시, 전자식 기계식 인증방법으로 서명하면 된다.

서식 8-2 BILL OF LADING(선하증권의 기재사항 설명자료)

BILL OF LADING

① Shipper/Exporter FISHERMAN CORP., KOBE, JAPAN	⑫ B/L No. WPGE - 0128 **FBL** **NEGOTIATIABLE FIATA** **COMBINED TRANSPORT** **BILL OF LADING** issued subject to ICC Uniform Rules for a combined Transport Document (ICC Publication 298)
② Consignee TO ORDER	
③ Notify Party SUDIMPORT ANGELORO SRL, VIA MARSALA 99-S, SEVERO, ITALY	**世運海商株式會社** WORLD TRANS CORPORATION C.P.O.BOX. 7197 SEOUL, KOREA TEL : (02) 756-2340(Rep) FAX : (02) 756-2337 TLX : K29762 WTSHIP

④ Pre-carriage by		⑤ Place of Receipt BUSAN CFS	
⑥ Ocean Vessel "MING ENERGY"	⑦ Voy. No. V-47E	⑧ Port of Loading BUSAN, KOREA	
⑨ Port of Discharge GENOA, ITALY		⑩ Place of Delivery GENOA, CY	⑪ Final destination (for the merchant's reference only)

⑬ Container No.	⑭ Seal No. ⑮ Marks & Nos	⑯ No. of Containers or Pkgs	⑰ Description of Goods	⑱ Gross Weight	⑲ Measurement
FSCU3227240/20'	314165 S A S 3553 GENOA C/T NO : 1-100 MADE IN KOREA USE NO HOOKS SIDE UP HANDLE WITH CARE	100 CTNS	SAID TO CONTAIN; 250,000 PACK OF FISHING TACKLES (CHEMICAL LIGHTS) TOTAL 20 FT × 1 CONTAINER LCL/FCL "FREIGHT COLLECT" ㉝ ON BOARD DATE 2020 3. 25	17,325.00KGS	15,180CBM

⑳ Total Number of Containers or Packages(in words)
SAY ; ONE HUNDRED (100) CARTONS ONLY.

㉑ Freight & Charge	㉒ Revenue Tons	㉓ Rate	㉔ Per	㉕ Prepaid	㉖ Collect
FREIGHT COLLECT					USD666.28
C.F.S. CHARGE + THC				₩42,176.	
WHARFAGE				₩ 1,044.	
CNTR TAX				₩ 6,590.	
DOC'S FEE				₩ 3,700.	

㉗ Freight Prepaid At	㉘ Freight Payable At GENOA, ITALY	㉙ Place of Issue BUSAN, KOREA
㉚ Total Prepaid In	㉛ No. of Original B/L THREE(3)	㉜ Date of Issue MARCH 25, 2020

For delivery of goods S.I.T./SOC. ITALIANA TRANSPORTI VIALE LOMBARDIA, 32 MILANO TEL : 02/2362400 ATTN : MR. ALDO MARTINELLI	㉞ WORLD TRANS CORPORATION. SEOUL, KOREA ACTING AS A CARRIER ㉟ BY Sang - Hyun Han

6. 컨테이너 화물의 운송절차(FCL 화물인 경우)

Container란 화물을 안전하게 보관·운송할 수 있게 제작된 규격화된 운송용기로 반복적으로 사용이 가능하도록 규격화된 수송도구이며 화물의 단위운송(unit load)을 실현시켜 주는 혁신적인 수송용구를 말한다. Container를 이용한 운송은 운송화물의 단위당 비용을 줄일 수 있고, 선복이윤을 증대시킬 수 있을 뿐만 아니라 대량화물을 일시에 적재하고 양륙할 수 있어 운송기간을 단축할 수 있다.

컨테이너 복합운송의 방식은 Piggy-Back(컨테이너를 철도에 실어 운송하는 방식), Fishy-Back(컨테이너를 선박에 싣고 운송하는 방식), Birdy-Back(컨테이너를 항공기에 싣고 운송하는 방식) 방식 등에 의하여 Container를 이용할 경우 최종 목적지까지의 운송, 즉 '문전에서 문전(door to door)'까지의 복합운송을 실현할 수 있다.

우리나라에서 사용되고 있는 컨테이너에는 크기에 따라 ISO(International Standardization Organization) 20 Feet(TEU : Twenty-foot Equivalent Units), 40 Feet(FEU : Forty-foot Equivalent Units), High Cubic Container 40 Feet, Jumbo Container 45 Feet 등의 종류가 있으며, 컨테이너에 적재할 수 있는 화물의 최대 부피는 20 Feet, 40 Feet 각각 33 CBM, 67 CBM 정도이지만, 적입(stuffing)시에 사용하는 Pallet, 내장화물 고정자재(dunnage), 틈새공간(dead space, broken space) 등을 감안할 때 평균적으로 약 25 CBM, 55 CBM 정도가 적재된다.

실제 적재량의 계산은 예컨대 Box 하나가 40㎝ × 50㎝ × 60㎝의 경우 Box 한 개의 부피가 0.12 CBM(0.4 × 0.5 × 0.6)이므로, 20 Feet 컨테이너 한 개에 평균 25 CBM이 적재되므로 208박스(25 CBM ÷ 0.12 CBM) 적재할 수 있다.

그림 8-3 컨테이너 규격 표시

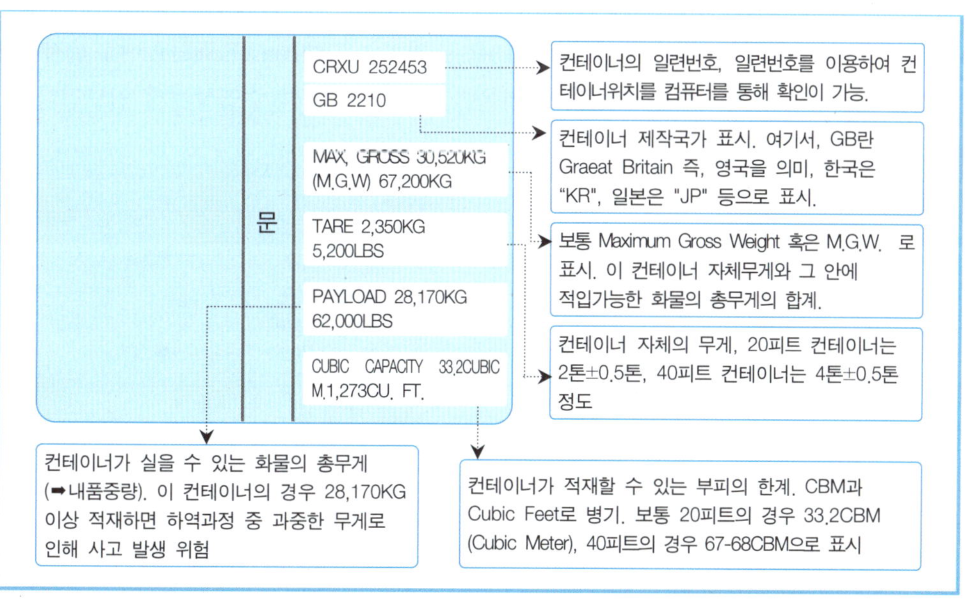

1) 컨테이너화물의 운송형태

(1) CY/CY(FCL/FCL : Door to Door Service)

컨테이너의 장점을 최대로 활용한 운송방식으로, 수출상의 창고로부터 수입상 창고까지의 육·해·육 혹은 육·해·공을 있는 일관운송(through transportation) 형태이다. 수출지의 공장에서 컨테이너에 적재한 화물을 그대로 선적항 및 양륙항을 통과, 최종 목적지인 수하인의 창고까지 컨테이너의 개폐 없이 수송하는 방법이다.

동 방식은 컨테이너 운송의 3대 요소인 신속성·안전성·경제성을 최대로 충족시키는 운송형태로서 이는 대 수출상·대 수입상간에 활용될 수 있는 방법으로 한 수출상이 자기 상품을 전량 컨테이너에 적입, 그대로 수입상 창고까지 상품을 인도하는 데에 이용된다. 하주는 창고간 운송에 따른 육·해·육 또는 육·해·공 구간의 운임을 지불해야 하며 운송인의 책임은 수출상의 창고로부터 수입상의 창고까지이다.

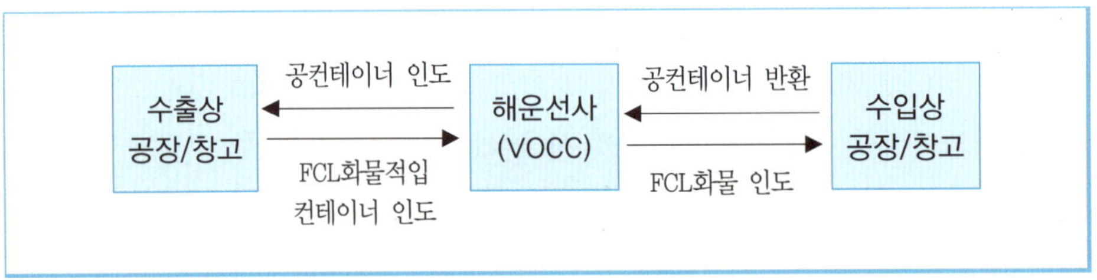

(2) CFS/CFS(LCL/LCL : Pier to Pier Service)

선적항의 CFS에서 목적항의 CFS까지 컨테이너로 운송되는 방법으로 동 방식은 재래선(conventional ship)의 해상운송구간을 컨테이너를 통해 운송한다는 차이뿐 컨테이너 운송의 초보적 방법이다. CFS/CFS 운송은 Pier to Pier 혹은 LCL/LCL 운송이라고도 불리는데 운송인이 여러 화주들의 소량화물(LCL)들을 집하·혼재(consolidation)하여 선적하고 목적지의 CFS에서 컨테이너를 개봉하여 화물을 분류하여 여러 수입상에게 인도된다.

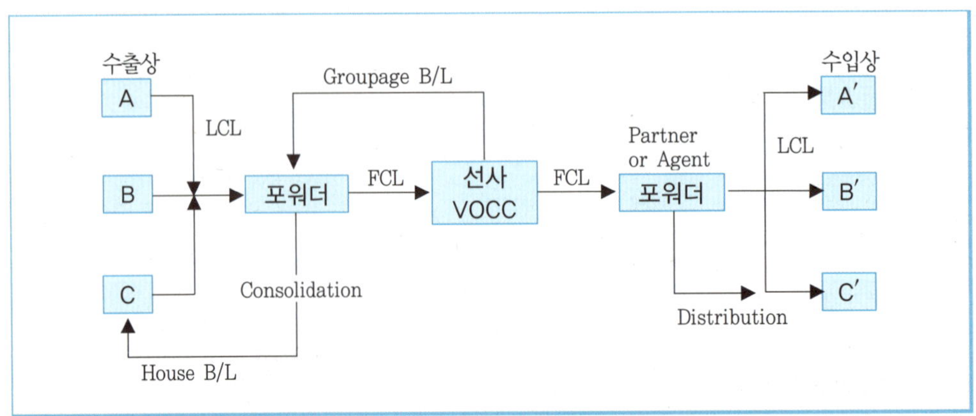

실무적으로 선사는 포워더가 여러 LCL 화물을 혼재하여 FCL화물로 만들어 선사에 인도할 때 Master B/L인 Groupage B/L을 발행하면, 포워더는 이를 근거로 LCL 화주에게 House B/L을 발행한다. 운송인은 선적항과 양하항 간의 해당 운임만을 징수하며, 운송책임은 선적항 CFS에서 향하항 CFS까지이다. CFS 또는 ICD(inland clearance Depot)에서 컨테이너에 적입(stuffing)되고 목적지에서도 수출지에서와 마찬가지로 CFS/ICD에서 적출(devanning)되어 수입상에게 분배된다.

(3) CFS/CY(LCL/FCL : Pier to Door)

선적항의 CFS로부터 목적지의 CY까지 컨테이너 화물운송 형태로 운송인이 여러 수출상으로부터 화물을 CFS에서 집하하여 컨테이너에 적입한 후 최종 목적지의 수하인 창고까지 운송하는 형태로 이를 Buyer's Consolidation이라고 한다. 동 방식은 CF · CFS에서 한 단계 발전한 운송형태로서 일반적으로 대 수입상이 여러 수출상으로부터 여러 LCL화물을 수집하여 일시에 자기의 창고까지 운송하는 때에 이용한다.

주로 대형 백화점 또는 종합상사가 다수의 수출상으로부터 물품을 수입할 때 이용하며 수입지의 포워더에게 운송을 의뢰하는 Buyer's Consolidation의 형태를 취한다. 이때 화주는 선적항의 CFS로부터의 해상운임과 도착항으로부터 최종 목적지인 수하인의 창고까지의 운임을 지불하며, 운송인의 책임구간은 선적항의 CFS로부터 최종 목적지의 창고까지이다.

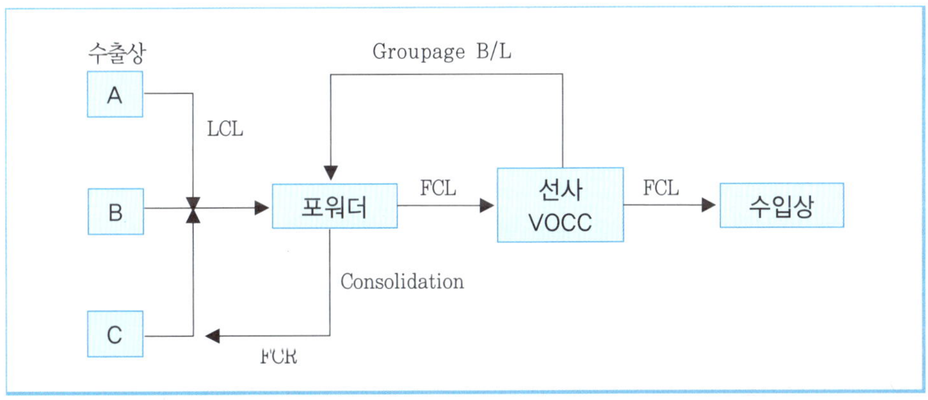

(4) CY/CFS(FCL/LCL : Door to Pier)

선적항의 CY에서 목적항의 CFS까지 컨테이너에 의해서 운송되는 방법으로서, 단일의 송화인, 다수의 수하인 구조를 갖고 있다. 선적지에서 수출상이 FCL화물로 운송, 수입항의 CFS에서 화물을 인출(devanning), 다수의 수하인들에게 배분하는 방식으로, 1인의 수출상이 1개 수입국의 여러 수입상에게 일시에 운송하고자 할 때 사용될 수 있으나 실무에서의 사용 빈도는 높지 않다. 화주는 선적지의 창고로부터 수입항의 CFS까지 운임을 지불하게 되며 운송인의 책임도 동 구간에 한한다.

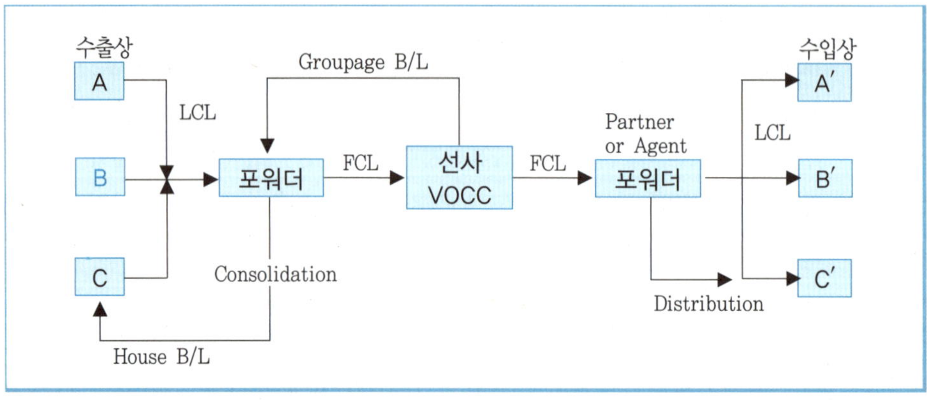

2) 컨테이너 터미널의 구조

컨테이너 터미널은 컨테이너운송에서 해상 및 육상운송의 접점인 부두에 위치하고 본선하역, 화물보관, 육상운송기관에의 컨테이너 및 컨테이너화물의 인수·인도를 행하는 장소를 말하며, 일반적으로 터미널에는 컨테이너선이 입·출항하는 임해컨테이너 터미널과 컨테이너의 집배, 컨테이너화물의 적입(vanning, stuffing), 적출(devanning, stripping) 등의 작업장 및 통관절차를 이행하는 장소로서의 기능을 가진 내륙컨테이너 기지(inland container depot, inland clearance Depot : ICD)로 구분된다.

① Container Berth(Quay, Pier, Wharf) : 컨테이너선이 안전하게 부상하여 접안할 수 있는 계안선을 말한다. 컨테이너선이 만적시에도 충분히 안정하게 부상할 수 있는 수심의 유지가 필요하며 적정한 안벽의 길이도 확보되어야 한다.

② Apron(Wharf Surface, Quay Surface) : 부두 부분 중에서 바다와 접해 있는 안벽에 따라 포장된 부분으로 컨테이너용 철로(Rail)가 설치되어 있으며, 하역을 위한 Gantry Crane이 설치되어 양륙과 선적을 할 수 있는 지역이다.

③ Marshalling Yard : 컨테이너선에 직접 적재와 하역을 하는 컨테이너를 정렬해 두는 넓은 장소로 컨테이너선의 입항전에 사전에 계획된 선내적부계획(stowage plan)에 따라 또는 컨테이너를 하역순서에 따라 정렬해 두는 곳을 말한다.

④ CY(Container Yard) : 컨테이너를 인수·인도 및 보관하는 장소로서 Marshalling Yard, Apron, CFS 등을 포함한 컨테이너 터미널의 일부로서 냉동컨테이너와 보관용 배전시설 등의 준비와 만재화물의 인수·인도 작업이 수행된다. 또한 컨테이너를 야적할 수 있는 보세 장치장으로 공 컨테이너이든 만재컨테이너든 인수·인도 및 보관을 하는 야적장으로 화물이 적입된 컨테이너를 언제든지 운송선박에 적재될 수 있도록 야적해 두는 공간을 말한다.

통상 부두 안에 있는 CY는 항내 CY(On-dock CY), 부두 밖에 있는 CY를 항외 CY(Off-dock CY)라고 한다.

그림 8-4 컨테이너 터미널의 모형도

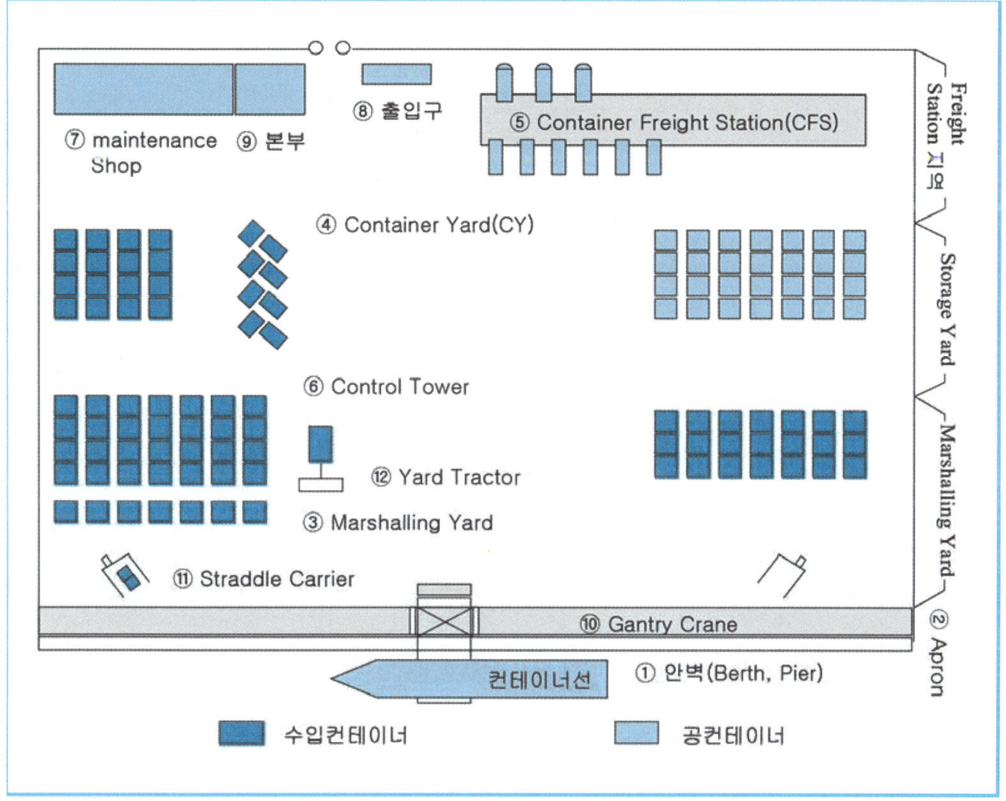

⑤ CFS(Container Freight Station) : 컨테이너 1개를 채울 수 없는 소량화물(LCL)의 인수·인도, 보관 또는 LCL 화물을 컨테이너 안에 적입(stuffing, vanning)하거나 끄집어내는(devanning, stripping) 작업을 하는 장소를 CFS라고 한다.

⑥ Control Tower : Control Center라고도 부르고 CY 전체를 내려다 볼 수 있는 위치에 설치되어 CY 전체의 작업을 총괄하는 지령실(指令室)로서 본선 하역작업은 물론 CY 내의 작업계획, 컨테이너 배치계획 등을 지시감독을 하는 곳.

⑦ Maintenance Shop : CY에 있는 하역 기기나 운송 관련 기기의 점검, 수리, 정비하는 곳으로 컨테이너 터미널 내에서 사용하는 모든 기기의 정비공장이다.

⑧ CY Gate : 컨테이너나 컨테이너화물의 인수·인도를 하는 장소이므로 해상운송 대리인 및 화주 또는 육상 운송인과의 운송확인 또는 관리책임이 변경되는 중요한 기능을 가진다. Gate 통과시의 컨테이너 이상 유무, 통관봉인의 유무, 컨테이너 중량의 측정, 컨테이너 화물의 인수에 필요한 서류의 확인 등이 행해지고 있다.

⑨ Administration Office : Container Yard 운영요원이 Yard경영을 위한 행정사무를 수행하는 곳이다.

3) 내륙 컨테이너화물 통관기지(ICD : Inland Container Depot, Inland Clearance Depot)

ICD는 항만 혹은 공항이 아닌 내륙에 위치하여 배후지역에서 운송된 여러 종류의 화물을 일시적 저장 및 취급에 대한 서비스를 제공하는 지역이다. ICD는 CY가 단순히 컨테이너의 장치기능을 함에 비해 신속한 통관 및 B/L발급을 통한 수출대금을 조기결제가 가능토록 하는 이른 바 "내륙에 있는 부두"의 개념으로 CY의 기능이 확대, 발전된 것이다. 현재 경기도 의왕 ICD, 경남 양산 ICD 등의 두개의 ICD가 있다.

ICD의 주요 기능으로는 수출입화물 통관, 화물집하, 보관, 분류, 간이 보세운송, 관세환급, 선사 B/L 발급 등이며, ICD의 이용효과는 실제 화주가 ICD 이용할 경우 수입시는 상당한 유통기일 축소 및 물류비 절감을 이루고 있는 것으로 평가되고 있다.

그림 8-5 ICD의 개념도

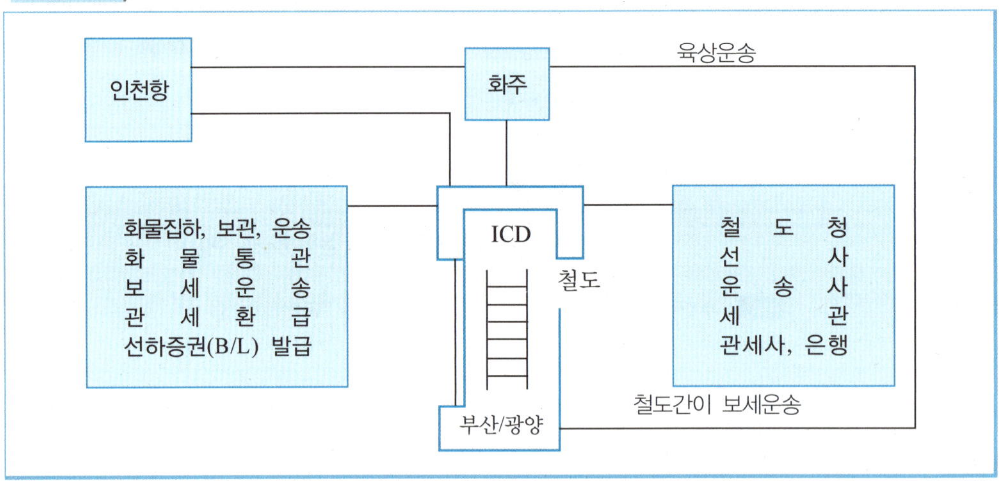

4) 컨테이너 수출화물의 운송절차

수출상은 수출계약 ⇨ 신용장접수 ⇨ 수출승인 ⇨ 상품의 제조 또는 구매 ⇨ 수출검사 ⇨ 수출신고 등의 절차를 거친 후 선적을 의뢰한다. 이 때 선사의 영업부에 직접 의뢰하는 방법과 국제물류주선인(forwarder)을 통해 간접 의뢰하는 방법이 있다. 통상 양자간의 운임에 차이가 없어 국제물류주선인을 통한 간접의뢰가 많은 편이다.

따라서 아래에서는 국제물류주선인(forwarder)을 통한 컨테이너 수출화물과 서류의 흐름을 FCL(Full Container Load)과 LCL(Less than Container Load)로 나눠 살펴본다.

선적예약은 화주가 Forwarder에게 팩스 또는 전화로 선적을 의뢰하면 Forwarder가 선적요청서(Shipping Request : S/R)를 작성, 선박회사에 제출한다. 이 때 S/R의 Shipper란에는 화주와 Forwarder의 이름이 병기(倂記)된다. 선박회사는 화주(forwarder)로부터 접수한 S/R에 기초하여 선적예약서(booking note)를 작성, 이들을 집계, 예약일람표(booking list)를 작성한다. 그리고 Booking List를 자사(또는 계약) 터미널에 송부, 공컨테이너(empty container)의 반출 및 적재컨테이너의 반입준비를 시킨다.

FCL화물 선적을 의뢰할 경우 운송인은 하주가 별도로 지정하지 않는 한 자신과 계약된 Container Trucking 회사에 연락, 선적기일에 맞추어 수출상의 공장 혹은 창고에 공 컨테이너(empty container)를 배송한다. 수출상은 공 컨테이너를 받은 경우 공인검량인(sworn measurer & public weigher)과 검수인(tallyman)에 의하여 용적중량(measurement & weight)을 계량하고 검수(tally)를 끝낸 후 화물적재 담당직원은 직접 화물적입(stuffing) 작업을 끝내면 컨테이너는 회사의 공장이나 창고에서 수출신고가 이루어졌을 경우 봉인(sealing)된 채 선적항의 컨테이너 야드(off-dock CY)를 거쳐 부두(Dock)로 운송되거나 혹은 부두로 직반입(直搬入) 된다.

그림 8-6 FCL화물 이동경로

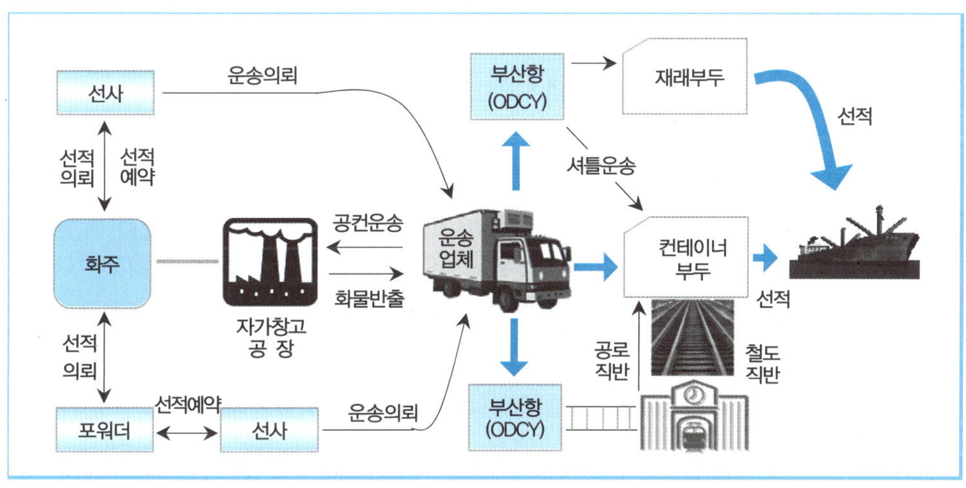

(1) 서울 · 경인지역에서 수출통관 후 적입된 FCL

① 화주전문 통관 후 공로수송(公路輸送)

화주 Door — 통관 — 적입 — 부산지역 ODCY — 셔틀버스 — 컨테이너 부두반입 — 선적

화주의 Door에서 컨테이너의 적입작업이 완료된 컨테이너화물은 고속도로를 이용하여 일단 부산지역에 있는 ODCY(Off-Dock CY)나 컨테이너부두의 CY(On-Dock CY)까지 운송된다. ODCY의 기능은 터미널의 부두내 CY의 절대부족으로 이의 기능, 즉 수출 및 수입되는 컨테이너의 장치, 보관, 수리 및 통관작업이 이루어진다.

② 화주문전 통관 후 철도수송

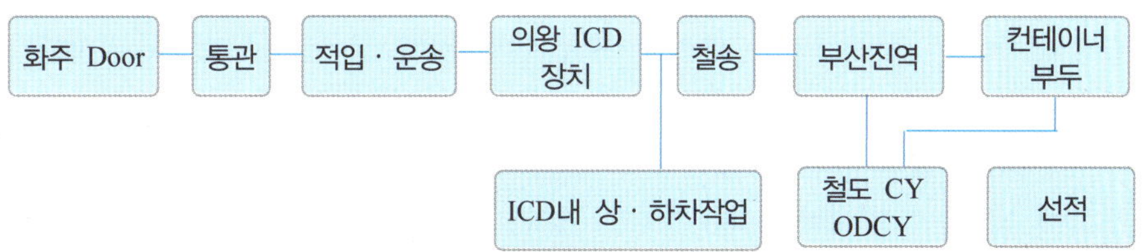

의왕역을 출발, 철도운송으로 부산진역에 도착 컨테이너부두로 직반입되는 컨테이너는 지선을 통하여 컨테이너부두로 직반입되거나 대부분의 컨테이너는 부산진역에 소재한 철도 CY에 하차되어 일시 장치되거나 셔틀운송으로 ODCY에 반입된다. 셔틀운송으로 ODCY에 반입된 컨테이너는 선적기일까지 ODCY에 장치 및 보관되었다가 선적 스케줄에 맞추어 컨테이너는 각각 본선선적을 위한 Marshalling Yard에 이송·장치되었다가 본선 입항시 선적순서 목록에 따라 본선에 선적된다.

(2) FCL 화물의 운송절차

FCL(Full Container Load) 화물운송은 화주가 컨테이너 만재화물을 수출할 경우 화주의 공장에서 수출통관 후 보세운송형태로 육상 운송되는 경우가 대부분이며 때로는 의왕 ICD를 통한 철도운송이나 또는 인천에서 부산항간의 연안운송도 이용된다.

① 수출상은 국제물류주선업자(NVOCC)나 해상운송인(VOCC)에게 선적을 의뢰하면서 선적요청서(Shipping Request : S/R)를 비롯한 상업송장(commercial invoice) 및 포장명세서(packing list) 등의 서류를 운송회사에 제출한다.

② 화물의 컨테이너 적입작업(stuffing)을 위해서 공 컨테이너를 수출자의 공장 또는 창고로 투입을 요청할 경우, 투입요청 시간 및 장소 등을 정확히 알려주면 선사는 트럭회사에 공 컨테이너의 인도를 지시한다. 공컨테이너 투입장소가 대전 이북지역인 경우 의왕 ICD(Inland Clearance Depot), 대전 이남지역인 경우 부산 ODCY(Off Dock Container Yard)에 장치되어 있는 컨테이너를 조달한다.

③ CY 운영자가 공 컨테이너를 화주에게 임대할 경우 기기수도증(EIR or ER : Equipment Interchange Receipt) 5부를 작성하여 1부를 화주에게 전달한다.

④ 화주의 창고에 공 컨테이너가 인도되는 것은 수출화물이 화주의 창고에서 통관됨을 의미한다. 따라서 화주는 적입장소가 보세구역으로 인정받은 자가 장치장인 경우는 타소장치 허가가 필요 없지만, 일반창고이면 세관으로부터 타소장치 허가를 득하며 세관에 수출통관과 통관후의 보세운송 허가를 요청한다.

⑤ 세관은 전송화면상의 수출신고 자료에 하자가 없고 검사대상 품목이 아니면 현품검사를 생략하고 수출신고서에 신고필 날인을 한다. 통관후의 보세운송은 수입과 달리 별도의 보세운송 신청서를 작성치 않고, 통관용 수출신고로 일괄 처리된다. 즉, 통관시 보세운송 신고를 병행하는 수출신고서를 사용하면 수출신고필과 함께 보세운송 면허도 얻는다.

⑥ 수출상은 해상운임(ocean freight) 징수의 기본자료가 되는 수출상품의 용적중량의 검량을 마치고 컨테이너에 화물을 적입(stuffing)한 뒤 선사의 봉인(Carrier‘s Seal) 또는 세관봉인(Custom's Seal, 필요한 경우)을 부(장)착 한다.

⑦ 한편 FCL 화물로 충분한 양인데도 화주의 창고에서 통관하지 않을 때에는 일반 트럭에 의해 벌크(break bulk) 상태로 양산 ICD에 반입하여 통관한다.

그림 8-7 FCL 수출화물의 흐름도

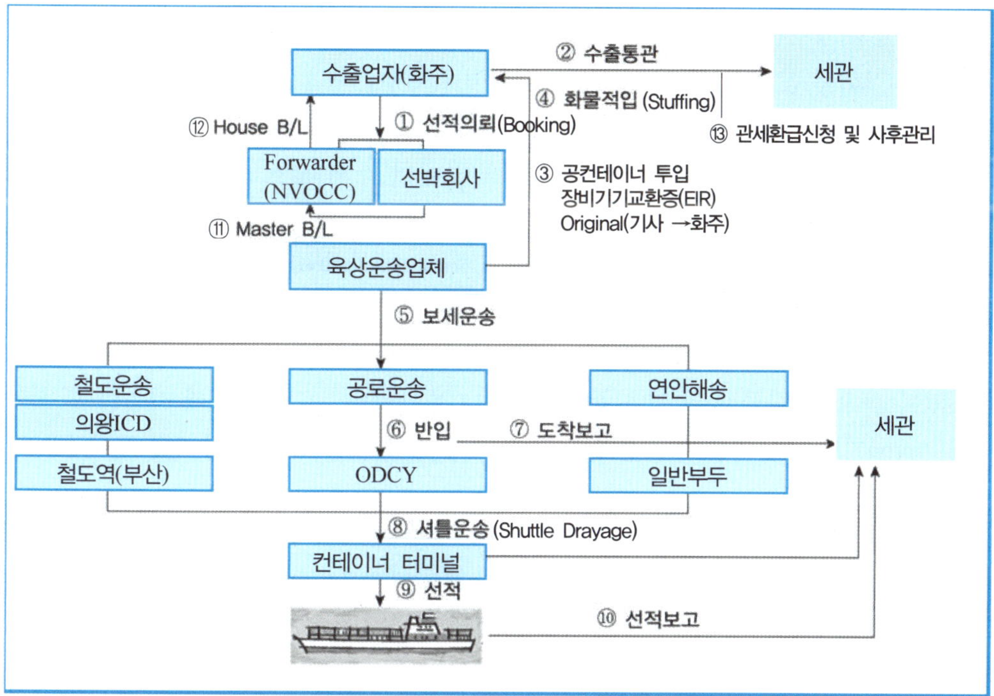

⑧ 육상운송업체는 수출통관이 완료되어 컨테이너에 적입된 물품을 보세상태로 보세운송한다. 수출의 경우 보세운송 허용기간은 30일이다.

⑨ 화물을 적입한 컨테이너는 국제물류주선업자(NVOCC)가 운영하는 ODCY(Off Dock Container Yard)로 입고한 후 해당 선박회사의 CY로 반입할 수도 있지만, 실무적으로 곧바로 해당 선사의 CY에 입고시킨다. 국제물류주선업자는 입고의 증명으로 부두수취증(dock receipt : D/R)을 발급받는다.

⑩ CY에 반입한 후 CY 운영업자(operator)로부터 수출신고서에 장치확인을 받아 관할 세관에 보세화물 도착신고를 한다.

⑪ CY에 있는 각 선박회사의 업무담당자는 컨테이너와 함께 접수된 수출신고필증을 확인한 후 Container Terminal Gate에 제출한 반입계를 작성하여 해당 트럭 기사편으로 전달한다. 이 때 CY에서 Marshalling Yard까지의 단거리 운송을 셔틀운송(shuttle drayage)이라고 한다. 본선 입항 3일 전부터 출항 12시간 전까지 반입이 가능하다.

⑫ Container Terminal 반입된 컨테이너는 작업처리를 거쳐 본선에 선적된다.

⑬ 선박회사는 수출화물의 선적 후 관할세관에 선적보고를 한다.

⑭ 국제물류주선업자(NVOCC)는 운임선급(freight prepaid)인 경우 운임을 해상운송인(VOCC)에게 지급하고 해상운송인이 발급한 Master B/L을 교부받는다.

⑮ 국제물류주선업자(NVOCC)는 운임선급(freight prepaid)인 경우 운임을 징수하고 선적선하증권인 House B/L을 발행하여 수출상에게 발급해 준다.

(3) LCL화물의 운송절차

LCL화물의 경우는 제품생산 완료 후 일반트럭을 불러 적재하여 ODCY내 CFS 또는 부두내 CFS로 운송한다. 즉 LCL화물은 컨테이너 1대에 채울 만한 물량이 되지 못하기 때문에 Container Door 운송과정이 필요없이 Loose Cargo(단위화 되지 않는 화물) 상태로 트럭에 실려 운송인이 지정한 선적항의 CFS로 운송된다. 화주의 수출입화물이 LCL화물인 경우에는 일반적으로 화주가 직접 일반차량을 수배해서 CY/CFS까지 수송하고 있으며, 운임상의 혜택과 동일 지역행 화물이 혼재(consolidation)를 용이하게 하기 위하여 Forwarder를 이용하여 집하화물이 ODCY의 CFS에 반입이 되면 CFS담당자는 화물수령을 증명하는 화물인수도증인 FCR(forwarding agents certificate of receipt)을 발행해 준다. 혼재되어 컨테이너화물로 된 경우 통상 부두내 CY(On-Dock CY)로 구내 이송된 후 선적시에 Apron지역으로 이송되어 선박에 적재(On Board)하게 되는 것이 일반적이다.

그림 8-8 LCL화물 이동경로

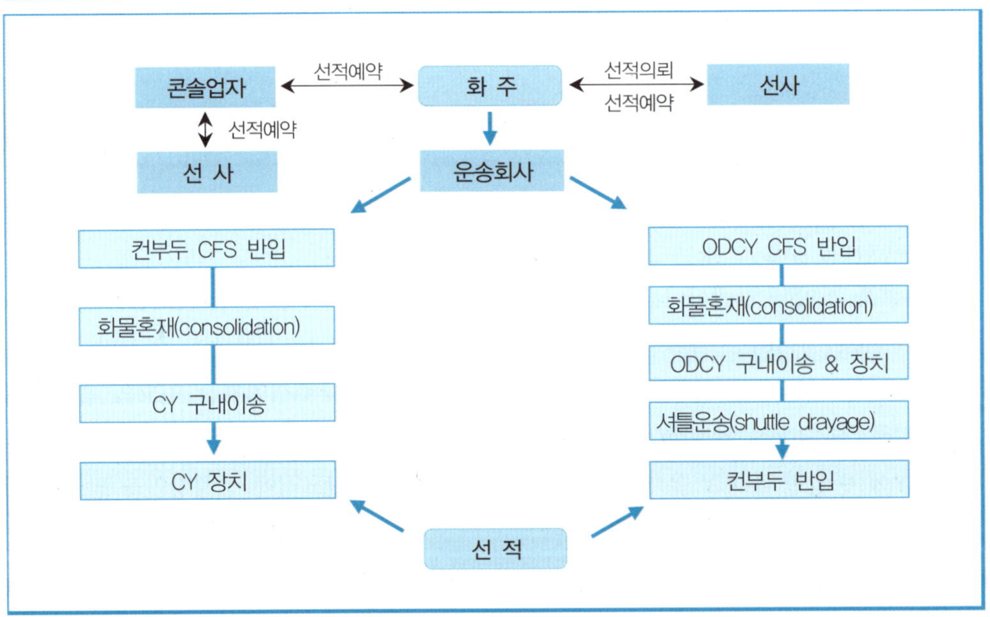

LCL수출화물의 운송절차는 다음과 같다.

① 수출상은 국제물류주선업자(NVOCC)나 해상운송인(VOCC)에게 선적을 의뢰하면서, 선적요청서(Shipping Request : S/R)를 비롯한 상업송장(commercial invoice) 및 포장명세서(packing list) 등의 서류를 운송회사에 제출한다.

② 수출상이 직접 일반차량을 수배하여 국제물류주선업자(NVOCC)나 해상운송인(VOCC)은 화주의 창고에서 LCL 화물을 인수(pick-up)하여 수출상의 소량화물 (LCL)을 직재한 차량은 육상을 이용하여 지정된 CFS까지 운송하거나, 운송인은 화물혼재를 용이하게 하기 위하여 동일 행선지의 타 화물과 혼재(consolidation)하여 운송한다.

Forwarder가 집하한 LCL 화물이 단독으로 FCL 화물이 안되면 동일 행선지의 다른 Forwarder와 Joint Consolidation, 즉 Co-Loading을 한다.

Co-Loading은 본선 출항 1~2일 전(closing time)까지, 혼재 가능한 Forwarder를 물색, 그의 CFS에 반입·적입시켜 선적 후 그로부터 Forwarder's B/L(FBL)을 발급받는다. 이때의 FBL은 Master B/L의 성격을 갖는다. Forwarder이 주 사업이 LCL 화물의 집하·혼재이므로 Co-Loading은 중요한 업무의 하나이다.

② 수출상이 직접 일반차량을 수배하여 국제물류주선업자(NVOCC)나 해상운송인(VOCC)이 지정한 CFS까지 운송하거나, 화물혼재를 용이하게 하기 위하여 이들 운송인(NVOCC 혹은 VOCC)에게 차량수배를 의뢰할 수도 있다.

③ LCL 화물은 화주의 창고 또는 의왕 ICD에서 통관, 보세운송으로 양산 ICD 또는 On-Deck CY로 운송되거나, 미통관 상태로 부산의 양산 ICD 또는 On-Deck CFS로 반입·통관, 혼재(consolidation)·적입(stuffing)한다.

④ CFS에 도착한 화물은 공인검량인(sworn measurer & public weigher)과 검수인 (tallyman)에 의하여 용적중량을 계량(計量)하고 검수를 끝낸다. 보세구역 장치확인을 받은 후 관세사를 통하여 관할세관에 수출신고하여 통관을 완료한다.

⑤ 수출통관이 완료되고 수출신고필증이 교부되면 CFS 운영자는 화물을 목적지별로 선별하여 집화하고, 컨테이너를 배정받아 컨테이너에 화물을 혼재(consolidation)·적입(stuffing)한 다음 봉인(seal)을 장착한다.

⑥ 혼재된 컨테이너화물은 CFS에서 반출하여 CY로 인도되거나 ODCY에 반입되어 선적대기 하며, 운송회사는 선적지 관할세관에 보세화물 도착보고를 한다. 선적을 위하여 CY나 ODCY에서 Marshalling Yard까지 셔틀운송을 한다.

⑦ Container Terminal에 반입된 화물은 본선에 선적되며 국제물류주선업자는 본선수취증(mate's receipt : M/R)을 교부받는다.

⑧ 선적이 완료되면 선박회사는 관할세관에 수출화물 선적보고를 한다.

⑨ 국제물류주선업자(NVOCC)는 운임선급(freight prepaid)인 경우 운임을 해상운송인(VOCC)에게 지급하고 해상운송인이 발급한 Master B/L을 교부받는다. CFS에 반입되었던 화물이 본선에 선적되면 선사는 포워더에게 Master B/L(Shipped B/L, On Board B/L)을 발행하며, 국제물류주선업자(NVOCC)는 화주에게 House B/L(HBL) 또는 Forwarder's B/L을 발행한다. 포워더가 화주에게 발행하는 HBL 또는 FBL에는 화주가 포워더에게 지불한 운임이 기재되고, 선사가 포워더에게 발급하는 Master B/L에는 포워더가 선사에 지불하는 운임이 기재된다.

⑩ 국제물류주선업자(NVOCC)는 운임선급(freight prepaid)인 경우 운임을 징수하고 선적선하증권인 House B/L을 발급하여 수출업자에게 교부한다.

⑩ 화물이 본선에 적재되면 국제물류주선업자(NVOCC)는 수입지의 파트너에게 선적통지(shipping notice)와 함께 선적서류를 송부한다.

그림 8-9 LCL 수출화물의 흐름도

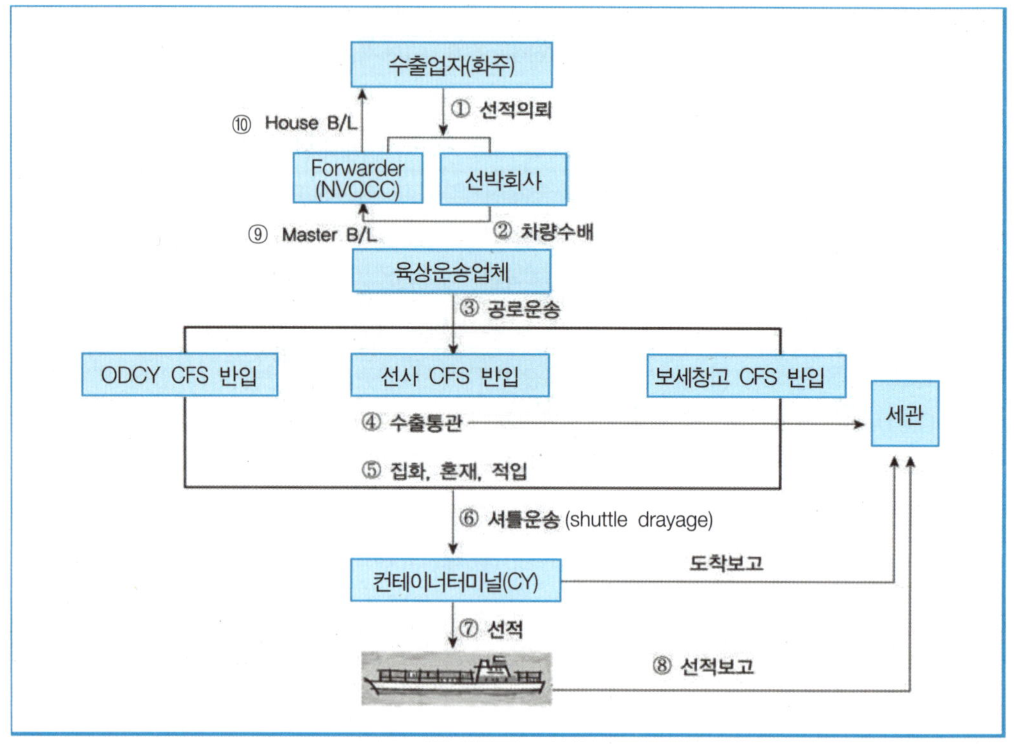

(4) 컨테이너화물의 수입운송절차

수출지의 운송인은 목적지에 있는 운송인(선박회사의 지점 또는 포워더의 파트너)에게 선적서류를 발송하고, 수입화물이 수입항에 도착하게 되면 운송인(선사 또는 포워더의 파트너)은 수입상에게 화물도착통지(arrival notice)를 하게 되며, 수입상은 거래은행에 수입대금을 결제하고 선적서류를 인수받아 수입통관절차를 밟게 된다. FCL은 부두에서 양하되어 수입상의 창고 또는 공장까지 도착되는 과정은 보세운송을 통한 도착지 통관인 경우와 부두의 보세장치장에서 통관하여 일반운송 되는 양하지 통관 등 두 가지로 나누어 지며 LCL은 반드시 양하지 통관을 거쳐 일반화물 상태로 화주의 문전에 도달하게 된다.

① 수출지에 있는 운송인은 목적지에 있는 운송인(선박회사 지점 또는 포워더의 파트너)에게 제 선적서류와 함께 선적통지(shipping advice)를 발송한다. 즉, 선적항에서 선적이 완료되면 본선은 출항하며 이때 컨테이너내적치표(CLP : Container Load Plan), 출항보고서 등 적하관계 서류를 선사 또는 포워더로 송부하며, 또한 Manifest, 도착예정통지서(arrival notice of cargo), 화물인도지시서(D/O : delivery order), 운임청구서(freight bill) 등의 서류를 E-mail이나 Fax로 관련기관에 송부한다.

② 본선 도착 전에 수입상의 신속한 화물인수 준비를 위해 수입상에게 화물도착통지(arrival notice of cargo)를 한다. 즉, 선사지점 또는 포워더는 도착예정통지서, 운임

청구서를 수화인 혹은 수입화물 도착통지처(notify party)에 송부하며, 본선 입항시 세관에 적하목록을 제출·신고해야 하므로 세관에 적하목록을 전송한다.

③ 도착지 운송인으로부터 화물의 도착통지를 받은 수입상은 거래은행 또는 발행은행으로부터 선적서류 도착통지(arrival notice of documents)를 받으면 은행에 수입대금을 결제하고 수출지의 매입은행을 통해 제시된 선적서류를 수취한다.

④ 수화인은 선하증권 원본을 선사에 제시하고 운임(운임후불의 경우) 및 부대비용을 지불하고, 선사나 대리점은 D/O를 발행하여 수하인에게 교부한다.

그림 8-10 해상수입 화물의 흐름도

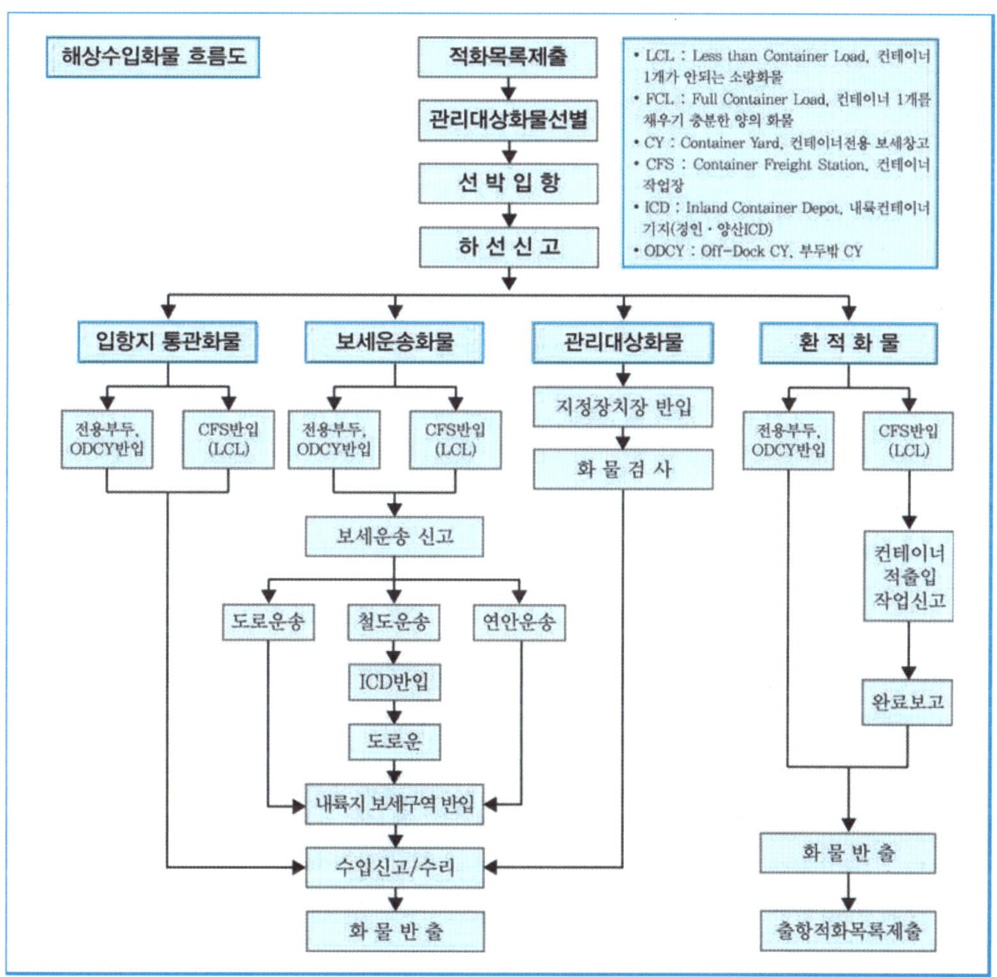

⑤ 화물도착통지를 받은 화주는 화물이 어느 창고에 입고될 것인가를 지정하게 되며, 선사는 Manifest에 배정처를 기록·작성하여 세관에 입항신고를 하게 된다. Manifest 및 Container Load List에 의거하여 양륙하여 FCL화물은 On-Dock CY or 양산 ICD CY에 반입·장치되며, LCL화물은 On-Dock CFS 또는 양산 ICD CFS에 이송되어 반입·장치되고 컨테이너에서 적출(devanning), 수하인별로 화물을 분류하여 인도한다.

⑥ 선사는 수입화물에 대해 보세운송, CY, 지정보세구역, 자가창고, CFS 등 인도형태별로 배정하여 세관의 확인을 받는다. 수입화물의 배정은 FCL 화물은 CY Delivery, LCL 화물은 CFS Delivery, 보세화물은 CY Delivery를 원칙으로 한다.

그림 8-11 해상수입 화물의 운송절차

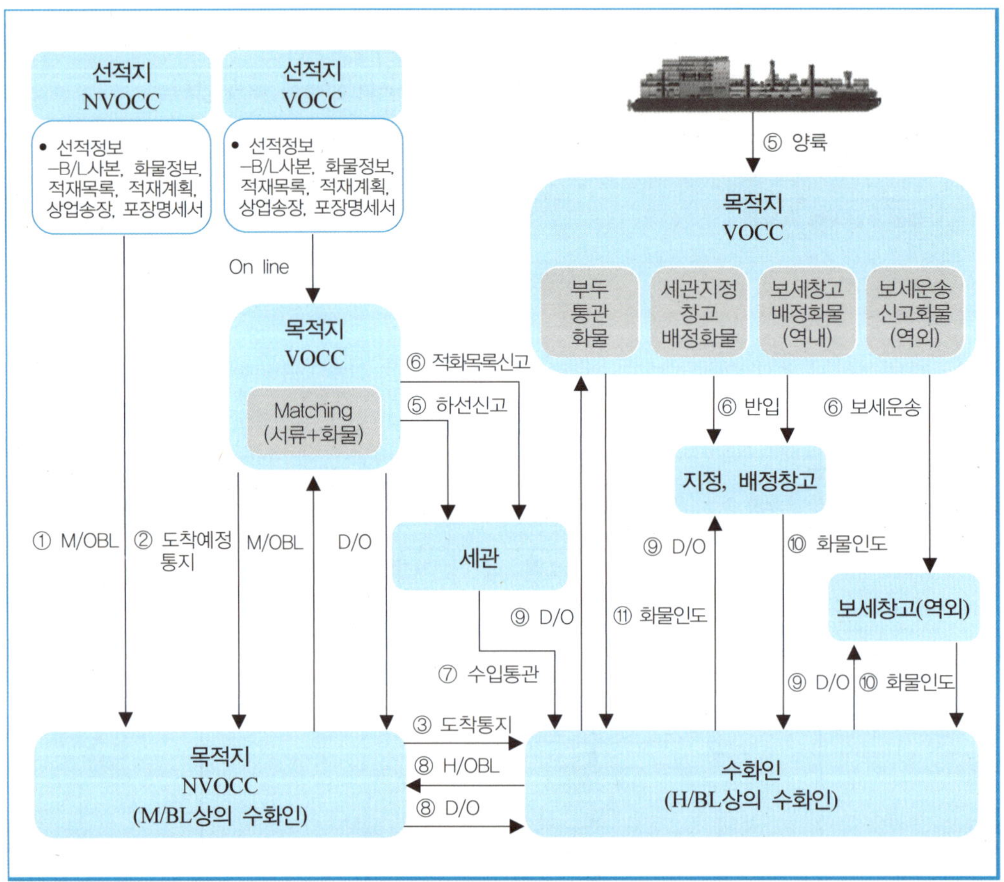

⑦ 수입신고(import declaration, 통관)는 화주, 관세사, 통관법인 및 관세사법인의 명의로 하여야 하며 관세법에 의하여 등록된 관세사를 채용하여 관세사 명의로 수입신고서에 상업송장, 가격신고서, 선하증권 사본, 포장명세서 등을 첨부하여 관할 세관장에게 수입신고를 하고 수입관세 및 제세를 납부하여 수입신고 수리필증(import declaration certificate)을 발급 받는다.

수입통관(import clearance, customs clearance)은 원칙적으로 통관지 세관관할 보세구역에 반입, 장치한 후 세관에 수입신고를 해야 이뤄진다. 수입통관은 On-Deck CY(ODCY) 통관 및 세관으로부터 타소장치 허가를 받은 화주창고에서의 통관이 있다. 수입신고필(import declaration certificate)을 얻기 전에 수입상은 세관이 교부한 신고납부서(납세고지서)에 의거 은행에 관세를 납부하여야 한다.

⑧ 수입화물은 도착하였으나 선적서류가 도착하지 않았을 경우 수입상은 B/L원본이 없으므로 거래은행이나 신용장 발행은행의 보증은행이 연대 보증한 수입화물선취보증서(L/G : Letter of Guarantee)와 상환으로 화물인도지시서(D/O)를 발행한다.

⑨ FCL을 화주문전에서 통관하고자 할 경우 보세운송을 통하여 이루어지는데, 수입화물의 보세운송 신고시 구비서류는 보세운송 신고서 및 선하증권 사본이며 보세운송기간은 운송품의 중량, 기타 운송과정 등을 감안하여 세관장이 정한다.
보세운송으로 배정된 화물은 보세운송 업자가 양륙항에 보세운송 신고하여 신고필증을 받아 운송하고 도착지 세관에 도착보고를 해야 한다. 보세운송의 발착신고는 관할세관에 해야 한다. 세관장은 동 업무를 보세장치장 관리인에게 위임할 수 있어 현재 발착 확인업무는 거의 보세장치장 관리인이 대행한다.

⑩ 수입신고 수리필증을 받은 후 화주는 CY/CFS)에 D/O를 제시하면 CY 또는 CFS 운영자는 수입상에게 화물을 인도한다. 즉, 수화인은 FCL화물은 CY에서 LCL화물은 CFS에서 인수한다. FCL화물의 공컨테이너 반환은 Pick-Up했던 CY로 하여야 되지만 선사가 지정한 ICD에 반환할 수 있다. 무료장치기간(free time)이 경과된 때에는 컨테이너 지체료(detention charge)가 부과된다.

제 2 절 국제항공운송

1. 항공화물운송의 의의

항공운송(air transportation)이란 항공기의 항복(plane's space)에 여객과 화물을 탑재하고 국내외의 공항(air port)에서 공로(air rout)로 다른 공항까지 운송하는 최근대식 운송시스템을 의미하며, 항공화물(air cargo)이라 함은 항공기에 의해 수송되는 승객의 수하물(passenger's baggages)과 우편물(mail)을 제외한 항공운송장(air waybill)에 의해 수송되는 모든 물품을 가리킨다. 오늘날에는 공간개념이 축소되고 신속한 운송에 의한 교역의 증대와 항공화물의 컨테이너화, 지상조업의 자동화, 고부가가치 화물의 증가와 항공우송의 정시성 등으로 인하여 상호 보완적인 물품교역 의해 모든 화물이 항공운송의 대상이 되며 수출입화물운송에서 점유율이 점차 높아가고 있다.

2. 항공화물운송의 특성

긴급 또는 특별한 경우에만 이용하는 운송수단으로 간주되어 왔던 항공화물 운송은 대형 화물전용기의 출현으로 수송력의 증대, 단위당 운항원가의 절감 및 운임의 저렴화가 실현되었고, 또한 종합물류 원가개념의 인식으로 기업의 물류관리 중요성이 크게 부각되면서 항공화물의 이용범위도 크게 확대되었다.

항공화물 운송의 장점은 ① 해운에 비해 높은 안전도와 신속성 ② 포장비가 저렴하고, 운송과정에 화물에 대한 손상발생 가능성이 낮음 ③ 화물의 적기인도(just-in-time delivery)

를 통한 재고비용과 자본비용의 절감이 가능 ④ 도난 및 손상방지 효과 ⑤ 긴급을 요하는 물품의 운송에 적합 ⑥ 생선류 등의 변질되기 쉬운 물품의 운송에도 적합하다. 항공화물 운송의 이점은 단순히 운임만을 비교하면 항공운송이 해상운송보다 훨씬 높지만 총 원가면에서 보면 항공운송이 해상운송보다 더 저렴할 수도 있기 때문에 신속성 · 안전성 · 확실성에 항공운송의 이용이 경제적인 이점은 매우 많다.

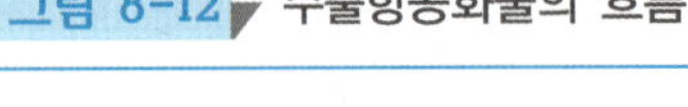
그림 8-12 수출항공화물의 흐름

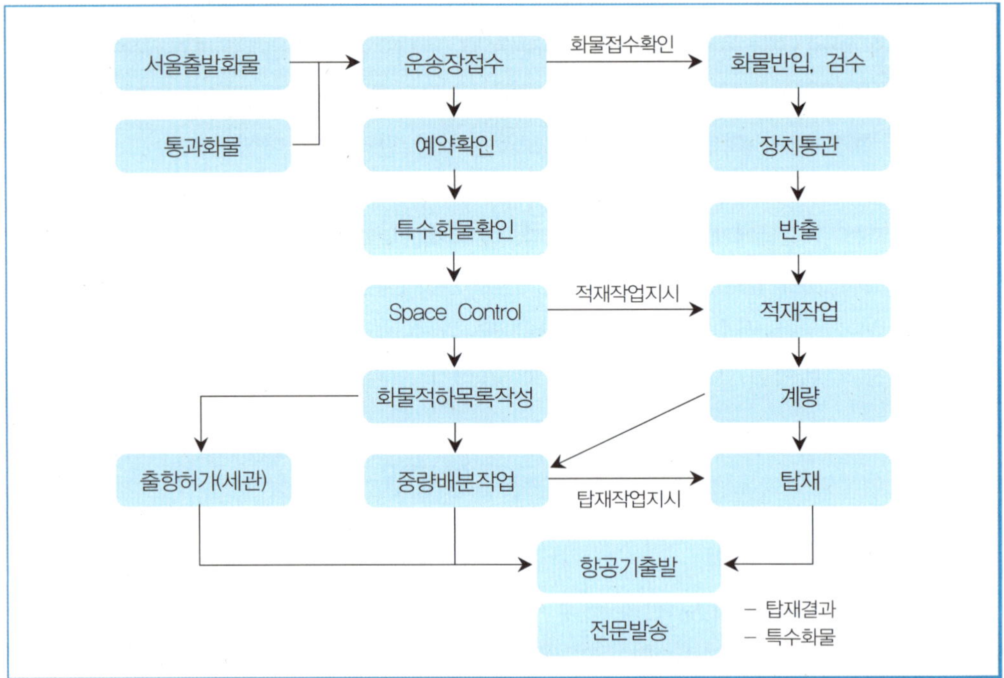

3. 항공운송 이용방법

1) 항공운송 이용방법

① 포장 : 항공운송은 항공기의 특성상 포장이 매우 중요한데, Dead Space를 최소화하여 코스트를 절감토록 하는 포장방법이 강구되어야 한다.

② 운송의뢰 : 대부분 화물은 서면을 통하여 대리점에 의뢰하지만, 송하주가 직접 대리점으로 화물을 전달할 경우에는 바로 AWB 작성 및 서명을 하므로 서면에 의한 위임의 필요가 없다. 서면의뢰시 위험품 하주신고서(shipper's declaration for dangerous goods), 생동물하주신고서(shipper's certification for live animals), 상업송장(commercial invoice), 수출입국세관 요구서류 등을 제출할 수 있다.

③ 품명에 의한 운송 제한 : 생동물(live animal), 무기류(arms, ammunition, war material), 시체(human remain), 기계류(machinery), 부패성화물(perishables) 등은 품명에 의하여 운송 제한된다. 화물의 정확한 명칭 및 화물에 수반되는 필요서류를 명시하는 것은 송하인의 책임사항이다.

④ 총중량(gross weight) : 접수시 화물의 중량측정은 항공사 또는 대리점 직원의 감독 하에 정확히 계량되어진다. 중량이 정확치 않은 경우 안전비행, 정확한 요금산정 및 도난으로 인한 손해배상 청구시 문제가 발생할 수 있다.

그림 8-13 수출화물의 항공운송절차

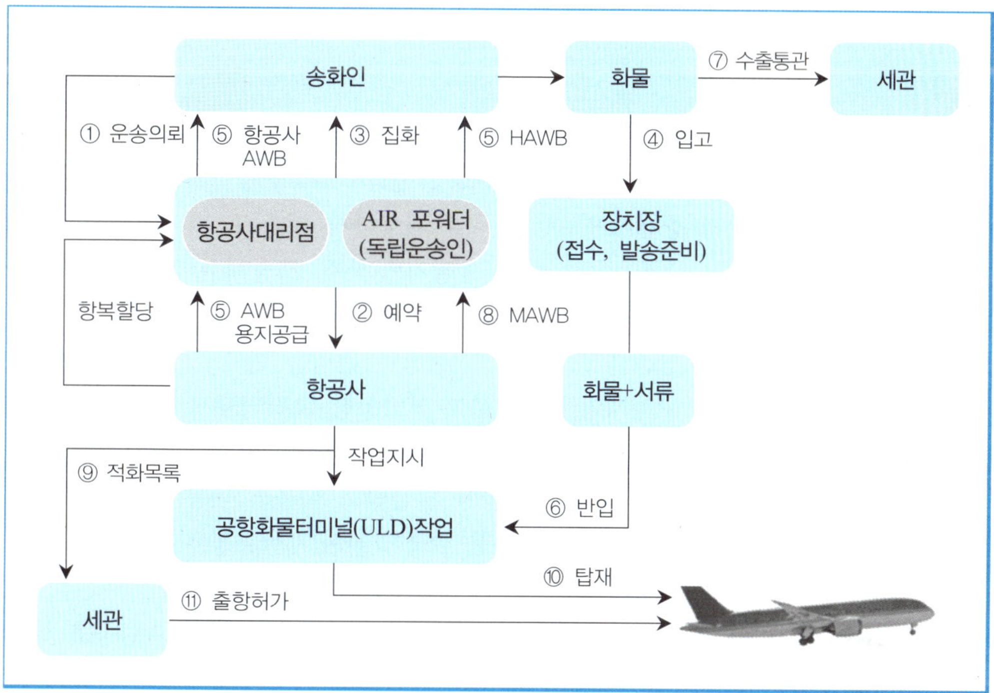

⑤ 착지불(collect) 금지 : 송하인은 운임지불이 송하인에 의해 선불(prepaid) 또는 수하인에 의해 착지불(collect)될 것인지를 지정하여야 하며 선불의 경우는 문제가 없으나 수하인과 송하인이 동일인인 경우, 수하인이 자유가 제한된 자인 경우, 주소가 도착지 공항 터미널 혹은 호텔 또는 기타 유동 상태인 경우, 그 화물을 판매하였을 때 화물의 가격이 운임보다 싼 경우, 도착지 국가의 통화규정이 수하인으로부터 운임지불을 허용 않는 경우, 최종 인도항공사가 착지불화물 취급을 동의 않는 경우, 착지불 화물로 접수가 불가한 품목(시체, 생동물, 부패성화물, 개인용 또는 사용된 이사품)은 착지불 지급이 금지되어 있다.

⑥ 운송신고가격(declared value for carriage) : 송하인은 운송신고가격 란에 화물의 가격 또는 NVD(no value declared)를 꼭 기입하여야 한다. 이 내용은 화물에 적용되는 종가요금(valuation charges)을 계산하기 위한 것이며 AWB당 항공사별 특정 가격을 초과하면 수송 전 항공사와 협의하여야 한다.

⑦ 세관신고가격 : 세관신고가격 란에 신고된 금액에 따라 관세가 부과된다. 수입국의 규정에 세관신고가격의 기입이 의무적이 아닐 경우에는 NCD(No Customs Declared)로 기재하여도 무방하다.

⑧ 서명 및 일자(signature/date) : 운송의뢰서에 송하주가 서명한 경우에는 화물의 취급에 대한 권한을 대리점에 위임한다는 뜻이 된다. 또한 항공화물 운송장(AWB)에 하주가 서명을 한 순간부터 그 운송계약은 약관의 지배를 받으므로 운송업자의 최대 책임한도, 사고발생시 관련 항공사에 대한 사고발생 사실의 서면통보 기일이 기재되어 있는 이면약관을 숙지해야 한다.

2) 항공화물 수출운송 절차

① 수입자와 매매계약이 체결되어 수출을 위한 준비단계가 완료되면 화물의 출고시간에 맞추어 운송수단을 선정하고 해당 항공사에 예약(booking)을 하며, 보통 절차는 항공운송 주선업자가 중간매체로서 업무를 대행하게 된다.

② 화물운송 예약시에는 항공운송장 번호, 출발지/도착지, 포장개수, 각 포장 상자의 중량, 부피, 상품명 등과 함께 지정 항공편에 예약을 의뢰한다.

③ 수출서류를 준비하고 상품을 포장하여 수출통관 준비를 한다.

④ 포장이 완료된 화물을 보세지역에 반입하고 상업송장, 포장명세서 등 서류와 함께 수출신고서에 첨부하여 관할 세관에 제출한 후 수출신고필증을 교부받는다.

⑤ 항공사 또는 그 대리점에서 항공운송장을 발급받고 화물의 내용에 따라 적절한 라벨(label)을 붙인다. 이때 위험물, 생동물 취급에 관한 제반규정은 ICAO/ IATA가 제정한 규정에 따라야 한다.

⑥ 탑재가 결정된 화물은 적하목록에 기재하고 작성된 적하목록의 세관제출용을 세관에 제출하여 화물의 반출허가를 받는다.

⑦ 적하목록의 화물반출 체크용을 가지고 화물장치장에서 탑재할 화물을 픽업(pick-up)하여 행선지별로 컨테이너, 팔레트 등에 적재한다(운송인의 업무).

⑧ 탑재 책임자는 항공기의 운항에 필요한 자료와 수하물, 기타 화물량의 따라 탑재 계획을 작성하여 탑재하여 출발한다(운송인의 업무).

3) 항공화물 수입운송 절차

① 항공기가 도착하면 기내 검역이 행해지고 하기지시서(unloading instruction)에 따라 하기작업이 행해진다.

② 하기된 화물은 분류장에 운반되어 서류와 함께 점검하고, 서울 및 인천지역 화물은 인천본부세관, 김포세관, 서울세관, 남서울세관(현 구로세관) 등 관할 보세화물로 분류한다.

③ 도착화물은 항공사가 보관하지 않고 단지 탑재명세서에 의거, 화물의 대조 확인 및 파손 유무를 점검한 후 보세창고에 보관되며 관련서류는 항공사가 보관한다. 동일한 세관 관할 보세구역 간의 운송 또는 다른 세관 관할 보세구역 간의 운송 또는 다른 세관 관할구역 보세구역간의 운송은 세관의 감독하에 보세운송면허를 득한 업자에 의하여 운반된다.

④ 목적지가 부산인 화물의 경우 항공운송장에 목적지를 부산으로 표기하게 되면 통과화물로 취급되어 항공기 혹은 보세운송 트럭에 의해 운송해 준다.

⑤ 자가 보세장치장을 가진 수하인은 공항에 도착 즉시 현장에서 인수할 수 있도록 되어 있으며, 항공운송장의 분류, 정리가 끝나면 수하인에게 전화, 우편, 팩스 및 메일 등으로 도착통지를 한다.

⑥ 수입통관 업무는 수하인 또는 수하인으로부터 지정받은 관세사가 행하며, 항공사로부터 항공운송장을 인수받은 수하인 또는 관세사는 수입신고서를 세관에 제출하고 수입신고 수리를 득하여 통관 및 인수하면 모든 절차가 끝난다.

그림 8-14 항공화물 수출입 운송절차

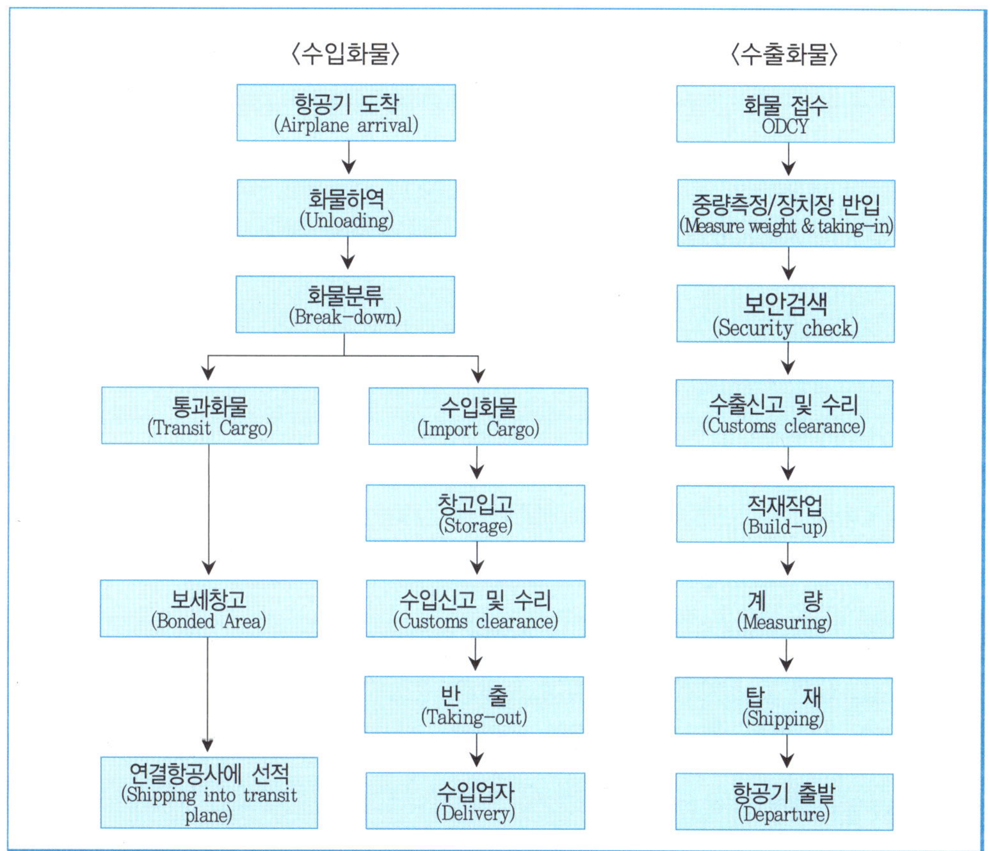

4. 항공화물 대리점(항공화물 복합운송 주선업)

1) 항공화물 대리점의 분류

복합운송 주선업은 영업형태에 따라 항공화물 운송대리점(air cargo agent), 항공운송주선업(air freight forwarder, consolidator), 상업서류 송달업(courier)으로 구분할 수 있으며, 또한 IATA 가입 여부에 따라 IATA 대리점과 Non-IATA 대리점으로 구분할 수도 있다. 이들의 영업형태에 따른 복합운송 주선업을 살펴보기로 한다.

(1) 항공화물운송대리점(Air Cargo Agent)

우리나라의 현행법 체계에는 항공화물 운송대리점업을 별도로 규정하고 있지 않다. 화물유통 촉진법의 업종 일원화 조치로 항공운송 주선업, 항공화물 운송대리점업 그리고 해상화물 운송주선업을 복합운송 주선업으로 통합시켜 수출입 화물을 취급하는 업종을 단일화하였다. 따라서 업종구분은 없으나 영업형태에서는 항공화물 운송대리 행위와 항공운송 주선행위가 구분되어 이루어지고 있다. 항공화물 운송대리점(일반대리점, Air Cargo Agent)은 항공운송 사업자 또는 항공운송 총대리점 업자를 위하여 유상으로 항공기에 의한 화물의 운송계약 체결을 대리하는 사업이다.

(2) 항공운송주선업자

항공운송주선업자(혼재업자, air freight forwarder, consolidator)는 스스로가 송하인과의 계약주체로서 독자적인 운송장(air waybill), 운송약관, 요율을 가지고 있다. 항공운송주선업자는 항공사와 유사한 입장에 있으나 현실적으로 항공기를 갖고 있지 않으므로 집화한 화물을 운송하기 위해서는 항공사가 발행하는 화물운송장(master air waybill)에 의해 주선업자를 송하인으로 하여 항공사의 운송약관에 의한 운송계약을 체결해야 한다. 항공사의 운임은 한 건으로 운송되는 화물이 중량이 커짐에 따라 킬로그램(혹은 파운드)당 적용요율(rate)은 더 낮은 것을 적용받을 수 있도록 되어 있으므로 주선업자는 이것을 근거로 하여 영업을 하게 된다. 특히 주선업자들의 업무 중 혼재운송을 전문으로 하는 전문혼재업자(consolidator)는 직접 하주를 상대로 영업을 하지 않고 주선업자의 화물만을 취급한다.

(3) 상업서류 송달업

상업서류 송달업(courier)은 외국의 상업서류송달업체와 계약을 체결하여 상업서류 등을 신속하게 발송 또는 배달하는 업체로 우편법에 제한적용을 받지 않는 상업서류와 서적, 잡지, 견본품, 신문 등 정기간행물을 자체 Tariff와 운송약관에 의해 Door to Door 서비스로 신속하게 운송하는 업무를 행한다.

2) 항공화물대리점의 역할

(1) 항공화물대리점의 역할

① 수출입항공화물의 판매 및 유치(selling transportation) : 대리점의 주요 역할은 항공사를 대신하여 세계 각국으로의 수출입화물의 항공수요를 개발하여 유치하고 운송계약을 체결하는 것이다.

② 운송을 위한 준비(ready for carriage)

㉮ 항공화물운송장(AWB)의 작성 : 화물의 중량, 크기, 품목, 등을 사전에 점검하여 AWB을 작성한다.

㉯ 운송서류의 준비 : Shipper's Letter of Instruction, 상업송장(commercial invoices), 출발지, 도착지 세관이 요구하는 각종 통관 관련 서류, 화물의 성질에 따라 작성하는 서류, 기타 무역관계 서류

㉰ Marking of Packages : AWB상의 하주성명, 주소와 일치되게 각 포장단위로 정확히 Marking 되어야 한다.

㉱ 포장(packing) : 정상적인 항공운송이 가능토록 화물 내용에 적합하게 포장되어야 하며, 특히 위험물, 생동물은 관련규정에 의해 포장되어야 한다.

㉲ Labelling of packages : 화물의 성질에 따라 관련 Label이 포장단위로 잘 보이게 부착되어야 한다.

③ 수출입 통관수속 대행 : 일반적으로 수출화물에 대한 통관은 그 절차가 간편하지만 수입화물의 경우에는 그 통관절차가 복잡하다. 도착지 국가에 도착한 모든 화물은 반드시 적법한 절차에 따라 세관에 신고되어야 하며 화물의 신고내용은 정확해야 한다.

④ Trucking 주선 : 실제화물의 최초출발, 최종 도착지점은 출발, 도착지의 공항 또는 수하인이 특정지점으로 이루어지는 효율적인 Trucking의 주선이야말로 대리점의 주요한 역할이라 할 수 있다. 항공화물은 Trucking에 의해서 절대 지연되어서는 안 되고 Pick-up, Delivery의 장소, 시간, Trucking 시설 등 제반요건이 고려되어 가장 저렴한 운임으로 고객에게 서비스되어야 한다.

⑤ 기타 서비스 활동

㉮ 수출입운송과 관련한 자문(consulting)

㉯ 보험(insurance) : 화물의 분실, 손실에 대비하기 위해 보험에 부보한다.

㉰ Tracking : 항공화물의 증가에 따라 화물사고에 대비하고 대리점은 항상 화물이 정상 루트에 의해 이동되고 있는가를 체크하고 사고 발생 시 즉각적인 조치를 취할 수 있어야 한다.

(2) 항공운송주선업자의 역할

항공운송주선업자(air freight forwarder, consolidator)는 항공기는 없지만 자체적으로 설정한 요율 및 운송약관을 적용하고 House Air Waybill을 발행하면서 개개의 송하인과 운송계약을 체결하고 운송책임을 부담하며, 수탁한 화물을 하나의 화물(One Lot)로 모아서 스스로 송하인이 되어 항공회사에 운송을 위탁하는 것이다. 이들이 화물을 항공회사에 인도하면 항공회사는 운송계약 및 화물수령의 증거로서 Master Air Waybill을 발행하여 혼재화물을 운송하고 주선업자가 발행한 House Air Waybill은 화물과 함께 목적지로 발송되며, 또한 송하인이나 수하인에게 교부된다. Air Freight Forwarder는 Ocean Freight Forwarder와 마찬가지로 운송수단을 갖고 있지는 않지만 자체적으로 설정한 요율 및 운송약관을 적용하고 House Air Way Bill을 발행하므로 Forwarder들이 행하는 혼재운송부분을 강조하여 Consolidator라고도 부른다.

항공운송 주선업자의 주요 역할은 항공화물 대리점의 역할은 물론 수출항공화물의 경우 화물을 혼재하여 항공회사와 운송계약을 체결하고 화물의 출발, 환적, 도착 등 일련의 화물 이동을 추적·관리하는 기능을 수행한다. 수입항공화물의 경우에는 수입통관 및 Door to Door Delivery를 위한 조치를 취하며, 수하인(수입상)을 위한 수입관세 지급을 주선하기도 한다.

목적지에서 혼재화물을 분류해야 하는 경우 혼재업자의 현지법인 또는 현지 Forwarder에게 이것을 위탁하는데 혼재화물 처리를 위탁받은 대리점(break bulk agent)은 목적지에 도착된 혼재화물을 수하인별로 분류하여 각 수하인에게 인도하는 업무를 담당한다. 즉, 혼재화물이 목적지에 도착하면 항공회사로부터 항공운송장을 받아 House Air Waybill별로 화물을 분류하여 수하인에게 항공화물의 도착을 통지하고 통관절차를 대행(주선)해주며, 운임후불의 경우 수하인으로부터 운임을 징수하고 출발지의 혼재업자에게 송금하는 업무를 행한다. 또한 각 송하인을 위한 개체의 항공화물운송장(AWB)을 발행하고, 또한 스스로 송하인이 되어 운송계약 및 화물인도의 증거로 Master AWB을 발행하여 혼재화물과 함께 항공회사에 인도되면 항공회사는 이를 목적지까지 운송하여 혼재업자의 현지법인 또는 현지 대리인에게 인도한다.

표 8-2 항공화물운송대리점 및 항공운송주선업자의 업무대조표

내 용	항공화물운송대리점	항공운송주선업자
1. 자체 Tariff	없음(항공사 Tariff 사용)	있음(자체 Tariff 사용)
2. 운송약관	없음(항공사 약관에 준함)	자체 약관 사용
3. 수하인	매 건당 Consignee가 됨 (Master AWB)	Break Bulk Agent가 Consignee가 됨 (Break Bulk Reforwarding)
4. 수익	판매운임 - 항공사 운임	• 항공운임 중량체감에 의한 하주로부터의 수령금과 항공사 지불운임과의 차액 • 혼재에 의한 Volume Weight의 감소
5. Air-Waybill	One AWB (항공사의 Master AWB사용)	자체 House AWB 사용

5. 항공화물운송서류(Air Waybill)

1) 항공화물운송장의 의의

항공화물운송장(AWB : air waybill)은 항공회사가 화물을 항공으로 운송하는 경우에 발행하는 화물수취증으로서 항공화물운송을 위한 가장 기본적인 서류로서 해상운송에서의 선하증권에 해당되며, 항공운송장 또는 항공화물수취증이라고도 한다.

항공화물운송장은 일반적으로 Air Waybill이라고 부르지만, 유럽이나 미국에서는 Consignment Note나 Air Consignment Note라고도 부르며, 항공회사가 발행하는 항공화물운송장과 혼재업자가 발행하는 항공화물운송장을 구분하기 위하여 항공회사가 혼재화물

을 커버하기 위해 운송주선인에게 발행하는 운송장을 Master Air Waybill, 혼재업자가 개별 송하인의 화물에 대해서 발행하는 Air Waybill은 House Air Waybill이라고 부른다. 항공화물운송장은 송하인과 운송인(혼재업자도 계약운송인에 포함됨)과의 사이에 화물의 운송계약이 체결되었다는 것을 나타내는 증거서류이며, 동시에 송하인으로부터 화물을 운송하기 위하여 수령하였다는 증거서류이기도 하다.

운송계약은 항공화물운송장을 발행한 시점, 즉 하주 또는 그 대리인이 AWB에 서명하거나 항공사 또는 해당 항공사가 인정한 항공화물취급대리점이 AWB에 서명한 순간부터 유효하며 AWB상에 명시된 수하인(consignee)에게 화물이 인도되는 순간 소멸된다. 운송장은 화물과 함께 보내져 화물의 출발지, 경유지, 목적지를 통하여 각 지점에서 적절한 화물취급 및 운임정산 등의 작업이 원활하게 수행되는데 필요한 사항이 기재되어 있다.

2) 항공화물운송장의 성질

항공화물운송장은 선하증권과 같은 기능을 하고 있지만 법률적 성질에서는 차이가 있다. Air Waybill은 B/L과는 달리 단순한 화물운송장이지 유가증권은 아니다. 또한 수취식이고 원칙적으로 기명식이며 비유통성(비양도성)이다. 선하증권은 운송품의 수취 또는 선적을 확인하고 양하지(도착지)에서 선하증권과 상환으로 운송품을 인도하는 것을 약속한 수취증이며, 또한 선하증권의 뒷면에 배서하여 양도함으로써 운송품의 소유권을 이전시킬 수 있는 유가증권, 즉 권리증권(documented title)이다. 또한 선하증권은 법률적 성질은 물권적 유가증권이고, 채권적 유가증권이며, 처분증권이다. 또한 요인증권이며, 지시증권이고 문언증권이다. 이에 대하여 항공화물운송장은 운송인이 항공운송을 하기 위하여 운송품을 수취하였을 때 발행하는 화물수취증이지만 유가증권은 아니고, 또한 수취식으로서 원칙적으로 기명식이고 비유통성이다.

3) 항공화물운송장의 기능

항공화물운송장은 화물의 유통을 보장하는 가장 기본적인 운송서류이다. 이것으로 화물은 수송거리의 원근, 운송에 참여하는 항공사의 수에 관계없이 출발지에서 목적지까지 운송되는 것을 보장한다. 항공화물운송장은 ㉮ 운송 위탁된 화물을 접수했다는 영수증, ㉯ 운송계약체결에 대한 문서상의 증명, ㉰ 요금계산서(freight bill), ㉱ 송하인이 하주보험(AWB에 보험금액과 보험료가 기재됨)에 부보한 경우 보험가입증명서, ㉲ 세관신고서 및 화물운송의 지침서(취급, 중계, 배달 등)의 기능을 수행한다.

① 운송계약서 : AWB는 송하인과 항공운송인간의 항공운송계약의 성립을 입증하는 운송계약서이다. 운송장은 12통으로 구성되어 있어 그 전통이 모두 운송 계약서는 아니며 송하인용 및 원본이 이에 해당된다.

② 화물수취증 : AWB는 항공운송인이 송하인으로부터 화물을 수취한 것을 증명하는 화물 수령증의 성격을 가진다.

③ 요금계산서 : AWB는 화물과 함께 목적지에 보내져 수하인이 운임 및 요금을 계산하는 근거자료로 사용된다.

④ 보험계약증서 : AWB는 송하인이 AWB에 보험금액과 보험가액을 기재한 화주보험을 부보한 경우에는 AWB의 원본 No.3이 보험계약의 증거가 된다.

⑤ 세관신고서 : AWB는 수출입신고서 및 통관자료로서 사용된다.

⑥ 화물운송의 지시서 : AWB는 AWB에 송하인이 화물의 운송, 취급, 인도에 관한 지시를 기재할 수 있다.

4) 항공화물운송장의 발행 및 작성

항공화물운송장은 하주가 작성, 제출해야 함이 원칙이나 항공사나 항공사의 권한을 위임받은 대리점에 의해 이행되는 것이 통례이다. 대리점은 화주가 가져온 상업송장 등 선적서류와 화물운송 하주지시서에 의해 운송장을 발행하며 화물전량을 인수한 후에 발행함이 원칙이다. 항공화물운송장은 화주가 작성한 화물운송 화주지시서, 신용장, 상업송장, 포장명세서 등에 따라 화물 전량을 인수 후 항공운송인의 요청에 따라 송하인이 작성하는 것이 원칙이나 항공사나 항공사의 위임을 받은 대리점에 의하여 발행되며, 작성된 운송장의 내용은 근거서류의 내용과 일치하여야 한다.

항공화물운송장의 양식은 세계의 항공사가 관련되어 있어 공통의 형식을 사용하지 않으면 효과적인 연계운송이 불가능하므로, 국제항공운송협회에서는 발행양식과 방식을 세부적으로 통일하고 표준화하여 통일된 양식을 사용하도록 의무화하고 있다. 이러한 항공화물운송장은 원본(original) 3장과 부본(copy) 6장으로 발행하는 것을 원칙으로 하며, 원본과 사본은 그 사용목적이 명시되어 있다. 참고로 대한항공의 항공화물운송장은 원본 3장 부본 9장, 합계 12장으로 구성되어 있다.

5) 항공화물운송장의 주요 내용

운송장은 화물과 함께 보내져 화물의 출발지, 경유지, 목적지를 통해 각 지점에서 적절한 화물취급 및 운임정산 등의 작업수행이 원활하게 이루어질 수 있도록 이에 필요한 사항이 기재되어 있다. 이에 대한 항공화물운송장의 주요 내용은 다음과 같다.

① Shipper's Name and Address(송하인의 성명 및 주소)

Shipper's Name and Address	Shipper's Account Number

송화인 성명, 주소, 도시, 국명 및 전화번호가 기재된다.

② Shipper's Account Number(송하인의 고객번호)

송하인의 고객번호는 항공회사에서 임의로 기재한다.

③ Consignee's Name and Address(수하인의 성명 및 주소)

수화인 성명, 주소, 도시, 국명 및 전화번호 등을 기재한다.

④ Consignee's Account Number(수하인의 고객번호)

고객분류를 위한 부호를 기재하는데 고객부호는 항공사에서 임의로 기재한다.

Consignee's Name and Address	Consignee's Account Number
Telephone :	

수화인의 성명, 주소, 도시, 국명, 전화번호 등이 기재되며, 실수화인(수입업자)을 대신하여 은행이나 대리점이 수화인이 되는 경우 실수화인은 Handling Information 난에 기재되며, 항공사는 은행이나 대리점을 유일한 수화인으로 간주하며 본란에 명시된 수하인으로부터의 지시가 없이는 타인에게 인도하지 않는다. 송하인이 특정의 개인이나 회사에게도 도착사실을 통보해 줄 것을 요청하면 그 주소를 Handling Information란에 기재하여야 한다('also notify'라는 말로 표현).

AWB은 비양도성 운송서류이기 때문에 'to order' 또는 'to order of the Shipper'와 같은 지시식으로 표현해서는 안되고 반드시 기명식으로 발행되어야 한다. 신용장거래에서 수화인이 신용장 발행은행인 경우(to issuing bank) 발행은행은 AWB Original 2(for Consignee)에 이서(裏書)하고 항공화물인도승낙서를 발급하여 수입업자에게 화물의 인수를 위임한다. 수하인이 화물인수의 편의를 위해 인도(引渡) 항공사나 호텔 또는 유사한 임시거처를 주소지로 할 경우 수하인 또는 그 친척의 집 주소를 Handling Information란에 '인도불가시의 연락처(In case of inability to deliver to consignee contract)'라는 표시와 함께 기재해야 한다.

Airport of Destination	Flight/Date	For Carrier Use Only		Flight/Date	Amount of Insurance	INSURANCE-If carrier offers insurance, and such insurance is requested in accordance with conditions on reverse hereof, indicate amount to be insured in figures in box marked'amount or insurance'
Handling Information 수하인이 수입업자가 아닌 발행은행, 화물대리점인 경우 이를 기재한다. 특정인에게 화물도착 통지가 필요한 경우 여기에 기재한다.						

⑤ Airport of Departure : 출발지 도시 또는 공항의 3 문자 코드를 기재한다.

⑥ Issuing Carrier's Agent, Name and City : 항공화물운송장 발행 대리점의 이름, 도시명을 기재한다.

⑦ Agent's IATA Code : 대리점의 IATA 코드를 기재한다.

⑧ Issuing Carrier's Agent, Account Number : AWB 발행 항공사 임의 사용

⑨ Airport of Departure(address of first carrier) and Requested Routing : 출발지 공항과 운송구간을 기재한다. 3 Letter City Code의 사용도 가능하다.

⑩ Not Negotiable Air Waybill issued by KOREAN AIR(대한항공 비유통성 항공화물운송장)

Not negotiable Air Waybill issued by	KOREAN AIR
Copies 1, 2 and 3 of this Air Waybill are originals and have the same validity.	
It is agreed that the goods described herein are accepted in apparent good order and condition (except as noted) for carriage SUBJECT TO THE CONDITIONS OF CONTRACT ON THE REVERSE HEREOF. THE SHIPPER'S ATTENTION IS DRAWN TO THE NOTICE CONCERNING CARRIER'S LIMITATION OF LIABILITY. Shipper may increase such limitation of liability by declaring a higher value for carriage and paying a supplemental charge if required.	
대한항공이 발행한 비유통성 항공화물운송장	
이 항공화물운송장 사본 1, 2, 3은 원본이며 동일한 효력을 가지고 있다.	
여기에 기재된 화물은 이 운송장의 뒷면에 있는 운송계약조건에 따라 운송을 위하여 외관상 양호한 상태로 인수(부기된 사항을 제외하고)되었다고 동의한다. 송하인은 운송인의 책임제한에 관련한 주의사항을 주의하여야 한다. 송하인은 운송화물의 가액을 높게 신고하고 필요하다면 추가적인 비용을 지급함으로서 운송인의 책임제한 금액을 증액할 수도 있다.	

표 8-3 항공화물운송장(AWB)의 구성

번호		용도	색	기능 및 역할
원본	1	발행항공사용 (for carrier)	녹색	항공화물을 인수하고 AWB을 발행한 항공사용으로 송화인과 운송인간 운송계약체결의 증명서이며 운임 등의 회계처리용으로 사용
	2	수화인용 (for consignee)	적색	화물과 함께 목적지에 보내어지는 AWB로 운송인은 AWB에 기명된 수화인에게 화물인도
	3	송화인용 (for shipper)	청색	출발지에서 운송인이 항공운송을 위하여 송화인으로부터 화물을 수령하였다는 수취증 및 운송계약을 체결하였다는 증거서류
부본	4	화물인도 항공사용 (delivery receipt)	황색	도착지에서 수화인이 화물인수시에 서명하고 인도 항공사에게 돌려주는 화물인도증명서 및 운송계약이행 증명서류
	5	도착지 공항용 (for airport at destination)	백색	화물과 함께 도착지 공항에 보내져 세관 등 도착지 공항의 필요 부서에서 사용
	6	세 번째 운송 항공사용 (for third carrier)	백색	운송에 참여한 항공사가 운임정산을 위해 사용함
	7	두 번째 운송 항공사용 (for second carrier)	백색	운송에 참여한 항공사가 운임정산을 위해 사용함
	8	첫 번째 운송 항공사용 (for first carrier)	백색	운송에 참여한 항공사가 운임정산을 위해 사용함
	9	발행대리점용 (for Agent)	백색	AWB을 발행한 대리점의 보관용
	10~12	예비용(extra copies)	백색	참가 항공사가 많을 경우 필요시 사용 송화인 참고용(file용)

항공화물운송장의 법률적인 근거로는 「국제항공운송의 규칙통일에 관한 조약」으로 국제조약인 바르샤바조약(Warsaw Convention)이 있으며, 동 조약에 의해 화물운송장의 법률적 성격, 운송인의 책임범위, 배상한도, 송하인, 수하인, 항공회사의 권리와 의무 등이 규정된다. 또한 항공화물운송장에는 바르샤바조약과 헤이그의정서(Hague Protocol)에 따라 항공사가 행해야 할 사항을 화물운송장 원본 뒷면에 규정하고 그 규정에 따라 위탁받은 화물의 운송에 대한 책임을 지도록 되어 있다.

⑪ Issuing Carrier's Agent Name and City

Issuing Carrier's Agent Name and City

AWB 발행 운송대리점의 이름 및 도시명

⑫ Agent's IATA Code(대리점의 IATA 부호·전 세계 항공사 부호)

Agent's IATA Code

국제항공운송에 있어서 발행되는 항공화물운송장(Air Waybill)은 IATA(International Air Transport Association: 국제항공운송협회)에 의해 양식과 발행방식이 규정되어 있다. 모든 IATA 회원 항공사가 의무적으로 동 양식을 사용하도록 규정하고 있으며 비회원사도 회원사들과 연계운송을 위하여 대부분 IATA 양식을 사용하고 있다.

⑬ Account No.(Account no.)

항공사가 임의로 사용하며, AWB 발행 운송인이 사용하지 않으면 공백으로 두게 된다.

Account No.

⑭ Airport of Departure(Addr. of First Carrier) and Requested Routing

출발지 공항(제1의 운송인의 주소)와 운송구간

Airport of Departure(Addr. of First Carrier) and Requested Routing

출발지 공항(제1의 운송인의 주소)과 운송구간을 기재한다. 도시 코드로 기재할 수 있다. 도시 코드는 항공회사 등에서 사용되는 세 글자로 된 약호를 말한다. London은 LON, New York은 NYC, 서울은 SEL로 기재한다.

⑮ Routing and Destination(운송구간 및 도착지)

TO	By First Carrier	Routing and Destination		to	by	to	by

'TO'란에는 첫 구간의 도착지 공항명 또는 도시명을 기재한다.

'By First Carrier'란에는 항공사명을 기재한다. 항공사명은 Full Name 또는 코드를 기재한다.

'Routing and Destination'란에는 예약에 의한 첫 구간의 도착지와 운송 항공사명을 Full Name으로 기재한다. 최종 목적지까지 2개 이상의 항공사가 수송에 개입되는 경우에는 각 경유지와 해당구간을 수송하는 운송항공사명을 Code로 기재한다. 한 도시에 2개 이상의 공항이 있을 경우는 도착지 공항의 3 Letter Code를 기재한다. 'to, by'란에는 최종목적지까지 2개 이상의 항공사가 운송할 경우 각 경유지와 해당 구간 및 운송하는 항공사명을 코드로 기입한다. 예를 들어 대한항공은 'KE', 아시아나 항공은 'OZ', 델타항공은 'DL', 에어프랑스는 'AF'를 쓰고 있다.

한 도시에 2개 이상의 공항이 있을 경우는 도착지 공항의 3-Letter Code를 기입한다. 일반적으로는 도시와 공항이 같은 코드를 쓰지만 대도시들처럼 공항이 여러 곳이라면 달리 사용한다. 워싱턴의 도시코드는 WAS로서, 덜레스공항(IAD), 로널드 레이건공항(DCA), 볼티모어공항(BWI)과는 도시코드와 공항코드를 각각 다르게 사용하고 있다.

⑯ Accounting Information(회계정보)

Accounting Information

특별히 회계처리에 관한 내용을 기록한다. 예를 들어 운송료 지불방법(현금, 수표)이나 기타 필요한 내용을 기록한다.

⑰ Currency(통화)

Currency

항공화물운송장 발행국의 화폐단위 Code를 기재하며 AWB에 나타난 모든 금액은 본란에 표시되는 화폐단위와 일치하는 것이어야 한다(단, 'Collect Charges in Destination Currency'란에 표시되는 금액은 제외). 자국 화폐 대신 UKL 또는 USD를 현지통화로 간주하는 나라에서는 UKL 또는 USD를 표시해야 한다.

⑱ Charge Code : 항공사 임의로 필요사항 기재한다.

CHGS CODE	➡	예 : CC : All Charges Collect NC : No Charges

AWB이 전자적 형태로 전송되는 경우에 한하여 항공사가 다음의 코드를 기재한다.

CA — Partial Collect Credit - Partial Prepaid Cash
CB — Partial Collect Credit - Partial Prepaid Credit
CC — All Charges Collect
CE — Partial Collect Credit Card - Partial Prepaid Cash
CG — All Charges Collect by GBL
CH — Partial Collect Credit Card - Partial Prepaid Credit
CP — Destination Collect Cash
CX — Destination Collect Credit
CZ — All Charges Collect by Credit Card
NC — No Charge
NG — No Weight Charge - Other Charges Prepaid by GBL

NP — No Weight Charge - Other Charges Prepaid Cash
NT — No Weight Charge - Other Charges Collect
NX — No Weight Charge - Other Charges Prepaid Credit
NZ — No Weight Charge - Other Charges Prepaid by Credit Card
PC — Partial Prepaid Cash - Partial Collect Cash
PD — Partial Prepaid Credit - Partial Collect Cash
PE — Partial Prepaid Credit Card - Partial Collect Cash
PF — Partial Prepaid Credit Card - Partial Collect Credit Card
PG — All Charges Prepaid by GBL
PH — Partial Prepaid Credit Card - Partial Collect Credit
PP — All Charges Prepaid by Cash
PX — All Charges Prepaid by Credit
PZ — All Charges Prepaid by Credit Card

⑲ Weight/Valuation Charge-Prepaid/Collect

선불(Prepaid)/ 착지불(Collect)

WT/VAL	
PPD	COLL

화물운임의 지불방법에 따라 선불(PPD) 또는 착지불(COLL)란에 '×'자로 표시한다. 화물운임과 종가요금은 둘 다 모두 선불 또는 착지불이어야 한다.

중량단위(WT : Weight) : KG/LB로 계산, 1kg당 U$20까지 운송인이 책임 부담
종가운임(VAL : Value) : Value로 계산, 1kg당 U$20를 초과해 운송인이 책임 부담

항공화물운임은 KG/LB당 적용 요율로 산출하는 중량운임이 적용된다. 한편 종가요금은 화물의 가액에 따라 산출하는 운임을 말한다. 화물의 운송에 있어서 사고발생시 항공사의 최대배상한도액은 kg당 U$20이기 때문에 송하인이 최대배상한도액을 초과하는 금액을 항공사로부터 배상받고자 할 때는 운송장상에 그 화물의 가격을 신고하고 종가요금을 지불해야 한다. 종가운임을 지불하면 kg당 U$20를 초과하는 실손해액을 배상받을 수 있다.

중량운임 및 종가요금은 모두 선불 또는 착지불이어야 한다. 중량운임은 선불이고 종가요금은 착지불로 하는 것은 불가능하다.

⑳ Other Charges at Origin-Prepaid/Collect(Other, PPD/COLL)

화물운임과 종가요금을 제외한 출발지에서 발생된 요금을 지불방식에 따라 선불 또는 착지불란에 '×'자로 표시한다.

Other	
PPD	COLL

중량운임과 종가운금을 제외한 출발지에서 발생된 기타 요금을 지불방식에 따라 선불 또는 착지불란에 '×'자로 표시한다. 출발지에서 발생한 모든 기타 요금은 모두 선불이거나 착지불이어야 한다.

기타 요금은 위험품 취급 수수료, 운송장 작성 수수료, 입체지불금 수수료(입체

지불금이란 항공운송 개시 이전에 송하인 또는 그 대리인의 비용으로 이미 지불한 금액으로서 원칙적으로 수하인이 부담하여야 할 육상운송료, 보관료, 통관수수료 등을 말한다. 송하인의 요구에 따라 AWB에 입체지불금을 명시하는 경우 운송인은 이를 수하인으로부터 징수한다), 착지불 수수료(운임을 수하인이 납부토록 되어있는 화물에 대해 운임의 일정비율을 항공사가 징수하는 수수료), 보험료 등의 비용을 의미한다.

㉑ Declared Value for Carriage(운송신고가격)

Declared Value for Carriage

송하인의 운송 신고가격을 본란에 기재한다. 화물의 분실이나 파손인 경우 손해배상의 기준이 되며, 종가요금 산정도 동 금액을 기준으로 계산된다. 가격신고 방법은 일정한 금액을 신고하는 것과 무가격신고(No Value Declared, NVD로 표시함)의 방법 중 화주가 임의로 선택할 수 있다.

Declared Value for Carriage
N.V.D. (No Value Declared

운송신고가격 : 손해배상의 기준이 된다.

물품가격 : U$500 물품중량 : 50kg	➡	kg당 U$10이다. 운송인은 kg당 U$20까지 책임을 부담한다. 따라서 종가운임을 적용할 필요가 없다. N.V.D를 기재한다.

송하인의 운송신고가격을 본란에 기재한다. 이 금액은 화물이 분실되거나 파손된 경우 손해배상의 기준이 된다. 종가요금의 산정도 동 금액을 기준으로 계산된다. 운송인의 최대손해배상액은 kg당 USD 20이다. 그런데 종가요금은 운송인의 최대 손해배상액인 kg당 USD 20를 초과하는 실손해액을 보상하기 위해 물품의 가격에 따라 운임을 부과하는 것이다. 따라서 kg당 USD 20 미만인 경우에는 전손이 발생 되더라도 운송인으로부터 모두 손해배상을 받을 수 있다. 따라서 물품의 가격이 kg당 USD 20 이하인 경우에는 종가요금을 적용할 필요가 없다. 이러한 경우에는 N.V.D(No Value Declared)라고 기재한다.

종가요금이 적용되는 경우에는 운송신고가격을 기재하고, 종가요금을 Valuation Charge에 기재한다.

㉒ Declared Value for Customs(세관 신고가격)

Declared Value for Customs

세관통관 목적을 위해 송하인의 세관신고가격을 기재한다. 세관신고가액이 없으면 NCV(No Customs Value)라고 기재하거나 빈칸으로 둔다.

세관통관 목적을 위해 송하인의 세관신고 가격을 기재한다. NCV(No Customs Value)도 가능하다.

㉓ Airport of Destination(도착지 공항)

Airport of Destination

최종 목적지의 공항이나 도시명을 Full Name로 기재한다.

㉔ Flight/Date(항공기/운항일자(운송인 참조용)

Flight/Date	For Carrier Use Only	Flight/Date

실제 항공기 및 운항일자를 기재하며, 운항일자가 항공화물운송장의 발행일로 간주되지는 않는다. 다만 항공사의 필요에 의하여 기재한다. 항공사 임의로 사용되며, 본란에 기입된 Flight가 확정된 것임을 의미하지는 않는다.

㉕ Amount of Insurance(보험금액)

Amount of Insurance

운송인이 보험 서비스를 제공하는 경우 보험금액을 기재하며, 보험금액은 사고가 발생한 경우 피보험자가 받을 수 있는 최대금액을 의미한다. 송하인이 보험에 부보하지 않는 경우에는 공란으로 둔다. 화주가 보험에 부보할 때 보험금액을, 부보하지 않을 때는 공란으로 남겨둔다. 부보금액은 대체로 운송신고가격과 일치한다.

◈ 보험 관련 사항

> INSURANCE-If Carrier offers Insurance, and such insurance is requested in accordance with conditions on reverse hereof, indicate amount to be insured in figures in box marked 'amount of Insurance'.
> 보험 - 운송인이 보험을 제공한다면 그리고 그러한 보험이 이 항공화물운송장의 뒷면에 있는 조건에 일치하도록 요구된다면 보험금액은 '보험금액' 박스란에 표시된 숫자로 표시한다.

㉖ Handling Information(취급정보)

Handling Information
수하인을 발행은행으로 기재하면 AWB에서 Buyer의 이름을 찾을 수 없다. 수하인이 수입업자가 아닌 발행은행, 화물대리점인 경우 수입업자를 여기에 기재한다. 특정인에게 화물도착 통지가 필요한 경우 여기에 기재하고 Notify를 표시한다.

AWB의 다른 란에 표시할 수 없는 각종 사항을 나타내기 위해 사용된다. 충분한 여백이 없을 때는 별도 용지를 사용할 수 있다. 본란에 기재되는 사항은 대략 다음과 같다.

㉮ 화물의 포장방법 및 포장표면에 나타난 식별부호, 번호

㉯ 수하인 외에 화물도착 통보를 할 필요가 있는 사람(Notify Party)의 주소, 성명

㉰ AWB에 첨부되는 서류명

㉱ Non-Delivery로 인하여 발송되는 화물의 경우 최초의 AWB 번호를 기입

㉲ 위험물인 경우에는 "Dangerous Goods as per attached Shipper's Declaration (송하인의 신고가 첨부된 위험물)"이라는 사실을 기재해야 한다.

㉶ 기타 화물운송과 관련된 제반 지시 또는 참고사항 : AWB의 다른 란에 표시할 수 없는 각종 사항을 나타내기 위해 사용된다. 대체로 화물의 포장방법 및 포장 표면에 나타난 식별부호, 번호, 수하인 외에 화물도착 통보를 할 필요가 있는 사람의 주소, 성명, AWB과 함께 동반되는 서류명, Non-Delivery로 인한 화물의 경우 최초의 AWB 번호, 기타 화물운송과 관련된 제반 지시 또는 참고사항을 기재한다.

㉗ Consignment Details and Rating : 화물의 수량, 요율결합지점, 실제중량, 중량단위, 화물요율별 해당 코드, 품목번호, 요금중량표시, Kg당 또는 Lb당 적용요율, 화물품목 등 요금과 관련된 세부사항을 기재한다.

㉘ Number of Pieces(화물의 개수)/RCP(Rate Combination Point : 요율결합지점)

No. of Pieces RCP

㉮ No. of Pieces : 각각의 요율을 적용하기 위한 화물의 개수를 기입하며 총 개수는 아랫 부분의 합계란에 표시한다.

㉯ RCP(Rate Combination Point : 요율결합지점을 의미) : 2개 이상의 공시요율을 조합하여 얻은 요율이 있을 때 요율 결합 지점을 표시해 줄 필요가 있을 경우 해당 도시 3-Letter Code를 기입한다.

품목분류요율(class rate)이 적용되는 화물이 2개 이상의 항공사 노선으로 운항될 경우에는 일반적으로 Through IATA(출발지에서 도착지까지 적용되는 품목분류 요율)이 적용된다. 단 특정 항공사의 운송구간에 대해 특별요율(IATA규정에 의해 할증 또는 할인된 요율과 다른 요율)로서 항공사별 특별요금이 설정된 경우 IATA 요금을 적용할 수 없다. 이때 적용운임은 각 운송참가 항공사의 지정구간요율을 결합한 것이 되는데, 그 지점을 요율결합지점(RCP)이라고 한다.

㉰ Actual Gross Weight : 화물의 실제중량을 기입하며 합계중량은 아랫부분에 표시한다. BUC를 적용했을 경우는 사용된 ULD의 자체 중량을 화물 중량 아래에 기재한다.

Gross Weight

㉱ kg/lb : 중량 단위를 표시한다(kilogram : K, lb : L로 표시).

kg, lb

㉲ Rate Class(요율) : 화물요율에 따라 아래 Code 중 사용된다.

<table>
<tr><td colspan="2">Rate Class</td></tr>
<tr><td></td><td>Commodity item No.</td></tr>
<tr><td></td><td></td></tr>
</table>

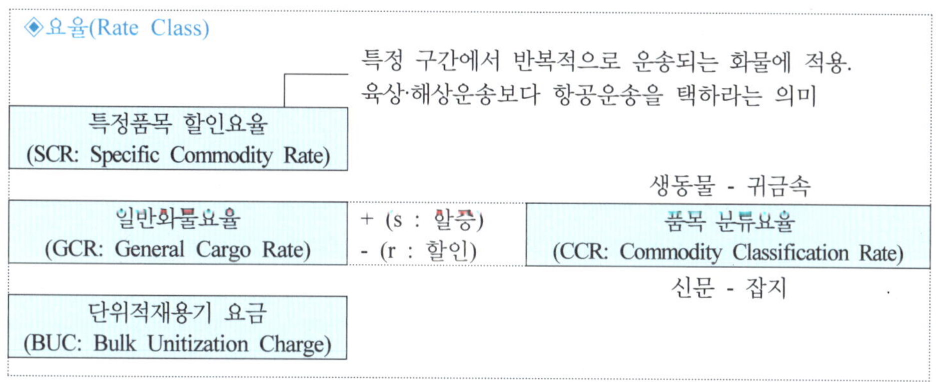

i. 일반화물요율(GCR: General Cargo Rate)

일반화물요율은 특정품목 할인요율이나 품목분류요율이 적용되는 화물을 제외하고 모든 화물의 운송에 적용된다. 일반화물요율은 최저운임(M : Minimum Charge), 기본요율[N : Normal under 45kg(1001b) rate], 중량 단계별 할인요율[Q : Quantity over 45kg(1001b) rate]로 구성되어 있다.

ii. 품목분류요율(CCR: Commodity classification Rate)

품목분류요율(CCR)은 특정구간의 특정품목에 대하여 적용되는 요율로서 보통 일반화물요율에 대한 할증(S)/할인(R)으로 적용된다. 품목분류요율(CCR)은 일반화물요율(GCR)과 비교하여 크거나 작거나 간에 일반화물요율(GCR)보다 우선하여 적용된다.

iii. 특정품목 할인요율(SCR: Specific Commodity Rate)

특정품목 할인요율은 통상 특정구간에 특정품목에 대하여 일반화물요율(GCR)보다 낮은 수준으로 설정되어 있으며 반드시 최저중량을 제한하고 있다. 특정품목 할인요율(SCR)은 품목분류요율(CCR)이나 일반화물요율(GCR)보다 우선하여 적용된다.

단, 품목분류요율(CCR)이나 일반화물요율(GCR)을 적용하여 더 낮은 요율이 산출될 시는 해당 낮은 요율의 적용이 가능하고, 품목분류요율(CCR)이 일반화물요율(GCR)보다 더 클 경우에는 품목분류요율(CCR)을 우선하여 적용하여야 한다.

i) 신문, 잡지, 정기간행물, 책, 카타로그, 점자책 및 그 용구(R)

ii) 비동반 수하물(Baggage Shipped as Cargo)(R)

iii) 생동물 요율(S)

iv) 화폐, 여행자수표, 주권, 채권, 금, 백금, 다이아몬드(공업용 다이아몬드 포함), 기타 보석류 등 귀중화물과 시체 및 유골 등에 대한 별도의 할증요율이 있다.

R: Class Rate(less than normal rate), S: Class Rate(more than normal rate)

ⅳ. 단위적재용기 요금(BUC: Bulk Unitization Charge)

항공사가 송하인 또는 대리점에게 Container 또는 Pallet 단위로 판매시 적용되는 요금으로 해당 운송구간의 각 용기형태별로 설정된 최저요금(Pivot Charge)과, 최저중량을 초과하는 경우 그 초과된 중량에 부과하는 최저중량 초과요금(Over Pivot Charge)을 더한 금액으로 산출된다.

U : Pivot weight and applicable pivot weight charge

E : Weight in excess of pivot weight and applicable rate

X : Unit Load Device(as an additional line entry with one of the above)

Y : Unit Load Device Discount

㉳ Commodity Item Number(품목분류 번호)

항공운송의 경우 HS 품목분류 번호와는 다른 품목번호를 사용하고 있다.

◈ Commodity Item No.(IATA 품목분류번호)	
ITEM NO.	DESCRIPTIONS
0001-0999	생선, 육류, 채소 및 과일
1000-1999	생동물, 동, 식물성 제품

SCR(specific commodity rate)이 적용될 경우 품목번호 기재하고, CCR(commodity classification rate)이 적용될 경우는 해당 Percentage를 표시하며, BUC(bulk Unitization charge)를 적용했을 경우에는 ULD(unit load device)의 Rating Type을 표시·기재한다.

◈ 적용 요율의 예		
Code	Code	Rate Class
M		최저요금(Minimum Charge)
N		기본요금(Normal Rate)
Q		중량할증요율(Quantity Over 45kg Rate)
C	SCR	특정품목할인요율(Specific Commodity Rate)
R	CCR(Class Rate)	Class Rate 할인(Reduction)
S		Class Rate 할증(Surcharge)
U	BUC	ULD(Unit Load Device) 기본요금(Pivot Weight Charge)
E		ULD Over Pivot 요율
X		ULD Information
Y		ULD 할인

㉙ Chargeable Weight(운임적용중량)

	Chargeable Weight

화물의 실제중량과 부피중량 중 높은 쪽의 중량을 기입한다. 최저운임(minimum charge)이 적용될 경우는 기재할 필요가 없고, BUC를 적용했을 경우에는 해당 ULD의 운임적용 최저중량을 기입한다.

항공운송에서 운임을 결정하는 방법은 해상운송과 동일하게 중량 또는 용적을 기준으로 운송인에게 유리한 쪽으로 결정한다. 그런데 항공운송의 경우에는 운임을 산출하는 기준으로 운임산출중량을 사용하고 있다. 해상운송과는 다르게 중량만을 기준으로 운임을 산출하는 것으로 보일 수도 있다. 그러나 항공운송의 운임산출중량은 중량 뿐만 아니라 용적도 기준으로 하고 있다. 다만 용적은 중량으로 환산하는 용적중량을 적용하고 있다. 용적중량은 부피무게로 센티미터 기준으로 한 가로×세로×높이의 곱을 6,000으로 나누면 kg으로 계산이 된다.

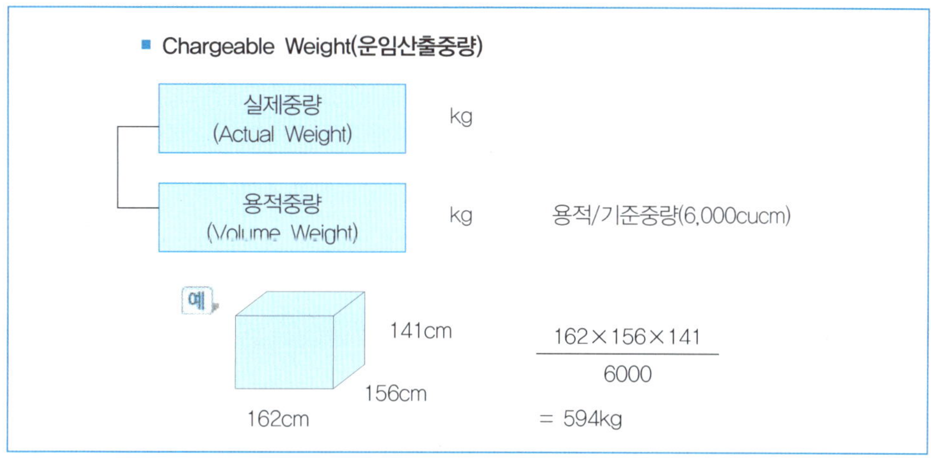

㉚ Rate/Charge(적용요율/운임)

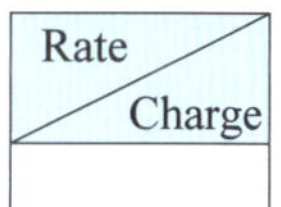

kg당 또는 lb당 적용요율을 기입하며 최저운임이 적용될 때는 최저운임을 기입하고 BUC이 적용될 때는 해당 ULD의 최저 적용운임(Pivot Charge), 화주소유 ULD는 ULD 할인금액을 기입한다.

㉛ Total(총합계)

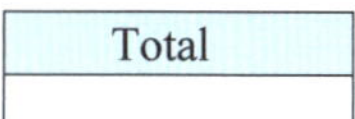

운임적용중량(26: Chargeable Weight) × 적용요율(27: Rate)금액을 기입한다. 서로 다른 요율이 적용되는 품목이 둘 이상의 경우의 총합계 금액은 아랫부분의 빈칸에 기입하다.

㉜ Nature and Quantity of Goods(Include Dimensions or Volume)(물품의 성질 및 수량(용적 포함)

Nature and Quantity of Goods(incl. Dimensions or Volume)

화물의 물품명세를 기입하며, 부피 중량이 적용되는 경우는 화물포장의 용적을 최대 가로×세로×높이의 순으로 표시하고, BUC 적용시 사용된 ULD의 IATA Code를 기재한다.

㉝ Weight Charge : Prepaid/Collect(운임선불/착지불)

Prepaid	Weight Charge	Collect

운임지불방법에 따라 선불 또는 착지불 란에 해당 화물의 운임을 기재한다.

㉞ Valuation Charge : Prepaid/Collect(종가운임)

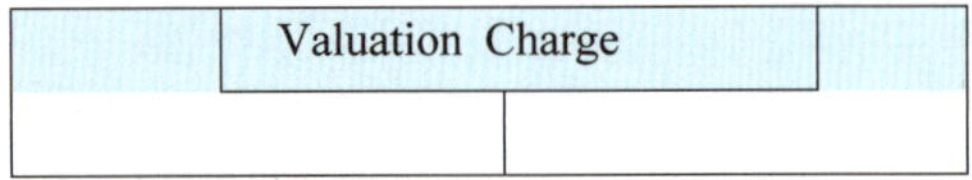

화주의 가격신고에 따라 부과되는 종가금액을 지불방법에 따라 선불 또는 착지불 란에 기재한다. 화물운임과 종가요금은 양자 모두가 선불이거나 또는 착지불이어야 한다. 운임선불, 종가요금은 착지불 또는 그 반대의 경우 등은 인정되지 않는다.

㉟ Other Charges(기타 비용)

Other Charges

화물운임 및 종가요금을 제외한 기타비용의 명세 및 금액을 기재한다. 명세를 표시하기 위해서는 아래의 Code를 금액 앞에 표시해야 하며 상기 제비용들의 귀속 여부를 확실히 하기 위해 항공사 몫일 경우 C, 대리점 몫일 경우 A로 표시한다. 이때 'A' 또는 'C'의 표시는 비용 Code와 금액 사이에 기재한다(예 : PU 'C' : 35.00).

AC: Animal container	FC: Charges collect fee
AS: Assembly service fee	GT: Government tax
AT: Attendant	HR: Human remains
AW: Air Waybill fee	IN: Insurance premium
BL: Blackist certificate	LA: Live animals
BR: Bank release	MA(1): Miscellaneous-Due agent
CD: Clearance and handling-destination	MB(2): Miscellaneous-Unassigned
CH: Clearance and handling-origin	MC(3): Miscellaneous-Due carrier
DB: Disbursement fee	PU: Pick Up

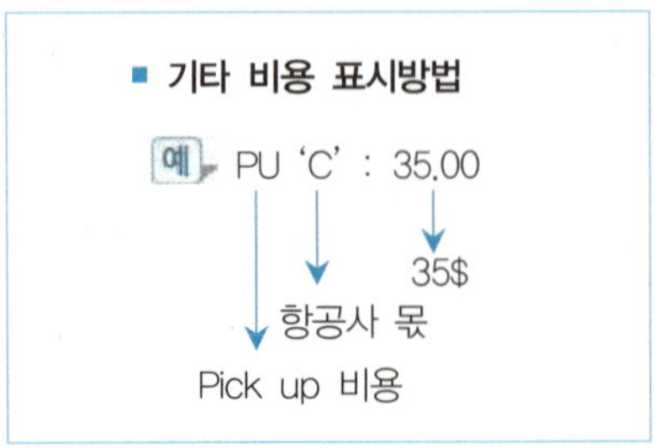

㊱ Tax(세금)

	Tax	

화물운임, 종가운임, 세금은 모두 선불 또는 모두 착지불 란에 기재되어야 한다.

㊲ Total Other Charges Due Agent(대리점에 지급하여야 하는 총 기타비용)

Total Other Charges Due Carrier(운송인에 지급하여야 하는 총 기타비용)

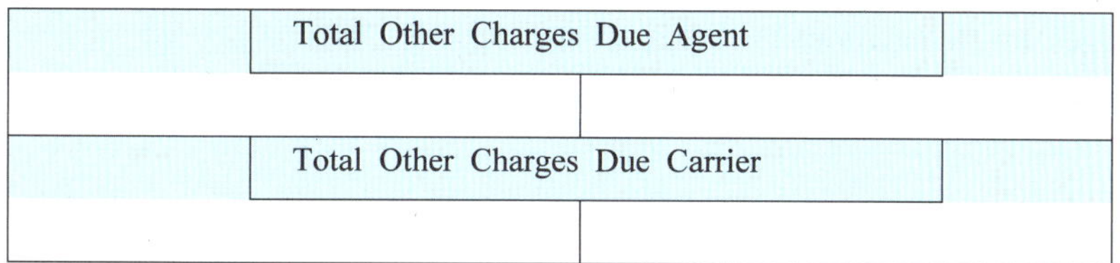

	Total Other Charges Due Agent	
	Total Other Charges Due Carrier	

㉮ Total Other Charges Due Agent(Prepaid/Collect)

AWB 발행 수수료가 대리점 몫일 경우 이 내용이 기입되어야 한다. 기타 출발지에서 징수되는(선불) '대리점 몫'의 제비용은 기입할 필요가 없으며, '대리점 몫'의 비용 중 착지불 금액만 표시한다.

㉯ Total Other Charge Due Carrier(Prepaid/Collect)

운임이나 종가요금을 제외하고 기타 비용 중 '항공사 몫'에 해당하는 비용을 선불 또는 착지불 란에 기재한다.

㊳ Total Prepaid/Total Collect(선불 합계/착지불 합계)

Total Prepaid	Total Collect

㉮ Total Prepaid : 운임, 종가요금, 기타 제비용(항공사 몫, 대리점 몫 포함) 중 선불란에 표시된 금액의 합계를 기재한다.

㉯ Total Collect : 운임, 종가요금, 기타 제비용 중 착지불 란에 표시된 금액의 합계를 기입한다.

㊴ For Carrier's Use Only at Destination(목적지에서 운송인 사용란)

Total Prepaid	Total Collect	
Currency Conversion Rates	CC Charges In Dest. Currency	Executed on(date) at(place) Signature of Issuing Carrier or its Agent
For Carrier's Use Only at Destination	Charges at Destination	Total Collect Charges

최종 운송인이 원본2(수하인용)에 다음의 사항들을 기재한다.

㉮ 도착지 통화코드와 환율(Currency Conversion Rates)

㉯ 도착지 통화로 환산한 착지불비용(CC Charges in Dest. Currency)
바로 위의 Total Collect란의 금액을 도착지 통화로 환산한 금액

㉰ 도착지 비용(Charges at Destination) : 물품인도 항공사 몫으로 도착지에서 부과되는 제반 요금을 도착지통화로 표시한 금액

㉱ Total Collect Charges : 위의 CC Charges in Dest. Currency에 기재된 금액과 Charges at Destination에 기재된 금액의 합계를 기재한다.

㊵ 송하인의 보증

Shipper certifies that the particulars on the face hereof are correct and that insofar as any part of the consignment contains dangerous goods, such part is properly described by name and is in proper condition for carriage by air according to the applicable Dangerous Goods Regulations.		
	Signature of Shipper or his Agent	
Executed on(date)	at(place)	Signature of Issuing Carrier or its Agent

송하인은 이 항공화물운송자의 문면에 기재된 명세들은 정확하며 위험물을 포함하고 있는 화물의 부분에 관해서는 위험물에 대하여 적용되는 규정에 따라 화물의 명칭이 적절하게 기재되었으며 항공운송을 위한 절적한 상태라는 것을 보증한다.		
	송하인 또는 그 대리인의 서명	
발행일자	발행장소	운송인 또는 그의 대리인의 서명

㊶ 항공화물운송장의 발행통수

ORIGINAL 3(FOR SHIPPER)

㊷ Shipper's Certification Box : 송화인 또는 그 대리인의 서명(인쇄, 서명 또는 Stamp)이 표시된다.

㊸ Carrier's Execution Box : 항공화물운송장 발행일자 및 장소, 항공사 또는 그 대리인의 서명이 표시되며, 월의 표시는 영어로 Full Spelling 또는 약자를 사용할 수 있으나 숫자로 표시하는 것은 허용되지 않는다.

㊹ Airwaybill Number : 항공화물운송장 번호는 상단 좌우와 하단 우측에 명기되며, IATA Carrier 3 Digit Code와 7단위의 일련번호 그리고 7진법에 의한 Check Digit 등 11 단위로 표시된다.

예 180－1234567 5

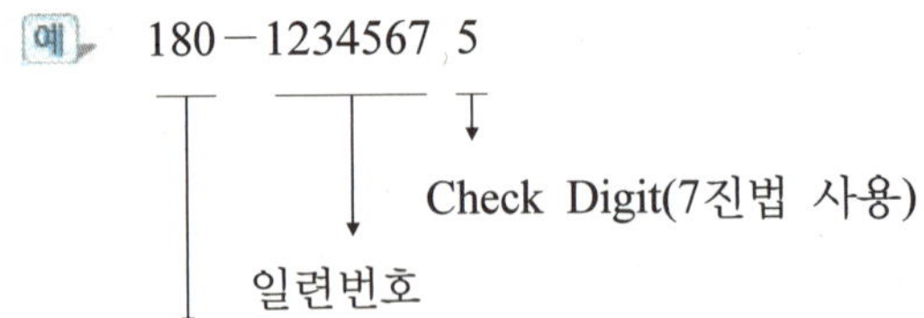

IATA Carrier 3 Digit Code

서식 8-2 Air Waybill(항공화물 운송장)

Shipper's Name and Address

Shipper's Account Number

Not negotiable
Air Waybill
issued by

KOREAN AIR

Copies 1, 2 and 3 of this Air Waybil are originals and have the same validity.

Consignee's Name and Address

Consignee's Account Number

Telephone :

It is agreed that the goods described herein are accepted in apparent good order and condition (except as noted) for carriage SUBJECT TO THE CONDITIONS OF CONTRACT ON THE REVERSE HEREOF. THE SHIPPER'S ATTENTION IS DRAWN TO THE NOTICE CONCERNING CARRIER'S LIMITATION OF LIABILITY. Shipper may increase such limitation of liability by declaring a higher value for carriage and paying a supplemental charge if required.

Issuing Carrier's Agent Name and City

Accounting Information

Agent's IATA Code | Account No.

Airport of Departure(Addr. of First Carrier) and Requested Routing

TO	By First Carrier	Routing and Destination	to	by	to	by	Currency	CHGS Code	WT/VAL PPD	WT/VAL COLL	Other PPD	Other COLL	Declared Value for Carriage	Declared Value for Customs

Airport of Destination	Flight/Date	For Carrier Use Only	Flight/Date	Amount of Insurance	INSURANCE-If Carrier offers Insurance, and such insurance is requested in accordance with conditions on reverse hereof, indicate amount to be insured in figures in box marked 'amount of Insurance'.

Handling Information

No. of Pieces RCP	Gross Weight	kg / lb	Rate Class / Commodity item No.	Chargeable Weight	Rate / Charge	Total	Nature and Quantity of Goods (incl. Dimensions or Volume)

Prepaid | Weight Charge | Collect

Other Charges

Valuation Charge

Tax

Total Other Charges Due Agent

Shipper certifies that the particulars on the face hereof are correct and that insofar as any part of the consignment contains dangerous goods, such part is properly described by name and is in proper condition for carriage by air according to the applicable Dangerous Goods Regulations.

Total Other Charges Due Carrier

Signature of Shipper or his Agent

Total Prepaid | Total Collect

Currency Conversion Rates | CC Charges In Dest. Currency

Executed on(date) | at(place) | Signature of Issuing Carrier or its Agent

For Carrier's Use Only at Destination | Charges at Destination | Total Collect Charges

ORIGINAL3(FOR SHIPPER)

6. 항공화물운임

1) 국제항공운송협회와 운임

국제항공운송협회의 주요 기능은 화물의 운임, 운송조건, 기타 항공운송업무의 운영에 관한 제반 규정을 결정하는 데 있다. 이중 화물운임에 관한 사항은 다국의 항공회사 사이에서 운임을 조정하여 협정을 체결하고 가맹 항공사를 구속하는 것이다. 운임조정에 관한 사항은 국제항공운송협회 신하 운임조정회의(Cargo Tariff Coordinating Conference)에서 이루어지며, 세계를 3개의 지역회의지역(TC : tariff conference)로 나누어 각 지역 내의 운임을 협정하는 지역간 회의를 개최하여 개별적으로 운임이 설정되고 있다. 이 회의에서는 운항 원가분석, 화물운임, 요율설정, 통화규정 그리고 기타 국제항공화물의 판매 및 처리에 종사하는 중간업자의 수수료 등 관계 규칙의 설정과 변경에 대한 사항이 협의된다. 항공운임요율은 항공사가 단독으로 결정할 수 없고 해당 정부의 개입하에 일정한 방식과 절차에 따라 요율이 결정되고 있다.

국제항공운임은 미국의 항공규제완화 이후 항공운송기업의 자유로운 운임 및 요율결정이 세계적인 추세고, 현행운임제도 역시 운임조정회의에 참석하지 않은 가맹항공사는 국제항공운송협회의 운임협정에 따를 필요가 없고, 2국간에 혁신적인 운임을 설정할 수 있게 됨에 따라 본 협회의 운임통제력이 약화되어 가는 실정이다. 그러나 우리나라를 비롯한 대다수의 항공사들은 국제항공운송협회가 정한 운임표(tariff)와 규정인 「The Air Cargo Tariff I & II」에 따라 산출 및 합의된 운임을 산출하고 있다.

2) 운임결정의 일반원칙

국제항공운송협회의 항공운임 산출에 적용되는 일반규칙은 다음과 같다.

① 요율, 요금 및 그와 관련된 규정의 적용은 운송장 발행당일에 유효한 것을 적용
② 화물요율의 설정은 공항에서 공항까지 이며 부수적인 서비스요금(이적, 통관, 집하, 인도, 창고, 보관료 등)은 별도로 계산
③ 화물의 요율은 출발지국의 현지통화로 설정하며, 출발지로부터 목적지까지 한 방향으로만 적용
④ 별도의 규정설정을 제외하고 요율과 요금은 낮은 것을 적용
⑤ 운임은 출발지에서의 중량에 kg/Lb당 적용요율을 곱하여 산출
⑥ 화물요율은 kg당 요율로 설정하나 미국 출발 화물요율은 Lb당 요율로 설정
⑦ 운임 및 종가요율(valuation charge)은 모두 선불이거나 착지불이어야 함
⑧ 화물의 실제운송경로는 운임산출시 근거가 되었던 경로와 일치할 필요 없음
⑨ 국제항공운송협회의 운송조정회의의 요율은 해당 정부의 승인을 얻어야 유효함

3) 운임산출중량의 결정

화물에 적용할 요율을 운임표에서 찾기 위해서는 운임부과중량(chargeable weight)을 결정하여야 하며, 운임산출중량은 ① 실제중량에 의한 방법, ② 용적중량에 의한 방법, ③ 저운임의 적용에 의한 방법에 의하여 결정된다.

(1) 실제중량에 의한 방법

실제화물의 중량(actual weight)을 기준으로 운임을 산출하는 방법으로 kg, Lb 모두 0.1단위까지 측정한다. 소수점이 있는 경우의 처리는 실중량이 0.5kg 미만이면 0.5kg으로 0.6kg 이상 1kg 미만은 1kg으로 계산하며, Lb는 소수점 이하를 절상하여 운임을 산출한다.

(2) 용적중량에 의한 방법

용적중량(volume weight)의 산출은 계산 전에 각 단위치수를 반올림하여 정수로 만든 후 가로 × 세로 × 높이의 방식으로 계산하나, 직육면체나 정육면체가 아닌 경우에는 최대 가로 × 최대 세로 × 최대 높이로 계산한다. 이때 부피를 운임부과중량으로 환산하는 기준은 1Kg = 6,000㎥ = 166inch와 1Lb = 166inch로 한다.

(3) 저임금의 적용에 의한 방법

높은 중량단계에서 낮은 중량을 적용하여 운임이 낮아지면 이를 적용한다. 예를 들어 45kg 미만 기본요율이 U$15.0이고, 45kg 이상 요율이 U$10.0인 경우 35kg의 화물은 35kg×U$15=U$525와 35kg×U$10=U$350으로 계산됨으로 낮은 운임을 적용하여 운임산출중량을 45kg로 하여 U$525을 부과하게 된다.

4) 항공운임요율의 종류

항공사 및 포워더의 항공화물운송요금은 일반적으로 요율(rate) 및 부대요금(charge), 기타 수수료에 의해 결정한다. 요율(rate)이란 항공운송 기업이 화물운송의 대가로서 징수하는 운임을 중량 단위당(kg) 또는 용기 단위당 금액으로 나타내며, 대개 노선별로 요율표(tariff)에 정해져 있다. 부대요금(charge)은 운송에 관련한 부수적인 업무 및 설비의 사용에 대한 대가를 의미하는데, 수출항공화물취급수수료(handling charge), 수입화물 AWB Fee, Pick Up Service Charge, 위험품 취급수수료, 결제수수료 등이 이에 해당된다.

> 항공화물운임 = 요율(rate) + 부대요금(charge) + 기타수수료

(1) 일반화물요율(GCR : General Cargo Rate)

일반화물 요율은 품목분류 요율(class rate: CGR) 또는 특정품목 할인요율(specific commodity rate: SCR)의 적용을 받지 않는 모든 화물의 운임에 적용되는 요율이다. 또한 일반화물 요율은 최저운임, 기본요율, 중량단계별 할인요율 등으로 분류된다.

① **최저운임(minimum charge : "M")** : 한 건의 화물운송에 적용할 수 있는 가장 적은 운임을 최저운임이라 한다. 즉, 중량운임이나 부피운임이 최저운임보다 낮은 경우 적용되며 효율표에 'M'이라 표시된다.

② **기본요율(normal rate : "N")** : 45kg 미만의 화물에 적용되는 요율로서, 모든 화물요율의 기준이 되며, 요율표상에 'N'으로 표시한다.

③ **정량요율(quantity rate : "Q", 중량단계별 할인요율)** : 화물요율은 일정 중량단계(weight break)에 따라 다른 요율이 설정되는데 화물요율은 중량이 높아짐에 따라 kg당 요율은 더 낮게 설정되어 있다. 즉, 일반품목화물이 45kg 이상인 경우 45kg 이하 요율보다 약 25% 낮게 요율이 설정되어 있다. 이외에도 100kg, 200kg, 300kg, 500kg 이상의 중량단계에 대해 점점 더 낮은 요율이 설정되어 있다.

④ **운임산출중량(chargeable weight)** : 화물 요율표에 kg당 또는 LB당 요율이 설정되어 있으며 어떤 한 건의 화물에 대하여 적용요율을 찾기 위해서는 운임산출 중량을 먼저 결정해야 한다. 운임산출중량은 ⓐ 실제중량에 의한 방법(by actual weight), ⓑ 용적중량에 의한 방법(by volume weight), ⓒ "높은 중량단계에서의 낮은 운임 적용" 규정에 의한 방법 등 3가지 방법으로 결정된다.

(2) 특정품목할인요율(SCR : specific commodity rate)

특정품목할인요율은 특정구간에서 특정품목에 대해 설정되는 요율로, 이 요율의 설정 목적은 화물운송의 유형으로 보아 특정구간에 동일품목이 계속적으로 반복되어 운송되는 품목에 대해 일반품목보다 요율을 낮게 설정하므로써 항공운송 이용을 촉진, 확대하는데 목적이 있다. 또한 선박이나 육상으로 운송되는 품목 중에서도 항공운송편이 이점이 많은 품목에 대해, 이 특정품목 할인요율을 설정, 적용함으로써 항공운송편의 이용을 유도할 수 있다.

이 특정품목 할인요율은 그 요율과 관련하여 설정된 최저중량이 제한을 받도록 되어 있으며, 이는 다량의 상품수송에 적용코자 하는 목적에 의한 것이다. 예를 들면 서울발 동경행 수산물에 적용되는 SCR 0300은 최저중량이 100kg로 설정되어 있어, 100kg이상의 상기품목에 한해서만 SCR 0300이 적용될 수 있도록 되어 있다.

(3) 품목분류요율(CCR : class rate, commodity classification rate)

품목분류요율은 몇 가지 특정품목에만 적용되며, 특정구간 또는 특정지역 내에서만 적용되는 경우도 있다. 품목분류요율은 대개 일반화물요율의 백분율에 의한 할증 또는 할인으로 표시된다.

따라서 Class Rate는 일반화물요율보다 높게 설정되는 경우와 낮게 설정되는 경우 두 가지가 있으며, 이중 화물로 운송되는 비동반수화물, 신문, 잡지 등은 기본요율에서 할인된 요율이 적용되며, 귀중화물, 생동물, 시체와 자동차는 일반화물요율에서 할증된 요율을 적용한다. Class Rate 적용대상 품목은 다음과 같다.

① 할인 요금 적용품목

- 신문, 잡지, 정기간행물, 서적, 카탈로그, 점자책 및 Talking Books(Calendar, Price Tag, Poster 등은 적용 불가)
- 화물로 운송되는 개인의류 및 개인용품(Baggage Shipped as Cargo)

② 할증 요금 적용품목

- 금괴, 화폐, 유가증권, 다이아몬드 등의 귀중화물, 시체(human remains), 생동물 요율이 적용되는 특정품목으로는 6가지 종류가 있으며 이중 화물로 운송되는 비동반수화물(baggage shipped as cargo), 신문, 잡지 등은 기본요율에서 할인된 요율이 적용되며, 귀중화물, 생동물, 시체와 자동차는 일반화물요율에서 할증된 요율을 적용한다.

(4) 종가운임(valuation charges)

화물운송에 있어서 사고발생시 항공사의 최대 배상한도액(maximum liability)은 U$20/kg이기 때문에 송하인이 최대 배상한도액을 초과하는 금액을 항공사로부터 배상받고자 할 때 운송장상에 그 화물의 가격을 신고하고 종가요금을 지불하면 상기 US$20/kg를 초과하는 실손해액을 배상받을 수 있다. 송하인은 운송장상에 그 화물의 가격을 신고하여야 하는데 신고가격은 “Declared Value for Carriage”란에 기재하며 이때 U$20kg 미만인 경우에는 운송장상 NVD(no value declared)로 표시되며, U$20/kg 초과시는 계산된 종가요금을 “Valuation Charge”란에 기재하게 된다.

종가운임의 신고조건은 1건을 구성하는 화물의 일부만을 가격신고하고 나머지를 제외할 수 없으며 또한 일부분에 대하여 높은 가격을 신고하고 타 부분을 낮은 가격으로 신고할 수 없고 중량운임(weight charge)과 함께 선불(freight prepaid)이나 착지불(freight collect)이어야 한다.

> 종가운임 = 운송신고가격－(총중량 × U$20/kg 또는 U$9.07/Lb) × 0.5%

(5) 단위탑재용기(ULD : Unit Load Device) 운임

항공사가 송화인 또는 대리점에게 컨테이너 또는 팔렛트 단위로 판매시 적용되는 요금으로 국제항공운송협회(IATA)에서 규정한 단위탑재용기(ULD : Unit Load Device)의 형태에 따라 상이한 운임이 적용된다. BUC요금이 적용되는 ULD의 적재작업(build-up)은 송하인 또는 대리점의 책임하에 이루어지며 항공사는 송・수하인에게 만 48시간 이내에 해당 ULD를 무료로 제공할 수 있고 이 시한이 지나면 연체료를 징수한다. 다만 BUC 적용시 위험품규정집에 나타난 제한품목, 생동물, 귀중화물, 시체 등은 ULD 내에 실리지 못한다.

(6) 기타요금

① **입체지불수수료(disbursement fee)** : 송하인의 요청에 따라 항공사, 송하인 또는 그 대리인이 선불한 비용을 수하인으로부터 징수하는 금액으로 입체지불금에 일정 요율을 곱하여 산출하고 있다. 입체지불금에는 Trucking Service Charge, Pick-Up Charge, 화물취급수수료(handling charge), 항공운송장 작성수수료(AWB fee) 및 기타 송하인이 요청한 금액 등이 포함된다.

② **위험품취급수수료(dangerous goods handling fee)** : 위험품 규정집에 위험품으로 명시된 품목에 대하여 부과되는 취급수수료를 말한다.

③ **착지불수수료(charges collect charge)** : 운임을 수하인이 납부토록 되어 있는 화물에 대해 동 금액의 일정비율을 항공사가 징수하는 수수료

(7) 부대운임

① 항공화물 THC(terminal handling charge) : 항공화물이 수출통관 또는 수입통관 되기 위해 항공사가 직영하는 보세장치장에 반입되었을 때 창고가 화주들에게 부담시키는 화물 조작료이다.

② EDI사용료(D/O 전송료) : 수입화물의 효율적인 반출을 위해 도입된 D/O 전산화 이후 항공운송 대리점이 화주들을 대리하여 보세장치장에 D/O를 전송할 경우 발생하는 EDI사용료(D/O 전송료)로 항공운송대리점이 화주들에게 건당 얼마씩 징구키로 한 요금이다.

③ CCF(collect charge fee) : 항공화물 운임을 Collect(후불)로 항공운송대리점에 지불할 경우 항공운송 대리점이 환전 및 송금에 필요한 경비를 보전하기 위해 징구하는 요금이며, 보통 송장금액의 2%를 징구하며 최소 U$10를 징구한다.

④ Handing Charge : 항공운송대리점이 하주를 위하여 스케줄을 넣어주고, B/L Copy를 전송해 주는 등의 명목으로 화주에게 청구하는데 업체마다 상이 하지만 보통 선하증권 건당 징수하고 있다.

⑤ L/G 발급 수수료 : 항공화물운송장(AWB)상의 Consignee가 은행일 경우 수입화주가 수입대금을 은행에 결제하기 전에 반출하고자 할 경우 은행이 동 화물에 대한 수입대금 결제를 보증하는 서류인 L/G를 발행할 때 징구하는 수수료이다.

⑥ Documentation Fee : 수출의 경우 Airway Bill Fee라고도 부르는데 수입시는 보통 D/O Charge라 한다.

⑦ 위험물 취급수수료(dangerous goods fee)

위험물품 규정집에 위험물품으로 명시된 품목에 대해 부과되는 취급수수료를 위험물품 취급수수료라고 한다.

제3절 국제복합운송

1. 국제복합운송의 의의

복합운송(multimodal transport or combined transport)이란 복합운송인(MTO : multimodal transport operator)이 화물을 자기 책임하에 인수하여 어느 국가의 한 지점에서 다른 국가에 위치해 있는 지정 인도지점까지 복합운송계약에 의거 해상 · 내수로 · 항공 · 철도나 도로운송 등 여러 운송방식 중 2종류 이상의 운송수단을 사용하여 운송하는 것을 의미한다. 복합운송은 국제간의 무역운송에 있어 컨테이너화의 발달과 수송기술 및 장비의 혁신에 따라 Tackle to Tackle 운송개념이 CY to CY 개념으로 더 나아가 Door to Door라는 운송형태로 발전되어 컨테이너에 의한 화물의 복합운송은 해상운송을 신속 · 저렴하게 하였을 뿐만 아니라 해상 · 육상 · 항공운송에 이르기까지 전 수송을 신속하고 효율적으로 연결 수송할 수 있게 한 중대한 수송혁신이다.

따라서 국제복합운송은 국제간의 물품운송을 복수의 수송수단에 의해 문전에서 문전까지의 일관수송을 지향하는 수송방식으로 이를 세분하면 복합운송은 국제간에 이루어지는 화물운송이며 다른 두 가지 이상의 운송수단을 조직적이고 유기적으로 결합해 모든 운송구간에 걸쳐 운송서비스를 제공할 뿐 아니라 단일의 운송계약에 의하여 복합운송인이 일관해서 운송책임을 지는 형태의 운송이다.

표 8-5 국제복합운송의 연결형태

명 칭	연결형태	내 용
Piggy-back	철도와 트럭	트레일러나 컨테이너를 철도의 무개화차(flat car)에 적재운송하는 방식
Fishy-back	해운과 트럭	트럭으로 운송된 컨테이너를 선박에 적재 운송하는 방식
Birdy-back	항공과 트럭	트럭으로 운송된 컨테이너를 항공기에 적재 운송하는 방식
Truck-air	트럭과 항공	트럭과 항공을 혼합 이용하는 운송방식
Rail-water	철도와 수운	철도를 구비한 특수선박에 기차를 적재하고 운송하는 방식
Ship-barge	선박과 부선	내륙수로와 연안항구간의 해운을 혼합 이용하는 방식
Sea-air	해운과 항공	항공기와 선박을 혼합 이용하는 방식
Sky-rail	철도와 항공	철도와 항공기를 혼합 이용하는 방식

국제복합운송의 장점은 다음과 같다.

① **코스트 절감** : 환적작업 검사, 사무수속 등 수송기관의 접점에서 발생하는 작업 코스트를 절감할 수 있으며, 작업흐름의 원활화 및 하역생산성 향상 가능

② **서류단순화** : 컨테이너화에 의해 수송수속의 간소화로 화물과 서류의 체크, 서류의 단순화가 가능

③ 운송책임 일원화 : 복합운송업자에 의한 일괄 운송업무 수행으로 운송책임의 일원화가 가능케 됨으로써 그에 따라 클레임처리도 일원화 가능
④ 화물추적 용이 : 단일의 운송인에 의해 취급되므로 화물의 추적 시스템화가 용이

2. 국제복합운송의 기본요건

국제복합운송이 되기 위해서는 세 가지 요건 ① Through Rate ② Through(or multimodal transport) B/L ③ Single Carrier's Liability라는 조건이 충족되어야 한다. 그러나 단일운송인책임제도(single carrier's liability system)로써 Network Liability System과 Uniform Liability System 간에는 문제해결이 완결되지 못해 마찰이 야기되고 있는 실정이다.

① 운송책임의 단일성(through liability) : 복합운송인은 자기의 명의와 계산으로 송화인을 상대로 복합운송계약을 체결한 계약당사자일 뿐만 아니라 전체 운송을 계획하고 여러 운송구간을 연결·통괄하여 운송이 원활하게 이루어지도록 조정하고 감독할 지위에 있으므로 전구간에 걸쳐 하주에 대해 단일책임을 진다.
② 복합운송증권의 발행 : 복합운송이 되기 위해서는 복합운송인이 하주에 대하여 전운송구간에 대한 유가증권으로서의 복합운송증권이 발행되어야 한다.
③ 단일운임의 설정 : 복합운송인은 그 서비스의 대가로서 각 운송구간마다 분할된 것이 아닌 전 구간에 대한 단일운임(through rate)을 설정, 하주에게 제시한다.
④ 운송방식의 다양성 : 복합운송은 반드시 두 가지 이상 서로 다른 운송방식에 의하여 이행되어야 한다. 이때 운송방식은 운송수단 종류가 문제가 되며 이러한 운송방식은 각각 다른 법적 규제를 받는 것이라야 한다.

3. 국제복합운송인의 유형

1) 복합운송인의 의의

복합운송인(MTO : multimodal transport operator)에 대한 UN복합운송조약의 규정은 "자기 또는 자신의 대리인을 통하여 복합운송계약을 체결하고 송하인이나 복합운송 업무에 관여하는 운송인의 대리인 또는 주체로서 행위를 하고 계약의 이행에 관한 채무를 부담하는 자"로서 복합운송을 수행하는 자는 곧 복합운송인이라 할 수 있다.

복합운송에서는 스스로 운송수단을 소유하여 구간운송을 주도하는 실제운송인(육상운송인과 해상운송인 또는 항공운송인)이 다른 운송수단을 소유한 구간운송인이나 운송의 실행에 관여하는 다른 운송인 등 기타의 자를 하청운송인(sub-carrier), 운송의 이행보조자로 이용하여 복합운송업무를 수행하거나 또는 다른 운송인과 공동으로 혹은 다른 운송인이 당초 하주와의 통운송계약 관계에 가입하는 형태로 실행하는 경우가 있다. 복합운송인에는 NVOCC(non-vessel operating carrier)와 같이 스스로 운송수단을 소유하고 있지 않거나 직접 선박을 운항하지 않는 운송주선인이 복합운송인이 되어 여러 실제운송인을 하청운송인으로서 이용한다.

2) 복합운송주선인의 역할

포워더의 가장 중요한 역할은 외국과의 국제복합운송에 있어 상대방 국가의 포워더와 제휴함으로써 전 운송구간에 걸쳐 일관운송책임을 지는 운송주체라는 점이다. 즉, NVOCC로서 ① 자신의 책임하에(single carrier's liability), ② 하주들에게 일관운임(through rate)을 제시하고 ③ 복합운송증권(combined transport B/L)을 발행한다. 이러한 일관운송을 수항하기 위해 포워더는 "무역업체의 운송부서 역할을 다하고 있음"을 표방하고 있는데, 다음과 같은 관련 업무 및 부대서비스를 제공한다.

그림 8-10 Forwarder의 기능

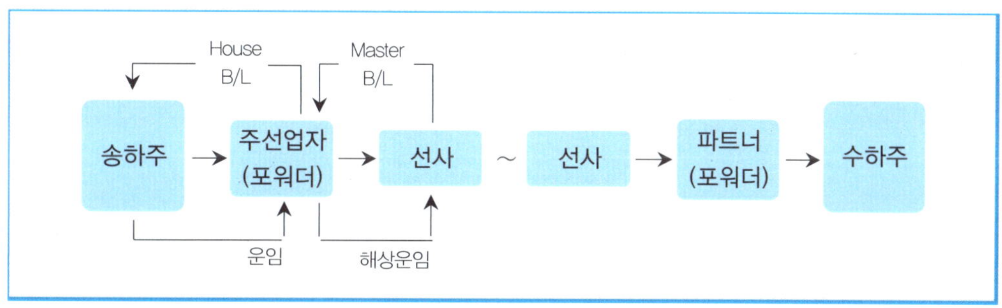

(1) 하주에 대한 전문적인 조언

수출자 또는 송하인의 요청에 따라 화물의 전 운송구간에 걸쳐 적절한 운송수단, 운송루트, 그리고 이에 적합한 화물의 포장형태, 목적국의 각종 운송법규 및 무역관행 등에 대해 조언한다.

(2) 운송의 수배

수출자 또는 송하인을 대신하여 전 운송구간에 걸쳐 운송수단(선박, 항공기, 트럭, 열차 등)에 수출자 또는 송하인을 대신하여 전 운송구간에 걸쳐 운송수단(선박, 항공기, 트럭, 열차 대해 필요한 스페이스를 확보하고 이들 운송수단에 의한 화물의 이동 상태를 체크한다.

(3) 운송 관련 서류의 작성

운송 관련 서류로 가장 중요한 선하증권(B/L), 선복예약서(S/R), 부두수령증(D/R), 수출입승인서, 통관서류, 원산지증명서, 보험증권 등의 서류를 포워더가 직접 작성해 주거나 화주가 효율적으로 작성할 수 있도록 도와준다.

(4) 통관대행

수출입화물의 운송 및 부수되는 서비스를 종합적으로 수행하기 위하여 주요 항만 등에 사무소를 두고 통관업무(customs clearing)를 대행하여 준다.

(5) 포장 및 창고보관

운송수단 또는 적합한 포장시설을 소유하고 직접 포장 서비스를 하거나 화물의 포장방법에 관해서 화주에게 적절한 조언을 한다. 또한 창고 또는 자체의 CFS를 운영하거나 임대하여 수출지에서의 화물혼재, 통관, 선적, 그리고 수입지에서의 화물의 양하, 통관, 운송하는 과정에서 화물의 손상이나 분실 등을 방지한다.

(6) 소량화물의 혼재(Consolidation)

컨테이너 화물은 단일 화주의 화물량에 따라 FCL화물과 LCL화물로 분류할 수 있는데, 포워더는 LCL화물을 CFS로 모아 FCL로 보내는 혼재기능을 수행한다. 실무적인 운송의뢰 방법으로 화주는 해상운송의 경우 FCL · LCL화물 모두 선사나 포워더에 직접 운송의뢰를 할 수 있으나, LCL화물은 대부분 포워더를 이용하고 있으며, 항공운송의 경우에는 항공운송대리점 또는 포워더를 이용하게 된다.

4. 국제복합운송인의 주요경로

1) 해 · 육 복합운송

(1) American Land Bridge(ALB)

출발지	수송수단	중계지	수송수단	중계지	수송수단	목적지	소요일수
극 동 주요항	배	오클랜드 로스앤젤레스	→철도→ →철도→	갈벨스톤 뉴올리언즈	→배→ →배→	앤트워프, 함부르크, 로테르담, 브레멘 등 로	35-40일 35-40일

극동의 주요 항구로부터 북미서안의 주요 항구까지 해상으로 운송하여 내륙운송(육상운송)을 철도에 연결, 북미 동남부항에서 다시 해상운송으로 유럽지역 항구 또는 유럽 내륙까지의 일관수송하는 방식이다.

(2) Mini Land Bridge(MLB)

MLB는 미국 서안에서 철도 등의 내륙운송을 거쳐 미동안(대서양 안) 또는 걸프지역 항만까지 수송하는 해륙복합운송이다. 즉, 극동－미 서해안항까지 해상운송을 한 다음 그곳에서 철도나 철도－도로운송으로 미동해안, 걸프지역까지 내륙운송하는 복합운송방식으로 파나마운하의 해상운송보다 수송시간을 단축할 수 있다.

출발지	수송수단	중계지	수송수단	목적지	소요일수
부산	→배→	시애틀, 오클랜드 로스앤젤레스, 싱파울로 롱비치 등 미 서안 제항	→철도→	미 동안 제항 최종지의 철도회사	15~18일

(3) Micro Land Bridge(MCB, Interior Point Intermodal : IPI)

극동에서 선적된 화물이 미국 태평양 서안항구에서 양륙되어 철도 등의 육상운송수단으로 북미 대륙을 횡단하여 미국 로키산맥 동부의 내륙지점까지 운송되는 복합운송의 한 형태로 주요 수송거점까지 철도운송하고 화주 문전까지 도로로 운송하는 시스템으로 IPI(Interior Point Intermodal)라고도 한다. MLB가 미국의 동안항 또는 걸프연항인데 비하여 MCB는 목적지가 항구가 아닌 미국의 내륙지점이다. 한편 수정된 RIPI(Revised Interior Point Intermodal)는 극동에서 선박으로 파나마운하를 경유하여 북미 동부지역 항구에서 양륙되어 철도 등의 육상운송 수단으로 내륙지역까지 운송서비스하는 시스템이다.

출발지	수송수단	중계지	수송수단	중계지	수송수단	목적지	소요일수
부산	→배→	시애틀, 오클랜드 샌프란시스코 롱비취 등 미 서안 항구	→철도→ →트럭	철도 터미널	트럭	그룹 I : (미시시피강 서쪽) 그룹 II : (미시시피강 동쪽) 그룹 III : (동안에 가까운 도시)	22일

(4) Canadian Land Bridge(CLB)

ALB와 같은 형태로 밴쿠버 또는 시애틀까지 해상으로 운송하고 그곳에서 캐나다의 철도를 이용, 몬트리올에서 대서양의 해상운송에 접속하여 유럽 각 항구로 수송하는 복합운송 경로를 CLB라고 한다.

출발지	수송수단	중계지	수송수단	중계지	수송수단	목적지	소요일수
부산	배	밴쿠버 시애틀	→철도→ →철도→	St. John 몬트리올	→배→	함부르크, 로테르담, Le Havre	35일

(5) Trans China Railway(TCR)

중국 연안항에서 시작하여 구소련 접경지역인 아라산쿠 경유 소련을 통과하여 로테르담까지 연결하는 철도로서 CLB(China Land Bridge)이라고 한다.

출발지	수송수단	중계지	수송수단	중계지	수송수단	목적지	소요일수
한국	→배→	연운항 청도항 천진(신강)	철도	알라산쿠, 두루주바	철도	SLB와 동일	30~40일

(6) Siberian Land Bridge(SLB)

SLB운송은 극동지역에서 유럽과 중동의 화물을 러시아의 극동항구인 보스토치니 항으로 수송한 다음 시베리아의 서부국경에서 유럽지역이나 반대 루트로 운송하는 해상·육상 또는 해상·육상·해상의 형태로 연결하는 복합운송시스템으로 시베리아 횡단철도(Trans-Siberia Railway : TSR)를 이용한다고 하여 TSR이라고도 한다.

2) Sea & Air(해 · 공 복합운송)

Sea & Air(해 · 공) 복합운송은 해상운송의 저렴과 항공운송의 신속성이라는 양자의 장점을 결합한 운송방식이다. 항공운송보다는 저렴하게, 해상운송보다는 신속하게 운송되는 운송이라는 관점에서 경제적인 운송방식이라 할 수 있다. 해 · 공 복합운송방식은 일본, 한국을 비롯한 극동 - 북미서안간의 태평양항로에서는 해상운송을, 미국 내 및 대서양에서는 항공운송을 이용하여 미국 중 · 동부 및 유럽 각지로 수송하는 방식이다. Sea & Air 복합운송의 이점은 해상운송에 비해 소요일수를 대폭 축소할 수 있고, 항공수송에 비해 운임을 절감할 수 있으며, 전구간 재고투자와 창고료의 절감, 포장비의 절감이라는 종합 물류코스트의 절감을 기할 수 있다는 데 있다.

① 북미 서해안 경유 유럽행 해 · 공 복합운송 : 아시아의 극동항구에서 선박으로 미국의 서해안이나 캐나다의 벤쿠버항까지 운송하고 화물을 양륙하여 공항까지 육상운송한 다음 항공기로 유럽의 목적지까지 운송하는 것을 말한다.

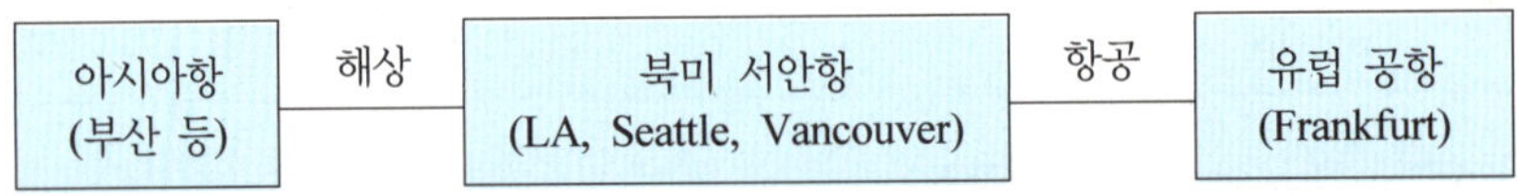

② 북미 서부 경유 중남미행 해 · 공 복합운송 : 아시아의 극동항구에서 선박으로 북미 서부 또는 동남부 항구까지 운송하고 화물을 양륙하여 공항까지 육상운송 한 다음 항공기로 중남미까지 운송하는 것을 말한다.

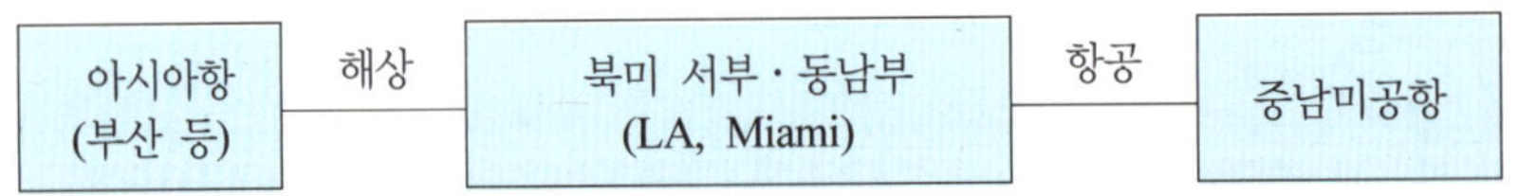

③ 동남아시아 경유 유럽행 해 · 공 복합운송 : 아시아의 극동항구에서 선박으로 싱가폴 또는 홍콩까지 운송하고 화물을 양륙하여 항공기로 유럽까지 운송하는 것을 말한다.

5. 복합운송증권

(1) 복합운송증권의 의의

복합운송증권(multimodal transport documents : MTD)이란 선박 · 철도 · 항공기 · 자동차 등 종류가 다른 운송수단 중 두 가지 이상의 조합에 의해 이루어지는 운송에 대해 복합운송인이 발행하는 증권을 말하며, 발행자인 운송인이 운송품의 수령을 증명하고 운송계약의 증거가 되며 유가증권으로서의 성격을 갖는다.

복합운송증권의 특징은 ㉮ 화물의 멸실, 손상에 대한 정 운송구간을 커버하는 일관 책임을 지고, ㉯ 선하증권과 달리 운송인뿐 아니라 운송주선인에 의해서도 발행되며, ㉰ 화물이 본선 적재 전에 복합운송인이 수탁 또는 수취한 상태에서 발행된다는 점이다. 복합운송증권은 법적으로 선하증권과 똑같이 유통증권으로서의 기능을 갖는다. 다만 지시식 또는 무기명식으로 되어야 하며, 지시식으로 된 때에는 배서에 의해 양도 가능하다. 복합운송증권의 표면에 "Negotiable combined transport document issued subject to Uniform Rules for Combined Transport Document(ICC Brochure No.273)"이라는 머리글이 기재되어 있다.

(2) 복합운송증권의 형태

기존의 선하증권에 복합운송을 의미하는 명칭을 붙인 Combined Transport Document (CTD), Multimodal Transport B/L(MTD), Intermodal Transport B/L 등과 같은 형태의 복합운송증권을 말한다. 현재 실무에서 사용되는 복합운송증권은 FIATA가 제정한 FIATA B/L이 보편적으로 사용되고 있으며, 복합운송서류라는 명칭을 사용하는 CTD는 ICC에서 제정한 복합운송증권에 관한 통일조약에서 사용된 복합운송증권이다. 복합운송서류는 유통성여부에 따라 "Negotiable"과 "Non-Negotiable"으로 구분되고, 유통성서류는 작성방법에 따라 지시식과 소지인식으로 구분할 수 있다. 기타 복합운송증권은 발행인에 따라 해상운송인, 항공운송인, 육상운송인 등 실제 운송인이 발행한 증권이 있고 Freight Forwarder가 복합운송인으로서 발행한 증권이 있다.

즉 복합운송증권의 형태는 ① Combined Transport B/L, ② Multimodal Transport B/L, ③ Intermodal Transport B/L이지만 실무상으로는 선하증권 형식의 복합운송증권을 포워더가 주로 발행하고 있다(KIFFA MT B/L, FIATA MT B/L). 또한 변형된 선하증권이 복합운송을 동시에 할 수 있도록 실무에서 실제운송인인 선사에서 주로 ㉮ Bill of Lading or Multimodal Transport B/L, ㉯ Bill of Lading for Ocean Transport or Multimodal Transport, ㉰ Bill of Lading for Port or Multimodal Transport 등과 같은 명칭으로 발행되고 있다.

표 8-6 복합운송증권과 선하증권의 비교

구분	복합운송증권	선하증권
운송구간	모든 복합운송구간	해상구간에 한정됨
증권형태	부지문언(unknown clause) "Shipper's Load and Count" "Said by Shipper to Contain"	무사고선하증권(clean B/L)
발급시기	수취식	보통 선적식(수취식도 가능)
발행형식	유통식, 비유통식 가능	유통식

서식 8-3 복합운송증권(Combined Transport B/L)

<table>
<tr><td colspan="4">CONSIGNOR/SHIPPER/EXPORTER
CHOKWANG LEATHER CO., LTD.
8/FL HONGWOO BLDG NO.834-34
YUKSAM-DONG KANGNAM-KU SEOUL KOREA</td><td colspan="4">Negotiable KIFFA
MULTIMODAL TRANSPORT BILL OF LADING
B/L NO. HASL02MGD59DP03</td></tr>
<tr><td colspan="4">CONSIGNEE ⇒ ⑫
TO ORDER</td><td colspan="4" rowspan="4">HEUNG-A SHIPPING CO., LTD.
TEL : 82-2-771-2100(Rep) FAX : 82-2-771-2101(Rep)

For delivery of goods please apply to :

DONGBO SHIPPING DALIAN OFFICE
ROOM 1027 SENYE BUILDING NO.2 GANGWAN STREET
ZRONGSHAN DISTRICT DALIAND,
TEL : 413--2718524 FAX : 411-2718514</td></tr>
<tr><td colspan="4">NOTIFY PARTY ⇒ ⑩
.SHENYANG SUJIATUN DISTRICT LEATHER SHOES
NO.2 FACTORY SHENYANG CHINA</td></tr>
<tr><td colspan="2">PRE-CARRIAGE BY</td><td colspan="2">PLACE OF RECEIPT
BUSAN, CY, S. KOREA</td></tr>
<tr><td colspan="2">VESSEL/VOYAGE NO.
SKY LOVE 921W</td><td colspan="2">PLACE OF DELIVERY
DALIAN CY, CHINA</td></tr>
<tr><td colspan="2">PORT OF LOADING
⇒ ④
BUSAN, S. KOREA</td><td colspan="2">PLACE OF DISCHARGE
⇒ ⑤
DALIAN CY, CHINA</td><td colspan="2">PLACE OF DELIVERY

DALIAN</td><td colspan="2">FINAL DESTINATION
(For the Merchant Ref.)
⇒ ⑥</td></tr>
<tr><td colspan="8">PARTICULARS FURNISHED BY CONSIGNOR/SHIPP9,153.00R</td></tr>
<tr><td colspan="2">Container No.</td><td colspan="2">Seal No. Marks and No. of Packages</td><td colspan="2">Description of Goods</td><td>Gross Weight</td><td>Measurement</td></tr>
<tr><td colspan="4">DALIAN CHINA
P.O. NO. :SUOS
ITEM :
C/T NO.: 1-234
Q'TY :
MADE IN KOREA

CY/CY

은 행 보 관 용
⑧ ← C O P Y
NON NEGOTIABLE</td><td colspan="2">20' x 1(234 CARTONS)

SHIPPER'S LOAD & COUNT,
SEALED, SAID TO CONTAIN :
⇒ ⑪

234 CTNS OF
NUBUCK 2.0 - 2.2MM
COLOR : WHEAT
MELDISCO STOCK NO : 46571
QUANTITY : 56,3074SF
CREDIT : LC82A90551

HALU2421859/234764

* CIF DALIAN

"FREIGHT PREPAID" ⇒ ⑨</td><td>9,153.00KGS</td><td>25.903CBM</td></tr>
<tr><td colspan="6">TOTAL NUMBER OF CONTAINERS OR PKGS(in words)
SAY : ONE(20×1) CONTAINER ONLY</td><td colspan="2">ON BOARD DATE : ⇒ ③
MAR. 15. 2020</td></tr>
<tr><td colspan="2">FREIGHT & CHARGES</td><td colspan="2">REVENUE TONS</td><td>RATE</td><td>PER</td><td>PREPAID</td><td>COLLECT</td></tr>
<tr><td colspan="8">FREIGHT PREPAID AS ARRANGED</td></tr>
<tr><td colspan="2"></td><td colspan="3">FREIGHT PAYABLE AT</td><td colspan="3">PLACE AND DATE OF ISSUE
SEOUL, S. KOREA MAR. 15. 2020</td></tr>
<tr><td colspan="2">. TOTAL PREPAID IN</td><td colspan="3">NO. OF ORIGINAL B/L ⇒ ⑦
THREE (3)</td><td colspan="3" rowspan="1">HEUNG-A SHIPPING CO., LTD.</td></tr>
<tr><td colspan="2">LADEN ON BOARD THE VESSEL
DATE
2020/05/20</td><td colspan="3">SIGNATURE

________________</td><td colspan="3">ACTING AS A CARRIER</td></tr>
</table>

Chapter

09 적하보험계약 체결

매매계약의 대금결제조건이 CIF 또는 CIP일 경우에는 수출상이 선적에 앞서 해상적하보험에 가입할 의무를 부담하게 된다. 즉 해상적하보험은 수출입 물품이 운송 도중에 손상을 입을 염려가 있을 때 이 손실의 보전을 위하여 부보하는 것으로서 물품을 운송하는 과정에서 선박의 좌초(stranding), 침몰(sinking), 충돌(collision) 등과 같은 해상위험이나 전쟁 등과 같은 인위적 위험뿐 아니라, 수출업자 소재지의 창고에서 출고, 본선에의 적재와 항해, 양륙항에서의 취급과 보세장치, 보세창고에의 보관 등에서 여러 위험을 만날 가능성이 있다.

해상보험계약은 보험계약의 일종으로서 보험자가 피보험자에 대하여 해상손해, 즉 항해사업에 부수하는 손해를 그 계약에 의해서 합의한 방법과 범위 내에서 보상해 줄 것을 약속하는 계약이다. 무역거래의 당사자들은 이런 위험을 담보받기 위하여 화재보험, 운송보험, 해상보험 등에 모두 부보함으로써 무역상품의 선적, 항해, 양륙, 착하에서 발생할지도 모르는 운송상의 위험이나 화재의 위험을 모두 커버하고 있다. 따라서 해상보험은 성격상 해상손해뿐만 아니라 항해에 부수되는 육상이나 항공위험까지도 확장 담보해 주는 육상·해상혼합보험의 성격을 가지고 있다.

제1절 해상보험의 기초

1. 해상보험의 의의

해상보험(marine insurance)이란 항해에 관한 사고를 당할 우려가 있는 재산권을 가진 다수인이 위험의 정도에 따라 합리적인 보험료를 각출하여 공동 준비재산을 형성하고 그 중 누군가가 사고를 당하여 손해를 입었을 때 이를 보상함으로써 경제상의 불안정을 제거 또는 경감하는 경제시설이다.

해상보험은 화물의 이동구간에서 우발적인 사고에 의해 발생하는 선박이나 적하에 대한 손해를 보험사고로 하여, 보험자는 손해를 보상할 것을 약속하고 피보험자는 대가로 보험료를 납부할 것을 약속하는 경제제도로 손해보험의 일종으로 해상운송시 운송인은 운송인의 취급부주의로 인한 상업과실에 따른 손실에 대하여만 손해배상책임을 진다.

2. 해상보험의 관련당사자

1) 보험자(insurer, assurer, underwriter)

보험자란 보험업을 전문으로 하는 보험계약의 당사자로서, 보험계약을 인수하고 보험료를 받고 담보위험으로 인해 사고가 발생하면 그 손해의 보상을 약속한 자이다. 다시 말해 보험계약에 의해 보험료를 받고, 위험을 담보하며, 담보위험으로 인하여 손해가 발생하면 이를 보상할 것을 약정한 개인 혹은 회사를 말한다.

2) 보험계약자(insurance policy holder, party insuring)

보험계약자란 보험자와 함께 보험계약의 당사자로서 보험자와 보험계약을 체결하고 보험료(insurance premium)를 지급하기로 약속한 자이다. 보험계약자는 통상 피보험자와 동일한 사람이지만, 즉, FOB계약에서는 매수인이 자신을 위해 보험계약을 체결하고 손해 발생시 보험금을 수취하므로 보험계약자인 동시에 피보험자가 되지만, 타인을 피보험자로 하여 보험을 부보하는 CIF계약의 경우에는 매도인이 보험계약자가 되며, 매수인은 피보험자 혹은 보험금수취인이 된다.

3) 피보험자(insured, assured)

피보험자란 피보험이익(interest insured)을 갖는 자, 즉 피보험이익의 주체로서 보험사고가 발생으로 인해 피보험목적물이 손해를 입었을 때 보험금을 청구하여 보험자로부터 보험금을 지급받는 자를 말한다. 다시 말해 피보험자는 보험사고의 발생시 보험자로부터 손해의 보상으로 보험금을 영수하는 자이다. 영국에서는 우리나라 및 독일과는 달리 보험계약자와 피보험자를 개념상 구별하지 않기 때문에 보험계약자가 보험료 지급의무를 부담한다.

4) 보험대리점(insurance agent)

보험대리점은 특정 보험자와 계속적인 보험계약 체결의 대리 또는 중개를 업으로 하는 독립된 상인을 말하며, 이들은 특정 보험자로부터 위임받아 그를 위해서만 계속적인 보조를 수행한다. 보험대리점은 보험자로부터 보험계약체결의 대리권을 부여받은 계약체결대리점과 단순히 계약의 성립을 주선하고 매매하는 권한을 부여받은 중개대리점으로 구분되며, 대리점이 갖는 권한은 범위는 보험자와 보험대리점과의 계약에 의해 정해진다.

계약체결보험대리점은 보험자의 대리인으로서 보험계약 체결권한을 가지므로 고지수령권한을 비롯하여 보험료의 수령, 보험계약의 변경, 연기, 해제 등에 관한 권한을 가지는 것은 물론 그 대리점이 알고 있는 사유는 보험자가 알고 있는 것과 같은 효력을 가지고 있다.

5) 보험중개인(insurance broker)

보험중개인은 불특정보험자를 위해 보험중개의 성립을 중재하는 것을 업으로 하는 자를 말한다. 보험대리점이 특정한 보험자를 위해 대리 혹은 종속되어 있는 반면에, 이 보험중개인은 불특정 보험자나 피보험자로부터 위임받아 계약의 성립을 중개한다. 영국에서는 거의 모든 보험계약이 보험자의 대리인인 중개인을 통해 이루어지기 때문에 보험료지급에 있어 보험자에 대해 직접적인 책임을 부담할 뿐 아니라 고지의무를 부담하고 있다.

3. 해상보험의 특징

첫째, 해상보험에서 보험회사의 보험료산정은 화물의 상태 등에 대해 잘 알고 있는 피보험자가 자기에게 제공하는 상황만을 토대로 이루어진다. 따라서 피보험자는 보험계약을 체결하기 전에 자기가 알고 있는 모든 중요하다고 판단되는 상황을 보험자에게 최대선의의 원칙에 입각하여 고지하여야 한다. 만약 피보험자가 이러한 고지를 소홀히 하거나 하지 않았을 때에는 보험자는 보험계약을 취소할 수 있다.

둘째, 해상보험은 보험계약이 체결되기 전에 발생한 손해라도 계약 당사자가 계약체결시 그 발생 여부에 대하여 알지 못하였다면 유효한 것으로 해석한다. 이를 해상보험의 소급보상의 원칙이라고 한다. 그러나 보험계약 당시에 피보험자가 손해가 발생한 사실을 알고 있으나 보험자가 모르고 있는 경우에는 이에 대한 보상을 받지 못한다.

셋째, 해상보험은 일반보험과는 달리 국제성이 매우 강하므로 영문 보험증권, 보험약관 등이 이용되고 있으며 그 문언의 해석도 영국의 해상보험법과 관습에 따를 것을 규정하고 있고 각종 협회약관에 따르도록 하고 있다.

넷째, 해상보험은 담보(warranties)에 관한 약속을 이행해야 한다. 담보에 관한 약속은 보험증권에 명시하는 명시담보(express warranties)와 명시되지 않는 묵시담보(implied warranties)가 있다. 이와 같이 담보는 피보험자의 약속이기 때문에 만약 피보험자가 담보내용조건을 위반하였을 때에 보험계약은 무효가 된다.

다섯째, 해상보험은 보험자가 보상해 주는 손해가 반드시 보험증권에 담보된 위험이거나 담보되는 위험에 국한하여 발생하여야 한다. 즉, 보험자는 담보위험(insured perils)에 대하여 발생한 손해에 대해서만 보상할 책임이 있다.

여섯째, 해상보험은 보험자가 손해를 보상하여 줄 것을 약속하고 피보험자는 그 대가로서 보험료를 지급할 것을 약속하는 손해보험이며, 보험자가 부담하는 책임은 해상구간에만 국한하는 것이 아니라 육상구간의 우발적인 사고에 의해 발생하는 손해도 보상된다.

4. 해상보험의 기초용어

해상보험에 있어 기본이 되는 용어들의 개념들을 약술하면 다음과 같다.

1) 피보험 목적물(subject-matter insured)

피보험목적물은 해상보험에서 보험을 통하여 보호되는 객체를 말하며, 보험목적물이라고도 한다. 해상보험에서 피보험목적물이 될 수 있는 것으로는 적하(cargo), 선박(hull), 운임(freight), 희망이익(profit and commission), 선임(wages), 선주의 화주에 대한 책임(P&I보험) 등이다.

2) 피보험 이익(the insurable interest)

피보험이익은 보험의 목적물 즉, 피보험목적물에 대해 특정인이 갖는 이해관계를 말한다. 즉, 보험목적물에 손실 또는 손상됨으로써 경제적 손실을 입게 되는 특정인이 보험계약에 의거하여 보험자로부터 보호받는 이익을 말한다. 따라서 해상보험계약에서 보호되는 것은 피보험목적물이 아니라 피보험이익이라 할 수 있으며, 보험금은 바로 이러한 피보험이익을 금액으로 환산한 것이라 할 수 있다. 피보험이익이 없는 곳에 보험도 없다(no interest, no insurance)는 말과 같이 피보험이익이 존재하지 않으면 사고가 발생해도 손해를 보지 않으므로 해상보험은 성립하지 않는다.

한편, 피보험자는 보험계약을 체결할 때는 피보험이익을 가지고 있지 않아도 되나, 손해발생 당시에는 피보험이익을 가지고 있어야 한다. 또한 보험계약이 효력을 발생하기 위해 피보험이익이 갖추어야 할 3가지 요건이 있다.

① 피보험이익의 적법성이다. 피보험이익은 적법한 것이어야 한다는 것으로 법규에 위반하면 법의 보호를 못 받으므로 보험계약은 무효가 된다.

② 피보험이익의 경제성이다. 이는 피보험이익은 경제적 이익 즉, 금전으로 산정할 수 있어야 한다는 것이다. 즉, 손해보험의 목적은 피보험목적물에 대한 경제적 손해를 금전으로 보상하는 것이 목적이므로 손해발생 시 손해액을 금전으로 산출될 수 없다면 보험계약은 무효가 된다.

③ 피보험이익의 확정성이다. 이는 피보험이익은 확정되어 있거나 확정할 수 있어야 한다는 것이다. 즉, 피보험이익이 누구에게 있는지, 누구에게 귀속될 것인지 확정되거나 확정할 수 있는 것이어야 한다는 것이다. 왜냐하면 피보험이익이 확정되어야 손해가 산출되어 보험금의 지급대상이 결정되기 때문이다.

3) 보험가액(insurable value)

보험가액은 피보험이익의 평가액으로 보험사고 발생시 피보험자가 당할 수 있는 손해의 최고한도액이다. 다시 말해 보험자가 보상할 최대한의 손해액으로 보험자의 보상책임에 대한 한도액을 말한다. 그런데 보험가액은 물가의 변동, 시간의 경과, 공간의 이동

등에 의해 계속 변동된다. 즉, 위험의 개시시의 가액과 사고발생 시의 가액이 차이가 난다. 따라서 보험계약을 체결할 때 당사자가 일정금액으로 협정하고 이를 변하지 않는 것으로 하는데, 이를 "보험가액불변의 원칙"이라 한다.

한편, 적하보험에서의 보험가액은 일반적으로 CIF가격에 10%를 가산한 금액으로 하고 있다.

4) 보험금액(insured amount or sum insured)

보험금액은 전손사고가 발생하였을 때에 보험자가 피보험자에게 지급하여야 할 금액의 최고한도로, 실제로 부보된 금액으로 보험증권에 나타난 금액을 말한다. 이를 "보험가입금액"이라고도 한다. 그래서 보험자는 이를 한도로 하여 보상책임을 부담하게 되며, 보험가액을 초과하게 되면 이중보험이 되어 초과 부분에 대해서는 보상하지 않고 무효가 된다. 보험금액과 보험가액과의 관계에서 양자가 동일한 경우를 전부보험(full insurance)이라 하고, 보험금액이 보험가액보다 적은 경우를 일부보험(partial insurance, under insurance), 보험금액이 보험가액보다 큰 경우를 초과보험(over insurance)이라 한다.

5) 보험료(insurance premium)

보험료는 보험자의 손해보상에 대한 약속의 반대급부로 보험계약자가 지불하는 금전이며, 이는 통상 보험계약 체결시에 확정되게 된다. 보험계약자의 보험료납부와 보험자의 보험증권발행의무는 동시이행조건이기 때문에, 보험자는 보험료가 납부될 때까지는 보험증권발행의무가 없다. 보험료율은 보험(가입)금액에 대하여 백분율(%)로 표시되며, 보험료의 산출은 보험금액(C.I.F. value × 110%)에 보험요율(premium rate)을 곱해서 산출한다.

6) 보험금(claim amount)

보험금은 담보위험에 의하여 손해가 발생한 경우 보험자가 피보험자에게 지급하는 금액이다. 즉, 보험증권에 담보되는 위험으로 인하여 경제적 손해가 발생했을 경우 손해보상금의 명목으로 지급되는 금액을 말한다.

7) 보험기간과 보험계약기간, 보험료기간

(1) 보험기간(duration of insurance)

보험기간은 피보험목적물에 대해 보험자의 책임이 존속되는 기간이다. 즉, 피보험자가 보험자로부터 보상받을 수 있는 시간적, 공간적 한계를 말한다. 보험기간을 정하는 방법에는 첫째 기간보험(time policy)으로 이는 일정한 기간을 표준으로 하는 것으로 선박보험의 경우에 많이 사용된다. 둘째 항해보험(voyage policy)으로 이는 일정한 항해를 표준으로 하는 것으로 적하보험의 경우에 많이 적용된다.

적하보험의 경우 ICC의 운송약관에는 "운송개시를 위하여 출하지 창고 또는 보관창고를 떠나서"부터 보험자가 책임지고, 통상의 운송구간동안 계속 담보되며, 종기는 첫째, 증권에 기재된 목적지의 수하인이나 수하인의 최종창고, 보관창고 둘째, 목적지도착이전이라도 ① 보관을 위해 선택한 창고에 인도될 때 ② 분배나 할당을 위해 선택한 창고(보관창고)에 인도될 때 ③ 최종 양륙항에서 양륙이 완료된 후 60일이 경과된 때 종료된다고 규정하고 있다.

보 험 개 시	보 험 종 료
화물이 운송개시를 위해 보관창고를 떠날 때	다음 중 어느 것이든 먼저 생길 때 • 최종목적지 수하인창고에 인도시 • 통상의 운송과정이 아닌 보관 · 할당 · 분배를 위한 장소에 인도시 • 최종 양륙항 외항본선에서 하역완료 후 60일까지 (우리나라는 수입의 경우 30일까지로 제한하고 있음)

(2) **보험계약기간**(duration of policy)

보험계약기간은 보험계약이 유효하게 존속하는 기간, 즉 보험계약의 존속기간을 말한다. 통상적으로 보험계약기간은 보험기간과 거의 동일하나, 예정보험(open cover, open policy, floating insurance)의 경우는 예외이다. 해상보험계약은 화물의 수량, 가격, 적재선박명, 선적시기, 운송구간, 피보험자 등 보험계약의 필수사항이 확정된 후 체결되는 것이 원칙이다. 그러나 위의 내용의 일부가 불명인 채 후일 판명되는 대로 그 정확한 내용을 보험회사에 통지할 것을 전제로 하여 보험을 예약하는 경우가 있는데 이를 "예정보험" 혹은 "선명미상보험"이라 한다.

(3) **보험료기간**(premium period)

보험료기간은 당사자가 계약에서 정한 보험료 급부에 대한 단위기간으로 보험료산출을 위하여 표준으로 삼는 기간을 말한다. 보험료를 산출할 때에 위험률 측정의 표준이 되는 일정기간, 즉 보험료 산정의 기초가 되는 단위기간을 말하며, 통상 1년을 기준으로 한다.

8) 해상보험증권(insurance policy)

해상보험증권은 보험계약성립내용을 명확히 하고 그 내용을 증명하기 위해 보험자가 발행하는 증권으로, 담보조건, 피보험자, 보험계약자, 피보험목적물 등이 명시되고 많은 약관들로 구성되어 있다. 보험계약은 요식계약이 아니라 낙성계약이기 때문에 증권의 발행과 교부가 보험계약의 성립요건이 아니다. 따라서 보험증권은 보험계약성립시 혹은 성립 후에 작성하고 발행해도 무방하며 보험자만이 날인하여 서명하기 때문에 계약서도 아니다.

9) 담보와 부보

담보(to cover)는 보험자가 피보험자의 재산상의 손해가 발생하면 그 손해를 보상한다는 약속이다. 즉, 보험자가 손해발생의 가능성인 위험을 책임진다는 것을 의미하며, 이를 보상 혹은 전보(塡補 : to pay)로 혼용하여 사용하고 있다. 한편 부보(insure, effect, cover)는 일반적으로는 보험계약을 체결한다는 말을 의미한다.

10) 보험약관(insurance clause)

보험계약의 내용은 보험자와 계약자가 하나 하나를 합의하여 규정하는 것이 원칙이다. 그러나 보험계약의 내용이 복잡하고 어렵기 때문에 보험자가 미리 보험약관을 작성하여 계약자가 원할 때 이 약관에 서명만 함으로써 보험계약이 성립하도록 정형화하고 있다. 따라서 보험약관은 보험계약에 공통된 표준적 사항을 보험자가 미리 인쇄하여 둔 보험증권상의 각종 약속이나 규정을 말하는데, 이 약관에는 보통약관(common, general clause)과 특별약관(special, additional clause)이 있다.

보통약관은 약관가운데 일반적이고 표준적인 것으로 ICC (A) (B) (C) 등을 말하며, 특별약관은 약관가운데 별도로 특정한 사항을 약정한 약관으로 갑판적(on-deck clause), 도난, 발하, 불착약관 등을 말한다. 특히 전자의 경우 보험자가 보상하는 범위가 가장 넓은 조건을 순서대로 나열하면 ICC (A), ICC (B), ICC (C)의 순서가 되며, 이는 각각 A/R, WA, FPA에 대응하는 신협회적하약관이다.

11) 위험과 손해

(1) 위험(perils, risk, hazards)

위험은 손해를 초래할 사고발생의 가능성을 말하는데, 해상에서 발생하는 위험은 해상위험(maritime perils)이라 하고, 보험자가 보상하는 위험은 담보위험(risk coved, perils insured against), 보험자가 담보하지 않은 위험은 부(비)담보위험 혹은 면책위험(exclusions)이라 한다.

(2) 손해(loss, damages)

손해는 위험의 발생으로 피보험목적물의 전부 혹은 일부가 멸실 되거나 손상을 입은 것을 말하는데, 물적 손해로서 전부 손실되는 전손(total loss)과 일부 손상되는 분손(partial loss)이 있고 비용손해가 있다. 전손은 현실전손과 추정전손으로 구분되며, 분손은 단독해손과 공동해손으로 구분된다. 또한 손해에는 발생한 손해를 보험자가 보상하게 되는 보상손해와 발생한 손해를 보험자가 보상하지 않는 면책손해가 있으며, 담보위험과 인과관계가 직접적이냐 간접적이냐의 구분에 따라 직접손해와 간접손해로 구분된다. 보험자가 보상하는 간접손해에는 손해방지비용, 공동해손 분담금, 손해조사비용 등이 있다.

제 2 절 해상보험계약

1. 해상보험계약의 의의

해상보험계약(marine insurance contract)은 보험자가 피보험자에게 계약에 의하여 합의된 방법과 범위 내에서 해상손해, 즉 항해사업에 부수하여 직접적으로 혹은 간접적으로 발생하는 손해를 보상할 것을 확약하는 계약이다. 다시 말해 해상보험계약은 항해사업에 부수되는 손해를 합의된 방법과 범위 내에서 보험자가 보상하는 손해보상계약이다. 이를 자세히 살펴보면 다음과 같다.

① 해상보험계약에 의하여 보험자가 보상하는 손해는 반드시 항해사업에 부수되는 손해이어야 하지만, 그 손해의 발생은 해상구간에 한정하는 것은 아니고 해상과 인접한 육상운송, 화물이 양륙 후 창고에 보관되어 있는 경우에도 보상된다.

② 해상보험계약에 의하여 보험자가 보상하는 손해는 보험계약 체결 시에 정해진 보상의 방법과 범위가 따라 이루어진다.

③ 해상보험계약에 의하여 보험자는 손해를 보상한다는 것이다. 즉, 보험자는 약관에서 정한 해상사고의 발생시 보상의 책임을 지게 된다.

다만, 손해 발생시에 피보험자가 피보험이익을 가지지 않았거나, 사행이나 도박, 이윤추구의 목적으로 한 보험계약의 손해는 보상하지 않는다.

2. 해상보험계약의 성립

해상보험계약은 기타의 무역계약에 적용되는 원칙과 동일하게 계약의 성질이 적용된다. 즉, 보험계약은 일종의 낙성계약이기 때문에 당사자간의 합의 즉, 계약자가 보험의 청약을 하고 보험자가 인수의 승낙을 했을 때에 성립한다. 그런데 보험계약은 불요식계약이므로 청약이나 승낙의 방식에 일정한 요식이나 형식을 요하지 않는다.

1) 해상보험계약의 청약

해상보험계약의 청약이란 보험계약자가 계약을 성립시킬 목적으로 보험자에게 행하는 확정적 의사표시를 말한다. 우리나라의 경우에는 보험계약자가 직접 보험회사와의 협의하에 보험계약을 체결하고 있다. 보험의 청약은 긴급한 경우에나 구두나 전화로 청약을 받는 경우도 있지만, 일반적으로는 보험자에 의해 작성된 정형화된 서식인 보험계약청약서에 담보조건과 보험요율 산정 및 보험자가 요청하는 사항들을 고지하고 이를 보험자가 승낙함으로써 보험계약체결을 확정시키고 있다. 우리나라 상법의 경우도 청약과 함께 보험료 일부를 받은 경우 30일 이내에 승낙여부 통지를 의무화시켜서 이 기간이 지나면 승낙된 것으로 간주하고 있다.

한편, 영국에서는 보험계약자가 중개인이나 대리점을 통하여 보험계약을 체결하고 있다. 즉, 보험계약자와 보험중개인이 보험의 세부사항을 결정하면 보험중개인은 각서(memorandum) 또는 부전지(slip)에 보험내용(보험목적물, 항해 또는 기간 등)을 기재하여 보험업자에게 제시하여 인수여부를 결정한다. 그러면 보험업자는 보험조건을 인수하여 부전지(附箋紙)에 서명함으로써 정식의 보험증권(Insurance Policy : I/P)을 취득하고 있다. 따라서 보험계약에 대한 청약의 의사표시는 청약서(혹은 신청서)를 기재하여 보험자에게 정식으로 교부한 때, 혹은 보험업자에 대해 보험중개인이 부전지(附箋紙)를 제시한 때가 된다.

2) 해상보험계약의 승낙

해상보험계약의 승낙이란 보험자가 특정한 보험계약의 청약에 대하여 계약을 성립시킬 목적으로 하는 의사표시를 말한다. 보험계약도 일반계약법의 원칙인 계약자유의 원칙에 따라 일방 당사자의 의사표시인 승낙에는 일정한 방식이 없기 때문에 명시적으로든 묵시적으로든 그 의사가 표시되면 된다. 다만, 승낙의 시점은 보험업자에 의해 인수·확인되어 서명되는 시점이 된다. 실무에서는 보험자가 보험료를 수취하고 이에 적화나 선박의 보험증권을 발행함으로써 승낙의 의사표시를 대행하고 있다.

3. 해상보험계약의 성질

해상보험계약은 손해보험계약의 한 형태이므로 손해보험계약의 일반적인 성질을 가진다고 할 수 있다. 손해보험계약은 우발적인 사고에 의한 손해의 보상을 목적으로 하는 특수한 계약이다.

1) 낙성계약(consensual contract) · 불요식계약(informal contract)

보험계약은 당사자 쌍방의 의사표시 즉, 보험계약자의 청약과 보험자의 승낙의 합치로 성립된다. 따라서 보험계약자 혹은 피보험자가 보험료를 납부하여야만 계약이 성립되는 것은 아니다. 또한 보험계약은 청약과 승낙에 특별한 요식행위를 요하지 않고 구두, 서면, 일부서면, 일부 구두로도 가능하다. 따라서 반드시 문서를 요구하는 것은 아니고 명시 혹은 묵시로도 가능하다.

2) 유상계약(contract for consideration)

보험계약에서 보험자는 계약에서 합의한 방법과 범위 내에서 피보험자의 손해를 보상할 것을 약속한 대가로 보험료를 받는다. 따라서 보험계약은 보험자의 보상약속에 대해 보험계약자가 이에 대한 보수인 보험료를 지급한다고 약속하게 되므로 당사자의 채무내용이 서로 대가관계에 있는 유상계약이다.

3) 쌍무계약(bilateral contract)

보험계약에서 보험자는 피보험목적물에 손해가 발생하면 이의 손해를 보상하며, 반대로 보험계약자는 보험료를 지급하므로 쌍방은 공히 일정한 채무를 부담하게 된다. 물론 보험자로서는 보험사고가 발생하지 않으면 보험금의 지급의무가 없다. 따라서 보험계약에서 보험자의 의무는 불확정한 의무가 된다.

4) 부합계약(adhension contract)

부합계약이란 계약당사자인 보험자가 결정한 보험약관에 대하여 계약자가 이것을 포괄적으로 승인함으로써 효력이 발생하는 계약이다. 보험계약은 원칙적으로 보험자와 계약자가 하나 하나를 합의하여 규정하는 것이 원칙이나, 보험계약내용이 복잡하고 어렵기 때문에, 보험자가 미리 보험약관을 작성해 놓은 상태에서 보험계약자가 원할 때 이 약관에 서명만 함으로써 보험계약을 성립시키도록 정형화하고 있다.

5) 유인계약(causal contract)

유인계약이란 당사자간의 계약에 의하여 발생하는 채무가 그 원인사실과 결부되어 그 사실이 없다면 채무도 성립하지 않음을 의미한다. 따라서 보험계약자의 계약청약과 보험자의 손해보상이 서로 맞물려 원인관계를 이루고 있다.

6) 유한책임계약(limited liability contract)

보험자는 계약에서 합의된 금액인 보험금액을 한도로 피보험자에게 보험금을 지급하게 된다. 따라서 보험자가 부담하는 책임은 유한책임을 내용으로 한다.

7) 최대선의(utmost good faith)의 계약

보험계약에서는 목적물에 대해 위험사정을 잘 알고 있는 보험계약자가 보험자가 사고발생의 가능성을 추정하는데 도움이 되도록 자기가 알고 있는 중요한 사항을 보험계약체결 전에 보험자에게 고지하도록 하고 있다. 이를 보험계약에서는 "고지의 의무"라 한다. 만일 보험계약자나 중개인이 이 고지의무를 위반하게 되면 보험자는 보험계약을 무효 또는 해지할 수 있다.

4. 해상보험계약 당사자의 의무

1) 보험자의 의무

(1) 보험증권교부의 의무

보험자는 보험계약자의 청구에 의하여 보험증권을 교부할 의무가 있다. 보험증권의 교부방법은 직접전달 혹은 우편에 의한 송달이 일반적이며, 송달비용과 위험은 보험자가 부담한다.

(2) 손해보상의 의무

보험자의 가장 중요한 의무는 항해사고가 발생하면 보험금을 지급할 의무이다. 물론, 운송 중에 손해가 발생하지 않았거나 사고 없이 보험기간이 경과되었다면 보험자는 이러한 의무를 부담할 필요가 없다.

(3) 보험료반환의 의무

보험자는 보험계약의 전부 혹은 일부가 무효인 경우 보험료의 전부나 일부를 반환할 의무가 있다. 다만 보험자가 이러한 의무를 부담하는 것은 보험계약이 선의로 이루어진 경우나 보험계약자와 보험자가 중대한 과실이 없는 경우를 조건으로 하고 있다.

2) 보험계약자 혹은 피보험자의 의무

(1) 보험료지급의 의무

보험자의 손해보상보증에 대한 쌍무적 의무로 보험계약자 혹은 피보험자는 보험료를 지급하여야 할 의무를 부담한다. 원칙적으로 보험료의 지급의무자는 자신을 위한 계약이나 타인을 위한 계약 모두다 보험계약자이나, 계약자의 파산선고나 지급지체시에는 보험자는 피보험자에게 이를 청구할 수 있다. 지급방법은 일부지급 혹은 분할지급방식이 많이 이용되며, 지급시기는 보험자가 보험증권을 발행하여 교부할 때 이행되어야 한다.

(2) 위험의 통지의무

① 위험의 변경 혹은 증가의 통지의무

보험기간 중에 보험계약자나 보험자에게 책임을 돌릴 수 없는 사유로 보험계약 체결 시에 불변으로 예측하여 계약된 위험이 변동 혹은 증가가 되었다면 보험계약자는 이를 지체없이 보험자에게 통지하여야 한다.

② 손해발생의 통지의무

보험계약자는 운송 중에 보험사고가 발생하면 그 손해사실을 지체 없이 보험자에게 통지하여야 할 의무가 있다. 그러나 항해손해가 발생하였다 하더라도 보험자의 면책사유로 인한 사고의 손해라면 통지하지 않아도 된다. 계약자에게 통지의무를 부과하는 목적은 사고사실에 대한 통지가 없는 한 보험자는 알지 못하기 때문에 이를 통지함으로써 보험자에게 손해의 방지 혹은 경감조치를 강구할 기회를 부여하거나 손해보상의 준비를 하도록 하기 위함이다.

(3) 손해방지 혹은 손해경감의 의무

피보험자는 피보험이익의 보호에 상당한 주의력과 신의성실의 원칙 및 공익적 차원에 입각하여 손해를 방지·경감하기 위한 합리적인 조치를 강구할 의무가 있다. 이때 손해의 방지는 손해의 발생을 저지하는 것이며, 경감은 이미 발생한 손해를 제거하는 것이다.

5. 해상보험계약과 고지의무

1) 고지의무(duty of disclosure)의 의의

보험계약을 체결할 때 보험계약자 혹은 중개인은 보험자에게 보험계약의 인수여부 또는 계약내용의 결정에 영향을 줄 수 있는 모든 중요한 사실을 고지하여야 한다. 이를 "고지의 의무"라 한다. 보험계약자에게 고지의무를 부여하는 이유는 보험자 자신이 화물의 상태나 성질을 잘 모르고 있고, 보험자가 모든 중요한 사항을 일일이 점검하는 부담을 덜어 주기 위한 것이다.

2) 고지의 시기와 방법

영법(英法)에서는 고지의 시기를 보험계약이 체결되기 전이며, 계약이 성립되는 시점에서 피보험자의 고지의무는 종결되고, 우리나라 상법에서는 계약체결 전까지는 고지되어야 함을 규정하고 있다. 왜냐하면 이때에 고지를 해 주어야만 보험자가 이를 근거로 승낙이나 보험료의 산정을 확정할 수 있기 때문이다. 고지방법은 법규상 제한이 없기 때문에 문서나 구두 어느 것이든지 가능하다.

3) 고지 사항과 고지 불필요사항

고지의 대상이 되는 것은 신중한 보험자가 보험계약 체결 당시에 보험료를 확정하거나 계약의 인수 여부를 결정함에 영향을 줄 수 있는 중요한 모든 사항 중 보험계약자가 알고 있는 사항이다. 그리고 첫째, 보험자의 위험이 줄어들 사항은 고지하지 않아도 된다. 둘째, 보험자가 알고 있거나 알고 있는 것으로 추정되는 사항은 고지할 필요가 없다. 즉, 보험자가 알아야 하거나 알고 있는 상식화된 사실은 고지하지 않아도 된다. 셋째, 보험자에 의하여 면제된 사항, 즉 보험자가 스스로 통지권리를 포기한 경우에는 이를 고지하지 않아도 된다. 넷째, 피보험자가 보험자에게 지켜야 할 약속인 담보(warranty)에 의하여 불필요한 사항은 고지하지 않아도 된다. 등의 불필요 사항은 고지할 필요가 없다.

6. 해상보험계약의 종료

1) 해상보험계약의 무효

보험계약의 무효는 보험계약이 성립한 때부터 법률상 그 효력이 발생하지 않는 것을 말한다. 해상보험계약은 다른 손해보험과 같이 계약일반의 무효원인이 있는 경우, 예를 들면 보험계약이 공서양속에 위반하는 경우에는 무효가 됨은 물론이다. 해상보험계약이 무효가 되는 경우는 ① 초과보험에서의 초과분이다. 즉, 보험가입금액이 보험가액을 초과한 경우 그 초과부분의 계약은 당연히 무효가 된다. ② 보험계약자의 사기로 인한 보험계약은 처음부터 무효인 것으로 간주된다. ③ 보험계약 당시에 보험사고가 이미 발생하였거나, 발생할 수 없는 것일 때에는 보험계약은 무효가 된다.

2) 해상보험계약의 소멸

유효하게 성립된 해상보험계약은 계약일반의 소멸원인(예를 들어 당사자 쌍방의 합의, 해제조건부 보험계약을 체결한 경우 그 조건의 성취, 또는 미성년자가 행한 보험계약에 대한 취소 등)에 의해서 소멸되는 것은 당연함은 물론, 당사자의 의사와는 관계없이 소멸하는 경우와 당사자의 의사표시에 의해 소멸하는 경우가 있다.

먼저, 당사자의 의사와는 관계없이 소멸하는 경우는 첫째, 보험계약의 목적인 피보험이익이 소멸되는 경우이다. 이유는 보험계약의 목적이 소멸된다면 보험의 존재가치가 상실되기 때문이다. 둘째, 보험사고의 발생가능성인 위험이 소멸되는 경우이다. 셋째는 약정된 보험기간이 보험사고발생 없이 보험기간이 만료되는 경우에도 보험계약은 자동적으로 소멸된다.

한편, 당사자의 의사표시에 의해 소멸하는 경우는 보험자가 해지하는 경우와 피보험자 혹은 보험계약자가 해지하는 경우로 구분된다.

먼저, 보험자가 해지하는 경우는 ① 보험계약자가 고의나 중과실로 인하여 중대한 고지의무를 태만한 경우이며, ② 보험계약자가 납기일 내에 보험료납부의무를 태만히 한 경우 ③ 피보험자 등이 위험변동 및 증가의 통지를 하지 아니한 경우 ④ 보험계약자 등의 고의, 중과실로 인한 현저한 위험증가의 경우이다.

제 3 절 해상위험과 해상손해

1. 해상위험

1) 해상위험의 의의

해상보험계약은 보험자가 피보험자에게 계약에 의하여 합의된 방법과 범위 내에서 해상손해(maritime loss), 즉 항해사업과 관련하여 발생하는 손해를 보상할 것을 확약하는 손해보험계약이다. 따라서 위험이 없으면 손해도 있을 수 없으며 보상도 있을 수 없으므로 해상보험은 결국 운송 중에 발생 가능한 위험을 전제로 한 것이다.

2) 해상위험의 요건

보험자가 보상하기 위해서는 손해의 발생원인이 되는 위험은 ① 해상보험에 의하여 보험자는 담보위험에 의한 손해를 보상하기 때문에 위험은 손해의 위험원인이 되어야 한다. ② 위험은 그 발생이 우연적이어야 하므로 불가피하거나 이미 발생한 위험, 그리고 고의적인 위험은 보험대상이 되지 않는다. ③ 위험은 반드시 불가항력(force majeure)적인 사건이어야 할 필요는 없다 등과 같은 요건을 갖추어야 한다.

3) 해상위험의 범위

원칙적으로 해상위험은 해상구간에서 발생하는 위험만을 지칭하는 것이 아니라 항해사업과 관련하여 발생하는 위험이다. 따라서 해상위험의 범위는 해상고유의 위험에다 항해와 관련되는 내수 및 육상위험도 포함된다. 그런데 일반적으로 보험자가 담보되는 해상위험의 범위는 보험계약을 체결할 때 확정되어 보험증권에 나타나게 된다. 그러므로 실제적인 담보위험의 범위는 보험증권에 기재된 항로나 기간 이외의 구간에서 발생한 위험은 그 보험에서 해상위험이 될 수 없다.

4) 해상위험의 종류

(1) 해상고유의 위험(perils of the seas)

해상고유의 위험은 바다의 작용을 원인으로 해서 해상에서 발생하는 우발적인 사고의 원인을 말한다. 대표적인 해상고유의 위험은 침몰(sinking), 좌초(stranding), 충돌(collision)이 있는데, 이를 "SSC 위험"이라고 한다.

① 침몰(sinking) 및 전복

침몰은 선박이 부력을 상실하고 수중에 가라앉아 항해가 불가능한 상태를 말하는데, 이는 우연적으로 발생한 것이어야 하며 초과적재나 선박의 불내항 등에 의한 침몰은 제외된다. 한편, 침몰은 심해에서 구조불능의 침몰인 심몰(foundering)과 천해에서 구조가능한 침몰인 천몰(submersion)로 구분된다. 또한 전복은 해상에서 선박이 뒤집히는 위험을 말한다.

② 좌초(stranding) 및 교사(grounding)

좌초는 선박이 암초나 그 밖의 견고한 물체에 얹혀 일정기간 진퇴가 불가능한 상태를 말하며, 교사는 모래나 진흙 등과 같이 견고치 않은 물체에 걸쳐 일정기간 진퇴가 불능인 상태를 말하는데, 영미법에서는 이를 구분하지 않고 혼용하여 사용하고 있다. 한편, 좌초와 비슷한 의미로 촉초(touch and go)가 있는데, 이는 선박이 암초 등의 물체에 얹혔다가 항진하는 힘에 의하여 저절로 이초(refloating)하는 것으로 해상고유의 위험에는 속하지 않는다.

③ 충돌(collision, running down)

해상위험에서의 충돌은 협의의 개념과 광의의 개념으로 구분된다. 협의의 충돌은 선박과 타 선박간의 충돌만을 의미하는 것으로 로이즈 보험증권상의 충돌을 지칭한다. 광의의 충돌은 선박과 타 선박간의 충돌뿐 아니라 난파물, 암벽 등의 일체의 다른 물체(물은 제외, 얼음은 포함)와 직접적으로 접촉하는 것을 말한다. 한편, 충돌은 그 원인에 따라 과실에 기인하는 충돌과 무과실에 기인하는 충돌로 구분되는데, 전자는 일방과실에 의한 충돌과 쌍방과실에 의한 충돌로 구분되며, 후자는 불가항력에 의한 충돌, 원인불명의 충돌로 구분된다.

④ 풍파의 이례적인 작용과 악천후(heavy weather)

해상고유의 위험에는 해상에서 발생하는 풍파의 이상적인 작용이 속하며, 황천(黃天)인 악천후도 속한다. 특히, 악천후는 화물의 해수침손이나 갑판적화물의 풍랑유실 및 악천후에 의한 곰팡이 손해 등이 속하며, ICC(A)나 ICC(B)는 보상되지만, ICC(C)조건은 담보되지 않는다. 그러나 피보험목적물의 고유의 하자 또는 성질을 근인(根因)으로 하는 멸실이나 손상은 보상되지 않는다. 여기에는 ① 야채나 과실의 부패, 곡물의 변질 ② 곡물의 곰팡이(mildew)나 금속의 녹(rust) ③ 동물의 자연사 ④ 자연발화 및 자연폭발 ⑤ 쥐 및 벌레에 의한 손해 등이 해당한다.

(2) 해상위험

① 화재(fire)

화재는 해상고유의 위험은 아니다. 화재의 원인으로는 사고 또는 선원의 과실 등이 있고, 여기서 사고라 함은 우연한 사고, 낙뢰(落雷), 화물의 자연발화(自然發火) 등을 실례로 들 수 있다. 그러나 보험목적물의 고유의 하자(瑕疵)나 성질로 인한 자연발화는 법적면책위험이고, 이러한 원인에 의한 사고임을 입증할 책임은 보험자에게 있으며, 화재는 로이즈증권이든 ICC 협회적하약관이든 모두 보상되는 위험이다. 다만, 화재의 원인이 자연발화나 피보험목적물의 고유의 하자 또는 성질을 근인으로 하는 멸실 혹은 손상의 경우에는 보상되지 아니한다. 그러나 화염에 의한 소실, 화재에 의한 연기나 열에 의한 손해 및 소화주수에 의한 손해와 폭발과 낙뢰도 동종제한의 원칙에 따라 담보된다.

② 투하(jettisons)

투하는 선장이 다수의 이익을 위하여 현실적으로 공동의 중대한 위험에 직면하여 임의로 화물을 바다에 던지는 행위로 가장 전형적인 공동해손에 속한다. 그러나 투하(投荷)라 하더라도 화물이 부패하거나 화물고유의 하자로 인한 투하는 로이즈증권에서 보상되지 않는다. 이와 같이 피보험목적물의 고유의 하자나 성질을 원인으로 하는 투하는 보험자가 면책되는 위험이지만 그렇지 않는 투하는 항해에 관한 사고의 하나로서 영문증권에 열거된 위험이기 때문에 보상받게 된다.

③ 선장 또는 선원의 악행(barratry of master or mariner)

선장 또는 선원이 고의적으로, 의도적으로 선주 또는 용선자에게 행하는 모든 비행이 속한다. 예를 들어 선박을 밀수목적으로 사용하거나 방화, 고의적인 좌초, 침몰, 천공, 고의적인 이로, 선박을 갖고 도주하는 행위, 사기의 목적을 가지고 화물을 매각처분이 해당한다. 물론 고의가 아닌 단순과실은 악행으로 인정되지 않으며, 주로 선박보험의 경우에 발생한다.

④ 해적행위(pirates)나 표도(rovers)

해적행위는 법률상 권한이 없이 자기 이익을 위해 해상에서 타인의 선박을 탈취하는 것을 말하며, 표도는 약탈물을 구하려고 해상을 배회하면서 상선을 습격하여 적하품을 약탈하는 일종의 절도로 해적행위와 동의어이다. 전에는 이러한 위험들이 해상운송 중 만날 수 있는 위험이었으나 오늘날에는 선박이 대형화 및 고속화되어 극동해안이나 아프리카 일부지역을 제외하고는 거의 보기 힘든 위험이 되었다.

⑤ 강도(thieves)

강도는 화물감독자가 습격을 받아 화물을 강탈당하는 것으로 폭력을 동반한 습격을 의미한다. 따라서 은밀한 절도나 승선자의 절도는 여기에 해당하지 않고, 기타 일체의 위험으로 분류되게 된다. 동 위험은 ICC(A)에서는 담보되지만 ICC(B)나 ICC(C)에서는 담보되지 않는다. 따라서 보험자로부터 이를 담보받기 위해서는 부보시에 도난, 발하, 불착약관(theft, pilferage and non-delivery clause)을 특약해야 한다.

(3) 전쟁위험(war perils)

전쟁위험에는 군함(men-of war), 외적(enemies), 습격 및 해상탈취(surprisals and taking at sea), 군왕, 군주, 인민의 강류, 억지, 억류 등이 있다. 동 위험은 ICC(A)에서 뿐 아니라 ICC(B)나 ICC(C)에서도 담보되지 않기 때문에 이 위험을 보상받기 위해서는 협회전쟁약관(institute war clause)을 특약해야 한다.

(4) 기타 일체의 위험(all other perils)

해상위험에는 이상에서 열거한 위험의 종류 이외에도 동종 제한의 원칙에 따라 이와 유사한 기타의 위험들이 포함된다. 즉 "상기 화물 · 상품 및 선박 또는 기타에 대하여 혹은 그들 일부에 대하여 파손 · 훼손 또는 손상을 발생케 하였거나 또는 발생하게 할 기타 일체의 위험 · 멸실 및 불행"을 의미한다.

5) 해상위험부담의 원칙

(1) 포괄책임주의

포괄책임주의는 해상보험계약에서 보험자가 부담하는 위험을 일체의 해상위험 사고로 하는 방식이며, 이를 일반책임주의라고도 한다. 예를 들어, 보험증권상의 제 몇 조 위험을 제외하고는 모든 위험을 담보한다는 방식으로, 협회적하약관 ICC(A)는 이를 채택하고 있다. 한편, 포괄책임주의 하에서 거증 혹은 입증책임자는 보험자에게 있기 때문에 보험자가 면책임을 입증하여야 면책될 수 있다. 물론 포괄책임주의라 하더라도 일정한 위험에 대해서는 보험자가 위험을 담보하지 않는데, 통상은 면책약관(exclusion)에 해당하는 위험에 의한 손해가 발생하는 경우이다.

(2) 열거책임주의

열거책임주의는 해상보험계약에서 보험자가 책임지는 위험을 구체적으로 열거하고 열거되지 않은 위험에 대해서는 이를 부담하지 않는 방식인데 이를 제한책임주의라고도 한다. 협회적하약관에서 ICC(B)와 ICC(C)는 이 열거책임주의를 채택하고 있으며, 거증 혹은 입증책임은 피보험자에게 있다. 따라서 피보험자는 보험목적물의 손상과 멸실이 열거되어 있는 위험 중의 하나에 의해 야기되었다고 인과관계를 입증해야 하며, 이 경우에도 특별약관에 의하여 열거위험 이외의 위험도 담보할 수 있다.

2. 해상손해

1) 해상손해의 의의

해상손해는 항해사업에 관련된 화물이나 선박 등 피보험목적물이 해상위험의 발생으로 인하여 전부 또는 일부가 멸실 또는 손상되어 피보험자에게 경제적 불이익을 초래한 것을 말한다. 따라서 광의의 해상손해는 피보험목적물의 손해인 물적손해와 비용손해 등을 포함하는 의미이다.

2) 해상손해의 종류

해상손해는 손해형태에 따라 물적손해와 비용손해로 구분하고, 물적손해는 다시 손해의 정도에 따라 전손과 분손, 손해의 성격에 따라 단독해손과 공동해손으로 구분된다.

그림 9-1 해상손해의 종류

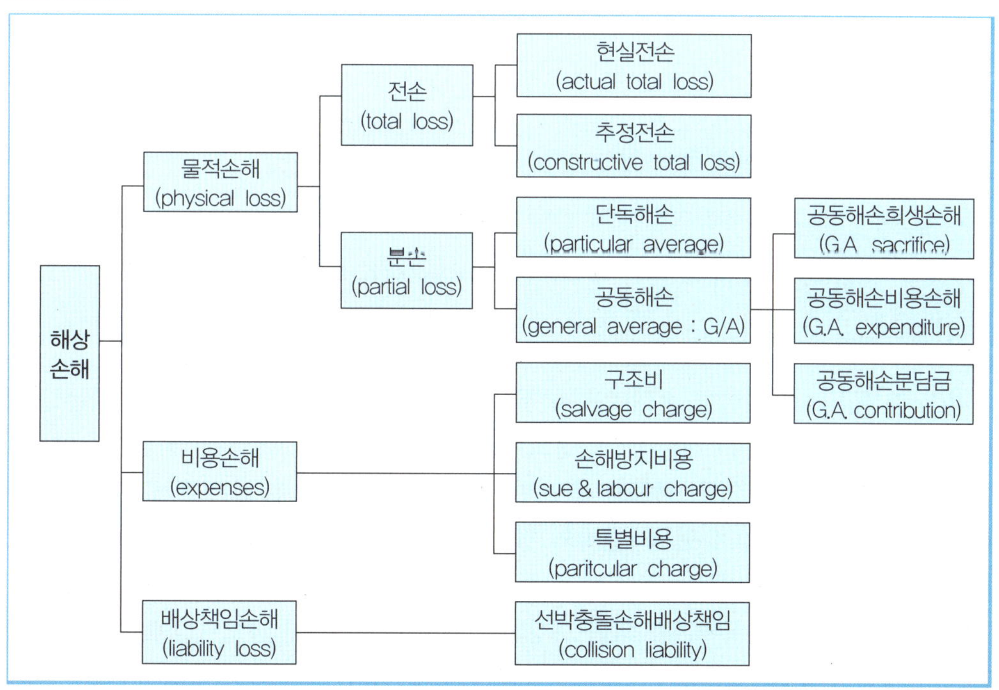

(1) 물적손해

① 전손(total loss)

전손은 피보험목적물 전부가 담보위험에 의해서 멸실되거나 손상정도가 심해서 구조나 수리비용이 부보된 금액보다 많은 경우이다.

㉮ 현실전손(actual total loss)

현실전손은 "절대전손"이라고도 하며 보험목적이 파괴된 경우, 부보된 종류의 물건으로서 존재할 수 없을 정도로 심한 손상을 입은 경우, 선박이나 적하 등이 충돌, 침몰, 좌초 등으로 완전히 파괴되어 복구가능성이 전혀 없는 상태, 피보험자가 보험의 목적을 탈취당하여 회복할 수 없게 된 경우, 위험에 당면한 선박이 행방불명이 되었을 때 또는 상당한 기간이 경과되어도 그 소식을 알 수 없을 때가 이에 해당된다.

보험목적물이나 피보험이익에 실질적으로 전손이 발생하여 원래의 상태로 복구할 가능성이 전혀 없기 때문에 절대전손(absolute total loss)이라고도 한다.

㉯ 추정전손(constructive total loss)

추정전손은 전손의 한 형태이지만 현실적 전멸은 아닌 경우를 말한다. 즉, 손해 정도가 심하여 현실전손과 경제적으로 동일시 할 수밖에 없는 경우를 말한다.

영국해상보험법에 의하면 보험증권에 명시된 특약이 있는 경우를 제외하고 보험목적의 현실전손이 불가피하다고 생각되기 때문에, 또는 비용을 지출하지 않으면 현실전손을 면할 수 없기 때문에 보험의 목적을 정당하게 위부한 경우에는 추정전손이 있다고 규정하고 있다. 선박이나 화물의 점유를 박탈당하여 회복할 가망이 없거나 회복하는 비용이 회복한 후의 가액을 초과할 것이 예상되는 경우, 선박의 수리비가 수리 후의 선박가액을 초과할 것이 예상되는 경우, 화물의 수리비와 목적지까지 운반비가 도착 후의 화물가액을 초과할 것이 예상되는 경우가 이에 해당된다.

② 분손(partial loss)

분손은 피보험목적물의 일부가 멸실이나 손상된 경우를 말한다.

㉮ 단독해손 손해(particular average)

분손 중 공동해손이 아닌 손해로서, 이것은 손해를 입은 자가 단독으로 부담하는 손해이다. 이러한 단독해손은 해손정산인협회에서 정해진 실무규칙에 따라 해손정산인들에 의해 그 손해액이 사정된다. 적하의 경우 단독해손으로 인정될 수 있는 손해는 ㉮ 악천후에 의한 선박에 해수의 유입 ㉯ 선박의 장애물과 접촉 ㉰ 화재에 의한 화물의 분손 ㉱ 악천후에 의한 화물의 파손, 누손에 의한 손해 등이다.

한편, 피보험자가 단독해손에 의한 보상받기 위해서는 손해가 담보위험에 의해 우연적으로 발생하여야 하며, 인위적, 능동적인 손해라야 한다.

㉯ 공동해손 손해(general average)

ⓐ 공동해손 손해의 의의

공동의 안전을 위하여 취해진 행위를 공동해손행위(general average act)라고 하며, 본선이 폭풍우로 좌초되어 침몰위기에 있을 때 공동의 위험을 제거하거나 경감시키기 위한 목적으로 선장이 선체·장비·화물 등의 일부를 고의로 투하시킴으로써 배를 가볍게 하거나 다른 위험탈출조치를 강구하는데 소요되는 비용을 지불함으로써 위험을 모면한 경우 그들이 받은 혜택의 정도에 따라 부담하는 공동해손 희생손해와 위험탈출조치에 소요된 공동해손 비용손해를 "공동해손"이라 한다.

ⓑ 공동해손 행위의 성립요건

첫째는 위험의 공동성이다. 공동해손이 성립되기 위한 요건은 항해단체 전원에게 위험이 존재하여야 한다. 따라서 한쪽 이해 당사자의 안전을 위한 비용지출은 공동해손비용이 아니다.

둘째, 처분의 자발성 혹은 임의성이다. 즉, 공동해손으로 인정되기 위해서는 손해의 발생이 우연이 아닌 의도적, 고의적이어야 한다.

셋째, 처분의 합리성이다. 공동해손으로 인정되기 위해서는 그 처분이 적정해야 함을 의미한다. 따라 선박이나 적하의 불합리한 희생이나 불합리한 과도한 경비지출은 공동해손으로 인정되지 않는다.

넷째, 이례적인 희생이나 비용이다. 즉, 공동해손의 행위는 재산손해나 비용지출에 있어 그 행위가 이례적이어야 한다.

ⓒ 공동해손 손해의 구성

공동해손은 공동해손 희생손해와 공동해손 비용손해로 구분된다. 전자는 적하의 경우, 투하, 선박의 소화주수시 물에 의한 손해, 임의좌초에 의한 손해, 좌초된 선박의 중량을 경감하기 위한 투하와 이로 인한 손해 등이 속한다. 후자는 현실적인 공동위험을 회피하기 위해 지출되는 제비용으로 여기에는 구조비용, 피난항비용, 대체비용, 자금조달비용, 정산비용 등이 있다.

(2) 비용손해

사전에 명시될 수 없는 손해로서 보험금액을 초과해도 보상이 된다.

① 구조비(salvage charges)

구조비는 해난에 봉착한 재산에 발생할 가능성 있는 손해를 방지하기 위하여 계약에 의하지 아니하고 구조한 자에게 해상법에 의하여 지불하는 보수로서 보험자가 피보험자를 대신하여 구조자에게 지불하게 된다.

② 특별비용(particular charges)

특별비용은 보험목적물의 안전 또는 보존을 위하여 피보험자에 의하여 또는 피보험자를 위하여 지출된 비용으로, 공동해손 비용 및 구조비용 이외의 비용을 말한다. 이는 손해방지비용과 거의 비슷한 성격을 띠고 있는데, 굳이 손해방지비용과 구분하는 것은 특별비용 중에서 양륙항에서 손해를 사정하기 위해 발생하는 검사비용(survey fee)이나 화물판매비용 등과 같이 손해방지 비용에 포함될 수 없는 순수한 특별비용이 포함되기 때문이다.

③ 손해방지비용(sue and labor charges)

손해방지비용은 보험목적의 손해를 방지 또는 경감하기 위하여 피보험자 또는 그의 사용인 및 대리인이 적절하고 합리적으로 지출한 비용을 말한다. 이 비용은 보험금과 합하여 보험금액을 초과하더라도 보상되며, 당해 보험목적의 이익만을 위하여 소요된 비용이어야 한다.

④ 손해조사비용(loss survey charges)

손해조사비용은 손해가 발생하였을 경우 손해액 사정인에 의해서 손해의 원인 및 정도를 조사하는데 소요되는 비용으로 당해 손해가 보험자에 의해 부담되어질 성질의 손해인 경우에 한하여 보험자가 보상한다.

3. 위부(abandonment)

1) 위부의 의의

위부는 피보험자가 보험목적에 대해서 갖고 있는 일체의 권리(소유권 및 제3자에 대한 구상권)을 보험자에게 이전하고 보험금의 전액을 청구하는 제도로 해상보험특유의 제도이다. 그리고 위부는 추정전손의 경우에만 발생된다.

2) 보험위부의 성립요건

위부를 할 수 있는 경우는 ① 선박이나 화물의 점유를 박탈당하여 회복할 가망이 없거나 회복하는 비용이 회복한 후의 가액을 초과할 것이 예상되는 경우, ② 선박의 수리비가 수리 후의 선박가액을 초과할 것이 예상되는 경우, ③ 화물의 수리비와 목적지까지 운반비가 도착 후의 화물가액을 초과할 것이 예상되는 경우 등과 같이 추정전손이 성립되는 경우이다.

3) 위부의 통지

피보험자는 추정전손 보험금을 청구하기 위한 전제조건으로 보험자에게 위부를 통지하여야 한다. 위부통지는 피보험자가 보험자에게 자신의 재산권을 양도한다는 의미이다. 통지는 구두나 문서, 일부서면, 일부 구두로도 가능하며, 시기는 영법에서는 "손해사실을 안 후로 부터 지체없이"로 되어 있고, 우리나라 상법에서는 "위부발생사실을 안 날로부터 상당한 기간 내"로 되어 있다. 한편, 보험자는 위부를 승낙할 수도 있고 하지 않을 수도 있으며, 명시적, 묵시적으로도 가능하다. 다만, 침묵에 의한 승낙은 인정하지 않고 있다.

4) 위부의 효과

위부를 함으로써 피보험자는 보험금액전부를 지급・청구할 수 있으며, 보험자는 피보험목적물에 잔존하는 이익과 소유권을 양도받을 수 있다. 한편, 영법에서는 위부는 단독행위 아니기 때문에 보험자의 승인이 필요하지만, 상법에서는 위부의 승인을 기다리지 않고 피보험자의 의사표시만으로 성립되는 단독행위로 규정하고 있기 때문에 보험자의 승낙없이도 위부통지시에 즉시 위부의 효력이 발생한다.

4. 대위(subrogation)

1) 대위의 의의

대위는 보험자가 피보험자에게 보험금을 지급한 경우에, 피보험목적물에 대한 일체의 권리와 손해발생에 과실이 있는 제3자에 대한 구상권 등을 피보험자를 대신하여 보험자가 취득하는 일체의 권리행위이다.

2) 대위의 목적

대위는 손해를 입은 피보험자가 실손 이상의 보상을 받는 것을 방지하기 위함이다. 다만, 보험자가 가지는 대위권의 한계는 자신이 지급한 보험금내에서 행사되어야 한다는 점이다. 따라서 대위를 통하여 자신이 지급한 보험금 이상을 회수하게 된다면 그 차액은 피보험자에게 반환할 의무가 있다.

3) 대위의 종류

대위는 보험자가 피보험자에게 보험금을 지급한 경우에 행사할 수 있는 권리로서 잔존하는 피보험목적물에 대한 잔존물 대위권과 손해배상책임이 있는 제3자에 대한 손해배상청구권이 있다. 이들은 분손이나 전손의 어느 경우에도 행사할 수 있다.

4) 대위의 효과

보험자는 대위를 통하여 피보험자가 피보험목적물에 대해 취득한 이해관계인 피보험이익을 취득할 수 있다. 즉, 대위의 효과는 보험자가 대위권을 행사할 권리가 보장되어 있다.

5) 대위의 성립요건

대위의 성립은 보험자가 피보험자에게 보험금을 지급한 때 성립된다. 따라서 피보험자가 잔존하는 피보험이익을 보험자에게 양도하는 행위로 선박은 등기이전, 적화는 소유권이전과 같은 절차를 필요로 하지 않는다.

제 4 절 해상보험증권

1. 해상보험증권의 의의

보험증권(insurance policy)이란 보험계약의 성립 및 그 내용을 명확히 하기 위하여 보험자가 작성하고 보험계약자에게 교부하는 증서로서 ① 보험계약성립의 증거 ② 선적서류의 구성요소 ③ 보험청구시 제출서류 등의 세 가지 기능을 가지고 있다. 보험증권에는 보험약관과 계약의 내용의 특정사항이 기재되는데, 보험증권은 계약서도 유가증권도 아니고 증거증권에 지나지 않지만, 보통 배서 및 인도에 의해서 양도된다.

2. 해상보험증권의 해석원칙

1) 수기문언의 우선원칙

신보험증권상의 본문약관은 준거법약관, 타보험약관, 약인약관, 선언약관으로 구성되어 있으며, 난외(중요)약관은 중요사항약관, 손해사정을 위한 지침약관, 보상청구서류에 관한 약관 등으로 구성되어 있다. 해상보험증권의 구성은 본문약관, 난외약관, 이탤릭서체 약관, 협회특별약관, 스템프약관, 수기문언 등으로 구성되어 있다. 수기문언의 원칙은 수기문언(handwritten wording)을 가장 우선한다는 원칙이다.

2) 합리적, 당사자의사 및 판례의 존중원칙

보험증권의 해석은 계약당사자의 본뜻이나 의도하는 바가 무엇인가를 가려내어, 그 의도에 따라 해석하도록 하는 것이 가장 기본적인 원칙이며, 또한 합리적 해석의 원칙으로 증권의 해석은 합리적이어야 하고, 일방당사자에게 불리하게 해석되어 불리한 결과를 가져와서는 안 되며, 합리적인 해석은 보험증권 전체를 기준으로 해야지 특정 용어나 그 해석에 국한해서는 안 된다. 영국도 우선적으로는 당사자 의사보다도 판례에 따라 해석하고 있다.

3) POP의 원칙과 동종제한의 원칙

해상보험계약도 일종의 비즈니스이므로 보험증권의 내용도 평이한 의미로 해석되어야 한다는 것이다. 즉, 보험증권상의 각 약관이나 문언은 학문, 이론적이 아니라 평이한 방법(plain method), 통상적인 방법(ordinary method), 통속적인 방법(popular method)으로 해석하여야 한다는 것이다. 동종제한의 원칙(principle of the like or some kind)은 특정한 문언에 접속되는 일반적인 문언은 그 특정한 의미와 동종인 것으로 간주된다는 원칙이다.

4) 문서작성자 불이익의 원칙

보험증권은 보험자가 일방적으로 작성하여 서명, 교부하기 때문에, 그 중 애매모호한 문언이 있어 보험계약자에게 불리한 영향을 미치게 될 때, 증권 작성자인 보험자가 불이익을 받도록 해석하여야 한다는 원칙이다.

3. 보험서류와 해상보험증권의 기재사항

1) 보험서류(Insurance Document)

적하보험서류란 보험증권(insurance policy), 보험증명서(insurance certificate), 보험확약서(declaration)를 총칭하는 것이다. 보험증권은 개별계약에 의한 확정보험에 사용하는 것이고 증명서는 포괄보험에 의한 예정보험에 대하여 발행하는 것이다. 보험서류는 보험계약성립의 증거로서 보험회사가 보험계약자(피보험자)의 청구에 의하며 교부하는 것으로 통상 배서에 의하여 양도된다. 무역계약조건이 CIF나 CIP조건인 경우에 한하여 요구되며, 수출상은 적하물품에 대한 보험에 가입하고 보험서류를 제공할 의무를 지게 된다. 현재 우리나라에서 사용하고 있는 영문보험증권은 S.G. Policy와 그의 특별약관인 협회화물약관(Institute Cargo Clause : ICC) FPA, WA, A/R인 구약관과 ICC(A), (B), (C)인 신약관을 보험계약자의 선택에 의해 사용하고 있다.

그림 9-1 수리가능한 보험서류의 요건

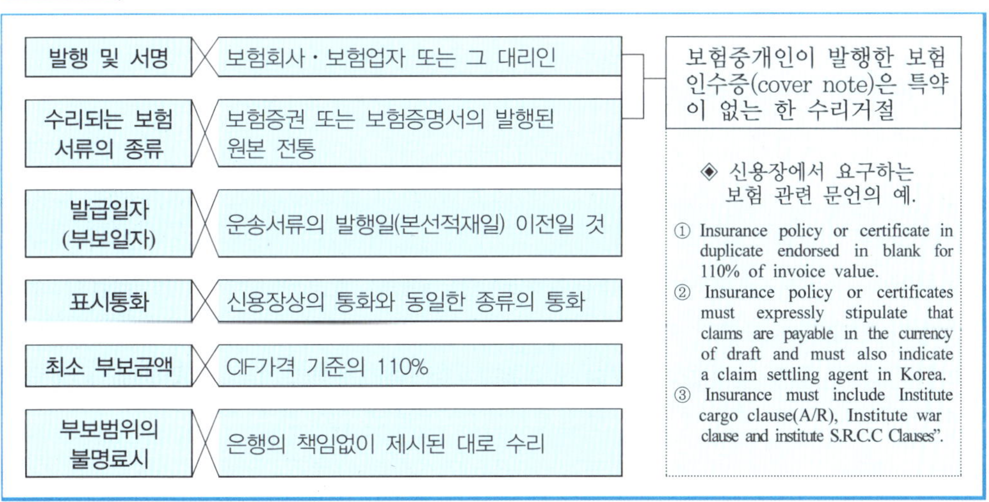

보험서류는 개별보험계약을 체결한 경우는 보험증권(insurance policy), 포괄보험(open policy) 계약시에는 보험증명서(insurance certificate) 또는 보험확인서(declaration)를 사용한다. 매입은행은 보험서류 심사시 신용장에서 요구한 전통을 제시하고 있는지와 보험회사, 보험인수업자 또는 그 대리인이 정당하게 발행한 것인지 여부, 보험서류상 피보험자가 신용장의 수익자이며 배서가 정당한지 여부 등을 확인한다. 보험증권은 양도가 가능한 유가증권의 성질을 가지며, 통상 2통을 발행하여 1통이 수리되면 나머지 한 통은 무효가 된다. 보험증권의 요건은 ㉮ B/L 또는 송장에 기재된 상품의 위험을 담보할 것, ㉯ 보험청구권이 양도되어 있을 것, ㉰ 부보일자가 B/L상의 선적일자 이전이거나 소급 적용의 특약이 있을 것, ㉱ 담보되는 위험의 범위가 명확히 기재되어 있을 것.

(1) **보험증권**(insurance policy)

보험가입자가 보험목적물 매 건별로 보험회사(insurance company) 및 보험업자와 보험계약을 체결할 경우 보험회사 및 보험업자가 발급하는 보험계약증명서류를 보험증권이라 한다. 보험증권은 보험계약성립의 증거로서 보험자가 피보험자의 청구에 의하여 교부하는 것으로 계약서는 유가증권은 아니며 단지 증거증권인데, 통상 배서나 인도에 의하여 양도된다.

(2) **보험증명서**(insurance certificate)

전문수출업체가 매 수출시마다 보험계약을 체결해야 하는 번거로움을 피하고 보험비용도 절감하기 위하여 그 업체의 일정기간 동안(6개월 또는 1년 단위)의 보험가입 예상 물동량을 산출하여 보험회사와 포괄예정보험계약(open cover, open policy)을 체결한 후, 실제로 보험가입 필요가 발생할 때마다 보험회사로부터 그에 합당하는 보험서류를 받게 되는데 이것을 보험증권과 구별하여 보험증명서 또는 보험확인서(Insurance Declaration, 보험확정통지서)라 한다.

(3) **보험각서**(insurance cover note)

보험각서는 보험가입자가 직접 보험회사를 상대하지 않고 보험중개업자를 통하여 보험에 부보할 경우 보험중개업자(insurance broker)가 발급해 주는 보험서류이다. 따라서 이 서류는 보험자로서의 정당한 자격이 없는 보험중개인이 발급한 것이기 때문에 보험계약이 확실히 체결되었는지의 여부도 확인할 수 없고 또한 각서를 발급한 후에 중개인이 보험회사로부터 아직 보험증권을 발급받지 못한 사이에 사고가 발생하면 처리곤란의 문제가 발생한다. 따라서 은행은 이러한 보험각서는 신용장에서 특별히 허용하지 않으면 이러한 종류의 보험서류는 수리하지 않는다.

2) 보험증권 기재요령

(1) Policy No.(**보험증권 번호**)

보험회사(보험자)가 피보험자(보험계약자)에게 보험증권을 발행할 때 명시하는 일련번호이다. Policy No.(Certificate No.)는 보험증권(보험증명서) 번호를 의미한다.

보험증명서(Certificate of Insurance)는 포괄보험계약 하에서 현재 선적한 물품에 대한 보험계약이 개시되었다는 증명으로 발행되는 서류로서 보험증권과 동일한 효력을 갖는다.

(2) Assured(s), etc.(피보험자명 또는 보험계약자의 상호)

피보험자는 보험사고가 발생되었을 때 보험금을 받는 자를 말한다. FOB조건에서는 수입상 자신을 피보험자로 하는 보험계약을 체결한다. 한편 CIF조건에서는 수출상 자신을 피보험자로 하는 보험계약을 체결하고 환어음 매입시에 백지배서(blank endorsement)에 의해 양도하게 된다. CIF조건에서 수입상을 피보험자로 하지 않고, 수출상 자신을 피보험자로 하는 보험계약을 체결하고 양도하는 이유는 수출상은 운송계약을 체결하고 물품을 지정 목적지로 운송하는데 필요한 비용과 운임을 지불하게 된다. CIF조건에서 가장 중요한 것은 수출상이 물품의 운송 중 발생하는 물품에 대한 멸실 또는 손상에 대한 수입상의 위험에 대하여 보험계약을 체결해야 한다는 것이다. CIF조건에서 위험의 분기점은 FOB·CFR조건과 같이 본선에 적재되었을 때이지만, 비용의 분기점은 CFR조건에서의 비용에 보험료가 포함되기 때문이다.

① CIF나 CIP 수출입일 경우 수출상의 상호를 기재한다. 계약서방식(T/T·D/P·D/A)일 경우에는 수입상의 이름이 기재되나 신용장방식일 경우에는 아래 Box Ⓐ의 경우에는 수출상의 이름을 기재하고 보험증권 이면에 수출상이 백지배서(blank endorsement)를 통해 1차적으로 신용장 발행은행에 피보험자의 권리를 양도하게 되고 최종적으로 발행은행이 피보험자의 권리를 B/L 결제시에 수입상에게 수입지에서 양도하게 된다. Ⓑ의 경우에는 밑줄 친 부분을 Assured란에 그대로 기재하되 보험증권 이면에는 배서할 필요가 없다. 이는 신용장 발행은행이 최종적으로 B/L 결제시에 수입지에서 수입상에게 배서를 통해 피보험자의 권리를 양도하게 된다.

> Ⓐ INSURANCE POLICY OR CERTIFICATE IN DUPLICATE ENDORSED IN BLANK FOR 110% OF INVOICE VALUE STIPULATING CLAIMS ARE PAYABLE IN AMERICA IN THE CURRENCY OF US DOLLAR. INSURANCE MUST INCLUDE THE INSTITUTE CARGO CLAUSE(a) WITH ICC(WARS)
> Ⓑ INSURANCE POLICY OR CERTIFICATE IN DUPLICATE ENDORSED <u>TO ORDER OF CHASE LINCOLN FIRST BANK N.A.</u> FOR 110% OF INVOICE VALUE STIPULATING CLAIMS ARE PAYABLE IN AMERICA IN THE CURRENCY OF US DOLLAR. INSURANCE MUST INCLUDE THE INSTITUTE CARGO CLAUSE(a) WITH ICC(WARS)

② FOB나 FCA 수입일 경우 수입상의 상호를 기재한다. 신용장거래일 경우에는 신용장 발행은행의 지급확약으로 발행은행에서는 수입상으로 하여금 보험증권 발행은행을 피보험자로 하여 보험증권의 제시를 요구하게 된다.

(3) Claims, if any, payable at(보험금 지급지)

① 일반적으로 수출의 경우에는 화물의 최종 도착항(수입지)이 기재되고 수입의 경우에는 당해 보험자명이 기재된다.

② 신용장상에 "… stipulating that claims are payable in America in the currency of the U.S. Dollars"라고 명시한 부분이다. 즉 보험금(claims)은 수입지 미국에서 지급

되고 지급되는 화폐의 단위를 미국 달러로 요구하는 내용이다. 즉 보험증권에는 '미국에 있는 보험금 결제 대리인을 표시하여야 한다'고 규정하고 있다. 따라서 보험증권에서는 '보험금(만일 청구가 있다면)은 미국에 있는 대리인인 TUAN INS AGENCY & CONSULTANT SERVICES LTD.에서 지급될 수 있다'고 규정하고 있다.

(4) Survey should be approved by(**(보험자가 지정한 감정인)손해사고 통지처**)

보험자가 지정한 감정인이 기재되고 손해가 발생한 경우 수출의 경우는 피보험화물에 손해가 발생하였을 때 지체없이 통지하여야 할 장소로 화물의 최종 목적항에 있는 보험회사의 대리점의 상호 및 주소가 명시되며, 수입의 경우는 보험회사 상호가 기재된다. 손해의 원인 및 손해의 정도를 증명하기 위하여 보험자나 그 대리인이 지정하는 감정인으로부터 감정보고서를 입수하여야 하며 또한 손해조사는 위에서 언급한 보험자의 대리인에 의해 승인되어야 한다.

(5) Local Vessel or Conveyance(**내륙운송수단**)

내륙운송이 이루어지는 경우 운송수단을 기재한다.

(6) From(interior port or place of loading) : **내륙지점(내륙항구 또는 적재장소)**

내륙운송수단에 물품을 적재하는 장소를 기재한다.

(7) Ship or Vessel called the(**운송수단 이름**)

해상운송일 경우에는 선박명, 항공운송일 경우에는 Flight No.가 기재된다.

(8) Sailing on or about(**선적일자, 출항예정일**)

① 수출의 경우 : 선하증권이나 운송서류상의 선적일자를 기재한다.
② 수입의 경우 : 수입의 경우는 수출상의 선적일자가 확정적이지 않기 때문에 기재하지 않고 보험에 가입하는 당일이 책임개시일이 된다. 보험증권이 발급되면 "T.B.D.(to be declared)"라고 명시되는데 이를 예정보험이라고 한다.

(9) At and from(**선적항, 도착항**)

선적지를 기재한다. 담보범위는 수출상의 공장이나 창고에서 화물이 출발할 때부터 수입상의 공장까지 담보가 되므로 비록 선적지가 Busan이라 할지라도 수출상의 공장에서 선적을 위하여 화물이 출발할 때부터 보험은 개시된다.

(10)~(11) Transshipped at(**환적지**)/Arrival at(**도착지**)

① 환적지가 있으면 환적지를 기재한다.

② 도착지를 기재한다. 담보범위는 수출상의 공장이나 창고에서 화물이 출발할 때부터 수입상의 공장까지 담보가 되므로 비록 도착지가 New York이라 할지라도 수입상의 공장이 Chicago에 있으면 Chicago에 있는 수입상의 공장에서 화물을 인도할 때 보험은 종료된다.

(12) thence to(최종 목적지와 운송용구)

최종 목적지가 내륙지방에 있어 양륙항과 목적지가 상이한 경우, 운송약관에 따라 목적항에서 최종 목적지까지의 운송화물에 대하여 부보 할 때 최종 목적지와 운송용구를 기재한다. 예를 들면 목적항이 New York이고 최종 목적지가 Chicago인데 철도화차를 이용하여 운송한다면, thence to Chicago by rail과 같이 기재하고 운송용구를 불명할 때에는 land conveyance 또는 any conveyance라고 기입한다.

(13) Reference No.(참조번호)

보험회사가 업무상 참조하기 위한 번호로서 통상 수출의 경우에는 계약서번호, 신용장 또는 송장번호를 기재하며, 수입의 경우에는 계약서번호 또는 수입승인서번호(I/L No.) 등이 기재된다.

(14) Amount Insured hereunder(보험금액, 부보금액)

① 보험계약자가 부보한 금액으로써 보험사고가 발생하였을 경우에 보험회사가 손해보전액 즉, 보험금(Loss or Claim Paid)으로써 지급하는 최고 한도금액이다.

② 보험금액은 주로 협정가액으로서 계약서나 신용장상에 "For 110% of invoice amount"라고 합의함으로서 보험금액이 확정된다. 따라서 보험가액과 보험금액이 같으므로 이를 전부보험, 보험금액이 보험가액의 일부인 경우를 일부보험이라고 하는데 대부분의 해상보험은 전부보험이며, 보험금액이 보험가액을 상회하면 초과보험이 되는데 초과분은 무효가 된다. 보험금액은 보통 물품의 C.I.F 가격에 10%를 가산한 금액이 된다〔UCP 600 제28조, 보험서류 및 담보범위 f항〕.

즉 보험금액 = {원가 C, 즉 F.O.B가격) + 보험료(I) + 운임(F)} × 1.1〕이 된다. 그런데 FOB가격과 운임은 알고 있어도 보험료를 알고 있지 않는 한 C.I.F 가격이나 보험금액을 산출할 수 없는데 이때의 보험금액 및 보험료를 산출하는 공식은 다음과 같다. 즉 보험료율을 R이라고 하면,

$$\text{보험금액} = \frac{1.1(C+F)}{1-1.1R} \qquad \text{보험료} = \text{보험금액} \times R = \frac{1.1(C+F)}{1-1.1R}$$

그리고 표시통화는 신용장상에 별다른 명시가 없는 한, 신용장과 동일한 통화로 표시되어야 한다〔UCP 600 제28조(보험서류 및 담보범위) f항〕.

※ 송장금액이 USD171,500이라면 USD171,500 × 110 = USD188,650이다.

③ 만약에 계약을 CIF나 CIP로 약정하고 계약서나 신용장상에 보험조건에 관한 별도의 조건이 없으면 보험계약자는 최소 부보조건인 ICC(FPA)나 ICC(C)로 가입하면 충분하며, 최소 부보금액도 CIF/CIP금액의 110%를 부보하면 된다.

사고 발생시 보험금으로 받을 수 있는 최대금액을 의미한다. 전손이 발생되면 전손보험금으로서 보험금액 전액이 지급되고, 분손이 발생되면 보험금액 중 일부 금액만 지급된다.

⑭ Amount insured
USD188,650-
(USD171,500 × 110%)

여기에서 가정한 거래상황에서 보험금액에 관한 신용장 조건은 다음과 같다.

MARINE INSURANCE POLICY IN DUPLICATE, ENDORSED IN BLANK FOR 110 PCT OF THE INVOICE VALUE, STIPULATING THAT CLAIMS ARE PAYABLE IN THE CURRENCY OF THE DRAFT AND ALSO INDICATING CLAIMS SETTLING AGENT IN USA.

이 조건에 따라 보험금액은 송장가액의 110%가 된다. 송장가액은 CIF금액이므로 보험금액은 CIF × 110%가 된다. CIF금액의 100%는 물품의 소유자로서 갖는 이해관계를 금액으로 표시한 것이고, CIF금액의 10%는 목적지까지 물품이 운송되면 얻을 수 있는 기대이익에 대한 이해관계를 금액으로 표시한 것이다. 즉 물품에 대한 이해관계인 피보험이익이 다르므로 초과보험에 해당되지 않는다.

㉮ 전액보험 · 초과보험 · 일부보험

㉠ 전액보험(Full Insurance)

보험가액(Insurable Value)은 보험의 목적의 시장가액을 말한다. 보험의 목적은 선박·물품 등과 같이 위험의 대상이 되는 것을 의미한다. 따라서 보험가액은 선박·화물 등의 시장가액을 말한다. 보험금액은 사고 발생시에 받을 수 있는 최대 금액이다. 따라서 전액보험은 사고 발생시에 완전하게 원상회복이 될 수 있다.

㉡ 초과보험(Over Insurance)

보험가액이 100만 불인 선박을 보험금액 200만 불에 보험계약을 체결하는 것을 초과보험(초과보험 = 보험가액 〈 보험금액)이라고 한다. 이 같은 상태에서는 사고가 발생되기만 하면 선주는 이익을 볼 수 있기 때문에 고의로 사고를 발생시키는 등 범죄행위가 수반되는 경우가 많다. 현재 초과보험은 무효가 된다. 그런데 100만 불인 선박을 보험금액 100만 1불에 보험계약을 체결하는 경우에도 초과보험이 된다. 그런데 1$ 때문에 초과보험이 되어 보험계약이 무효가 되는 것은 가혹하기도 하고 불합리하기도 하다. 따라서 해상위험(marine risk)을 투기적인 위험(speculative risk)로 변화시킬 정도로 보험금액이 보험가액을 초과할 때 보험계약이 무효가 되는 초과보험이라고 정의하고 있다.

㉢ 일부보험(Under Insurance)

보험가액이 100만$인 선박을 보험금액 80만$에 보험계약을 체결할 때 일부보험(일부보험 = 보험가액 〉 보험금액)이라고 한다. 이러한 경우는 보험료를 절약하기 위한 목적으로 일부보험계약을 체결하는 경우에 발생되기도 하고, 계약체결 당시에는 전액보험이었는데 물가상승으로 인하여 일부보험이 되기도 한다. 일부보험의 경우에는 비례보상의 원칙(일부보험에서의 비례보상의 원칙=보험가액 : 100만 불, 보험금액 : 80만 불, 사고로 40만 불 손해발생, 보험금 = 80만 불/100만 불×40만 불 = 32만 불)이 적용된다.

㉯ 피보험이익이 다른 경우에는 초과보험이 아니다.

피보험이익(Insurable Interest)은 특정인이 보험의 목적에 대해서 갖는 이해관계를 말한다. 선주가 100만 불 선박을 담보로 은행에서 20만 불 금융을 받은 후에 보험금액을 100불로 하는 보험계약을 체결하였고, 은행에서는 보험금액을 20만 불로 하는 보험계약을 체결한 경우 전체 보험금액이 120만 불이 되더라도 초과보험이 아니다. 선주는 선박의 소유자로서의 이해관계인 소유이익에 대하여 보험계약을 체결한 것이고, 은행은 담보권자로서의 이해관계인 담보이익에 대하여 보험계약을 체결한 것이기 때문에 각각 별개의 보험계약으로 취급되기 때문이다.

※ 피보험이익이 다르면 별개의 보험계약이다.
보험가액 : 100만 불
선주는 선박을 담보로 은행에서 20만 불 금융을 받음
선주 : 100만 불에 보험계약 체결
은행 : 20만 불 보험계약 체결
➲ 초과보험이 아닌 각각 별개의 보험계약이다.

㉰ CIF금액의 110%를 산출하는 방법

보험금액인 CIF금액의 110%를 구할 때 물품의 가격(C)은 Seller가 산출할 수 있고, 운임(F)은 중량톤과 용적톤 중 더 높은 톤을 적용하여 구할 수 있다. 한편 보험료(I)는 보험금액(CIF금액의 110%)에 보험료율을 곱한 금액이다. 여기에서 현재 알지 못하는 금액은 보험료(I)이다. 보험료를 구해야 CIF금액의 110%인 보험금액을 산출할 수 있다.

※ 보험금액 산출방식
보험료 = 보험금액 × 보험요율　보험료 = I
보험금액 = CIF × 110%
보험요율 = r

I = (C + I + F) × 1.1 × r
I = (C + F) × 1.1r + (I × 1.1r)
I × (I - 1.1r) = (C + F) × 1.1
$$I = \frac{(C + F) \times 1.1r}{1 - 1.1r}$$

보험계약자가 부보한 금액으로써 보험사고가 발행하였을 때 보험자가 손해보상액 즉, 보험금(loss or claim paid)으로써 지불하는 최고 한도액이다. 보험금액은 보통 물품의 CIF 가격에 10%를 가산한 금액이 된다. 즉 보험금액 = {원가(C. 즉 F0B 가격) + 보험료(I) + 운임(F)} × 1.1이 된다. 그런데 FOB 가격과 운임은 알고 있어도 보험료를 알고 있지 않는 한 CIF 가격이나 보험금액을 산출할 수 없는데, 이때의 보험금액 및 보험료를 산출하는 공식은 다음과 같다. 즉 보험료율을 R이라고 하면,

$$\text{보험금액} = \frac{1.1(C+F)}{1-1.1R} \quad \text{보험료} = \text{보험금액} \times R = \frac{1.1(C+F)}{1-1.1R}$$

그리고 표시통화는 신용장상에 별다른 명시가 없는 한, 신용장과 동일한 통화로 표시되어야 한다. 이와 같은 방식으로 보험료 I를 구한 후에 보험금액인 CIF금액의 110%를 구할 수 있다.

(15) Conditions and Warranties(**보험조건**)

계약서나 신용장에서 약정한 보험조건을 기재하며, 담보위험조건의 기본조건 : ICC(A)(B)(C)/ ICC(A/R)(WA3%)(FPA), 부가조건 : TPND, COOC, H & H, Rust Clause, 특약조건 : ICC(WARS)(STRIKES) 등과 면책조건 : 고의적인 사고/제품 고유의 하자/포장불량, 지연 등을 고려하여 제품의 특성과 지역 그리고 거래의 특성에 따라 조건을 선택하여야 한다. 만약에 계약을 CIF나 CIP로 약정하고 계약서나 신용장상에 보험조건에 관한 별도의 조건이 없으면 보험계약자는 최소 부보조건인 ICC(FPA)나 ICC(C)로 가입하면 충분하며, 신용장상에 막연히 “all risks”로 보험에 가입해 달라는 조건이 명시되면 이는 ICC(A)로 보험에 가입하면 충분하다.

Conditions
INSTITUTE CARGO CLAUSE【A】2009
CLAIMS ARE PAYABLE IN AMERICA IN THE CURRENCY OF THE DRAFT

① 신용장에서 COVERING INSTITUTE CARGO CLAUSES(A)조건으로 한다고 규정하고 있으므로 부보조건은 2009년 협회화물약관 (A)조건으로 한다. 런던보험자협회에서는 해상화물 보험계약을 체결할 때 담보위험·면책위험·운송기간 등에 대한 표준화된 약관을 제정하여 사용하고 있는데 이를 협회회물약관이라고 한다. 협회화물약관에는 ICC(A)·ICC(B)·ICC(C) 조건이 있다.

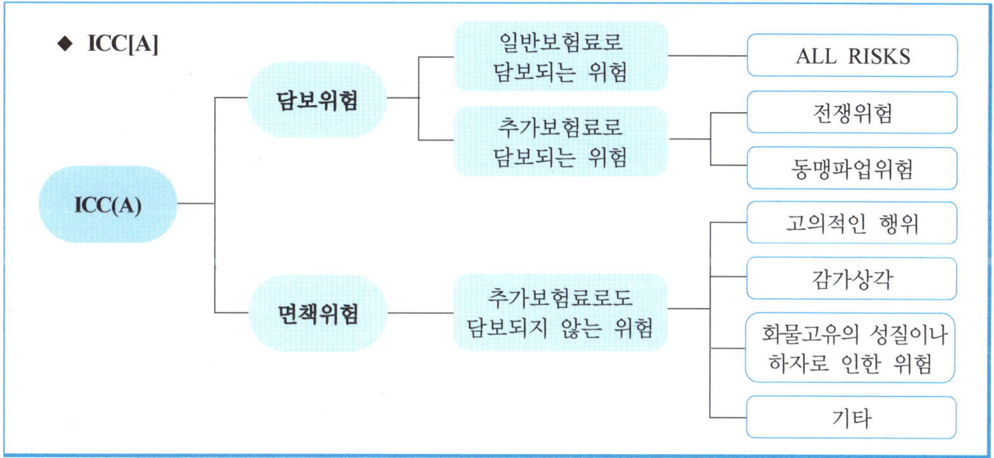

ICC(A)조건은 All Risks 조건으로서 포괄책임주의를 택하고 있다. 그러나 All Risks 조건이라고 하더라도 세상에서 발생되는 모든 위험으로 인한 손해를 담보하는 것은 아니다. ICC(A)조건에서 추가로 보험료를 지급할 때만 담보하는 위험으로는 전쟁위험·동맹파업위험이 있다. 이러한 위험은 손해발생 가능성이 매우 높으므로 추가 보험료를 지급할 때만 담보하고 있다. 한편 아무리 보험료를 많이 낸다고 하더라도 담보되지 않는 위험이 있다. 이러한 위험으로는 고의적인 행위로 인한 손해, 감가상각, 포장불충분으로 인한 손해, 화물고유의 성질이나 하자로 인한 손해, 지연으로 인한 손해 등이 있다. 따라서 보험자의 보상범위가 가장 넓은 보험조건은 다음과 같다.

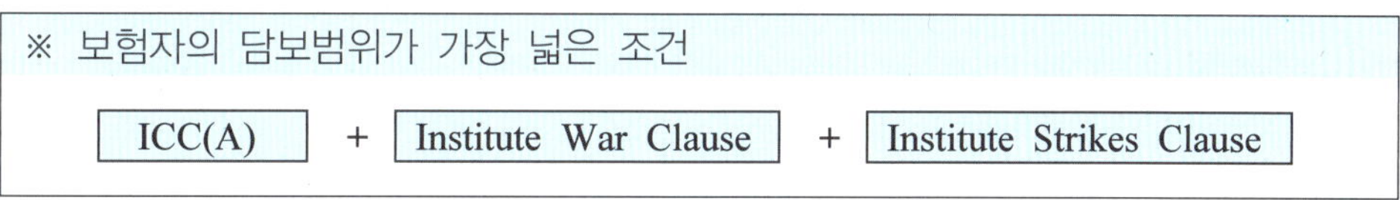

ICC(B)조건과 ICC(C)조건은 열거책임주의를 택하고 있다. 즉 열거되어 있는 위험으로 인한 손해만 보상하는 것이다. ICC(B)조건이 ICC(C)조건보다 보험자의 보상범위가 더 넓다.

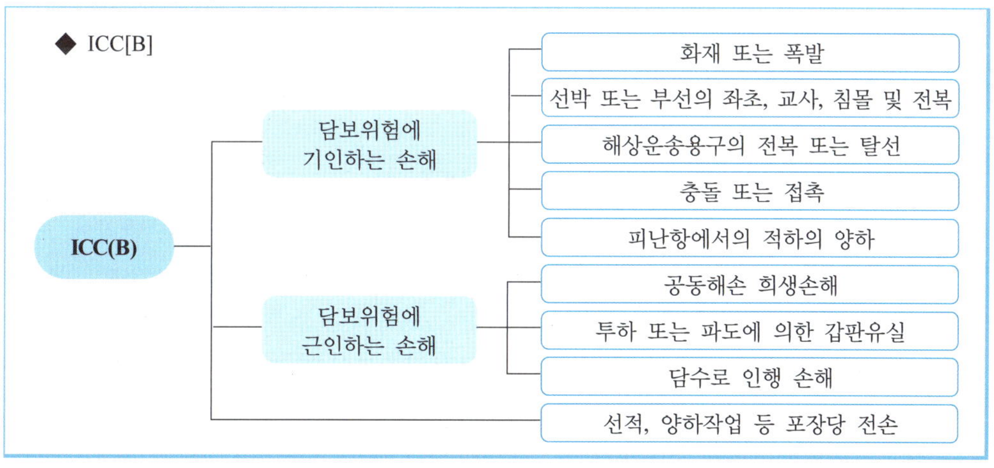

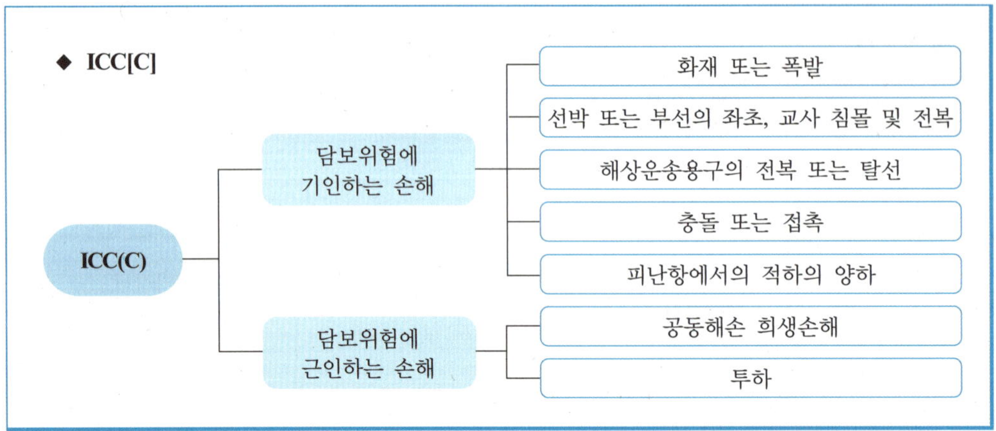

② 보험금의 지급은 환어음 통화로 미국에서 지급된다.
신용장 조건에서는 다음과 같이 규정하고 있다.

> 'MARINE INSURANCE POLICY IN DUPLICATE, ENDORSED IN BLANK FOR 110 PCT OF THE INVOICE VALUE, STIPULATING THAT CLAIMS ARE PAYABLE IN THE CURRENCY OF THE DRAFT AND ALSO INDICATING CLAIMS SETTLING AGENT IN USA.'

이 조건대로 보험증권에서는 환율변동으로 인한 손해를 방지하기 위해 매매계약 통화와 보험계약 통화를 일치시켜야 한다.

(16) Goods and Merchandises(Subject-matter insured)(**보험의 목적물**)

계약서나 신용장상의 물품의 내용, 수량, 화인 등을 기재하는데, 송장상의 내용과 서로 모순되지 아니하게 기재, 즉 물품의 명세가 복잡하고 여러 개의 개품일 경우에는 "50,000 Pcs of Auto Tires and other items"라고 기재한다.

(17) Place and date signed in(**보험증권의 발행지와 발행장소 및 일자**)

Place and Date signed in SEOUL, KOREA, MAY 19, 2019 No. of Policies issued Duplicate(보험증명서가 서명된 장소 및 서명된 날짜는 2019년 5월 8일 서울이고, 2통의 보험증명서가 발행되었다).

보험서류의 발행일자는 운송서류의 선적일자 또는 그 이전이어야 하며 발행일자 보다 늦으면 보험의 효력이 선적일자로부터 개시된다는 표시가 있어야 한다. 만약에 보험증권상에 유효기일(expiry date)이 명시되었다면 이는 배상청구의 유효기일이 아니라 선적을 위한 최종 유효기일이라고 명시해야 하며, 외국인도 수출과 같이 화물의 선적이 수출국이 아닌 제3국에서 선적되었다 할지라도 보험증권의 발행지는 제3국이 아니어도 상관없다.

(18)-① No. of Policies issued(**보험증권의 원본 발행 매수**)

통상 2통이 발행되는데, 신용장에서 "I/P or Certificate in duplicate …" 또는 "Full Set of Insurance Policy or Certificate ……," Place and Date signed in SEOUL, KOREA, MAY 8, 2020 No. of Policies issued Duplicate라고 명시된다. Full Set 보험증권에 명시된 원본발행 전통을 제시하라는 의미이다. 보험증권도 사고 시에 보험금 청구권의 역할을 하며, 따라서 1통에 대하여 보험금이 지급되면(변제되면) 나머지 보험증권은 모두 무효가 된다.

(19) **본문약관**(the terms and conditions of the text)

개정된 보험증권의 신양식 본문약관은 종전양식의 본문약관보다 간결하게 되어 있는데 그 내용은 준거법약관(governing law clause), 타보험약관(other insurance clause), 약인약관(consideration clause), 선서(서명)약관(attestation clause)으로 되어 있다.

① 준거법약관(governing law clause)

「Notwithstanding anything contained herein or attached hereto to the contrary, this insurance is understood and agreed to be subject to English law and practice only as to liability for and settlement of any and all claims.」

「본 보험증권의 규정 또는 첨부된 어떠한 반대규정에도 불구하고, 이 보험은 어떠한 모든 보상청구에 대한 책임과 결제에 대해서 영국의 법률과 관습만 따를 것을 합의함」

「This Certificate represents and takes the place of the Policy and conveys all rights of the original policyholder(for the purpose of collecting any loss or claim) as fully as if the property was covered by a Open Policy direct to the holder of this Certificate.

This Company agrees losses, if any, shall be payable to the order of Assured on surrender of this Certificate. Settlement under one copy shall render all others null and void.

Contrary to the wording of this form, this insurance is governed by the standard from of English Marine Insurance Policy. In the event of loss or damage arising under this insurance, no claims will be admitted unless a survey has been held with the approval of this Company's office or Agent's specified in this Certificate.

SEE IMPORTANT INSTRUCTIONS ON REVERSE

XXX INSURANCE CO., LTD

AUTHORIZED SIGNATORY

This Certificate is not valid unless the Declaration be signed by an authorized representative of the Assured.」

「이 보험증명서는 보험증권을 대표하고 대신하며 포괄보험계약에 의해서 담보되는 재산이 완전하게 이 보험증명서의 소지인에게 직접적으로 담보된 것과 같이 원본 보험증권 소지인에게 모든 권리(손해 또는 보험금 청구의 목적을 위해)를 부여한다. 이 회사는 만일 손해가 발생된다면 이 보험증명서를 제시하는 피보험자의 지시에 따라 보험금이 지급될 것이라고 약속한다. 한 통에 의해서 보험금이 지급되면 다른 모든 통수는 무효가 된다. 이 보험증권의 문언과 반대되는 경우에는 영국 해상보험 증권의 표준양식에 준거한다.

이 보험증권하에서 멸실 또는 손상의 발생된 경우 이 보험회사의 사무소 또는 보험 증권에 명시된 대리인의 승인이 없이 손해조사가 행해진다면 어떠한 보험금의 청구도 인정되지 않는다.

뒷면에 있는 중요한 지시사항들을 보시오.

xxx Insurance Co., Ltd.」

② 타보험약관(other insurance clause)

「This insurance does not cover any loss or damage to the property which at the time of the happening of such loss or damage is insured by or would but for the existence of this Policy be insured by any fire or other insurance policy or policies except in respect of any excess beyond the amount which would have been payable under the fire or other insurance policy or policies had this insurance not been effected.」

「피보험재산의 멸실 또는 손상이 발생한 때에 그것이 화재보험증권 또는 기타의 보험증권으로 부보되어 있는 경우, 또는 본 보험증권이 없었다면, 화재보험증권 또는 기타의 보험증권에 의하여 부보되었을 경우에는 본 보험은 그러한 피보험재산의 일체의 멸실 또는 손상을 담보하지 아니한다. 단 본 보험에 부보되어 있다면 화재보험증권 또는 기타 보험증권에서 지급되었을 금액을 초과한 금액에 대해서는 본 보험에서 지급함」

③ 약인약관(consideration clause)

「We, ...Co., Ltd. hereby agree, in consideration of the payment to us by or on behalf of the Assured of the premium as arranged, to insure against loss damage liability or expense to the extent and in the manner herein provided.」

「"당...... 보험주식회사는 피보험자 또는 그 대리인이 정해진 보험료를 당사에 지급함으로써 피보험목적물의 멸실, 손상, 책임 또는 비용을 본 증권에서 규정된 비율과 방법으로 보상할 것을 합의함"」

④ 선서(서명)약관(attestation clause)

「In witness whereof, I the Undersigned of ...... Co., Ltd. on behalf of the said Company have subscribed My Name in the place specified as above to the policies, the issued numbers thereof being specified as above, of the same tenor and date, one of which being accomplished, the others to be void, as of the date specified as above.」

「"이에 본인, 즉, ... 보험주식회사의 아래 서명자는 동 회사를 대신하여 상기장소에서 동일 문언 및 일자의 보험증권에 서명하였음. 이 보험증권 중 1통에 대하여 손해 보상의무가 이행되었을 때에는 남은 보험증권은 그 효력을 상실하는 것으로 함"」

이외의 중요약관(important clause)은 해상보험증권의 본문약관 옆에 클레임 발생 시에 피보험자가 취해야 할 제반사항을 구체적으로 명시하고 있다. 구 증권에서는 증권이면에 신증권에서는 증권표면에 적색으로 인쇄되어 있어 이를 "Red Line Clause"라고 한다.

중요약관은 화물이 인도되지 않거나 손상된 상태로 인도된 경우에 운송인이나 항만 당국을 상대로 클레임을 제기함에 있어서 법률상 필요한 조치를 취해야 하는 조항이 있다. 또한 중요약관에는 손해발생시 보험자의 대리인에게 통지할 것을 명시한 'Instruction for Survey'조항이 있고, 보험자에게 클레임을 입증하는 데 필요한 서류목록을 명시한 'Documentation of Claim'조항이 있다.

(20) 보험자의 서명 :

보험서류는 보험회사(insurance company)나 보험인수인(under-writer) 또는 그들의 대리인(agent)이 발행하여야 하며, 보험중개인(insurance broker's)이 발행한 보험서류는 수리하지 않지만, 보험서류가 보험중개인의 양식으로 발행되었지만 서명한 사람이 보험회사나 보험인수인 또는 그들의 대리인이라면 상관이 없다. 한편 보험중개인도 보험회사나 보험인수인의 대리인이 될 수 있다.

서식 9-1 ▸ 해상적하보험증권

MARINE CARGO INSURANCE POLICY

SHINDONGAH FIRE & MARINE INSURANCE CO., LTD

63Bldg, 60, Youido-Dong, Youngdeunpo-Gu, Seoul Korea TEL : 02-789-7357-7523 : 02-789-7511-3 FAX : 275-9531

MARINE CARGO INSURANCE POLICY

Assured(s), etc. CHO KWANG LEATHER CO., LTD. ②

Policy No. 16SM0502016 ①		Ref. No. L/C NO. : LC82A90551 APR. 22* ⑬ I/V NO. : CK-5-34-99 MAY. 19*
Claim, if any, payable at: ③ TUATAI INS. AGENCY & CONSULTANT SERVICES LTD RM 605 HAI QIAO HOTEL NO.21 REN MIN RD. ZHONG SHAN DISTRICT DALIAN 116001 TEL(411)2630872 FAX 2804558 IN US DOLLARS		Amount insured ⑭ USD*******123,876.28 USD*******112,614.80 X 110%
Survey should be approved by: ④ SAME AS ABOVE		
Local Vessel ⑤	From (interior port or place of loading) ⑥	Conditions and Warranties ⑮ Subject to the following Clauses as per back hereof. ·Institute Cargo Clauses, Institute War Clauses Institute Strikes Riots & Civil Commotions Clauses Special Replacement Clause(applying to machine) ·On-Deck Clause ·Institute Radioactive Contamination Exclusion Clause as attached. ⑯ COMPUTER MILLENNIUM CLAUSE(CARGO) A 2009 WITH NAMED PERIL EXTENSIONS CLAIMS PAYABLE IN CHINA IN CURRENCY OF THE DRAFT. COVERING OCEAN MARINE TRANSPORTATION ALL RISKS, WAR RISKS.
Ship or Vessel called the ⑦ SKY LOVE 921W	Sailing or on about ⑧ MAY 20, 2020	
at and from ⑨ PUSAN KOREA	Transhipped at ⑩	
arrived at ⑪ DALIAN CHINA	thence to ⑫	

Goods and Merchandises ⑰

NUBUCK 2.0-2.2MM COLOR : WHEAT

MELDISCO STOCK NO : 46571 QUANTITY : 56,307.4 SF

Marks and Numbers as per Invoice No. specified above.

Place and Date Signed in. SEOUL KOREA MAY 19, 2020 ⑱ No. of Policies issued. DUPLICATE ⑱-1

1. Warranted free of capture, seizure, arrest restraint or detainment, and the consequences thereof or of any attempt thereat; also from the consequences of hostilities or warlike operations, whether there be a declaration of war or not; but this warranty shall not exclude collision, contact with any fixed or floating object (other then a mine or torpedo), stranding, heavy weather or fire unless caused directly (and independently of the nature of the voyage or service which the vessel concerned or, in the case of a collision, any other vessel involved therein, is performing) by a hostile act by or against a belligerent power; and for the purpose of this warranty "power" includes any authority maintaining naval, military or air forces in association with a power.

2. Warranted free of loss or damage
   (a) Caused by strikers, locked-out workmen, or persons taking part in labour disturbances, riots or civil commotions;
   (b) resulting from strikes, lock-outs, labour disturbances, riots or civil commotions.

3. (a) Should the risks excluded by Clause 1(F.C.&S.Clause) be reinstated in this Policy by deletion of the said Clause. or should the risks or any of them mentioned in that clause or the risks of mines, torpedoes, bombs or other engines of war be insured under this Policy, Clause (b) below shall become operative and anything contained in this contract which is inconsistent with Clause (b) or which affords more extensive protection against the aforesaid risk than that afforded by the Institute War Clauses relevant to the articular form of transit covered by this insurance is null and void.

(b) This policy is warranted free of any claim based upon loss of. or frustration of, the insured voyage or adventure caused by arrests restraints or detainments of Kings Princes Peoples Usurpers or persons attempting to usurp power.

☞ In the event of loss or damage arising under this, Policy. ⑮ no claims will be admitted unless a survey has been held with the approval of this Company's Office or Agents specified in this Policy.

Be it known that The descriptions to be inserted in the following clauses are shown as above. as well in his or their own Name, as for and in the Name and Names of all and every other Person or Persons to whom the same doth, may shall appertain, in part or in all, doth make Assurance, and cause himself or themselves and them and every of them, to be Assured, lost or lost, at and from upon any kind of Goods and Merchandises, in the good Ship or Vessel call the whereof is Master, for this present Voyage, or whosoever else shall go Master in the said Ship, or by whatsoever other Name or Names the said Ship, or the Master thereof, is or shall be named or called, beginning the Adventure upon the said Goods and Merchandises from the loading thereof aboard the said Ship as above, and shall so continue and end during her abode there, upon the said Ship, & c; and further, until the said Ship, with all her Goods and Merchandises whatsoever, shall be arrive at and upon the Goods and Merchandises until the same be there discharged and safely landed, and shall be lawful for the said Ship. &c., in this Voyage to proceed and touch and stay at any Ports or Places whatsoever without Prejudice to this Assurance. The said goods and Merchandises, &c., for so much as concerns the Assured by Agreement between the Assured at Assurers in this Policy are and shall be valued at
TOUCHING the Adventures and Perils which the said Company are contented to bear and do take upon therm selves in this Voyage. they are the Seas Men-of-War, Fire, Enemies, Pirates, Rovers, Thieves, Jettisons, Letters of Mart and Countermart, Surprisals, Takings at Sea, Arrest Restraints and Detainments of all Kings, Princes and People, of what Nation, Condition, or Quality soever, Barratry of the Master and Marine and of all other Perils, Losses and Misfortunes that have or shall be lawful to the Assured, his or their Factors, Servants and Assigns, to labour and travel for, in and about the Defence, Safeguard and Revery of the said Goods and Merchandises, or any part thereof, where Prejudice to this Assurance; to the Charges whereof the said Company will contribute. And it is especially declared and agreed that no acts of Assurer or Assured in recovering, saving, or preserving the preoperty assured, shall be considered as a waiver or acceptance of abandonment at it is agreed that this writing or Policy of Assurance shall be of as much Force and Effect as the surest Writing or Policy of Assurance made London. And so the said Company are contented, and do hereby promise and bind themselves to the Assured, his or their Executors, as ministrator, or Assigns, for the true Performance of the Premises; confessing themselves paid the Consideration due unto the, for this Assurance at and after the rate of as arranged Per cent.
N.B. Corn, Fish, Salt, Fruit, Flour and Seed are warranted free from Average, unless general, or the Ship be stranded; Sugar, Tobacco. Hem Flax, Hides and Skins are warranted free from Average. under Five Pounds per cent., and all other Goods, also the Ship and Freight, warranted free from Average, under Three Pounds per cent., unless general, or the Ship be stranded, sunk or burnt.
All questions of liability arising under this policy are to be governed by the laws and customs of England.
IN WITNESS whereof, I the Undersigned of American Home Assurance Company Korea on behalf of the said Company have subscribe my name in to Policies of the same tenor and date, one of Which being accomplished, the others to be void, as after the date specified as above

For AMERICAN HOME ASSURANCE COMPANY KOREA.

For THE KORYO FIRE & MARINE INSURANCE CO., LTD. ⑳

AUTHORIZED SIGNATORY

In case loss or damage, please follow the "IMPORTANT" clause printed on the back hereof. J. S. Lim

제 5 절 협회적하약관

1. 구협회 적하약관의 담보조건

구 협회 적하약관에는 ① 협회적하 분손부담보약관(Institute Cargo Clauses, FPA), ② 협회적하 분손담보약관(Institute Cargo Clauses, WA) 및 ③ 협회적하 전위험약관(Institute Cargo Clauses, A/R) 등이 있다.

1) 분손부담보조건(Free from Particular Average Clause : FPA)

일반적으로 FPA조건으로 불리어지고 있으며, 분손(단독해손)은 원칙적으로 담보하지 않는 조건이며, WA 및 All Risk와 구별되는 약관이다. 그러나 FPA조건에는 보험자가 담보하지 않는 분손과 담보하는 분손이 있다는 것을 명심해야 한다.

이 조건에서는 좌초나 침몰 또는 화재가 발생하지 않는 한 분손(단독해손)은 담보하지 않는 것이 원칙이다. 그러나 보험회사 사이의 경쟁 결과 보험자의 담보범위가 확대되어 ① 전손 ② 하역 또는 환적작업 중에 발생한 적하품의 한 개의 포장단위(package)의 전손 ③ 공동해손(general average) ④ 해난구조비, 소송 및 손해방지비용(sue and labor expenses) ⑤ 본선 또는 부선의 침몰, 좌초, 모래 접촉, 화재 또는 물 이외의 다른 물체(석유, 빙산, 향료 등)와 접촉, 혼적 및 충돌 등으로 발생한 손해, 즉 유류와 혼적하였기 때문에 담배나 식품 등에 나쁜 냄새가 스며든 것 등의 손해는 보험자가 예외적으로 담보한다.

2) 분손담보조건(With Average : WA)

분손담보조건은 WA의 조건으로 불리어지고 있고 보험자가 보통의 항해에 있어서 입는 보통 해상손해의 전부를 담보하는 보험조건이며, 그 부보화물에 관한 전손, 공동해손, 분손(단독해손)도 법률이나 보험약관에서 제외된 것 외에는 모두 보상받을 수 있다.

그림 9-2 구 협회적하약관상의 담보위험 범위

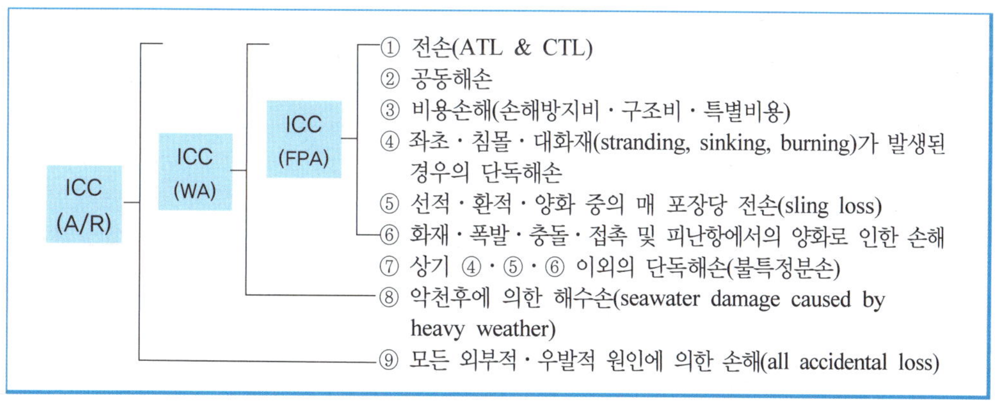

3) 전위험담보조건(All Risks: A/R)

전위험담보(all risks)란 항해에 관한 우연한 사고로 발생한 모든 손해를 포함하는 보험조건으로서, 이 경우 보험료가 가장 고율이며 손해보상의 범위가 넓다. 그러나 전쟁위험, 파업, 폭동위험은 제외되며, 특히 화물고유의 하자 또는 성질에 의한 손해와 수송지연으로 인한 멸실·손상 또는 비용은 제외한다. 동 조건은 WA보다 보험자가 담보하는 범위가 더 넓으며 항해의 지연이나 부보화물의 고유한 성질 및 하자에 기인하여 발생한 손실 및 비용은 담보하지 아니한다.

2. 신·구협회 적하약관의 담보조건 비교

1) 신·구약관상 담보위험과 담보손해 비교

그림 9-3 신·구약관상 담보위험과 담보손해 비교

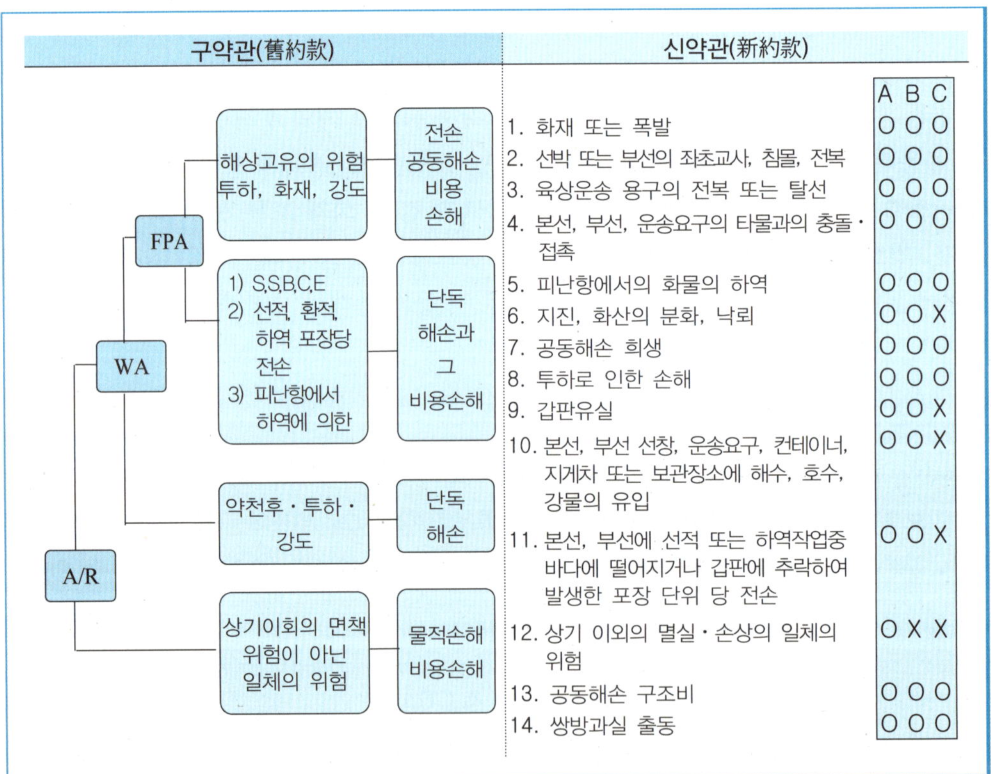

2) 부가위험담보조건

피보험자는 화물의 종류, 성질, 포장상태, 기타 여러 가지를 고려하여 A/R조건으로 부보하거나 FPA와 WA조건 등의 제한된 담보조건으로 부보하게 되는데, FPA 또는 WA조건으로 부보할 경우 운송되는 화물의 특징에 따라 부가위험(extraneous risks)에 대하여는 특약담보를 하게 된다.

① **도난발하불착위험**(Theft, Pilferage & Non-Delivery : TPND) — 보험가입 화물의 도난, 발하 또는 포장전체의 불도착으로 인한 손해를 담보하는 조건

② **우담수손**(Rain and/or Fresh Water Damage : RFWD) — 빗물, 담수로 인한 손해(W.A. 조건하에서 sea water damage는 보상이 되나 rain/fresh water damage는 보상되지 않음)를 담보하는 조건

③ **타 화물과의 접촉위험**(Contract with Oil and/or Other Cargo : COOC) — 유류나 다른 화물과 접촉하여 발생된 손해를 담보하는 조건

④ **파손**(Breakage) — 해상위험 이외의 위험으로 파손된 손해를 담보하는 조건(FPA, WA, ICC(B), ICC(C)조건에서도 해상위험으로 인한 파손은 담보됨)

⑤ **누손, 중량부족위험**(leakage and/or shortage) — 보험가입 화물의 누손, 화물의 수량, 중량 부족으로 인한 손해를 담보하는 조건

⑥ **한습손, 열손위험**(sweat and/or heating, S/H) — 선창, 컨테이너 내벽에 응결한 수분에 접촉하여 일어난 손해, 직접 화물의 표면에 응결한 수분에 의한 손해 및 이상온도의 상승에 의하여 화물이 입은 손해를 담보하는 조건

⑦ **갈고리에 의한 손해**(Hook & Hole : H/H) — 하역작업 중 갈고리에 의한 손해를 담보하는 조건

⑧ **곡손위험**(denting and/or bending) — 외부적, 우발적 원인으로 화물에 발생된 구손 및 곡손을 담보하는 조건

⑨ **혼합위험**(contamination) — 오염위험이라고도 하며 타 화물 및 잡물과의 혼입이나 타 화물과의 접촉으로 발생하는 외견상의 더러움, 흠 및 악취의 흡착으로 인한 손해를 담보하는 조건

⑩ **쥐, 벌레위험**(rate and/or vermin) — 곡물, 소맥분 등의 화물이 운송 도중에 쥐나 곤충에 의해서 해를 입는 경우가 있으며 이러한 손해를 담보하는 조건

⑪ **곰팡이 손해위험**(mildew and mould) — 식료품, 섬유품, 잡화 등은 화물자체가 함유한 수분 때문에 또는 습도의 증가로 곰팡이 또는 기타 미생물에 의한 피해를 받기 쉬우며 이러한 위험을 담보하는 조건

⑫ **녹손위험**(rust) — 포장재료의 건조불충분으로 내부가 습해져서 Cargo Sweat의 상태가 되어 녹이 스는 위험을 담보하는 조건으로 화물자체의 포장상태가 녹에 대한 적합한 방지책을 가진 것이라야만 보험의 혜택을 받을 수가 있다.

3) 확장담보조건

(1) 내륙운송 확장담보조건(ITE: Inland Transit Extension)

육상운송 중의 위험을 적하보험증권에서 추가로 담보하는 조건이다. ICC의 운송조항(transit clause)상 보험기간은 창고간(warehouse to warehouse) 담보가 원칙이며, 우리나

라 적하보험요율은 항구간(port to port) 담보조건의 요율이므로 육상운송을 담보하려면 추가 보험료를 지불하고 ITE를 추가 부보하여야 한다.

(2) 내륙보관 확장담보조건(ISE : Inland Storage Extension)

통상적인 운송과정에서 중간창고나 보세창고 보관중의 위험을 보험증권에 명시된 기간(수출 : 모선으로부터 하역 후 60일, 수입 : 최종 도착항 하역 후 30일) 이상으로 연장할 경우 담보하는 조건이다. 양륙항 외항본선에서 하역완료 후 60일이 경과하면 보험은 종료하므로 추가보험료를 지불하고 ISE(30 days)를 부보하면 30일 더 연장 담보되어 본선하역 후 90일까지 담보됨 : ISE(60 days), ISE(90 days) 등이 있다.

3. 항공화물운송과 적하보험

1) 항공운송보험계약의 체결양태

항공운송보험계약의 체결양태는 첫째 해상보험회사를 통하여 ICC(항공)에 의하여 부보하는 방법과, 둘째 항공운송인이 발행하는 항공화물 운송장을 이용하는 화주이익보험을 이용하는 방법이 있다.

2) 협회적하약관(항공)에 의한 부보

항공화물의 경우 사고가 발생하면 기체도 화물도 전손이 되는 것이 대부분이므로 해손해발생의 순간성, 손해의 대형성, 손해의 거액성, 전손성 등의 특수한 성격을 가지고 있다. 이러한 항공화물운송의 특수성 때문에 항공화물의 부보조건은 전위험담보조건이다. 이를 담보하기 위하여 런던 보험업자협회(ILU)는 Institute Cargo Clauses[air]를 준비하였다.

3) 화주이익보험(shippers' interest insurance)

항공화물은 대부분 ICC(항공)에 의한 항공운송보험으로 인수되고 있지만, 스스로 보험을 수배할 능력이 없는 일반 화주를 위하여 항공회사가 발행하는 항공화물운송장을 이용하여 부보하는 화주이익보험제도가 있다. 이것은 아직 그 담보내용에서 통일되어 있는 것도 아니며 모든 항공회사가 이 보험을 제공하는 것도 아니다.

즉, 이 보험은 항공회사와 보험회사가 미리 포괄적인 보험계약을 체결하여 송하인이 화물을 항공회사에 인도할 때 항공화물운송장에 필요사항을 기재하고 보험료를 지급하면 자동적으로 부보된다. 부보절차는 간단하지만 보험조건과 요율은 항공회사와 보험회사와의 획일적인 포괄계약의 내용에 따라야 하므로 적은 규모의 화물에 적합한 보험이다. 보험조건의 내용은 항공화물운송장의 배면약관에 규정되어 있고 상세한 것은 항공운송보험의 화주이익약관(shippers' interest form)에 명시되어 있다.

제 6 절 해상적하보험의 구상

1. 보험금 청구

적하보험에 부보된 화물이 분실 또는 파손되는 손해가 발생하면 보험증권에 계약된 내용대로 피보험자는 동 손해가 담보위험에 의한 손해임에 따라 보상될 수 있는지 여부를 판별하여 보험자에게 구상(求償 : Claim)을 하여야 한다. 보험구상의 청구자는 보험증권의 정당한 소지자가 되며, 통상 수입업자가 이 배상청구를 하게 된다. 이때 보상대상 손해라고 판단되는 경우 피보험자는 보험자에게 서면 또는 구두로 지체없이 손해발생사실을 통보한 후 서류를 준비하여 클레임을 청구하여야 한다.

2. 보험금 청구 절차

해상적하보험의 구상절차를 단계별로 알아보면 다음과 같다.

① 피보험자는 보험자에게 클레임 통지를 하고 손해방지 및 손해 경감조치를 한다. 대형사고 이외에는 화물이 목적지에 도착하여 운송인으로부터 화물을 인수한 후에야 손해발생 여부를 확인할 수 있다. 따라서 통상 해상보험의 피보험자인 수입자가 손해발생 즉시 보험자에게 클레임통지(claim notice)를 하고, 운송인에게도 서면으로 손해배상을 청구하여야 한다.

② 피보험자로부터 클레임을 통보받은 보험자는 클레임을 임시로 접수하고, 손해사정인(surveyor)을 지정하여 손해조사를 하도록 하여 Claim Survey를 받는다. Claim Survey 신청시 손해사정인은 사고의 원인 및 손해액에 대하여 정확하게 판정하기 위하여 피보험자는 보험자에게 클레임 통지시 화물의 종류, 사고의 발생원인 및 사고의 정도 등을 정확하게 파악하고, 파손된 화물을 실은 선박과 운송업자의 이름, 선하증권 및 보험증권 번호 등을 파악하고 있어야 한다. Claim Survey 신청시 손해사정인은 ㉮ 이면약관이 포함되어 있는 선하증권(해상/항공/열차/차량), ㉯ 보험증권 또는 보험가입확인서 원본 또는 Letter of Indemnity ㉰ 운송인에게 제출한 손해배상청구서와 운송인의 회답서신, ㉱ 화물 전체에 대한 C/I 및 P/L, ㉲ 사고내용이 기재된 화물인수증 또는 운송인의 검사보고서(inspection report), ㉳ Non-Delivery Receipt, ㉴ 수입화물에 대한 통관확인 서류인 수입신고필증, ㉵ 수리비용 영수증 또는 견적서 등과 같은 서류를 요구한다.

③ 피보험자는 보험자에게 정식 클레임을 신청하고 보험금을 수령한다. 피보험자는 보험자로부터 사고에 대한 보상을 받으려면 손해사정인으로부터 발급받은 검사보고서와 B/L, C/I, P/L 등 선적서류 일체에 Claim Notice 등을 첨부하여 보험자에게 보험금 청구서신(letter of claim)을 제시하여 정식의 클레임을 신청한다. 이 때 보험

회사에 제시하는 보험금청구 서신에는 보험가입자의 이름과 보험증권번호, 선박명과 항차번호, Claim 번호, 손해내역 및 청구 보험금 등을 기재하며, 참고로 추정전손시 피보험자는 보험금청구시 보험목적물을 위부하여야 한다.

④ 보험자는 피보험자가 제출한 클레임신청 서류를 검토한 후 담보위험으로 인한 손해일 경우 보험금을 지급한다. 이후 보험자는 피보험자를 대위(subrogation)하여 운송인 등으로부터 회수가능한 지급보험금을 회수(recovery)한다.

그림 9-4 적하보험 Claim 처리절차

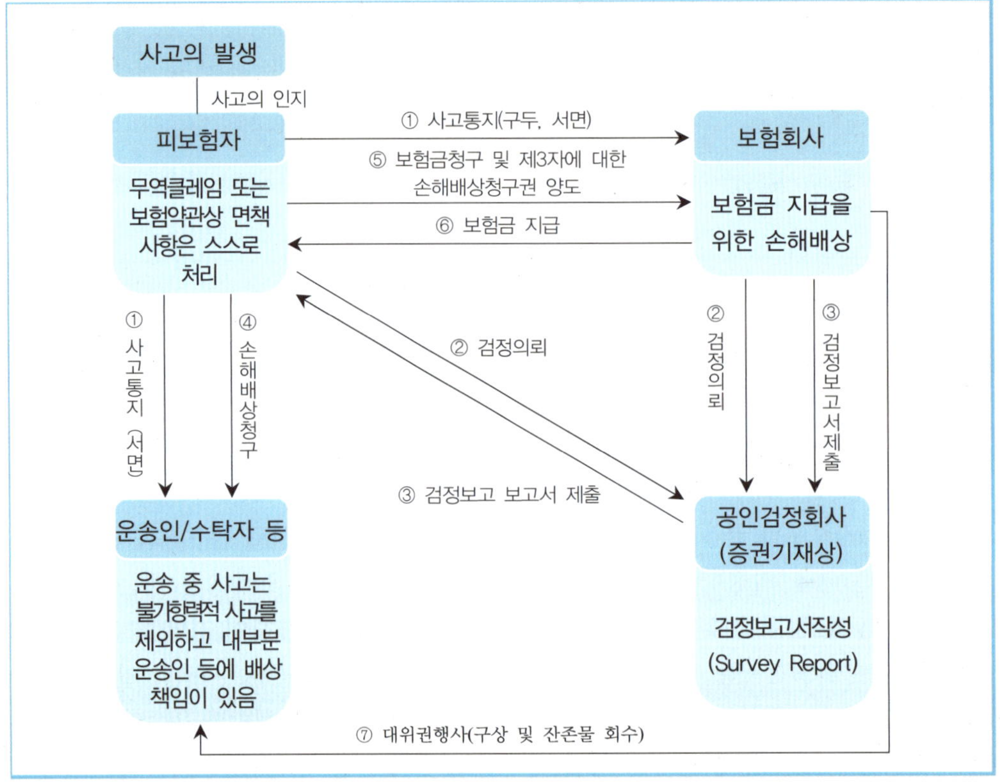

3. 보상한도

해상보험은 손해보험이고 손해보험은 실손보상주의 원칙에 따라 보상되므로 보험자의 보상은 실손해까지이다. 그러나 물적손해와 비용손해의 합계액이 즉, 실손해액이 보험금액을 초과할 때는 보험자의 최고보상한도액이 보험금액까지이므로 이 금액까지만 보상하여 준다. 단, 손해방지비용이 발생된 경우는 보험금액을 초과하여서도 보상하여 준다. 미평가보험은 법정보험가액이 보험금액보다 높은 경우 실손해액에 보험금액의 법정보험가액비율(부보율)을 곱하여 산정된 금액까지 보상하여 준다. 기평가보험이라면 보험금액에 손해율을 곱한 금액을 보험금으로 보상하여 준다. 즉, 기평가보험원칙은 실손보상 원칙에 우선한다.

Chapter

10 수출입통관

제1절 수출통관

1. 수출통관의 의의

수출이라 함은 내국물품을 외국으로 반출함을 말하는 것으로서 수출하고자 하는 물품이 대외무역법 및 관계 법령 등에 의하여 수출이 가능한 물품인지 여부를 먼저 확인하여야 하며, 대금영수방법에 대하여도 외국환거래법 등 관계 법규에 의거 제약이 없는지 사전 확인할 필요가 있다.

수출하고자 하는 모든 물품은 세관의 수출통관절차를 밟아야 하는데, 수출통관절차라 함은 수출하고자 하는 물품을 세관에 수출신고를 한 후 신고수리를 받아 물품을 우리나라와 외국 간을 왕래하는 운송수단에 적재하기까지의 절차를 말하는 것이다.

수출하고자 하는 자는 당해 물품을 적재하기 전까지 당해 물품의 소재지 관할세관장에게 수출신고를 하고 수리를 받아야 한다. 현재 수출신고는 EDI(Electronic Data Interchange) 방식 또는 인터넷을 통한 신고방식으로 신속하게 통관을 진행할 수 있으며, 신문 등 보도용품이나 카다로그 등은 간이수출신고 절차에 의한 더욱 간소화된 방법으로 수출통관을 할 수 있다.

수출물품에 대하여는 검사생략을 원칙으로 하고 있으나, 우범기준에 따른 전산선별 발췌검사 등 필요한 경우 예외적으로 검사를 실시하는 경우도 있다. 이때 부정수출이나 원산지 표시위반, 지식재산권 위반 등이 적발되면 관세법 등 관계법규에 의거 처벌되므로 이러한 일이 발생되지 않도록 특별히 유의하여야 한다.

수출신고가 수리된 물품은 수출신고 수리일부터 30일 이내에 우리나라와 외국간을 왕래하는 운송수단에 적재하여야 한다. 다만, 적재스케줄 변경 등 부득이한 사유가 있는 경우에는 통관지 세관장에게 적재기간 연장승인을 받을 수 있다. 또한 적재기간 내에 적재되지 아니하는 경우에는 수출신고수리가 취소될 수 있으며 관세환급도 불가능하니 유의하여야 한다.

한편, 우편물이나 휴대탁송품의 적재 관리에 대하여는 별도의 절차를 규정하고 있으며, 또한 우리나라 보세구역에 반입된 외국물품을 부득이한 사유 등으로 다시 외국으로 반송할 수 있으며, 이때의 통관절차는 반송신고 및 절차에 따른다.

2. 용어의 정의

"수출"이라 함은 내국물품을 외국으로 반출하는 것을 말하고, "수입"이라 함은 외국물품을 우리나라에 반입(보세구역을 경유하는 것은 보세구역으로부터 반입하는 것)하는 것을 말하며 이를 이해하기 위하여 사용용어를 살펴보면 다음과 같다.

① 통관(customs clearance)이란 관세법 규정에 의한 절차를 이행하여 물품을 수출·수입 또는 반송하는 것을 말한다. 통관은 곧 '관세선(customs line)을 통과하는 것'이며, 관세선의 현실적 관문인 '세관을 통과하는 것'을 의미하기도 한다.

② 수출의 대상이 되는 "내국물품"이라 함은 우리나라에 있는 물품으로서 외국물품이 아닌 것과 우리나라 선박 등에 의하여 공해에서 채집 또는 포획된 수산물 및 입항전 수입신고가 수리되었거나 수입신고 수리전 반출승인을 얻어 반출된 물품 또는 수입신고전 즉시 반출된 물품을 말하며, "외국물품"이란 외국으로부터 우리나라에 도착된 물품(외국의 선박 등에 의하여 공해에서 채집 또는 포획된 수산물 등을 포함한다)으로서 수입의 신고가 수리되기 전의 것과 수출신고가 수리된 물품을 말한다.

③ "반출"이라 함은 내국물품을 외국으로 향하여 내보내는 것을 말하는데 정상 수출품은 외국무역선(기)에 적재하였을 때를 반출한 것으로 인정하며, "반입"이란 물품을 운반·반입하는 사실행위라는 설과 물품을 관세법상의 기속(羈束)으로부터 벗어나 자유로운 유통상태에 둔다는 설 즉, 외국물품을 내국물품화하는 법률상의 변동이라는 설(수입신고 수리설)이 있으나 관세법 상으로는 두 가지 설이 모두 통용된다고 본다. 밀수입의 경우는 월경설이, 정상수입품의 경우에는 수입신고 수리설이 타당하기 때문이다.

④ "수출화주"라 함은 수출물품의 화주와 완제품공급자를 말한다.

⑤ "P/L 신고"란 전자적인 방식의 종이서류 없는(paperless) 수출신고를 말한다.

⑥ "자동수리"라 함은 신고인이 수출신고를 하면 세관장이 통관심사를 하지 아니하고 수출통관시스템에서 자동으로 즉시 신고수리하는 것을 말한다.

⑦ "통관시스템"이란 EDI 또는 INTERNET을 이용하여 전자적으로 전송한 수출신고 자료 등을 처리하는 통관시스템을 말한다.

⑧ "특급탁송업체"란 상업용의 속달서비스에 의하여 물품을 운송하는 법인으로서 「특송물품 수입통관 사무처리에 관한 고시」에 따라 등록된 업체를 말한다.

⑨ "정식통관절차"란 간이통관절차 적용대상 이외의 물품의 수출통관에 적용하는 절차를 말한다.

⑩ "간이통관절차"란 개인용품이나 무역통계에 계상되지 아니하는 물품 또는 관세환급 대상이 아닌 물품으로서 정식통관절차를 필요로 하지 않는 물품의 수출통관에 적용하는 간이한 절차를 말한다.

⑪ "수출신고 정정/취하/각하"란 통관시스템에서 신고번호가 부여된 후에 수출신고를 정정/취하/각하하는 것을 말한다.

⑫ "화면사후승인"이란 수출신고 정정/취하신청에 대하여 세관 심사자가 정정/취하승인 화면에서 신청자료를 심사 후 승인하는 것을 말한다.
⑬ "서류심사후 승인"이란 수출신고 정정/취하 신청건에 대하여 세관의 심사자가 전산자료 및 해당서류를 제출받아 심사 후 승인하는 것을 말한다.
⑭ "자율정정"이란 관세청장이 정한 경미한 사항에 대하여는 화주 또는 신고 대리인이 자율적으로 통관시스템을 이용하여 정정하는 것을 말한다.
⑮ "선용품"이란 음식료, 연료, 소모품, 밧줄, 수리용 예비부분품, 부속품, 집기 그 밖에 이와 유사물품으로서 당해 선박에서만 사용되는 물품을 말한다.
⑯ "기용품"이란 선용품에 준하는 물품으로서 해당 항공기에서만 사용되는 물품을 말한다.
⑰ "복합환적"이란 입국 또는 입항하는 운송수단의 물품을 다른 세관의 관할 구역으로 운송하여 출국 또는 출항하는 운송수단으로 옮겨 싣는 것을 말한다.

3. 수출의 정의

1) 대외무역법상 수출의 개념

대외무역법에서는 물품이 국내에서 외국으로 이동하여 대금결제를 받을 때까지 과정으로 수출의 개념을 파악하고 있다. 이때 대금결제를 받는 형식은 대가를 받지 않고 이동하는 무상수출과 대가를 받고 이동하는 유상수출 모두를 포함하고 있다.

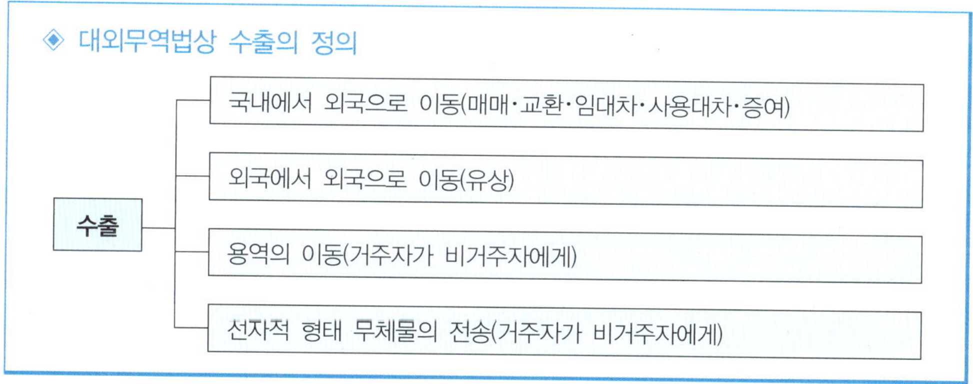

① 대외무역법상 수출은 국내에서 외국으로 물품을 이동하는 것이다. 이때 무상 수출과 유상수출 모두가 수출에 포함된다.
② 우리나라 선박에 의하여 외국에서 채취한 수산물·광물 등을 외국에 매도하는 것도 대외무역법상 수출에 해당된다.
③ 수탁가공무역의 경우 국내에서 국내로 물품이 이동하는 것
수탁가공무역은 가득액을 영수하기 위하여 원자재의 전부 또는 일부를 거래상대방의 위탁에 의하여 수입하여 이를 가공한 후 위탁자 또는 그가 지정하는 자에게 가공물품 등을 수출하는 수출입을 말한다. 그런데 위탁자가 지정하는 자가 국내에

있는 경우에는 보세공장 및 자유무역지역에서 가공한 물품 등을 외국으로 수출할 수 없게 된다. 이때는 관세법상의 수입통관절차를 이행한 후 국내로 물품이 이동하게 된다. 이러한 경우 관세법상의 수탁자의 수출·반출행위 또는 위탁자가 지정한 자의 수입·반입·사용은 이를 대외무역법에 의한 수출로 본다.

대외무역법에서는 한국에서 외국으로 물품이 이동하거나, 유상으로 외국에서 외국으로 물품이 이동하는 것을 기준으로 수출의 개념을 파악하고 있다. 위의 예는 이러한 정의에 속하지는 않는다. 그러나 예외적으로 수탁가공무역의 경우에는 자유무역지역에 소재한 B사가 수탁가공물품을 위탁자가 지정하는 부산의 사에 인도하는 것은 비록 국내에서 내국인 사이에 물품이동이 이루어지는 것이지만 대외무역법에 의한 수출에 해당된다.

④ 대외무역법상 수출에는 유상으로 외국에서 외국으로 물품을 이동하는 것으로서 산업통상자원부장관이 정하여 고시하는 기준에 해당하는 것이 포함된다.

유상으로 외국에서 외국으로 물품을 이동하는 것으로서 산업통상자원부장관이 정하여 고시하는 기준에 해당되는 수출은 외국인도수출·중계무역에 의한 수출·무환수출을 말한다.

⑤ 외국환거래법상의 거주자가 비거주자에 대하여 용역을 제공하는 것으로서 산업통상자원부장관이 정하여 고시하는 방법으로 제공하는 것.

⑥ 거주자가 비거주자에게 전자적 형태의 무체물을 정보통신망을 통한 전송 기타 산업통상자원부장관이 고시하는 방법으로 인도하는 것.

2) 관세법상 수출의 개념

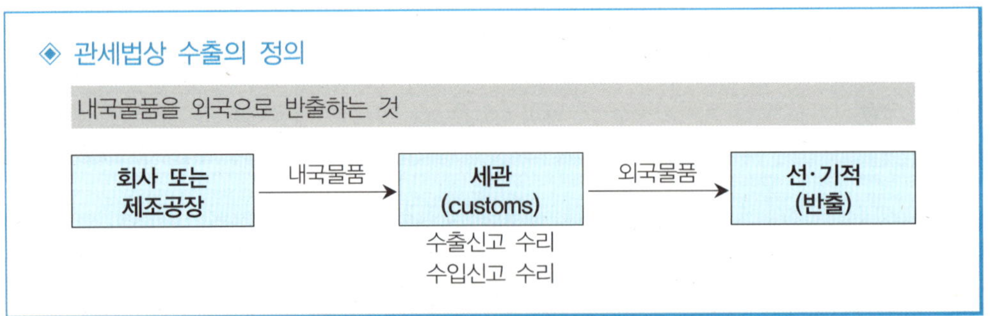

관세법상 수출은 내국물품을 외국으로 반출하는 것을 말한다. 관세법에서는 물품이 관세선(customs line)을 통과하였는가를 기준으로 내국물품과 외국물품을 구분하고 있다. 내국물품이 관세선을 통과하면 외국물품이 된 것이고, 외국물품이 관세선을 통과하면 내국물품이 된 것이다. 관세선을 통과하였다는 것은 수출신고수리 또는 수입신고수리가 되었다는 의미이다. 즉 내국물품이 수출신고 수리가 되었으면 외국물품이 된 것이고, 외국물품이 수입신고수리가 되었으면 외국물품이 된 것이다.

관세법에서 수출은 내국물품을 외국으로 반출하는 것이다. 관세법에서 수출은 '내국물품'과 '외국으로 반출하는 것'이라는 두 가지 의미로 구성되어 있다.

(1) 내국물품

관세법에서는 수입신고가 수리된 물품인가 또는 수출신고가 수리된 물품인가를 기준으로 하여 내국물품과 외국물품을 구분하고 있다. 수입신고가 수리된 물품은 내국물품이다. 또한 수출신고가 수리되기 전의 물품은 내국물품이다.

① 수출신고가 수리되지 않은 물품.
② 우리나라 선박 등에 의하여 공해에서 채포된 수산물 등.
③ 수입신고가 수리된 물품.
④ 관세법상 기타의 내국물품(수입의제가 적용되는 물품)

수입신고가 수리된 물품이나 관세법에 의하여 몰수되거나 매각된 물품 또는 정보통신(체신)관서가 수취인에게 교부한 우편물 등이 이에 해당된다. 우편물은 국민 대다수가 이용하는 수단이기 때문에 정상적인 수입신고 및 수입신고수리절차를 거치지 않고 간이통관절차를 거치게 된다. 즉 우편물은 수입신고수리라는 절차를 거치지 않고 국내에서 사용이 되는 것이다. 수입신고수리가 되지 않았기 때문에 외국물품인 상태로 국내에서 사용이 되는 모순이 발생된다. 이러한 문제를 해결하기 위하여 우편물은 수입신고 및 수입신고수리라는 정상적인 통관절차가 완료된 것으로 간주하는 수입의제가 적용이 된다. 따라서 수취인에게 교부된 우편물은 수입신고수리가 된 물품으로 간주되므로 내국물품에 해당된다.

(2) 외국물품

외국물품은 외국으로부터 우리나라에 도착된 물품(외국의 선박 등에 의하여 공해에서 채포된 수산물 등을 포함한다)으로서 수입신고가 수리되기 전의 물품과 수출신고가 수리된 물품을 말한다.

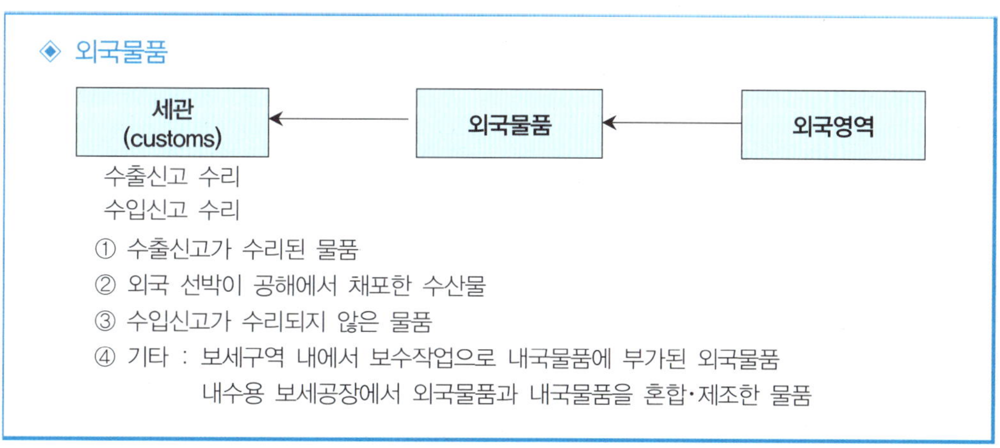

① 수입신고가 수리되기 전의 물품은 외국물품이다.

② 외국물품은 외국 선박 등에 의하여 공해에서 채포된 수산물로서 수입신고가 수리되지 않은 물품을 의미한다.

③ 수출신고가 수리된 물품은 외국물품이다.

④ 관세법상 기타 외국물품

㉮ 보세구역 내에서 보수작업으로 외국물품에 부가된 내국물품 : 보세구역은 수입신고가 수리되기 전의 상태인 외국물품을 장치하거나 가공 등을 행하는 장소이다. 또는 수출통관을 하려는 내국물품을 장치하는 장소이다. 보세구역에 장치된 물건은 현상유지를 위한 보수작업 또는 성질이 변하지 않는 범위 내에서 보수작업을 할 수 있다. 이때 외국물품을 보수하는 재료로 내국물품이 사용될 때 사용된 내국물품은 외국물품으로 간주된다. 완제품을 만들고 난 후에는 내국물품과 외국물품의 구분이 불가능하기 때문이다.

㉯ 내수용 보세공장에서 외국물품과 내국물품을 혼합하여 만든 제품은 외국물품으로 본다. : 내수용 보세공장은 외국물품 또는 외국물품과 내국물품을 원료로 제조·가공한 물품을 국내에 수입하는 공장을 말한다. 이러한 내수용 보세공장에서 외국물품과 혼합되어 사용된 내국물품은 외국물품으로 간주된다.

단 세관장의 승인을 받고 외국물품과 혼합되어 내국물품이 사용된 때에는 제조된 물품 중 외국물품의 수량 및 가격에 상응하는 것만을 외국물품으로 본다.

(3) 관세법상 수출이 성립되는 시점

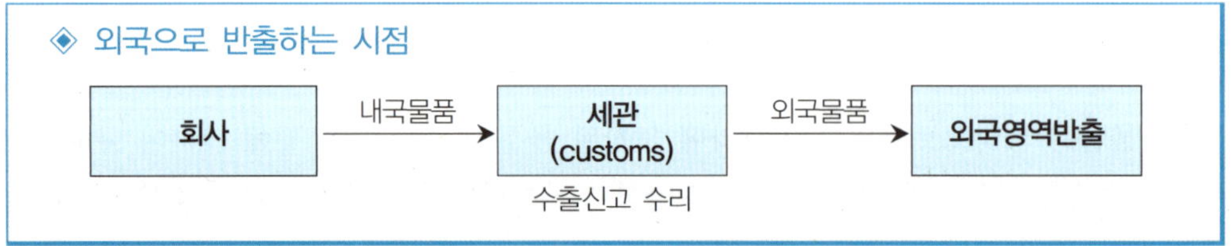

수출이 성립되는 시점은 외국으로 내국물품을 반출하는 시점이 된다. 정상적인 수출의 경우 수출신고가 수리된 후 선박에 적재된 때를 반출시점으로 본다.

한편 우리나라 선박 등에 의하여 공해에서 채포된 수산물 등을 공해에서 매각하는 경우에는 외국을 향하여 항해를 개시한 때 또는 외국으로 향하는 선박에 이적한 때를 반출시점으로 본다.

3) 대외무역법상 수출과 관세법상 수출개념의 비교

대외무역법에서는 수출의 최초 단계인 수출승인으로부터 최종 단계인 수출대금의 회수까지의 일련의 과정으로 수출의 개념을 파악하고 있다. 한편 관세법에서는 수출신고 수리일을 기준으로 하여 수출의 개념을 파악하고 있다.

관세법상의 수출의 개념은 대외무역법상의 수출의 개념과 다른 경우가 있다.

보세구역에서 외국물품을 원재료로 하거나 외국물품과 내국물품을 혼합하여 물품을 만들어 외국으로 반출할 때 대외무역법에서는 수출이라고 하지만, 관세법에서는 반송이라고 한다. 반송은 외국으로부터 우리나라에 도착된 물품을 수입신고가 수리되기 이전에 외국물품인 상태 그대로 외국에 반출하는 것을 말한다(외국에서 우리나라에 도착된 물품을 외국물품인 상태 그대로 외국으로 반출하는 것을 반송이라고 하는 한편 내국물품을 외국물품화하여 외국으로 반출하는 것을 수출이라고 한다). 관세법상 보세구역에 있는 물품은 외국물품이기 때문이다. 그러나 대외무역법에서는 보세구역에 반입하여 가공·수출하는 경우 이를 수출로 분류하고 있다.

예를 들면, 자유무역지역(Free trade area)에서 외국물품을 원재료로 하거나 외국물품과 내국물품을 혼합하여 물품을 만들어 외국으로 반출할 때, 국내인 마산에서 외국으로 물품이 이동하였으므로 대외무역법에서는 수출이라고 한다. 그러나 자유무역지역에서 제조·가공된 물품은 관세법상으로 외국물품이다. 자유무역지역으로 물품이 반입되거나 반출될 때 관세법상의 수출입통관절차를 이행하지 않기 때문이다. 이러한 자유무역지역에 있는 외국물품이 외국으로 그대로 반출될 때 역시 수출통관절차를 이행하지 않는다. 따라서 외국물품이 외국으로 반출되는 것이므로 관세법상으로 수출이 아니다. 관세법상으로 수출은 내국물품이 외국으로 반출되는 것을 의미하기 때문이다.

◈ 대외무역법상 수출과 관세법상 수출의 비교

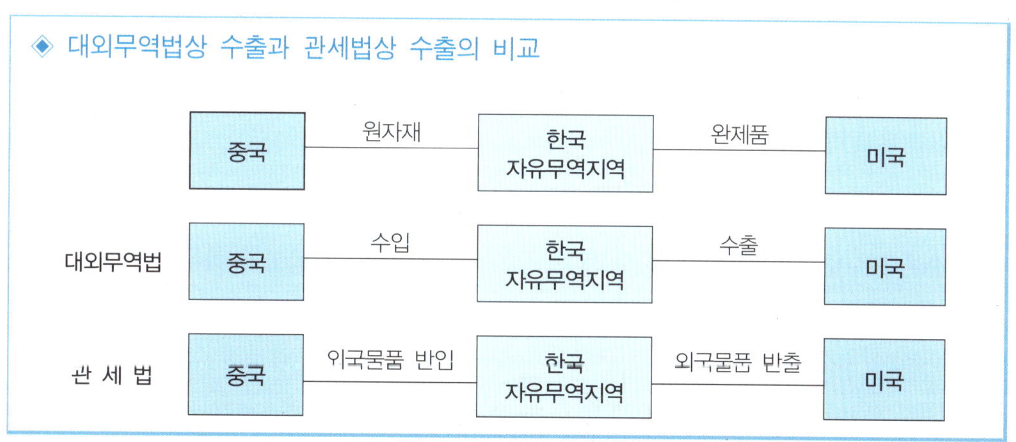

한편 수출통관절차를 완료하여 수출신고수리가 된 물품이 자유무역지역 항에서 선적을 위하여 부두에서 대기하고 있을 때, 대외무역법에서는 이를 수출이라고 하지 않는다. 수출신고수리가 되었지만 아직 국내에서 외국으로 물품이 이동하지 않고 국내에 머물러 있는 상태이므로 대외무역법상으로는 수출이 되지 않은 것이다. 관세법에서도 이는 아직 수출이 된 상태로 인정하지는 않고 있다. 관세법에서는 내국물품이 외국으로 반출되는 것을 의미하는데, 수출신고가 수리된 물품이므로 내국물품이 외국물품으로 된 것이다. 그러나 아직 외국으로 반출되지는 않았기 때문에 수출로 인정되지는 않는다. 한편 대외무역법에서는 수출은 우리나라 선박에 의하여 외국에서 채취 또는 포획한 광물 또는 수산물을 외국에 매도하는 것을 포함한다. 관세법에서도 우리나라 선박 등에 의하여 공해에서 채포된 수산물 등을 외국으로 반출하는 것을 수출의 개념에 포함시키고 있다.

3. 수출통관 절차

수출통관절차(export customs clearance)는 수출물품을 세관에 신고하는 절차, 즉, 수출물품을 세관에 수출신고를 하고 필요한 검사 및 심사를 거쳐 수출신고 수리가 된 후 물품을 선박 또는 비행기에 적재하기까지의 절차를 말한다. 세관에서는 관세법의 규정에 의한 일련의 절차를 통해서 관세법은 물론 대외무역법 및 외국환관리법 등 각종 법규의 규정이 적절하게 이행되었는가를 최종적으로 확인하게 된다. 현재 수출통관은 EDI신고를 원칙으로 하고 있으며, 원칙상 수출신고 수리일로부터 30일 이내에 선적을 완료해야만 한다.

그림 10-1 수출절차 흐름도

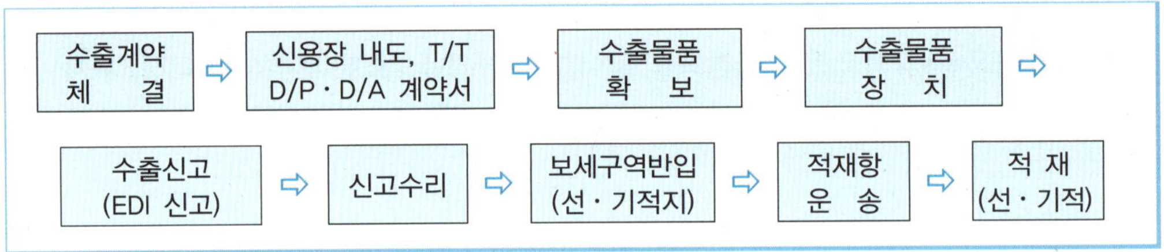

1) 수출물품의 장치

(1) 일반물품

수출물품은 수출업자의 생산공장 또는 창고 등 세관검사를 받고자 하는 장소에 장치하고 수출신고를 하는데, 수출물품의 제조가 완료되기 이전이라도 수출신고를 할 수 있다. 다만 수출신고가 수리된 물품은 수출신고수리일로부터 30일 이내에 선적되어야 한다.

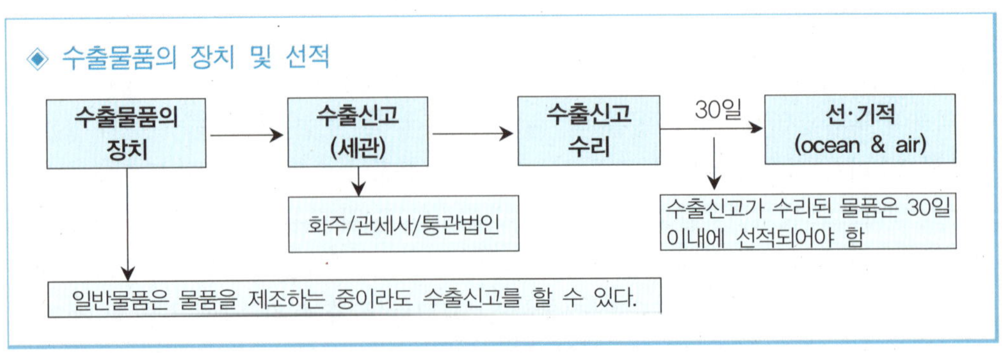

(2) 선상신고 물품(船上申告 物品)

활어와 같이 신속한 통관이 필요하거나 물품의 성질상 수출신고수리 전에 선적이 불가피한 물품에 대하여는 승인을 받아 수출신고수리 전에 선적할 수 있다.

① 선적한 후 공인검정기관의 검정서에 의거 수출품의 수량을 확인할 수 있는 물품
② 신선도를 유지하여야 하는 물품
③ 기타 세관장이 수출신고수리 전에 선적할 필요가 있다고 인정하는 물품

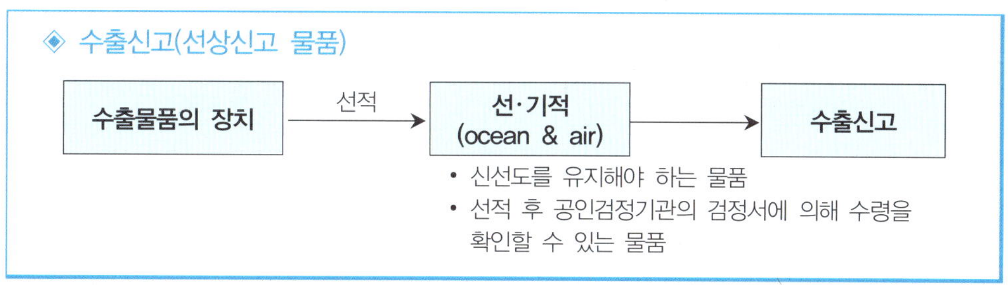

2) 수출신고

수출신고는 원칙적으로 P/L(paperless)신고로서 전자서류교환방식(EDI: Electronic Data Interchange) 또는 온라인방식인 관세청 UNI-PASS SYSTEM에 의해 진행되고 있다. 다만 예외적인 경우에 한해 수출신고서 및 증빙서류를 세관장에게 제출하도록 하고 있다.

수출신고(export declaration)란 세관에 수출신고수리를 요청하는 통관의 의사표시를 말하며, 수출을 하고자 하는 자는 전자문서로 작성된 신고자료를 통관시스템에 전송하여야 하며, 허가 · 승인 등의 증명 및 확인을 요하는 물품은 수출신고수리 전에 요건구비의 증명이 필요한 물품의 경우에는 해당 구비서류를 세관장에게 제출하여야 한다. 신고의 수리란 적법하고 정당하게 신고인에게 수출신고필증(export permit)을 교부하는 세관장의 행위를 말한다.

물품을 수출하고자 하는 자는 수출하고자 하는 물품이 장치된 소재지를 관할하는 세관장에게 수출신고를 하고 수리를 받아야 한다. 그러나 밀수출 등 불법행위가 발생할 우려가 높거나 감시단속상 필요하다고 인정하여 대통령령으로 정하는 물품은 관세청장이 정하는 장소에 반입한 후 수출신고를 하게 할 수 있다.

수출신고가 수리된 물품은 수출신고가 수리된 날로부터 30일 이내에 우리나라와 외국간을 왕래하는 운송수단에 적재하여야 하며, 수출신고 수리일로부터 1년의 범위 내에서 세관장의 승인을 받아 적재기간 연장이 가능하다. 수출하고자 하는 물품은 수출신고가 수리되기 전에 외국무역선(기)에 적재할 수 없다.

(1) 수출신고인

수출신고는 수출물품의 소유자(수출화주 또는 완제품 공급업자)나 수출입통관을 전문으로 하는 국가공인 자격인(관세사, 관세법인 및 통관 취급법인)의 명의로 하여야 한다.

(2) 수출신고 방법

수출신고는 관세청에서 정한 신고서 양식에 수출신고서 작성요령에 따라 작성하여야 한다. 수출신고된 물품에 대한 수출신고수리 방법은 그 사안에 따라 ① 시스템에 의한 자동수리, ② 세관직원에 의한 심사 후 수리 및 ③ 검사 후 수리로 나뉘며 세관장은 수출신고를 수리한 때 수출신고필증(Export Permit)을 교부한다(물품을 선적하기 전에는 '적재전 수출신고필증', 선적이 완료된 이후에는 '수출이행 수출신고필증').

서류없는 수출신고 95%  이중 95% 자동수리

대상 : 서류제출 대상이나 검사대상이 아닌 물품
금액이 U$10,000 이하인 물품

◈ 심사 후 수리(화면심사)

자 갈	수출입공고에 따라 한국골제협회의 수출승인 필요 ☞ 수출승인서 확인
장미꽃	통합공고에 따라 지방 환경청장의 허가시 필요 ☞ 허가서 요건 확인

• 자동 수리대상이 아니면서 검사가 생략되는 물품,
즉 서류가 별도로 제출되어 이를 심사하는 경우에 해당된다.

① 전자문서 전송

㉮ 수출신고는 전자자료 교환방식에 의한 수출통관 EDI System을 사용하거나 '수출신고지원센터'의 전산설비를 이용하여 전자문서로 수출신고서를 작성하여 관세청 통관시스템에 전송하면 된다.

㉯ 전송한 수출신고 내용에 대하여 전산으로 오류사항을 통보 받거나 신고내용을 정정하고자 하는 경우에는 신고번호가 부여되기 전까지는 수정한 내용을 포함한 신고자료를 당초의 제출번호에 의하여 다시 전송하면 되고, 신고번호가 부여된 후에 정정사항이 발생한 경우에는 수출신고 정정승인 신청서를 작성 하여 통관지세관장 또는 신청인 소재지 관할 세관장에게 전송하고 그 표준 증빙자료를 제출하여야 한다. 다만, 자율정정 대상이거나 세관장이 수출신고 정정신청서만으로 정정내역의 확인이 가능하다고 인정하는 경우에는 증빙자료의 제출을 생략할 수 있다.

㉰ 수출신고가 효력이 발생되는 시점은 관세청 수출통관시스템(CEDIE : Customs EDI for Export)에서 신고번호가 부여된 시점으로 한다.

㉱ 또한 통관시스템에 보관된 전자문서와 교부된 신고필증의 내용이 상이한 경우에는 통관시스템에 보관된 전자문서의 내용을 원본으로 한다.

② 종이서류 제출

수출신고자는 전자문서로 작성된 수출신고서 등 신고자료와 함께 송품장 등 관련 서류를 전자제출하거나 전자이미지로 통관시스템에 전송하여야 하지만, 전자제출 또는 전자이미지로 전송할 수 없는 서류제출 대상물품 수출신고 건은 다음과 같다.

㉮ 법 제226조(허가, 승인 등의 증명 및 확인)의 규정에 의한 세관장 확인물품 및 확인방법 지정고시 중 수출신고 수리 전에 요건구비의 증명이 필요한 물품(다만, 수출승인기관과 전산망이 연계되어 수출요건내역을 전산망으로 확인할 수 있는 경우는 제외).

㉯ 계약내용과 상이한 물품의 재수출 또는 재수출조건부로 수입통관된 물품의 수출

㉰ 수출업자가 재수입시 관세 등의 감면, 환급 또는 사후관리 등을 위하여 서류제출로 신고하거나 세관검사를 요청하는 물품(다만, 단순반복 사용을 위한 포장용기는 제외).

㉱ 수출통관시스템에서 서류제출 대상으로 통보된 물품

(3) 수출신고 시기

① 적재 전 수출신고

수출신고는 수출품을 제조한 후부터 적재하기 전까지 수출물품이 장치된 물품소재지를 관할하는 세관장에게 하여야 한다. 수출통관은 선(기)적지의 세관에서 할 수도 있고, 수출품 생산지에 있는 내륙지 세관에서 한 후 운송하여 선(기)적할 수도 있다.

② 적재 후 수출신고

특수형태의 수출로서 수출물품의 특성에 따라 다음과 같이 물품의 적재 후에 수출신고가 이루어질 수 있다.

㉮ 선상신고 : 신속통관 등을 위하여 수출신고수리 전 선적이 불가피한 아래 물품에 대해서는 외국으로 반출할 선박에 선적한 후 선상에서 수출신고를 할 수 있다. 선적 후 선상에서 수출신고를 하는 물품은 수출신고수리 전 선(기)적 허가신청서를 세관장에게 제출한 후 허가를 받은 후에 외국무역선(기)에 선적이 가능하다.

㉠ 광산물 · 곡물 등의 산화물(bulk cargo)과 같이 선적한 후 공인검정기관의 검정서(survey report)에 의하여 수량을 확인하는 물품

㉡ 물품의 신선도 유지 등의 사유로 선상수출신고가 불가피하다고 인정되는 물품(내항선에 적재된 수산물을 다른 선박으로 이적하지 아니한 상태로 외국무역선으로 자격을 변경하여 출항하고자 하는 경우가 이에 해당된다).

㉢ 자동차전용선에 적재하여 수출하는 신품자동차

㉯ 현지수출 어패류 신고 : 어패류를 외국 현지에서 수출하는 것이 불가피한 경우 수출후부터 대금결제 전까지 선박의 출항허가를 받은 세관장에게 신고자료를 전송하고 신고서류에 화물수취증(cargo receipt)과 같이 수출실적 증명서류를 첨부하여야 한다.

㉰ 원양수산물 신고 : 공해상에서 우리나라 선박이 채포한 수산물을 현지에서 판매하는 경우 대금결제 전까지 수출실적보고서(수출신고서 양식 사용)에 Cargo Receipt,

Bill of Lading, 최종결제서(final settlement) 등의 수출사실 증명서를 첨부하여 한국원양어업협회를 경유하여 서울세관장에게 신고자료를 전송해야 한다.

㉣ 잠정수량신고 대상물품의 신고 : 배관 등 고정운반설비를 이용하여 적재하는 경우 또는 제조공정상의 이유로 수출신고시점에 수량을 결정하기 어려운 물품으로서 ㉠ 가스, ㉡ 액체, ㉢ 전기, ㉣ HS 제50류 내지 제60류 중 직물 및 편물, ㉤ 기타 이들에 준하는 물품으로서 관세청장이 별도로 정하는 물품의 어느 하나에 해당하는 물품을 수출하고자 하는 자는 수출신고시에 적재예정수량 및 금액을 신고(수출신고서 양식 사용)하고, 적재완료일부터 5일이 경과되기 전까지 실제 공급한 수량 및 금액을 신고(수출신고 정정승인신청서 사용)할 수 있다.

(4) 수출신고의 기준

① 적재단위별 신고

수출신고는 해당물품을 외국으로 반출하고자 하는 선박 또는 항공기의 적재단위(Shipping Request ; S/R 또는 Shipping Order ; S/O, B/L 또는 AWB)별로 하여야 한다. 하지만 수입업자의 요청 등 부득이한 사유가 있을 경우 동시 포장된 물품을 2건 이상으로 분할하여 신고하거나 2건 이상으로 수출신고 수리된 물품을 1건으로 재포장하여 선(기)적할 수 있다. 이 경우 수출업자는 이 사실을 수출신고필증과 선적요청서(S/R) 등에 표기하고 적하목록 작성책임자는 이 사실을 적하목록에 기재하고 수출화물시스템에 전송하여야 한다.

② 수출품 장치장소별 신고

수출신고는 물품의 장치장소별로 별도로 신고하여야 한다. 하지만, 동일 세관의 관할구역 내에 물품소재지가 2곳 이상이면 1건으로 수출신고가 가능하다. 따라서 동일한 적재단위 물품을 여러 장소에서 모집할 경우에는 선(기)적지에 모집하여 수출신고를 하는 것이 편리하다.

2) 수출심사

(1) 수출심사 사항

수출심사 사항으로는 다음과 같다.

① 신고서가 [별표] "수출신고서 작성요령"에 따라 정확하게 작성되었는지의 여부
② 관세법 제226조에 따라 세관장이 수출요건을 확인하는 물품의 품목분류의 적정 여부 및 수출요건의 구비 여부
③ 원산지표시(관세법 제230조) 및 지식재산권(관세법 제235조) 침해 여부
④ 분석의뢰가 필요한 물품인지의 여부
⑤ 그 밖에 수출신고수리여부를 결정하기 위하여 필요한 사항

(2) 분석의뢰

수출업무담당과장은 신고물품이 물리적, 화학적 실험에 의하여 그 내용을 확인하여야 하는 등 전문적인 지식과 기술을 요하는 경우에는 세관분석실에 분석의뢰하거나 당해 물품에 관한 전문가의 의견을 받아 처리할 수 있다. 이 경우 분석의뢰 사실을 통관시스템에 입력하여야 하고, 분석한 물품의 분석결과 신고사항이 일치하지 아니하는 경우 이를 정정한다. 분석은 신고수리 후 분석을 원칙으로 한다. 다만, ① 물품의 특성상 수출제한품목일 가능성이 있는 경우, ② 수출물품이 계약상이 신고물품인 경우 어느 하나에 해당하는 경우에는 신고수리 전에 분석한다.

그림 10-2 수출통관 개관

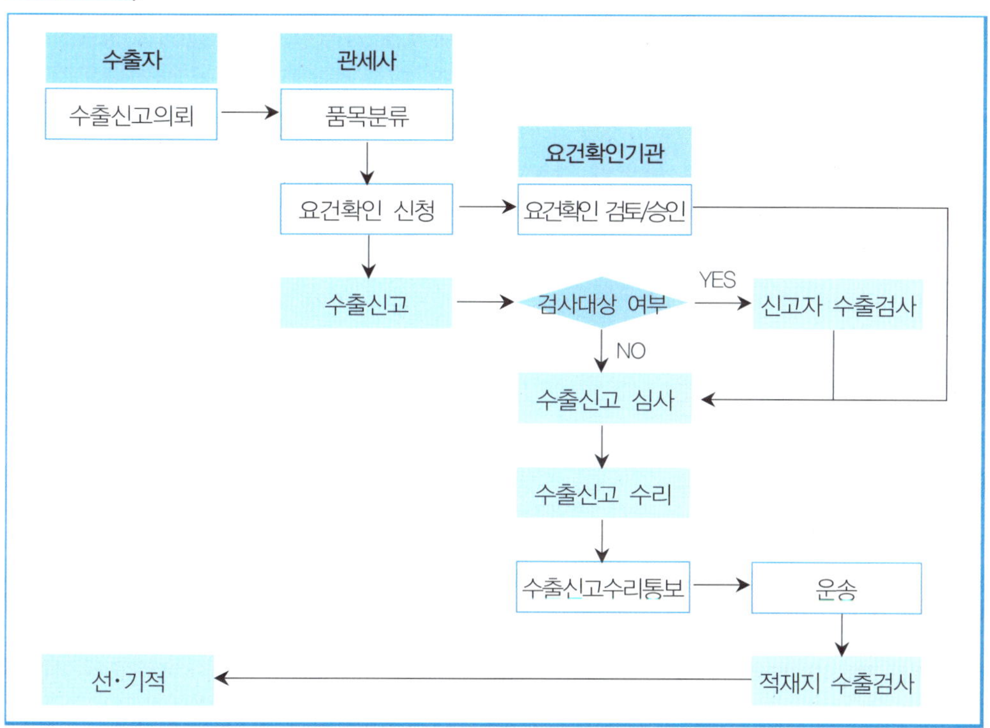

(3) 보완요구

신고인이 제출한 서류 및 자료에 의하여 심사사항의 확인이 곤란한 경우 보완요구할 사항을 통관시스템에 입력하고 보완요구서(별지 서식 제9호 서식)를 신고인에게 통보하여야 한다. 이와 같은 보완요구에도 불구하고 보완하여야 할 사항이 경미한 것으로서 사후에 이를 보완하더라도 신고수리를 할 수 있다고 세관장이 인정한 때에는 신고인 또는 수출화주는 세관장이 지정한 기간 내에 관련 서류를 제출하여야 한다. 화주에게 보완요구시 보완요구서에 보완해야 할 사항, 보완요구 이유 및 보관기간 등을 구체적으로 기재하여야 한다. 세관장은 신고인 또는 수출화주가 요구받은 기간 내에 보완요구 사항을 구비하지 않을 경우 통관이 보류된다.

(4) 통관보류

세관장은 심사결과 수출물품이 다음 중 하나에 해당하는 경우에는 통관을 보류할 수 있으며 이 사실을 통관시스템에 입력한다.

① 신고서 기재사항 또는 신고시 제출서류 등 중요한 사항이 미비되어 보완이 필요한 경우
② 관세법에 따른 의무사항을 위반하거나 국민보건 등을 위해할 우려가 있는 경우
③ 범칙혐의로 자체조사가 진행 중이거나 고발의뢰한 경우
④ 기타 통관심사결과 신고수리의 요건을 구비하는데 장시일이 소요되는 경우

(5) 수출신고의 정정

수출신고를 정정하고자 하는 자는 정정신청내역을 기재한 후 수출신고 정정신청서(별지 제2호 서식)를 전자문서로 통관지 세관장 또는 신청인 소재지 관할세관장에게 전송하고 표준증빙자료를 제출하여야 한다. 다만 자율정정대상이거나 세관장이 수출신고 정정신청만으로 정정내역의 확인이 가능하다고 인정하는 경우에는 증빙자료의 제출을 생략할 수 있다.

한편 세관장은 ① 신고내역이 잘못된 경우, ② 분석결과 수출신고내역과 다른 경우 중 어느 하나에 해당되는 경우 직권으로 신고내역을 정정할 수 있다.

(6) 수출신고의 취하

수출신고의 취하는 신고인의 신청에 의하여 세관장이 신고를 취소하는 것을 말한다. 수출신고를 취하하고자 하는 자는 "수출신고 취하승인(신청)서(별지 제2호 서식)"에 신고취하 신청내역을 기재하여 통관지 세관장에게 전송하여야 한다. 수출신고 취하승인으로 수출신고 또는 수출신고수리의 효력은 상실된다.

(7) 수출신고의 각하

수출신고의 각하는 세관장이 직권으로 당해 신고를 거절하거나 취소하는 것을 말한다. 세관장은 ① 거짓 또는 부정한 방법으로 신고한 경우, ② 그 밖에 수출신고의 형식적 요건을 갖추지 못한 경우 중 어느 하나에 해당하는 경우 수출신고를 각하할 수 있다. 이 경우 즉시 통관시스템에 등록하고 그 사실을 신고인에게 통보하여야 한다.

3) 수출물품의 검사

수출신고가 적합하게 접수되면 세관에서는 수출되는 물품이 수출신고된 물품과 동일물품인지의 여부를 확인하게 되는데 이를 세관검사라고 한다. 수출물품 검사는 위장수출 또는 위조상품 수출의 방지, 불법수출의 방지 및 관세환급의 적확성을 기하고 수출품의 품명·규격·수량 등의 확인을 목적으로 하고 있다. 신속한 수출통관을 위해 수출신고물품에 대한 검사는 원칙적으로 생략한다.

(1) 검사대상 물품

수출물품에 대한 검사대상 선별기준은 다음과 같다.

① 물품, 수출자 또는 제조자, 신고인 등의 우범성이나 신용도 등을 고려하여 수출통관시스템(Cargo Selectivity ; C/S)에 제출된 수출신고 자료에 의한 선별
② 신고서 처리방법 결정시 물품검사가 필요하다고 판단되는 경우
③ 적재지 관할 세관장이 필요하다고 인정하는 경우 물품검사 생략대상으로 수출신고 수리된 물품에 대해서 컨테이너검색기 검사 실시

(2) 검사시기

수출검사는 수출신고수리 후 적재 전에 검사하는 것을 원칙으로 한다. 하지만 ① 적재 전 검사가 부적절하다고 판단되는 물품이나 반송물품, ② 계약상이 물품, ③ 재수출물품 및 원상태수출물품 등은 수출신고지 세관에서 물품검사를 할 수 있다.

(3) 검사장소

수출신고물품에 대한 검사는 당해물품이 장치되어 있는 장소에서 행한다. 다만, ① 부정수출 또는 부정환급 등 우범성 정보가 있는 물품, ② 물품의 성질과 업체의 성실도 등을 감안하여 물품의 효율적 검사를 위하여 부득이한 물품 등에 해당되는 경우에는 물품을 보세구역에 반입하게 한 후 검사할 수 있다.

(4) 검사방법

세관장은 효율적인 물품검사를 위하여 컨테이너검색기 또는 차량이동형 검색기 등을 활용하여 검사할 수 있으며, 물품확인이 필요한 경우 전량검사, 발췌검사 또는 분석검사 등을 실시한다.

4) 수출신고의 수리

(1) 수출신고서 처리방법

수출신고의 수리는 다음 구분에 의한 신고서 처리방법에 따른다.

① 자동수리대상은 통관시스템에서 자동으로 신고수리
② 심사대상은 심사 후 수리 : 자동수리대상이 아닌 물품 중 검사가 생략되는 물품으로 세관직원이 신고내용을 심사하고 수리를 하는 방법이다.
③ 검사대상은 검사 후 수리. 다만, 적재지 검사대상은 수출물품을 적재하기 전에 검사받는 조건으로 신고수리 : 수출물품에 대하여는 검사생략이 원칙이나 수출시 현품의 확인이 필요한 경우와 우범물품으로 선별된 물품 중 세관장이 검사가 필요하다고 판단한 물품에 대하여 수출물품을 실제로 검사하고 수출신고를 수리 하는 방법이다. 수출통관시 검사대상물품은 통관시스템(C/S, Cargo Selectivity)에 의해 선별하며, 세관별로 1% 이내이다.

(2) 수출신고필증의 교부

수출신고필증은 일반적으로 신고사실을 전산통보 받은 후 관세사가 날인하여 수출화주에게 교부한다. 그리고 화주가 신고서류를 제출한 경우에는 세관의 처리담당자가 날인한 후 수출신고필증을 교부함으로써 수출신고가 수리된다. 이와 함께 수출신고 수리 전 보수작업은 물품의 원상태가 변질되지 않는 범위 내에서만 허용된다.

세관장은 수출신고를 수리한 때에는 세관특수청인을 전자적으로 날인한 수출신고필증을 교부한다. 수출신고필증은 적재 전 수출신고필증, 수출이행 수출신고필증으로 구분되는데 수출이행 신고필증은 출항이 완료된 이후에 교부한다. 교부된 신고필증이 통관시스템에 보관된 전자문서의 내용과 다를 경우에는 통관시스템에 보관된 전자문서의 내용을 원본으로 한다.

5) 수출물품의 적재

(1) 수출물품의 적재신고

선적작업 개시 직전에 운송회사는 수출신고필증의 제시를 요구한다. 이후 본선수취증(Mates Receipt; M/R)을 발급한다. 수출물품을 선적한 후 선사 또는 국제물류 주선인은 수출신고가 수리된 날로부터 30일 이내에 선적 적하목록(manifest)에 수출신고 번호를 기재하여 세관에 EDI방식으로 선적완료한 사실을 신고한다.

수출자는 수출신고가 수리된 물품을 30일 내게 외국무역선(기)에 적재하여야 한다. 다만, 이 기간 내에 수출이 어려운 경우 1년의 범위 내에서 통관지 세관장의 승인을 받아 기간의 연장이 가능하다. 물품을 선적한 운수기관의 출항 적하목록이 제출되면 관세청 수출통관시스템(CEDIE : Customs EDI for Export)에 선적 여부가 기록된다.

수출(반송물품 포함)물품을 선박이나 항공기에 적재하고자 하는 자(적화목록 제출의무자)는 수출물품이 선적지 공항만(ODCY 포함) 내에 장치된 후 적재하기 전에 물품목록을 출항지세관장에게 전자문서로 제출하여 적재신고를 하여야 한다. 이 경우 적화목록 제출의무자는 운항선사 또는 항공사가 되며, 소량화물(LCL화물)은 국제물류 주선인의 혼재화물 물품목록을 취합하여 제출한다. 물품목록의 제출시기는 ㉮ 해상화물 : 선박적재 24시간 전까지(근거리지역은 선박적재 전으로서 선박출항 30분 전까지, 산화물이나 환적화물 등은 선박출항 전까지, 선상수출 대상화물은 선박출항 익일 24시까지) 그리고 ㉯ 항공화물 : 항공기 적재 전으로서 항공기 출항 30분 전까지 등과 같다.

(2) 수출물품의 적재

수출업자는 수출신고가 수리된 물품을 수출신고가 수리된 날부터 30일 이내에 우리나라와 외국 간을 왕래하는 운송수단에 적재하여야 한다. 이를 이행하지 않으면 과태료를 납부하여야 한다. 하지만 출항 또는 일정변경 등 부득이한 사유로 인하여 적재기간을 연장하고자 하는 자는 변경 전 적재기간 내에 통관지 세관장에게 적재기간 연장승인을 신청하여야 한다.

수 출 신 고 서 (갑지)

※ 처리기간 : 즉시

제출번호 99999-99-9999999 ①신 고 자 XXXXXXXXXXXXXXXXXXXXXXXXXXXXXXXXXXXX	⑤신고번호 999-99-99-99999999	⑥신고일자 YYYY/MM/DD	⑦신고구분 X	⑧C/S구분 X

②수 출 대 행 자 XXXXXXXXXXXXXXXXXXXXXXXXXXXXX (통관고유부호) XXXXXXXX-9-99-9-99-9 수출자구분 X 수 출 화 주 XXXXXXXXXXXXXXXXXXXXXXXXXXXXX (통관고유부호) XXXXXXXX-9-99-9-99-9 (주소) XXXXXXXXXXXXXXXXXXXXXXXXXXXXXXXXXXXXXXXXXXXXXXXXXXXXXX (대표자) XXXXXXXXXXXX (소재지) XXX (사업자등록번호) 999-99-99999	⑨거래구분 XX ⑫목적국 XXXXXXX ⑮선박명(항공편명) XXXXXXX ⑱운송형태 XX XXX ⑳물품소재지 XXX XXXXXXXXXXXXXXXXXXXXXXXXXXXXXX	⑩종류 X ⑬적재항 XXXXXXXX ⑯출항예정일자 XXXXXX ⑲검사희망일 YYYY/MM/DD	⑪결제방법 XX ⑭선박회사 (항공사) XXXXXXX ⑰적재예정보세구역 XXXXXXX
③제 조 자 XXXXXXXXXXXXXXXXXXXXXXXXXXXXX (통관고유부호) XXXXXXXX-9-99-9-99-9 제조장소 XXX 신업단지부호 XXX	㉑L/C번호 XXXXXXXXXXXXXXXXXXX ㉓사전임시개청통보여부 X	㉒물품상태 X ㉔반송 사유 XX	
④구 매 자 XXXXXXXXXXXXXXXXXXXXXXXXXX (구매자부호) XXXXXXXXXX	㉕환급신청인 X (1:수출대행자/수출화주, 2:제조자) 간이환급 XX		

· 품명 · 규격 (란번호/총란수: 999/999)

㉖품 명 XXXXXXXXXXXXXXXXXXXXXXXXXXXXXXXXXXXXXXXXXXXXXXXXXXX ㉗거래품명 XXXXXXXXXXXXXXXXXXXXXXXXXXXXXXXXXXXXXXXXXXXXXXXXXXX	㉘상표명 XXXXXXXXXXXXXXXXXXXX

㉙모델 · 규격	㉚성분	㉛수량	㉜단가(XXX)	㉝금액(XXX)
XXXXXXXXXXXXXXXXXXXXXXXXXXXXXXXXXXXXXXXXXXXXXXXXXXXXX (×7 lines) 모델규격의 갯수 및 길이에 따라 세로길이 가변적	XXXXXXXXXXXXXXXXXXX XXXXXXXXXXXXXXXXXXX XXXXXXXXXXXXXXXXXXX XXXXXXXXXXXXXXXX	999,999,999,999(XX)	9,999,999,999.99	999,999,999.99

㉞세번부호	9999.99-9999	㉟순중량	999,999,999,999(XX)	㊱수량	999,999,999,999(XX)	㊲신고가격(FOB)	₩999,999,999
㊳송품장번호	XXXXXXXXXXX	㊴수입신고번호	XXXXX-XX-XXXXXXX-X(XXX)	㊵원산지 XX-X-X		㊶포장갯수(종류)	999,999(XX)

㊷수출요건확인 (발급서류명)	X-XXXXXXXXXXXXXXXXX (XXXXXXXXXXXXXXXXX)	X-XXXXXXXXXXXXXXXXX (XXXXXXXXXXXXXXXXX)	X-XXXXXXXXXXXXXXXXX (XXXXXXXXXXXXXXXXX)	X-XXXXXXXXXXXXXXXXX (XXXXXXXXXXXXXXXXX)

㊸총중량	999,999,999(XX)	㊹총포장갯수	999,999 (XX)	㊺총신고가격 (FOB)	$ 999,999,999,999 ₩ 999,999,999,999,999
㊻운임(₩)	999,999,999	㊼보험료(₩)	999,999,999,999	㊽결제금액	XXX-XXX-999,999,999,999,999
㊾수입화물관리번호	XXXXXXXXXXXXXXXXXXX	X		㊿컨테이너번호	XXXXXXXXXXX X

※신고인기재란	51세관기재란
XXXXXXXXXXXXXXXXXXXXXXXXXXXXXXXXXXXXXXXXXXXXXXXXXXXXXXXXXXXXXX (×4 lines)	XXXXXXXXXXXXXXXXXXXXXXXXXXXXXXXXXXXXXXXXXXXXXXXXXXXXXXXXXXXXXXXXXXXXXXXXX (×4 lines)

52운송(신고)인 XXXXXXXXXXXXXXXXXXXXXXXXXX 53기간 YYYY/MM/DD 부터 YYYY/MM/DD 까지	54적재의무기한	YYYY/MM/DD	55담당자	XXXXXX(XXXXXX)	56신고수리일자	YYYY/MM/DD

수출신고필증 (수출이행, 갑지)

※ 처리기간 : 즉시

제출번호 99999-99-9999999
①신 고 자 XXXXXXXXXXXXXXXXXXXXXXXXXXXXXXXXXXX

⑤신고번호	⑥신고일자	⑦신고구분	⑧C/S구분
999-99-99-99999999	YYYY/MM/DD	X	X

②수 출 대 행 자 XXXXXXXXXXXXXXXXXXXXXXXXXXXX
(통관고유부호) XXXXXXXX-9-99-9-99-9 수출자구분 X
수 출 화 주 XXXXXXXXXXXXXXXXXXXXXXXXXXXX
(통관고유부호) XXXXXXXX-9-99-9-99-9
(주소) XXXXXXXXXXXXXXXXXXXXXXXXXXXXXXXXXXXXXXXXXXXXXXXXXXXX
(대표자) XXXXXXXXXXXX (소재지) XXX
(사업자등록번호) 999-99-99999

⑨거래구분 XX ⑩종류 X ⑪결제방법 XX
⑫목적국 XXXXXXX ⑬적재항 XXXXXXXX ⑭선박회사 (항공사) XXXXXXX
⑮선박명(항공편명) XXXXXXX ⑯출항예정일자 XXXXXX ⑰적재예정보세구역 XXXXXXX
⑱운송형태 XX XXX ⑲검사희망일 YYYY/MM/DD
⑳물품소재지 XXX XXXXXXXXXXXXXXXXXXXXXXXXXXXXXX

③제 조 자 XXXXXXXXXXXXXXXXXXXXXXXXXXXXX
(통관고유부호) XXXXXXX-9-99-9-99-9
제조장소 XXX 산업단지부호 XXX

㉑L/C번호 XXXXXXXXXXXXXXXXXXX ㉒물품상태 X
㉓사전임시개청통보여부 X ㉔반송 사유 XX

④구 매 자 XXXXXXXXXXXXXXXXXXXXXXXXXXX
(구매자부호) XXXXXXXXXX

㉕환급신청인 X (1:수출대행자/수출화주, 2:제조자)
간이환급 XX

· 품명 · 규격 (란번호/총란수: 999/999)

㉖품 명 XXXXXXXXXXXXXXXXXXXXXXXXXXXXXXXXXXXXXXXXXXXXXXXXXXXXX
㉗거래품명 XXXXXXXXXXXXXXXXXXXXXXXXXXXXXXXXXXXXXXXXXXXXXXXXXXXXX
㉘상표명 XXXXXXXXXXXXXXXXXXXXX

㉙모델 · 규격	㉚성분	㉛수량	㉜단가(XXX)	㉝금액(XXX)
XXXXXXXXXXXXXXXXXXXXXXXXXXXXXXXXXXXXXXXXXXXXXXXXXXXXXXX XXXXXXXXXXXXXXXXXXXXXXXXXXXXXXXXXXXXXXXXXXXXXXXXXXXXXXX XXXXXXXXXXXXXXXXXXXXXXXXXXXXXXXXXXXXXXXXXXXXXXXXXXXXXXX XXXXXXXXXXXXXXXXXXXXXXXXXXXXXXXXXXXXXXXXXXXXXXXXXXXXXXX XXXXXXXXXXXXXXXXXXXXXXXXXXXXXXXXXXXXXXXXXXXXXXXXXXXXXXX XXXXXXXXXXXXXXXXXXXXXXXXXXXXXXXXXXXXXXXXXXXXXXXXXXXXXXX XXXXXXXXXXXXXXXXXXXXXXXXXXXXXXXXXXXXXXXXXX	XXXXXXXXXXXXXXXXXX XXXXXXXXXXXXXXXXXX XXXXXXXXXXXXXXXXXX XXXXXXXXXXXXXXXX	999,999,999,999(XX)	9,999,999,999.99	999,999,999.99

모델규격의 갯수 및 길이에 따라 세로길이 가변적

㉞세번부호	9999.99-9999	㉟순중량	999,999,999,999(XX)	㊱수량	999,999,999,999(XX)	㊲신고가격(FOB)	₩999,999,999
㊳송품장번호	XXXXXXXXXX	㊴수입신고번호	XXXXX-XX-XXXXXXX-X(XXX)	㊵원산지	XX-X-X	㊶포장갯수(종류)	999,999(XX)

㊷수출요건확인 (발급서류명)	X-XXXXXXXXXXXXXXXXX (XXXXXXXXXXXXXXXXX)	X-XXXXXXXXXXXXXXXXX (XXXXXXXXXXXXXXXXX)	X-XXXXXXXXXXXXXXXXX (XXXXXXXXXXXXXXXXX)	X-XXXXXXXXXXXXXXXXX (XXXXXXXXXXXXXXXXX)

㊸총중량	999,999,999(XX)	㊹총포장갯수	999,999 (XX)	㊺총신고가격 (FOB)	$ 999,999,999,999 ₩ 999,999,999,999,999
㊻운임(₩)	999,999,999	㊼보험료(₩)	999,999,999,999	㊽결제금액	XXX-XXX-999,999,999,999,999
㊾수입화물 관리번호	XXXXXXXXXXXXXXXXX X			㊿컨테이너번호	XXXXXXXXXX X

※신고인기재란
XXXXXXXXXXXXXXXXXXXXXXXXXXXXXXXXXXXXXXXXXXXXXXXXXXXXXX
XXXXXXXXXXXXXXXXXXXXXXXXXXXXXXXXXXXXXXXXXXXXXXXXXXXXXX
XXXXXXXXXXXXXXXXXXXXXXXXXXXXXXXXXXXXXXXXXXXXXXXXXXXXXX
XXXXXXXXXXXXXXXXXXXXXXXXXXXXXXXXXXXXXXXXXXXXXXXXXXXXXX

51세관기재란
XXXXXXXXXXXXXXXXXXXXXXXXXXXXXXXXXXXXXXXXXXXXXXXXXXXXXXXXXXXXXXXXX
XXXXXXXXXXXXXXXXXXXXXXXXXXXXXXXXXXXXXXXXXXXXXXXXXXXXXXXXXXXXXXXXX
XXXXXXXXXXXXXXXXXXXXXXXXXXXXXXXXXXXXXXXXXXXXXXXXXXXXXXXXXXXXXXXXX
XXXXXXXXXXXXXXXXXXXXXXXXXXXXXXXXXXXXXXXXXXXXXXXXXXXXXXXXXXXXXXXX

52운송(신고)인 XXXXXXXXXXXXXXXXXXXXXXXXXX
53기간 YYYY/MM/DD 부터 YYYY/MM/DD 까지

54적재의무기한	YYYY/MM/DD	55담당자	XXXXXX(XXXXXX)	56신고수리일자	YYYY/MM/DD

제 2 절 수입통관

1. 개요

수입하고자 하는 자가 우리나라에 수입될 물품을 선적한 선박(항공기)이 ① 출항하기 전, ② 입항하기 전, ③ 입항 후 물품이 보세구역에 도착하기 전, ④ 보세구역에 장치한 후 중에 선택하여 세관장에게 수입신고 하고, 세관장은 수입신고가 관세법 및 기타 법령에 따라 적법하고 정당하게 이루어진 경우에 이를 신고수리하고 신고인에게 수입신고필증(import permit)을 교부하여 수입물품이 반입될 수 있도록 하는 일련의 과정을 말한다. 즉, 수입통관절차(import clearance)라 함은 수입하고자 하는 물품을 세관에 수입신고한 후 필요한 경우 심사와 검사를 거쳐 수입신고수리를 받고 수입물품을 인수한 후 신고수리 후 15일 이내에 관세 등을 납부하기까지의 일련의 절차를 말한다.

2. 수입통관의 준비

1) 적하목록의 제출

(1) 적하목록의 의의

선장 또는 기장 등은 외국무역선 또는 외국무역기가 개항에 입항하였을 때에는 선용품 또는 기용품 목록, 여객명부, 승무원명부, 승무원휴대품목록과 적하목록을 첨부하여 지체 없이 세관장에게 입항보고를 하여야 한다. 적하목록(manifest)은 화물을 운송하는 수단(선박, 항공기 등)에 적재된 화물의 총괄목록으로 선사 또는 항공사가 Master B/L의 내역을 기재한 선박 또는 항공기의 화물적재목록과 국제물류주선인(freight forwarder)이 House B/L의 내역을 기재한 경우에는 혼재화물 적하목록을 말한다.

(2) 적하목록의 제출시기

외국무역선의 경우에는 적재항에서 화물이 선박에 적재되기 24시간 전까지(중국·일본·대만·홍콩·러시아·극동지역 등 근거리지역의 경우에는 적재항에서 선박이 출항하기 전까지, 산화물(bulk cargo)의 경우에는 선박이 입항하기 4시간 전까지) 선박입항 예정지 세관장에게 전자문서로 제출되어야 한다. 외국무역기의 경우에는 항공기가 입항하기 4시간 전까지(특송화물의 경우 1시간 전까지) 항공기 입항예정지 세관장에게 전자문서로 제출되어야 한다.

(3) 적하목록의 작성자

적하목록 작성책임자는 ① 수출입화물을 집화 · 운송하는 경우에는 운항선사와 항공사, ② 공동배선의 경우에는 용선한 선박회사 및 항공사(대리점 포함)가 되며 ③ 혼재화물의 경우에는 국제물류주선인(대리점 포함)이 된다.

적하목록 작성책임자는 적하목록 지연제출에 대한 책임은 없지만 작성오류로 인한 적화목록 정정신청시 소정의 책임을 부담하게 된다. 이에 따라 정정기간(입항 후 60일)을 초과하여 정정하거나(예를 들어 B/L추가) 명백한 품명오류 등 과태료 부과사유가 발생할 경우에는 책임을 져야 한다.

2) 하역신고

(1) 하선(기)

하선(下船)은 화물을 본선에서 양륙하여 하선장소에 반입하는 작업을 말하며, 적하목록 심사가 완료된 이후에 하선작업을 할 수 있다. 운항선사가 화물을 하선하려고 할 때에는 Master B/L단위의 적하목록을 기준으로 하선장소를 기재한 하선신고서〔하선신고서 제출 의무자는 ① 운항선사, ② 공동배선사의 경우에는 용선선사, ③ 운항선사(공동배선사)의 위임을 받은 하역업체〕를 세관장에게 전자문서로 제출하여야 한다. 항공사가 화물을 하기(항공기에서 화물을 내려 장소에 반입하는 것을 '하기(下機)'라고 한다)하고자 하는 경우에는 세관장에게 하기신고를 해야 한다.

(2) 하선장소 결정

선사가 물품을 하선할 수 있는 장소는 다음과 같다. 다만, 부두 내에 보세구역이 없는 경우에는 관할구역 내 보세구역(보세구역 외 장치허가를 받은 장소 포함) 중 세관장이 지정하는 장소로 한다.

① **컨테이너화물** : 컨테이너를 취급할 수 있는 시설이 있는 부두 내 또는 부두 밖 컨테이너 보세장치장(CY · CFS)에 하선한다. 다만, 부두사정상 컨테이너화물과 산화물을 함께 취급하는 부두의 경우에는 보세구역 중 세관장이 지정한 보세구역에 하선한다.

② **냉동컨테이너화물** : 화주가 냉동컨테이너로부터 화물을 적출하여 반입을 원하는 경우에는 냉동시설을 갖춘 보세구역에 하선한다.

③ **산화물 등 기타 화물** : 부두 내 보세구역(ODCY 제외)에 하선한다.

④ **액체, 분말 등의 형태로 본선에서 탱크, 사이포 등 특수저장시설로 직송되는 물품** : 해당 저장시설을 갖춘 보세구역에 하선한다.

(3) 하기장소 결정

항공사가 물품을 하기할 수 있는 장소는 항공기가 입항한 공항 항역 내 보세구역에 한 한다. 다만, 인천국제공항의 경우에는 김포공항 항역 내 보세구역을 포함한다.

(4) 하선장소 결정순서

선사가 하선장소를 결정하는 때에는 다음의 순서에 따른다.

① 밀수방지 등을 위하여 관리대상화물로 선별된 물품은 세관장이 지정한 장소

② 입항전 수입신고 또는 하선전 보세운송신고 물품으로서 검사가 필요하다고 인정되는 물품은 부두 내의 세관장이 지정하는 장소(검사대상 물품은 ODCY 운송이 불가능하고 부두 내 세관검사장으로 이고(移庫))
③ 기타 화물은 원칙적 하선장소 중 선사가 지정하는 장소

(5) 하기장소 결정순서

항공사가 하선장소를 결정하는 때에는 다음의 순서에 따른다.

① 밀수방지 등을 위하여 관리대상화물로 선별된 물품은 세관장이 지정한 장소
② 다음에 해당하는 물품은 즉시 반출을 위하여 공항 내 현도장 보세구역으로 함. 다만, 세관장이 계류장 인도대상 물품으로 지정한 물품과 화물의 권리자가 즉시 반출을 요구하는 물품은 현도장 보세구역이 아닌 계류장내에서 직접 반출
  ㉠ 입항전 또는 하기장소 반입 전에 수입신고 수리물품
  ㉡ 하기장소 반입 전에 보세운송신고가 수리되었거나 타 세관 관할보세구역으로 보세운송 할 물품으로 화물분류가 결정된 물품
  ㉢ 검역대상물품(검역소에서 인수하는 경우)
  ㉣ B/L 제시 인도물품(수입신고 생략물품)
③ 적화목록을 추가로 제출한 경우 동 물품은 하기작업을 실시한 항공사 창고
④ 기타 화물은 공항 항역내의 하기장소 중 항공사가 지정하는 장소

(6) 하선장소 내 물품 구분장치

선사가 하선작업을 할 때에는 다음 중 어느 하나에 해당하는 물품별로 하선작업 계획을 수립하여 하선장소 내에 구분 장치하여야 한다.

① 하선장소 내 CFS 반입대상물품 및 하선장소 내에서 통관할 물품
② 타 지역으로 보세운송할 물품
③ 세관장이 지정한 장치장에 반입할 검사대상 화물
④ 냉동·냉장물품 및 위험물품
⑤ 기타 세관장이 별도로 화물을 분류토록 지시한 물품

(7) 하역장소 물품반입

하역업체는 입항일(외항에서 입항수속을 한 경우 접안일)로부터 컨테이너화물은 3일, 원목, 곡물, 원유 등 산화물의 경우에는 10일 이내에 해당 물품을 하선장소로 반입하여야 한다. 항공화물의 경우 항공기 입항 후 24시간 이내에 지정된 하기장소에 반입하여야 한다. 물품을 인수받은 보세구역 관리인이나 운영인은 물품반입 즉시 세관장에게 House B/L단위로 반입신고를 해야 한다. 다만, 컨테이너 내장물품으로서 ① Master B/L 단위의 FCL화물이나 ② LCL화물 중 당해 컨테이너 장치장의 CFS에 물품을 적출하거나 반입작업을 하지 않는 물품은 Master B/L단위로 반입할 수 있다.

(8) 보세운송

부산항이나 인천공항 등 입항지로 수입된 경우, 서울세관 등 내륙지로 운송하여 통관을 진행할 수 있다. 물품이 부두 밖 ODCY(Off Dock Container Yard)로 이송되고, 그 일부가 다시 일반보세창고로 이송되어 통관되는 경우에는 부두에서 보세구역(ODCY 또는 보세창고)까지 보세운송하여야 한다. 보세운송신고 또는 승인신청은 보세운송하고자 하는 화물이 장치되어 있거나 입항예정인 보세구역을 관할하는 세관(출발지 세관)장 또는 보세운송 물품의 도착지 보세구역을 관할하는 세관(도착지 세관)장에게 한다. 보세운송 물품은 신고수리(승인)일로부터 해상화물은 10일, 항공화물은 5일 이내에 목적지에 도착하여야 한다.

3. 수입통관절차

수입통관은 외국물품을 우리나라에 반입하는 것을 허용하는 세관장의 처분을 말한다. 즉 수입통관(import clearance)이란 외국물품을 수입하고자 하는 자가 직접 또는 관세사 등을 통하여 세관장에게 수입신고를 하고, 동 수입신고자가 관세법의 규정에 따라 적법하게 신고된 것으로 인정되는 경우에는 이를 수리함으로써 수입업자가 보세구역으로부터 물품을 반출하여 자유롭게 사용할 수 있도록 하는 것을 말한다.

1) 수입신고

수입신고(import declaration)란 외국으로부터 반입되는 물품을 수입하겠다는 의사표시를 세관장에게 하는 것으로, 외국물품을 수입하고자 하는 자는 자동승인물품인 경우는 승인을 요하지 아니하나 제한승인물품인 경우는 해당기관의 승인을 받은 후 세관장에게 수입신고를 하여야 한다. 수입신고의 시기는 출항전 신고, 입항전 신고, 보세구역 도착전 신고, 보세구역 장치후신고로 4가지로 나뉘어지며 신고요건 및 필요에 따라 선택하여 신고할 수 있다.

수입신고를 하게 되면 그 신고시점에서 원칙적으로 과세물건이 확정되고, 신고일에 시행되는 법령이 당해 수입물품에 적용되며, 원칙적으로 수입신고시 신고가격이 과세가격으로 인정된다. 수입신고를 받은 세관장은 신고사항을 확인하여 일정한 요건을 갖추었을 때 수입을 신고인에게 허용하는 수입신고수리를 하게 되는 것으로 이는 수입신고된 사항을 구체적으로 현품과 대조하여 부합될 때에 수입을 현실적으로 가능하게 하는 세관장의 행위로 외국물품을 내국물품화 하는 효과를 가져 온다.

(1) 수입신고인

수입신고는 화주, 관세사 또는 관세사법인, 통관취급법인의 명의로 신고하여야 하며, 화주라 함은 그 물품을 수입한 자(대행수입의 경우는 수입위탁자)를 말하며 화주가 직접 신고할 수 있는 경우는 관세법 규정에 의한 화주 직접신고요령에서 규정하고 있으며, 납세의무자는 수입신고를 한 물품에 대하여는 그 물품을 수입한 화주가 된다.

서식 10-3 수입통관 흐름도

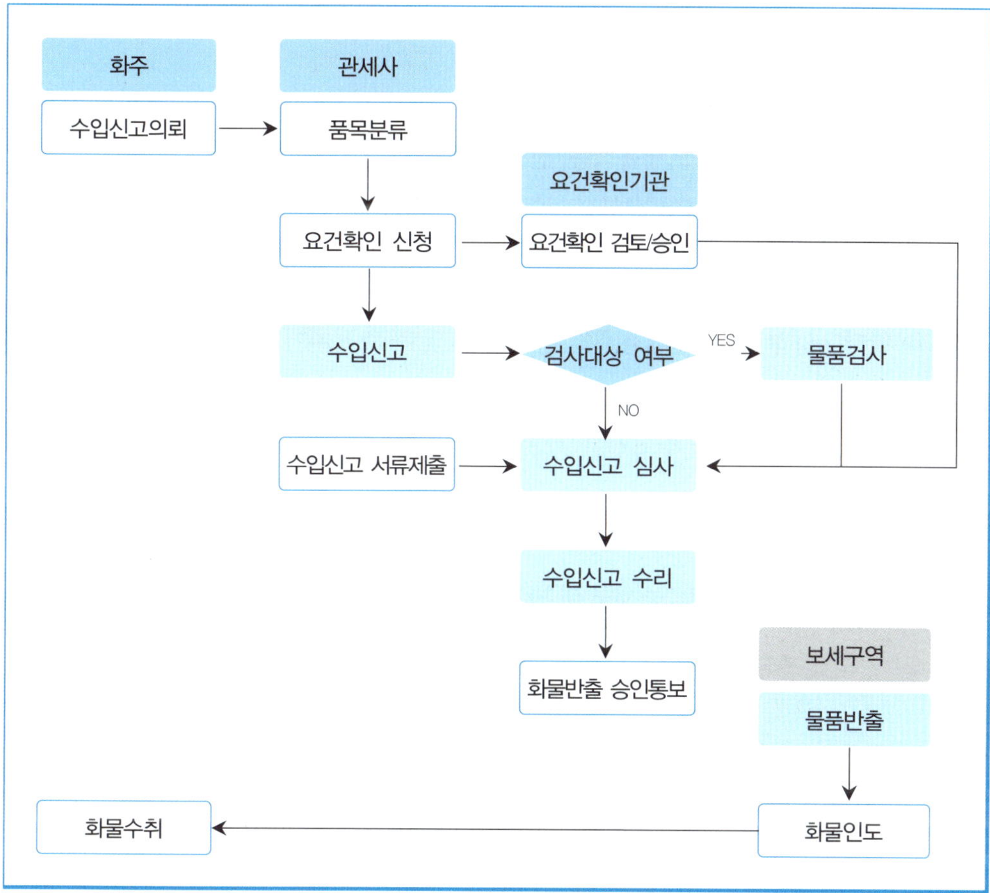

(2) 구비서류

① 수입자는 상업송장, 선하증권, 포장명세서, 원산지증명서, 기타 수입요건 확인서류 등을 구비하여 수입신고를 의뢰해야 한다. 다만, 의뢰받은 신고인(관세사 등)은 세관에서 통관심사를 위하여 자료제출을 요구하는 때에는 서류를 제출하나, 그렇지 않은 때에는 자체적으로 보관해야 한다(직접 수입신고 하는 수입화주도 동일함).

② 관세청에서는 수입신고시 세관에 제출해야 하는 서류를 전자적인 방식 또는 전자 이미지화하여 전송할 수 있도록 시스템을 구축하고 있다.

㉮ 서류제출 시 아래 서류 중에서 해당하는 서류를 제출하면 된다.

㉯ 상업송장. 다만, 잠정가격으로 수입신고 할 때 송품장이 해외에서 도착하지 아니한 경우에는 계약서(송품장은 확정가격 신고시 제출)

㉰ 가격신고서(해당 물품에 한함)

㉱ 선하증권(B/L) 부본 또는 항공화물 운송장(AWB) 부본(전자적인 방법으로 제출한 경우에는 제외)

㉮ 포장명세서〔포장박스별로 품명(규격)·수량을 기재, 세관장이 필요 없다고 인정하는 경우에는 제외〕(전자적인 방법으로 제출한 경우에는 제외)
㉯ 원산지증명서(해당 물품에 한함)
㉰ 검사·검역·허가·추천 등 수입요건 구비서류(수입요건 구비내역을 전산으로)
㉱ 관세감면(분납)/용도세율적용 신청서(해당 물품에 한함)
㉲ 합의세율적용승인(신청)서
㉳ 지방세 납세담보확인서(해당 물품에 한함)
㉴ 킴벌리프로세스증명서(다이아몬드 원석에 한함)
㉵ 할당·양허관세 및 세율추천 증명서류 및 종축·치어의 번식·양식용 해당 세율증명서류

(3) 수입신고의 시기 및 수입신고 처리

수입신고는 수입하고자 하는 물품이 보세구역(또는 타소장치장)에 장치된 이후에 하는 것이 원칙이나 물류지체를 방지하기 위하여 출항전 수입신고, 입항전 수입신고, 보세구역 반입전 수입신고, 보세구역 반입후 수입신고를 할 수 있도록 하였다.

구 분		출항 전 신고	입항 전 신고	보세구역 도착 전 신고	보세구역 장치 후 신고
신고시기		선　박 : 입항 5일 전 항공기 : 입항 1일 전 선박(항공기) 적재항 출항 전	선 박 : 입항 5일 전 항공기 : 입항 1일 전 선박(항공기) 출항 후 입항(하선·기신고) 전	입항 후 당해 물품이 반입될 보세구역 도착 전	당해 물품의 보세구역 장치 후
신고대상 물품		항공기로 수입되는 물품 일본·중국·대만·홍콩으로부터 선박으로 수입되는 물품	제한 없음	제한 없음	제한 없음
신고세관		입항 예정지 세관		보세구역 관할세관	장치구역 관할세관
검사대상 여부 통보 시기		선박(항공기)이 출항하였음을 입증하는 자료 제출(출항 신고서 및 적하목록) 시점	수입신고일	수입신고일	수입신고일
신고 수리 시기	검사 생략	적하목록 제출 후	적하목록 제출 후	보세구역 도착보고 후	수입신고 후
	검사 대상	물품검사 종료 후	물품검사 종료 후	물품검사 종료 후	물품검사 종료 후

출항전 및 입항전 신고 제외대상은 ㉮ 세율이 인상되거나 새로운 수입요건을 갖추도록 요구하는 법령이 적용되거나 적용될 예정인 물품(다만, 당해 선박 등이 우리나라에 입항하는 날이 해당 법령의 시행일보다 빠른 경우에는 제외), ㉯ 농·수·축산물 또는 그 가공품으로서 수입신고하는 때와 입항하는 때의 물품의 관세율표 번호 10단위가 변경되는 물품, ㉰ 농·수·축산물 또는 그 가공품으로서 수입신고하는 때와 입항하는 때의 과세 단위(수량 또는 중량)가 변경되는 물품 등이다.

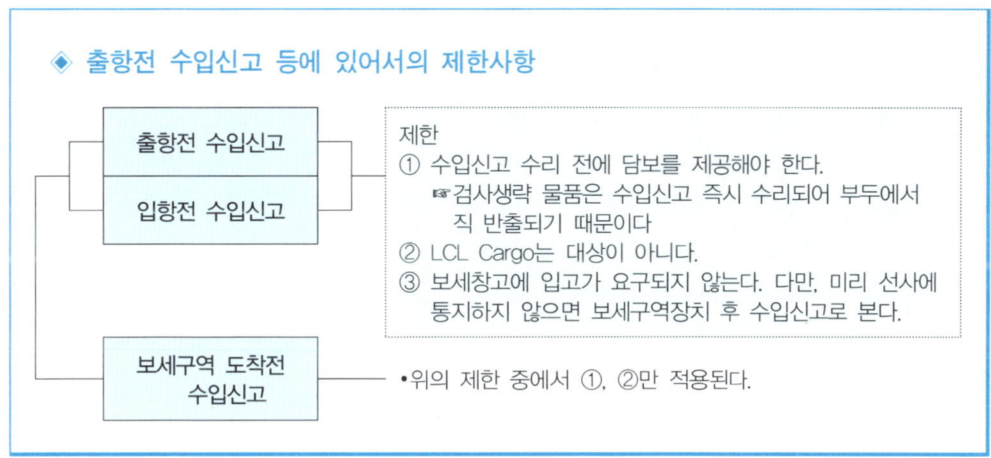

수입신고 처리는 수입신고서가 화면심사, 서류심사, 물품검사 등의 방법에 따라 심사를 하여 수입신고가 적법하게 이루어진 때에는 즉시 신고를 수리한다. 다만, 다음의 경우에는 수입신고서의 보완을 요구하거나 통관보류 조치를 할 수 있다.

① 보완요구

- 신고서 항목의 기재사항이 미비된 경우
- 신고서 심사결과 첨부서류가 누락되었거나 증빙자료의 보완이 필요한 경우
- P/L신고를 서류제출신고로 변경하고자 하는 경우

② 통관보류

- 신고서 기재사항 또는 신고 시 제출서류 등 중요한 사항이 미비되어 보완이 필요한 경우
- 법의 규정에 의한 의무사항을 위반하거나 국민보건 등을 위해할 우려가 있는 경우
- 관세범칙 혐의로 고발의뢰하거나 조사하는 경우
- 관세법 제230조의 2에 따른 품질 등의 허위·오인표시 물품
- 기타 통관심사결과 신고수리의 요건을 구비하는데 장시일이 소요되는 경우

다음의 경우에는 세관장은 신고를 각하하거나, 신고인이 세관장의 승인을 얻어 신고를 취하할 수 있다.

㉮ 신고 각하

- 사위 기타 부정한 방법으로 신고한 경우
- 멸각, 폐기, 공매·경매낙찰, 몰수확정, 국고귀속이 결정될 경우
- 출항전 신고 또는 입항전 신고의 요건을 갖추지 아니한 경우
- 출항전 신고 또는 입항전 신고한 화물이 도착하지 아니한 경우
- 기타 수입신고의 형식적 요건을 갖추지 못한 경우

㉯ 신고 취하

- 수입계약 내용과 상이한 물품, 변질 · 손상물품 등을 해외공급자 등에게 반송하기로 한 경우
- 재해 기타 부득이한 사유로 수입물품이 멸실되거나 세관의 승인을 얻어 폐기하고자 하는 경우
- 통관보류, 통관요건 불합격, 수입금지물품 등의 사유로 반송 또는 폐기하고자 하는 경우
- 기타 위의 사항에 준하는 정당한 이유가 있다고 인정되는 경우

수입통관에 곤란한 사유가 없는 즉 완성품의 세번으로 수입신수리 받고자 하는 물품이 미조립 상태로 분할선적으로 수입된 경우의 물품에 대하여는 수입신고 수리전 반출을 허용한다. 다만, 2개 이상의 세관에 수입신고된 경우에는 신고세관별로 당해 세관에 신고된 물품에 대해 품목분류 한다(단일계약에 의하더라도 2개 이상의 국가 또는 회사에서 각각 수입되는 경우 제외).

- 조달사업에 관한 법률에 의한 비축물자로서 실수요자가 결정되지 아니한 경우
- 사전세액 심사대상 물품(부과고지물품 포함)으로서 세액결정에 장시간이 소요되는 경우
- 품목분류 및 세율결정에 장시간이 소요되는 경우
- 수입신고시 원산지 확인이 필요하나 원산지 증명서를 세관장에게 제출하지 못한 경우

2) 수입물품검사

수입물품검사는 수입신고된 물품이 수입신고 사항과 일치하는지 여부 및 관련 법규에서 정한 규정에 위반하는지 여부 등을 현품검사를 통해 확인하는 것을 말한다. 검사방법은 검사대상 물품에 따라 발췌검사 · 전량검사 · 분석검사에 의할 수 있으며, 검사비율은 수입업체별 법규준수도, 검사적발실적, 원산지 등을 고려하여 차등적으로 적용할 수 있다. 세관장은 물품검사시 신고인의 입회, 검사장소 관리인 또는 수입화주에게 검사에 필요한 장소와 장비의 확보, 개포장을 위한 작업인부의 배치 등 검사준비를 요구할 수 있으며, 검사준비가 되지 않아 검사를 할 수 없는 경우에는 검사순위를 조정하여 검사준비가 된 때에 검사를 실시하고 수입물품 검사에 소요되는 비용은 수입화주가 부담한다.

3) 수입신고필증 교부

세관장은 수입신고한 내용을 심사한 후 신고수리하는 것을 원칙으로 한다. 다만, 출항전 신고, 입항전 신고, 보세구역 도착전 신고물품에 대해서는 다음에 따른 요건이 완료된 때 신고수리한다. 신고수리의 효력발생 시점은 통관시스템을 통하여 신고인에게 신고수리가 되었음을 통보한 시점이다.

(1) 출항전 또는 입항전 신고물품 : 적하목록 심사가 완료된 때 단, 수입신고 전에 적하목록 심사가 완료된 때 : 수입신고 심사가 완료된 때
(2) 보세구역 도착전 신고물품 : 보세운송 도착보고된 때(하역절차에 따라 하역 장소로 반입된 때 : 반입보고된 때)
(3) 세관장이 검사대상으로 선별하거나 관리대상 화물로 선별한 경우 : 해당 물품검사가 종료된 후 세관장은 수입신고를 수리한 때에는 세관특수청인을 전자적으로 날인한 신고필증을 신고인(관세사 등)에게 교부한다. 다만, 아래의 사유가 있을 때에는 각각의 방법으로 교부할 수 있다.
   ① 부득이한 사정으로 신고필증을 전자적으로 교부할 수 없는 경우 : 수입신고서에 세관특수청인을 직접 날인하여 교부
   ② 신고물품의 규격수가 50개를 초과하여 전산으로 입력하지 않고 신고서 및 신고필증에 상세내역 사항을 별도의 붙임서류로 첨부하여 신고하는 경우 : 세관특수청인을 전자적으로 날인한 신고필증과 붙임서류의 경계면에 신고서 처리담당자 인장을 날인하여 교부
   ③ 수입신고필증에는 위변조 방지를 위하여 세관특수청인, 워터마크(관세청 로고) 발행일련 번호, 2차원 바코드, 복사본 표시마크 등 다양한 장치가 마련되어 있다.

4) 관세납부

수입신고한 물품의 수입화주는 그 물품에 대한 관세 등의 납세의무자가 된다. 관세납부 방식은 신고납부와 부과고지가 있다. 신고납부란 관세 납세의무자가 수입신고시에 스스로 과세표준 및 납부세액 등을 결정하여 세관장에게 신고하여 납부하는 제도로 자진신고 납부제도라고 하며, 부과고지란 납세의무자가 세액을 정확하게 결정할 수 없는 물품의 경우 세관장이 세액을 결정하여 고지하고 납세의무자가 고지된 세액을 소정의 기일내에 납부하는 제도이다. 관세의 납부기간은 납세고지를 받은 날로부터 15일 이내이다.

신고납부(자진신고납부제도)	부과고지
• 신고납부란 관세 납세 의무자가 수입신고 시에 스스로 과세표준 및 납부세액 등을 결정하여 세관장에게 신고하여 납부하는 제도	• 납세의무자가 세액을 정확하게 결정할 수 없는 물품의 경우 • 세관장이 세액을 결정하여 고지하고 납세의무자가 고지된 세액을 소정의 기일 내에 납부하는 제도
• 통관시스템에서 부여한 납세서 번호와 세액을 기재한 납부서(별지 제14호 서식)를 함께 제출하여야 함	• 세관장은 당해 물품의 세액을 확정하여 납부고지서(별지 제17호 서식)를 납세의무자에게 교부
• 납세의무자는 수입신고가 수리된 날 또는 고지를 받은 날로부터 15일 이내에 관세 등을 국고수납 은행 또는 우체국에 납부	

▶ 제세 납부절차

(1) 관세의 산출

관세는 수입물품의 가격(원가)에 국내 도착항까지의 운임 및 보험료를 포함한 도착가격)을 기준으로 세액을 산출한다.

- 제세 산출방식 : 관세 : CIF가액 × 관세율
  위와 같이 수입물품의 가격을 과세표준으로 하여 관세를 산출하는 것을 종가세 적용물품이라고도 한다. 반면, 수입물품의 수량을 과세표준으로 하는 경우를 종량세 적용물품이라고 한다.
- 종량세 산출 : 수입물품의 수량(중량) × 관세율표상의 일정액 = 관세
  예) HS 370610.1000 영화필름 사운드트랙의 것 3,000M의 관세는
  3,000M × ₩1,180/M = ₩3,540,000(관세)
- 선택세란 한 수입물품에 대하여 종가세율과 종량세율을 적용하여, 산출한 관세가 높은 쪽의 관세율을 적용하는 것을 말하는데 현행 관세율표상 선택세가 적용되는 품목은 WTO 양허세율 적용대상인 은행(HS 0802.90), 시장접근 물량초과의 밤(HS 0802.40) 및 대추(HS0810.90) 등이 있다.

(2) 내국세

- 부가가치세 : 수입물품(재화)에 부과하는 부가가치세의 과세표준은 관세의 과세가격에 관세, 특별소비세, 주세, 교통세, 교육세 등을 합한 금액을 말한다.
  부가가치세 과세가격 = 관세의 과세가격 + 관세 + 특별소비세 + 주세 + 교육세
  부가가치세 = 부가가치세 과세가격 × 10%(세율)
- 특별소비세 : 특별소비세 과세물품은 특별소비세법 참조
  특별소비세 과세가격 = 관세과세가격 + 관세
  특별소비세 = 특별소비세과세가격 × 특별소비세율
- 주세 : (관세과세가격+관세) × 주세율 = 주세
  ※ 주정은 종량세율 적용 : 수량(중량) × 세액(주세법상 수량당)
- 교육세 : - 특별소비세 교육세 = 특별소비세액 × 세율(30%)
  ※ 주세율이 80% 이하인 경우는 10%
  - 주세교육세 = 주세액 × 세율(10%)
  ※ 주세율이 80% 이상의 경우에는 세율이 30%

5) 수입물품 반출

보세구역에 장치된 물품은 수입신고가 수리된 날로부터 15일 이내에 반출하여야 한다. 운영인(특허보세구역 운영인, 지정보세구역 화물관리인, 보세구역 외 장치의 허가를 받은

자, 검역물품의 관리인)은 수입신고 수리된 물품의 반출요청을 받은 때에는 세관화물정보시스템의 반출승인 정보를 확인한 후 이상이 없는 경우 반출 전에 반출신고서를 전자문서로 제출하여야 한다. 다만, 자가용 보세창고에 반입되어 수입신고 수리된 화물은 반출신고를 생략한다.

수입업자는 발행은행으로부터 선적서류 도착통지를 받고 대금을 결제한 후 선하증권 원본을 영수하여 선하증권 원본은 운송회사에 제시한 후 운임문제를 정산하고 운송회사로부터 화물인도지시서(Delivery Order, D/O)를 발급받아 이를 창고관리인에게 제시하고 물품을 영수하여 반출한다.

4. 특송물품의 통관

1) 특송물품의 통관절차

과거 특송물품은 서류, 카다로그, 샘플, 해외 친척(거래회사)이 기증한 물품 등이 대부분이었으나 최근에는 해외에서 직접 인터넷을 통하여 구매 · 반입하는 물품의 비중이 커지고 있다. 특송물품에 대하여는 X-Ray 검사, 무작위 선별 등으로 검사하여 수입금지품이나 과세물품의 불법통관을 방지하고 있다. 고의적으로 가격을 허위로 신고하거나 금지물품을 수입할 때에는 관세법에 의거 처벌받을 수 있다.

◈ 간이통관(simple) 절차를 적용받는 물품

무역업자가 아닌 일반인이 개인용으로 사용하기 위하여 구입하여 휴대품 등으로 반입하거나 외국의 친지 등으로부터 송부받는 물품은 정식 수입신고 절차와 달리 간이한 통관절차와 간이 세율을 적용받는 것을 말한다. 따라서 판매목적 등으로 들여오는 물품은 당연히 간이통관이 아닌 일반 수입신고 절차를 밟아야 한다.

간이통관절차와 간이세율을 적용받는 물품

구분	내용
여행자휴대품 또는 별송품	• 여행자가 개인용품이나 선물을 휴대하여 반입하는 경우 • 여행자 개인용품을 화물로 탁송하여 반입하는 경우
우편물	• 외국의 친지나 친구로부터 우편을 통해 송부된 선물 • 국내 거주자가 대금을 송부하고 자가 사용으로 구입하여 반입한 우편물 (이 경우 일반수입에 제한사항이 있거나 1,000불을 초과하는 경우 정식 수입신고 절차에 따라야 함)
탁송품 또는 특급 탁송품	• 외국의 친지, 친구 및 관계회사에서 기증된 선물 또는 샘플이나 하자 보수용 물품 등 • 국내 거주자가 개인용으로 사용하기 위하여 인터넷 등 통신을 통하여 대금을 지불하고 구입하여 반입한 화물

◆ 수입신고의 생략

아래에 기재된 물품중 관세가 면제되거나 무세인 것에 대하여는 수입신고를 생략하고 B/L(선하증권) 1부를 제출하면 수입신고를 갈음하며, 장치장에서 세관직원이 물품인수자의 신원을 확인하고 간이검사한 후 물품을 인도한다.

- 외교행낭으로 반입되는 면세대상 물품
- 우리나라에 내방하는 외국의 원수와 그 가족 및 수행원에 속하는 면세대상물품
- 유해 및 유골
- 신문, 뉴스를 취재한 필름, 녹음테이프로서 언론기관의 보도용품
- 재외공관 등에서 외무부로 발송하는 자료
- 기록문서와 서류

다만, 상품가치가 있다고 인정되는 물품은 수입신고를 하여야 한다.

◆ 간이신고 대상물품

아래에 기재된 물품에 대하여는 첨부서류 없이 수입신고서에 신고사항을 기재하여 신고하면 된다.

- 당해 물품의 총 가격이 미화 150불 이하이며 국내거주자가 자가 사용으로 수취하는 면세대상 물품
- 당해 물품의 총 과세가격이 운임 포함하여 미화 250불 이하의 면세되는 상용견품
- 설계 도중 수입승인이 면제되는 것
- 금융기관이 외환업무를 영위하기 위하여 수입하는 지불수단

◆ 소액면세 범위 내로 여러 건을 수입하는 경우 업무처리기준

국내 거주자가 특급탁송 또는 국제우편 등을 통하여 수입한 물품이 동일날짜에 여러 개의 화물로 도착한 경우 아래와 같은 경우에는 합산과세 된다.

- 하나의 선하증권(B/L)이나 항공화물운송장(AWB)으로 반입된 과세대상 물품을 면세범위 내로 분할해 수입통관하는 경우
- 입항일이 같은 두 건 이상의 물품(B/L 또는 AWB 기준)을 반입하여 수입통관하는 경우. 다만, 둘 이상의 국가로부터 반입한 물품은 제외한다.
- 같은 해외공급자로부터 같은 날짜에 구매한 과세대상 물품을 면세범위 내로 분할 반입하여 수입신고하는 경우

합산금액이 목록통관 기준금액(미화 150불, 미국은 200불)을 초과하면 목록통관이 배제되고, 정식 수입신고 대상이며, 이렇게 합산과세 되면, 총 물품가격 미화 150불 이하인 경우에만 관세와 부가세가 면제된다.

2) 특송물품의 통관방식

◆ 목록통관(List Customs Clearance)

목록통관(list customs clearance)이란 송수하인 성명, 전화번호, 주소, 물품명, 가격, 중량이 기재된 송장만으로 통관이 가능한 통관제도이다. 개인 특송물품의 경우 타인 명의도용 등 방지를 위해 수하인의 개인 통관고유부호(또는 생년월일) 제출이 필요하다. 개인이 사용할 물품 또는 기업에서 사용할 샘플 중 미화 150불 이하(미국은 200불)의 물품 중 아래 표와 같은 배제대상 물품이 아닌 경우에는 목록통관이 가능하다.

목록통관 배제 대상물품

① 의약품 ② 한약재 ③ 야생동물 관련 제품 ④ 농림축수산물 등 검역 대상물품 ⑤ 건강기능식품 ⑥ 지식재산권 위반 의심물품 ⑦ 식품류 · 주류 · 담배류 ⑧ 화장품(기능성 화장품, 태반함유화장품, 스테로이드계 함유 화장품 및 성분미상 등 유해 화장품에 한함) ⑨ 적하목록 정정에 따라 선하증권 또는 항공화물운송장 내용이 추가로 제출된 물품 ⑩ 통관목록 중 품명 · 규격 · 수량 · 가격 등이 부정확하게 기재된 물품 ⑪ 기타 관세법 제226조에 따라 세관장 확인이 필요한 물품(총포, 도검, 화약류, 마약류 등)

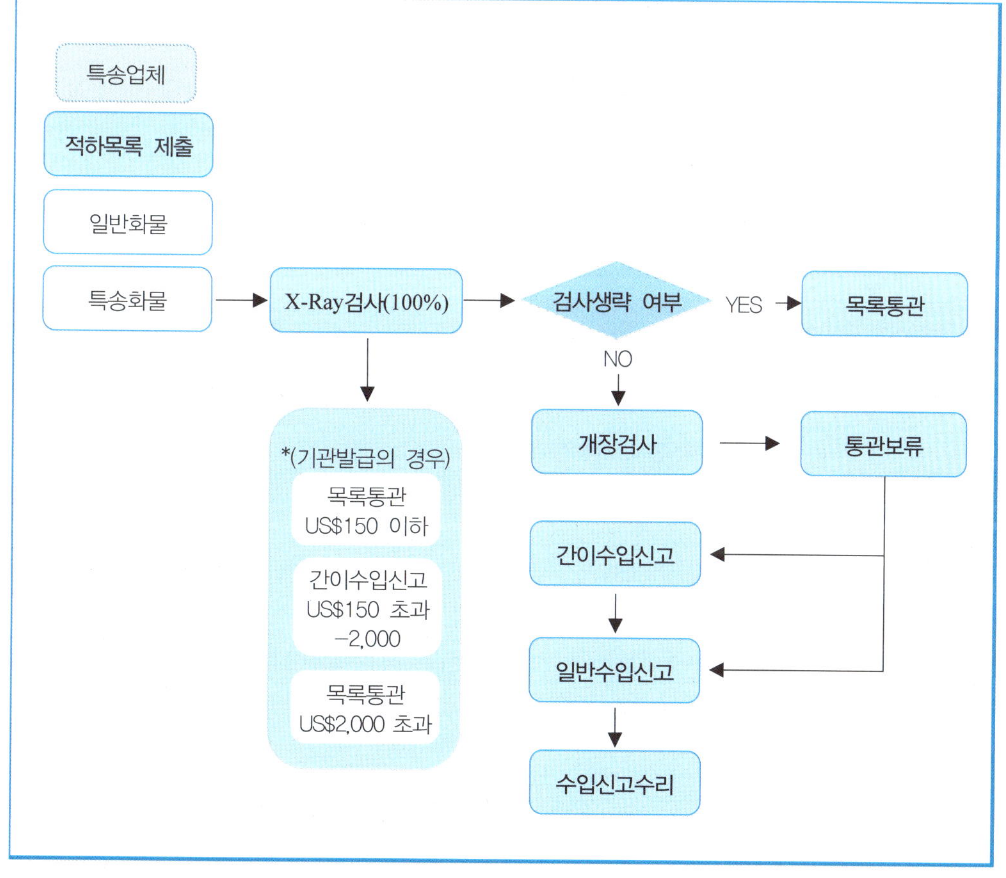

◆ 간이 수입신고

미화 150불(미국은 200불)을 초과하고 미화 2,000불 이하인 물품은 간이 수입신고 할 수 있다. 세관장은 품명, 가격 등 신고내역이 정확하다고 판단되면 별도 검사 없이 통관을 허용한다. 다만, 수입이 제한되는 품목 등 일부 품목은 간이 수입신고 할 수 없으며 일반 수입절차에 따라 수입신고 하여야 한다.

◆ 일반 수입신고

미화 2,000불을 초과하거나 목록통관 또는 간이 수입신고 대상에서 제외되는 물품은 일반 수입신고를 하여야 한다.

3) 특송물품의 면세제도

목록통관 대상물품은 비과세되며 수입신고하는 경우 자가 사용물품으로서 물품가격이 미화 150불 이하인 경우만 관세와 부가세가 면세된다. 다만, 담배소비세, 개별소비세 등은 과세된다. 또한 물품가격이 미화 150불을 초과하는 경우 총과세가격 전체에 대하여 과세된다.

5. 국제우편물 통관 개관

1) 우편물의 통관절차

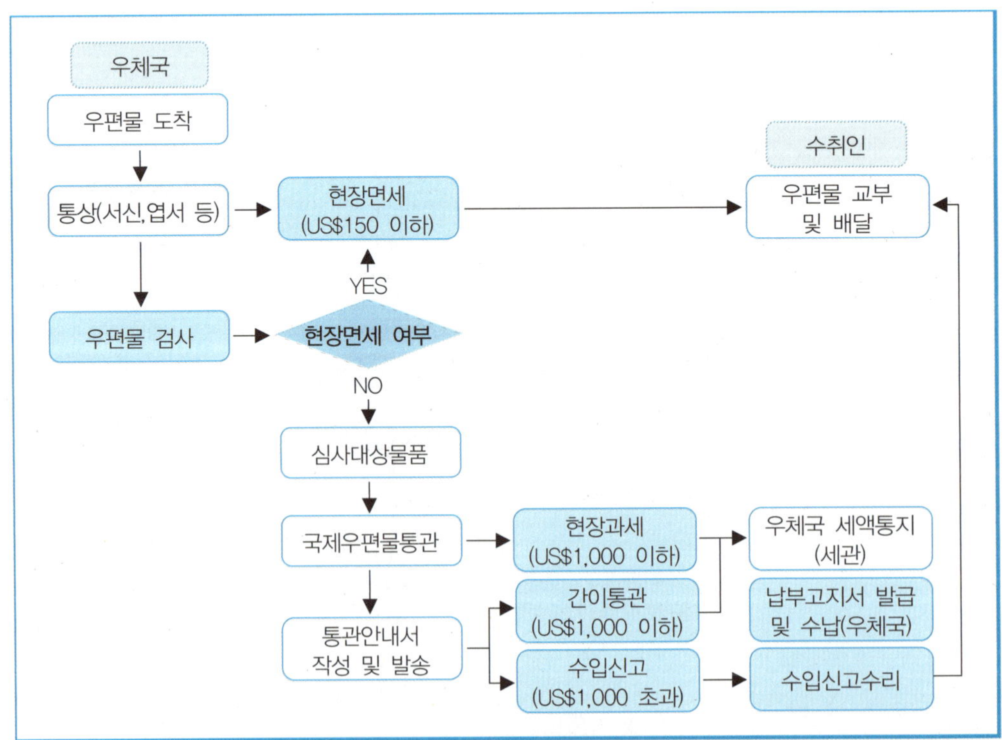

우편물은 처음에 고시에서 지정된 통관 우체국으로 반입되면 엑스레이 검사를 거쳐 해당물품을 분류하게 되며, X-Ray 검사결과 면세대상이거나 현장과세 대상이면 현장에서 처리 후 수취인에게 바로 처리하고 수취인에게 배송되며, 수입신고 대상이면 심사대상 우편물로 분류하여 간이통관 또는 일반 수입신고를 거치게 된다.

현장면세(on-site duty free)란 X-Ray 검색기나 현품검사 결과 등을 통해 관세법 등에서 면세통관이 명백하게 인정되는 물품에 대해서 수취인에게 가격자료 등의 제출을 요구하지 않고 현장에서 면세처리하는 것을 말하며, 현장과세(field tax)란 X-Ray 검사, 현품검사 결과 세액산출에 곤란이 없는 물품에 대하여 수취인에게 가격자료 등의 제출을 요구하지 않고 현장에서 과세하는 것을 말한다.

해외 친지 등이 우리나라의 거주자에게 기증하는 물품 등 일정금액(물품가격이 미화 150불) 이하의 물품은 관세를 면세해 주는 제도를 두고 있다. 이와 같이 세관직원이 현장면세한 우편물은 수취인 주소지의 배달 우체국으로 이관되어 수취인이 자택에서 배달받게 되며, 과세대상 우편물은 수취인이 세금을 내야 통관이 가능하며, 일부 품목은 수입제한 요건을 충족(검역증 등)하여야 통관이 가능하다.

2) 우편물의 수입신고 방법

◆ 간이 수입신고

(일반 수입신고)대상 이외의 물품은 간이 수입신고 대상으로서 수취인이 세관에 수입신고를 하지 않더라도 우편물에 부착된 세관신고서의 물품명세에 의하여 과세 및 면세 여부를 결정한다. 면세 및 과세대상은 물품의 가격, 수량, 반입사유 등을 고려하여 결정하며, 면세 또는 세금이 결정된 우편물은 우체국에서 수취인의 주소까지 배달하고, 수취인은 세금을 납부한 후 우편물을 수령할 수 있다.

◆ 일반 수입신고

다음의 물품들은 일반 수입신고 대상으로 관세사를 통하여 수입신고를 하여야 하며, 수입제한 품목인 경우 품목별 관련 법령에서 정하는 추천, 허가, 승인 등의 증명서류를 첨부하여야 한다.

일반 수입신고 대상물품

① 법령에 따라 수출입이 제한되거나 금지되는 물품 ② 관세법 제226조에 따라 세관장의 확인이 필요한 물품 ③ 판매를 목적으로 반입되는 물품 ④ 물품가격 미화 1,000불 초과 물품 ⑤ 과세가격 500만 원 상당액을 초과하는 선물 ⑥ 수취인이 일반 수입신고를 신청하는 물품

(갑 지)

수 입 신 고 서

※ 처리기간 : 3일

①신고번호	②신고일	③세관.과	⑥입항일	⑦전자인보이스 제출번호
99999-99-9999999-9	YYYY/MM/DD	999-99	YYYY/MM/DD	XXXXXXXXXXX-X-XX-XXXXXX

④B/L(AWB)번호	⑤화물관리번호	⑧반입일	⑨징수형태
XXXXXXXXXXXXXXX(XXXX)	YYXXXXXXXXX-9999-9999	YYYY/MM/DD	99

⑩신 고 인 XXXXXXXXXXXXXXXXXXXXXXXXXXX
⑪수 입 자 XXXXXXXXXXXXXXXXXXXXXXXXXXXX (999999999999999 X)
⑫납세의무자 (XXXXXXXX-9-99-9-99-9 / 999-99-99999)
(주소) XXXXXXXXXXXXXXXXXXXXXXXXXXXXXXXXXXXXXXXXXX
(상호) XXXXXXXXXXXXXXXXXXXXXXXXXXXXX
(전화번호) XXXXXXXXXXXXXXXXXXXXXXXXXXXXX
(이메일주소) XXXXXXXXXXXXXXXXXXXXXXXXXXXXX
(성명) XXXXXXXXXXXX
⑬운송주선인 XXXXXXXXXXXXXXXXXXXXXXXXXXXXX (9999999)
⑭해외거래처 XXXXXXXXXXXXXXXXXXXXXXXXXXXXXXXXXXXXXXXXXX
XXXXXXXXXXXXXXXXXXXXX(XX) / XXXXX9999X

⑮통관계획 X XXXXXXXXXXXXXXXX	⑲원산지증명서 유무 X	㉑총중량 9,999,999,999,999 XX
⑯신고구분 X XXXXXXXXXXXXXX	⑳가격신고서 유무 X	㉒총포장갯수 99,999,999 XX
⑰거래구분 999 XXXXXXXXXXXXXXXX	㉓국내도착항 XXXXX XXXXXXXXXXXX	㉔운송형태 XX-XXX
⑱종류 XX XXXXXXXXXXXXXXXX	㉕적출국 XX XXXXXXXXXXXXXXX	
	㉖선 기 명 XXXXXXXXXXXXXXXXXXXXXXXXXXXXXXXXXXXX XX	
㉗MASTER B/L 번호 XXXXXXXXXXXXXXXX	㉘운수기관부호 XXXX	

㉙검사(반입)장소 99999999-XXXXXXXXXX (XXXXXXXXXXXXXXXXXXXXXXXXXXXXXXX)

● 품명·규격 (란번호/총란수 : 999/999)

㉚품 명 XXXXXXXXXXXXXXXXXXXXXXXXXXXXXXXXXXXXXXXXXXXXXXXXXX ㉜상 표 XXXXXXXXXXXXXXXXXXXXXXXXXXXXXXXXXXX
㉛거래품명 XXXXXXXXXXXXXXXXXXXXXXXXXXXXXXXXXXXXXXXXXXXXXXXXXX XXXXXXXXXXXXXXX

㉝모델·규격	㉞성분	㉟수량	㊱단가(XXX)	㊲금액(XXX)
XXXXXXXXXXXXXXXXXXXXXXXXXXXXXX XXXXXXXXXXXXXXXXXXXXXXXXXXXXXX XXXXXXXXXXXXXXXXXXXXXXXXXXXXXX XXXXXXXXXX	XXXXXXXXXXXXXXXXXXXXXXXX XXXXXXXXXXXXXXXXXXXXXXXX XXXXXXXXXXXXXXXXXXXXXX	9,999,999.9999XXX	9,999,999.999999	99,999,999.9999
XXXXXXXXXXXXXXXXXXXXXXXXXXXXXX XXXXXXXXXXXXXXXXXXXXXXXXXXXXXX XXXXXXXXXXXXXXXXXXXXXXXXXXXXXX XXXXXXXXXX	XXXXXXXXXXXXXXXXXXXXXXXX XXXXXXXXXXXXXXXXXXXXXXXX XXXXXXXXXXXXXXXXXXXXXX	9,999,999.9999XXX	9,999,999.999999	99,999,999.9999

㊳세번 부호	9999.99-9999	㊵순중량	9,999,999,999,999.999 XX	㊸C/S 검사	X XXXXXXXXXXXXX	㊺사후확인기관
㊴과세가격(CIF)	$99,999,999,999,999	㊶수 량	9,999,999,999 XXX	㊹검사변경	X XXXXXXXXXX	999, 999, 999
	₩999,999,999,999,999,999	㊷환급물량	9,999,999,999.9999 XXX	㊻원산지	XX-X-X-XX	㊼특수세액 9,999,999,999.99

㊽수입요건확인 (발급서류명)				
	9-999-99-99-99999999 (XXXXXXXXXXXXXXXXXXXX)	9-999-99-99-99999999 (XXXXXXXXXXXXXXXXXXXX)	9-999-99-99-99999999 (XXXXXXXXXXXXXXXXXXXX)	9-999-99-99-99999999 (XXXXXXXXXXXXXXXXXXXX)
	9-999-99-99-99999999 (XXXXXXXXXXXXXXXXXXXX)	9-999-99-99-99999999 (XXXXXXXXXXXXXXXXXXXX)	9-999-99-99-99999999 (XXXXXXXXXXXXXXXXXXXX)	9-999-99-99-99999999 (XXXXXXXXXXXXXXXXXXXX)

㊾세종	㊿세율(구분)	51감면율	52세액	53감면분납부호	감면액	* 내국세종부호
XXXXXX	9,999.99(XX XXXX) 9999999999	999,999.99	999,999,999,999,999,999	XXXXXXXXXXXX	999,999,999,999,999,999	
XX	9,999.99(XX XXXX)	999,999.99	999,999,999,999,999,999	XXXXXXXXXXXX	999,999,999,999,999,999	XXXXXX
XX	9,999.99(XX XXXX)	999,999.99	999,999,999,999,999,999	XXXXXXXXXXXX	999,999,999,999,999,999	
XX	9,999.99(XX XXXX)	999,999.99	999,999,999,999,999,999	XXXXXXXXXXXX	999,999,999,999,999,999	
XX	9,999.99(XX XXXX)	999,999.99	999,999999,999,999,999	XXXXXXXXXXXX	999,999999,999,999,999	
				XXXXXXXXXXXX		

54결제금액(인도조건-통화종류-금액-결제방법)	XXX-XXX-999,999,999,999,999,999-XX	56환 율	99,999.9999

55총과세가격	$99,999,999,999,999	57운임	999,999,999,999,999,999	59가산금액	999,999,999,999,999,999	64납부서번호	999-99-99-99999999
	₩999,999,999,999,999,999	58보험료	999,999,999,999,999,999	60공제금액	999,999,999,999,999,999	65총부가가치세과표	999,999,999,999,999,999

61세 종	62세 액	※신고인기재란	66세관기재란
관 세	999,999,999,999,999,999	XXXXXXXXXXXXXXXXXXXXXXXXXXXXXXXXXXXX XXXXXXXXXXXXXXXXXXXXXXXXXXXXXXXXXXX※ XXXXXXXXXXXXXXXXXXXXXXXXXXXXXXXXXXXX XXXXXXXXXXXXXXXXXXXXXXXXXXXXXXXXXXXX XXXXXXXXXXXXXXXXXXXXXXXXXXXXXXXXXXXX XXXXXXXXXXXXXXXXXXXXXXXXXXXXXXXXXXXX XXXXXXXXXXXXXXXXXXXXXXXXXXXXXXXXXXXX XXXXXXXXXXXXXXXXXXXXXXXXXXXXXXXXXXXX XXXXXX - 전화번호 XXX-XXXXX XXXX - 이메일주소 XXX-XXXXX XXXX	XXXXXXXXXXXXXXXXXXXXXXXXXXXXXXXXXXXXXXXXXXXXXX (×11 lines) XXXXXXXXXXXXXXXXXXXX
특 소 세	999,999,999,999,999,999		
교 통 세	999,999,999,999,999,999		
주 세	999,999,999,999,999,999		
교 육 세	999,999,999,999,999,999		
농 특 세	999,999,999,999,999,999		
부 가 세	999,999,999,999,999,999		
신고지연가산세	999,999,999,999,999,999		
미신고가산세	999,999,999,999,999,999		
63총세액합계	999,999,999,999,999,999	67담당자 XXXXXXXXXXX 999999	68접수일시 YYYY/MM/DD,HH:MM 69수리일자 YYYY/MM/DD

(볼 지)

UNI-PASS

수 입 신 고 필 증

※ 처리기간 : 3일

①신고번호	②신고일	③세관.과	⑥입항일	⑦전자인보이스 제출번호
99999-99-9999999-9	YYYY/MM/DD	999-99	YYYY/MM/DD	XXXXXXXXXXX-X-XX-XXXXXX

④B/L(AWB)번호	⑤화물관리번호	⑧반입일	⑨징수형태
XXXXXXXXXXXXXXXXX(XXXX)	YYXXXXXXXXX-9999-9999	YYYY/MM/DD	99

● 품명·규격 (란번호/총란수 : 999/999)

㉚품 명	XXXXXXXXXXXXXXXXXXXXXXXXXXXXXXXXXXXXXXXXXXXXXXXXXX	㉜상 표	XXXXXXXXXXXXXXXXXXXXXXXXXXXXXXXXXXX XXXXXXXXXXXXXXX
㉛거래품명	XXXXXXXXXXXXXXXXXXXXXXXXXXXXXXXXXXXXXXXXXXXXXXXXXX		

㉝모델·규격	㉞성분	㉟수량	㊱단가(XXX)	㊲금액(XXX)
(NO.01) XXXXXXXXXXXXXXXXXXXXXXXXXXXXXX XXXXXXXXXXXXXXXXXXXXXXXXXXXXXX XXXXXXXXXXXXXXXXXXXXXXXXXXXXXX XXXXXXXXXX	XXXXXXXXXXXXXXXXXXXXXXXXX XXXXXXXXXXXXXXXXXXXXXXXXX XXXXXXXXXXXXXXXXXXXXXXX	9,999,999.9999XXX	9,999,999.999999	99,999,999.9999
(NO.02) XXXXXXXXXXXXXXXXXXXXXXXXXXXXXX XXXXXXXXXXXXXXXXXXXXXXXXXXXXXX XXXXXXXXXXXXXXXXXXXXXXXXXXXXXX XXXXXXXXXX	XXXXXXXXXXXXXXXXXXXXXXXXX XXXXXXXXXXXXXXXXXXXXXXXXX XXXXXXXXXXXXXXXXXXXXXXX	9,999,999.9999XXX	9,999,999.999999	99,999,999.9999
(NO.03) XXXXXXX				

㊳세번 부호	9999.99-9999	㊵순중량	9,999,999,999,999.999 XX	㊸C/S 검사	X XXXXXXXXXXXXX	㊺사후확인기관	
㊴과세가격(CIF)	$99,999,999,999,999	㊶수 량	9,999,999,999 XXX	㊹검사변경	X XXXXXXXXXX	999, 999, 999	
	₩999,999,999,999,999,999	㊷환급물량	9,999,999,999.9999 XXX	㊻원산지	XX-X-X-XX	㊼특수세액	9,999,999,999.99

㊽수입요건확인 (발급서류명)				
	9-999-99-99-99999999 (XXXXXXXXXXXXXXXXXXXXX)	9-999-99-99-99999999 (XXXXXXXXXXXXXXXXXXXXX)	9-999-99-99-99999999 (XXXXXXXXXXXXXXXXXXXXX)	9-999-99-99-99999999 (XXXXXXXXXXXXXXXXXXXXX)
	9-999-99-99-99999999 (XXXXXXXXXXXXXXXXXXXXX)	9-999-99-99-99999999 (XXXXXXXXXXXXXXXXXXXXX)	9-999-99-99-99999999 (XXXXXXXXXXXXXXXXXXXXX)	9-999-99-99-99999999 (XXXXXXXXXXXXXXXXXXXXX)

㊾세종	㊿세율(구분)	51감면율	52세액	53감면분납부호	감면액	* 내국세종부호
XXXXXX	9,999.99(XX XXXX) 9999999999	999,999.99	999,999,999,999,999,999	XXXXXXXXXXXX	999,999,999,999,999,999	
XX	9,999.99(XX XXXX)	999,999.99	999,999,999,999,999,999	XXXXXXXXXXXX	999,999,999,999,999,999	XXXXXX
XX	9,999.99(XX XXXX)	999,999.99	999,999,999,999,999,999	XXXXXXXXXXXX	999,999,999,999,999,999	
XX	9,999.99(XX XXXX)	999,999.99	999,999,999,999,999,999		999,999,999,999,999,999	

● 품명·규격 (란번호/총란수 : 999/999)

㉚품 명	XXXXXXXXXXXXXXXXXXXXXXXXXXXXXXXXXXXXXXXXXXXXXXXXXX	㉜상 표	XXXXXXXXXXXXXXXXXXXXXXXXXXXXXXXXXXX XXXXXXXXXXXXXXX
㉛거래품명	XXXXXXXXXXXXXXXXXXXXXXXXXXXXXXXXXXXXXXXXXXXXXXXXXX		

㉝모델·규격	㉞성분	㉟수량	㊱단가(XXX)	㊲금액(XXX)
(NO.01) XXXXXXXXXXXXXXXXXXXXXXXXXXXXXX XXXXXXXXXXXXXXXXXXXXXXXXXXXXXX XXXXXXXXXXXXXXXXXXXXXXXXXXXXXX XXXXXXXXXX	XXXXXXXXXXXXXXXXXXXXXXXXX XXXXXXXXXXXXXXXXXXXXXXXXX XXXXXXXXXXXXXXXXXXXXXXX	9,999,999.9999XXX	9,999,999.999999	99,999,999.9999
(NO.02) XXXXXXXXXXXXXXXXXXXXXXXXXXXXXX	XXXXXXXXXXXXXXXXXXXXXXXXX	9,999,999.9999XXX	9,999,999.999999	99,999,999.9999

㊳세번 부호	9999.99-9999	㊵순중량	9,999,999,999,999.999 XX	㊸C/S 검사	X XXXXXXXXXXXXX	㊺사후확인기관	
㊴과세가격(CIF)	$99,999,999,999,999	㊶수 량	9,999,999,999 XXX	㊹검사변경	X XXXXXXXXXX	999, 999, 999	
	₩999,999,999,999,999,999	㊷환급물량	9,999,999,999.9999 XXX	㊻원산지	XX-X-X-XX	㊼특수세액	9,999,999,999.99

㊽수입요건확인 (발급서류명)				
	9-999-99-99-99999999 (XXXXXXXXXXXXXXXXXXXXX)	9-999-99-99-99999999 (XXXXXXXXXXXXXXXXXXXXX)	9-999-99-99-99999999 (XXXXXXXXXXXXXXXXXXXXX)	9-999-99-99-99999999 (XXXXXXXXXXXXXXXXXXXXX)
	9-999-99-99-99999999 (XXXXXXXXXXXXXXXXXXXXX)	9-999-99-99-99999999 (XXXXXXXXXXXXXXXXXXXXX)	9-999-99-99-99999999 (XXXXXXXXXXXXXXXXXXXXX)	9-999-99-99-99999999 (XXXXXXXXXXXXXXXXXXXXX)

㊾세종	㊿세율(구분)	51감면율	52세액	53감면분납부호	감면액	* 내국세종부호
XXXXXX	9,999.99(XX XXXX) 9999999999	999,999.99	999,999,999,999,999,999	XXXXXXXXXXXX	999,999,999,999,999,999	
XX	9,999.99(XX XXXX)	999,999.99	999,999,999,999,999,999	XXXXXXXXXXXX	999,999,999,999,999,999	XXXXXX
XX	9,999.99(XX XXXX)	999,999.99	999,999,999,999,999,999	XXXXXXXXXXXX	999,999,999,999,999,999	
XX	9,999.99(XX XXXX)	999,999.99	999,999,999,999,999,999		999,999,999,999,999,999	

세관.과 : 999-99 신고번호 : 99999-99-999999X-X Page : 999/999

* 본 신고필증은 발행 후 세관심사 등에 따라 정정·수정될 수 있으므로 정확한 내용은 발행번호 등을 이용하여 관세청 전자통관시스템(http://portal.customs.go.kr)에서 확인하시기 바랍니다.
* 본 수입신고필증은 세관에서 형식적 요건만을 심사한 것이므로 신고내용이 사실과 다른 때에는 신고인 또는 수입화주가 책임을 져야 합니다.

발 행 번 호 : 9999999999999(YYYY.MM.DD)

Chapter

11 수출입대금의 결제

제1절 수출대금의 영수

1. 개요

수출통관 과정을 거쳐 선적이 완료되면 수출업자는 제반 선적서류를 갖추어 이를 거래 외국환은행에 제시하고 그 대가로 수출대금을 회수하는 이른바 Nego 절차를 거쳐 수출대금을 회수한다. 수출상으로부터 선적서류를 매입한 수출지 소재 매입은행(negotiating bank) 또는 추심의뢰은행(remitting bank)은 발행은행(issuing bank) 또는 추심은행(collecting bank)에 송부하여 수출대금을 상환받게 되며 이로써 모든 수출절차가 완료된다.

2. 선적서류의 준비

선적서류는 선하증권이나 항공운송증권 등 단순한 운송서류만을 말하는 것이 아니라 수출자가 은행을 통하여 수출대금을 회수하는데 필요한 부속서류를 의미한다.

그림 11-1 선적서류 종류(Shipping Documents)

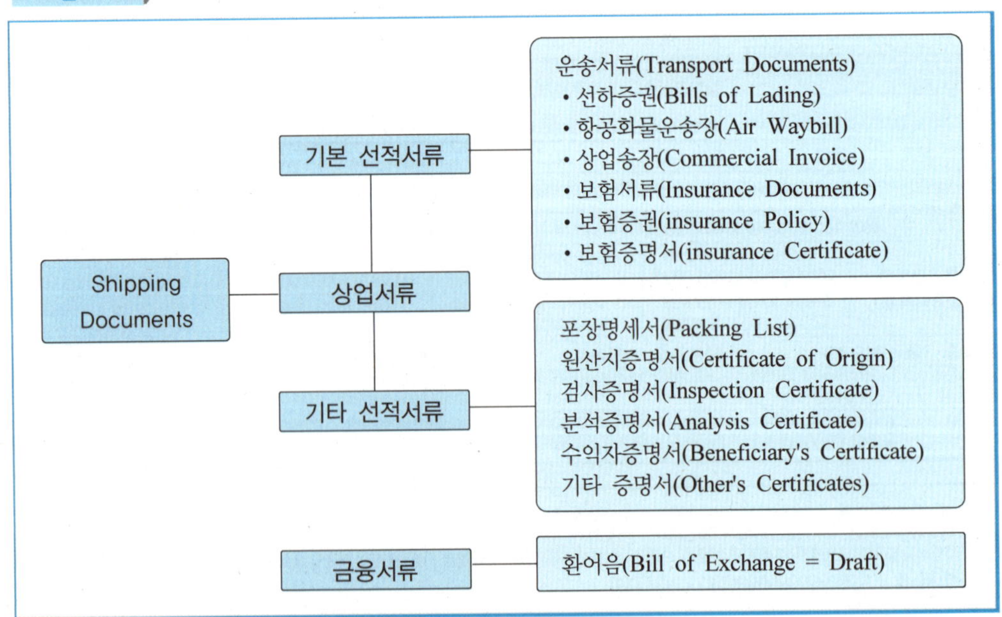

3. 선적서류의 매입신청 및 심사

1) 화환어음 매입신청 및 수출대금의 수령

수출상은 수출대금을 회수하기 위하여 거래하는 외국환은행에 비치된 화환어음거래약정서에 수출상이 날인하고 명판 및 인감신고서를 제출하여 화환어음거래약정을 체결한다. 그리고 매 수출시마다 거래외국환은행에 비치된 환어음매입신청서에 준비된 운송서류 등을 첨부한 화환어음을 외국환은행에 매입 또는 추심을 의뢰한다.

수출상은 수출환어음매입신청서에 신용장원본, 환어음, 운송서류 전통(full set), 수출신고필증, 기타 필요한 서류를 첨부, 거래 외국환은행에 제출하여 매입을 신청한다. 매입은행은 접수된 서류심사 결과 하자가 없으면 신용장 뒷면에 매입일자, 매입번호, 매입금액, 은행명 등을 기재하여 수출자에게 교부하고, 환가료(exchange commission), 전신료(cable charge) 등 제반 수수료와 무역금융 대출금을 공제하고 매입대금을 수출자의 예금계좌에 대체 입금시킨다.

표 11-1 환어음매입 및 수출대금계산

구 분	수 출 대 금 계 산 방 법
일람출급환어음 (Sight Bill)	◆ Sight Credit 및 D/P방식 수출환어음 매입금액 = (환어음금액 전신환매입률) - 환가료 - 제수수료(매입수수료 등) 수출대금(원화) = 수출금액(외화) × 일람출급환어음매입률 • 일람출급환어음매입률 = 전신환매입률 - 환가료 • 환가료(우편일수 이자) = 연환가요율 × $\frac{9 \sim 12}{360}$ × 장부가격 • 연환가요율(연금리) = LIBOR(90 days) 등 실질 조달금리 + 1%(Margin) * LIBOR = London Inter-Bank Offered Rate(런던은행간 대출 금리) • 장부가격 = 매매기준율에서 원단위 미만을 절사한 환율
기한부환어음 (Usance Bill)	◆ Usance Credit 및 D/A방식 수출환어음 매입금액 = (환어음금액 전신환매입률) - 환가료 - 제수수료(매입수수료 등) 수출대금(원화) = 수출금액(외화) × 기한부환어음매입률 • at 90 days after sight의 경우 「기한부환어음매입률 = 일람출급환어음매입률 - Usance 기간(90일) 환가료」 • at 90 days after B/L date의 경우 「기한부환어음매입률 = 전신환 매입률 - Usance 기간(90일) 환가료」 *Usance 기간(90일) 환가료 = 연환가요율 × $\frac{Usance\text{기간(90일)}}{360}$ × 장부가격

(1) 수출대금회수(Nego)를 위한 준비서류

수출통관절차를 거쳐 선적이 완료되고 해상적하보험의 부보가 끝나면 수출자는 제반 서류를 갖추어 수출대금의 회수단계에 이르게 되며, 수출대금을 회수하기 위해 제시되어야 하는 서류는 신용장 및 계약서상에 명시되어 있다.

일반적으로 수출대금회수(negotiation)를 위한 준비서류에는 신용장(letter of credit), 계약서(D/P·D/A), 환어음(B/E : bill of exchange), 선하증권(bill of lading), 보험증권(insurance policy), 상업송장(commercial invoice), 포장명세서(packing list), 원산지증명서(C/O : certificate of origin), 영사송장(consular invoice) 등이 있다.

이들 서류 중 신용장(letter of credit)과 계약서(D/P · D/A)는 Nego 후 매입은행(negotiating bank) 또는 추심의뢰은행(remitting bank)으로부터 다시 돌려받고 여타서류는 신용장발행은행(issuing bank) 또는 추심은행(collecting bank)에 송부된다. 수출대금 회수(negotiation)를 위한 준비서류는 다음과 같다.

◈ 기본서류(basic documents)

- Bill of Exchange(B/E : 환어음, Draft) : 수출상이 Nego은행으로부터 수출대금을 받았다는 영수증(수출상이 발행)으로, 환어음의 지급인도 원칙적으로 신용장 발행은행(issuing bank)이 되어야 함
- B/L(선하증권) 또는 Airway Bill(항공화물운송장) : 선적일로부터 21일 이내 은행〔매입은행(negotiating bank) 또는 추심의뢰은행(remitting bank)〕에 제시되어야 함
- Insurance Policy(보험증권) 또는 Insurance Certificate(보험증서) : 보험증권의 부보일자가 B/L상의 선적일자 이전이어야 함
- Commercial Invoice(상업송장) : 수출물품에 대한 계산서 및 대금청구서 역할을 하는 것으로서 수출상이 발행함(신용장의 내용과 엄격히 일치하여야 함)

◈ 기타서류(other documents)

- Packing List(포장명세서) : 상업송장의 보조역할을 하는 것으로서 수입상의 취급편의를 위하여 수출상이 작성함
- C/O(Certificate of Origin : 원산지증명서) : 수출물품의 원래 생산지를 증명하는 서류로서 대한상공회의소에서 발급됨
- Consular Invoice(영사송장) : 수입국에서 수입관세 징수시 기준이 되는 서류로서 관세를 경감시키기 위해 고의로 부정한 서류를 작성할 우려가 있으므로 수출국 주재 수입국영사가 발급함.

  * L/C상 「Visaed, Legalized, Notarized Document」 등은 영사송장과 같은 목적으로 요구되는 것이며 별도의 영사송장을 발급받지 않고 당해서류에 영사의 서명만 있으면 됨
  - Visaed Commercial Invoice : 상업송장에 영사가 서명
  - Legalized Commercial Invoice : 상업송장 및 선하증권에 영사가 서명
  - Notarized Commercial Invoice : 수출자가 작성한 상업송장에 상공회의소가 부서(副署)하고 영사가 정당하다고 인정하는 서명이 있어야 함

- Beneficiary's Certificate(수익자증명서) : 수입상이 요구하는 사항 등을 수출상이 이행하였음을 입증하는 서류로서 수출상이 발행한다.
- Customs Invoice(세관송장) : 영사송장과 같은 목적으로 징구되나 영사가 작성하거나 Visa(사증)을 받지 않고 수출자가 각국별 소정양식을 사용하여 작성함
- Certificate of Weight and Measurement(중량 및 용적증명서) : 수출자 또는 제3자인 공인검정기관(public weigher and sworn measurer)이 작성·발행함.
- Certificate of Inspection(검사증명서) : 수출자 또는 지정 검사기관이 발행
- Certificate of Quality(품질증명서) : 동 계통의 공인검사관에 의하여 발급된다.
- Certificate of Health(위생증명서) : 검역기관 등에서 발급
- Certificate of Quarantine(검역증명서) : 검역기관 등에서 발급

(2) 매입은행의 서류심사

수출업자로부터 화환어음 매입의뢰를 받은 매입은행은 제시된 서류 등이 신용장 조건과 일치하는지를 엄격히 심사하고 일치될 경우에 화환어음의 매입을 결정한다.

제시되는 서류별 선적서류 매입시 매입은행의 심사사항 검토내용은 다음과 같다.

① 신용장의 선적·유효기일 및 운송서류 제시기일 등 기간을 준수하였는지 여부

② 어음금액, 송장금액, 수출신고필증상의 금액이 상호간에 모순이 있는지 여부와 해당 금액이 신용장금액이나 잔액 이내인지 여부

③ 제시된 서류가 문면상 신용장조건과 일치하는지 여부와 제시한 서류가 상호간에 불일치한 사항이 있는지 여부

④ 서류의 발행일이 타당하며, 원본서류의 표시방법이 적정하고, 신용장에서 요구한 통수인지 여부

⑤ 신용장에서 “Signature Verified”를 요구하고 있는 경우 서명방법이 적정한지 여부

⑥ 기한부신용장으로서 Bank's Usance인 경우 할인료를 수입상이 부담한다는 조항이 있는지 여부

(3) 하자있는 운송서류의 매입

매입심사시 선적서류 등에 하자를 발견하면 정정가능한 것은 정정·보완하고, 정정이 불가능하고 발행은행이 지급거절이 우려되는 경우에는 ① 환어음을 추심한 후 대금이 입금되었을 때 지급하는 방법(Collection Basis), ② 발행은행에 하자내용을 통보하여 매입여부를 전신으로 조회하는 방법(Cable Nego), ③ 신용장을 선적서류에 맞도록 조건 변경한 후 매입하는 방법(Amend 후 Nego), ④ 수출자로부터 대금지급거절시 상환(recourse)하겠다는 확인서나 각서를 징구한 후 매입하는 방법(L/G Nego). 이때 수출자는 반드시 수입자로부터 서류상의 하자에도 불구하고 수입대금을 결제하겠다는 보증서(L/G)를 발급받아야 한다 등의 방법 중 한 가지를 선택하여 처리한다.

표 11-2 선적서류의 중요성과 종류

구 분	내 용
선적서류중요성·의미	① 신용장은 독립·추상성에 의거한 서류상의 거래이므로 매입·지급·인수·연지급·확인은행 및 발행은행은 수익자가 제시한 서류의 심사만으로 신용장대금의 지급여부를 결정하게 됨 ② SWIFT 신용장의 경우 46A의 "documents required(요구서류)" 부분에 제시할 서류를 명시함 ③ 서류 준비가 끝나면 수익자는 우선 자신의 거래은행인 매입은행에 전화를 걸어 네고할 금액이 얼마인지를 미리 알려주고 매입은행으로 하여금 매입에 대비하여 준비하도록 하는 것이 바람직함
	① 넓은 의미 : 신용장에서 요구하는 모든 서류를 말하는데 "Shipping Documents" 라고 하여 보통 이 의미로 많이 사용됨 ② 좁은 의미 : 운송서류만을 지칭하는 의미로 "Transport Documents"임
기본서류	• 기본서류(basic documents) : 상업송장(commercial invoice : 물품선적안내서, 가격계산서 성격의 서류), 보험서류(insurance documents : 화물의 운송 중에 발생하는 예기치 못한 손해를 보전받기 위해 운송보험에 가입하고 발행받는 서류), 운송서류(transport documents) 등이 있음 • 운송서류(운송회사에서 발행하는 서류)는 UCP 600에서는 다음의 7개 종류를 명시하고 있음. ① 복합운송서류(Multimodal Transport Document) : 복합운송(해상, 항공, 육운 중 2개 이상 이용)에 이용되는 운송서류임(UCP600 제19조). ② 해상선하증권(Marine/Ocean Bill of Lading) : 운송인, 선장 또는 그 대리인이 화물의 수취/본선적재를 증명하고 화물의 인도청구권을 표시하는 유가증권임(UCP 600 제20조) ③ 비유통해상운송장(Non-Negotiable Sea Waybill) : 해상운송에서 사용되는 화물수취증이며 비유통증권임(UCP 600 제21조). ④ 용선계약선하증권(Charter Party Bill of Lading) : 적재선박이 다른 선주로부터 빌린 선박(용선)인 경우 발행되는 선하증권임(UCP 600 제22조). ⑤ 항공운송서류(Air Transport Document) : 항공운송에 이용되는 운송서류로서 단순히 화물의 수탁을 증명하는 비유통증권임(UCP 600 제23조). ⑥ 도로, 철도 또는 내수로 운송서류(Road, Rail or Inland Waterway Transport Documents) (UCP 600 제24조). ⑦ 특사배달영수증, 우편수취증 또는 우편증명서(Courier Receipt, Post Receipt or Certificate of Posting) : 발행은행 또는 수입상에게 송부될 소포에 대하여 특사송달업체 및 우체국에서 발행한 수취증임(UCP 600 제25조).
기타보충서류	① 포장명세서(Packing List) ② 검사증명서(Inspection Certificate) ③ 원산지증명서(Certificate of Origin) ④ 중량증명서(Certificate of Weight) ⑤ 용적증명서(Certificate of Measurement) ⑥ 영사송장(Consular Invoice) ⑦ 세관용 송장(Customs Invoice)

표 11-3 서류심사의 기준 및 면책사항

구 분	내 용
서류심사기준	① 지정은행, 확인은행 및 발행은행은 서류가 문면상 일치하는 제시(신용장의 제조건, UCP, ISBP의 적용가능한 규정에 따른 제시)를 구성하는 일치성을 결정하기 위하여 서류만을 기초로 하여(on the basis of the documents alone) 심사하고, 심사기간은 서류제시일의 다음 영업일을 기산으로 하여 제5영업일(five banking days) 이내임. 하나 또는 그 이상의 운송서류의 원본을 포함하는 제시는 이 규칙에서 규정하고 있는 선적일 후 21일보다 늦지 않게 수익자에 의하여 또는 대리하여 이행되어야 하며, 어떠한 경우에도 서류제시는 신용장 유효기일 이내에 제시되어야 함.
	② 서류자체의 자료간의 상충, 기타 모든 서류 상호간의 상충 또는 신용장의 제조건과의 상충이 있어서는 안됨(not conflict with). ③ 상업송장 이외의 기타 모든 서류의 물품, 용역 또는 이행의 명세는 신용장상의 명세와 상충되지 아니하는 일반용어로(in general terms) 기술될 수 있음. ④ 신용장에서 요구하지 않았으나 제시된 서류는 무시되고 제시인에게 반환할 수 있음. ⑤ 신용장이 제시되어야 하는 서류를 명기하지 않고 조건만을 포함하고 있는 경우에 은행은 그러한 조건은 명기되지 않은 것으로 간주하고 이를 무시함. ⑥ 서류는 신용장의 발행일자보다 이전의 일자가 기재될 수 있으나, 그 서류의 제시일(date of presentation)보다는 늦은 일자가 기재되어서는 안 됨. ⑦ 서류상에 기재된 수익자 및 발행의뢰인의 주소는 신용장 또는 기타 모든 명시된 서류상의 이들 주소와 동일할 필요는 없지만, 신용장에 언급된 각각의 주소와 동일한 국가내에 있어야 하며, 수익자 및 발행신청인의 주소의 일부로서 기재된 연락처 명세(팩스, 전화, 전자우편 등)가 명기된 경우에 이들 명세는 무시됨. 그러나 발행신청인의 모든 주소 및 연락처명세가 제19조(복합운송서류), 제20조(선하증권), 제21조(비유통성 해상화물운송장), 제22조(용선계약선하증권), 제23조(항공운송서류), 제24조(도로, 철도 또는 내륙수로운송서류) 또는 제25조(특송화물수령증, 우편수령증)에 따라 운송서류상의 수하인(consignee) 또는 착하통지처(notify party) 명세의 일부로서 보이는 경우에는 이러한 주소 및 연락처명세(contract details)는 신용장에 명시된 대로 기재되어야 함. ⑧ 모든 서류상에 표시된 물품의 선적인(shipper, 송화인) 또는 탁송인(consignor)은 신용장의 수익자일 필요는 없음. ⑨ 운송서류가 이 규칙의 제19조, 제20조, 제21조, 제22조, 제23조 또는 제24조의 요구조건을 충족시킨다면 그 운송서류는 운송인(carrier), 선주(owner), 선장(master) 또는 용선자(charterer) 이외의 모든 당사자에 의하여 발행될 수 있음.
서류심사면책	① UCP 600 제34조 서류의 유효성에 대한 면책 은행은 모든 서류의 형식, 충분성, 정확성, 진정성, 위조성 또는 법적효력에 대하여 또는 그 서류에 명시되거나 또는 이에 부가된 일반조건(general conditions) 또는 특정조건(particular condition)에 대하여 어떠한 의무나 책임도 지지 않으며, 또한 은행은 모든 서류에 표시되어 있는 상품, 용역 또는 기타 이행의 명세, 수량, 중량, 품질, 상태, 포장, 인도, 가치 또는 기타 모든 당사자의 성실성 또는 작위 또는 부작위, 지급능력, 이행능력 또는 신용상태에 관하여 어떠한 의무나 책임도 부담하지 않음. ② UCP 600 제35조 전달과 번역에 대한 면책 은행은 그러한 통신문의 송달 또는 서신이나 서류의 전달 중에 발생하는 송달지연, 분실, 훼손 또는 기타 오류로 인해 발생하는 결과에 대하여 어떠한 의무나 책임도 부담하지 않음.

표 11-4 필요서류와 서류검토 준거법규 및 검토사항

구 분	내 용
NEGO 시 필요서류	① 수출환어음 매입신청서 ② 수출신고필증 사본(무역금융용 자사제품 수출실적증명 등 필요시 징구) ③ 수출신용장 및 그 조건변경서 ④ 신용장에서 요구하는 서류(환어음, 운송서류, 상업송장 등) 환어음은 해외은행 송부용 원본 2부를 징구하는데 해당 신용장의 형태가 매입신용장 또는 인수신용장일 때 필히 제출하며, 지급신용장 및 연지급 신용장은 환어음의 제출을 필요로 하지 않는 신용장이지만 신용장에서 특별히 환어음을 요구하는 경우에는 제시해야 한다. 운송서류, 상업송장, 보험서류 등 다른 서류들은 신용장의 서류조건에 나와 있는 요구 부수(통수)대로 각각 원본(original), 부본(copy), 사본(photocopy) 등을 제출하고 은행보관용 사본을 각각 1부씩 제출한다. ⑤ RE-NEGO시에는 위의 서류와는 별도로 RE-NEGO은행 보관용 신용장 및 각각의 선적서류 사본 1부를 추가로 제출한다.
서류 검토 준거 법규	① 기본규칙 : 신용장통일규칙(UCP 600) 각국의 개별은행, 은행협회가 국제상업회의소를 통해 국제무역거래에서 생성된 국제적 상관습을 집대성해 만든 규칙이다(1933년 제정, 2007년 6차 개정). 175개국 정도가 채택하고 있으며 우리나라는 전체은행이 채택하고 있다. ② UCP 600의 보칙들 : ISBP745, ICC Position Paper, ICC Policy Statement, ICC Opinions, ICC Decisions 등
기본 검토 사항	① 서류 통부(부수) : 신용장에서 요구하는 통수(부수) 제출 여부 ② 서류의 정규성 : 통상적으로 사용되는 동종업계의 형식 구비 여부 i. 발행자, 작성자의 서명 누락 여부 ii. 통상적으로 동종 거래에 사용되는 것과 같은 형식 구비 여부 iii. 증권(운송서류, 보험서류, 환어음)상 권리이전 경로에 대한 형식상 배서의 연속성 ③ 각 서류의 신용장 조건 일치 여부 ④ 서류 상호간 일치 여부 : 서류 상호간 불일치로 하자이다.
기타 검토 사항	① 보충서류 요구 경우 : 신용장에서 상업송장, 운송서류, 보험서류 이외의 서류를 요구할 때 신용장은 그 서류의 발행인과 기재내용을 명시해야 함. 이러한 명시가 없으면 제시된 대로 수리하며 서류기재내용은 다른 서류들과 모순이 없어야 한다. ② 비서류 조건 : 신용장이 제시되어야 할 서류를 표시하지 않고 준수해야 할 조건만을 기재하고 있으면, 은행은 동 조건을 기재하지 않은 것으로 간주하고 이를 무시한다.
검토 시 유의 사항	① 신용장 내용을 미리 파악 : 통지(매입)은행에서 통지한 신용장은 그 사본으로 내용을 미리 파악해 두고, 타 은행에서 통지한 신용장은 수출상 수령 즉시 FAX 등으로 송부받아 그 내용과 조건들을 미리 정확하게 해석해 두면 NEGO 당일 서류심사 때 차분히 처리할 수 있다. ② 일정한 순서에 따라 검토 : 선적서류 심사 순서를 자신의 스타일에 맞게 고정시켜 항상 일정한 패턴으로 심사할 수 있도록 한다. [서류점검 순서의 예] : 서류통수 → 각종기일 → 환어음 → 상업송장 → 운송서류 → 보험서류 → 기타서류 → 서류상호간 조건대조 ③ Check List의 활용 : 신속 · 정확성을 기해야 하므로 미리 선적서류별 Check List를 만들어 놓고 상호 체크하면서 심사한다.

표 11-5 매입의 실행

<table>
<tr><th>구분</th><th colspan="2">내 용</th></tr>
<tr><td>매입대금</td><td colspan="2">매입금액에서 환가료 · 대체료 · 우편료 · 무역금융 융자금과 이자 · 매입수수료 등을 공제한 잔액을 수취함. 원화로 받는 경우 전신환매입율로 환산한 원화금액을 수취</td></tr>
<tr><td>환가료</td><td colspan="2">은행의 외화자금부담에 따른 기간이자성격으로 수취하는 수수료로 매입한 수출환어음의 추심소요기간에 해당하는 이자, 일람지급조건의 수출환어음 매입시 환가료 적용일수는 동남아 통화는 9일, 그 이외의 통화는 10일을 일괄 적용함
① 일람지급 수출환어음(At sight L/C, D/P) 매입
Clean NEGO : 매입금액 × 연환가료율 × 환가료 적용일수/360 × 매매기준율
L/G NEGO(하자매입)인 경우에는 연환가료율에 1.5%를 가산함
② 기한부 수출환어음(Usance L/C, D/A) 매입
매입금액 × 연환가료율 × (일람지급환가료 적용일수 + 어음기간) / 360 × 매매기준율
※ 예외적용
• Banker's Usance L/C : At Sight 매입에 준하여 환가료를 적용함
• Usance L/C 및 D/A 계약서에 의하여 발행된 환어음이 확정만기일부 수출환어음일 경우 매입일로부터 어음만기일까지에 해당하는 환가료를 적용함
• 서류하자로 인하여 확인서를 받고 매입하는 경우 연환가료율에 1.5% 가산</td></tr>
<tr><td>대체료</td><td colspan="2">① 수출대전이 원화대가 매매를 수반하지 않고 매입의뢰인이 동일 종류 통화의 외화로 대체수취하는 경우, 외환매매이익이 발생하지 않으므로 보상조로 외화대체금액의 0.1%에 해당하는 대체료를 적용함
② 대부분의 은행에서는 수출환어음 매입대전이 거주자계정이나 대외계정에 대체 입금되어 일정기간을 경과하는 경우에는 대체료의 징수를 면제하고 있음
③ 타행 앞 재매입 의뢰대상 건에 대하여는 0.05%의 은행간 대체료 적용</td></tr>
<tr><td>서류의 송부</td><td colspan="2">① 서류송부장(Covering Letter) : 서류의 매입과 관련하여 서류의 명세, 상환청구에 관한 내용, Clean 또는 하자매입인 경우, 기타 지시사항을 기재하는 표제서
② 서류송부장은 거래형태 또는 상환청구방법에 따라 송금방식(remittance base), 상환방식(reimbursement base) 등에 따라 대금결제방법을 기재하게 됨
③ 발송서류의 횟수 : "All drafts and documents must be forwarded direct to us by two consecutive airmails" : L/C에서 서류를 두 번에 나누어서 보내도록 지시함
"Drafts and documents are to be sent in one lot" : 한 번에 보내도록 지시함</td></tr>
<tr><td rowspan="3">서류의 배서</td><td colspan="2">① 환어음의 배서 : 다음과 같이 배서</td></tr>
<tr><td>Authorized Signature
(매입은행 명칭)</td><td></td></tr>
<tr><td colspan="2">② 선하증권 · 보험서류의 배서
• 선하증권의 수하인(consignee)이 'to order' 또는 'to order of shipper'로 되어있거나 보험증권의 피보험자가 수출상으로 되어있는 경우 선하증권 및 보험증권에 수출상이 배서
• 선하증권상에 수화인이 매입은행으로 되어있는 경우 다음과 같이 배서함
Deliver to the order of -- -- -- Bank
for 매입은행
Authorized Signature
• 보험증권의 피보험자가 매입은행으로 되어 있는 경우 다음과 같이 배서함
Claims, if an, Payable to the order of
for 매입은행
Authorized Signature</td></tr>
</table>

표 11-6 D/P · D/A 서류의 매입

구 분	내 용
의미	① D/P · D/A는 은행의 지급확약이 없는 거래로, 수출입 당사자간의 계약서를 근거로 하여 수출상이 계약물품을 선적한 후에 수출환어음 및 선적서류를 구비하여 자기의 위험과 비용부담으로 거래은행은 추심의뢰은행을 통하여 대금을 추심하는 거래임 ② 수출상은 수출계약서에 의거 관계화물을 선적한 후 운송서류 등을 구비하고 수입상을 지급인으로 하는 일람지급 혹은 기한부 수출환어음을 발행하여 거래은행인 추심의뢰은행에 추심전 매입을 의뢰함으로써 대금을 회수하게 됨 ③ D/P, D/A 거래는 '추심에 관한 통일규칙'(URC 522)의 적용을 받음
매입신청	• 거래약정 여부 및 여신한도 확인 후 다음의 서류를 제출함 화환어음추심의뢰서, D/P 또는 D/A 수출계약서 원본, 계약서에서 요구하는 제 서류 및 환어음, 수출승인서(필요한 경우), 기타 필요한 서류(수출신고필증 등)
계약서 검 토	① 계약서가 유효하게 작성되었는지 여부(양 당사자의 서명 유무 등) ② 계약서의 유효기간이 경과되지 않았는지 여부 ③ 계약서에서 추심은행을 별도로 지정하고 있지 않는지의 여부 ④ 계약서 이면에 매입사실의 표시가 없는지 여부 ⑤ 제한품목의 경우 관련 협회 또는 조합의 추천을 받았는지 여부 ⑥ '특정거래형태의 수출입 인정' 대상에 해당하지 않는지 여부 ⑦ 무역어음 인수 또는 무역금융 취급 여부
운송서류 점검사항	신용장방식에 의한 수출환어음매입시의 검토사항과 유사하지만, 다음과 같은 경우에는 은행에서 추심전 매입을 억제하고 있음 ① 해상보험에 부보되지 않은 건 ② 선하증권 1통을 수입상 앞으로 직접 송부하는 경우나 항공화물운송장의 수하인이 수입상으로 되어 있어 환어음의 지급 · 인수 없이도 화물의 인수가 가능한 건 ③ 이미 매입한 D/P · D/A 어음이 인수거절 또는 지급거절 되었거나 미입금된 건이 있는 등 신용상태가 불량한 수입상에 수출하는 건
수수료	신용장방식과 동일하나 환가료 등의 수수료 징수에 있어서는 은행별 · 어음 기간별 등에 따라서 요율 및 징수시기 등에 다소 차이가 있음
추심 지시서	① 추심의뢰은행(매입은행)은 의뢰인이 추심은행을 지정하였을 때에는 지정된 추심은행 앞으로, 지정하지 않은 때에는 추심의뢰은행이 임의로 선정한 은행(수입상 소재지역의 환거래은행) 앞으로 추심서류를 발송하며, 완전하고 명확한 지시가 기재된 추심지시서를 첨부하여야 함(URC522 제4조) ② 추심지시서의 주요내용은 서류인도조건, 추심결과의 통지, 추심대금 송금방법에 대한 지시, 거절증서에 관한 지시(URC522 제24조), 상품보관에 관한 지시, 지급거절 또는 인수거절에 대비한 예비지급인에 관한 지시, 수수료 및 제 비용의 부담자 표시, 이자 징수에 관한 지시, 기타 특수한 지시 등이 있다.
실무적 유의사항	① D/P · D/A거래에서 경우에 따라서는 수입상이 자금사정 또는 시장악화 등을 이유로 또는 아무런 이유없이 지급연기를 요구하거나 화물의 하자를 내세워 대금의 감액을 요구하는 상황이 발생될 우려가 있음 ② 이러한 사태해결을 위하여 수출상과 수입상의 직접 · 간접의 여러 가지 절충에도 불구하고 전혀 해결의 기망이 없을 경우에 추심의뢰은행(매입은행)은 추심의뢰인에게 매입금액 및 제 비용의 상환을 소구권을 근거로 청구함

제2절 수입대금의 결제

1. 개요

매입은행으로부터 선적서류를 접수한 발행은행은 서류도착과 동시에 신용장 조건대로 선적서류가 제시되었는지 여부를 심사한다. 이때 서류가 신용장조건과 일치하지 않으면 발행은행은 최우선적으로 발행의뢰인(수입자)에게 수입대금을 결제할지 여부에 대하여 조회할 수 있다. 이후 발행은행은 수입대금 지급여부를 결정하고 발행의뢰인에게 수입대금을 결제하도록 한 후에 선적서류를 인도한다. 대금결제 후 선적서류를 인도받은 수입업자는 이를 선박회사에 제시하고 수입물품을 수령하여 보세구역에 반입한 후 수입통관절차를 거치게 된다.

2. 환어음의 결제와 선적서류의 인도

1) 선적서류의 도착통지

매입은행은 매입을 실행한 후 환어음 및 선적서류를 발행은행에 송부한다. 발행은행은 도착한 선적서류를 점검한 후 하자가 없는 경우에는 수입상에게 선적서류도착통지와 함께 대금결제를 청구한다. 그리고 하자사항을 발견한 경우에는 하자의 내용 및 이에 대한 처리방법을 문의하게 된다.

2) 환어음 결제

① 환어음의 지급인이 발행의뢰인 앞으로 되어 있는 경우(D/P나 D/A 결제조건일 경우) 수입상에게 어음의 지급(D/P) 및 어음의 인수(D/A)를 요청한다.
② 환어음의 지급인이 발행은행으로 되어 있는 경우(신용장 방식인 경우) 어음의 지급 및 인수를 은행이 먼저하고 수입상에게는 대금청구를 하게 된다.

3) 수입어음의 인수와 결제시점

Sight Credit와 D/P인 경우 수입자는 발행은행(issuing bank)이나 추심은행(collecting bank)의 서류접수 다음날로부터 제3은행영업일 이내에 수입대금을 지급하고 선적서류를 인수하며, Usance Credit와 D/A의 경우 수입자는 Usance 만기일(at maturity)에 대금을 지급할 것을 은행에 약속하고 선적서류를 인수한다.

신용장인 경우 서류상에 하자가 없는 한 수입상이 대금을 결제하는지 여부에 관계없이 발행은행(issuing bank)이 자기책임으로 지급하여야 하나, 추심결제방식(D/P · D/A)인 경우에는 수입상(drawee)이 결제하지 않으면 추심은행(collecting bank)은 그러한 사유를 추심의뢰은행(remitting bank)에게 통보만 하면 된다.

3. 선적서류의 수리거절

하자있는 선적서류를 접수하면 발행은행은 일단 발행의뢰인에게 이러한 하자에도 불구하고 선적서류를 인수할지의 여부를 문의하고 부정적인 대답이 있을 경우에는 즉시 매입은행(negotiating bank)에 이 사실을 통보한다. 선적서류 수리거절(discrepancy notice) 시 발행은행에서 취하여야 하는 조치를 알아보면 ① 선적서류와 신용장조건 간의 명백한 불일치사항을 구체적으로 나열하여 그 내용을 통보하여야 한다. ② 선적서류 접수일 익일부터 기산하여 제7은행영업일 이내에 거절 여부를 결정 통보하여야 한다. ③ 거절 통지는 전신 등 신속한 방법으로 하여야 한다. ④ 선적서류의 행방(보관 중 또는 반송 중)을 명확히 밝혀야 한다 등과 같다.

4. 수입신용장의 대금결제

1) 수입보증금의 처리

① 적립율 : 수입자의 신용상태 등을 고려하여 각 은행이 자율적으로 정한다.
② 발행은행이 대금결제시에 수입대금 결제자금으로 사용한다.

2) 수입신용장 대금결제액 산정방법

① 도착일로부터 3일 미만에 결제하는 경우 : (전신환매도율 + 환가료) × 수입외화금액
② 도착일로부터 3일 이후에 결제하는 경우의 이자계산 방법 : [전신환매도율 + 지연일수(즉, 3일 이후 경과일수) / 360 × 년환가요율 × 장부가격] × 수입금액
③ Usance일 경우의 결제
- 물품대금 = 수입금액 × Usance상환일 기준 전신환매도율
- Usance이자 = 수입금액 × Usance이자율 × usance기간 / 360 × 수입어음 결제율

5. 지급제한

수입대금의 지급은 외국환은행을 통해 지급하는 경우 다음의 경우를 제외하고는 특별한 제한이 없으며 특히 미화 1천 불 이하의 경상거래에 따른 지급은 외국환은행을 통하지 않고도 지급이 가능하다.

〈한국은행 총재 신고대상 거래〉

① 계약건당 미화 5만 불을 초과하는 미가공 재수출할 목적으로 금을 수입하는 경우로서 수입대금을 선적서류 또는 물품의 영수일부터 30일을 초과하여 지급하거나 내수용으로 30일을 초과하여 연지급수입한 금을 미가공 재수출하고자 하는 경우
② 계약건당 미화 2만 불을 초과하는 수입대금을 선적서류 또는 물품의 영수전 1년을 초과하여 송금방식에 의하여 지급하는 경우

제3절 수출입대금의 결제서류

1. 환어음(Bill of Exchange)

1) 개요

환어음은 채무자가 채권자 앞으로 발행하는 약속어음과는 달리 채권자가 채무자 앞으로 발행하여 결제되는 것이다. 특히 무역거래에서 사용되는 환어음은 발행지와 지급지가 서로 다른 국가간에 취결되는 외국환어음이다. 국제간의 환어음 거래는 영국에서 제정된 '환어음법(Bill of Exchange Act, 1882)'과 국제상업회의소(ICC)에 의해 제정된 '추심통일규칙(Uniform Rules for Collection, 1995 개정)'에 의해 처리되고 있다. 이러한 외국환어음에 따르는 어음행위의 효력은 원칙적으로 행위지의 법률에 의해 처리하게 되어 있다.

따라서 우리나라에서 발생한 어음행위는 우리나라 어음법이 적용되며 외국에서 발생한 어음행위는 그 나라의 어음 관계법을 따르게 되는 것이다.

환어음은 대금결제 기간에 따라서 일람출급 어음(Sight Bill)과 발행 후 일정기간이 경과한 후 지급되는 기한부 어음(Usance Bill) 등으로 구분할 수 있다.

환어음은 은행에 제출시 통상 2통이 제시된다. 이때에 어음은 Original Bill of Exchange와 Duplicate Bill of Exchange가 Set로 제시되어야 하며 환어음의 주요 당사자는 다음과 같이 구별할 수 있다.

① 발행인(drawer) : 어음을 발행하고 서명하는 자, 즉 수출업자나 채권자

② 지급인(drawee) : 환어음의 지급을 위탁받은 신용장발행은행, 결제(상환)은행

③ 수취인(payee) : 환어음의 지급을 받을 자로서 발행인이 될 수도 있고 발행인이 지정하는 제3자도 될 수 있다. 통상 신용장에 근거를 두고 발행하여 외국환은행에 매입을 의뢰하는 경우에는 수취인은 동 서류를 매입한 외국환은행이 된다.

2) 작성요령

① 어음번호 : 특별한 의미는 없고 다만 후일 참조할 경우가 생길 때 편리하게 하기 위해서 기재한다.

② 발행일 : 어음은 발행일은 외국환은행이 어음과 함께 제시된 선적서류를 매입한 날짜이며 이는 신용장 유효기일 이내여야 한다.

③ 발행지 : 환어음의 효력은 행위지 법률에 의해 처리되므로 발행지를 꼭 표시하여야 한다. 발행지는 도시명까지만 표시해도 되므로 "Seoul Korea"라고 기재 하면 된다.

④ 금액 : 환어음의 금액은 상업송장 금액과 일치해야 한다. 그러나 상업송장 금액의 100% 이하로 어음을 발행하도록 신용장에 요구하는 경우에는 그 조건을 충족시켜야 하며 이러한 경우의 신용장 문구는 "available by your draft at sight on us for ~% invoice value"에서 ~%란에 97% 등과 같이 발행할 수 있는 어음금액을 표시해 주고 있다. 송장금액 전액에 대해 어음을 발행할 경우에는 100% of invoice value 또는 full invoice value 등과 같이 나타낸다.

⑤ 지급 만기일의 표시(결제조건) : 어음상의 문언 중 at ~ sight of 의 at ~ 다음에 기재되는 것이 만기일(Tenor)의 표시가 된다. 신용장의 조건에 따라 차이가 있지만 크게 일람출급과 기한부 2가지로 구분된다. 일람출급일 경우 at××sight of 로 표시되며, 기한부일 경우 at ○○ days after sight 또는 at ○○ days after B/L date의 형식으로 기재하면 된다. 또한 ○月 ○日에 지급하겠다는 확정일 출급일 경우에는 동 란에 지급일자를 적으면 된다.

⑥ 수취인(Payee) : 환어음의 지급을 받는 자로서 발행인이 될 수도 있고, 발행인이 지정하는 제3자가 될 수도 있다. 어음상의 문언 중 pay to ~ 다음에 기재되는 것으로 통상 신용장 거래시는 매입은행이 기재된다.

⑦ 문자금액 : 어음금액을 아라비아 숫자가 아닌 문자로 표시하는 곳으로 예를 들어 미화 12,345.60불일 경우 SAY US DOLLARS TWELVE THOUSAND THREE HUNDRED FORTY FIVE AND CENTS SIXTY ONLY라고 기재한다(이때 SAY는 생략할 수 있으나 ONLY는 생략할 수 없음). 문자로 표시된 금액과 ④번 항의 숫자로 표시된 금액을 병기(倂記)하게 되는데 이 경우 양자간에 차이가 나면 문자가 우선한다. 또한 표시되는 통화의 종류는 완전하게 기재되어야 한다. 막연히 Dollars($)나 Pound(£)로 표시되어서는 안되며 반드시 US Dollars(US$), Sterling Pound(Stg £)로 표시되어야 한다.

⑧ Charge the same to Account of : 이것은 은행이 수출대금 지급인에게 지시하는 내용으로서 당해 환어음이 수출대금 지급인에 의하여 결제될 때 그 자금은 Account of ~ 이하에 기재되는 자(수입상)로부터 회수하라는 의미이다. 따라서 Accountee of ~ 이하는 신용장상의 Accountee가 기재된다. 이 문구는 법적인 필수 문구는 아니나 오랜 상관습상 계속 사용되고 있다.

⑨ 신용장발행은행 : Drawn Under ~ 이하에는 환어음의 발행근거를 기재하게 되는데, 먼저 신용장 발행은행(issuing bank)을 기재하며 D/P, D/A 등 무신용장방식의 경우에는 공란 또는 계약서상 지정은행을 기재한다.

⑩ 신용장 번호 : 이 난은 신용장 번호를 기재하는 곳으로 신용장상에 요구가 있으면 T/S번호도 같이 기재하며, 또한 D/A, D/P인 경우에는 계약서 번호를 기재한다. 두 개의 신용장을 근거로 하나의 환어음을 발행해도 좋다는 문구(combined shipment with other credits are acceptable)가 있을 경우에는 "Drawn Under L/C No ~ for US$ ~ and Drawn Under L/C No ~ for US$ ~"과 같이 표시한다.

⑪ 신용장 발행일자 : 신용장 상의 발행일자를 기재한다.

⑫ 지급인(drawee)과 지급지 : 지급인과 지급지를 기재하는 곳으로 지급지는 신용장에 별도 명시가 없는 한 도시명의 표시만으로도 충분하다. 만약 지급지 기재가 없으면 지급인의 표시지로 보충하여 어음효력을 구제할 수가 있다. 지급인은 신용장의 발행은행 또는 다른 제3의 은행인 상환(결제)은행이 될 수도 있다. 통상적으로 신용장이 지급인을 지시하는 문구는 “Documentary credit which is available by negotiation of your draft at sight drawn on ~”이며 이 문구 중에서 drawn on ~ 이하에 “~ on us”라고 되어 있으면 신용장발행은행, “on ~” 이하가 발행은행이 아닌 다른 은행일 경우에는 바로 지급인인 지급은행(상환 · 결제은행)이 되며, SWIFT Credit 상에는 “42A : Drawee”가 지급인이 된다.

⑬ 발행인의 기명날인 : 환어음을 발행하는 자는 신용장상의 수익자 또는 양도받은 경우에는 양수인이 되며 반드시 기명 · 날인까지 해야 된다. 사용되는 발행인의 서명 날인은 화환어음 약정 시 은행에 계출된 서명감과 일치하여야 한다.

서식 11-1 환어음(신용장에 의거 발행된 환어음)

BILL OF EXCHANGE ①

NO. 123456　　MAY. 28, 2020 ② SEOUL, KOREA

FOR US$112,614.80- ③

AT x x x SIGHT ④ OF FIRST BILL OF EXCHANGE (⑤ SECOND OF THE SAME TENOR AND DATE BEING UNPAID) PAY TO HANVIT BANK ⑥ OR ORDER

THE SUM OF SAY US DOLLARS ONE HUNDRED TWELVE SIX HUNDRED FOURTEEN AND EIGHTY ONLY ⑦

VALUE RECEIVED AND CHARGE THE SAME TO ACCOUNT OF SHENYANG LEATHER SHOES CORP. ⑧

DRAWN UNDER BANK OF CHINA, SHENYANG, CHINA ⑨

L/C NO. LC82A90561 ⑩　　DATED APR 22, 2020 ⑪

TO BANK OF CHINA, SHEN YANG ⑫　　CHO KWANG LEATHER CO., LTD.

HEPING DAJIE 3 DUAN 5, EPING QU　　⑬

SHEN YANG CHINA

환어음(Bill of Exchange) 설명	⑤ 환어음 Second Bill	⑩ 신용장 번호
① 환어음 번호	⑥ 수취인(Negotiating Bank)	⑪ 신용장 발행일자
② 발행일 및 발행지	⑦ 환어음 문자금액	⑫ 지급인과 지급지
③ 환어음 금액(아라비아 숫자)	⑧ 발행의뢰인	⑬ 발행인 및 발행인의 기명 · 날인
④ 환어음 지급기일	⑨ 발행은행	

다음의 수출환어음 매입신청서와 동 환어음(서식 11-1)과 관련한 양도가능신용장(서식 5-10-1)을 전액양도(서식 5-10-2)된 신용장상의 제시서류(46A : Documents Required)는 ① Commercial Invoice(서식 11-8), ② B/L(서식 8-3), ③ Insurance Policy(서식 9-1), ④ Packing List/Weight Memo(서식 11-9), ⑤ Beneficiary's Certificate(서식 11-4), ⑥ Certificate of Quality(서식 11-6), ⑦ Inspection Certificate(서식 11-5), ⑧ Animal and Plant Quarantine(서식 11-7) 등이다.

2. 수출환어음 매입신청서

1) 개요

신용장 상의 수익자인 수출업체가 신용장에 의해 요구되는 계약상품의 선적을 완료하고 신용장의 제조건에 일치하는 환어음 및 선적서류를 작성하여 외국환은행에 제시하게 된다. 외국환은행은 이를 심사한 후 매입하는데 이때 환어음 및 선적서류를 외국환은행과의 기 약정한 바에 의해 매입해 줄 것을 수익자 즉, 수출업체가 외국환은행에 의뢰하는 신청서이다.

수출환어음 매입신청서의 제출은 반드시 외국환은행과의 수출화환어음 약정이 선행되어야 하며 이 약정에 의하여 외국환은행은 동 신청서를 접수하고 선적서류를 매입한다. 수출환어음 매입신청서를 외국환은행에 제출할 때는 신용장 원본과 신용장이 요구하는 제반 선적서류를 함께 첨부해야 한다.

2) 작성요령

수출환어음(선적서류) 매입신청서 양식은 은행별로 약간씩 달리하므로 거래은행 홈페이지를 검색하여 거래은행의 양식을 사용하면 된다.

① 매입번호 : 이 난은 수익자가 기재하는 곳이 아니고 외국환은행(Nego Bank)이 기재하는 곳이다. 외국환은행이 매입의뢰를 받은 선적서류를 매입할 경우 동 선적서류에 대해 고유의 매입번호를 부여하여 관리하는데 사용한다. 이런 매입 번호는 매입 당시 뿐만 아니라 매입 후 신용장 발행은행으로부터 동 매입대전을 회수하여 동 건이 완결될 때까지 사용되는 번호이다.

② Beneficiary : 이는 수익자명을 기재하는 곳으로서 통상 신용장상의 수익자가 매입을 의뢰하므로 신용장상의 Beneficiary가 기재되어야 하는 것이 원칙이다. 그러나 Transferable 신용장일 경우 신용장이 양도되어 원 수익자가 신용장을 타인에게 양도한 경우 양도받은 자가 외국환은행에 매입 · 의뢰할 것이므로 신용장의 수익자와는 달리 양도받은 자(양수인)가 기재된다(서식 5-10-1 참조).

③ Commodity : 수출되는 상품명을 기재하는 곳으로 물품의 상업송장 상의 품명과 동일하여야 한다.

④ Advice No. : 신용장이 통지은행을 통해 통지될 경우 통지은행의 통지번호가 신용장 표면에 부여되는데 이 부여된 번호를 기재한다. 이 통지번호는 첫머리가 A로 시작되어 즉 "A-0667-004-03135" 등의 형식으로 구성되어 있다.

⑤ Export Licence No. : 수출승인 대상품목의 경우 수출승인 번호가 기재되는 곳.

⑥ Issuing Bank : 신용장 발행은행(Issuing Bank)명이 기재되는 곳이다. 신용장이 제3국에서 양도되어 온 경우에 양도한 은행(T/S Bank)으로 서류가 발송되고 매입대전이 결제될 경우 동 은행명을 같이 기재한다.

⑦ Accountee : 신용장상의 발행의뢰인(applicant)을 기재한다.

⑧ Invoice value : 상업송장상의 금액을 기재한다.

⑨ Shipping Expiry : 신용장상의 선적기일을 기재하는데 이 난에 기재되는 일자 이전에 모든 선적이 이루어져야 한다는 것을 의미한다.

⑩ Credit Expiry : 신용장의 유효기일을 기재하는 곳으로 동 유효기일 이내에 선적서류의 매입의뢰를 외국환은행에 하여야 한다. 단, Restricted Credit일 경우에는 반드시 발행은행이 지정한 은행에서만 수출지에서의 최종 Nego가 이루어지도록 제한되어 Re-nego일 경우에는 Re-nego은행에 서류가 도착하는 시점이 동 유효기일 이내이어야 한다.

⑪ 처리내역 : 이 난은 매입의뢰한 서류를 실제 외국환은행이 매입할 경우 동 매입대전의 처리방법을 표시하는 곳이다. 매입의뢰인의 필요에 따라 외화 당좌예금 또는 외화 정기예금 등의 외화로 대체할 수도 있고 매입의뢰금액의 일부 또는 전부를 원화로 지급할 수도 있다.

⑫ Nego Amount : 매입요청금액(환어음금액)을 기재한다.

⑬ 무역어음 대출 : 신용장을 근거로 무역금융을 수혜받았을 경우에는 무역금융 규정에 의해 수혜받은 신용장 본 건에 대해 수출을 이행할 때 수혜받은 무역 금융을 상환해야 한다. 이 난에는 이와 같이 매입의뢰한 신용장에 의거 금융수혜를 받았을 경우 등 금융을 취급한 금융계에 이 신청서를 회부한다. 그리고 금융계에서 상환금액을 산출·기입토록 하고 확인을 받음으로써 매입대전에서 이를 차감하고 의뢰인에게 지급하게 된다. 신용장을 근거로 수혜받은 무역금융이 이미 상환되었을 경우라도 반드시 동 사항을 확인받아야 한다.

표 11-7 일반수출입금융의 융자금

구 분	종 류	내 용
용도별 금융	생산자금	수출용 완제품 또는 원자재의 제조·가공비 또는 개발하는데 소요되는 비용
	원자재자금	• 수출용 수입원자재를 직수입하거나 내국신용장에 의하여 국내 구매하는데 소요되는 자금 • 국내에서 생산된 수출용 원자재를 내국신용장에 의하여 구매하는데 소요되는 자금
	완제품 구매자금	국내에서 생산된 수출용 완제품을 내국신용장에 의하여 구매하는데 소요되는 자금
포괄금융	상기 제조·가공비 및 수출용 수입·국산원자재구매자금을 일괄하여 자금 용도 구분없이 지원되는 자금	

⑭ 수입보증금 : 발행은행이 신용장발행에 따른 위험을 담보하기 위하여 발행의뢰인에게 징수하는 보증금을 말하며, 현재는 대기업에 한해서 FOB 신용장금액에 동 금액의 10%를 가산한 금액의 10%를 한국은행집중률에 의하여 징수한다.

⑮ 환가료(Exchange Commission, Periodic Interest) : 매입은행이 수출업자에게 매입대금을 자기자금으로 지급한 후 발행은행으로부터 보상받는 기간에 해당하는 이자 성격의 수수료

⑯ 대체료(In Lieu of Exchange Commission) : 매입대금을 원화로 지급하는 경우에는 징수하지 않고 매입대금을 외화로 지급하는 경우에만 징수하는 수수료

⑰ 매입 의뢰일 : 동 날짜는 매입 의뢰인이 외국환은행에 선적서류 매입을 의뢰하는 날짜를 표시한다.

⑱ 매입 의뢰인의 명판 및 인감 : 매입을 의뢰하는 자의 명판과 인감을 기명・날인하는 곳으로서 ②항에 기술한 Beneficiary와 동일인이어야 한다. 동 난에 기재된 자는 서류를 매입하는 외국환은행과 수출화환어음 약정을 체결한 자라야 한다. 사용되는 명판 및 인감은 약정 체결시 제출한 명판신고서상의 명판, 인감과 같아야 한다.

⑲ 결제조건 : 매입의뢰하는 선적서류의 결제조건을 기재하는 곳이다. 신용장에 나타난 결제조건을 근거로 일람출급일 경우에는 “at sight”, 기타 기한부일 경우에는 “at ×× days after sight” 또는 “at ×× days after B/L date” “at ×× days after date” 등으로 표시된다.

⑳ 환율 : 수익자가 외국환은행에 매입・의뢰하는 외화금액을 원화로 환산하는 환율을 표시하는 곳이다. 매입을 실행하는 당일 매입하는 외국환은행을 통해 고시되는 환율이 적용된다. 각 외국환 은행에 따라 표시방법의 차이는 없으나 수출환어음 매입 시 적용되는 환율은 전신환 매입율에서 일정한(at sight : 10일, Renego 시 : 12일) 기간의 환가료를 차감한 일람출금 환어음 매입율이 된다.

㉑ 매입실행일자 : 수익자의 의뢰에 의해 외국환은행이 선적서류의 매입을 실행 기표하는 날짜를 표시한다.

㉒ 각서 : 동 각서는 매입의뢰하는 선적서류가 신용장 조건과 일치하여 외국환은행에 제시되어야 하지만 부득이한 경우 제출되는 선적서류가 신용장 조건을 충족시키지 못하는 경우에는 수익자는 동 하자(discrepancy)로 인하여 발생되는 모든 은행의 불이익에 대하여 보상하겠다는 내용의 각서에 기명・날인하고 외국환은행에 매입의뢰하면 외국환은행은 이를 심사 후 중대한 하자사항 이외에는 동 각서를 취득한 후 제시된 서류를 매입할 수 있다.

서식 11-2 매입신청서

매 입 신 청 서

① 매입번호	4009008933
CMF번호	

계		대리		차장		부점장	

(1) L/C 및 운송서류 내용(DESCRIPTION)

(2) 매입대금 처리내역

② BENEFICIARY:	조광피혁(주)	⑪ 처 리 내 역			확 인 인	
ASSIGNED FROM		⑫ NEGO AMOUNT		US$112,614.80	계	대리
L/C NO.	LC82A90551	외화 계정대체		US$106,900.00		
③ COMMODITY	NUBUCK 2.0-2.2MM	⑬ 무역어음대출	A			
④ ADVICE NO.	A-4201-006-102222		B			
⑤ EXPORT LICENCE NO.	NONE		C			
⑥ ISSUING BANK	BANK OF CHINA, CHINA		D			
⑦ ACCOUNTEE	SHENYANG LEATHER SHOES CORP	⑭ 수 입 보 증 금				
⑧ INVOICE VALUE	US$112,614.80	우 편 료				
⑨ SHIPPING EXPIRY	MAY 20, 2020	⑮ 환 가 료				
⑩ CREDIT EXPIRY	JUN 05, 2020	⑯ 대 체 료				
B/L DATE	MAR. 15, 2020	대체지정계좌입금				

위 내용의 수출하부환어음(또는 운송서류)을 기 약정한 바에 의하여 매입하여 주시고 동 수출어음 대금을 위와 같이 처리하여 주시기 바랍니다.

⑰ 2020 년 05 월 24 일
⑱ 상 호
대표이사 (인)

인감대조

⑲ AT Sight
년 월 일

㉒ 확 인 서

수입인지

＿＿＿＿＿＿앞 20 년 월 일

위 신용장(계약서)에 의한 수출환어음 또는 선적서류 매입과 관련하여 본인은 귀행에 아래와 같은 신용장(계약서)조건과의 불일치 또는 기타 사유로 인한 하자사항을 확인하며 이로 말미암은 비용 및 손해는 수출거래약정서에 따라 부담하겠습니다.
(운송서류 매입일부터 Nego대금이 귀행 내규 소정일수를 경과하여 입금되는 경우에는 그 초과 일수에 대한 소정이자를 지급하겠습니다.)

※ DISCREPANCIES
1) ＿＿＿＿＿＿
2) ＿＿＿＿＿＿
3) ＿＿＿＿＿＿
4) ＿＿＿＿＿＿

상호 (인)
대표이사

인감대조

※은행사용란

1	CMF.NO		9	우편요금	*	16	자사실적	*	23	기산기준일	
2	재매입여부	*	10	기타공제		17	타사실적	*	24	확정일코드	
3	매입통화	*	11	가격조건	*	18	선물환율		25	확인구분	
4	매입금액	*	12	우대요율		19	선물환급액		26	COMM.율	
5	하자여부	*	13	수출상대국	*	20	기 산 일	*	27	COMMISSON	
6	외화대체		14	수출형태	*	21	추심수수료	*	28	INTEREST율	
7	TENOR	*	15	HS. NO.	*	22	USANCE기간	*	29	INTEREST	
8	본지사구분										

◎ 추심시에는 *표 항목만 사용 911120 B5-159 13(X) B-1A (210×297) KSM7102특급인쇄용70g/㎡

서식 11-3 Covering Letter

Covering Letter

HANVIT BANK

COPY

C. P. O BOX 1033
SEOUL , KOREA

SWIFT BIC : HANIKRSE
TELEX NO : K23823

DATE : MAY. 24. 2020

IN COMMUNICATIONS PLEASE ALWAYS QUOTE

OUR REF. NO.
4009008933-1325

MAIL TO

BANK OF CHINA, SHEN YANG
HEPING DAJIE 3 DUAN 5, HEPING QU,
SHEN YANG
CHINA

WE ENCLOSE THE FOLLOWING DRAFT(S) / DOCUMENTS FOR PAYMENT/ACCEPTANCE UNDER THE CREDIT.

REMARKS

DRAFT(S)/DOCS AMOUNT USD	 112,614.80
INT. & OUR CHGS(+) USD	 0.00
COMM. & CHGS(-) USD	 0.00
TOTAL AMOUNT TO BE CREDITED USD	 112,614.80

L/C NO.	LC82A90551	DATED	APR. 22, 2020
ISSUED BY	BKCHCNBJ82A		
TENOR	AT SIGHT	MATURITY	
APPLICANT	SHEN YANG SUJIATUN DISTRICT LEATHER SHOE CORP.		
BENEFICIARY	CHO KWANG LEATHER CO LTD		
REIMBURSEMENT (DRAWEE) BANK			

DOCUMENTS

DOCS	DRAFT	COMM. INV.	B/L		AWB		PKG. LIST	INSURANCE POL/CERT.		CERT. ORIG.	INSP. CERT.	CONS. INV.	BENEF. CERT.	SHIP. ADV.	C/Q	T/S			
1ST	2	3	3	3		C C	3	2	3 C	2	3		3		3	1			
2ND				C		C C			C										
DRAWEE																			

INSTRUCTIONS TO THE PAYING BANK

PLEASE REMIT/CREDIT THE PROCEEDS BY SWIFT/TELEX TO OUR ACCOUNT WITH **FNBCUS33**
FIRST CHICAGO INTL, N. Y.
A/C NO. 1510951-50-01
UNDER ADVICE TO US QUOTING OUR REF. NO.

GENERAL AND/OR SPECIAL INSTRUCTIONS.

★The amount of draft has been endorsed on the reverse of the original L/C.

WE HEREBY CERTIFY THAT ALL TERMS AND CONDITIONS HAVE COMPLIED WITH L/C.

AUTHORIZED SIGNATURE

THIS NEGOTIATION IS SUBJECT TO THE UNIFORM CUSTOMS AND PRACTICE FOR DOCUMENTARY CREDIT, 1993 REVISION ICC PUBLICATION NO. 500

서식 11-4 수익자증명서

BENEFICIARY'S CERTIFICATE

CHO KWANG LEATHER CO., LTD.

8/FL..HONGWOO BLDG.. NO. 834-34, YUKSAM-DONG, KANGNAM-KU,
SEOUL, KOREA
TEL:82-2-3452-6565/1616 FAX:82-2-565-0263/4

MAY. 20. 2020

BENEFICIARY'S CERTIFICATE

TO WHOM IT MAY CONCERN,

WE HEREBY CERTIFY THAT FULL SET OF SHIPPING DOCUMENTS HAVE BEEN FAXED TO APPLICANT WITHIN 24 HOURS AFTER SHIPMENT.

L/C NO: LC82A9055I DATE: APR. 22, 2020

CHO KWANG LEATHER CO., LTD.

YOUNG PYO, LEE President

서식 11-5 ▶ 검사증명서

INSPECTION CERTIFICATE

KANGNAM TRADING CO., LTD.

3RD FLOOR, 223-12, BANGEE-DONG, SONGPA-KU, SEOUL, KOREA
TEL : 82-2-3431-8321 FAX : 82-2-3431-8324,8325
PORTABLE PHONE : (82)-11-268-2520 E-MAIL ADDRESS : minleetc@elim,Net

INSPECTION CERTIFICATE

DATE : MAY.18. 2020

L/C NUMBER : LC82A9055I **SHIPMENT** : SKY LOVE 921W
CONTRACT NUMBER : SU99004 **I/C REF** : 12-212
STOCK NUMBER : 46571
ITEM : NUBUCK 2.0-2.2MM
COLOR: WHEAT
QUANTITY : 56,307.4 SF
SHIPPING DATE : MAY. 20. 2020

TO WHOM IT MAY CONCERN:

WE HEREBY CERTIFY THAT THE AFOREMENTIONED MERCHANDISE HAS BEEN DULY INSPECTED BY US AT RANDOM : AND THAT FROM THE MERCHANDISE SO INSPECTED IT APPEARS THAT ALL THE TERMS AND CONDITIONS OF THE CONTRACT HAVE BEEN COMPLIED WITH.

NEVERTHELESS. WE AND THE BUYER HEREBY RESERVE ALL RIGHTS EACH OF US MAY HAVE WITH RESPECT TO THE CONTRACT COVERED THEREBY. THE ISSUANCE OF THIS CERTIFICATE OF INSPECTION IS NOT DEEMED A WAIVER, NOR PREJUDICE OUR RIGHTS OR THOSE OF THE BUYER TO FILE A CLAIM IF DEFECTS BECOME APPARENT.

KANGNAM TRADING CO., LTD.

S.S. KANG / President

서식 11-6 품질증명서

CERTIFICATE OF QUALITY

KANGNAM TRADING CO., LTD.

3RD FLOOR, 223-12, BANGEE-DONG, SONGPA-KU, SEOUL, KOREA
TEL : 82-2-3431-8321 FAX : 82-2-3431-8324,8325
PORTABLE PHONE : (82)-11-268-2520 E-MAIL ADDRESS : minleetc@elim,Net

CERTIFICATE OF QUALITY

DATE: MAY.18. 2020

L/C NUMBER: LC82A9055I
CONTRACT NUMBER: SU99004
STOCK NUMBER: 46571
ITEM: NUBUCK 2.0-2.2MM
COLOR: WHEAT
QUANTITY: 56,307.4 SF
SHIPPING DATE: MAY. 20. 2020

SHIPMENT: SKY LOVE 921W
I/C REF:

WE ARE HEREBY CERTIFYING THAT THE QUALITY FOR ABOVE MENTIONED SHIPMENT HAVE BEEN COMPLIED WITH BUYER'S ORDER.

KANGNAM TRACING CO., LTD.

S.S.KANG / President

서식 11-7 축산물검역증명서

HEALTH CERTIFICATE OF ANIMAL PRODUCTS

대 한 민 국 농 림 부

축 산 물 검 역 증 명 서

Ministry of Agriculture and Forestry. Republic of Korea

(HEALTH CERTIFICATE OF ANIMAL PRODUCTS)

발행연월일 : 2020 년 05 월 19 일 검역증번호 : ES-SR-99050110-01

Date of issue : Certificate No.

종 류 및 품 종 (Type of Products)	NUMUCK LEATHER 2.0-2.2MM
포 장 수 량 및 포 장 상 태 (Type and Number of Packages)	234 C/T
중 량 (Weight)	G/W 9,153.000 KGs N/W 8,451.000 KGs
표 시 (Identification Marks)	
보 내 는 사 람 성 명 및 주 소 (Name & Address of Consignee)	CHO KWANG LEATHER CO., LTD. 8/FL HONGWOO BLDG NO. 834-34 YUKSAM-DONG KANGNAM-KU, SEOUL KOREA
받 은 사 람 성 명 및 주 소 (Name & Address of Consignee)	SHENYANG SUJIATUN DISTRICT LEATHER SHOES NO. 2 FACTORY SHENYANG CHINA
탑 재 선 또 는 항 공 기 명 (Name of Ship and Flight)	SKY LOVE 921W
생 산 지 (Place of Production)	Korea
수 출 국 또 는 수 입 국 (Country of Export or Import)	China
선 적 지 및 선 적 연 월 일 (Place & Date of Arrival)	PUSAN PORT 2020/05/20
도 착 항 및 도 착 연 월 일 (Place & Date of Shipping)	DALIAN 2020/05/22
검 사 결 과 (Results of Inspection)	GOOD
비 고 (Remark)	L/C NO : LC82A90551 INVOICE NO : CK-5-34-99

위의 축산물은 대한민국 가축전염병예방법에 의하여 검역을 마쳤음을 증명합니다.
This is to certify that the above described animal product was inspected or treated in accordance with the regulations in "Livestock Epidemic Prevention and Control Act" of the Republic of Korea.
대한민국 국립수의과학검역원
NATIONAL VETERINARY RESEARCH AND QUARANTINE SERVICE. REPUBLIC OF KOREA

서 명
(Signature) ______________________
검 역 관
(VETERINARY QUARANTINE OFFICIAL)

3. 상업송장(Commercial Invoice)

1) 개 요

국제 상거래상 선하증권과 함께 필수적인 선적서류로 사용되는 "Commercial Invoice"는 물품의 거래가 원격지간에 행해지는 경우 매도인이 매수인 앞으로 해당물품의 특성과 내용명세를 상세하고 정확하게 작성하여 송부하는 선적화물의 계산서 및 내용명세서이다. 국내 상거래에 이용되는 송장은 단순히 상품의 적요서나 안내장의 역할을 하지만 국제무역의 경우에는 적요서나 안내장의 역할뿐만 아니라 매매 당사자의 이름과 주소, 발행일자, 주문번호, 계약상품의 규격 및 개수, 포장상태 및 화인 등이 표시된 구체적인 명세서인 동시에 대금청구서이기도 하다.

따라서 상업송장은 무역거래상의 필수서류로 모든 신용장에서 요구하고 있으나 유가증권인 선하증권이나 보험증권과 같이 그 자체가 청구권이 있는 서류는 아니다. 상업송장은 이러한 성격 때문에 어떤 경우에는 그 거래계약의 존재 및 계약이행의 사실을 입증하는 자료가 된다. 또한 수출입물품의 정확성 및 진실성을 입증하기 위한 세관신고의 증명자료가 되기도 한다.

2) 기능

수출거래용 상업송장의 주요기능을 살펴보면 다음과 같다.

① 국내 상거래에서 사용되는 상업송장과 달리 국제무역에서는 구매서의 역할을 하므로 거래물품의 주요사항인 계약상품의 정확한 규격(specification of goods) 및 개수, 포장상태 및 화인(cargo marks)등이 상세하게 표시되어야 한다.

② 상업송장은 CIF나 CFR의 경우 선하증권이나, 보험증권이 계약과 일치되었음을 증명하는 등 특정 거래계약의 존재 및 이행의 사실을 입증하는 증거자료가 된다.

③ 계약상품의 순단가, 부대비용, 할인료, 지불방식, 지불시기 등을 구체적으로 명기한 매매계산서 및 대금청구서로서 상업송장상의 발행금액은 환어음(bill of exchange)의 발행금액과 일치하여야 한다.

④ 상업송장은 모든 무역거래의 필수서류이다. 무역결제는 대부분이 환어음으로 이루어진다. 수출지 은행에서 환어음을 매입할 때나 수입지 은행에서 대도(T/R : Trust Receipt)로 수입물품을 수입업자에게 인도할 때 화환어음의 담보물권이 되는 서류들 중에 이들 담보물의 명세서 및 계산서의 역할을 하는 상업송장이 포함되어야 한다.

⑤ 상업송장은 수입지에서 화물수취 안내서와 수입물품의 진실성 및 정확성을 입증하기 위한 세관신고의 증명자료가 된다. 따라서 모든 상업송장은 과세표준액 산정에 가장 중요한 자료가 되므로 수입통관시 수입업자에게 불이익이 초래되지 않도록 정확히 작성되어야 한다.

3) 종류

송장은 그 용도에 따라 상거래용으로 작성되는 상업송장(commercial invoice)과 영사관에서 작성되거나 세관용으로 작성되는 공용송장(official invoice)으로 구분할 수 있는데 일반적으로 말하는 송장은 전자를 의미한다.

(1) 상업송장(Commercial Invoice)

상업송장은 그 작성시기와 용도에 따라 견적송장(pro-forma invoice)과 선적송장(shipping invoice)으로 구분한다.

① 견적송장(Pro-forma Invoice) : 견적송장이란 수출상이 거래를 유발・촉진하기 위한 수단으로 매매계약이 체결되기 전에 수출상이 수입상에게 송부하는 것으로 일종의 "Free offer"로 송장상에 표시된 물품가격 등에 대해 법적 구속력이 없으며, 단지 수입상에게 장차 그가 매입할 상품에 대해서 시산적으로 작성・발송하는 송장을 말한다.

② 선적송장(Shipping Invoice) : 선적송장이란 무역계약을 이행하고 실제로 선적된 상품의 내용과 가격을 명시한 서류로서 다음과 같이 구분된다.

- 수출송장(export invoice) : 수출상이 자기의 위험과 비용으로 해외의 수입상에게 상품을 송부하여 판매하는 경우 사용되는 송장을 말한다.
- 매입위탁 송장(indent invoice) : 수입상이 수출상에게 상품매입을 위탁하는 경우 수출상이 수입상의 매입대리인으로서 당해 상품을 선적할 때 작성하는 송장을 말한다. 위탁매매 방법에는 미리 위탁매매가격을 정하는 지가위탁(指價委託)과 시세에 따라 위탁매매를 하는 시가위탁(時價委託)의 두 가지가 있다.

(2) 공용송장(Official Invoice)

공용송장은 상업송장의 진정성을 확인하기 위하여 관계기관의 증명을 받을 때 사용되는 송장으로 세관송장(customs invoice)과 영사송장(consular invoice)으로 구별된다.

① 세관송장(customs invoice) : 세관송장이란 수입지 세관이 수입화물에 대한 ㉮ 관세가격의 기준을 결정할 목적, ㉯ 덤핑유무를 확인하기 위한 목적, ㉰ 쿼터 품목의 통상 기준량의 계산목적, ㉱ 수입통계의 목적 등으로 사용되는 송장이다. 국가별로 세관이 요구하는 양식이 상이하므로 소정의 양식에 따라 작성하여야 한다.

② 영사송장(consular invoice) : 영사송장이란 수입상품 가격을 높게 책정(over-invoicing)함에 따른 외화도피나 낮게 책정(under-invoicing)함에 따른 수입업자의 관세포탈을 규제하기 위하여 수출국에 주재하고 있는 수입국 영사가 송장의 기재내용을 심사하고 작성하거나 사증(visa)의 확인을 받아야 하는 송장이다.

4) 실무상 유의사항

(1) MID Code 기재

미 정부는 외국상품에 대한 수입동향을 효율적으로 감시하기 위해 수입상품의 통관시 수출업체의 고유코드(Manufacturer's ID Code)를 통관 서류인 상업송장에 기재토록 조치함에 따라 미국에 수출하고 있는 우리업체는 상업송장에 반드시 MID Code를 기재하여야 하는데 만약 이 코드를 기재하지 않거나 부정확하게 기재할 경우엔 통관지연이나 통관거부 등의 사태를 당할 수 있다.

① 기재장소 및 방법

MID Code는 송장상의 Seller란의 우측 상단에 기재하되 영문 대문자만으로 띄어쓰기 없이 알기 쉽게 기록하여야 한다.

② 작성요령

- 국명(최대한 2자) : 국세표준화기구(ISO)에서 제정한 기준에 따라 기재하여야 하며 우리나라의 경우는 「KR」로 표시된다.
- 제조업체명(최대한 6자) : 업체명의 처음 2단어(영문)에서 각각 최초의 3자를 인용하여 작성하여야 하고, 업체명이 1단어일 경우 3자로만 작성한다.
  예) KOREA TRADING Co.는 KORTRA로 작성
- DONG YANG TRADING CO.는 동양을 1개 단어로 분류해야 의미상 타당하기 때문에 DONTRA로 작성하고, YOUNG CO.는 YOU로 작성한다.
- 주소(최대한 4자) : 거리명 또는 사서함 번호가 있는 주소 중 가장 큰 숫자를 찾아 4번째까지의 아라비아 숫자를 인용하여 작성한다.
  예) 1145 MAIN STREET SUITE 9999의 경우는 1145로 CHONGRO GU 249의 경우는 249로, 주소에 숫자가 없는 경우는 생략한다.
- 도시명(최대한 3자) : 도시명의 처음 3자를 인용하여
  예) SEOUL은 SEO로 BUSAN은 BUS로 작성한다.

③ 기타 유의사항 : 본사가 지방에 있고 서울사무소에서 모는 수출입 업부를 남낭하는 경우에는 지방 본사의 MID Code를 기재하여야 하고, 대형수출의 경우에는 대행사인 수출상의 MID Code를 기재하여야 한다. 또한 MID Code 작성시 모든 구두점은 생략되어야 하고 뛰어 쓰기도 없어야 하며, 한 글자로 된 영문 머리글자와 정관사, 부정 관사, 전치사, 접속사 등은 생략하며, 작성된 코드번호가 총 15자를 초과하여서도 안된다.

※ 작성 예 :
- KOREA TRADING CO., 1-2 Chongro Gu 813, Seoul Korea → KRKORTRA813SEO
- SEOUL CONSTRUCTION CO., 159, Samsung Dong, Kangnam Gu, C.P.O. Box 1621, Seoul, Korea → KRSEOCON1621SEO.

(2) 원산지 작성 등

미국 재무성 세관당국은 또한 상업송장상에 원산지 기재를 의무화하였다. 송장 작성자는 송장 서명자와 동일할 수도 있으나 꼭 일치할 필요는 없다고 규정함에 따라 대미(對美) 상업송장 작성시에는 ⑩ Other Reference란에 Country of Origin을 명기한 다음 Korea를 표기하여야 한다. 송장 작성자가 서명란(Signed by)에 서명하고 작성자를 서명자와 별도로 기재하고자 하는 경우에는 서명란 왼쪽에 작성자의 이름과 직책을 기재하여야 한다.

5) 작성요령

① Shipper/Exporter : 매수인에게 상품을 판매하는 개인 또는 법인의 이름과 주소를 기재하며, 신용장상에 "Third party documents is acceptable"이라는 부가조건이 있으면 Beneficiary 이외 제3자로 발행하여도 무방하다. 대미 상업송장에는 우측 상단에 Manufacture's I.D. Code를 기재하여야 한다.

② For account & risk of Messers : 상업송장은 수출상품의 계산서이며 대금청구서이므로 수익자가 발행의뢰인 앞으로 발행하여야 한다. 비록 신용장에서 B/L을 지시식이나 발행은행 앞으로 발행토록 요구하였다 하더라도 신용장에서 달리 명시하지 않았으면 상업송장은 발행의뢰인 앞으로 작성하여야 한다.

③ Notify Party : 상품을 적재한 선박이나 비행기가 출발하는 년, 월, 일을 기재하며 통상 B/L이나 Air Waybill상의 선적일자와 일치시켜야 한다. 그러나 상업송장 작성시점에서는 선적일자를 정확히 알 수 없으므로 예상되는 선적일자의 5일 전후로 기재하면 된다. 선하증권상의 "Full set of …… Notify Party accountee"라는 문구에서 밑줄 친 부분을 기재하면 된다. 일반적으로 Applicant와 동일한 경우가 많으므로 "same as above"라고 기재한다.

④~⑥ Port of loading/Final destination/Carrier : 선적지(항), 도착지(항), 운송에 사용되는 선박/비행기 명칭을 기재하며, 여러 가지 운송수단을 사용하는 경우에는 주된 운송수단을 기재하면 된다.

⑦ Sailing on or about : 운송서류상의 선적일자와 같아야 하나, 선적준비를 위해서는 송장을 미리 발행해야 하며 또 선적일자는 정확하게 예측할 수가 없으므로 UCP 규칙에서 규정하고 있는 "on or about"로 기재하여 선적일 전후 5일씩을 허용하는 내용으로 기재한다.

⑧ No. and date of invoice : 수출상이 상업송장 발행시 임의로 부여하는 일련번호 및 발행일자를 기재한다.

⑨~⑩ No. and date of L/C, L/C issuing bank : 신용장의 발행일자와 은행 또는 계약서방식일 경우에는 계약서의 발행일자와 발행자를 기재한다.

⑪ Remarks(비고) : 계약위반에 대한 후일의 분쟁을 예방하기 위해서 일반적으로 상업

송장상의 명세에 대한 근거가 되는 계약서의 내용을 기재한다. 이는 신용장거래는 계약서와는 별개의 독립적인 거래이므로 상업송장상의 내용에 대한 근거를 확보하기 위해서 명시하는 것이며, 또한 수입상이 신용장상이나 계약서상에서 별도로 상업송장상에 명시하는 요구조건들이 많으므로 이러한 조건들을 기재하면 된다.

⑫~⑬ Payment/Price term : 결제조건을 기재하는데, 신용장일 경우는 Letter of Credit, at sight 또는 at 90 days after sight, 송금환방식일 경우는 Payment in advance 또는 at 30 days after B/L date, 추심환거래일 경우는 D/P, at sight 또는 D/A, at 90days after B/L date 등으로 기재한다. 또한 가격조건은 FOB Busan, Korea(선적항), CIF New York(도착항) 등을 기재한다.

⑭ Marks & number of Pkg : 수입상이 요청한 포장의 하인과 개수를 기재한다. 포장종류당 포장화물의 개수와 각 물품의 포장 형태를 Drum, Bale, Box, Case, Bundle 등으로 기재한다.

⑮~⑱ Description of goods/Quantity/Unit–Price/Amount :

㉮ 신용장상의 물품명세란에는 규격(specification), 품질(quality), 등급(grade) 등 해당 물품에 대한 정확한 명세와 기재 물품명세와 일치하도록 기재하되, 여기서 일치란 신용장의 내용이 상업송장 상에 빠트림이 없고 모순되지 않도록 기재됨을 의미하며, 기재된 수량, 중량, 용적은 다른 서류의 내용과 같아야 한다.

㉯ 상업송장 상에는 신용장에서 명시하지 않은 선급금이나 할인 등의 차감금액을 표시하여도 상관없다.

㉰ 신용장상에 “FOB Busan(Incoterms 2010)”과 같이 가격조건을 명시할 경우에는 상업송장 상에도 동일하게 표시해야 한다.

㉱ 상업송장의 명세에는 신용장에서 요구하지 않는 물품이 명시되면 안된다. 그것이 무상으로 제공되는 Samples, Advertising Materials. etc라 할지라도 안 된다.

㉲ 신용장상에 분할선적을 금지하고 있어도 상업송장금액은 신용장금액보다 5%까지 적은 것은 허용하되 단 모든 물량이 선적되어야 하며 상업송장 상에 수량은 전량이 선적된 것으로 간주된다. 그리고 단가는 상업송장과 일치해야 한다. 아울러 수량결정시기(선적 수량조건 및 양육수량조건)와 과부족 용인조건(M/L Clause)에 유의할 필요가 있으며 가능한 구체적이고 정확한 문언으로 표시해야 한다.

⑲ Signed by : 권한 있는 송장 작성자가 서명란에 서명한다. 실서명(handwriting)뿐만 아니라 스템프 날인 서명 등도 가능하다. 원칙적으로 신용장에서 별도로 요구하지 않는 한, 상업송장은 서명할 필요나 일자를 기재할 필요가 없다.

서식 11-8 COMMERCIAL INVOICE

COMMERCIAL INVOICE

① SHPPER/EXPORITER **CHOKWANG LEATHER CO., LTD.** 8/FL HONGWOO BLDG NO.834-34 YUKSAM-DONG KANGNAM-KU SEOUL KOREA		⑧ NO.& DATE OF INVOICE CK-5-34-99 MAY. 19, 2020 ⑨ NO & DATE OF L/C LC82A90551 APR. 22, 2020
② FOR ACCOUNT & RISK OF MESSRS. SHENYANG SUJIATUN DISTRICT LEATHER SHOES NO.2 FACTORY SHENYANG CHINA		⑩ L/C ISSUING BANK BANK OF CHINA, SHEN YANG CHINA
③ NOTIFY PARTY SAME AS ABOVE		⑪ REMARKS ★CONSIGNEE : TO ORDER CONTRACT NO. SU99004
④ PORT OF LOADING PUSAN KOREA	⑤ FINAL DESTINATION DALIAN CHINA	⑫ PAYMENT TERMS
⑥ CARRIER SKY LOVE 921W	⑦ SAILING ON OR ABOUT MAY. 20, 2020	⑬ PRICE TERMS

⑭ MARKS & NUMBERS OF PKGS	⑮ DESCRIPTION OF GOODS	⑯ QUANTITY	⑰ UNIT-PRICE	⑱ AMOUNT
			CIF DALIAN CHINA	
DALIAN, CHINA PO NO : SU99004 ITEM : C/T NO : 1-234 Q' TY : MADE IN KOREA	NUBUCK 2.0-2.2MM COLOR : WHEAT MELDISCO STOCK NO : 46571 QUANTITY : 56,307.4SF		USD2.00/SF	USD112,614.80

CHO KWANG LEATHER CO., LTD

⑲ SIGNED BY ____________________

YOUNG PYO, LEE President

4. 포장명세서(Packing List)

1) 의의

계약물품의 선적이나 기적을 증명하기 위한 운송서류 중에서 선하증권이나 상업송장과 같이 꼭 필요한 필수적 서류는 아니지만 원산지증명서 등과 함께 중요한 부속서류에 속하는 것이 포장명세서(Packing List)이다. 포장명세서에는 선적화물의 포장 및 포장단위별 명세와 단위별 순중량, 총중량, 그리고 화인 및 포장의 일련번호 등을 기재함으로써 포장과 운송, 통관상의 편의를 위하여 수출업자(매도인)가 수입업자(매수인) 앞으로 작성하는 계약 관련 서류 중의 하나이다.

따라서 기재내용은 상업송장에 부수하여 거래계약 성립에 따라 선적화물의 자세한 명세를 표시하게 된다. 그리고 선적된 화물을 일목요연하게 알아 볼 수 있도록 작성하는 것으로 송장을 보충하는 역할을 한다.

2) 기능

계약체결에 따른 선적화물을 포장 및 그 명세(품목명, 수량, 순중량, 총중량, 용적, 화인, 포장번호 등)를 기재하는 포장명세서에는 대금 관련사항을 명기하지 않고, 각 규격별, 단위 별로 일목요연하게 기재한다는 점을 제외하고는 송장과 별다른 차이점을 발견할 수 없다. 포장명세서의 실제 기능을 간단히 살펴보면 다음과 같다.

① 수출입통관 절차에서 심사자료로써 활용되고 양륙지에서 화물의 처리(분류 및 판매) 단계에서 이용된다.
② 검수 또는 검량업자가 실제화물과 대조하는 참고자료로써 이용된다.
③ 개별 화물의 사고 발생분에 대한 확인자료로써 사용할 수 있다.
④ 중량 외에 각각의 용량이 표시되어 있으므로 선박회사가 운송계 약을 체결할 때 일차적인 기준자료로써 활용할 수 있다.

3) 실무상 유의사항

(1) 수량의 결정

① 수량의 결정 : 계약물품의 인도수량과 계약수량과의 일치 여부에 대한 수량의 결정시기에 관한 협의가 있어야 하는데, 이에는 선적수량조건(shipped weight terms)과 양륙수량조건(landed weight terms)으로 나눌 수 있다.
전자는 FOB 또는 CIF조건으로 계약체결시 주로 적용하는 조건으로 선적시의 수량이 계약상의 약정수량과 일치하는 한 도중에 어떠한 감량이 있어도 Seller는 책임을 지지 않는 조건이다. 보통 공인 검수기관의 증명서를 송부하는 경우가 많다.

후자의 조건은 수입항에 있어서 양륙시의 수량을 최종수량으로 하는 조건으로 착선인도(Ex Ship) 등의 양륙지조건에 의거하여 계약을 체결했을 때 주로 적용된다.

② 계량의 방식 : 계량의 방식에는 정사방법(accurate survey)과 개사방법(approximate survey)이 있는데 전자는 정밀, 정확한 계량을 말한다. 후자는 Draft Survey와 같은 개략적인 계량을 말한다. 가격이 저렴한 광물이나 자갈과 같은 상품은 후자의 방법을 쓰는 예가 많다.

(2) 과부족 용인조건(more or less clause)

선적수량에 대하여 계약당시에 일정률의 과부족을 용인하고 그 범위 내의 과부족에 대해서는 Claim를 제기하지 않는다는 조건을 상호간에 협약하는 조항을 말한다. 이러한 L/C조항을 개정 신용장 통일규칙에 의거하여 설명해 보면, About, Circa와 유사한 영어가 신용장금액, 상품수량 또는 단가에 사용된 경우에는 상 · 하한 10% 편차가 허용된다. 즉 정확한 양을 선적하기 곤란한 Barrel 또는 Cylinder 속에 내적하여 판매하는 석유나 화공약품의 경우에는 다음과 같은 조건이 있다.

① 신용장상에 과부족을 금지하는 문언이 없어야 한다. 명문으로 상하편차를 금지하는 경우는 물론 ‘up to’, ‘maximum’, ‘not exceeding’을 신용장 금액에 사용한 경우는 하한편차만 허용되고 상하편차는 허용되지 않는 것으로 보아야 한다.

② 신용장금액을 초과하지 않아야 하므로 분할선적이 허용되는 경우에는 적용되는 것이 원칙이나 분할선적이 금지된 경우에도 해당되는 것으로 신규칙에서는 변경되었다.

③ 수량을 명시된 숫자로, 포장단위(packing units) 또는 개개품목(individual items)으로 표시하고 있는 경우에는 허용되지 않는다. 예컨대 Pcs, Dozens, Gross 등으로 표시하고 있는 경우에는 편차가 허용되지 않는다.

한편 수량단위로 표시할 수 없는 경우에는 순중량(net weight)을 기재해야 하는데 이는 포장된 화물의 총중량(gross weight)에서 포장재료 즉, 포장용기(tare)의 중량을 제외한 물품의 순중량으로써 단위당 중량 × 수량으로 결정된다. 포장의 종류는 개장, 내장, 외장으로 구분할 수 있는데, 개장(unitary packing)은 일반적으로 소매를 위하여 물품의 최소 단위 하나하나를 포장하는 것을 말한다. 내장(interior packing)은 개장된 물품을 수송 또는 취급하기 좋도록 적절한 재료로 싸거나 용기에 수용하는 것을 말한다. 외장은 화물을 수송함에 있어서 파손, 변질, 도난, 부실 등을 방지하기 위하여 적절한 재료나 용기로써 화물을 보호하기 위하여 포장하는 것을 말한다.

4) 작성요령

포장된 물품의 내용을 설명하는 포장명세서는 여러 가지 품목을 선적하거나 선적물품 각 단위의 수량, 중량, 내용이 상이할 때 상업송장을 보충하기 위하여 사용되므로 대부분의 기재 내용이 상업송장과 일치한다.

① Seller : 매수인에게 상품을 매도하는 개인 또는 법인의 이름과 주소를 기재

② Consignee : 포장명세서(packing list)는 상업송장(commercial invoice)의 부속명세서이므로 상업송장과 일치하여야 한다.

③ Departure date : 화물을 적재한 선박이나 비행기가 출발하는 년, 월, 일을 기재하며 통상 선하증권이나 Air Waybill상의 선(기)적 일자와 일치시켜야 한다. 상업송장 작성시에 일자를 정확히 알 수 없을 때는 예상되는 선(기)적일자의 5일 전후로 기재하면 된다.

④ Vessel/flight : 운송수단인 선박이나 비행기 명칭을 기재한다.

⑤ From : 운송수단이 출발하기로 예정된 항구, 공항 등의 명칭을 기재하며 이는 신용장 또는 계약서상의 적재지와 일치해야 한다.

⑥ To : 운송수단의 최종목적지인 항구, 공항 등의 명칭을 기재하며 신용장 또는 계약서상의 도착지와 일치하여야 한다.

⑦ Invoice No. and date : 상업송장 번호 및 발행일을 기재

⑧ Buyer(if other than consignee) : 상품을 구매한 개인 또는 법인의 이름과 주소를 기재하며, 신용장 거래방식인 경우 신용장 발행의뢰인이 매수인이 된다. Buyer와 Consignee이 같은 경우에도 수화인이 이름과 주소를 다시 기재한다.
한편 매수인과 수화인이 다른 경우에는 매수인의 이름을 별도로 기재한다.

⑨ Other reference(또는 Remarks) : 거래상대방이 신용장이나 계약서에서 별도로 요구하는 사실을 기재. 예) 원산지, 계약서 번호 등

⑩ Shipping marks(화인) : 화인은 관련서류와 포장상품의 대조 점검을 용이하게 하고 화물을 도착지까지 신속하고 안전하게 운송할 수 있도록 간단하게 표시해야 한다. 화인의 각 부문별 정의를 약술하면 다음과 같다.

- 기본화인(Main Marks) : 기본화인은 수입업자의 머릿글자, 대조번호, 목적지, 포장번호, 총중량의 5가지 요소로 구성되며 제반 화인 관련서류의 Marks & No 란에 기재되어 화물과 화인 관련서류의 대조점검(check)에 사용된다.
- 정보화인(Information Marks) : 정보화인은 원산지, 신용장번호, 수입허가번호 등으로서 화물운송에 꼭 필요한 것은 아니지만 필요에 따라 기본화인과 구분하여 표시되는 것을 말하는데 이는 구매자의 요구가 있을 경우 화물의 포장에만 표시되고 화인 관련 서류에는 표시되지 않는다.
- 화물취급표시(Cargo Handling Marks) : 화물의 취급, 운송, 적재의 요령을 나타내

는 일종의 주의표시(Cautionary Symbol)로서 일반화물 취급표시와 위험화물 경고표시로 구분된다. 이러한 내용의 화인은 수입자의 요구에 의하여 신용장상에 화인에 관한 언급이 있으면 이에 따라야 하고, 그렇지 않은 경우에는 P/L 작성자가 임의로 정할 수 있는데, P/L을 비롯한 제반 화인관련 서류들의 표시와 일치해야 하며, 가능하면 표준화인을 사용하여 비용절약, 신속한 대조 점검, 안전한 운송 등 제반효과를 달성토록 힘써야 할 것이다.

⑪ No. & Kind of pakgs : 포장 종류당 화물의 개수를 기재하며, Case, Bundle, Box 등 각 물품의 포장형태를 표기한다.

⑫ Goods description : 물품명세란에는 규격(Specification)이나 품질(Quality)뿐만 아니라 L/C No. 및 Model No. 별로도 정확하게 기재하여 해당 물품에 대한 성격별로 명확히 구분할 수 있어야 한다. UCP상의 송장에 대한 요구사항과는 달리, 신용장에서 언급하는 범위 내에서 가능한 한 일목요연하게 해야 하고, 특히 신용장이나 계약서상에서 'Full details Packing List'나 'Size & Color Assortment'를 요구하는 경우, Size와 Color를 별도로 정확히 분류하여 작성한다. 또한 L/C 상에서 포장방법(packing method)을 요구했을 경우는 특별한 규정이 없더라도 그 내용을 반드시 P/L상에 명기해야 한다.

⑬ Quantity or net weight(수량 또는 순중량) : 물품의 수량을 각 포장 Case마다 구분하여 기재해야 하며 수량의 계산단위는 상업송장 ⑮ Quantity 란을 참조하여 기재하면 된다.

⑭ Gross Weight : 순중량(net weight)에다 외부 포장재료(또는 포장용기)의 중량을 포함한 총중량(gross weight)으로 B/L상의 중량과 일치해야 하므로, 중량을 표시하는 단위인 Ton도 Gross Weight와 Net Weight를 구분 · 명시하지 않으면 안된다. 특정상품의 포장의 경우 총중량에서 Case자체의 중량을 차감한 것이 순중량이 되고, 순중량에서 다시 충전물 내장 등의 중량을 뺀 상품만의 중량을 정순중량(Net Net Weight)이라 한다. 특히 Gross Weight는 실제계약을 하고, Net Net Weight는 단위당 중량 × 수량으로 결정된다.

⑮ Measurement(용적) : 선적물품의 부피를 나타내는데 이는 B/L상의 필수 기재사항인 용적과 일치해야 한다. 통상 용적(Measurement)의 계산단위는 CBM(Cubic Meter)을 주로 사용하는데, 1M/T(Measurement Ton) = 40 Cubic Feet이다. 또한 용적은 총중량 합계 및 순중량 합계와 함께 하단에 기재하는데 운송계약 체결이나 운임결정에 기본적인 자료가 된다.

⑯ Signed by : 권한 있는 포장명세서 작성자가 서명 난에 서명한다.

서식 11-9 PACKING LIST

PACKING LIST/WEIGHT MEMO

① SHIPPER/EXPORTER **CHOKWANG LEATHER CO., LTD.** 8/FL HONGWOO BLDG NO.834-34 YUKSAM-DONG KANGNAM-KU SEOUL KOREA	⑧ NO.& DATE OF INVOICE CK-5-34-99 MAY. 19, 2020 ⑨ NO & DATE OF L/C LC82A90551 APR. 22, 2020
② FOR ACCOUNT & RISK OF MESSRS. SHENYANG SUJIATUN DISTRICT LEATHER SHOES CORP. NO.2 FACTORY SHENYANG CHINA	⑩ REMARKS
③ NOTIFY PARTY SAME AS ABOVE	
④ PORT OF LOADING PUSAN KOREA / ⑤ FINAL DESTINATION DALIAN CHINA	
⑥ CARRIER SKY LOVE 921W / ⑦ SAILING ON OR ABOUT MAY. 20, 2020	

⑪ MARKS & NUMBERS OF PKGS	⑫ DESCRIPTION OF GOODS	⑬ QUANTITY/UNIT	⑭ NET-WEIGHT	⑮ GROSS-WEIGHT	⑯ MEASUREMENT
DALIAN, CHINA PO NO: SU99004 ITEM: C/T NO: 1-234 Q' TY: MADE IN KOREA	NUBUCK 2.0-2.2MM COLOR : WHEAT MELDISCO STOCK NO: 46571 QUANTITY: 56,307.4SF		8,451KGS	9,153KGS	

PACKING DETAILS AS PER ATTACHED

CHO KWANG LEATHER CO., LTD.

⑰ SIGNED BY ____________________

YOUNG PYO, LEE President

5. 원산지 증명서(Certificate of Origin)

1) 의의

원산지증명서는 화환어음의 부대서류로서 수출물품의 원산지를 증명하는 국적증서의 성격을 가진 문서로서, 작성국, 생산국 등에 관한 판별 목적으로 이용되기도 하고, 양허 세율 적용시 기준 등으로 이용되고 있으며 현재 국제적으로 통용되고 있는 원산지 인정 기준은 <원산지관리제도>를 참조바랍니다.

2) 실무상 유의사항

① 신청자는 원산지증명 발급신청서에 사용할 서명을 상공회의소에 반드시 등록하여야 하며, 등록을 하지 않은 업체 및 서명권자에 대해서는 증명을 발급하지 않는다.

② 원산지증명서는 소정양식을 구입하여 사용하여야 하며 내용이 여러 장일 경우에는 (을지)양식을 구입하여 사용하여야 하며, 이 경우 Page의 기재란 하단부에 "To be continued / page 1, To be continued / page 2 ……, End of page / page X"의 예와 같이 표기하여야 한다.

* 상품명세를 모두 기재한 후에는 사선으로 마감한다.

③ 일반적으로 원산지증명서 발급은 선적일 전, 후 30일 이내에 발급하며, 이 기간이 경과한 경우에는 지연사유서를 첨부하여 발급받아야 함.

④ 원산지증명서 작성시의 오류(오자, 탈자, 첨자 등) 및 칼, 고무 또는 약물을 사용하는 등 원산지증명 서식에 손상이 있는 경우에는 발급되지 않는다.

⑤ 원산지증명서를 발급받은 이후에는 수정이 안되며, 수정할 사항이 발생한 경우에는 새로이 작성하여 재발급 받아야 함. 이때에는 재발급 신청일로 발행이 되며 발급번호도 새로운 번호로 부여되고 수수료를 재차 납부해야 함(단, 주한대사관의 영사 인증을 받은 원산지증명서의 경우에는 예외적으로 정정해 줌).

⑥ 신청자는 발급된 원산지증명서의 원본의 발급번호를 반드시 사본에 기재하여야 하며, 사본 1부를 발급일로부터 2년간 보관하여야 한다.

- 일반적으로 원산지증명서 발급은 선적일 전 · 후 30일 이내에 발급하며, 이 기간이 경과한 경우에는 지연사유서를 첨부하여 발급받아야 함.
- 정정이 가능한 내용은 선적 관련 사항 변경 및 오타 정정의 경우에 한정하고 있으며 이 경우에도 세 군데 이상의 정정은 불가능함.
- 수출자, 원산지, 품명, 수량 등은 어떠한 경우에도 정정이 불가능함.
- 정정 내용은 증명서의 발급번호와 정정 내용 및 문제 발생시 업체가 전적인 책임을 지겠다는 각서 조항 등의 문서를 첨부하여 신청하여야 함.

3) 작성요령

① Exporter : 계약상의 매도인 즉 수출상사명 및 주소를 기재한다. 단, 신용장이나 계약서(D/A · D/P)상에 Exporter를 특별히 별도 지정할 경우에는 "on behalf of"를 이용하여 지정업체와 수출업체를 모두 표기해야 한다.

예) The ABC Corporation Hong Kong Ltd.(지정업체)
on behalf of Chosun Silk Textile Co., Ltd.(수출업체)

② Consignee : 신용장상의 Consignee와 상업송장의 Consignee를 일치시킨다.

③ Country of Origin :

㉮ 원산지 증명서상에 표기된 당해상품의 원산국명을 기재한다. 즉 한국에서 생산 또는 제조된 경우 The Republic of Korea라고 표기다.

㉯ 외국 상품에 대한 원산지 증명을 발급 받고자 하는 경우에는 본 항에 실제 원산지 국명을 표기하고 관련증빙 서류를 제출해야 한다.

④ Transport details :

㉮ 상품의 선적지(국적 및 지명), 최종도착지 및 경유지가 있는 경유지도 기재하여야 하며, 선박, 항공기 등 운송수단의 명칭 및 선적일자(on board date)나 인수일자(taking in charge date) 혹은 발송일자(dispatch date) 등을 기재하여야 한다.

예) From : Busan, Korea
To : New York, U.S.A, Via Kobe By : S.S
Arirang On : 일(아라비아 숫자), 월(영문약어), 년(아라비아 숫자)

㉯ Parcel post by aircraft on 일(아라비아 숫자), 월(영문약어), 년(아라비아 숫자) 혹은 Parcel post by ship on 일(아라비아 숫자), 월(영문약어), 년(아라비아 숫자)

⑤ Remarks : 상업송장의 날짜 및 번호 등 필요한 기타 사항을 기재한다.

⑥ Marks & number and kind of packages : description of goods, Shipping Mark와 포장 상품의 종류 등 상품명세를 기재한다.

⑦ Quantity : 상품의 수량 및 무게(중량)을 기재한다. 본 항은 정정이 불가하니 정확히 표기하도록 주의하여야 한다. 상품의 무게(중량)로서 단가가 결정되는 상품일 경우 Net Weight와 Gross Weight를 동시에 표기하여야 하며, 수량, 용적 및 길이로 표시되는 상품은 그 단위(piece, set, dozen, deca, metric ton, meter 등)을 정확하게 표기하여야 한다.

⑧ Declaration by the Exporter : 신청인(수출자)이 서명하는 난으로 사용할 서명을 대한상공회의소(KCCI)에 사전에 등록하여야 한다.

⑨ Certification : 본 항은 증명발급기관이 사용하는 난으로 증명발급시 공인 날인과 번호를 부여하게 되며, 그 외 어떠한 사유로도 신청인이 사용해서는 안 된다.

서식 11-10 CERTIFICATE OF ORIGIN CERTIFICATE OF ORIGIN

	ORIGINAL
1. Exporter(Name, address, country) KANGNAM TRADING CO. LTD 15P. SAMSUNG-DONG, KANGNAM-GU SEOUL, KOREA	CERTIFICATE OF ORIGIN issued by THE KOREA CHAMBER OF COMMERCE & INDUSTRY Seoul, Republic of Korea
2. Consignee(Name, address, country) TO ORDER OF ABC BANK	3. Country of Origin REPUBLIC OF KOREA
4. Transport details FROM : BUSAN, KOREA TO : NEW YORK, USA BY : SAILING ON OR ABOUT APR. 25, 2020	5. Remarks CY 875-022-4 APR. 25, 2020

6. Marks & numbers ; number and kind of packages ; description of goods		7. Quantity
G.T. NEW YORK S/# : 4794FX GT/FXMR E/# : 1 Q'TY : 2 DOZ. C/# : 1-400 MADE IN KOREA ///////////////////////////	LADIES 55PCT RAMIE 45 PCT COTTON SWEATERS. CAT 845 (55% RAMIE 45% COTTON 2/17'S) STYLE NO. 4794FX GT/FXMR L/C NO. Y 178792 ///	800 DOZ. /////////////////////

8. Declaration by the Exporter The undersigned, as an authorized signatory, hereby declares that the above-mentioned goods were produced or manufactured in the country shown in box 3. (Signature) (Name)	9. Certification The undersigned authority hereby certifies that the goods described above originate in the country shown in box 3 to the best of its knowledge and belief. Authorized Signatory
	Certificate No.
	THE KOREA CHAMBER OF COMMERCE & INDUSTRY

Chapter

12 무역클레임과 상사중재

제1절 무역클레임

1. 무역클레임의 의의

무역은 일반적으로 언어·관습·법률·제도가 다른 나라사이에 이루어지고, 계약의 성립에서 물품인도가 끝날 때까지 장시간이 소요되며, 또 먼 거리에 걸쳐 상품이 이동되기 때문에 국내거래와는 다른 여러 가지 분쟁이 발생되기 쉬운데, 이 같은 경우 단순한 불평(complain)이나 경고(warning) 그리고 분쟁(dispute) 등을 총칭하지만 좁은 의미에서 클레임은 계약당사자 일방이 계약위반으로 상대에 손해를 끼쳤을 때 피해자가 가해자에게 자기의 권리회복을 요구하거나 손해배상을 요구하는 적극적인 행위를 일반적으로 클레임(claim)이라고 한다.

무역상의 클레임에 대한 문제는 손해화물에 관한 클레임(claim on damaged cargo)과 무역거래상의 클레임(business claim)으로 분류된다. 전자는 운송 중의 사고에 의하여 화물에 손해가 생겼을 때 손해배상을 청구하는 것을 의미하고, 후자는 매매계약상의 위반행위에 의한 손해에 관하여 당사자간에 일어나는 상사분쟁의 구상을 의미한다. 그러나 일반적으로 클레임이라 할 때에는 후자를 가리키며, 양자를 구별하기 위하여 이것을 무역클레임(trade claim)이라 한다.

따라서 일반적으로 무역클레임(trade claim)이란 수출입 당사자의 어느 일방이 무역계약의 조건을 이행하지 않으므로 인하여 발생하는 손해배상을 청구하는 것을 말하며, "상사분쟁의 구상(商事紛爭의 求償 : claim for trade dispute)"을 의미한다. 즉 수출상 및 수입상의 일방이 계약의 내용에 따라 이행을 하지 않았을 때 그로 인하여 입은 손해를 상대방에게 청구하는 무역거래상의 클레임(business claim)을 의미한다.

한편, 무역클레임은 손해화물에 관한 클레임 또는 매매계약의 내용에 따른 불이행으로 인한 손해를 입은 당사자 즉, 수출상이나 수입상 어느 당사자에게나 발생하지만, 수입상으로부터 수출상에게 제기되는 경우가 압도적이므로 일반적으로 무역클레임이라 하면 수입상이 수출상에게 제기하는 객관적 손해배상청구를 말하게 되며, 이때 매매당사자중 피해자를 Claimant(클레임 제기자), 손해책임자를 Claimee라고 한다.

2. 무역클레임의 종류

1) 계약자체에 관한 클레임

계약당사자의 일방이 계약을 일방적으로 파기하는 사례가 있다. 매수인이 계약당시에 비하여 물가가 하락하게 되는 경우에 계약의 취소를 통고하거나 신용장을 발행하지 않는 경우가 있다. 또 반대로 계약당시보다 물가가 급등한 경우에는 매도인이 계약의 취소를 원하게 된다. 또 도착항에 도착한 상품의 인수를 거절하는 예도 있다.

2) 상품에 관한 클레임

품질불량에 연관된 클레임이 대부분 이에 속한다고 보아도 과언이 아니다. 특히 견본을 보고 계약을 체결한 경우에 발생할 가능성이 많다. 왜냐하면 견본은 최상품을 채택하나 실제 거래상품은 이보다 열등품을 이용하기 때문이다.

① 품질불량(inferior quality), 품질상위(different quality), 이품혼입(different quality mixed in), 변질 및 변색(deterioration and discoloration), 규격상위 등의 품질에 대한 클레임

② 계약된 상품의 수량상위(diminution), 상품의 중량이 계약된 중량과 상이한 경우(light weight, short weight) 등의 수량과 관련된 클레임이다.

③ 선적지연(delayed shipment), 선적불이행(non-delivery), 환적(transhipment), 취급불량(bad handling), 분실(missing), 도난(pilferage) 등의 선적 및 운송에 대한 클레임이다.

④ 불량포장(wrong packing), 부정포장(false packing), 포장결함(defective package), 불완전포장(insufficient packing), 하인누락(no mark), 파손 등의 포장에 관한 클레임이다.

⑤ 대금미지급(non-payment)이나 부정송장(error in invoice) 등 결제에 대한 클레임이다.

3. 무역클레임의 발생원인

1) 간접적 요인

첫째, 청약(offer)과 승낙(acceptance) 즉, 무역계약의 성립요건에 대한 법리를 잘 알지 못하여 클레임이 발생하는 경우가 많다. 청약과 승낙은 각국이나 법규마다 그 법적 효력을 달리 하고 있을 뿐 아니라 문언을 잘못 해석하거나 승낙 및 유효기일을 착오함으로써 무역클레임이 발생하기도 한다.

둘째, 무역통신의 특유한 용어들은 오랜 실무상의 경험과 숙달이 필요하므로 당사자간에 의견의 차이가 발생할 수 있으며, 계약당사자가 각기 사용하는 언어가 상이함으로 클레임이 발생하기도 한다.

셋째, 각 국의 법과 상관습의 상이함으로 인하여 클레임이 발생하기도 한다. 즉, 무역거래에 적용되는 법과 규칙에는 INCOTERMS와 UCP, URC, 뉴욕협약, Vienna 협약 등이 있다. 이들을 준거법규로 채택하기로 당사자간에 약정되지 않으면 큰 혼란이 발생하므로 사전에 철저한 합의가 요구된다.

넷째, 거래 상대방의 신용조사(credit investigation)를 불철저하게 조사해서 클레임이 발생하기도 하므로 거래당사자들은 서로 상호간에 국내외 신용조사 기구나 국내외 공관들을 통하여 거래상대방의 신용을 철저히 조사해야 한다.

다섯째, 국가마다 서로 다르게 사용되고 있는 도량형 등으로 인하여 발생하기도 하며, 상대국의 식품위생법이나 독과점 법, 공업소유권 등에 정통하지 못하거나 저촉이 되어 발생하기도 한다.

여섯째, 무역실무 지식의 부족으로 무역클레임이 발생하며, 물품수송 중의 위험이 발생하여 클레임이 제기, 즉, 수송중의 사고는 해상보험제도로 커버되나 보험조건에 따라서는 커버되지 않음으로써 클레임이 발생하기도 한다.

2) 직접적 요인

무역클레임의 발생은 위에서 설명한 간접적인 요인에 의해서도 발생하기만, 직접적인 요인에 의해서도 발생한다. 즉, 무역계약의 체결과정에서 과실, 오해, 착오, 부주의 등에 의하여 무역클레임이 발생할 수 있으므로 계약 체결시는 전문가의 자문을 얻어서 체결함이 분쟁을 예방하는데 좋다. 특히, 계약은 거래당사자를 직접 구속하므로 반드시 계약서에는 당사자명과 품명, 품목, 품종, 규격, 수량, 단가, 금액, 포장조건, 선적시기, 결제조건, 신용장조건(발행일자 등), 보험조건, 면책조항, 클레임 통지기한 등을 명확히 약정하여야 하며, 장래에 발생될지 모르는 분쟁의 해결을 위하여 중재조항 등을 삽입하고 당사자가 기명 · 날인하여 거래를 하여야 한다.

4. 무역클레임의 제기

1) 무역클레임의 제기절차

클레임의 당사자는 수출상의 입장에서는 상대 수입상, 신용장발행은행, 선박회사 또는 보험회사, 국내의 제조업체, 하역회사 · 포장회사 · 창고회사 등의 여러 관련자들 가운데서 정하게 되고, 수입업자의 입장에서는 상대 수출업자, 외국의 제조업자, 선박회사 또는 보험회사, 국내 매수인, 하역회사 · 창고회사 · 국내 운송업자 등의 여러 관련자들 가운데서 결정하게 된다.

클레임의 제기사유가 발생하면 먼저 누구를 상대로 클레임을 제기할 것인가를 결정하여야 한다. 이를 위해서는 클레임 사유의 발생원인과 책임소재가 누구에게 있는가를 잘 분석하여야 한다. 손해를 입은 당사자는 손해를 유발시킨 당사자에게 무역클레임을 제기하고 구상권을 행사하여야 한다. 그런데 클레임은 쌍무적이고 객관적 타당성과 그 진위로부터의 구상권을 행사함으로써 명백히 보장받을 수 있다. 따라서 세심한 절차가 없는 무역클레임은 법률적 효력을 보장받을 수 없다.

그림 12-1 무역클레임 제기의 절차도해

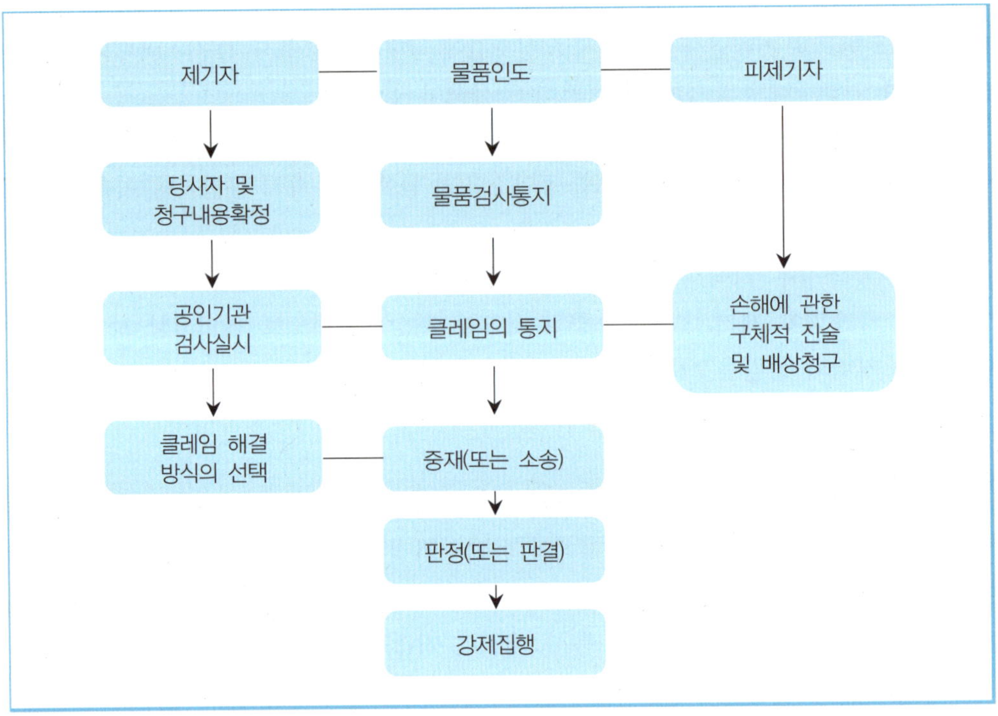

제기자	물품인도	피제기자
↓	↓	↓
당사자 및 청구내용확정	물품검사통지	
↓	↓	
공인기관 검사실시	클레임의 통지	손해에 관한 구체적 진술 및 배상청구
↓	↓	
클레임 해결 방식의 선택	중재(또는 소송)	
	↓	
	판정(또는 판결)	
	↓	
	강제집행	

2) 물품의 검사와 통지의무

수입물품을 인도 받는 매수인은 이를 수령함에 있어 최우선적으로 그 물품이 계약목적에 합치되는지를 외견상으로 검사하여 만약 하자(흠)를 발견하였거나 수량이 부족하면 지체없이 매도인에게 통지하여야 한다. 이러한 검사와 통지는 매수인의 필수적인 권리이며 의무이다. 이를 태만히 하면 법률적 청구권을 상실한다. 클레임의 사유를 발견하면 우선 그 개요에 대하여 클레임통지서(claim notice)를 전신이나 FAX를 이용하여 발송한 후 곧이어 확정된 클레임 제기서장을 송부하여야 한다.

클레임제기서장에는 ① 클레임 사실진술서 ② 손해액과 기타 제비용을 명세별로 명확하게 기술된 청구액에 대한 손해명세서 ③ 국제적으로 권위가 있는 국제 공인검정기관의 검사보고서(survey report) ④ 청구서 ⑤ 기타 사실을 입증할 수 있는 서류를 첨부하여야 하며 클레임 사실진술서는 6하 원칙에 따라 간단하되 구체적으로 기술하여야 한다. 제기된 클레임을 상대방이 수락하는 경우 손해배상금을 받거나 대체품의 송부 등을 청구할 수 있다. 그러나 상대방이 이를 거절하면 상사중재기관 등 제3자에게 요청하여 이를 해결하여야 한다.

3) 무역클레임의 제기기간

국제무역거래의 안전성과 신속성을 위하여 각종 무역계약서에 설정되고 있는 클레임 제기기한은 "클레임을 제기할 수 있는 권리의 행사예정기간"이므로 클레임의 제기는 무역계약서에 약정된 조건에 따라서 행한다.

클레임의 제기기간에 관한 약정은 일종의 면책조항으로 규정된 기간이 경과하면 법률적인 구상권(求償權)이 상실되므로 클레임 제기기간은 약정에 따라 결정될 사항이나 특별한 약정이 없으면 각국의 입법사항이 서로 다르므로 유의하여야 한다. 제기기간은 대개 거래되는 물품의 검사와 통지의 의무기간과 동일한 것으로 보며 물품의 검사와 통지의무는 국제협약과 각국의 입법에 따라 다소간 차이가 있다.

우리나라 상법의 경우는 매수인이 목적물을 수령한 때에는 지체없이 이를 검사하여야 하며, 하자(瑕疵) 또는 수량부족 등을 발견한 때에는 즉시 매도인에게 그 통지를 하여야 하고 이러한 통지를 발송하지 아니하면 이로 인한 계약해제, 대금감액 또는 손해배상을 청구하지 못하도록 하고 있다(상법 제69조). 다만, 매매의 목적물에 즉시 발견할 수 없는 하자가 있는 경우에는 매수인이 6개월 내에 이를 발견하면 즉시 통지하고 배상을 요구할 수 있다.

미국의 통일상법전에는 합리적인 기간 내(within a reasonable time)에 이의를 제기하도록 규정하고 있다(UCC 제2-606조). 한편, 국제물품매매계약에 관한 UN협약(일명 비엔나 협약)에서는 실행 가능한 짧은 시간 내 물품의 검사, 합리적인 기간 내 통지 등을 규정하고 있고(제38, 39조), CIF계약에 관한 Warsaw-Oxford 규칙에는 합리적인 검사와 검사완료 후 3일 이내에 통지할 것을 규정하고 있다(Warsaw-Oxford Rules for CIF Contract (1932) 제19조).

표 12-1 클레임제기 기간의 입법 예

입 법	제 기 기 간
한국 상법	• 하자사항 발견 즉시 통지 • 즉시 발견할 수 없는 경우 하자 6개월 이내
미국 통일상법전(UCC 제2-606조) 영국 물품매매법(제34조~제35조)	• 합리적인 기간내(within a reasonable time)
CIF에 관한 Warsaw-Oxford 규칙	• 인도물품 도착 후 3일 이내
Vienna Conventions(비엔나협약)	• 합리적인 기간 내

5. 무역클레임의 해결방법

무역거래에서 최선의 방법은 클레임발생을 예방(prevention of legal disputes)하는 것이지만, 클레임이 발생하면 당사자가 서로 우호적으로 해결하는 것이 가장 바람직하다. 그렇지 못할 경우에는 제3자를 통하여 해결하게 된다. 그러므로 무역클레임의 해결방법은 예방 > 우호적 해결(타협과 화해, 청구권 포기) > 제3자를 통한 해결, 혹은 예방 > 타협과 화해, 청구권 포기 > 알선 > 조정 > 중재 > 소송 순서로 된다.

1) 매매당사자간의 해결

당사자간의 해결방법은 당사자간에 직접 교섭하여 우의적으로 해결하는 방법을 말한다. 무역클레임은 당사자간에 해결함이 가장 바람직하다.

(1) 청구권의 포기(waiver of claim)

청구권의 포기는 경미한 클레임에 대해서는 클레임을 포기하고 단순경고(warning)를 함으로써 앞으로의 주의를 촉구하는 방법이다. 청구권 포기의 사유는 정신적, 육체적 에너지 낭비, 새로운 거래를 위해서 하는 경우가 많으나 ① 클레임의 구상금액이 너무 적은 경우 ② 상대방의 방어능력이 너무 강하거나 장차 거래 가능 잠재력이 큰 경우 ③ 상대방의 재력이 너무 빈약하여 청구권을 행사하여도 이를 변제받을 가능성이 없는 경우에 이루어진다.

(2) 타협이나 화해(compromise, accord, concord and amicable settlement)

동 방법은 당사자간의 직접교섭 즉, 쌍방의 타협으로 원만하게 클레임을 해결하는 방법으로서, 거의 대부분의 클레임은 이 방법에 의하여 해결되고 있다. 특히, 화해(amicable settlement)는 매매계약당사자간의 직접적인 교섭에 의하여 분쟁을 원만하게 해결하는 것으로서 가장 바람직한 해결방법이다.

2) 제3자의 개입에 의한 해결

쌍방의 주장이 대립될 때, 쌍방 혹은 일방의 감정이 악화되어 제3자의 개입으로 냉정한 판단이 필요할 때 학식이나 경험이 많은 제3자를 개입하여 분쟁을 해결하는 방법인데, 분쟁당사자의 합의를 기초로 사인 또는 사적기관이 주체가 되어 분쟁을 처리하는 소송 이외의 분쟁처리제도(Alternative Dispute Resolution : ADR)가 있다. 국제거래에 대한 분쟁의 처리에 이용되는 ADR의 대표적인 것은 알선, 조정, 중재 등의 제도가 있다.

(1) 알선(intercession : recommendation)

알선은 상공회의소나 상사중재원과 같은 공정한 제3자적 기관이 당사자의 일방 또는 쌍방의 요청에 의하여 사건에 개입, 원만한 타협이 이루어지도록 협조하는 방법이다. 알선은 쌍방의 협력이 없으면 실패로 돌아가며 강제력이 없는 점이 특이하다. 알선이 중재와 다른 점은 알선은 비형식적이며, 화해결과가 특별한 법적 보호를 받지 못한다는 점이다.

(2) 조정(conciliation : mediation)

조정은 당사자쌍방이 타협에 의하여 완전하게 해결을 할 수 없는 경우에, 양당사자가 공정한 제3자를 조정인으로 선임하고 조정인(conciliator, reconciliator, mediator)이 제시하는 해결안(조정안)에 양 당사자가 자주적으로 합의함으로써 분쟁을 해결하는 방법이다. 한편, 알선은 조정보다 비형식적이며, 조정은 중재절차의 한 부분으로 취급되나, 알선은 권고의 성격을 가지며, 중재는 사법적이고 판정을 의미한다.

(3) 중재(arbitration)

중재란 당사자간의 합의로 사법상의 법률관계를 법원의 소송절차에 의하지 아니하고 제3자인 중재인을 선임하여 그 분쟁을 중재인에게 맡겨 중재인의 판단에 양당사자가 절대 복종함으로써 최종적으로 해결하는 방법이다.

그러므로 중재는 당사자간 중재합의에 의하여야 하고 중재인의 판정에 절대 복종하여야 하며 그 결과는 강제성을 가질 뿐만 아니라 그 효력도 당사자간에는 법원의 확정판결과 동일하다. 또한 국제적 효력으로 뉴욕에서 채택된 외국중재판정의 승인 및 집행에 관한 유엔협약인 뉴욕협약에 가입한 외국에서도 그 집행을 보장해주고 승인해 주므로 소송보다도 더 큰 효력이 있다.

한편, 조정과 중재는 ① 제3자의 개입에 의한 해결 ② 소송보다 신속하고 비공식적인 해결방법 ③ 단심제로서 상소절차가 없다는 유사점을 가지고 있다. 그러나 조정과 다른 점은 조정의 경우는 조정안을 수락할 것인가의 여부는 당사자의 자유의사에 달려있는 것이지만, 중재의 경우는 중재인이 제시한 중재판단을 당사자가 거부할 수 없다. 따라서 중재의 경우는 당사자의 일방이 중재의 판정에 따르지 않을 때에는 법원에 신청하여 상대방에 대하여 강제집행이 가능하다.

(4) 소송(litigation : suit)

소송은 국가공권력 혹은 사법재판에 의한 클레임을 강제적으로 해결하는 분쟁해결 방법이다. 그러므로 외국과의 사법협정이 체결되어 있지 않기 때문에 그 판결은 외국에서 승인 및 집행이 보장되지 않는다.

동 해결방법은 무역클레임이 상호간의 대화로는 도저히 해결할 수 없는 경우에 이용되며, 중재와 비교하여 복잡한 소송절차, 3심 제도, 비용의 과다, 공개주의 원칙의 단점을 가지고 있는 분쟁해결방법이다.

3) ADR에 의한 해결

(1) ADR의 개념

ADR(Alternative Dispute Resolution)은 재판 외의 대체적 분쟁해결제도를 말한다. 이는 무역거래를 비롯한 사적 거래에서 발생하는 분쟁을 재판에 의하지 않고 다른 방법으로 해결하는 제도인데 여기에는 대표적으로 알선, 조정, 중재 등이 있다.

일반적으로 분쟁을 사법적 절차에 의해 해결할 경우에는 시간, 비용 등이 많이 소요되고 재판과정에서 개인의 비밀이 누설된다. 따라서 개인들 간의 분쟁은 가능한 법정 밖에서 당사들 간에 우호적으로 해결하는 것이 바람직하다. ADR이 지니고 있는 장점은 일반 소송제도와 비교해 살펴보면 다음과 같다.

① 시간과 비용을 절약할 수 있다. 소송과 달리 ADR에서는 변호사를 반드시 대리해야 할 필요도 없으며, 또한 일심으로 해결되는 경우가 많기 때문에 시간과 비용을 절약할 수 있다.

② 개인의 비밀이 보장된다. ADR에서는 절차가 공개되지 않기 때문에 개인의 비밀, 영업상의 비밀 등이 유지된다.

③ 분쟁당사자간의 합의를 존중한다. ADR은 재판권을 인정하지 않고 당사자간의 합의에 의해 절차를 개시하고 분쟁해결을 유도한다.

④ 전문성이 보장된다. 법관에 의한 일률적인 판정이 아니라 분쟁의 내용에 따라 해당 분야의 전문가들이 판정을 함으로써 분쟁의 전문성이 보장된다.

(2) On-Line ADR

On-Line ADR은 분쟁의 신청, 절차진행 등 모든 과정에서 인터넷, EDI와 같은 정보통신기술을 이용하여 신속히 분쟁을 해결하는 제도이다. ADR 그 자체로서도 소송에 비해 시간과 비용을 절약할 수 있지만 이를 온라인으로 처리함으로써 더욱더 신속히 분쟁을 해결할 수 있게 된다. 기존의 ADR 업무처리는 분쟁당사자들이 서면으로 신청서를 작성하여 이를 관련 기관에 우송하면 관련 기관은 그 내용에 따라 적합한 대응조치를 취하게 됨으로써 다소 시간이 소요되는 경향이 있다. 그러나 온라인으로 업무를 처리하게 되면 분쟁당사자들은 인터넷을 이용해 분쟁을 신청하고 답변서를 제출함으로써 분쟁해결이 신속히 진행될 수 있다. 그 동안 온라인 ADR은 소규모의 전자상거래분쟁 등에서 이용되었는데 오늘날에는 지적재산권의 분쟁, 명예훼손, 프라이버시 분쟁, 국제상사분쟁 등에서 많이 이용되고 있어, 인터넷에 의해 시간과 국경을 초월하여 분쟁을 해결할 수 있는 무역거래에서도 유용하게 활용할 수 있다. 따라서 대한상사중재원에서도 기존의 업무를 온라인으로 처리할 수 있도록 사이버분쟁서비스체제를 구축하여 현재 사이버 알선, 상남의 신청, 사이버 소성, 사이버 중재 등 온라인 ADR 서비스가 실시되고 있다.

표 12-2 중재와 소송의 비교

구 분	중 재(arbitration)	소 송(litigation : suit)
대 상	당사자가 처분할 수 있는 사법상의 모든 분쟁	민사, 형사, 행정, 선거 등 모든 분쟁
요 건	당사자간 서면에 의한 중재합의가 필요	당해 법원이 관할권을 가짐
효 력	법원의 확정판결과 동일한 효력 (집행판결로 강제집행력이 있음)	구속력, 집행력, 형성력이 있음
신속성	절차가 간단하고 단심제	소송절차가 복잡하고 3심제도로 시간이 오래 걸림
경 비	단심제이기 때문에 경비가 소송에 비해 저렴하고 변호사를 선임할 필요가 없음	심급이 올라갈수록 소송수행비용이 인상되고 변호사 보수도 심급마다 추가됨
심판자	문제에 전문가인 중재인이 판정하므로 분쟁에 대해 합리적인 판정이 가능	법관은 법 이론에 밝지만 상거래 실무와 관습에 관한 경험이 이에 비례하지 않음
공개성	비공개주의 원칙으로 비밀유지가 가능함	공개주의원칙으로 비밀이 보장되지 않음

제 2 절 상사중재제도

1. 상사중재제도의 의의

일반적으로 말하기를 중재는 재판보다 낫고, 알선은 중재보다 나으며, 분쟁의 예방은 알선보다 낫다고 한다. 무역업을 하는 사람으로서 분쟁에 당면한 경험이 있는 사람이라면 아마도 많은 비용과 장시간을 요하는 소송에 의해 분쟁을 해결하는 것보다 신속하고 비용이 적게 들며, 절차가 편리하고 기밀이 보장되면서도 공정한 분쟁해결방법은 없는 것인가 하고 생각하게 되었으며, 이러한 소망의 결과로 탄생된 것이 바로 상사중재(commercial arbitration)이다.

즉, 중재는 사인간의 분쟁(또는 클레임)을 법원의 판결에 의하지 아니하고 당사자간의 합의로 사인인 제3자(즉 중재인)에게 부탁하여 구속력이 있는 판정을 구함으로써 최종적인 해결을 기하는 방법을 말한다. 상사중재는 계약당사자간에 자발적 중재합의에 의하여 당사자간에 현존하는 분쟁 또는 장차 발생 가능한 분쟁을 법원의 소송절차에 의하지 않고, 민간인인 제3자를 중재인으로 하여 그에게 분쟁의 공정한 해결을 부탁하기로 하는 합의가 있는 경우에만 중재인에게 제한적인 관할권을 줌으로써 그 위임된 분쟁에 한하여 중재인은 당사자들의 주장과 증거에 입각하여 최종적인 결정을 내리면서 당사자는 이에 구속을 받는 자주적 분쟁 해결방법이다.

표 12-3 중재제도의 장 · 단점

장 점	단 점
• 분쟁의 신속 · 공정한 해결 • 저렴한 비용 • 절차의 비공개와 평화적 분위기 • 중재인의 전문성 • 단심제 • 법원확정판결과 동일한 효력 • 중재판정에 대한 외국에서의 집행보장	• 법정 안정성 결여 • 상속제도부재로 불안위험 • 중재인의 대리인적 경향 • 중재절차상의 문제 발생소지

2. 상사중재제도의 특징

1) 자유합의에 의한 분쟁해결 부탁(voluntary reference)

중재는 분쟁의 양당사자가 그들의 자유의사에 의한 합의(중재계약)에 따라, 그들 자신이 선임하는 중재인(들)에게 분쟁해결을 부탁하고 중재인(들)이 내린 중재판정에 양당사자가 그러한 판정결과에 복종하기로 하는 제도인 것이다. 이에 반하여 소송은 일방의 당사자에 의하여 제기되고 국가가 임명하는 재판관에게 분쟁사건의 해결이 부탁되면 상대방은 피고의 입장에서 이에 대하여 항변하도록 강요를 당하게 되는 제도이다.

2) 평화적인 분위기에서 진행(peaceful atmosphere)

중재는 상호교섭과 호양의 수단에 의하여 평화로운 분위기 속에서 진행된다. 그러나 소송은 일방 당사자의 제소(complaint)나 소환(summons)의 수단에 의하여 억압적인 분위기 속에서 진행된다.

3) 중재절차의 비공개(closed procedures)

중재에 있어서의 중재절차는 당사자의 의사를 존중하여 비공개적으로 진행된다. 특히 국내외 상거래분쟁의 경우 거래의 비밀이 대외적으로 누설되는 폐단을 방지할 수 있고 그로써 대외신용의 계속 유지가 보장된다. 그러나 소송에 있어서는 재판절차나 판결문이 공개되는 것이므로 기밀의 누설, 대외신용의 손상방지 등을 위한 보장이 유지될 수 없다.

4) 신속성(speediness)

중재판정은 중재계약에서 약정된 기간 내에, 중재규칙에 의해 정해진 특정기간 내에 종결된다. 즉, 통상적인 기간은 최단기간은 1개월 최장기는 1년 이내에 이루어진다. 특히, 우리나라의 경우는 “중재가 개시된 날로부터 3개월 이내”로 규정되어 있어 신속성을 강조하고 있다. 그러나 소송에 의한 판결은 3심 제도를 채택하고 있기 때문에 중재에 비해 그 속도가 매우 느리다.

5) 저렴한 비용(low costs)

소송은 비용이 예측불가능하며 매우 비싸다. 왜냐 하면 그 절차가 높아질수록 위임 변호사의 수나 소송기간이 연장되므로 총비용이 증가되기 때문이다. 그러나 중재는 신속성과 전문성 때문에 비용이 매우 저렴할 뿐 아니라 상설중재기관의 경우에는 미리 합리적으로 책정된 중재 요금표가 작성되고 공개되어 있기 때문에 매우 합리적이다.

6) 중재판정의 국제적 효력

중재판정은 국내에서는 법원의 확정판결 효력(중재법 제12조)이 있고, 국제적으로는 "외국중재판정의 승인 및 집행에 관한 UN협약(United Nations Convention on the Recognition and Enforcement of Foreign Arbitral Awards, 1958 : 일명 New York 협약)에 의하여 동 체약국간에는 타국의 중재판정은 호혜원칙에 의하여 승인하고 그 집행을 보장하고 있다.

3. 중재계약

1) 중재계약의 법적 성질

중재는 중재 당사자간의 중재에 대한 합의가 그 본질이 되는 것으로 이때 당사자의 합의는 중재제도의 기초가 되는 것이며 또한 그것은 계약의 성질을 띠고 있다. 이러한 중재계약은 당사자가 중재를 합의한 서면에 기명날인 한 것이거나 계약 중에 중재조항이 기재되어 있거나, 교환된 서신 또는 전보에 중재조항이 기재된 것이어야 한다.

2) 중재계약의 요건

(1) 중재계약의 성립요건(전제요건)

당사자가 능력이 있고 중재의사에 하자가 없고, 계약내용이 가능·확정·적법하고 사회적 타당성이 있어야 한다.

(2) 중재계약의 유효요건(기본요건)

중재의 성립요건이 구비되었다 하더라도 중재의뢰를 원활하게 하기 위해서는 중재지, 중재기관, 적용할 중재법 등이 명시되어 있어야 한다.

(3) 기타 절차진행요건

절차진행 요건으로 필요한 내용으로는 중재인수, 중재인, 중재비용 부담방법, 중재절차 진행시기, 심문방법 등이 있다.

3) 중재계약의 종류

중재계약은 체결시기에 따라 중재조항과 중재부탁계약으로 구분된다.

(1) 중재조항(arbitration clause)

무역계약체결시 장차 발생할지 모르는 클레임에 대비하여 계약서상에 중재에 관한 조항을 설정해 둔 경우를 말한다. 무역거래에서 일단 분쟁이 발생하면 상대방으로부터 중재동의를 받는 것이 용이하지 않으므로 중재부탁계약(submission to arbitration) 보다는 중재조항(arbitration clause) 을 계약서에 계약조항으로 설정하여 두는 것이 바람직하다.

대한상사중재원의 표준중재조항

『All disputes, controversies, or differences which may arise between the parties, out of or in relation to or in connection with this contract, or for the breach thereof, shall be finally settled by arbitration in Seoul, Korea in accordance with the Commercial Arbitration Rules of the Korean Commercial Arbitration Board and under the Law of Korea. The award rendered by the arbitrator(s) shall be final and binding upon both parties concerned.』

『본 계약으로부터, 또는 본 계약과 관련하여 또는 본 계약과 불이행으로 말미암아 당사자 간에 발생하는 모든 분쟁·논쟁 또는 의견 차이는 대한민국 서울특별시에서 대한상사중재원의 상사중재규칙 및 대한민국법에 따라 중재에 의하여 최종적으로 해결한다. 중재인(들)에 의하여 내려지는 판정은 최종적인 것으로 당사자 쌍방에 대하여 구속력을 가진다.』

(2) 중재부탁계약(submission to arbitration)

중재조항이 없는 상태에서 분쟁이 발생한 경우 당사자가 그 분쟁을 중재에 회부하여 해결하기로 합의한 것을 말한다.

대한상사중재원의 영문중재부탁서

SUBMISSION TO ARBITRATION

We, the undersigned parties, hereby agree to submit the below dispute to the Korean Commercial Arbitration Board for arbitration under the Commercial Arbitration Rules of the Korean Commercial Arbitration Board with impeccable understanding that the arbitral award to be rendered on the dispute shall be final and binding upon all the parties concerned.

(1) Points of Dispute :

Further Reference :

Party(A) Party(B)

Enclosure ; A power of attorney in case where the submission is made by an agent

4) 우리나라 중재절차의 일반적 진행과정

우리나라 중재절차의 일반적 진행과정 실무를 도해로 설명하면 다음과 같다.

① 사무국은 중재신청인으로부터 신청을 접수하면, 그 신청이 상사중재규칙에 적합한 것인지 여부를 확인하고 적합한 경우에는 쌍방 당사자에게 이를 접수하였음을 통지한다.

② 사무국은 접수통지와 함께 중재인 명부에서 중재인 후보자 10명을 선정하여 양당사자에게 보내면, 양당사자는 의장중재인과 기타 중재인에 대하여 선호순위를 표시하여 발송일로부터 국내중재의 경우 15일, 국제중재의 경우 30일 이내에 사무국에 제출하도록 한다.

③ 사무국은 양당사자에 의해 제출된 중재인 후보자 선정명단 중에서 희망순위에 따라 선정된 중재인에게 수락서를 받아 중재판정부를 구성하고 심문기일을 정한다. 한편, 중재판정부 구성은 신청금액이 미화 3만 불 이하인 경우에는 1인, 이상인 경우에는 3인으로 구성된다.

④ 사무국은 양당사자에게 중재인 선정통지 및 심문기일을 통지한다.

⑤ 판정부, 당사자, 중재서기가 참석한 가운데 심문을 개시하여 진행한다.

⑥ 중재판정부는 사건내용에 따라 수차에 걸쳐 심문을 진행한 후, 당사자가 주장 및 입증을 다하였다고 인정할 때는 심문종결을 선언한다.

⑦ 중재판정부는 심문 종결일로부터 30일 이내에 중재판정을 내린다.

⑧ 중재판정문은 중재판정부의 서명날인을 받아 양당사자에게 송달하고, 예납된 중재비용은 정산한다.

그림 12-2 중재절차 진행과정도

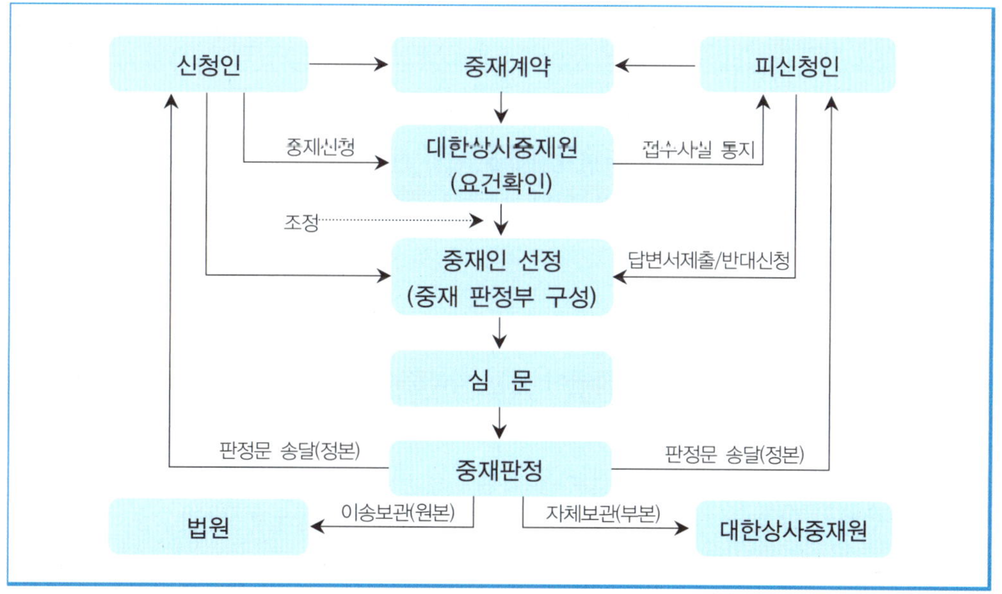

4. 중재판정의 효력과 집행

1) 중재판정의 효력

(1) 국내적 효력

중재판정은 당사자간에 있어서는 법원의 확정판결과 동일한 효력을 갖는다. 중재판정은 당사자가 미리 이를 존중하고 복종할 것을 합의한 것이므로 판정은 당사자에게 사적인 실체법상의 의무부담의 원인을 주게 된다. 법률은 여기에 다시 공법적인 효과를 주어 중재판정은 당사자간에 있어서 확정된 법원의 판결과 동일한 효력을 부여하고 있다. 따라서 중재판정이 성립발효한 경우에는 형식적으로 확정되며 중재인이라 하더라도 자기가 내린 중재판정을 철회할 수 없다.

(2) 국제적 효력

중재의 궁극적인 결과인 중재판정의 승인 및 집행에 관한 각국의 상이한 법제를 통일하기 위한 "외국중재판정의 승인 및 집행에 관한 UN협약"에 의거 동 협약 체약국간에는 외국중재판정의 승인 및 집행이 보장되고 있다. 그러나 협약에 가입한 국가가 아닌 경우에는 섭외법적인 문제를 야기시키게 된다.

2) 중재판정의 집행

(1) 국내중재판정의 집행

중재판정은 법원의 확정판결과 동일한 효력을 인정받고 있지만 강제집행을 위해서는 그 절차의 기본이 되는 채무명의를 얻어야 하며 따라서 따로 법원의 집행절차로 그 적법함을 선고받아야 한다. 집행판결에 의하여 중재판정의 적법성이 선언되면 비로소 중재판정에 집행력이 부여된다. 이러한 중재판정에 의하여 우리나라 무역업자가 패소하면 외국상사(또는 그 대리인)의 판정에 따라 손해배상금 등을 외국으로 송금하게 된다. 이 경우 대한상사중재원이 인정하는 위약금 · 손해배상금 · 보상금 · 해약금은 갑류 외국환은행장 또는 한국은행총재의 외화지급인증을 받아 해외송금이 보장되며 이때는 지급인증신청서에 중재판정문을 첨부하면 된다.

(2) 외국중재판정의 집행

외국의 중재판정은 상호주의 원칙에 따라 국내법과 동일한 효력이 있다. 외국판정이 사법상의 과정을 준수한 것이고 관할권이 있는 외국중재기관의 판정으로서 해당 국내에서 판정취소 소송이 계류되어 있지 않고 민법 제103조가 규정하는 공서양속(公序良俗)을 해하지 않는 것일 경우 체약국간에는 중재판정의 효력이 승인되고 보장을 받게 된다. 협약에 가입하지 않은 국가에서의 집행은 일단 국내 판정과 동일한 방법으로 집행될 수 있다.

그림 12-3 외화지급인증 과정도

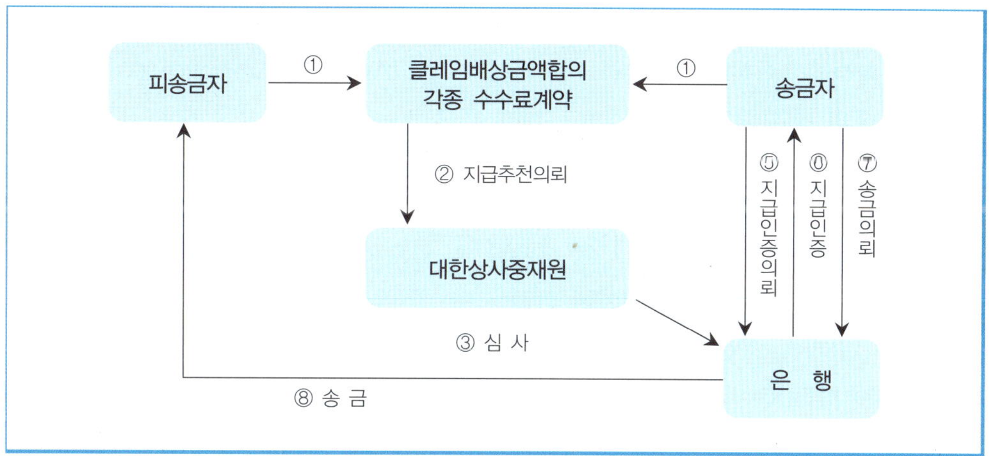

5. 중재신청서

1) 개요

(1) 중재의 의의

중재란 사인간의 사적인 분쟁을 법원의 소송에 의하지 않고 당사자들이 선정한 중재인들의 판단에 맡김으로서 분쟁을 우호적·자율적으로 해결하는 방법이다. 국제거래에서 일단 분쟁이 발생하면 국내거래에 비하여 그 해결절차가 복잡함은 물론 많은 시간과 비용이 소요되기 때문에 계약서를 철저히 작성해야 함은 물론 계약내용에 분쟁발생시 해결방안으로 중재조항(Arbitration Clause)을 포함시키는 것이 중요하다.

(2) 중재의 장점

중재는 단심제로서 신속·저렴하며, 절차가 비공개로 진행되어 기업의 비밀이 보장되며, 사계의 전문가들이 판단하기 때문에 거래실정에 맞는 해결이 가능하며, 중재판정은 법원의 확정판결과 동일한 효력을 가지고, New York 협약(United Nations Convention on the Recognition and Enforcement of Foreign Arbitral Awards)에 의거 국제적으로도 그 효력을 인정받는다.

(3) 중재의 전제조건

중재에 의해서 분쟁을 해결하기 위해서는 당사자간에 자신들의 분쟁을 중재에 의해 해결하겠다는 중재합의(arbitration agreement)가 있어야 한다. 통상적으로 중재의 피신청인의 경우 분쟁이 발생된 후에는 중재합의 자체를 기피하여 분쟁해결을 지연시키는 경우가 많으므로 계약서상에 중재조항(arbitration clause)을 삽입함으로서 중재계약을 맺는 것이 좋다. 중재합의의 내용에 관해서는 후일 분쟁이 발생한 경우 효율적으로 분쟁을 해결하는데 필요한 사항이 모두 포함되도록 하여야 한다.

한국의 대한상사중재원을 비롯한 미국의 중재협회(American Arbitration Association : AAA), 영국의 중재재판소(London Count of Arbitration) 등 각국 중재기관과 유엔상거래법위원회(UNCITRAL) 및 국제상업회의소(ICC) 등은 각각 고유의 중재규칙을 정하여 수임된 사건을 중재판정 할 때에 따를 기준으로 함과 동시에 표준적인 중재조항을 마련하여 당사자가 중재합의시에 사용할 수 있도록 하고 있다. 이들 각 표준 중재조항은 통상 중재 판정지와 중재인에 관한 사항, 중재기관, 중재판정의 기준이 될 중재규칙과 판정결과의 최종성과 집행가능성 등을 규정한다.

대한상사중재원(Korean Commercial Arbitration Board)은 현재 우리나라와 무역거래가 빈번한 국가의 상사중재기관 및 국제상업회의소의 중재법원과 양국인간의 상거래와 관련하여 분쟁이 발생한 경우 중재지와 중재기관의 결정방법 등을 어떻게 정할 것인지 등을 정하는 중재협정을 체결하고 있다. 따라서 거래당사자가 이들 상사중재협정에 따르기로 합의하면 중재협정의 내용에 따라 중재지 등이 자동으로 결정된다.

당사자가 중재의 합의를 하면 소송을 할 수 있는 권리를 포기한 것으로 간주함이 일반적이다. 따라서 당사자 일방이 중재합의에도 불구하고 소송을 제기하면 상대방 당사자는 중재합의가 있음을 들어 소송을 각하하여 줄 것을 청구할 수 있다. 중재합의의 존재 여부는 법원이 직권으로 조사할 사항은 아니라고 봄이 일반적이며, 따라서 피고가 본안에 관한 답변서의 제출전에 이를 소의 각하사유로서 주장하여야 한다.

중재시에 적용할 준거법과 관련하여 어떠한 중재법 내지 규칙에 따라 중재를 진행할 것인지와 중재인이 판정을 함에 있어서 어떠한 법을 기준으로 할지가 문제된다. 원칙적으로 양자 모두 당사자자치의 원칙에 따라 당사자가 지정한 법에 의하고, 당사자의 지정이 없는 경우에는 당해거래와 가장 밀접한 관련이 있는 법이 적용된다.

(4) 중재판정의 국내법적 효력

상사중재판정은 처분가능한 사적 관리에 관한 당사자간의 합의에 의하여 이루어진 판정이므로 각국은 법원의 확정결과 동일한 효력을 인정함이 일반적이다. 따라서 법원은 일단 내려진 중재판정의 결과를 다시 심리하지 않으며, 다만 집행력을 부여하기 위한 범위 내에서만 개입한다. 다만, 중재절차가 공정하게 이루어지지 않은 경우이거나, 중재권한 없이 또는 중재권한을 명백히 남용하여 중재판정을 하였거나, 중재판정의 결과가 公序良俗에 위반한 경우 등 예외적인 경우에만 법원의 재심이 허용된다.

우리나라의 중재법도 중재판정은 당사자간에 있어서 법원의 확정판결과 동일한 효력을 갖는 것으로 규정하면서(제12조), 강제집행을 하기 위하여 필요한 채무명의를 받기 위해서는 별도로 법원의 집행판결을 받도록 정하고 있다(제14조).

(5) 중재판정의 국제적 효력

국제거래와 관련하여 내려진 중재판정의 경우에는 그 판정을 한 기관이나 국가와 그 판정결과를 집행해야 할 국가, 즉 만약 중재판정이 집행되어야 할 국가에서 그 중재판정의 효력을 인정하지 않는다면 중재제도는 유명무실한 제도가 될 수밖에 없다. 외국의 중재판정에 대한 국내적 유효성을 확보하기 위해서 국제연합의 주도하에 "New York Convention"이라는 다자간 협약이 체결되어 현재 OECD 회원국 전부를 포함 총 122개국 이상이 가입하고 있다.

이 협약의 가입국은 그 나라에 외국에서 내려진 중재판정의 승인 및 집행이 신청되면, 중재의 대상인 사안이 국내법상 중재의 대상이 될 수 없는 사항이거나, 판정내용의 승인 및 집행이 국가의 공공정책에 어긋나거나, 또는 피신청인이 일정한 사유를 들어 이를 거부하는 주장을 하고 그 주장을 입증하지 못하는 한 반드시 이를 승인, 집행하여야 한다. 또한 외국 중재판정은 그 승인 및 집행이 신청된 국가의 국내 절차법규에 따라 승인·집행을 하되, 국내 중재판정에 대한 것보다 실질적으로 더 엄중한 조건이나 고객의 수수료 또는 과징금을 부과하여서는 아니된다. 여기에서 외국의 중재판정이란 중재판정의 승인 및 집행의 신청을 받은 나라 밖에서 내려진 중재판정과 기타 그 나라의 내국법상 국내의 중재판정(domestic arbitral award)으로 인정하지 않는 모든 중재판정을 말한다.

외국에서 내려진 중재판정에 대해 피신청인측이 중재판정의 무효 내지 취소의 사유로 주장·증명할 수 있는 경우는 ① 당사자의 무능력 때문에 또는 준거법의 규정에 의하여 중재합의 자체가 무효인 경우, ② 중재인의 선임이나 중재절차에 관한 통지의 흠결 등으로 피신청인 측에게 중재절차에 참여할 적절한 기회가 부여되지 아니한 경우, ③ 중재합의 밖의 사항이나 기타 중재대상이 아닌 사항에 대한 판정의 경우, ④ 중재판정국의 법에 위반하여 중재권이 부여되거나 중재합의에 위반하여 중재절차가 진행된 경우, ⑤ 중재판정이 당사자에 대하여 아직 구속력을 발생하지 못하거나 판정국에서 취소된 경우 등과 같다.

(6) 중재절차 진행과정

① 일반절차

㉮ 사무국은 중재신청인으로부터 신청을 접수하면 그 신청이 상사중재규칙에 적합한 것인지 여부를 확인하고 적합한 경우에는 쌍방 당사자에게 이를 접수하였음을 통지한다.

㉯ 사무국은 접수통지와 함께 중재인 명부에서 중재인후보자 10명을 선정하여 양당사자에게 보내면 양당사자는 의장중재인과 기타 중재인에 대하여 선호 순위를 표시하여 발송일로부터 국내중재의 경우 15일, 국제중재의 경우 30일 이내에 사무국에 제출하도록 한다(피신청인의 답변서를 15일 이내에 제출).

㉰ 사무국은 양당사자에 의해 제출된 중재인 후보자 선정 명단 중에서 희망순위

에 따라 선정된 중재인에게 수락서를 받아 중재판정부를 구성하고 심문기일을 정한다(중재파정부 구성은 신청금액이 30,000불 이하인 경우에는 1인, 기준금액 이상인 경우에는 3인으로 구성됨).

㉣ 사무국은 양당사자에게 중재인 선정통지 및 심문기일을 통지한다.

㉤ 심문개시 및 진행(중재판정부, 당사자, 중재서기가 참석한 가운데 진행)

㉥ 중재판정부는 사건내용에 따라 수차에 걸쳐 심문을 진행한 후 당사자가 주장 및 입증을 다하였다고 인정할 때는 심문종결을 선언한다.

㉦ 중재판정부는 심문종결일로부터 30일 이내에 중재판정을 내린다.

㉧ 중재판정문은 중재판정부의 서명날인을 받아 양당사자에게 송달하고, 예납된 중재비용은 정산한다.

② 신속절차

중재판정은 원칙적으로 중재가 개시된 날로부터 3개월 이내에 종결되나, 신청금액이 1,000만 원 이하의 국내 중재사건 혹은 당사자들이 신속절차에 따르기로 합의하는 경우에는 중재인은 사무국이 지명하는 1인으로 구성되고, 심문도 1회 개최를 원칙으로 하여 신속히 절차를 진행한다.

구비서류는 ㉮ 중재신청서, ㉯ 중재합의를 인증하는 서면, ㉰ 클레임을 입증하는 입증자료, ㉱ 법인 등기부등본(개인인 경우 주민등록등본), ㉱ 법인 등기부등본(개인인 경우 주민등록등본), ㉲ 대리인이 있는 경우에는 위임장 등이다.

2) 작성요령

① 신청인 회사명 : 신청인이 법인(개인)인 경우 법인명칭(개인의 성명)

② 신청인 주소 : 신청인이 법인인 경우에는 등기부등본상의 주소, 개인인 경우에는 주민등록지의 주소

③ 신청인 대표자명 : 신청인이 법인인 경우 등기부등본상의 대표자명

④ 신청인 대리인의 성명 : 대리인이 있는 경우 그 대리인의 성명

⑤ 신청인 대리인의 주소 : 대리인의 주민등록지의 주소

⑥ 피신청인 회사명 : 피신청인이 법인(개인)인 경우 회사명(성명)

⑦ 피신청인 주소 : 피신청인의 주소

⑧ 피신청인 대표자명 : 법인인 경우 대표자명

⑨ 신청취지 : 가장 중요한 부분으로서 신청인이 청구하는 내용을 간략히 기재한다.

⑩ 청구 이유 및 입증방법 : 상기 9항에서 청구하는 내용에 대한 이유와 근거를 상세히 기재하고 입증자료가 있는 경우 입증자료를 첨부하여야 한다.

⑪ 서명 : 신청인의 대표자(개인) 성명과 시명

⑫ 일자 : 신청서 제출일자

서식 12-1 중재신청서(Request for Arbitration)

THE KOREA COMMERCIAL ARBITRATION BOARD
43RD FLOOR. TRADE TOWER (KOREA WORLD TRADE CENTER)
159, SAMSUNG-DONG. KANGNAM-GU. SEOUL 135-729, KOREA
Trade Center P.O. Box 50, CABLE ARBITRATION
TEL : 551 · 2000-19, FAX : (02)551-2020

To : The Korean Commercial Arbitration Board

REQUEST FOR ARBITRATION

1. Full Names and Addresses of Parties:
   (1) Claimant : Name of Corporation ①
   Address ②
   Name of Representative ③
   Name and Address of Agent, if any:
   Name ④
   Address ⑤

   (2) Respondent : Name of Corporation ⑥
   Address ⑦
   Name of Representative ⑧

2. Purport of Request (Claim or Relief sought ; amount , if any) : ⑨
   As attached

3. Grounds for Request and Method of Proof : ⑩ As attached
   Signature / Name : ⑪
   Dated : ⑫

   Enclosures :

1. Signed copies of this request for arbitration …… five copies
2. The original or certified copy of the document evidencing agreement on arbitration under the Rules of the Korean Commercial Arbitration Board …… five copies
3. The original or reproduced copy of documentary evidence, if any, proving the claim stated in this Request for Arbitration …… five copies
4. Certificate of Incorporation …… one copies
5. A power of attorney, in case where the request is made by an agent …… one copies

▪ 참고문헌 ▪

강원진, 무역결제론, 박영사, 2004.
강원진, 최신 국제상무론, 도서출판 두남, 2014.
고명규, 외환금융실무, 도서출판 두남, 2016.
구종순 · 허은숙, 무역대금결제론, 박영사, 2014.
김석민 · 김덕권, 무역결제와 신용장론, 도서출판 두남, 2016.
김성훈, 글로벌 무역실무, 도서출판 두남, 2015.
김성훈, 무역창업가이드, 도서출판 두남, 2016.
김종칠, 무역실무, 도서출판 두남, 2015.
김창선, 무역결제론, 도서출판 두남, 2014.
남풍우, 무역결제론, 도서출판 두남, 2016
남풍우, 실용무역실무, 도서출판 두남, 2016.
대한상공회의소, 국제표준은행관행 ISBP 745, 대한상공회의소, 2013.
박남규, 무역상무론, 도서출판 두남, 2016.
박종수, 수출입 실무 매뉴얼, 도서출판 두남, 2000,
백남진, 항공물류운송업무론, 도서출판 두남, 2016.
백종실, 김영민, 우정욱, 국제운송론, 도서출판 두남, 2015.
송선욱, 국제운송론, 도서출판 두남, 2009.
송선욱. 무역실무, 도서출판 두남, 2018.
여성구·최경주, 수출입시뮬레이션, 도서출판 두남, 2016
우리은행 연수원, 외환길라잡이, 우리은행, 2004.
이기찬, 무역실무, 중앙경제평론사, 2014
이시환, 해상적하보험약관론, 도서출판 두남, 2010.
이신규, 무역실무, 도서출판 두남, 2013.
이창식, 수출입업무, 한국금융연수원, 2014.
유하상, 국제결제론, 도서출판 두남, 2013.
정인기, 수출입실무절차해설, (주)조세통람사, 1999.
정연봉, 포워딩실무, 도서출판 두남, 2016.
채진익, 무역결제론, 도서출판 두남, 2016.
한국관세무역개발원, 관세무역종합실무, 2006.
한국무역협회, 무역계약, 2011.
한국무역협회, 무역운송, 2011.
한국무역협회, 무역실무개요, 2007.
한국무역협회, 무역마케팅, 2007.
한국무역협회, 무역서식 길라잡이, 2009.
한국무역협회, 무역실무 길라잡이, 2015.
한국무역협회, 수출입대금결제, 2011.
한국무역협회, 통관 · 관세환급, 2007.
한국무역협회, 해상적하보험, 2007.
허은숙, 외환 · 수입결제, 도서출판 두남, 2014.
한낙현, 국제해상운송과 해상화물보험, 도서출판 두남, 2012.

■ 찾아보기 ■

❑ 著者 略歷

▸ 南 豊 祐

- 建國大學校 商經大學 貿易學科 卒業(商學士)
- 韓國外國語大學校 大學院 貿易學科 修了(經營學碩士)
- 建國大學校 大學院 貿易學科 修了(經濟學博士)
- 貿易士(商工部長官)
- 建國大學校 商經大學 및 經營大學院 貿易學科 講師
- 稅務公務員教育院 講師, 關稅公務員教育院, 法務研修院 講師
- 國稅公務員教育院 講師, 韓國貿易協會 貿易研修院 講師
- 韓·우크라이나 經營·經濟研究會 常任理事
- 關稅廳 施行 關稅廳專門技能 資格試驗 出題委員
- 關稅廳 施行 一般 및 特別 關稅士 資格試驗 銓衡委員(貿易實務・貿易英語)
- 關稅廳 關稅職 轉換 經歷競爭採用試驗 貿易學 出題委員
- 韓國貿易協會 施行 國際貿易士 資格試驗 出題委員(貿易實務・貿易英語)
- 大韓商工會議所 施行 貿易英語 資格試驗 出題委員
- 關稅廳 超一流稅關推進委員會 및 稅關廳 現代化推進委員會 委員
- 關稅廳 關稅國境管理研修院 外來教授
- 서울本部稅關・水原稅關・仁川稅關・安養稅關 課稅前 適否審查委員會 委員
- 環東海北方産業研究院 諮問委員, 韓國關稅士會 諮問委員
- 韓國創業情報學會 會長, 韓國關稅學會 會長
- 韓國貿易學會 副會長, 韓國商務學會 副會長, 韓國商品學會 副會長
- 江南大學校 國際學大學 國際通商學科 教授 歷任

➜ 著 書

- 貿易英語, 圖書出版 斗南, 1998.
- 貿易商務論, 圖書出版 斗南, 1998.
- 貿易決濟論, 圖書出版 斗南, 1998.
- 國際貿易의 理解(共著), 江南大學校 出版部, 2001.
- 國際運送論, 圖書出版 斗南, 2004.
- 輸出入節次 SIMULATION, 圖書出版 斗南, 2005.
- 實用 貿易實務, 圖書出版 斗南, 2013.

수출입 시뮬레이션 – 개정2판

초　판 1쇄 발행 —— 2005년 2월 28일
개정판 1쇄 발행 —— 2017년 8월 10일
개정2판 1쇄 발행 —— 2020년 2월 25일
개정2판 2쇄 발행 —— 2021년 2월 10일
개정2판 3쇄 발행 —— 2023년 1월 25일
지은이 —— 南 豊 祐
펴낸이 —— 全 斗 杓
펴낸곳 —— 도서출판 두남
서울시 강동구 성내로 6길 34-16 두남빌딩
신 고 : 제25100-1988-9호
TEL : 02) 478-2065~7, 2311
FAX : 02) 478-2068
E-mail : dnbooks@dunam.co.kr
http://www.dunam.co.kr

정가 36,000원

ISBN 978-89-6414-875-4 93320